böhlau

Markus Schwering

Krise und Utopie

Dieter Wellershoff – Leben und Werk

BÖHLAU

Bibliografische Information der Deutschen Bibliothek:
Die Deutsche Nationalbibliothek verzeichnet diese Publikation in der
Deutschen Nationalbibliografie; detaillierte bibliografische Daten sind
im Internet über https://dnb.de abrufbar.

Umschlagabbildung: Dieter Wellershoff als Redakteur der Deutschen Studentenzeitung Bonn,
ca. 1952, und im heimischen Arbeitszimmer, ca. 1978. Fotos: privat.

Umschlaggestaltung: Guido Klütsch, Köln
Korrektorat: Christoph Landgraf, St. Leon-Rot
Satz: le-tex publishing services, Leipzig
Druck und Bindung: Hubert & Co, Ergolding
Printed in the EU

Vandenhoeck & Ruprecht Verlage | www.vandenhoeck-ruprecht-verlage.com
E-Mail: info@boehlau-verlag.com

ISBN 978-3-412-53304-5

Meiner Tochter Marie Christine gewidmet

Inhalt

Einleitung

Die Stadt Köln und das Kölner Literaturhaus vergeben seit 2018 im Jahresrhythmus an junge Schriftsteller mit Hauptwohnsitz in der Rheinmetropole jeweils zwei Arbeitsstipendien, die beide mit 12.000 Euro dotiert sind und über acht Monate ausgezahlt werden. Benannt sind diese Förderstipendien nach dem Erzähler, Medienautor, Lyriker, Essayisten und Literaturtheoretiker Dieter Wellershoff, der im Jahr der ersten Stipendienvergabe 92-jährig an seinem langjährigen Wohnort Köln verstarb.

Die auf Dauer gestellte öffentliche Ehrung seines Namens und Andenkens kontrastiert freilich mit der Tatsache, dass sich der Autor 2025, im Jahr seines 100. Geburtstages (und der Erstpublikation des vorliegenden Buches), in einem Rezeptionstal befindet. Das ist allerdings nichts Ungewöhnliches, vielen Schriftstellerinnen und Schriftstellern erging und ergeht es ähnlich in der Periode unmittelbar nach ihrem physischen Ableben. Um einen naheliegenden Vergleich zu bemühen: Wer liest heute noch den Kölner Nobelpreisträger Heinrich Böll, Wellershoffs großen Kollegen wie Antipoden am Ort, dessen dichterisches Werk jener in seiner Eigenschaft als Lektor des Verlags Kiepenheuer & Witsch über rund zwei Jahrzehnte hinweg betreute?

Anders als Böll – die personale Konstellation wird in diesem Buch noch ausführlich beleuchtet[1] – hat Wellershoff freilich nie jenen Grad an öffentlicher und öffentlichkeitswirksamer Repräsentanz erreicht, die dem „Anderen" Aufmerksamkeit und Anerkennung, allerdings auch Ablehnung weit über den Kreis der literarisch Interessierten hinaus sicherte. Das hat benennbare und nachvollziehbare Gründe: Während der auch in seinem dichterischen Werk sozialkritisch und politisch engagierte Böll sich jedenfalls für viele Jahre als mit dem Mainstream des Zeitgeistes wie einem weithin anerkannten Literaturverständnis im Sinne einer „Littérature engagée" kompatibel empfinden konnte, wirkte Wellershoff lange Zeit wie ein Solitär in der einschlägigen Landschaft. Er stand quer zum hegemonialen Kulturdiskurs wie zu den literarischen Strömungen, die zumal den Betrieb von Buchproduktion, -rezeption und -distribution in der alten Bundesrepublik dominierten. Auch dieser Aspekt soll auf den folgenden Seiten eingehend erörtert werden.[2]

Das unkritisch nachgebetete, jedenfalls zeitweise sehr verbreitete Urteil, dass die in Wellershoffs Büchern dargestellten Konflikte „privat" seien, einer übergeordneten gesellschaftlichen Relevanz entbehrten und deshalb die Erwartungen „moderner"

---

1 S. Kapitel 6 („Impulse und Kontakte"), S. 135–144.

2 S. Kapitel 2 („Realismus und Simulation"), S. 44–48.

Leser enttäuschen müssten, findet sich bezeichnenderweise in der Substanz bereits in der frühesten wissenschaftlichen Auseinandersetzung mit Wellershoffs Werk, Peter Kerns Aufsatz über den ersten Roman *Ein schöner Tag*, der im Umfeld eines von Benno von Wiese geleiteten germanistischen Oberseminars an der Universität Bonn entstand.[3] Dort wird der Vorwurf noch freundlich-zurückhaltend formuliert, die Freundlichkeit sollte dann in vielen folgenden Wellershoff-Rezensionen definitiv fehlen.

Hinzu kam, dass der spezifische Werdegang des Autors offensichtlich nicht nur Vorverständnisse und Wahrnehmungsschablonen der professionellen Kritik irritierte, sondern auch aggressive Ablehnung provozierte.[4] Wellershoff hatte zwar – noch während der Niederschrift seiner 1958 erstmals erschienenen Gottfried Benn-Monografie – mit mehreren Hörspielen als fiktionaler Autor begonnen, dann aber, bedingt durch die Übernahme der Lektoratsposition bei Kiepenheuer & Witsch, diese im „eigentlichen" Sinn literarische Arbeit auf Jahre hinaus einstellen müssen – übrigens aus Gründen der puren Lebenssicherung für sich selbst und seine wachsende Familie und gegen seine innersten Wünsche und Intentionen.[5] Stattdessen entstand – neben der Arbeit als Lektor und Herausgeber – seit Mitte der 60er Jahre ein reichhaltiges essayistisches Werk mit literaturtheoretischer Ausrichtung. Später in Sammelbänden wie *Literatur und Veränderung* (1969) und *Literatur und Lustprinzip* (1973) zusammengefasst, stieß es in der Szene nicht nur auf negative Kritik, sondern fand verbreitet auch Anerkennung ob seiner gedanklichen Luzidität und Sprachbrillanz.

Zeitgleich oder sogar noch vor einem Großteil der literaturtheoretischen Produktion meldete sich mit dem Debütroman *Ein schöner Tag* (1966) und dem Nachfolger *Die Schattengrenze* (1969) dann allerdings auch der „Dichter" wieder zu Wort – was in der Kritik Beißreflexe auslöste, deren Resultate man im Abstand der Jahre nur als Ausweis hausbacken-spießiger Reflexionslosigkeit lesen kann. Allemal sagen die einschlägigen Verrisse weit mehr über die Verfasser als über ihre Gegenstände aus. Lothar Baier brachte sie, kritisch referierend, auf diese Formel: „[…], daß Intelligenz und Wissen dem literarischen Genius schaden, und nur der theoretisch unbefleckte Schriftsteller ein vollwertiger Erzähler ist."[6]

---

3 Peter Kern: *Dieter Wellershoff, „Ein schöner Tag"*, in: *Zeitschrift für deutsche Philologie* 87 (1968), S. 631–642.

4 S. dazu und zum Folgenden vor allem Lothar Baier: *Ceterum censeo: Wellershoff ist zu verreißen*, in: *Merkur* 38 (1984) (H. 3), S. 360–364, sowie Bernd Happekotte: *Dieter Wellershoff – rezipiert und isoliert: Studien zur Wirkungsgeschichte* (= *Europäische Hochschulschriften*, Reihe I: *Deutsche Sprache und Literatur*, Bd. 1496), Frankfurt/M. 1995.

5 S. dazu u. a. die Selbstauskunft in *Zwischenbilanz (1975/1985)* in: WW 3, S. 46–53; hier: S. 50 f.

6 Baier: *Ceterum censeo*, S, 362.

Tatsächlich hatten viele Rezensenten – zu Wellershoffs Nachteil – erkennbar Schwierigkeiten, sich selbst aus der Schiene des nahezu zwanghaften Vergleichs zwischen dem fiktionalen Autor und dem Literaturtheoretiker zu befreien.[7] Sah man etwa Übereinstimmungen zwischen seinem Realismuskonzept und den Erzähltexten, so bereitete dieser Nachweis immer wieder dem Vorwurf der Verkopfung und Theorielastigkeit den Weg, die angeblich ein blutvolles, lebenswarmes Erzählen verhinderten. Stellte man hingegen fest, dass Wellershoffs Fiktionen gerade nicht die Probe aufs Exempel machten, sondern jenseits der Theorie ihr unhintergehbares künstlerisches Eigenprofil behaupteten, hieß es tendenziell, der Autor sei seinen eigenen Vorgaben nicht gerecht geworden.[8] Das war allein deshalb absurd, weil, wie gesagt, chronologisch die „theoretischen Äußerungen [...] der literarischen Praxis [folgten], nicht umgekehrt“[9].

Diese Geschichte eines „Ausschließungsdiskurses“[10] nach illegitimen Kriterien, de facto eines so offensichtlichen wie deplorablen Versagens beträchtlicher Teile der deutschen Literaturkritik, braucht hier nicht mehr ausführlich referiert zu werden. Bernd Happekotte hat das Thema in seiner auch als einschlägige Dokumentation gut nutzbaren Dissertation über die Geschichte der Wellershoff-Rezeption gründlich abgehandelt. Indes begannen sich die Rezeptionsmodi – auch dieser durchaus erklärungsbedürftige Wandel gehört selbstverständlich zur Historie der Wirkungsgeschichte – in den 80er Jahren allmählich zu ändern. Nachdem der Roman *Der Sieger nimmt alles* von 1983 noch einmal auf breiter Front die Verreißlust befördert hatte, deutete sich bereits mit den Reaktionen auf den folgenden Erzählband *Der Körper und die Träume* (1986) eine Kehrtwende an, die sich anlässlich des autobiografischen, in seiner Erzählhaltung aber durchaus an fiktionalen Schreibweisen orientierten Buches *Blick auf einen fernen Berg* (1991) fortsetzte und verstetigte.

Die Kritik würdigte seinerzeit übereinstimmend die Adäquanz von Gegenstand – des Leukämietods von Wellershoffs jüngerem Bruder – und Sprache, die schonungslose Bedeutsamkeit einer Todesdarstellung unter den Bedingungen einer säkularisierten Moderne. Die bekannten Standardvorwürfe – blasse Theorielastigkeit und gesellschaftliche Irrelevanz – fielen diesmal durchweg unter den Tisch. Happekotte sieht darin – von ihm mit Genugtuung wahrgenommene – Signale für eine grundsätzliche Veränderung des professionellen Rezeptionsverhaltens:

---

7 Ein Paradebeispiel dafür liefert der Briefwechsel zwischen Wellershoff und dem *Zeit*-Literaturkritiker Rolf Michaelis im Nachgang zu dessen Verriss der Novelle *Die Sirene* zwischen dem 4. und dem 18. April 1980 (HAStK, Best. 1554, Nr. 279).

8 S. dazu Happekotte: *Dieter Wellershoff*, S. 8–55, und sein „Resümee“, S. 312–314.

9 Wellershoff: *„Neuer Realismus“. Rückblick*, in: WW 8, S. 630–637; hier: S. 636.

10 Baier: *Ceterum censeo*, S. 363.

> In den Rezensionen zu „Blick auf einen fernen Berg“ werden bestimmte Aspekte der Wellershoffschen Erzählsprache in den Vordergrund gestellt, die immer schon umstritten waren und zugleich zu den unverkennbaren Eigenheiten des Erzählers Wellershoff gezählt wurden. Die Kritik ist nun vorrangig darum bemüht, die von dem Schreiben Wellershoffs evozierten Widerstände und das von ihm erreichte und anerkannte literarische Ergebnis auf einen gemeinsamen Nenner zu bringen. [...]
> Wellershoffs neues Buch wird, unter expliziter Berücksichtigung der kontinuierlich fortgeführten Schreibhaltung des Autors, als eine legitime und ungekannte Einsichten vermittelnde Darstellung des Todes rezipiert. Dabei werden die dem Wellershoffschen Erzählen zugesprochenen Eigenschaften der Präzision und Distanz zunehmend als die ermöglichenden Voraussetzungen jener Einsichten anerkannt.[11]

Ihre Fortsetzung fand diese neue Aufnahmebereitschaft in der starken öffentlichen Resonanz auf *Der Ernstfall* (1995), Wellershoffs autobiografischen Bericht über seine Kriegsteilnahme, die zweifellos durch die simultane Debatte über die Verbrechen der Wehrmacht im Kontext der betreffenden Ausstellung des Hamburger Instituts für Sozialforschung begünstigt wurde. Als „Volltreffer“ auch von den Verkaufszahlen her erwies sich dann aber vor allem der nächste Roman, *Der Liebeswunsch* von 2000.[12] Zum ersten Mal in seiner Publikationsgeschichte konnte der Autor damit auch einen ökonomischen Erfolg einfahren, der an denjenigen einiger Böll-Romane heranreichte.[13] Selbst Marcel Reich-Ranicki, Wellershoffs alter Gegner seit *Ein schöner Tag*, wandelte sich vom Saulus zum Paulus und äußerte im *Literarischen Quartett* des ZDF uneingeschränkte Zustimmung: „Ich habe selten erlebt in unserer zeitgenössischen Literatur, dass Liebe so vergegenwärtigt wird. [...] Mit 75 hat Dieter Wellershoff sein Meisterstück geschrieben.“[14]

Auch der früher standardmäßig geäußerte Vorbehalt, Wellershoffs Bücher litten an der forcierten „Privatheit“ ihrer Gegenstände, wurde jetzt kaum mehr erhoben – obwohl er gerade diesmal, angesichts der Darstellung unlösbarer Beziehungsprobleme in einem brüchigen Freundschaftsbund zu viert, nahegelegen hätte. Indes dürfte nicht zuletzt der unabweisbare Zeitgeistwandel ein die Aufnahme des *Liebeswunsch* begünstigendes Terrain geschaffen haben:

---

11 Happekotte: *Dieter Wellershoff*, S. 217 ff.

12 S. dazu Elisabeth Hollerweger: *Liebeswünsche als Lebensängste. Zu Dieter Wellershoffs Roman „Der Liebeswunsch“*, Inaugural-Dissertation Freiburg o.V. 2004. URL: https://freidok.uni-freiburg.de/fedora/objects/freidok:1667/datastreams/FILE1/Content, letzter Zugriff: 18.03.2025, S. 203–225.

13 Reinhold Neven Du Mont: *Mit Büchern und Autoren. Mein Leben als Verleger*, Köln 2016, S. 79, 313 f.

14 Zitiert bei Hollerweger: *Liebeswünsche als Lebensängste*, S. 220.

> Seine [sc. Wellershoffs, d. Verf.] Stunde schlug erst mit dem Abebben einer politisch akzentuierten Zeitkritik, dem Versickern der 68er Impulse und der allgemeinen Erschöpfung utopischer Energien in den 80er Jahren und erst recht nach dem Zusammenbruch des real existierenden Sozialismus 1989. Wohl erst vor dem Hintergrund dieser allgemeinen Konstellation konnte ein „privater" Ehe- und Beziehungsroman wie *Der Liebeswunsch* mit seinen starken intertextuellen Bezügen zu Goethes *Wahlverwandtschaften* zum Bestseller werden.[15]

Auf weitestgehende Zustimmung stießen auch die folgenden Bücher, darunter der dem *Liebeswunsch* thematisch zuzuordnende Großessay *Der Verstörte Eros. Zur Literatur des Begehrens* (2001), Der Erzählband *Das normale Leben* (2005) und der Roman *Der Himmel ist kein Ort* (2009). Der Erfolg des *Liebeswunsch* konnte allerdings gerade mit diesem letzten Roman nicht mehr eingestellt werden. Im Nachhinein will es scheinen, dass nach der Jahrtausendwende die Wellershoff-Rezeption in das Fahrwasser einer allgemeinen, dabei aber routinierten, den Überschwang meidenden Anerkennung und Wertschätzung überging.[16] Der Autor war kein Anlass mehr für erbitterte Ablehnung, aber eben auch nicht mehr für „positive" Aufregung. Ein Stück weit schien ihn das zweifelhafte Schicksal einer Klassizität noch oder schon zu Lebzeiten ereilt zu haben.

Solchermaßen bietet sich für die Wirkungsgeschichte von Autor und Werk in der Rückschau eine Aufteilung in vier Phasen an – in fünf, nimmt man die Zeit nach seinem Tod hinzu: Am Beginn stand der Erfolg des jungen Literaturwissenschaftlers (mit seiner Monografie über Gottfried Benn sowie der ersten wissenschaftlichen Edition seiner Werke), des Hörspielautors (für *Der Minotaurus* erhielt er 1960 den *Hörspielpreis der Kriegsblinden*) und des Literaturtheoretikers (seine „Marginalie" *Neuer Realismus* von 1965 setzte eine breit angelegte, wenn auch kontroverse Diskussion in Gang).

Es folgte eine Periode, in der Wellershoffs Anerkennung als literarischer Essayist anhielt und er sich einen ausgezeichneten Ruf als Lektor bei Kiepenheuer & Witsch erwarb, während, angefangen mit der aggressiven Ablehnung des entstehenden Romans *Ein schöner Tag* auf der Tagung der Gruppe 47 im Jahr 1965[17], der Autor zumal fiktionaler Prosatexte auf die Phalanx eines geballten Widerspruchs stieß – was sich negativ auch auf die Reichweite seiner Bücher in der Leserschaft auswirkte.

---

15 Markus Schwering: *Kölner Literaturgeschichte. Von den Anfängen bis zur Gegenwart* (= *Veröffentlichungen des Historischen Geschichtsvereins* e. V., Bd. 53), Köln 2024, S. 184.

16 Ich lege in diesem Zusammenhang Wert auf die Feststellung, dass sich mit dieser Diagnose kein Urteil darüber verbindet, ob dieser Einstellungswandel berechtigt war.

17 S. Wellershoffs eigene Darstellung des Vorgangs in seinem Essay *Ein sozialer Raum ohne Entfremdung? Rückblick auf die Gruppe 47*, in: WW 4, S. 688–699; hier: S. 691 f.

Abb. 1 Dieter Wellershoff (r.) empfängt 1960 in Anwesenheit von Bundespräsident Heinrich Lübke (2.v.l.) für *Der Minotaurus* den *Hörspielpreis der Kriegsblinden*. Foto: Heinz Engel.

In den 90er Jahren flauten diese Vorbehalte wahrnehmbar ab, und mit dem *Liebeswunsch* erreichte Wellershoff den Gipfel seiner öffentlichen Anerkennung und Wirksamkeit. Die folgende Periode zeitigte ein Verharren auf hohem Wertschätzungsniveau, ohne dass das öffentliche Interesse am Autor noch einen neuerlichen Schub erhalten hätte. Die Jahre nach seinem Tod schließlich führten in jenes bis zum gegenwärtigen Zeitpunkt nicht verlassene Rezeptionstal, von dem eingangs die Rede war.

Die Geschichte der wissenschaftlichen Auseinandersetzung mit Wellershoffs Werk jenseits des publizistischen „Rauschens" spiegelt diese Entwicklung in ihrem Auf und Ab übrigens ziemlich genau wider: Sie beginnt mehr oder weniger tröpfelnd mit einem Aufsatzband zum 50. Geburtstag, der bemerkenswerterweise nicht von deutschen, sondern von britischen Germanisten erstellt wurde.[18] 1979 folgten Heike

18 Richard Hinton Thomas (Hg.): *Der Schriftsteller Dieter Wellershoff. Interpretationen und Analysen* (= *pocket*, Bd. 62), Köln 1975.

H. Vollmuths Münsteraner Dissertation über Wellershoffs frühe Romane[19], 1982 Hans Helmreichs auf einer Examensarbeit beruhende knappe Gesamtdarstellung[20] sowie Christa Merkes' an der Uni Warwick entstandene Dissertation über den „Neuen Realismus"[21] und 1985 ein weiterer Sammelband in der renommierten *Text + Kritik*-Autorenreihe[22].

Die Hochzeit der literaturwissenschaftlichen Wellershoff-Rezeption waren, ausweislich einer signifikant hohen Dichte an Dissertationen, Monografien, Gesamtdarstellungen, Aufsätzen etc. mit teils sehr spezifischen thematischen Fokussierungen, eindeutig die 90er Jahre des 20. Jahrhunderts. „Eröffnet" wurde sie durch zwei Publikationen, die offenkundig im Zusammenhang mit dem 65. Geburtstag standen: einem neuerlichen Sammelband von Kiepenheuer & Witsch über seinen Autor mit maßgeblichen Arbeiten zur seinerzeit jüngeren Produktion des Jubilars[23] und Ulrich Tschierskes wichtiger Studie über die zentralen Wellershoff-Motive Glück, Tod und Augenblick[24]. Noch im selben Jahr erschienen die Dissertationen von Joachim Jaeger[25] und Jan Sass[26], es folgten gleichsam im Gänsemarsch die Doktorarbeiten von Torsten Bügner (1993)[27], Bernd Happekotte (1995), Daniela Dujmić (1996)[28] und Klaus Torsy (1999)[29]. Die Reihe endete mit Werner Jungs (vorläufiger) Gesamtdarstellung aus dem Jahr 2000[30], Elisabeth Hollerwe-

---

19 Eike H. Vollmuth: *Dieter Wellershoff – Romanproduktion und anthropologische Literaturtheorie. Zu den Romanen „Ein schöner Tag" und „Die Schattengrenze"*, München 1974.

20 Hans Helmreich: *Dieter Wellershoff* (= *Autorenbücher*, Bd. 29), München 1982.

21 Christa Merkes: *Wahrnehmungsstrukturen in Werken des Neuen Realismus. Theorie und Praxis des Neuen Realismus und des nouveau roman – eine Gegenüberstellung* (= *Europäische Hochschulschriften*, Reihe I: *Deutsche Sprache und Literatur*, Bd. 567), Frankfurt/M. 1982.

22 *Dieter Wellershoff* (= *Text + Kritik. Zeitschrift für Literatur*, hg. von Heinz Ludwig Arnold, H. 88), München 1985.

23 Manfred Durzak/Hartmut Steinecke/Keith Bullivant (Hg.): *Dieter Wellershoff. Studien zu seinem Werk*, Köln 1990.

24 Ulrich Tschierske: *Das Glück, der Tod und der „Augenblick". Realismus und Utopie im Werk Dieter Wellershoffs* (= *Untersuchungen zur deutschen Literaturgeschichte*, Bd. 53), Tübingen 1990.

25 Joachim Jaeger: *Realismus und Anthropologie. Eine Studie zum Werk Dieter Wellershoffs* (= *Europäische Hochschulschriften*, Reihe I: *Deutsche Sprache und Literatur*, Bd. 1180), Frankfurt/M. 1990.

26 Jan Sass: *Der magische Moment. Phantasiestrukturen im Werk Dieter Wellershoffs* (= *Stauffenburg-Colloquium*, Bd. 18), Tübingen 1990.

27 Torsten Bügner: *Lebenssimulationen. Zur Literaturtheorie und fiktionalen Praxis von Dieter Wellershoff*, Wiesbaden 1993.

28 Daniela Dujmić: *Literatur zwischen Autonomie und Engagement. Zur Poetik von Hans Magnus Enzensberger, Peter Handke und Dieter Wellershoff*, Konstanz 1996.

29 Klaus Torsy: *Unser alltäglicher Wahnsinn. Zum Begriff der Kommunikation bei Dieter Wellershoff* (= *Wissenschaftliche Beiträge aus dem Tectum Verlag. Reihe Germanistik*, Bd. 1), Marburg 1999.

30 Werner Jung: *Im Dunkel des gelebten Augenblicks. Dieter Wellershoff – Erzähler, Medienautor, Essayist*, Berlin 2000.

gers Dissertation über den *Liebeswunsch* von 2004 und der gleichfalls von Jung herausgegebene Sammelband zum 85. Geburtstag[31] waren bereits „Nachzügler".

Tatsächlich dünnte der Strom der Forschungsliteratur zu Wellershoff in diesen Jahren erkennbar aus – woran sich bis zur Stunde nichts geändert hat. Der unter Mitwirkung von Wellershoffs Tochter Irene von Werner Jung vier Jahre nach dem Tod des Autors herausgegebene, liebevoll gestaltete Band *„Verborgene Texte des Lebens"* mit teils unbekannten Arbeiten aus dem Nachlass[32] steht als einsamer Solitär in der Publikationslandschaft da.

Die gegenwärtige Rezeptionsflaute ist – davon ist der Verfasser der vorliegenden Darstellung überzeugt – sachlich in keiner Weise gerechtfertigt. Und die unverbindliche lexikonreife Wertschätzung, die Wellershoff heute als moderner Klassiker der deutschen Literatur erfährt, ist kaum weniger fatal wie die ressentimentgesättigte Ablehnung, die er von den 60er Jahren bis in die 90er hinein erfuhr. Jedenfalls möchte ich die – wie stets okkasionelle – Chance der Wiederkehr eines runden (diesmal: des 100.) Geburtstages ergreifen, Dieter Wellershoff als einen inspirierenden, mit einer unverwechselbaren dichterischen Sprache faszinierenden, reflektiert-intelligenten und darüber hinaus thematisch nach wie vor hochaktuellen Autor neu zu entdecken und im allgemeinen Bewusstsein zu etablieren. Dass er dies ist – aktuell und modern, „unabgegolten", wie man vor Zeiten zu sagen pflegte –, versuche ich im Schlusskapitel noch einmal zusammenfassend zu begründen.

Das vorliegende Buch versteht sich als eine Untersuchung des „Kosmos Wellershoff" in seiner Gesamtheit. Es geht dabei aber einen vielleicht etwas ungewohnten Weg. Naheliegend wäre ein interpretierender Gang durch das Oeuvre gewesen, wobei die Kapitelfolge sich an einzelnen Werken orientiert hätte. Dieses Verfahren haben indes bereits etliche Autoren gewählt: Jung in seiner genannten Studie, außerdem die Kölner Autoren Joke und Petra Frerichs in ihrem Wellershoff-Buch von 2012[33]. Stark werkbezogen ist auch der Aufbau der Arbeiten von Jaeger und Happekotte.

Mir selbst erschien – und sei es, um der Gefahr des Repetitiven zu entgehen – ein anderer Zugang perspektivisch verheißungsvoller: die Erschließung des Gesamtwerks unter wechselnden thematischen Gesichtspunkten. Bereits das Inhaltsverzeichnis weist dieses Verfahren aus, das gleichsam von Kapitel zu Kapitel neu an- und einsetzt, also so tut, als gäbe es die übrigen Kapitel nicht. Das Bild mehrerer selbständiger Kreise drängt sich auf, die tendenziell, aber nicht durchweg konzentrisch sind, so dass sich hinsichtlich der Kreisumfangslinien auch Überschneidungen ergeben. Auf den Text bezogen: Wiederholungen ließen sich nicht

---

31 Ders. (Hg.): *Literatur ist gefährlich. Dieter Wellershoff zum 85. Geburtstag*, Bielefeld 2010.

32 Ders. (Hg.): *„Verborgene Texte des Lebens". Dieter Wellershoff – ein Lesebuch*, Bielefeld 2022.

33 Joke Frerichs/Petra Frerichs: *Leben braucht keine Begründung. Zum literarischen Werk von Dieter Wellershoff*, Norderstedt 2012.

vermeiden, indes erscheint Identisches in wechselnden Kontexten, in wechselnder Beleuchtung. Auf der anderen Seite bleiben naheliegend Lücken. Eine vollständige Abdeckung des Werkcorpus war nicht angestrebt und in Kauf zu nehmen, dass der eine Leser oder die andere Leserin unter den behandelten Texten auch diesen oder jenen vermisst.

Immerhin hoffe ich, dass die gewählten Schwerpunkte es ermöglichen, Wellershoffs Oeuvre in seiner Vielgestalt und Diversität, aber auch in der beharrlichen Präsenz bestimmter Themen und Schreibweisen von der Frühzeit bis in die späten Jahre der Autorschaft sichtbar zu machen. Vor allem soll seine faszinierende textsortenübergreifende Einheit von Produktion und Reflexion, Fiktion und Theorie, Text und Metatext sichtbar werden. Dieser Intention verdankt das Buch seine methodische Offenheit und die vergleichsweise unreglementierte und zweifellos auch noch erweiterbare Vielzahl der gewählten Zugänge: Themen- und Motivgeschichte (Krise, Mythos, Eros und Tod) gelangen genauso zur Erörterung wie Stil- und Genrefragen (Schreibweisen und ihre Unterschiede, sprachliche Realitätserfassung, Multimedialität), Theorieorientierung (Realismus, Simulation), das Verhältnis von Autobiografie und Fiktion, politische und literarische Zeitgenossenschaft sowie rezeptionsästhetische Aspekte. Der Buchtitel „Krise und Utopie" versammelt zwei, wie ich zeigen zu können hoffe, auf der Fiktionsebene wesentliche Strukturmomente von Wellershoffs Dichtung, die in ihrer dialektischen Verschränkung geradezu Treibsätze zumal seines Erzählens werden. „Krise und Katastrophe" wäre auch denkbar, zugleich aber zu einseitig und damit „schief" gewesen.

Im Fokus der Darstellung stehen stets Wellershoffs eigene Texte inklusive der zahlreichen publizierten Gespräche, die er mit diversen Partnern führte, sowie die Verbindungsfäden, die textsortenübergreifend zwischen ihnen hin- und herlaufen. Die wechselseitige Bespiegelung von fiktionalen Texten und sie ausdrücklich oder implizit kommentierenden und interpretierenden essayistisch-theoretischen Texten gehört – für mich – zu den interessantesten und faszinierendsten Aspekten des Wellershoff'schen Oeuvres. Das Anregungspotenzial, das anderweitige literarische Traditionen und Werke, aber auch Wissenschaft und Philosophie bereithielten – dass sie es taten, liegt auf der Hand bei einem dezidierten „poeta doctus", wie es Wellershoff war –, kommt zur Sprache, aber eher kursorisch und keinesfalls mit dem Anspruch auf seine systematische Erfassung.

Am Schluss dieser Einleitung soll (mehr als nur) ein Wort in eigener Sache stehen.[34] Ich hatte, ohne mit ihm im engeren Sinn befreundet gewesen zu sein, zu

34 Ich greife im Folgenden auf meinen Essay *Der Stachel des Unheimlichen* zurück, der in der im November 2015 publizierten, von Peter Henning herausgegebenen kleinen Festschrift mit dem Titel *Der Seins-Erschließer. Dieter Wellershoff zum 90.* erschien (S. 27–29). Die Festschrift war nur als Privatdruck erhältlich.

Dieter Wellershoff einen guten und (bis an die Schwelle seines krankheitsbedingten Rückzugs aus der Öffentlichkeit) stetigen persönlichen Kontakt – jedenfalls meinen engsten und intensivsten im gut besetzten Feld der Kölner Autoren. Dieser Kontakt ergab sich aus meiner beruflichen Tätigkeit als Kulturredakteur des *Kölner Stadt-Anzeiger*, hatte aber auch Gründe, die weit hinter meine Berufslaufbahn zurückreichen.

Vor der Bekanntschaft mit dem Autor selbst stand die mit seiner jüngsten Tochter Marianne, die heute als Redakteurin beim Hamburger *Spiegel* arbeitet. Seinerzeit, in der ersten Hälfte der 70er Jahre, spielten wir im Rahmen des Kulturangebots an unserer gemeinsamen Schule zusammen Kammermusik. Irgendwann erzählte sie mir, dass ihr Vater Schriftsteller sei. Hinzu kam ein für mich in seiner Wiederholungsanfälligkeit nachdrückliches Erlebnis: Wann immer ich – auf dem Weg zu meinen Klavierschülern – auf dem Fahrrad am Wellerschoff'schen Haus in der Morbacher Straße in Köln-Sülz vorbeifuhr, hörte ich aus dem Dachgeschoss das energische Rattern einer Schreibmaschine.

Solchermaßen beiläufig präpariert, wagte ich – es wird 1977 gewesen sein, in meinem zweiten Studienjahr und zugleich dem Erscheinungsjahr des Buches – den Einstieg in die literarische Welt des Dieter Wellershoff. Das Entree markierte der Roman *Die Schönheit des Schimpansen*, jene Geschichte eines gescheiterten Studenten, in der sich aufgestaute Aggression und Lebensekel am Schluss in einem „zufälligen" Totschlag (mit anschließendem Selbstmord) entladen.

Ich fand dort – nicht von ungefähr einem der meisterwähnten Wellershoff-Texte noch in der vorliegenden Arbeit – einen „Ton", der in der damaligen deutschen Erzählliteratur selten war. Es war nicht der Ton der politischen Kritik und Verheißung, aber auch nicht der einer neuen Innerlichkeit, sondern trotz der forcierten „Privatheit" des Handlungskontextes der einer unabweisbaren existenziellen Dringlichkeit. Indes rückt Wellershoff, das war bereits damals mein Eindruck, dem Leser damit nicht rüde auf den Pelz; um dieses so exakte, Seelenzustände minimalistisch sezierende Erzählen legt sich vielmehr immer ein Hof des Indirekten, Unbestimmten, nicht Ausgesprochenen: die den Handelnden selbst noch unbewusste, unter der dünnen Schicht der Konventionen und Übereinkünfte aber erkennbare Lebensverfehlung, die in eine Katastrophe münden kann, freilich nicht muss. Dieser bereits nach zwei Sätzen identifizierbare, unverwechselbare „Ton" – ich muss gestehen, dass er mich in den Folgejahren fast süchtig machte, gerade weil sich mit ihm keine in einem trivialen Sinn „aufbauende" Lektüre verband. Ich kann mich noch heute gut daran erinnern, über dem *Liebeswunsch* einmal den fälligen Ausstieg aus der Straßenbahn verpasst zu haben.

Es dauerte dann allerdings einige Zeit, bis ich den Mut zur persönlichen Kontaktaufnahme fand. Dazu kam es, wie gesagt, erst im Zuge meiner Berufstätigkeit bei der Kölner Tageszeitung. Der Grund für meine Zurückhaltung: Ich fürchtete mich vor einem psychologischen Scharfblick, der möglicherweise auch vor dem befangenen Bewunderer nicht haltmachen und ihn gleichsam auf den Seziertisch eines sachlich-distanzierten einschlägigen Interesses legen würde. Als es sich nicht mehr vermeiden ließ, rückte ich dann also doch in der Wohnung in der Mainzer Straße an – schwer gepanzert mit Adornos *Ästhetischer Theorie* in der Hoffnung, dem versierten Literaturdenker anlässlich seines bevorstehenden 65. Geburtstages ein satisfaktionsfähiger Interviewer zu sein.

Alle Befürchtungen erwiesen sich freilich als unbegründet: Bei Kaffee und Mineralwasser empfing mich der Autor in seinem abgelegenen Arbeitszimmer mit wacher, ernster Freundlichkeit und der den Zuhörer indes nie überrollenden Bereitschaft, über sein Schreiben und seine Motivationen vergleichsweise rückhaltlos Auskunft zu geben. Die Geste des einschüchternd-repräsentativen Großschriftstellers lag Wellershoff fern. Auch er pflegte seine Eitelkeiten, aber er tat es mit diskretem Charme. Der leichte, aber wahrnehmbare rheinische Einschlag im Rededuktus war gleichfalls geeignet, eine kommunikative Vertrautheit herzustellen, die nicht mit Vertraulichkeit verwechselt werden wollte und konnte.

Eine – zugegeben naive – Überlegung ließ sich nicht unterdrücken: Wie konnte dieser umgängliche Mensch seine Figuren, all diese krisengeschüttelten Glücksucher, zum Teil so erbarmungslos untergehen lassen? Wellershoffs Literaturauffassung hilft – wie zu zeigen sein wird – diesen scheinbaren Widerspruch aufzulösen. Trotzdem war er für mich immer auch ein Stachel des Unheimlichen. Das ist er, auf anregende Weise, bis heute geblieben.

Dieses Buch schließt in gewisser Weise an meine 2024 gleichfalls im Böhlau Verlag erschienene *Kölner Literaturgeschichte* an. Dort wird Wellershoff im entsprechenden Kapitel („Konstellationen der Nachkriegszeit") in vergleichender „Engführung" mit Heinrich Böll besprochen.[35] Wiewohl diese Konstellation auch in der vorliegenden Wellershoff-Monografie aufgegriffen wird[36], konnte die Dramaturgie der *Literaturgeschichte* naheliegend nicht übernommen werden. So oder so kehrt einiges in erweiterter Form wieder: die Ausführungen zu Wellershoffs Köln-Beziehung etwa[37] oder zum Verhältnis von „politisch" und „privat"[38].

Eine Wiederkehr erleben auch die Träger von einigen Namen, mit denen sich bereits im Vorgängerbuch der Dank des Verfassers für vielfältige Auskünfte, Unterstützung, Ratschläge, Ermunterung und Kritik verband. Die Helfer waren in erster Linie Gabriele Ewenz, Reinhold Neven Du Mont, Martin Oehlen und Helmut Schmiedt. Leider konnte mich Gabriele Ewenz, die Leiterin des LiK-Archivs der Kölner Zentralbibliothek, nicht mit Wellershoffiana versorgen – wegen der Generalsanierung des Zentralbibliothek-Gebäudes am Josef-Haubrich-Hof und

35 Schwering: *Kölner Literaturgeschichte*, S. 167–193.

36 S. Kapitel 6 („Impulse und Kontakte"), S. 135–144.

37 S. Kapitel 5 („Köln").

38 S. Kapitel 7 („Zeitgenossenschaft"), S. 153–157.

der dadurch notwendig gewordenen Auslagerung der Bestände sind diese derzeit Interessenten nicht zugänglich. Zugänglich war mir indes der Wellershoff-Nachlass im Kölner Stadtarchiv – diesbezüglich habe ich Max Plassmann für freundliche Hilfsbereitschaft zu danken. Die Benutzung des Archivs ist freilich immer noch – Spätfolge des Einsturzes in der Severinstraße – etwas mühsam, weil viele Archivalien, sobald Benutzeranfragen kommen, zunächst aufbereitet werden müssen. Der allergrößte Dank gebührt indes der Familie des Autors und hier zumal Irene Wellershoff, die auf zahlreiche Auskunftsbegehren und Gegenlese-Wünsche stets geduldig und konstruktiv reagierte. Ihr Ehemann Bodo Witzke versorgte mich großzügig mit hochwillkommenen Digitalversionen von medialem Dokumentarmaterial: TV-Interviews und -Vorträgen von und mit Dieter Wellershoff sowie zahlreichen Filmen nach seinen Erzähltexten und Drehbüchern. Zu danken habe ich schließlich, wie bereits im Fall meiner *Literaturgeschichte*, Kirsti Doepner, der Leiterin Programmplanung, und der Projektmanagerin Julia Beenken vom Böhlau Verlag, für die entspannte, unkomplizierte und so professionelle wie engagierte Zusammenarbeit bei diesem zweiten Buch in kurzem Zeitabstand. Ich habe es bei ihnen stets in den besten Händen gewusst.

Widmen möchte ich diese Arbeit meiner Tochter Marie Christine, die ungefähr so alt ist wie meine Bekanntschaft mit Dieter Wellershoff.

1. „Wellershoff-Ton"

Der vorliegende Versuch einer Erschließung des „Kontinents Wellershoff" soll mit einer exemplarischen Textanalyse beginnen. Sie will Darstellungsintentionen sowie Strategien und Strukturen der künstlerischen Realitätserfassung sichtbar machen, wie sie für diesen Autor – unbeschadet der thematischen und artistischen Breite, Vielfalt und Diversität seines Oeuvres – charakteristisch sind und über alle Unterschiede hinweg einen spezifischen und Wiedererkennbarkeit ermöglichenden „Wellershoff-Sound" bedingen (der Begriff wird hier in einem sehr weiten Sinn gebraucht, er bezieht sich nicht nur auf eine bestimmte „Sprachmelodie", sondern auch auf die Persistenz von Darstellungsmodi, Bildern und Motiven). Ausgewählt wurde zu diesem Zweck nicht eine der „großen" und bekannten, d. h. den Dichter für eine literarische Öffentlichkeit weithin repräsentierenden Arbeiten wie etwa der Roman *Der Liebeswunsch*, sondern eine eher „unauffällige", vom Sujet her „bescheidene", in ein Corpus von Texten eingebundene Erzählung, die darüber hinaus den Vorteil hat, das Interesse professioneller Wellershoff-Interpreten bislang eher mäßig auf sich gezogen zu haben.[1]

Es handelt sich hierbei um *Augenblicke der Benommenheit* von 1985, einen 20 Seiten langen Text, der in den 1986 erschienenen Erzählband *Der Körper und die Träume* aufgenommen wurde. Er eignet sich auch deshalb als Ausgangspunkt der in diesem Buch exponierten Themenschwerpunkte, als sich hier eine intensive thematisch-motivische Verflechtung mit dem Gesamtwerk nachweisen lässt und überdies die lebensgeschichtliche Matrix und die Wellershoff-typischen Funktionsweisen der ästhetischen Transformation autobiografischer „Realien" sichtbar werden können.

Vorderhand geht es in der Erzählung um die während eines Urlaubs unternommene und sich über einen überschaubaren Zeitraum von wenigen Stunden erstreckende Klippenwanderung (mutmaßlich an der Küste der Normandie) eines alternden deutschen Ehepaares jenseits seiner aktiven Berufslaufbahn. Die Erzählperspektive ist radikal reduziert, d. h. der Leser erfährt von den mitgeteilten Vorgängen einzig und allein aus der Sicht des Mannes, der sich vorzugsweise im Modus der Erlebten Rede mitteilt. Ausschließlich als Bewusstseinsereignis, also imaginär, findet auch der Dialog mit der Ehefrau statt – im realen „Außen" be-

---

1 S. immerhin Sass: *Der magische Moment*, S. 325–329; Bügner: *Lebenssimulationen*, S. 199 f. und passim; Torsy: *Unser alltäglicher Wahnsinn*, S. 147 f.

schränkt sich die Kommunikation mit ihr auf seine Aufforderung kurz vor dem Ende der Erzählung: „Komm da weg, Lena! Laß uns gehen!“[2]

Auf der Seite des Lesers führt diese Perspektivierung zu einer fundamentalen Unsicherheit: Er kann sich nie (ganz) sicher sein, dass „seine“ Sicht – die notwendigerweise die des Mannes ist, eine Alternative wird ihm ja grundsätzlich vorenthalten – mit den „objektiven“ Gegebenheiten übereinstimmt. Für ihn eröffnet sich damit ein ausgedehntes Feld von Deutungsoptionen, von denen eine als „gültig“ auszuwählen und andere definitiv auszuschließen sich wiederholt als unmöglich erweist. Der Autor liefert ihm – dieser Aspekt gehört ganz wesentlich zum Kunstcharakter der Erzählung – bis zum Schluss keine Handhabe, die Mehrdeutigkeiten zur Gänze aufzulösen.

Die Korrespondenz der Wirklichkeit mit dem Begriff von ihr bezeichnet bekanntermaßen ein altes und insofern triviales erkenntnistheoretisches Problem. Nicht selbstverständlich ist allerdings, dass es – wie in *Augenblicke der Benommenheit* – in die Struktur des Erzähltextes selbst eingelassen ist, ja diesen konditioniert. „Gegeben“ werden dem Leser äußere Daten aus der Biografie der Beteiligten wie zu den Umständen der Urlaubsreise, an deren „Wahrheitsgehalt“ zu zweifeln er keinen Anlass hat. Das gilt auch für die Tatsache der Wanderung als solche und ihr räumliches Environment. Grundsätzliches Infragestellen dieser fingierten Realität noch auf der Fiktionsebene – etwa in dem Sinne, dass es sich um eine Einbildung oder einen Traum handeln könnte – ist vom Autor erkennbar nicht intendiert. Als zur Realität des Erzählzusammenhangs gehörend erweist sich schließlich der in der internen Rede des Mannes artikulierte Krisenzustand, der durch die Umstände der Wanderung ausgelöst wird.

Diese Krise kündigt sich gleich in den ersten, bezeichnenderweise in Frageform formulierten Sätzen an:

> Aber warum ist es wieder so dunkel? Läßt, wenn er sich anstrengt, die Sehkraft seiner Augen nach? Zwischen ihm und der Welt hängt wieder ein Schleier, den er nicht fortreißen kann. Dahinter ist dieser tintenblaue Rücken und die Kapuze, die ihren Kopf verhüllt.[3]

Die Einschränkung des Sehvermögens, die Irritation des Hörsinns „in diesem Brausen und Rauschen, in diesem Wind“[4], kurzum: ein unabweisbarer, zu einer Störung des Weltbezugs führender körperlicher Schwächezustand löst in „ihm“ eine latente Panik aus. Sie hat ihren realistischen Gegenhalt daran, dass die Wanderung auf einer gegen den Meeresabgrund mutmaßlich nur unzureichend geschützten

2 *Augenblicke der Benommenheit*, S. 830.

3 Ebd., S. 811.

4 Ebd.

Klippe tatsächlich (lebens-)bedrohlich sein kann, wenn ein Beteiligter den Wahrnehmungsanforderungen der Situation nicht gewachsen, wenn er desorientiert und hilflos ist. Den Grund für diesen Schwächezustand erfährt der Leser ein paar Seiten später: Der Sprecher der Erlebten Rede ist mit notorischem Höhenschwindel geschlagen. Ein Umstand, der Lena, der Ehefrau, durchaus bekannt ist:

> Seit sie jedes Jahr eine Reise ins Ausland machen, sucht sie immer solche abgelegenen Gegenden auf, und obwohl er ihr inzwischen gesagt hat, daß er schwindelig ist, wandert sie mit Vorliebe über Berggrate und an steilen Küstenabbrüchen vorbei. Was sucht sie dort? Will sie ihm angst machen oder seine Angst vertreiben, oder denkt sie überhaupt nicht daran? Vorsichtig hat er darüber zu sprechen versucht.[5]

Erneut verweisen die wiederholten Fragen auf eine Existenzunsicherheit, die diesmal eine gegenüber der Lebenspartnerin ist – sie wird für ihren Mann zu einem undurchdringlich-kompakten Rätsel. Auf der Wanderung verdichtet es sich im Bild der gesichtslosen, gleichsam armierten Rückenfigur, mit der zu kommunizieren angesichts der aktuellen Umstände, aber auch wohl darüber hinaus unmöglich ist. Es sind diffuse, trotzdem aber hochwirksame – auf das Wissen, dass die andere „weiß", gegründete – Mutmaßungen und Ängste, die schließlich in einem inwendigen Aggressionsschub eskalieren. Er ereignet sich just an dem Punkt, da Lena ganz nah an den Abgrund herantritt und die Dramatik der Landschaftsszenerie im Sinne eines „antwortenden Gegenbildes" (Goethe), also eines sich in der Außenwelt objektivierenden Innenzustandes, ihren Höhepunkt erreicht:

> In diesem Augenblick weiß sie alles: wie sein Herz klopft, wie der Horizont schwankt im Rhythmus seiner schweren Atemzüge und sich alles in Nebel auflöst, außer ihrem blauen Rücken, den er mit ausgestreckter Hand berühren kann. Ja, sie wartet, daß er es tut, daß er sie hinunterstößt. Deshalb hat sie ihn hergeführt und auf dem ganzen Weg kein Wort mehr gesprochen. Sie ist nicht geheilt, sondern auf unauffällige Weise verrückt. Sie will durch ihn sterben. Er soll sie hinabstoßen. Es sind ihre Gedanken, die in seinem Kopf flüstern: Geh noch einen Schritt näher heran! Strecke deine Hand aus! Stoß zu! Jetzt! Jetzt![6]

Die Stelle ist auch deshalb bemerkenswert, weil seine (mutmaßlich) wahnnahen Halluzinationen dem Mann nun eine – syntaktisch durch den Wechsel von Frage- zu Ausrufesätzen ausgewiesene – Erkenntnissicherheit verleihen, über die er vorher keineswegs verfügte. Erneut verweist das Zitat auf die besondere Weise

5 Ebd., S. 821.
6 Ebd., S. 830.

von Wellershoffs Realitätserfassung: Die Wahrnehmung der Ehefrau als eines lebensweltlichen „Faktums“ ist unstrittig realitätsadäquat. Es wird allerdings mit Deutungen und Interpretationen, mit Projektionen beladen, die – möglicherweise, ja wahrscheinlich – nichts mit ihm zu tun haben. „Wirklich“ hingegen ist wiederum der Tatbestand besagter halluzinatorischer Realitätsverformung. So oder so droht die Grenze zwischen Außen und Innen zu verwischen – was ist hier die „Wirklichkeit der Wirklichkeit“ und was die Wirklichkeit des Mannes?

Dem Abstieg von der Klippe korrespondiert dann ein Decrescendo, die – auf die Raumkonstellation bezogen – quasi achsensymmetrische Deeskalation in der Empfindungswelt des Sprechers:

> Denn wenn er das richtig verstand, bedeutete es, daß er sich getäuscht hatte und alles, was er auf der Klippe denken mußte, grundlos war. Es waren lächerliche Einbildungen, Hysterien, die er schon jetzt nicht mehr in sich fand. Könnte man sonst so einträchtig nebeneinander hergehen und sich darüber einigen, daß es ein schöner Spaziergang war? Nein, es war nichts gewesen, nichts Wirkliches. Es war nichts.[7]

Die Schlusssätze sind der Ausdruck einer hämmernden Autosuggestion, sie signalisieren die gewaltsame Austreibung von etwas, das sehr wohl „gewesen“ war. Die Rückkehr in lebensweltliche Normalität verdeckt somit einen „Abgrund“ (im übertragenen Sinne), der deshalb aber nicht verschwindet. „Nichts“ hatte „er“ übrigens bereits seiner Frau geantwortet, die ihn angesichts seines offensichtlichen Unwohlseins mit Blick auf die bevorstehende Wanderung gefragt hatte, was mit ihm „los“ sei.[8]

Der Grund, weshalb der Leser dem wiederhergestellten Beziehungsfrieden nicht trauen kann und wird[9], liegt indes weniger in der um die Klippenwanderung gruppierten Gegenwartshandlung, die für sich genommen das ihr aufgeladene Unheilsgewicht kaum zu tragen vermag. Er liegt vielmehr in der Vergangenheit einer

7 Ebd., S. 831.

8 Ebd., S. 820.

9 Der Autor selbst wies in einem Interview darauf hin, dass diese Leserreaktion nicht nur „textadäquat“, sondern auch intendiert ist: „Es gibt allerdings Texte, z. B. auch Gedichte, die darauf angelegt sind, daß der Leser eine Welt entdeckt, die nicht wörtlich im Text ist, wie etwa in meiner Erzählung *Augenblicke der Benommenheit*. Der Schlußsatz ‚Es war nichts' ist sozusagen die falsche Lesart des Textes. Es war durchaus etwas, aber die Person sagt: ‚Es war nichts.' Und der Leser muß dahinter gekommen sein – obwohl ich das an keiner Stelle sage – daß er auf alle Fälle liest: ‚Ich habe einen Moment in die Tiefe geguckt; jetzt deckt die Person das alles wieder zu.' Also enthält der Text Dinge, die die Mitarbeit des Lesers , das Verstehen des Lesers über das sprachlich Manifeste hinausgehend entwickelt." (*Gespräch des Verfassers mit Dieter Wellershoff. Köln, 15.09.1997*, in Torsy: *Unser alltäglicher Wahnsinn*, S. 187–204; hier: S. 187 – Den rezeptionsästhetischen Aspekten von Wellershoffs Werk widmet sich im vorliegenden Buch das Kapitel 9 („Autor und Leser“).

Paarbeziehung, die die – sich vorderhand ausschließlich im Kopf des Mannes abspielende – Krise hinreichend motiviert und sie gerade nicht als pure Halluzination oder gar Psychose, als Krankheitsschub, als subjektive, durch physische Schwäche ausgelöste Pathologie ausweist. Die „Augenblicke der Benommenheit" führen vielmehr – in paradoxaler Inversion – zu (halluzinatorischer) Einsicht und Klarheit über eine von Grund auf gestörte Beziehung und ein dadurch beeinträchtigtes Leben.

Tatsächlich zeigt die Erzählung strukturell ein deutliches Übergewicht und damit eine determinierende Macht des – lange Zeit zuvor wie erst jüngst – Gewesenen über die Gegenwart. Darauf verweist bereits die Proportion der Zeitebenen. Immer wieder schieben sich zwischen die aufgesplitterte und deshalb nur mühsam voranschreitende Gegenwartshandlung, bei der Erzählte und Erzählzeit zusammenfallen, ausführliche Rückblenden, die sich im Ganzen auf knapp zwei Drittel des Textumfangs summieren. Unstrittig ermöglicht die Technik der Erlebten Rede vergleichsweise problemlos die assoziative Aufschließung von vorzugsweise durch das Plusquamperfekt ausgewiesenen Vergangenheitsräumen – wovon Wellershoff ausgiebig Gebrauch macht. Allerdings wird letztlich nicht ganz klar, bleibt unbestimmt, inwieweit die eigene biografische Vergangenheit tatsächlich Gegenstand manifester Bewusstseinsvorgänge des Protagonisten während der Wanderung ist – oder ob hier nicht doch, das wurde bereits angedeutet, eine wie auch immer beschaffene „neutrale" Erzählerinstanz die Narration steuert.

Hier wird ein Aufbaumuster erkennbar, auf das Wellershoff in seinen Prosatexten immer wieder zurückgreift. Gleich, ob in *Die Schönheit des Schimpansen*, *Der Sieger nimmt alles* oder *Der Liebeswunsch* – das „nachholende", meist bis in die Kindheit der betreffenden Figuren zurückgehende Berichten, das sich aufs Ganze gesehen jeweils zu einer Lebensgeschichte auswachsen kann, ist ein von ihm oft praktiziertes Verfahren. Es hat offensichtlich die Funktion, die Gegenwartshandlung und das ihr innewohnende Potenzial an Krise und Katastrophe zu erklären. Performativ gerät solchermaßen die Vergangenheitserzählung, naheliegend bei dem versierten Freudianer Wellershoff, mehr oder weniger zur Psychoanalyse. Wiederholt sind es gestörte Familienbeziehungen, misslingende Ablösungen von der Vater- oder Mutter-Imago, die spätere Fehlentwicklungen und Konflikte begründen.

In *Augenblicke der Benommenheit* ergibt sich der motivationale Zusammenhang zwischen Früher und Jetzt dadurch, dass die Gegenwart der Klippenwanderung motivisch korrespondierend wie kontrastiv den Bogen im Gewölbe einer seit langem etablierten, freilich bis zur Stunde latent gebliebenen, weil durch Gewohnheit und Lebensroutine überformten Konfliktsituation schließt. In der halluzinativen Mutmaßung, seine Frau fordere ihn auf der Klippe zum Mord auf, wiederholt sich ein frühes, wenn auch tief ins Unterbewusstsein abgesunkenes traumatisches Erlebnis von der Hochzeitsreise:

> […], als er sich in einem plötzlichen Einfall einen Scherz erlaubte und ihr im dunklen Badezimmer des Hotels von hinten die Hände um den Hals legte. Sie hatte nicht einmal geschrien, sondern war einfach nur erstarrt, und er hatte sofort wieder losgelassen. Seine Hände waren weggeschnellt von diesem wehrlosen, sich ergebenden Hals. In ihr benommenes Gesicht hatte er eine Entschuldigung gestammelt, und stumm waren sie zusammen zum Essen gegangen.[10]

Hier klingt das Motiv des Todeswunsches vorweg, das bei der Klippenwanderung als Lockung des Abgrunds wiederkehrt. Diese verspürt „er“ durchaus auch an sich selbst: Der – freilich noch nicht die Schwelle des Bewusstseins überschreitende – Todeswunsch ist „eingebettet“ in jene „umfassendere Katastrophensehnsucht“[11], die Aggression und Autoaggression letztlich in der Fantasie einer universellen Vernichtung zusammenfallen lässt:

> Unter ihren Füßen sind diese wachsenden Hohlräume, und hier, wo sie gehen, wird das Land ins Meer stürzen, in hundert, fünfhundert oder tausend Jahren. Es steckt ein Trost in diesem Gedanken. Alles wird zusammenbrechen und stürzen. Alles, alles.[12]

Besagte Lockung des Abgrunds projiziert er dann allerdings zuvörderst auf seine Frau:

> Ich bin schwindelig. Das hieß, sein Herz begann zu jagen, und sein Gleichgewicht schwankte, sein Blickfeld verengte sich, es waren Symptome einer Kreislaufschwäche. Aber innerlich war es ein Gefühl wachsender Wehrlosigkeit, die Ahnung, die Angst, daß er leicht zu überrumpeln sei, wenn ein fremder Gedanke in seinem Kopf zu flüstern begann: Geh weiter, geh auf den Abgrund zu.
> Es gab solche Stimmen. Sie redeten hinter einer dünnen Wand. Sie sagten ihm nicht nur, was passieren konnte, sondern auch, daß er es wollte.[13]

Frühere Phasen der – kinderlosen – Ehe waren, wie der Leser erfährt, belastet durch Lenas langwierige Krankheiten inklusive depressiver Schübe, für die damit verbundenen Entbehrungen sich der beruflich mäßig erfolgreiche Mitarbeiter eines archäologischen Museums mit zwei ausgedehnteren, mit fadenscheinigen Alibis garnierten Seitensprüngen schadlos hielt.

---

10 Ebd., S. 818.
11 Bügner: *Lebenssimulationen*, S. 200.
12 *Augenblicke der Benommenheit*, S. 811 f.
13 Ebd., S. 821.

In der Beziehung zu der sehr viel jüngeren, mädchenhaften Regine ist jenes Motiv eines unsicheren Schwankens präsent, das dann im Zuge der Klippenwanderung wiederkommt: „Eng umschlungen, in einem schwankenden Gleichgewicht, gingen sie in die Wohnung hinein.“[14] Während freilich seine Frau ihn auf der Wanderung seinem hilflosen Zustand überlässt, herrscht zwischen Regine und ihm jenes wie auch immer ephemere „Gleichgewicht“, das in seiner Ehe fehlt, wenn auch im Zeichen wechselnder Polung. Denn Lena gewinnt nach dem Ende ihrer Banktätigkeit ihre Gesundheit zurück und bewältigt anstandslos jene körperlich fordernde Steilwanderungen, auf denen „er“ von den beschriebenen Schwächeanfällen heimgesucht wird.

Insofern seine Frau ihn, wie es scheint, mitleidlos diese Zustände ertragen und, indem sie kommunikationslos voranschreitet, die eigene überlegene Leistungskraft hingegen absichtsvoll spüren lässt, könnte man die Begleichung einer paargeschichtlichen Rechnung, ja der Rache für erlittene Kränkungen mutmaßen. Diese Deutung ist möglich und scheint aus der Sicht des Ehemannes sogar nahezuliegen – in ihr artikulieren sich seine verdrängten Schuldgefühle. Sie ist allerdings nicht zwingend, weder auf der Ebene der Erzählerrede noch der des um Verständnis bemühten Lesers – zumal nicht geklärt wird, ob Lena von besagten außerehelichen Beziehungen Kenntnis hatte. Die Deutung fällt in den oben beschriebenen Bereich absichtsvoller leerstellenhaltiger Unschärfe. Die Vieldeutigkeit, die den Vorgang mit mehreren Potenzialitäten jenseits seiner selbst auflädt, thematisiert „er“ sogar ausdrücklich in seiner Erlebten Rede:

> Sie hat es ihm und sich auferlegt. Warum, weiß er nicht, Es könnte eine Prüfung oder Buße sein, ist aber wahrscheinlich nur eine Wanderung. Es hat keinen Sinn, darüber nachzudenken.[15]

Der Leser, dem übrigens die Identifikation mit einer der beteiligten Figuren nachhaltig verwehrt wird, mag die Erzählung mit einem Gefühl eingreifender Desillusion und Verunsicherung verlassen; mit mehr als nur einer Ahnung von der – und sei es, wie hier, in einem Fiktionsraum erlebbar gewordenen – Brüchigkeit einer Paarbeziehung, in der die Partner einander fremd, zu abgründigen Rätseln geworden sind. Und von der Brüchigkeit jener Konventionen und Übereinkünfte, die, auf der anderen Seite, das „unfallfreie“ Zusammenleben von Menschen überhaupt erst möglich machen.

Über den autobiografischen Fokus und Impuls, dem sich der Plot von *Augenblicke der Benommenheit* verdankt, hat der Autor selbst in dem für Wellershoffs

14 Ebd., S. 824.
15 Ebd., S. 823.

Literaturauffassung und -theorie zentralen Aufsatz *Double, Alter-Ego und Schatten-Ich. Schreiben und Lesen als mimetische Kur* (1991) Auskunft gegeben:

> Ich will hier darüber sprechen, weil es zeigt, wie literarische Motive entstehen, verwandelt und weitergeführt werden. Aber ich muß zugeben, daß es mir immer noch nicht leichtfällt, darüber zu sprechen. Das Leben im Rohzustand ist noch etwas anderes als ein literarischer Text. Machen wir es also kurz. Auf dieser Reise an die belgische und nordfranzösische Küste war die Erinnerung an die gerade erst durchgestandene Ehekrise wieder aufgetaucht und hatte sich in unsere Gespräche gedrängt. In der Normandie gingen wir bei windigem Wetter auf einem Küstenfelsen spazieren. Ich hielt mich, da ich schwindelig bin, in deutlichem Abstand von dem Abgrund. Meine Frau ging, wie üblich, dicht heran, um hinunterzublicken, nicht ungefährlich bei dem böigen Wind. Ich bat sie, von der Felskante wegzugehen. Sie ließ sich Zeit.
> Und dann, als sie sich umdrehte, sagte sie: „Alle würden dich für meinen Mörder halten, wenn ich da runterfiele.“ Das durchfuhr mich bis ins Mark. Aber ich war Schriftsteller genug, um sofort zu denken, das sei ein Thema für mich. Ich würde einmal darüber schreiben müssen.[16]

Vor *Augenblicke der Benommenheit* hatte das Motiv, mitsamt dem einschlägig konnotierten Abgrund-Brandung-Rauschen-Komplex, in dem Roman *Die Schönheit des Schimpansen* (1976) „gezündet“[17], in dem auch bereits das beschriebene Ineinander von Aggression und Autoaggression gestaltet ist. Dort fordert, im Kontext einer während einer Winterreise an die nordfranzösische (!) Küste entgleisenden Beziehungstristesse, die Freundin des Protagonisten Klaus Jung diesen, als er sich ihr an einer Steilküste von hinten nähert, explizit auf: „Stoß mich doch runter! Stoß mich doch runter!“[18] Diese Aufforderung übt eine bannende Wirkung aus, die Gewalttat unterbleibt, genauer: sie wird aufgeschoben und ereignet sich, ausgeführt an einem anderen Opfer, erst am Ende des Buches.

Die zweite Verarbeitung erfolgte dann im in diesem Kapitel analysierten Text, über den Wellershoff schreibt:

> In der Erzählung „Augenblicke der Benommenheit“, 1986, habe ich die in dem ursprünglichen Satz gewiß nicht so gemeinte, aber doch eingekapselte mögliche Tendenz thematisch

---

16 *Double, Alter-Ego und Schatten-Ich. Schreiben und Lesen als mimetische Kur*, in: WW 4, S. 760–783; hier: S. 771.

17 S. zum internen Zusammenhang beider Texte auch Torsy: *Unser alltäglicher Wahnsinn*, S. 146 ff.

18 *Die Schönheit des Schimpansen. Roman*, in: WW 1, S. 535–741; hier: S. 657.

entfaltet. Es entstand eine Geschichte über Schwindelgefühle und Schuld, uneingestandene Todeswünsche und die immer wieder einsetzende Verdrängung.[19]

Im Horizont der vorstehenden Analyse wie der Selbstauskünfte des Autors dürften die Prozesse, die in Wellershoffs Fall die „Kunstwerdung" von Leben, genauer: die ästhetische Transformation „roher" biografischer bzw. autobiografischer Motive, bereits ein Stück weit deutlich werden. Allemal zeigt der Weg vom Klippenerlebnis mit Wellershoffs Ehefrau Maria zur Erzählung *Augenblicke der Benommenheit* die starke lebensgeschichtliche Dimensionierung seiner Dichtung. Sie teilt sie sicher mit großen Teilen fiktionaler Literatur, wobei freilich in diesem Fall der Autor die Fähigkeit, vor allem aber auch den durchaus nicht selbstverständlichen Willen besitzt, über die eigene künstlerische Kreativität und die von ihr in Gang gesetzten Prozesse rational-reflektierend Auskunft zu geben.

Im Zuge dieser Vorgänge verändert sich das „Leben" allerdings tiefgreifend. Der Kunsthistoriker aus *Augenblicke der Benommenheit* hat zweifelsohne – davon wird noch die Rede sein – mit dem Autor zu tun. Aber er ist nicht identisch mit dem empirischen Subjekt Dieter Wellershoff, der bekanntlich nicht als Archäologe an einem Museum arbeitete und nicht kinderlos war, sondern drei eheliche Kinder hatte. Und Lena „ist" selbstredend nicht Maria Wellershoff (die nicht an einer Bank, sondern ihrerseits – eine bemerkenswerte „Verschiebung" – an einem archäologischen Museum tätig war, dem *Römisch-Germanischen Museum* in Köln). Die autobiografischen Aspekte gewinnen vielmehr eine symbolische Tiefendimension, in der sich ihr Zufällig-Okkasionelles verliert, in der es durchsichtig wird auf ein Allgemeines hin, auf Existenzgefährdungen und Glücksverfehlungen. Letztlich wird die Frage gestellt (nicht beantwortet), wie Leben unter den druckvollen Bedingungen einer ausdifferenzierten, hochkomplexen Lebenswelt der Spätmoderne überhaupt noch gelingen könne, im anspruchsvollen Ausgleich von Realitäts- und Lustprinzip, von Anpassung und Regelverletzung, von Sicherheit und Überschreitung.

Wie aus Leben Kunst wird, harrt freilich noch einer genaueren Beschreibung. Der Kunstaspekt ist in Wellershoffs literarischem Stil nicht „ausgestellt", er bleibt eher unauffällig. Der rhetorische Ornat ist sparsam, die Bildlichkeit hält sich auch dort, wo der Autor zur Metapher greift, eng an die beschreibbare Wirklichkeit, die sie eindringlich und intensiv erfasst. Der Wahrnehmungsapparat des Mannes, aus dessen – es sei wiederholt – Perspektive ausschließlich erzählt wird, ist durch die titelgebende „Benommenheit" bemerkenswerterweise nicht beeinträchtigt, jedenfalls nicht durchweg, sondern sogar eher noch geschärft. Sein als Kamera fungierendes Auge produziert quasi fotorealistische Detailaufnahmen, die sich auch, beispielsweise, in poetisch ambitionierten Reiseessays finden könnten. Und

19 *Double, Alter-Ego und Schatten-Ich*, S. 779.

die Lokalsituation ist mutmaßlich in der außerliterarischen Realität mehr oder weniger so anzutreffen, wie sie in der folgenden Stelle beschrieben ist:

> Schaumflocken umfliegen ihn, treffen sein Gesicht. Er ist beim Aufstieg zum oberen Plateau angekommen. Das ist die Hälfte des Rundgangs, der ungefähr eine Stunde dauern soll. Das Drahtseil ist wieder da zur Sicherung des Weges, denn die Steilküste ist hier zerklüftet von großen Felsabstürzen, die als Wellenbrecher in der Brandung liegen. Die Wogen zerschellen an den schwarzen Blöcken und sprühen hoch über sie hinweg. Es ist, als berste der graue Wasserberg und sein weißes Innere schieße als ein dichter Schleier aus ihm hervor. Wie in einem Windkanal wird ein ununterbrochener Strom von Schaumflocken durch die Kluft nach oben getrieben. Überall hängen lockere Ballen zusammengewehter Flocken in den Felsspalten. Sie zittern im Wind, werden plötzlich losgerissen und weggeweht, rollen über den Boden, zerflattern in der Luft.[20]

Als isolierte Passage gelesen, wird sich deren „Literarizität“ so leicht nicht erschließen. Im Kontext der narrativen Raumkonstruktion zwischen den Polen von Höhe und Tiefe aber erhält sie motivisch-symbolische Signifikanz. Die Brandungszone tief unten wird beschrieben als eine Sphäre so immergleicher wie sinnfreier Repetitivität, der Verzehrung aller Konturen durch die „Furie des Verschwindens“ (Hegel), ihres Vergehens in Gestaltlosigkeit. Extrem formuliert: Es geht hier um das anbrandende Nichts, das als solches auf Menschen bei entsprechender Disposition einen magischen Sog – eben den Sog des lebensvernichtenden Abgrunds – auszuüben vermag. Die Kunstform des Textes beruht nicht zuletzt auf der hier gezielt vorgenommenen Erweiterung der Bedeutungsspielarten, die dem „Abgrund“ und seiner Bildlichkeit zwischen der Erfahrungsrealität und ihrer Metapher zuteilwird.

Dieser Umstand verweist auf eine Eigenschaft der Erzählung wie eigentlich von Wellershoffs gesamter literarischer Produktion: Das Undeutlichwerden der Welt, die Realitätsauflösung, das „Chaos“ sind Signaturen des Dargestellten, die nicht auf die Ebene der Darstellung selbst übergreifen. Das mag – im Horizont der Definition von Literarizität – ein Gemeinplatz sein, verdient aber im Fall dieses Autors trotzdem hervorgehoben zu werden. In der Handhabung der artistischen Mittel, in der Rhythmisierung von Bildern und Symbolen, von Raum- und Zeitverhältnissen, herrschen bei Wellershoff allemal höchste Bewusstheit, Ökonomie und Luzidität, das „Chaos“ wird – um den Titel einer seiner Essay-Sammlungen zu zitieren – „geordnet“.[21]

---

20 *Augenblicke der Benommenheit*, S. 819.

21 *Das geordnete Chaos. Essays zur Literatur* (1992), in: WW 4, S. 603–796 – S. auch die indirekte Selbstauskunft in *„Schreiben – das ist für mich wie ein Abenteuertrip“. Gespräch mit Wolfgang Braun* (1989): „Gleichzeitig muß aber der Schriftsteller, der Künstler klarmachen, daß er die Fähigkeiten hat, diese Vielfalt zu bändigen. Man kann moderne Kunst geradezu als einen Tanz mit dem Chaos

Zurück zum „Sog des Abgrunds“ – und damit zu einem Motiv, das *Augenblicke der Benommenheit* mit zahlreichen anderen Wellershoff-Texten, zumal Erzähltexten, verbindet. Als Beispiele seien hier neben *Die Schönheit des Schimpansen* vor allem der Roman *Der Liebeswunsch* genannt, an dessen Ende der Selbstmord der weiblichen Hauptfigur durch einen Balkonsturz aus einem Hochhaus am norddeutschen Wattenmeer (!) steht. Das Motivfeld Abgrund ist bei Wellershoff tatsächlich immer wieder mit dem des Meeres verbunden, dem sich als akustisches Äquivalent – so auch in *Augenblicke der Benommenheit* – das „Rauschen“ hinzugesellt. Dass der Sprecher der Erlebten Rede die Brandung hört, ist angesichts der Situation zunächst einmal nicht weiter erstaunlich, wenngleich das Versinken differenzierterer akustischer Signale in einem obsessiven diffusen Rauschen auch der akuten körperlichen und mentalen Schwäche des Mannes geschuldet sein mag. Im Rauschen objektiviert sich solchermaßen eine perzeptive Störung, eine Überwältigung des Wahrnehmungssubjekts durch eine übermächtige, kompakt-undurchdringliche Dingwelt. Das Ich vermag es von sich aus nicht mehr, dieser das stabile Gerüst eines von ihm kategorial getrennten konturierten Gegenübers einzuziehen.

Im *Liebeswunsch* wird das „Rauschen“, jetzt instrumentiert mit Denkfiguren aus Niklas Luhmanns Systemtheorie, zum Thema eines Vortrags, den der Richter Leonhard auf einer Juristentagung hält. Er begreift die Auseinandersetzung des Menschen als eines reflexionsfähigen Wesens mit dem diffusen Weltrauschen, sein Ringen um aktive Strukturierung im Sinne von Komplexitätsreduktion, als eine Überlebensnotwendigkeit. So schafft er

> die gemeinsamen Regeln und Bedeutsamkeiten, mit der wir unsere Welt als eine Insel von Sinn gegen das große Schweigen oder Rauschen, das uns umgibt, erhalten und erneuern können[22].

Seinen Vortrag eröffnet Leonhard mit einem Gedicht, das de facto ein Wellershoff-Text ist – das Eröffnungsstück aus *Kleine Borkumer Notizen* (1982) – und dessen motivischer Bezug zu *Augenblicke der Benommenheit* unübersehbar ist:

> Das Geräusch der Brandung:
> Unvorstellbar viele Stimmen
> Reden darin, doch

---

bezeichnen. Wenn ein Künstler seine Sache zu eng anlegt, also sozusagen keine Risiken eingeht, wird sein Werk langweilig. Erst wenn man merkt, er hat es riskiert, sich auf zufällige Sprünge, Züge der Phantasie, auf Nebenwege, auf Irritationen einzulassen, und wenn das trotzdem noch in einen erkennbaren gestalthaften Zusammenhang gebracht wird, dann empfinden wir das Produkt als ein interessantes Kunstwerk.“ (WW 8, S. 680–685; hier: S. 684).

22 *Der Liebeswunsch. Roman*, in: WW 7, S. 11–319; hier: S. 169.

Keine kommt zu Wort.
Jede erzählt ihre eigene Geschichte.
Alle zusammen
Sind sie das Rauschen
Des immergleichen Traums.[23]

Verwandt mit dem Rauschen ist das – von Wellershoff etwa in der Novelle *Die Sirene* ostinat eingesetzte – Motiv des Schneefalls, in dessen Zeichen gleichfalls eine zunehmende Entwirklichung und die Schwächung eines auf Differenz und Abgrenzung beruhenden Weltverhältnisses stattfinden.

Auch jenseits dieses Motivkomplexes greift das einschlägige „Wurzelwerk“ von *Augenblicke der Benommenheit* weit in Wellershoffs dichterisches Oeuvre aus. Das gilt zum einen für das Personal. Der Sprecher der Erlebten Rede ist auf diskrete Weise, aber doch unverkennbar ein Verwandter jener arrivierten, dennoch von beruflichem Misserfolg belasteten und auch deshalb krisenanfälligen Charaktere, wie sie auch Elsheimer in *Die Sirene* und Böhring in der Novelle *Zikadengeschrei* verkörpern. Er gehört damit zum – freilich stark erweiterten – Kreis jener Naturen, deren unbewältigte Lebensprobleme in explosive Katastrophen und Gewalttaten münden – etwa in dem Roman *Die Schönheit des Schimpansen*. Ein Katastrophenpotenzial ist in *Augenblicke der Benommenheit* und sei es virtuell vorhanden und wäre im Extremfall möglicherweise im Sinne eines Mordes oder Selbstmordes aktivierbar. Zur Katastrophe kommt es aber nicht, es bleibt bei einem vorübergehenden Beben unter der Kruste von Lebensgewohnheiten, deren Veränderungsresistenz einen desaströsen Befreiungsschlag zu verhindern scheint. Die Zukunft ist allerdings offen, es ist immerhin nicht ausgeschlossen, dass sich jenseits des Zeitrahmens der Erzählung die Katastrophe doch noch in einer und sei es unspektakulären Version ereignet: als Trennung des Ehepaares.

Unverkennbar eine Frühversion der Anja aus dem *Liebeswunsch* ist „seine“ besagte zwischenzeitige Geliebte, die Studentin Regine,

> die sich im Museum Geld verdiente. Sie war ihm zugeteilt worden für Katalogarbeiten. Ein Mädchen, ein vaterloses Kind, das aber wie eine Frau aussah. [...] Sie war weder besonders intelligent noch wissenschaftlich interessiert, wie er bald bemerkte, aber in ihrer Art, ihn anzusehen, lag eine Aufforderung, sich ihr zuzuwenden, eine Andeutung naheliegender verführerischer Möglichkeiten.[24]

---

23 *Kleine Borkumer Notizen. April – Mai 1982*, in: WW 6, S. 789 f.; hier: S. 789.

24 *Augenblicke der Benommenheit*, S. 814.

Im sexualmythologischen Gegensatz der beiden Frauen – der entsexualisierten Ehefrau Lena und der verführerischen, männliche Fantasien und männliches Begehren auf sich ziehenden Geliebten Regine – ist eine kulturgeschichtlich übrigens zunächst einmal alles andere als originelle, sondern toposhafte Polarität „zwischen dem weiblichen Sozialcharakter und dem dämonischen Geschlechtswesen Frau" wirksam, die in der Tat „das gesamte Erzählwerk Wellershoffs"[25] bestimmt. Entsprechende Dreieckskonstellationen werden variiert z. B. in den Novellen *Die Sirene* (Elsheimer zwischen seiner Ehefrau und der Anruferin) und *Zikadengeschrei* (Böhring zwischen der Ehefrau und der ihn faszinierenden Nachbarin am Urlaubsort) und in den Romanen *Der Sieger nimmt alles* (Ulrich zwischen Elisabeth und Katrin) und *Der Liebeswunsch* (Paul zwischen Marlene und Anja). Nahezu strukturbildend sind sie in den Erzählungen *Doppelt belichtetes Seebild* (hier bis in den Titel hinein) und *Ein Gedicht von der Freiheit*. Diese polare Typologie des Weiblichen ist freilich ihrerseits „nur" eine spezifische Version jenes – freudianisch inspirierten – Gegeneinanders von Realitäts- und Lustprinzip, das zu den basalen Figuren in Wellershoffs Oeuvre gehört. Die Tatsache, dass dort für diesen Antagonismus keine Lösung angeboten wird, stattet es mit dem schmerzhaft-inspirierenden Stachel der Illusionslosigkeit aus.

Ins Zentrum von Wellershoffs Symbolrepertoire führt schließlich das obsessive Spielmotiv in *Augenblicke der Benommenheit*. Die Tatsache, dass dem Sprecher der Erlebten Rede seine ihm auf der Klippenwanderung vorangehende Ehefrau wie „eine der Holzfiguren des Mensch-ärgere-dich-nicht-Spiels"[26] erscheint, ist äußerlich motiviert durch das abendliche Brettspiel mit einem englischen Touristenpaar in der Lounge ihrer Pension. Den Verlauf von Mensch-ärgere-dich-nicht dominiert nun bekanntlich das Zufallsprinzip – die jeweilige Würfelzahl bestimmt das Vorrücken der Figuren. Es liegt nahe, dieses Zufallsprinzip auf das rasche Voranschreiten der Ehefrau und „sein" eigenes tendenzielles Zurückbleiben zu übertragen. Der Grund für die Differenz ist Lenas wiedergewonnene, aber als „zufällig" zu begreifende gesundheitliche Stabilität im Kontrast zur ebenfalls „zufälligen" körperlichen Schwäche ihres Mannes.

Seine zumal durch die eigene Lebenserfahrung gewonnene Überzeugung, dass das menschliche Leben überhaupt von „Zufällen" beherrscht sei, hat Wellershoff selbst immer wieder (in nicht-fiktiven Zusammenhängen) geäußert und es in diesem Sinne mit dem Glücksspiel verglichen[27] – meist allerdings mit dem Kartenspiel,

---

25 Sybille Cramer: *Erotischer Dämon oder Frau ohne Unterleib. Zum Frauenbild des Erzählers Dieter Wellershoff*, in: *Dieter Wellershoff*, S. 46–54; hier: S. 50.

26 *Augenblicke der Benommenheit*, S. 811.

27 „Es muß mit diesen schwierigen Jahren zusammenhängen und mit der herausgegangenen Erfahrung des Krieges, den ich nur durch viele Zufälle überlebt habe, daß mir das Leben als Kampf ums Überleben und als ein von den Gefahren des Scheiterns, der Selbsttäuschung bedrohtes Glücksspiel

nicht mit einem Brettspiel. Jedem Menschen werde bei seiner Geburt, also ohne eigenes Zutun, ein Sortiment aus guten und/oder schlechten Karten zugeteilt, mit denen er dann sein Lebensspiel machen müsse.

Die – hoffentlich sichtbar gewordene – motivisch-thematische Verflechtung von *Augenblicke der Benommenheit* mit Wellershoffs literarischem Gesamtwerk hat ihre Basis in der künstlerischen Selbstdefinition des Autors:

> Hat der Autor schon mehrere Bücher geschrieben, so gehören auch sie zu den prägenden Vorerfahrungen, die wie ein unbewußt funktionierendes Suchmuster die Welt nach Anregungen für neue Bücher abtasten. Der Autorentyp, von dem ich rede und zu dem ich mich auch zähle, wird nicht alles mögliche schreiben, weil es vielleicht gerade als gängig und aktuell gilt, sondern folgt bei seiner Themen- und Stoffwahl allein seiner persönlichen Faszination. Die einzelnen Bücher erscheinen so als Verzweigungen eines Grundthemas und Teil eines lebenslang sich fortsetzenden und ausweitenden imaginären Erfahrungsprozesses.[28]

Naheliegend gehört zu diesen Klammern auch die eigene Biografie. Das heißt, dass in Wellershoffs Fall Lebens- und Werkmotive in eine enge Beziehung treten, ohne darüber – das wurde bereits ausgeführt – identisch zu werden. In *Augenblicke der Benommenheit* ist die partielle Nähe des Sprechers der Erlebten Rede zum Autor als empirischem Subjekt tatsächlich unübersehbar. Sie betrifft nicht nur biografische Details wie etwa eine überstandene Ehekrise, sondern auch den Umstand, dass „er“, ausweislich entsprechender außerliterarischer Äußerungen des Autors, zu dessen Sprachrohr wird. So kehrt etwa Wellershoffs wiederholtes Statement, dass Leben keine Begründung benötige und eine metaphysische schon gar nicht[29], in folgender (allerdings in möglicherweise rhetorische Fragen gefasster) Reflexion des Protagonisten über seine früheren Seitensprünge wieder – worüber er sich als intellektuelles Alter-Ego des Autors erweist:

> Warum aber hatte er es getan? Er weiß es nicht mehr, hat es auch damals nicht gewußt. Gab es überhaupt ein Leben, das Vorrang vor einem anderen Leben hatte? War man nicht

erschienen ist. So habe ich es – um es in extremer Verkürzung zu sagen – in meinen Büchern dargestellt.“ (*Wahrnehmung, Vorstellung, Evidenz. Gespräch über das Schreiben mit Daniel Lenz und Eric Pütz* (1998), in: WW 8, S. 332–359; hier: S. 337).

28 *Die Entstehung eines Romans. Ein Zwischenbericht. Vortrag in der Mainzer Akademie* (2000), in: WW 8, S. 362–381; hier: S. 366.

29 S. z. B. *Das Glück, der Tod und der Realismus. Gespräch mit Horst Schwebel*, in: D.W.: *Die Wahrheit der Literatur. Sieben Gespräche*, München 1980, S. 85–107.

frei hinter aller Schuld? War das Leben auf Begründbarkeit angewiesen, auf Rechtfertigungen?[30]

Die Frage nach dem spezifischen „Wellershoff-Sound" der Erzählung ist mit dem Vorstehenden freilich noch nicht hinreichend beantwortet – die Antwort kann wahrscheinlich eh nur tentativ ausfallen. In dieser Perspektive sei das bislang Gesagte im Folgenden zusammengefasst und zugleich weitergeführt.

In einer geläufigen, ausdrücklich als touristische Attraktion ausgewiesenen[31] und den Leser mutmaßlich zum unwillkürlichen Vergleich mit eigenen Ferienerlebnissen anregenden Landschaft, deren Bestandteile in genauer realistischer Beschreibung versammelt werden, ereignet sich etwas, das zu den Usancen einer unspektakulär-entspannten Urlaubsunternehmung, der Steilküstenwanderung eines alternden Ehepaares, nicht zu passen scheint. Genauer: Es ereignet sich nicht unmittelbar, d. h. als allgemein sichtbarer Vorgang in der Küstenszenerie, sondern ausschließlich im Kopf eines durch diese Landschaft wandernden Mannes. Als „Kopfereignis" ist es indes genauso „real" wie sie. Dies verdient betont zu werden angesichts des denkbaren kritischen Einwands, dass es zwischen der teilweise hyperrealistischen Darstellung der Außenwelt und der Wahrnehmungsverzerrung und -verdunklung in den „Augenblicken der Benommenheit" zu einem Stilbruch komme.

Die Frage nach dem „Realismus" und ihre Beantwortung haben sich allemal im Rahmen der durch die strenge Perspektivierung der Erzählung gesetzten Vorgaben zu bewegen: In diesem Rahmen ist die durch den Schwächeanfall des Mannes evozierte Veränderung des Wahrnehmungsmodus durchaus „realistisch" – einem von Schwindel Heimgesuchten mag sich die Welt genauso darstellen, wie sie in Wellershoffs Erzählung erscheint. Im nämlichen Sinne ist die sprachlich fixierte Entgleisung des Weltbezugs am Ende des Romans *Die Schattengrenze* nicht „unrealistisch", sondern gleichsam das klinisch-sachliche Protokoll eines schizophrenen Schubs.

In *Augenblicke der Benommenheit* geht es nicht um den Ausbruch einer Psychose. Aber auch hier wird, äußerlich getriggert durch ein körperliches Unwohlsein, dem sich in Erlebter Rede äußernden Mann seine Umwelt, zu der zentral die vorwegwandernde Ehefrau gehört, auf unheimliche Weise fremd – sie entgleitet ins Alptraumhafte: Er wähnt, seine Partnerin animiere ihn dazu, sie von der Klippe ins Meer zu stoßen. Der Vorgang fordert allerdings eine differenzierte Bewertung: Was Körper und Kopf, Physis und Psyche des Mannes als eine unbedingt zu behebende Störung seines „normalen" Weltbezugs ausweisen, lässt sich aus der Sicht

30 *Augenblicke der Benommenheit*, S. 826.

31 „Sie will die ‚dramatic scenic coastline' sehen, die der Reiseprospekt empfohlen hat." (Ebd., S. 811).

des Autors wie des Lesers als prinzipiell produktive Aufsprengung oder zumindest Irritation eingefahrener Perzeptionsroutinen interpretieren, die neue und vertiefende Einsichten in die jeweils eigene Lebenspraxis zu fördern vermögen. Weil diese Wahrnehmungsverschiebung indes keinen ohne weiteres objektivierbaren Gegenhalt in der Erfahrungswelt findet, eröffnet sich dem Protagonisten am Schluss der Wanderung der „bequeme" Ausweg, das verstörende Erlebnis aus seinem Bewusstsein zu drängen: „Es war nichts Wirkliches. Es war nichts."

Der Leser aber wird diese Reaktion des Protagonisten kaum mit- und nachvollziehen, sondern zu der – vielleicht etwas lapidar-schlichten – Ansicht gelangen, dass die Erzählung, wenn da tatsächlich „nichts war", nicht hätte geschrieben und mitgeteilt werden müssen. Sein Erkenntnisgewinn besteht gerade im Innewerden des seinerseits erklärungsbedürftigen Kontrastes zwischen der äußeren Ereignisarmut der Wanderung und der Dramatik der beschriebenen „Kopfhandlung". Diese wird überzeugend motiviert durch die – in Rückblenden beleuchtete – Geschichte einer Ehe, deren latente Konfliktpotenziale durch eingespielte Gewohnheiten und pragmatische Lebenskompromisse unterdrückt, aber nicht aufgelöst wurden.

Der Autor konzentriert sich übrigens auf die phänomenologischen Aspekte der Beziehungsgeschichte und ihre Analyse in der Erzählform, eine moralische Bewertung zumal der Handlungsweisen des männlichen Protagonisten nimmt er nicht vor und legt sie dem Leser auch nicht nahe. Dieser kann die erfundene Figur unsympathisch finden, aber er muss es nicht – das Urteil wird ihm anheimgestellt. Eine Suche nach sittlichen Gewissheiten wird von Wellershoff nicht unterstützt.

Wie auch immer: Unter den Umständen der Wanderung inklusive Schwächeanfall werden besagte Potenziale aktiviert – so, dass es nicht zu einer spektakulären Eskalation, wohl aber zu einem leichten, nach außen unsichtbaren Beben, zu einer Störung des gewohnten Weltverhältnisses kommt. Unterhalb der äußeren Erzählhandlung verläuft somit ein zweiter Handlungsstrang, den man als Wiederkehr des Verdrängten bezeichnen könnte. Es gibt somit einen Oberflächentext und, parallel dazu, einen zunächst verborgenen, aber durch die narrative Konstruktion offengelegten Subtext, in dem es um Schuld, Aggression und Verdrängung geht. Es ist die in Alltagskonstellationen vorderhand unauffällig eingelassene, aber mit den Mitteln der Sprache allemal spürbar gemachte Katastrophendisposition, die man als „Wellershoff-Ton" bezeichnen könnte.

In ihrem Zeichen verlieren scheinbar belanglose Beschreibungsdetails, etwa die Meeresbrandung, ihre harmlose Eindeutigkeit und werden mit einer bedrohlich-verheißungsvollen Tiefenbedeutung aufgeladen. Paradoxerweise ist es gerade die analytische, die scharf-sezierende Wahrnehmung, durch die die Dinge letztlich vielsagend werden. Zugleich vermag besagte Disposition den Blick des Lesers auf die eigene Wirklichkeit zu verändern und, so er das Angebot wahrnimmt, eine befreiende, angstlösende, kathartische Wirkung zu entfalten.

Abb. 2 Der Autor in späteren Lebensjahren. Foto: Wolfgang Osterheld.

2. Realismus und Simulation

Anfang 1965 erschien in *Die Kiepe*, der Hauszeitschrift des Kölner Kiepenheuer & Witsch-Verlags, ein kurzer Artikel des Verlagslektors Dieter Wellershoff mit dem Titel *Neuer Realismus*. Dank seines programmatischen oder zumindest programmatisch wirkenden Anspruchs wie auch der damit verbundenen provokativen Intention, den in der Literatur- und literarturtheoretischen Diskussion der Zeit meist abwertend behandelten Realismus-Begriff positiv zu besetzen, löste er eine engagierte und auch polemische Diskussion in der einschlägigen Öffentlichkeit aus.[1] Ganz so isoliert, wie es gelegentlich scheinen mochte, war Wellershoffs Vorstoß allerdings nicht. Zeitgleich war der Realismus in der Literaturwissenschaft Thema intensiver Erörterung, die z. B. ein vier Jahre später veröffentlichter Sammelband in der im Hochschulbetrieb einflussreichen Reihe *Wege der Forschung* dokumentiert.[2] Die Begriffsprägung „Neuer Realismus“ stammt ebenfalls nicht von Wellershoff, als ihr „Erfinder“ jedenfalls im deutschen Sprachraum hat wohl Walter Höllerer zu gelten. Er hatte in einem im Vorjahr publizierten *Akzente*-Aufsatz mit diesem Signet Tendenzen der aktuellen Literaturproduktion versehen.[3]

In Wellershoffs eigenen Arbeiten hatte sich nicht der Begriff, aber das durch ihn Bezeichnete angekündigt, etwa in der Essaysammlung *Der Gleichgültige*, wo zumal Texte von Hemingway und Camus bereits „Forderungen“ einzulösen schienen, die sich in der *Kiepe*-Marginalie dann mit der „neuen realistischen“ Schreibweise verbanden. Und kaum zufällig dürfte gewesen sein, dass die Verlagskolumne in die Zeit der Niederschrift des ersten Romans, *Ein schöner Tag*, fiel[4] – nicht in dem Sinn, dass der Roman die Probe aufs Exempel des Theorieentwurfs hätte machen sollen, wohl aber in demjenigen eines produktiven Wechselspiels von literarischer Praxis und poetologischer Selbstvergewisserung.

Der Anfang des Artikels klingt in der Tat wie ein Manifest:

---

1 S. dazu Vollmuth: *Dieter Wellershoff*, S. 13–15; Helmut Peitsch: *„Kleine Schritte“ zum Neuen Realismus. Dieter Wellershoff als Leser und Lektor*, in: Durzak/Steinecke/Bullivant (Hg.): *Dieter Wellershoff*, S. 58–88; Jaeger: *Realismus und Anthropologie*, S. 31–41; Bügner: *Lebenssimulationen*, S. 48–50; Dujmić: *Literatur zwischen Autonomie und Engagement*, S. 94 f.; Volker C. Dörr: *„Widerstand der Realität gegen das vorschnelle Sinnbedürfnis“. Dieter Wellershoff und sein Programm eines Neuen Realismus*, in: Gertrude Cepl-Kaufmann/Jasmin Grande/Ulrich Rosar/Jürgen Wiener (Hg.): *Die Bonner Republik 1960–1975. Aufbrüche vor und nach „1968“* (= *Histoire*, Bd. 157), S. 269–306.

2 Richard Brinkmann (Hg.): *Begriffsbestimmung des literarischen Realismus* (= *Wege der Forschung*, Bd. 212), Darmstadt 1969.

3 Walter Höllerer: *Veränderung*, in: *Akzente* 11 (1964), H. 5/6, S. 386–398; hier: S. 397.

4 S. dazu Wellershoff: *Der lange Weg zum Anfang. Der erste Roman*, in: WW 8, S. 573–580.

> Literatur hat in den vergangenen Jahren vor allem in Deutschland einen starken Zug ins Phantastische oder Groteske gehabt oder hat sich der Herstellung gegenstandsentlasteter Textmuster gewidmet. Mir scheint, daß jetzt eine andere Arbeitsrichtung wieder möglich wird, die ich als neuen Realismus bezeichnen möchte.[5]

Im Folgenden skizziert Wellershoff diesen „neuen Realismus" negativ wie positiv: Er hat keine „metaphysischen Ansprüche" mehr und verzichtet auf „universelle[n] Modelle des Daseins". An ihre Stelle tritt „der sinnlich konkrete Erfahrungsausschnitt, das gegenwärtige alltägliche Leben in einem begrenzten Bereich". Der Schriftsteller

> will nicht mehr durch Stilisierung, Abstraktion, Projektion seiner Erfahrungen in ein Figurenspiel eine abgeschlossene Geschichte, Allgemeingültigkeit und beispielhafte Bedeutung erreichen, sondern versucht möglichst realitätsnah zu schreiben, mit Aufmerksamkeit für die Störungen, Abweichungen, das Unauffällige, die Umwege, also den Widerstand der Realität gegen das vorschnelle Sinnbedürfnis.

Überall dringe das „Konkrete hervor",

> stellenweise kommt es zu einer Inflation der sinnlichen Einzelheiten. Gegenstände sind jedenfalls nicht mehr bloß Handlungsrequisit oder Detail der Kulisse, sondern sind für sich da, haben ein undurchdringliches Eigenleben, wie auch die Körperempfindungen und Gefühlsbewegungen, die jetzt ins Bewußtsein dringen, nicht einfach dramaturgisch geordnet sind als pathetische Begleitung der Handlung, sondern oft widerspruchsvoll, irrational und spontan erscheinen. [...] Distanz und Überblick des allwissenden Erzählers gibt es deshalb nicht mehr, sondern subjektive, begrenzte, momentane und bewegte Perspektiven. Wechsel zwischen Nah- und Fernsicht, Zeitdehnung und Zeitraffung und wechselnde Ereignisdichte geben der Welt ein dynamisches Relief.[6]

Die Reaktionen, die dieser Text auslöste, formierten sich zu einem langanhaltenden Streit[7] darüber, ob er eine Programmschrift mit weit reichenden und möglicherweise anmaßend-illegitimen Ansprüchen und Ambitionen war oder, wie es Wellershoff selbst formulierte, lediglich „eine weitläufig formulierte, vorübergehende Arbeits-

---

5 *Neuer Realismus*, in: WW 4, S. 843 f.; hier: S. 843.

6 Ebd.

7 S. dazu die Aufsätze von Peitsch: *„Kleine Schritte" zum neuen Realismus*, und Dörr: *„Widerstand der Realität"*. Die Diskussion führte und führt teilweise, auch in diesen Arbeiten, zu Haarspaltereien, zum Streit um Nuancen, die auf schon leicht groteske Weise überflüssig wirken.

hypothese"[8]. Tatsächlich wurde der Neue Realismus in den folgenden Jahren zu einem Rezeptionsphänomen, das sich gegenüber dem Quelltext verselbständigte und – so sah es jedenfalls Wellershoff selbst – mit seinen Intentionen nicht mehr viel zu tun hatte:

> Die Wirkung verblüffte mich. Es gab ein anhaltendes Echo, das sich über immer neue Mißverständnisse, Vermutungen, Mystifikationen selbst weiter fortpflanzte, sogar internationale. Ich hatte von subjektiven Sichtweisen gesprochen, aber man verdächtigte mich des Objektivismus, ich erwartete von modernen Texten, daß sie den Leser nicht bevormunden und moralisierend belehren, sondern seine Fähigkeit stärken, Komplexität, Unsicherheit und Widersprüche zu erfahren, aber man machte daraus den Vorwurf des Irrationalismus und des Antihumanismus. Vor allem aber warf man mir vor, ich hätte ein Rezept fürs Romanschreiben verfaßt, während ich das Schreiben immer verstanden habe als ein allmähliches Verdeutlichen und Bewußtmachen einer Erfahrungsgestalt, die zu Anfang nur unklar und unvollständig da ist als eine sich immer wieder entziehende Faszination, die man sich im Schreiben erst verständlich macht.[9]

Wellershoffs eigenes Urteil über die Rezeption dürfte korrekt sein, indes ist auch in der Rückschau kaum zu leugnen, dass der *Kiepe*-Aufsatz aufgrund seiner „Leerstellen" tatsächlich Stoff für Diskussion und kritische Nachfragen lieferte. Bemerkenswert ist zunächst einmal die Unbekümmertheit, mit der der Autor bezüglich ästhetischer und erkenntnistheoretischer Probleme zu Werke ging. Ein gut zehn Jahre später erschienener thematisch einschlägiger Sammelband, an dem sich, dann auf einem avancierten Niveau seiner Theoriebildung, auch Wellershoff beteiligte, brachte sie mit der Titelfrage „Realismus – welcher?" gleichsam auf den Punkt.[10]

„Realistisch" sind, insofern sich Sprache als ihr konstitutives Medium in den allermeisten Fällen benennend auf Phänomene außerhalb ihrer selbst bezieht, große Teile der Literatur „von Haus aus", auch solche mit der von Wellershoff bezeichneten Neigung zum „Phantastischen" und „Grotesken". Darüber hinaus erheischt der „Realismus" eine genauere kategoriale Bestimmung: Ist er ein Epochen- oder ein Stilbegriff, bezeichnet er einen Modus der Erkenntnis, verfügt er über normative

---

8 *Residuum der Freiheit oder befreites Gebiet*, in: *Kiepenheuer & Witsch 1949–1974*, Köln 1974, S. 65–89, hier: S. 76.

9 Ebd.

10 Peter Laemmle (Hg.): *Realismus – welcher? Sechzehn Autoren auf der Suche nach einem literarischen Begriff*, München 1976. S. zum theoretischen Hintergrund der Realismus-Diskussion auch Wolfgang Powroslo: *Erkenntnis durch Literatur. Realismus in der westdeutschen Literaturtheorie der Gegenwart* (= *pocket*, Bd. 69), Köln 1976, darin auch ausführliche Erörterungen zu Wellershoffs Realismus-Konzeption (S. 19–26 und passim).

Anteile dergestalt, dass in seinem Hintergrund die Überzeugung steht, eine „realistische“ Literatur sei „besser“ als eine „unrealistische“? Wellershoff thematisiert diese Fragen nicht ausdrücklich, beantwortet sie allenfalls implizit. Realismus ist für ihn weder ein Epochen- noch ein Stilbegriff. Dies ermöglicht ihm die vorgreifende Zurückweisung von Insinuationen der Art, er betreibe die restaurative Wiederbelebung eines Poetischen Realismus à la Fontane oder lehne sich gar an den in Verruf geratenen und kulturpolitisch gebrandmarkten Sozialistischen Realismus an.[11]

Unverkennbar hingegen ist im *Kiepe*-Aufsatz die Funktion des von Wellershoff skizzierten Neuen Realismus als einer „epistemologischen Metapher, weil er ausgehend von seiner sprachlichen Darstellung beim Leser Bilder einer Realität hervorrufen soll, die dessen Wahrnehmung der eigenen Realität verändern, [...]“[12]. Kurzum, es ging, in Wellershoffs späterer Formulierung, um „den fortwirkenden Erkenntnisanspruch von Literatur“[13]. Dieser verbindet sich mit einem „antiplatonische[n] Wahrheitsbegriff“, der Erkenntnis „nicht als Erinnerung an vorgeordnete, unveränderliche Normgestalten versteht, sondern als fortschreitende Konkretisierung, als Entdeckung neuer Realitätsbereiche und neuer Hinsichten“[14]. Es geht um eine neue Weise der „Wahrnehmung“, die auf den Schreibprozess selbst durchschlägt:

> Auch ein Stil, eine Schreibweise ist ein Instrument der Realitätswahrnehmung, der imaginären Erfahrung, weil er nämlich Aufmerksamkeiten prägt und gleichzeitig auch immer seine spezifischen Blindheiten hat.[15]

Gegen die unmittelbare Kurzschließung von Erkenntnis in der Wahrnehmung der Außenwelt und Erkenntnis „am Schreibtisch“ sind freilich ernstzunehmende Einwände formuliert worden. Der literarische Kunst erst konstituierende Abstand zwischen Realität und Fiktion werde hier, so heißt es, allzu umstandslos eingeebnet: „Literatur ist kein Erkenntnisinstrument *sui generis*; vielmehr ist sie ein Instrument zur Darstellung von Erkenntnis – und v. a. Wahrnehmung.“[16] Tatsächlich stellt sich aus der Sicht des Lesers z. B. die Frage, ob er an einer fiktiven Figur unmittelbar über diese Figur hinausgehende Erkenntnisse gewinnen kann. In der Literatur begegnet ihm schließlich nicht *die*, sondern eine vom Verfasser erst hergestellte Realität. Dass dieser im Herstellungsprozess eigene lebenspraktische Erfahrungen

---

11 S. in diesem Sinne Wellershoffs „Rückblick“ auf den „Neuen Realismus“, S. 632 f.

12 Dujmić: *Literatur zwischen Autonomie und Engagement*, S. 67.

13 *„Neuer Realismus“. Rückblick*, S. 632. S. dazu auch Jaeger: *Realismus und Anthropologie*, S. 49–55.

14 *Fiktion und Praxis*, in: WW 4, S. 202–223; hier: S. 213.

15 *„Neuer Realismus“. Rückblick*, S. 632.

16 Dörr: *„Widerstand der Realität“*, S. 288.

verarbeitet, steht dabei gerade bei einem Autor wie Wellershoff außer Frage[17], macht den Einwand aber nicht obsolet. Erfahrung kann, wie Wellershoff plausibel feststellt[18], sowohl „praktisch“ als auch „imaginär“ und „geistig“ sein, ist aber, in welcher Form auch immer, nicht ohne weiteres identisch mit Erkenntnis.

Weiterhin kollidiert der für die Literatur erhobene Erkenntnisanspruch auf Anhieb mit der im Aufsatz forcierten Perspektivierung, der Subjektivität der Wahrnehmung.[19] Freilich sind die subjektiven Perspektiven zunächst einmal solche der fiktiven Figuren, nicht ihres Autors, und werden als solche auf der Darstellungsebene Bestandteile der objektiven Welt. Es gibt eben – und das gehört dann zu der im Text dargestellten „Realität“ – Menschen, denen sich ihr Lebensumfeld als rätselhaft, zusammenhanglos, bedrohlich darstellt. Diese Wahrnehmungsverzerrung – oder besser: -spezifizierung – kann in einem fortgeschrittenen Stadium pathologische Züge annehmen. Der Protagonist aus Wellershoffs Roman *Die Schattengrenze* ist ein Beispiel dafür.

Aber die Tatsache wiederum, dass dieser an beginnender Schizophrenie leidet, ist Teil der fiktiven Wirklichkeit, die der Leser analysieren kann – jedenfalls insoweit ihm gezielt eingesetzte Textstrategien dieses Geschäft nicht unmöglich machen. Was auf der Darstellungsebene in ein „Innen“ und „Außen“ auseinanderfällt – wobei beide Bereiche ineinanderfließen mögen –, kann sich der Wahrnehmung des Lesers als ein einziges „Außen“ und damit als Einheit des ästhetischen Gegenstandes präsentieren.

In einem späteren Interview hat Wellershoff den Erkenntnismodus der Literatur, wie er ihn versteht, genauer beschrieben: „Die Erkenntnisform der Literatur ist nicht der Begriff, sondern die sinnliche Anschauung.“[20] Vielleicht wäre diese These im Licht der oben referierten Einwände folgendermaßen zu modifizieren: Erfahrung von Welt beruht stets auf sinnlicher Anschauung, während die aus der Erfahrung gewonnene Erkenntnis nicht nur – es gibt stets auch mitlaufende Impulse des Un- und Vorbewussten –, aber auch eine solche in Begriffen ist. Die Transformation in den literarischen Text verwandelt beides wiederum notwendig in sinnliche Bilder.

Zur Frage der Normativität hat Wellershoff sich in einem mehr als zehn Jahre nach dem *Kiepe*-Text geführten Gespräch geäußert: „Grundsätzlich bin ich der Meinung, daß es nicht möglich ist, eine Schreibweise für längere Zeiträume nor-

---

17 S. dazu Kapitel 3 („Lebens- als Werkmotive“).

18 *Literatur als Erfahrung. Gespräch mit Jos Hoogeveen*, in: *Die Wahrheit der Literatur*, S. 69–834; hier: S. 80.

19 S. dazu Jaeger: *Realismus und Anthropologie*, S. 57 f.

20 *Die Wahrheitsbedingungen der Literatur. Gespräch mit Michael Fabian*, in: *Die Wahrheit der Literatur*, S. 139–179; hier: S. 145.

mativ festzulegen."[21] Diese Aussage verhindert indes nicht, dass das Konzept eines Neuen Realismus durchaus normative Implikationen mit sich führt. Es gehört zur unterschwellig polemischen Signatur des Textes, dass er eben nicht nur verschiedene Möglichkeiten literarischen Schreibens neutral-deskriptiv nebeneinanderstellt, sondern bestimmte – und als solche auch einigermaßen genau identifizierbare – Schreibweisen mit Gründen ablehnt. Die latent oder offen pejorativen Kennzeichnungen setzen diesbezüglich eindeutige Signale. Sie betreffen eine Literatur, die ein „vorschnelles Sinnbedürfnis" befriedigt, genauso wie „Körperempfindungen und Gefühlsbewegungen", die „einfach dramaturgisch geordnet sind als pathetische Begleitung der Handlung". Die Oppositionen des kompletten Schlussabsatzes, der denkfigürlich stark an Karl Marx' elfte seiner *Thesen über Feuerbach* erinnert, sind Konfrontationen einer Literatur, wie sie „ist", mit einer, wie sie „sein sollte":

> Die phantastische, groteske, satirische Literatur hat die Gesellschaft kritisiert, indem sie ihr ein übersteigertes, verzerrtes Bild gegenüberstellte, der neue Realismus kritisiert sie immanent durch genaues Hinsehen. Es ist eine Kritik, die nicht von Meinungen ausgeht, sondern im Produzieren der Erfahrung entsteht.[22]

Tatsächlich besteht der Aufsatz in weiten Teilen in ablehnenden Abgrenzungen des Neuen Realismus gegenüber konkurrierenden Schreibrichtungen, die Wellershoff in seinem *Rückblick* von 1976 noch konkreter als in *Neuer Realismus* adressiert.[23] Das abgelehnte „Phantastische" und „Groteske" sah er durch Günter Grass und seine *Blechtrommel* ins Werk gesetzt, die „gegenstandsentlasteten Textmuster" in einer Literatur als „Sprachspiel" und „Sprachreflexion" durch Helmut Heißenbüttel und Max Bense repräsentiert. Generell werden bei Wellershoff die Sprache als solche und ihre behauptete Krise – etwa in der Verlängerung von Hofmannsthals *Chandos-Brief* – nie zum Thema, da er an ihrer „Tragfähigkeit [...] als Medium der Realitätserkenntnis in einem literarischen Modell nicht zweifelt"[24]. Eine dritte Stilrichtung, die Abgrenzung und Ablehnung provoziert, ist das Absurde Theater, „das aber in vielen Fällen eher ein allegorisches Theater war, das mit sehr einfachen, wenn auch ironischen Sinnbildern arbeitete". Wellershoff schrieb dies mutmaßlich auch mit der Erinnerung an sein eigenes frühes Drama *Anni Nabels Boxschau* im

---

21 *Modelle, Verfahren und Prozesse. Gespräch mit Christa Merkes*, in: *Die Wahrheit der Literatur*, S. 49–68; hier: S. 50.

22 *Neuer Realismus*, S. 844.

23 *„Neuer Realismus". Rückblick*, S. 632.

24 Dujmić: *Literatur zwischen Autonomie und Engagement*, S. 88.

Kopf, bei dem ihm ausweislich des Nachworts der Druckausgabe die Tendenz zur Allegorisierung (im Sinne eines Totentanzes) zum Problem geworden war.[25]

Weitere aktuelle, über die *Kiepe*-Skizze hinausgehende Abgrenzungsnotwendigkeiten auch im Interesse der Profilschärfung einer zeitgemäßen realistischen Schreibweise ergaben sich in den späten 60er Jahren. Einer operativen politischen Moralisierung im Sinne einer traditionellen aufklärerischen Littérature engagée hatte freilich bereits der Schluss der Skizze – mit der Entscheidung für „eine Kritik, die nicht von Meinungen ausgeht, sondern im Produzieren der Erfahrung entsteht" – eine Absage erteilt. Tatsächlich verband sich mit dem Transport von politischen Stellungnahmen via Literatur für Wellershoff genau jene Schemabildung und Befriedigung eines „vorschnellen Sinnbedürfnisses", die der Neue Realismus in seinem Verständnis aufbrechen wollte:

> Ein funktionalistisches Literaturprinzip würde ich auch für mich ablehnen, also die Auffassung, der Text solle unmittelbar im Dienst einer Praxis stehen, er sei ein Instrument im Dienst vorgegebener, fremder Zwecke und sei im Sinn dieser Zwecke konstruiert. Ich habe immer betont, daß Literatur ein Bereich mit seiner Eigenlogik ist, ein imaginäres Inszenarium, das zunächst einmal von der Praxis abgetrennt wird und zwar deshalb, damit die Phantasie von den Verboten und den Risiken des praktischen Lebens befreit wird und über die praktische Erfahrung hinausgehen kann.[26]

In den späten 60er Jahren radikalisierte sich allerdings die verbreitete Forderung nach einer politischen Inanspruchnahme der Literatur in einer Weise, die – so schien es jedenfalls Wellershoff – ihre Existenzberechtigung infrage stellte. Legendär ist auch heute noch das *Kursbuch* 15 von 1968, in dem Hans Magnus Enzensberger den Autoren, „die sich mit ihrer Harmlosigkeit nicht abfinden wollen", den Ratschlag gab, sich „der politischen Alphabetisierung Deutschlands" zu widmen[27]. Eine genaue Lektüre – im Abstand der Jahre und nach Abzug des seinerzeit allseits verbreiteten polemischen Pulverrauchs – zeitigt freilich die Erkenntnis, dass Enzensberger der Literatur keineswegs „Überflüssigkeit" bescheinigt[28] oder ihren „Tod" ausruft. Der ironische Tonfall des Textes und die spielerische Inszenierung sei-

---

25 *Bericht über die Entstehung des Stückes*, in: *Anni Nabels Boxschau* (= *Collection Theater. Texte*, Bd. 9), Köln 1962, S. 94–103; hier: S. 100.

26 *Modelle, Verfahren und Prozesse*, S. 63.

27 Hans Magnus Enzensberger: *Gemeinplätze, die Neueste Literatur betreffend*, in: *Kursbuch* 15, Frankfurt/M. 1968, S. 187–197; hier: S. 196 f.

28 So aber Wellershoff in *„Neuer Realismus". Rückblick*, S. 636. S. zur Auseinandersetzung Wellershoffs mit Enzensberger auch Sass: *Der magische Moment*, S. 52–64; Dujmić: *Literatur zwischen Autonomie und Engagement*, S. 106–109.

ner Selbstwidersprüche hätten indes schon damals eine differenziertere Rezeption nahegelegt.[29]

Aber ganz gleich nun, ob es um Abschaffung oder um rigorose Indienststellung zugunsten der revolutionären gesellschaftlichen Veränderung gehen mochte – im Licht der eigenen Auffassung von Literatur war es nur konsequent, dass sich Wellershoff gegen beides wehrte. In seinem Essay *Fiktion und Praxis* von 1969 begründete er ihren systemisch-institutionellen Eigensinn gerade unter den Lebensbedingungen einer ausdifferenzierten Spätmoderne, während er Enzensberger vorwarf, einer romantisch-regressiven Verschmelzungsutopie anzuhängen:

> Die Politik muß diesen Schriftstellern als der einzige Bereich erscheinen, wo die indirekten Vermittlungen aufgelöst werden können und Gemeinschaft oder Gefolgschaft möglich ist.[30]

Vergleichbare und vergleichbar fragwürdige Entdifferenzierungsprozesse beobachtete Wellershoff auch an bestimmten Spielarten der gerade in den 70er Jahren in Mode kommenden sozialkritischen Dokumentarliteratur zur Lebenssituation der Unterschichten (von der er seinen eigenen „Dokumentarroman" *Einladung an alle* sorgfältig getrennt wissen wollte[31]), etwa an Erika Runges *Bottroper Protokolle*. Einerseits musste er im Licht seiner Vorstellung einer auf Erkenntnis zielenden Literatur, die Wirklichkeit nicht nur widerspiegelt und dadurch tautologisch verdoppelt, einen den Autor quasi auslöschenden Dokumentarismus ablehnen. Andererseits warf er ihm vor, „Echtheit" und „Authentizität" zuzurichten und damit nur vorzutäuschen:

> Diese Bücher [sc. solche wie *Bottroper Protokolle*, d. Verf.] sind innergesellschaftliche Forschungsberichte; sie enthalten wie ethnologische Bücher Dokumente einer anderen Sprache, eines anderen Denkens, einer fremden Mentalität. Auch die Solidarisierungsabsicht der Herausgeber kann diese Fremdheit nicht aufheben, so daß ihre klugen Nachworte und Vorworte […] unversehens den Beigeschmack einer sublimen Ausbeutung bekommen. Sie können die Überlegenheit nicht verleugnen, die ihre Mandanten immer auch zum

29 S. dazu u. a. Friedrich Christian Delius: *Wie scheintot war die Literatur? Kursbuch 15 und die Folgen. Anläßlich einer Ausstellungseröffnung: Gedanken beim Wiederlesen des legendären "Kursbuch 15"*, online: https://www.fcdelius.de/widerreden/wider_kursbuch_15.html, letzter Zugriff: 18.03.2025.

30 *Fiktion und Praxis*, S. 203.

31 Im Vorspruch zu *Einladung an alle. Roman* (WW 1, S. 361–532), heißt es daher sehr bestimmt: „Dies ist ein Werk der Fiktion. Übereinstimmungen mit der Wirklichkeit sind deshalb ebensowenig zufällig wie Nichtübereinstimmungen." (S. 363).

> Objekt einer Neugierde macht, die die Herausgeber mit den vorwiegend intellektuellen Lesern ihrer Bücher teilen.[32]

Angesichts des durch die eigene Realismus-Konzeption gesteckten Rahmens überrascht es nicht, dass auch „Arbeiterliteratur", wie sie in der *Dortmunder Gruppe 61* entstand, von Wellershoff abgewiesen wurde.[33] Seine *Spiegel*-Rezension des 1966er Gruppenalmanachs *Aus der Welt der Arbeit* geriet zu einem einigermaßen aggressiven Verriss. „Sozialrabatt" zu geben, zeigte sich der Autor durchaus nicht geneigt, schlechte Literatur blieb für ihn schlechte Literatur, auch wenn Arbeiter sie verfasst hatten:

> Insgesamt bestätigt der Almanach, daß es nicht genügt, eine grob stoffliche Kenntnis eines Realitätsausschnitts zu haben, wenn man ihn darstellen will, sondern daß es darauf ankommt, neue Sichtweisen und Darstellungsmethoden zu entwickeln, mit denen es gelingt, diese scheinbare Bekanntheit zu durchbrechen. Hier dagegen werden die Schablonen naiv ausgeschrieben oder stilistisch überschminkt, so daß sich die alten Positionen unserer Literatur unverändert gegenüberstehen: platte Konvention und manieristische Stilgrimasse.[34]

Im „Kampf" um „seinen" Realismus verstrickte sich Wellershoff somit in eine Mehrfronten-Auseinandersetzung, in der er sich gegen sehr unterschiedliche, ja gegensätzliche Literaturauffassungen wandte. Das Bewährungsterrain des Neuen Realismus wurde dadurch stark eingegrenzt, sozusagen eingekreist von gegnerischen Positionen, die einander ihrerseits bekämpften.

Genauso wie eine politisch funktionalisierte Literatur lehnte Wellershoff eine Littérature pure ab, die zu vertreten er in einer 1966er Diskussion im Kölner Wallraf-Richartz-Museum keinem Geringeren als Alain Robbe-Grillet vorwarf.[35] Gegen eine Literarisierung politischer Meinungen zu sein, hieß für ihn nicht, Literatur von der außerliterarischen Lebenswirklichkeit abzukoppeln. *Fiktion und Praxis* wendet sich implizit nicht nur gegen Enzensberger, sondern auch gegen den amerikanischen Romancier und Kritiker Leslie A. Fiedler, der in zwei seinerzeit lebhaft diskutierten Zeitungsartikeln die Literatur und zumal den Roman zum „Spielmaterial" ohne Erkenntnisanspruch deflationiert und damit sozusagen das Zeitalter postmoderner

---

32 *Die Auflösung des Kunstbegriffs*, in: WW 5, S. 100–250; hier: S. 157.

33 S. dazu Gabriele Ewenz: *Dieter Wellershoffs Konzeption des „Neuen Realismus" und seine Kritik an der Dortmunder Gruppe 61*, in: Ute Gerhard/Hanneliese Palm (Hg.): *Schreibarbeiten an den Rändern der Literatur. Die Dortmunder Gruppe 61*, Essen 2012, S. 261–271.

34 *Konvention und Stilgrimasse. Über den „Gruppe 61"-Almanach „Aus der Welt der Arbeit"*, in: WW 4, S. 849–853; hier: S. 853.

35 S. dazu Merkes: *Wahrnehmungsstrukturen in Werken des Neuen Realismus*, S. 18 f.

Literaturauffassungen eingeläutet hatte.[36] Als „konservativ und esoterisch“ wies Wellershoff allerdings auch Adornos Verweigerungsästhetik zurück, die ein „Reservat der Freiheit“ nur um den Preis ihrer gesellschaftlichen Wirkungslosigkeit bleibe.[37] Hingegen will der Neue Realismus „wirken“ – nicht im Sinne von Agitprop, wohl aber der befreienden Veränderung von Wahrnehmungseinstellungen.

Als positive Bezugsgrößen, als Quasi-Modelle eines Neuen Realismus in der Literatur sind bei Wellershoff im Wesentlichen – neben Klassikern der literarischen Moderne wie Faulkner, Proust, Joyce, Beckett und dem jungen Sartre[38] – zwei künstlerische Erscheinungsformen erkennbar. Die erste ist der französische Nouveau Roman mit seinen Hauptvertretern Nathalie Sarraute, Robbe-Grillet, Claude Simon und Michel Butor, der Wellershoff zufolge vor 1965 „keinen nachdrücklichen Einfluß [...] auf die deutsche Literatur“[39] gewann. Unabhängig von ihrer sachlichen Triftigkeit hatte diese Datierung den Charme, dass sie mit dem Zeitpunkt der *Kiepe*-Veröffentlichung zusammenfiel. Das zweite ist der Film, dessen künstlerische Verfahrensweisen trotz des medialen Unterschieds für die dichterische Realitätserfassung fruchtbar gemacht werden soll. Dabei fließt das Anregungspotenzial aus beiden Richtungen insofern zusammen, als der Nouveau Roman seinerseits filmische Techniken aufgreift.[40] Liegt bei Wellershoff in Beschreibungsmotiven wie „begrenzte, momentane und bewegte Perspektiven“, „Wechsel zwischen Nah- und Fernsicht“, „Zeitdehnung und Zeitraffung“ die (durch die Filmtheorie Siegfried Kracauers angeregte) Adaption von Film-Verfahren auf der Hand, so rufen seine anderweitigen Ausführungen etwa zu Robbe-Grillets Romanen bis in die Formulierungen hinein die *Kiepe*-Marginalie in Erinnerung:

> [...], es gibt die gestochen scharfe Wahrnehmung isolierter Gegenstände bei Robbe-Grillet, extrem langes Beharren auf unverständlichen Details, langsames Wandern des Blicks über immer dieselben Einzelheiten, deren Umfeld nicht sichtbar wird, [...]. Alles scheint unzuverlässig zu werden, denn auch die Genauigkeit der Darstellung ist Mittel einer irritierenden Regie, in der die gewohnten Sinneinheiten sich dissoziieren. Der blick subjektiviert sich, geht nach innen mit neuer Aufmerksamkeit für die Dunkelzonen des Vorbewußten und der Körperreaktionen oder für die flüssigen und flackernden Gestalten des Tagtraums. Und gegenüber diesen verwirrenden Erfahrungen wir dem Leser nicht die Sicherheit einer übergreifenden rationalen Orientierung gewährt. Er wird nicht wie im traditionellen Roman vom Erzähler geführt und am Anfang mit den wichtigsten

---

36 Leslie A. Fiedler: *Das Zeitalter der neuen Literatur.* Tl 1: *Die Wiedergeburt der Kritik*, Tl. 2: *Indianer, Science Fiction und Pornographie*, in: *Christ und Welt*, Ausgaben vom 13. und 20. September 1968.

37 *Die Auflösung des Kunstbegriffs*, S. 186 f.

38 S. dazu Kapitel 6.

39 *Modelle, Verfahren und Prozesse*, S. 53.

40 Merkes: *Wahrnehmungsstrukturen in Werken des Neuen Realismus*, S. 25.

> Informationen versorgt, sondern hineingestoßen in einen Fiktionsraum, der sich erst allmählich und vielleicht nie richtig, nie endgültig erschließt, der aber auch keine Fenster, keine Tür in ein sicheres Außerhalb hat.[41]

Was die literaturtheoretische Position im engeren Sinn anbelangt, so nimmt Wellershoff Anregungen aus dem Russischen Formalismus und hier zumal Victor Sklovskijs auf. Dieser wird im *Kiepe*-Aufsatz nicht erwähnt, auf seine Arbeiten kommt er aber in den einschlägigen Zusammenhängen wiederholt zu sprechen.[42] Kunst ist für Sklovskij ein „Kunstgriff", der Fremdheit wiederherstellen und dadurch Wahrnehmung erneuern soll:

> Und gerade, um das Empfinden des Lebens wiederherzustellen, um die Dinge zu fühlen, um den Stein steinern zu machen, existiert das, was man Kunst nennt. Ziel der Kunst ist es, ein Empfinden des Gegenstandes zu vermitteln, als Sehen, und nicht als Wiedererkennen; das Verfahren der Kunst ist das Verfahren der „Verfremdung" der Dinge und das Verfahren der erschwerten Form, ein Verfahren, das die Schwierigkeit und Länge der Wahrnehmung steigert, denn der Wahrnehmungsprozeß ist in der Kunst Selbstzweck und muß verlängert werden.[43]

Auch in seinem Essay *Wiederherstellung der Fremdheit*[44] erwähnt Wellershoff Sklovskij nicht mit Namen, aber der Titel fasst dessen programmatische Intentionen schlaggenau zusammen. Die zentrale Rolle, die weniger „Realität" als solche denn vielmehr die Kategorie ihrer Wahrnehmung in Wellershoffs Literaturtheorie spielt[45], ist maßgeblich auf Sklovskij zurückzuführen.

---

41 *Fiktion und Praxis*, S. 213 f.

42 S. u. a. *Die Verneinung als Kategorie des Werdens*, in: WW 4, S. 317–336; hier: S. 334, und *Modelle, Verfahren und Prozesse*, S. 61.

43 Victor Sklovskij: *Kunst als Verfahren*, in: Jurij Striedter (Hg.): *Russischer Formalismus. Texte zur allgemeinen Literaturtheorie und zur Theorie der Prosa* (= *UTB-Taschenbücher*, Bd. 40), München [5]1994, S. 5–121; hier: S. 15. Sklovskij war für Wellershoffs Theorieentwicklung von zentraler Bedeutung. Ich erinnere mich, dass sein Name einer der ersten war, die in meinem ersten persönlichen Gespräch mit ihm im Vorfeld seines 65. Geburtstages Ende September 1990 von seiner Seite aus fielen. Im Zuge der Erörterung der intellektuellen Wurzeln seines Schreibens hatte ich für das Theorem der „Wiederherstellung der Fremdheit" in der Wahrnehmung der Wirklichkeit eine Affinität zu Adornos *Ästhetischer Theorie* geltend gemacht. Wellershoff wies diese aber zugunsten von Sklovskij zurück.

44 *Wiederherstellung der Fremdheit*, in: WW 4, S. 231–240.

45 S. dazu u. a. Merkes: *Wahrnehmungsstrukturen in Werken des Neuen Realismus*; Gabriele Dohn: *Wahrnehmung und Erkenntnis. Dieter Wellershoffs Roman „Die Schattengrenze"*, in: *Dieter Wellershoff*, S. 55–63; Dujmić: *Literatur zwischen Autonomie und Engagement*, S. 73–105.

Darüber hinaus aber kam es Wellershoff ganz offensichtlich von Anfang an darauf an, seinen Neuen Realismus nicht als bloßes Theorie-Gespinst erscheinen zu lassen, dem man höhnisch die fehlende Nähe zur literarischen Praxis hätte vorwerfen können. So waren neben seinem Aufsatz in der *Kiepe* sechs Autoren abgebildet, deren Bücher damals bei Kiepenheuer & Witsch erschienen: Rolf Dieter Brinkmann, Nicolas Born, Günter Seuren, Günter Herburger, Günter Steffens und Paul Pörtner. Sie alle waren mit Texten – Lyrik, Erzählungen und Romanen – hervorgetreten (oder im Begriff, dies zu tun), in denen Wellershoff selbst eingedenk ihrer beträchtlichen thematischen Unterschiede und Stildivergenzen mehr oder weniger gelungene Exempel der von ihm inaugurierten neuen realistischen Literatur sah. Drei von ihnen – Brinkmann, Born und Steffens – hatten übrigens bereits in ihren Texten die Impulse des Nouveau Roman aufgenommen, Jahre bevor ihr Lektor mit *Die Schattengrenze* selbst sozusagen einen deutschen Nouveau Roman schrieb.

Ganz allgemein ist mit Blick auf Wellershoffs Oeuvre festzustellen, dass seine theoretischen Einlassungen eine enge Beziehung zu seiner Tätigkeit als fiktionaler Autor unterhalten, das Schreiben und die Reflexion über das Schreiben letztlich eine Einheit bilden. Das soll im Folgenden anhand eines Auszugs aus dem Roman *Die Schönheit des Schimpansen* exemplarisch erläutert werden – die Beispiele ließen sich beliebig vermehren. Den Rahmen für die folgende Stelle liefert die desaströse Lebenssituation des gescheiterten Studenten Klaus Jung, der sein Weltverhältnis als und in einem krisenhaften Zerfall erlebt und dessen Wahrnehmungsverhalten sich dadurch signifikant verändert:

> Manchmal allerdings sah er Einzelheiten, scharfumrissene Dinge oder kleine Geschehnisse, die ihm wie geheimnisvolle Zeichen erschienen, die er nicht verstand.: Einmal eine gebrauchte Rasierklinge auf einem Waschtisch einer öffentlichen Toilette. Der Seifenschaum war als weißgrauer Wulst auf der Schneide angetrocknet, und darin steckten die kleinen schwarzen Punkte der Bartstoppeln wie eine verdächtige und obszöne Hinterlassenschaft. Einmal war es ein großer struppiger Hund, der vor Jung auf dem Gehsteig sein rotes, feuchtschimmernde Genital beleckte und dann mit dunklen glänzenden Augen zu ihm aufsah. Einmal war es eine querschnittgelähmte alte Frau, die wie ein grauer, vollgestopfter Lumpensack in einem Rollstuhl hing. Ihre toten, stockartigen Beine, die aus ihrem schäbigen Mantel hervorschauten, waren kraftlos zur Seite gerutscht und lehnten aneinander wie vergessene, leblose Bestandteile ihres Lebens, doch sie erinnerten durch ihre Haltung an die schönen, lebendigen Beine der Mannequins auf manchen Strumpfreklamen. Der Kopf der Frau, umrahmt von wirren, aufgelösten grauen Haaren, war nach hinten gesunken, und die Augen in dem bleichen verquollenen Gesicht waren geschlossen, als könne und wolle sie nichts mehr wahrnehmen von der Welt, in der sie zerstört worden war, und dämmere dahin über einem wachsenden inneren Dunkel. Sie mochte

> vielleicht Mitte Fünfzig sein, wie der Mann, der den Rollstuhl schob, doch sie sah viel älter aus, als habe das Leiden oder der vorweggenommene Tod die Zeit zusammengerafft und schneller vergehen lassen, nur die Hände, die merkwürdig klein und leblos in ihrem Schoß lagen, schienen jünger zu sein. Auch ihre Hände konnte sie nicht bewegen, sie schien gelähmt bis zum Hals. Jung begriff es, als der Mann, der den Rollstuhl vor sich herschob, seine Zigarette aus dem Mund nahm und sie der Frau, ohne hinzusehen, mit einer automatischen Bewegung an die Lippen führte. Sie sog daran gierig wie ein kleines Kind und preßte die Augenlider schmerzlich zusammen, als bekomme sie nicht genug und als sei mitten in der Befriedigung noch ein Widerstand, den sie überwinden müsse. Und dann hatte ihr der Mann mit derselben automatischen Bewegung die Zigarette wieder entzogen, und während sie die Augen weiter geschlossen hielt, klaffte ihr Mund nun auf wie eine geplatzte Wunde.[46]

Legt man den *Kiepe*-Text neben diese Erzählstelle, lässt jener sich nahezu als ihre Analyse oder gar Interpretation lesen. Nicht zur Sprache kommt im Aufsatz *Neuer Realismus* die Möglichkeit und Legitimität der symbolischen – in Wellershoffs bevorzugter Terminologie: der „realsymbolischen" – Aufladung einzelner Motive bzw. ihr Einsatz als legitimes Kunstmittel auch im Kontext eines realistischen Erzählens. Im vorliegenden Fall ergibt sie sich nicht direkt aus der zitierten Passage, sondern erst aus dem kompletten Roman: Der offenstehende Mund fügt sich in eine dichte Kette von Todessymbolen.

Die Wahrnehmungsperspektive ist, wie im Aufsatz „gefordert", begrenzt und subjektiv, ohne dass den erfassten Realitätsfragmenten ihre objektive Existenz abgesprochen werden könnte – es wäre sinnlos, sie als „Einbildungen" bezeichnen zu wollen. Die Welt zerfällt in „sinnlich konkrete Erfahrungsausschnitte", die sich nicht mehr in ein übergreifendes und schon gar nicht metaphysisch grundiertes Sinnganzes integrieren lassen, sondern vielmehr in einem zusammenhanglosen Für-Sich-Sein präsentieren.

Ihre sinnliche Eindrücklich-, ja Aufdringlichkeit ist geeignet, denjenigen, der sie wie Klaus Jung mit überscharfer Aufmerksamkeit und zugleich apathisch wahrnimmt, schier zu überwältigen. Es kommt tatsächlich zu einer „Inflation der sinnlichen Einzelheiten". Dabei gelangt sogar der „Beschreibungsfuror" an seine Grenzen, die intendierte Genauigkeit muss wiederholt zur metaphorischen Übertragung („als ob") greifen. Jungs hermeneutische Anstrengung, sein Versuch, sie als „Zeichen" zu verstehen, läuft konsequent ins Leere – sie sind einfach „da" und „bedeuten" nichts. Der Leser kann das erkennen, weil ihm der Text jedenfalls an dieser Stelle die Möglichkeit gibt, zwischen „Innen" und „Außen" zu unterscheiden.

46 *Die Schönheit des Schimpansen. Roman*, in: WW 1, S. 535–741; hier: S. 550 f.

Die „Einzelheiten" sind einerseits, als vergleichsweise belanglose Bestandteile großstädtischen Straßenlebens, „unauffällig". Allerdings zeigt ihre parataktische Anordnung eine gleichsam aufsteigende, eine „Schöpfungslinie" an: Sie führt von unbelebten Gegenständen (Waschtisch) über die belebte Natur (Hund) in die menschliche Sphäre (Passanten-Paar). Andererseits aber wächst ihnen – und dies parodiert und destruiert die „Schöpfungsgeschichte" fast zynisch – „durch genaues Hinsehen" eine abstoßende, ja monströse Fremdheit und Hässlichkeit zu. Momentaner Ekel – durchaus im Sinn von Sartres gleichbetiteltem Roman, einem für Wellershoffs eigene Produktion maßgeblichen Referenztext[47] – stellt sich nicht beim fiktiven Protagonisten, aber womöglich beim Leser ein.

Zugleich aber eröffnet diese Wahrnehmungshaltung – die Dinge werden so, wie sie hier erscheinen, nicht „durch sich selbst", es wäre ohne weiteres eine „gefälligere" Erfassung dieser Objektwelt seitens des Autors denkbar – in der Tat auch für ihn die Möglichkeit einer faszinierend neuen, so also vielleicht noch nie gemachten Erfahrung. Die Frage, ob Jung bereits in diesem frühen Stadium der Romanhandlung Symptome einer gestörten Weltbeziehung zeigt, ist hier (jedenfalls aus der Sicht des Autors) insofern irrelevant, als sich eben auch aus krankhaft entgleisten psychischen Verfassungen heraus ein innovatives Wahrnehmungsverhalten ergeben kann. Eines, das die eingeschliffenen, „normalen" Perzeptionsmuster aufsprengt.

Die beschriebenen Widersprüche und blinden Flecken, die die Theorie womöglich aufweist, spielen übrigens auf der Darstellungsebene der Dichtung keine Rolle. Denn Fragen etwa nach den unterschiedlichen Erkenntnismodi von Autor-Ich und fiktiven Figuren oder nach dem Verhältnis von Realitätserkenntnis und subjektivierter Wahrnehmung stellen sich dort einfach nicht und „gehen" thematisch „unter".

Die mediale „Inszenierung" des Kiepe-Aufsatzes lenkt den Blick darauf, dass Wellershoffs Neuer Realismus-Initiative eng verflochten war mit seinen ersten Jahren als Lektor bei Kiepenheuer & Witsch und in diesem Sinne auch eine verlagspolitische Komponente hatte. Wellershoff hatte 1959 im Verlag zunächst die wissenschaftliche Abteilung übernommen und sollte mit den Readern der *Neuen Wissenschaftlichen Bibliothek* weithin beachtete neue Akzente setzen. Nach dem unfriedlichen Ausscheiden des Lektors Otto F. Best übernahm er 1960 auch das Lektorat für die deutsche Gegenwartsliteratur, um die es im Verlag tatsächlich dürftig bestellt war (welcher Tatsache Best eben auch seinen Quasi-Rauswurf durch den Verleger Joseph C. Witsch zu verdanken hatte): „Außer Heinrich Böll und Gerhard

47 S. dazu das Sartre-Kapitel in seinen Vorlesungen *Der Roman und die Erfahrbarkeit der Welt*, in: WW 5, S. 251–784; hier: S. 593–601.

Zwerenz gab es keine nennenswerte deutsche Gegenwartsliteratur", erinnerte sich Wellershoff 2006.[48]

Er akquirierte in den Folgejahren dann noch kaum bekannte Autoren, die teils jünger als er selbst waren, teils aber noch seiner Alterskohorte entstammten. Zu ihnen gehörten auch diejenigen, deren Fotos dann den *Kiepe*-Text umrahmten. Eine erste „Probebühne", auf der sie sich vorstellen konnten, war die 1962 erschienene – von Wellershoff konzipierte, betreute und herausgegebene – Anthologie *Ein Tag in der Stadt. Sechs Autoren variieren ein Thema.* Das Thema, das neben Herburger, Seuren und Brinkmann (die dann auch neben dem Kiepe-Artikel abgebildet werden sollten) Ludwig Harig, Uve Christian Fischer und Robert Wolfgang Schnell bearbeiteten, hatte Wellershoff selbst gestellt. Das Stichwort „sollte eine Arbeitsanregung sein und später natürlich auch eine Vergleichsmöglichkeit – es war ja interessant zu sehen, wie verschieden die einzelnen Autoren es aufgefaßt und gestaltet hatten"[49].

Das Sujet deutete in seiner prononcierten Alltags-Unauffälligkeit bereits auf die Programmatik des Neuen Realismus voraus, zugleich freilich stand unausgesprochen im Hintergrund ein Zentraltext der klassischen Moderne – Joyce' *Ulysses*, dessen Thema ebenfalls „ein Tag in der Stadt" ist. Fünf Jahre später wiederholte Wellershoff das Experiment mit sechs anderen Autoren zum Thema *Wochenende*, diesmal wurden u. a. Renate Rasp und Sigrid Brunk vorgestellt.

1964 kam es dann zu einem Autorentreffen im Eifelort Kronenburg – mit der Intention, „Witsch und die Verlagskollegen für die neue Autorengruppe zu interessieren, um den Verleger aufmerksam zu machen auf das, was in unserem Lektorat entstanden war, [...]"[50]. Mit dabei war auch Heinrich Böll, der Starautor des Verlags, außerdem hatten sich einige Kritiker und persönliche Freunde eingefunden. Bei dieser Gelegenheit sei, vermutet Wellershoff[51], spielerisch der Begriff „Kölner Gruppe" oder „Kölner Schule" erfunden und im Anschluss mit auch diesmal beachtlicher Wirkung in die literarische Öffentlichkeit transportiert worden. Das habe ihn einerseits „sehr gefreut"[52], andererseits sah Wellershoff – wie später dann im Fall des Neuen Realismus – Anlass, überzogene Erwartungen oder Befürchtungen hinsichtlich der Gründung einer „Schule" zu dämpfen:

---

48 *Vielstimmiges Intermezzo. Meine Zeit als Lektor*, in WW 8, S. 550–572; hier: S. 554; s. zur Verlagspolitik von Witsch in den 50er und 60er Jahren und ihren Problemen Frank Möller: *Dem Glücksrad in die Speichen greifen. Joseph Caspar Witsch, seine Autoren, sein Verlagsprogramm und der Literaturbetrieb der frühen Bundesrepublik*, Köln 2015, S. 186–252 und passim.

49 *Residuum der Freiheit oder befreites Gebiet*, S. 78.

50 Ebd., S. 79.

51 Ebd., S. 79, sowie *„Neuer Realismus". Rückblick*, S. 635.

52 *„Neuer Realismus". Rückblick*, S. 635.

Aber eine Schule in einem irgendwie verbindlichen Sinn mit Programm und ästhetischem Kanon war das nicht, nur eine Gruppierung, eine Schwerpunktbildung, die vorübergehend der deutschen Gegenwartsliteratur einen neuen Akzent gab. [...]
Aber mehr als ein gemeinsamer Start konnte das Ganze nicht sein. Es lag in der Natur der Sache, daß die Autoren sich selbständig machen mußten, jeder mußte von einem bestimmten Stadium an seinen besonderen Entwicklungsweg finden. Untereinander hatte sowieso kaum ein Zusammenhalt bestanden, eher Reizbarkeit und Konkurrenz und bewußtes Unverständnis.[53]

Abb. 3 Die Verlags-Connection: Wellershoff an seinem 85. Geburtstag 2010 zwischen dem langjährigen früheren Kiepenheuer & Witsch-Verleger Reinhold Neven Du Mont (r.) und dessen Nachfolger Helge Malchow. Foto: Bodo Witzke.

Äußeres Zeichen dafür, dass die Autoren dann ihre je eigenen Wege gingen, war die Tatsache, dass sie abgesehen von Steffens auf längere Sicht nicht bei Kiepenheuer & Witsch blieben. Das hing allerdings, jedenfalls aus der Sicht von Witschs Verlegernachfolger Reinhold Neven Du Mont, auch damit zusammen, dass Wellershoff seit seinem Romandebüt mit *Ein schöner Tag* selbst nachdrücklich die literarische Arena betrat und in seiner Doppelrolle als Lektor und (konkurrierender) Kollege bei einigen der von ihm „Betreuten“ Befremden und Unbehagen

53 *Residuum der Freiheit oder befreites Gebiet*, S. 80.

auslöste.[54] Aber auch das Signet eines Neuen Realismus lieferte auf die Dauer keine starke Klammer der Identifikation. Brinkmann etwa bezeichnete den Neuen Realismus später sogar mit durchaus despektierlichem Unterton als einen von Wellershoff erfundenen „Werbeslogan", mit dem er selbst „nichts zu tun" habe.[55]

In seiner Theoriearbeit beließ es Wellershoff freilich nicht beim Neuen Realismus, vielmehr baute er in den Jahren nach 1965 seine einschlägigen Überlegungen sukzessiv aus.[56] Vor allem entfaltete er die Vorstellung von Literatur als einer imaginären Probebühne. Auf ihr entwickeln Autor und Leser alternative Handlungsmöglichkeiten, die sie in ihrer lebensweltlichen Alltagspraxis als empirische Subjekte aus Gründen der Selbsterhaltung nicht ausschreiten und verdrängen. Sie an stellvertretenden fiktiven Figuren durchzuspielen vermag indes, so Wellershoff, sehr wohl eine neue Einstellung, eine neue Sicht auf das tatsächlich gelebte Leben herbeizuführen. Wie es aussieht, hat Wellershoff dieses Theorem zum ersten Mal in *Fiktion und Praxis* umrissen: Literatur ist demzufolge

> ein der Lebenspraxis beigeordneter Simulationsraum, Spielfeld für ein fiktives Handeln, in dem man als Autor und als Leser die Grenzen seiner praktischen Erfahrungen und Routinen überschreitet, ohne ein wirkliches Risiko dabei einzugehen. Der Leser des Abenteuerromans läßt sich auf die waghalsigsten Unternehmungen ein, weil er weiß, daß er nicht dabei umkommen wird.[57]

Dieses Probebühne-Konzept, das später dann variativ entfaltet und bereichert, im Wesentlichen aber bis in die Spätzeit beibehalten wurde[58], ergab sich interessanterweise nicht notwendig aus der Realismus-Skizze: Der Neue Realismus kommt, systemisch gesehen, prinzipiell genauso ohne den Probebühne-Gedanken aus, wie umgekehrt dessen literarische Umsetzung nicht zwangsläufig an eine realistische Schreibweise gebunden ist. Allerdings erweisen sich diese beiden zentralen Aspekte von Wellershoffs Literaturtheorie – und auch seiner literarischen Produktion – als in hohem Maß des Anschlusses aneinander und der wechselseitigen Integration fähig: Eine im Sinn des Neuen Realismus unbekannte, undurchdringliche, nicht

54 S. dazu Neven Du Mont: *Mit Büchern und Autoren*, S. 78.

55 Rolf Dieter Brinkmann: *Briefe an Hartmut 1974–1975. Mit einer fiktiven Antwort von Hartmut Schnell*, Reinbek 1999, S. 126.

56 Eine gute Zusammenfassung von Wellershoffs „ausgereiftem" Realismus-Konzept bietet Hans-Gerd Winter: *Erkenntnisglück und Egotrip. Zu Dieter Wellershoffs Realismuskonzept*, in: Klaus Brinker/ Johannes Krogoll (Hg.): *Begegnungen. Festgabe zum 100jährigen Bestehen der Kliment-Universität*, Hamburg 1988, S. 141–151.

57 *Fiktion und Praxis*, S. 210.

58 S. u. a. *Die Verneinung als Kategorie des Werdens*; *Der Roman als Krise*, in: WW 4, S. 519- 528; *Double, Alter ego und Schatten-Ich. Schreiben und Lesen als mimetische Kur*, in: WW 4, S. 760–783.

durch Sinn determinierte Welt kann zum Ort für krisenhafte Verunsicherungen und Identitätsgefährdungen der mit ihr konfrontierten Menschen werden, weil die Wahrnehmung einer Umgebung als fremd und undurchschaubar Krisen genauso auslösen wie auch deren Ausdruck sein kann.[59] Dabei haben die Krisen oft ein Katastrophenpotenzial, ermöglichen aber auch in diesem Fall erweiternde Erfahrungen und die Erfüllung unterdrückter Wünsche nach einer die Schranken der Konvention durchbrechenden Lebensintensität und -authentizität. „Opfer" dieser produktiven und/oder destruktiven Ich-Gefährdung werden der Autor, seine fiktiven Figuren und der Leser gleichermaßen. Literatur, so Wellershoff,

> versucht den Leser zu irritieren, ihm die Sicherheit seiner Vorurteile und gewohnten Handlungsweise zu nehmen, sie macht ihm das scheinbar Bekannte unvertraut, das Eindeutige vieldeutig, das Unbewußte bewußt und öffnet ihm so neue Erfahrungsmöglichkeiten, die vielleicht verwirrend und erschreckend sind, aber auch die Enge und Abstraktheit der Routine durchbrechen, auf die er in seiner alltäglichen Praxis angewiesen bleibt.[60]

Die Spezifik von Wellershoffs Probebühne-Konzept erweist sich darin, dass es gerade keine privatistische Entlastungsstrategie für einen Autor und seine Leser entwirft, sondern in einen größeren gesellschafts- und systemtheoretischen Zusammenhang eingebettet wird. In Wellershoffs zweitem Realismus-„Manifest" nach dem *Kiepe*-Text, dem in Paragraphen unterteilten „Thesenpapier" mit dem Titel *Realistisch schreiben* von 1976, in dem Realismus- und Probebühnen-Theorem aneinandergefügt sind, heißt es dazu:

> 9
>
> Das gesellschaftliche Handlungs- und Kommunikationssystem braucht solche Probebühnen, auf denen praktisch noch unbeherrschte, abweichende Möglichkeiten durchgespielt werden, auch bedrohliche und ruinöse. Diese noch inaktivierte, aber doch schon bereitgestellte, erweiterte Erfahrung stellt das Wandlungspotential des Systems dar, seine Alternativen, möglichen Differenzierungen, Modifikationen, Werdensrichtungen, auch seine Gefährdungen.

59 S. zur zentralen Bedeutung der „Krise" für Wellershoffs Werk das gleichbetitelte Kapitel 11.
60 *Fiktion und Praxis*, S. 211.

> 10
> Je größer die Problemlösungskapazitäten eines Systems sind, desto größer ist auch seine Toleranz gegenüber dem Neuen, Abweichenden, Unbekannten, das heißt: sein Realismus.[61]

Als ähnlich bedeutsam wie der Russische Formalismus für Wellershoffs Realismus-Konzept ist für seine Simulationstheorie die Anthropologie Arnold Gehlens einzuschätzen.[62] Wobei der eklektische Gebrauch, den er von seinen „Gewährsleuten" macht, insgesamt bezeichnend für seine Theorieverarbeitung ist. Er übernimmt einzelne „Bausteine", während er andere mehr oder weniger links liegen lässt bzw. sie für seine neuen Kontexte umfunktioniert. Das gilt auch für Wellershoffs Umgang mit dem Anregungspotenzial der philosophischen Tradition sowie von Wissenschaftsbereichen wie Psychologie, Soziologie und eben Anthropologie. Seine produktive „Verwertung" von Habermas und Luhmann hält weitere Beispiele dafür bereit.[63]

Zentral für Gehlens Anthropologie, deren Grundzüge Wellershoff in *Fiktion und Praxis*[64], aber auch in anderen Essays referiert, ist der Begriff der „Entlastung".[65] Sie ermöglicht es dem Menschen, überhaupt angesichts des Reizchaos und der Überkomplexität seiner Lebenswelt in dieser handlungsfähig zu bleiben und nicht in eine Lähmungsstarre zu verfallen. Selektierende Schemabildung, die sich in Ideologien, Gesetzen und Institutionen materialisiert, leistet die entlastende Komplexitätsreduktion.

In diesem Argumentationsdesign platziert Wellershoff nun seine Probebühne. Seiner Auffassung nach hat Gehlens – Wellershoff zunächst einmal überzeugendes – Entlastungskonzept seinen Preis: Die reduzierte Überkomplexität verschwindet nicht einfach, sondern wird unterdrückt und verdrängt. Und kehrt bei den betroffenen Subjekten als Verdrängtes wieder – in Träumen, Aggressionen, psychischen Störungen, abweichendem Verhalten, Ausbruchsfantasien. Die Ursache dieser Verdrängung hat Gehlen mit Blick auf seine Institutionenlehre selbst benannt: „Die

---

61 *Realistisch schreiben*, in: *Realismus – welcher?*, S. 13–18; hier: S. 15 f.

62 Zum Verhältnis Gehlen – Wellershoff s. Godfrey Carr: *Überlegungen zu der Literaturtheorie*, in: Thomas (Hg.): *Der Schriftsteller Dieter Wellershoff*, S. 146–157; hier: S. 146 ff.; Vollmuth: *Dieter Wellershoff*, S. 83 ff., 91 ff.; Helmreich: *Dieter Wellershoff*, S. 27 ff.; Heinz Puknus: *Ordnung und Realität. Zu Wellershoffs Theorie einer nonkonformen Literatur*, in: *Dieter Wellershoff*, S. 3–11; hier: S. 3–5; Sass: *Der magische Moment*, S. 74–97.

63 S. dazu Kapitel 8 („Genre und Stil"), S. 192–202.

64 *Fiktion und Praxis*, S. 208 ff.

65 S. u. a. Arnold Gehlen: *Mensch und Institutionen*, in: A.G.: *Anthropologische Forschung. Zur Selbstbegegnung und Selbstentdeckung des Menschen* (= *rowohlts deutsche enzyklopädie*, Bd. 138), Reinbek [10]1974, S. 69–77.

Thematisierung der eigenen Subjektivität ist in der Welt nicht unterzubringen, sie ist institutionell steril."[66]

Diese ernüchternde Auskunft veranlasste Wellershoff, im Zuge des Ausbaus seiner Literaturauffassung Gehlens Anthropologie mit Elementen der Systemtheorie Niklas Luhmanns anzureichern[67]: Die Kunst als kulturelles Subsystem – in Wellershoffs Fall: die Literatur – ermöglicht die erneute Einübung in die Wahrnehmung von Komplexität.[68] Solchermaßen wird Gehlen gleichsam umgekehrt: Für ihn bedeutet Erfahrung den „systemisch notwendige[n] Abbau der Vieldeutigkeit der Welt hin zur Eindeutigkeit"[69], für Wellershoff die Wiederherstellung von Vieldeutigkeit und eine erneute Komplexitätsexplosion – mittels Kunst und Literatur. Damit wächst diesen übrigens eine kompensatorische und letztlich gesellschaftsstabilisierende Ventilfunktion zu: Als Probebühne gestatten sie das und sei es fiktive Ausagieren dessen, was die institutionell korsettierte lebensweltliche Normalität unterdrückt.

Es handelt sich, in Wellershoffs Worten, um die „Wiederherstellung der Fremdheit" durch realistisches Schreiben: „Realismus ist eine Tendenz, vereinfachende realitätsabwehrende Schemata aufzulösen zugunsten größerer Komplexität."[70] Durch die ästhetische Erfahrung öffnet sich für den Autor wie für den Leser ein Fenster für eine andere, innovative und erkenntnisgenerierende Sicht auf die Welt (das sich durch erneute Schemabildung freilich auch wieder schließen kann). Auch hier schlägt Wellershoff einen von Gehlen wegführenden Weg ein. Dieser billigt der Kunst keine Erkenntnisfunktion zu.[71]

---

66 Arnold Gehlen: *Urmensch und Spätkultur. Philosophische Ergebnisse und Aussagen*, Bonn 1956, S. 130.

67 S. dazu Puknus: *Ordnung und Realität*, S. 8 f.

68 S. dazu u. a. *Zeit – Alltag und Augenblick. Gespräch mit Werner Jung*, in: WW 5, S. 947–962; hier: S. 960. Der Name Luhmann fällt hier nicht, der Bezug zu seiner Systemtheorie ist aber offensichtlich.

69 Tschierske: *Das Glück, der Tod und der „Augenblick"*, S. 15.

70 *Realistisch schreiben*, S. 16.

71 S. dazu auch Dujmić: *Literatur zwischen Autonomie und Engagement*, S. 81 ff. – Den philosophiegeschichtlichen Wurzeln von Wellershoffs Probebühnenkonzept kann an dieser Stelle nicht ausführlich nachgegangen werden. Dafür, dass es keineswegs voraussetzungslos ist, sei wenigstens ein Beispiel erwähnt. In den aufschlussreihen Erörterungen zum Dreiecksverhältnis von Natur, Kunst und Medizin (hier: „Therapeutik") in seinem Aufsatz *Über einige Beziehungen zwischen Ästhetik und Therapeutik in der Philosophie des 19. Jahrhunderts* entwickelt Odo Marquard eine Denkfigur, die wie eine vorweggenommene (der Aufsatz entstand 1963) Erläuterung zu Wellershoffs Literaturtheorie wirkt: „Andererseits ist das ästhetische Genie diesem Problem der – in ihm selbst – übermächtigen Natur auch in besondere Weise gewachsen: es hat die erstaunliche Fähigkeit, diese geschichtsbedrohende und geschichtsvernichtende Natur aus einem Schicksal der Phantasie in ein Spiel der Phantasie zu verwandeln und damit unriskant zu machen: und zwar nicht nur, indem es auf die mancherlei Gestalten der Natur sich allein durch Klage und Sehnsucht bezieht, damit sie die „verlorene", die „ferne" Natur sei und nicht die gefährlich-gegenwärtige; sondern auch, indem es die bedrohliche „Gegenwart" dieser Natur ins Kunstwerk bannt: all jenes, was an dieser Natur zu

Im Raum steht allerdings noch die sehr grundsätzliche Frage, warum eine Literatur, die als simulierende Probebühne die Gefahren des „wirklichen Lebens" fiktionalisiert und ihnen damit auch sozusagen den Stachel zieht, trotzdem „gefährlich" sein kann. Denn dass sie – zumindest als „Literatur, die etwas taugt"[72] – dies ist, ja sein muss, gehört, es sei wiederholt, zu Wellershoffs Grundüberzeugungen. Die Antwort kann vielleicht so lauten: Die ästhetische Transformation und Sublimierung des Lebens in und zur Kunst „gelingt" nicht vollständig, jedenfalls nicht im Sinne Kants, der die ästhetische Erfahrung an „interesseloses Wohlgefallen" bindet. Gerade weil sie jenes nicht in praktische Unverbindlichkeit verflüchtigt, sondern vielmehr in die empirische Existenz des Autors wie des Lesers[73] mit aktivem Veränderungspotenzial hineinzuwirken vermag, bleibt sie in diesem lebenspraktischen Sinn „gefährlich".

Wie der Neue Realismus ist auch die Probebühnenvorstellung aufs Engste mit Wellershoffs literarischer Produktion verbunden. Als Theoretiker spricht er da stark in eigener Sache, wenngleich er seinen Überlegungen durchaus auch eine überindividuelle Bedeutsamkeit zuschreibt. Das „Ich", das mit „dem Schriftsteller" verschmilzt, stellt in seinen dichterischen Fiktionen Probebühnen hin, auf denen es/er erfundene Figuren mit den ungelebten Möglichkeiten der eigenen empirischen Existenz, den „Randrisiken meiner eigenen Situation"[74] konfrontiert und sie sozusagen stellvertretend ausagieren lässt. Die Frage nach den ungelebten Möglichkeiten, mit der zugleich das Problem von Ich-Identität und Ich-Kohärenz angesprochen ist, hat Wellershoff, freilich nur bezogen auf die Berufswahl, einmal sehr konkret beantwortet:

> Gelegentlich, […], bin ich gefragt worden, warum ich Schriftsteller geworden bin. Das ist schwer zu beantworten, denn ich hätte vieles andere werden können: Arzt, Psycho-

---

leben es vermeiden muß, ihre Destruktivität also, entschärft es eben darum zum ästhetischen Sujet; das Scheitern, Zerbrechen „Zunichtewerden" und all seine Formen – und zwar gerade die, welche die Innerlichkeit des Einzelnen selber vollstreckt: die Regression zum Primären und Primitiven, die Sucht überhaupt nach Imperfekt, die Leidenschaft für Wunden und Zerrissenheit, für das Asoziale und das Nichts und den Tod, den Rausch der Selbstauflösung und die Begierde des Böseseins, den Zwang zur Perfektion in Defizienzen, die Virtuosität in der Saumseligkeit , den Drang zum Absurden und den Enthusiasmus des Mißlingens –: all dies „dichtet" das ästhetische Genie, gerade um es nicht „sein" zu müssen; es malt den Teufel an die Wand, damit er nicht komme; es operiert in Bezug auf die Natur als das Organ zur Vermeidung der Sünde, sie zu sein, statt sie zu dichten." (in: O.M.: *Schwierigkeiten mit der Geschichtsphilosophie. Aufsätze*(= *suhrkamp taschenbuch wissenschaft*, Bd. 394), Frankfurt/M. [6]2017, S. 85–106; hier: S. 96).

72 *Der verstörte Eros. Zur Literatur des Begehrens*, in: WW 8, S. 17–329; hier: S. 194.

73 S. dazu ausführlich Kapitel 9.

74 *Das Schimmern der Schlangenhaut. Existentielle und formale Aspekte des literarischen Textes. Frankfurter Vorlesungen*, in: WW 5, S. 785–892; hier: S. 822.

> therapeut, Tanzlehrer, Philosophieprofessor, Architekt, Verbrecher, Kriminalbeamter, Geisteskranker, und vielleicht bin ich das auf mittelbare Weise alles geworden, indem ich Schriftsteller geworden bin, es ist darin enthalten.[75]

Die Aufzählung der alternativen Berufsexistenzen in dieser 1975 verfassten (und 1985 erweiterten) autobiografischen *Zwischenbilanz* wirkt auf Anhieb beliebig, tatsächlich aber handelt es sich mehr oder weniger – in dieser Präzision faszinierend genug – um eine Liste der bereits geschriebenen und, vor allem, noch zu schreibenden fiktionalen Wellershoff-Texte. Aus dem „Arzt" „wurde" Paul, eine Figur aus dem Quartett-Tableau im *Liebeswunsch*, aus dem „Philosophieprofessor" (in leichter Verschiebung hin zum akademischen Nachbarfach Pädagogik) Elsheimer in *Die Sirene*, aus dem „Architekten" Böhring in *Zikadengeschrei*; der „Verbrecher" findet seine Verkörperung im namenlosen Protagonisten der *Schattengrenze*, hier in Personalunion mit dem „Geisteskranken", und in der Figur des Findeisen in *Einladung an alle* – in welchem Roman auch der „Kriminalbeamte" als Bernhard Gestalt annimmt.

Das Erscheinen all dieser Figuren auf der besagten Probebühne hat (zunächst einmal für den Verfasser) insofern eine kathartische Wirkung, als durch das „Von-sich-Wegschreiben" neben den identifikatorischen Effekt derjenige der Distanzierung und Unterscheidung tritt: Ich bin es – und bin es doch nicht:

> Wenn ich mir die Lebensdesaster meiner literarischen Figuren ansehe – die Selbstmörder, Mörder, Leute, die beruflich scheitern, Projektemacher, die in die Falle ihrer eigenen Phantasien gehen, die steckenbleiben in einem falschen Leben – dann ist allerdings die These, es handele sich um ausfabulierte eigene Möglichkeiten, nicht ausreichend. Es scheint dabei auch ein starkes Bedürfnis nach Unterscheidung und Abstand wirksam zu sein. […]
>
> Leiden, irren, sterben denn die fiktionalen Figuren anstelle von einem selbst? Ja, davon bin ich überzeugt. Und das ist der elementare Lustgewinn von Literatur. Der Schriftsteller ist der Zeremonienmeister eines symbolischen Menschenopfers, und die Leser bilden die Gemeinde, die das Ritual mitvollzieht, in dem die fiktionalen Figuren als Sündenböcke geopfert oder von Fall zu Fall begnadigt werden.[76]

Es fällt auch hier nicht schwer, besagte „Menschenopfer" in Wellershoffs Werk zu identifizieren.[77] Am auffälligsten ist das beschriebene Ineinander von Identifikation

---

75 *Zwischenbilanz*, S. 161.

76 Ebd., S. 819 f.

77 Wellershoff selbst erwähnt die hier zitierten Beispiele im einschlägigen Kontext in *Das Schimmern der Schlangenhaut*, S. 822 f.

und Distanz wohl in dem Roman *Der Sieger nimmt alles*, der die fiebrige Erfolgs- und Abstiegskurve des Geschäftsmannes Ulrich Vogtmann nachzieht. Für ihn stand Wellershoffs eigener Bruder gewissermaßen Modell. Ein Intellektueller wie Wellershoff, aber ein scheiternder Intellektueller ist schließlich Klaus Jung in *Die Schönheit des Schimpansen* – der Autor schrieb hier die Option des Scheiterns in seiner eigenen beruflichen Anfangsphase von sich fort. In dem Roman *Ein schöner Tag* und in der Erzählung *Die Fähre nach England* kommt es nicht zu harten Lebens-, aber zu „stillen" Katastrophen, zur Darstellung von misslingenden Versuchen des Ausbruchs aus einem verfehlten und teils auch als verfehlt erkannten Leben.

Auffällig und auch erklärungsbedürftig ist freilich die Tatsache, dass es bei diesen Lebenssimulationen stets oder doch ganz überwiegend um negative Optionen, Alternativen und Szenarios geht. Immerhin bestand und besteht ja die Möglichkeit, auf der imaginären Probebühne auch nicht realisierte Glücksträume Gestalt werden zu lassen. Der Hinweis auf diese Möglichkeit ist nicht identisch mit der in puncto Wellershoff nur allzu geläufigen Frage, wo in seinen Büchern denn „das Positive" bleibe. Sie begleitete übrigens seine biografische und künstlerische Existenz wie ein Schatten seit der Jugend, als er die Mutter aus der örtlichen Bibliothek mit betont „leichtem" Lesestoff versorgen musste.[78] In späteren Lebensjahren pflegte er auf sie mit gereizter Ungeduld zu reagieren: „Was ist denn das Positive? Das ist ein Riesenwort, in dem das hohle Nichts tönt."[79]

Wellershoff macht an diesem Punkt für die Literatur den erkenntnispraktischen Vorrang der Krise geltend[80], der sich in seinen Texten mit einer – von ihm selbst als solche bezeichneten – „negativen Anthropologie" verbindet.[81] Nur sie vermag, so fasst Wellershoff nicht zuletzt seine Erlebnisse mit Lektüren des Nouveau Roman zusammen, jenen Gewinn an Erkenntnis und Wahrnehmungsintensität herbeizuführen, der sich für ihn mit dem Neuen Realismus verbindet. Die „negative Anthropologie" wird somit zu einem zentralen Element in der Begriffsarchitektur von Wellershoffs Literaturtheorie:

> Das abweichende und gestörte Verhalten, das gefesselte und verstümmelte und scheiternde Leben ist ein so dominantes Thema der Literatur, daß man sie eine negative Anthropologie nennen könnte. Sie verweigert so ihre Anpassung an die geltenden Normen, zeigt, was der Buntdruck der Reklame verleugnet, erinnert an ungenutzte und verdorbene Kapazitäten des Menschen, aber vor allem ist die Abweichung ein Vehikel der Innovation. [...] Bilder

---

78 *Die Arbeit des Lebens*, in: WW 3, S. 54–257; hier: S. 137.

79 *Die Wahrheitsbedingungen der Literatur*, S. 161.

80 S. dazu generell Kapitel 11.

81 S. dazu auch Bügner: *Lebenssimulationen*, S. 136–202.

äußerster Unfreiheit werden für Autor und Leser zu Erweiterungen ihrer Erfahrung, zu Möglichkeiten, alles scheinbar Bekannte, auch sich selbst neu zu sehen.[82]

82 *Fiktion und Praxis*, S. 216.

3. Lebens- als Werkmotive

> Die Gefahr der „Literarisierung meines Lebens“ erscheint mir nicht als besonders groß, und zwar nicht, weil ich Leben und Schreiben für deutlich getrennte und zu trennende Bereiche halte, sondern umgekehrt, weil ich zwischen meiner Existenz als Person und meiner Existenz als Schriftsteller keinen prinzipiellen Unterschied sehe.[1]

Die Auffassung, dass Schreiben Leben, das Leben des Autors sei, in dem sich zugleich „die Wahrnehmung des Lebens erneuert“, gehört zu den zentralen Bestandteilen von Wellershoffs Produktionsästhetik. Genauer: Sie gehört zur Ästhetik seiner eigenen Textproduktion.[2] Er hat sie variativ wieder und wieder formuliert – zwar durchaus in dem Bewusstsein, dass Motivationen und Schreibanlässe von Schriftstellern sehr verschieden sein können, zugleich aber auch mit der Anmutung einer gewissen überindividuellen Verbindlichkeit:

> Es gibt Autoren, bei denen das nicht so ist, die aktualitäts- und problembezogen ihre Bücher schreiben. Bei literarischen Autoren wird es aber wohl immer so sein, daß sie im Laufe ihres Schriftstellerlebens einen die Bücher übergreifenden Metatext hervorbringen, der ihre fortgesetzte und sich wandelnde Auseinandersetzung mit sich selbst und der Welt spiegelt.[3]

Als Diagnose der eigenen biografisch-literarischen Existenz ist diese Beschreibung in hohem Maße zutreffend. Sie soll im Folgenden durch eine Analyse der Verschränkung von „Lebens“- und „Werkmotiven“ samt ihren theoretischen Implikationen verifiziert werden.[4] Aber es geht nicht nur um Verschränkung, sondern auch um ästhetische Transformation, also um die Frage, was mit biografischen Motiven funktional geschieht, wenn sie Bestandteile eines literarischen Zusammenhangs werden. Wellershoff hat sich dazu grundsätzlich geäußert:

---

1 *Die Legitimationskrise der Literatur und die Evidenz des Schreibens. Antwort auf eine Umfrage der Amsterdamer Literaturzeitschrift „De Revisor“*, in: WW 8, S. 825–829; hier: 627.

2 S. dazu auch Bügner: *Lebenssimulationen*, S. 76–87. Wellershoffs literarische Ästhetik hat neben der produktionsästhetischen ein starkes rezeptionsästhetisches Standbein, bei dem es um das Verhältnis von Autor und Leser geht. Dies ist Gegenstand von Kapitel 9.

3 *Double, Alter ego und Schatten-Ich*, S. 768.

4 S. dazu auch Happekotte: *Dieter Wellershoff*, S. 278–294.

> Das produktive Material, mit dem ein Schriftsteller arbeitet, ist ein Vorrat unwillkürlich gewordener Bilder. Die Faszination, der er folgt, oder sagen wir sein Thema, ruft diese Bilder auf, und sie können so neu lebhaft und authentisch wie Wahrnehmungen sein, obwohl es Erinnerungen sind. [...], aber die Bilder haben sich von ihrer biographischen Verankerung in der Vergangenheit losgemacht und sind frei bewegliche Vorstellungen geworden, die sich miteinander vermischen und kombinieren zu neuen Geschehnissen, Personen, Szenen und Situationen, die der Autor so nie erlebt hat.[5]

Darüber hinaus lässt sich bei Wellershoff die (für Literatur zweifellos generell konstitutive) „Kunstwerdung" von Lebensmotiven besonders gut – sozusagen in einem Experimentallabor – beobachten, weil der Autor über die „Wurzeln" seiner Texte in persönlichen Erfahrungen nicht nur allgemein, sondern auch konkret-werkbezogen Auskunft gegeben hat.

Zu den genannten Theorieaspekten gehört die performative Selbstbezüglichkeit, die strukturell unweigerlich dann entsteht, wenn das Schreiben über das Leben seinerseits eine Äußerungsform ebendieses Lebens ist. Der für derartige Konstellationen beharrlich sensible Autor hat den Aspekt in seinem Aufsatz *Der Widerstand gegen das Schreiben* aufgegriffen:

> Anfangen. Wie anfangen? Ich habe die Worte hingeschrieben, um mich zu überlisten. Denn auch sie stellen schon einen Anfang dar, brechen jedenfalls optisch den Bann des noch unbeschriebenen weißen Papiers.[6]

Die Verbindung, ja Identität von Leben und Schreiben stellt sich im Textfortgang zwanglos her. Folgende Stelle etwa ist eine Variation von Formulierungen, mit denen Wellershoff immer wieder, etwa in *Die Arbeit des Lebens*, aber auch in vielen Interviews[7] den gefahrvollen, risikoreichen und von Scheitern bedrohten Verlauf der eigenen Biografie – nicht nur im Krieg, sondern eben auch danach in der Formationsphase seiner eigenen Berufslaufbahn – beschrieben hat:

> Schreiben ist eine harte, einsame, riskante Arbeit, die man nie endgültig lernt, eine Arbeit ohne Sicherheiten und Erfolgsgarantien, mit denen man sich unwägbaren und grausamen Selektionsmechanismen aussetzt und bei der Glück und Unglück, von Zufällen entscheidend mitbestimmt, dicht beieinanderliegen.[8]

---

5 *Fiktion und Praxis*, S. 217.

6 *Der Widerstand gegen das Schreiben*, in: WW 4, S. 659–672; hier: S. 659.

7 S. z. B. *Wahrnehmung, Vorstellung, Evidenz*, S. 336 f.

8 *Der Widerstand gegen das Schreiben*, S. 668.

„Vielleicht kann man in diesem Vorgang [sc. im Schreiben, d. Verf.] auch", heißt es an anderer Stelle, „eine Kurzformel für das ganze Leben sehen, was erklären würde, daß sein Scheitern lebensbedrohlich werden kann."[9] Damit greift das für Wellershoff zentrale Krisenmotiv vom Leben nicht nur auf die Thematik seiner Bücher aus, sondern – in dreifacher Staffelung – auch auf den notwendigen Akt ihrer „Herstellung": „Das Schreiben ist in meiner Vorstellung eben eine Modellkrise, in die man sich freiwillig hineinbegibt, [...]."[10] Krisenbeladen ist in diesem Sinne dann nicht nur das Leben von Wellershoffs problematischen fiktiven Figuren, sondern auch deren Entstehung im Schreibprozess.

Es nimmt angesichts dieser Dreiecksfigur von Leben, Schreiben und Werk nicht wunder, dass die Krise des Schreibens ihrerseits auch wieder Gegenstand der literarischen Darstellung werden kann – insofern Themenwahl und Figurenkonzeption dies nahelegen. Tatsächlich taucht Schreiben als Lebensproblem mit teils existenzieller Dimension immer dann und für Kenner des Wellershoff'schen Oeuvre mit einer gewissen Erwartbarkeit auf, wenn es sich bei den Protagonisten seiner Romane und Erzählungen um Schriftsteller und damit um Alter egos des Autors handelt. Das gilt auch für Schriftsteller im weitesten Sinn, etwa Klaus Jung in *Die Schönheit des Schimpansen.*[11] Der schafft es nicht, seinen „innerlichen" Entwurf einer Examensarbeit zum *Tibetanischen Totenbuch* zunächst in eine konzise gedankliche Gestalt zu bringen und diese dann im Schreibprozess zu objektivieren. Im fiktionalen Text wird die von Wellershoff für sich selbst konstatierte enge Verbindung von Leben und Schreiben noch einmal insofern virulent, als die unbewältigte Schreibkrise – Jung begeht schließlich eine Fälschung, die seine Relegation von der Universität zur Folge hat – Symptom einer so umfassenden wie unbewältigten Lebenskrise ist und diese zugleich verstärkt.

Mit Jung „verwandt" ist Professor Elsheimer in der *Sirenen*-Novelle, kein Student, sondern ein arrivierter und anerkannter Wissenschaftler, der aber mit der Niederschrift eines geplanten Buches über „Selbsterkenntnis oder die Entstehung des Ich" nicht zu Rande kommt:

> Elsheimer kämpfte um den Anfang seiner Arbeit. Er vervollständigte sein Thesenpapier und schrieb probeweise eine Einleitung für das erste Kapitel. Während er schrieb, war er zufrieden mit sich. Aber als er die Seiten aus der Maschine zog und wieder durchlas, merkte er, daß dies alles schon bekannt war. Die Worte, die Begriffe, die er verwandt hatte, hatten sich wie von selbst zu bekannten Zusammenhängen zusammengefügt.[12]

---

9 *Vielstimmiges Intermezzo*, S. 565.

10 *Selbsterfahrung und Solidarität. Gespräch mit Joachim Fuhrmann*, in: *Die Wahrheit der Literatur*, S. 33–47; hier: 39.

11 S. dazu Wellershoffs Selbstinterpretation in: *Der Widerstand gegen das Schreiben*, S. 665 f.

12 *Die Sirene. Novelle*, in: WW 2, S. 579–710; hier: S. 586 f.

Der Fluch der Unproduktivität und des Mangels an Originalität, der sich in Jungs Betrug zeigt, ereilt auch Elsheimer: Bei ihm führt er nicht zum Plagiat in seiner krassesten Form, wohl aber zum (unbeabsichtigten) Wiederkäuen von längst Bekanntem. Leicht verschoben erscheint das Motiv des missglückten Anfangs auch in der Erzählung *Die Augen* aus dem Band *Der Körper und die Träume*: Stefan Rodert, Bibliothekar in bescheidener Stellung, kommt gar nicht in die Situation, am Anfang zu scheitern, weil er ihr vorsätzlich dadurch ausweicht, dass er um den Plan „eines neuartigen, die ganze zeitgenössische Literatur überbietenden Werkes"[13] ein Gehäuse grotesker Illusion und Selbsttäuschung errichtet. Anstatt mit dem Schreiben zu beginnen, praktiziert er als Ersatzhandlung exzessives Zigarettenrauchen:

> Jede Zigarette, die er anzündete, gab ihm das Gefühl eines Anfangs, auch wenn er schon wußte, daß dieser Anfang zu nichts führen würde und er danach wieder einen Anfang machen mußte, um dieses schwebende Gefühl wachzuhalten, diese unruhige Ruhe des Bereitseines, mit der er nach vorne blickte, wo nichts zu sehen war, noch nichts.[14]

Rodert erwartet die ersehnte „Erleuchtung" für den Augenblick, da seine fantasierte Liebesbeziehung zu einer Kellnerin in einem von ihm regelmäßig aufgesuchten Café ihre Erfüllung findet. Der Traum zerfliegt, als Rodert sie mit einem anderen Mann sieht. Das Ende der Erzählung zeigt ihn als Geschlagenen auf dem Boden seiner Wohnung – bezeichnenderweise in Embryonalstellung, also als Opfer des eigenen infantil-regressiven Realitätsverlusts.

Sehr nah „dran" an Wellershoff als empirischer Person ist auch seiner Selbstauskunft zufolge[15] der Ich-Erzähler in *Ein Gedicht von der Freiheit*, in dessen Reflexionen über den Schreibprozess man tatsächlich die Stimme seines Autors hören kann. Mit dem Phänomen des Schreibens als Krise ist er rundum vertraut:

> Schrieb ich mit Konzept, ohne Konzept? Ich schrieb, um ein Konzept zu finden. Das war wie im Leben. Es gab unvollständige Zusammenhänge, Widersprüche, Anfänge, Überbleibsel, Lücken, dazwischen bewegte man sich wie ein Halbblinder, und nur die Bereitschaft, sich zu verirren, brachte einen weiter. [...] Und das Schreiben war vielleicht eine freiwillige Krise, in der man den Boden unter den Füßen verlor, um noch einmal das Gehen zu lernen und so vielleicht zu sich zurückzufinden und wieder an einem etwas anderen Punkt sehen zu können, wo man war.[16]

---

13 *Die Augen*, in: WW 2, S. 711–739; hier: S. 714.

14 Ebd., S. 713.

15 *Double, Alter ego und Schatten-Ich*, S. 767 ff. Die Erzählungen *Doppelt belichtetes Seestück* und *Ein Gedicht von der Freiheit* spiegeln die schwere Krise der eigenen Ehe Anfang der 70er Jahre, die zugleich eine schwere Lebenskrise war (S. dazu auch *Die Arbeit des Lebens*, S. 236 f.).

16 *Ein Gedicht von der Freiheit*, in: WW 2, S. 519–578; hier: S. 544.

Anders als bei Jung, Elsheimer und Rodert, dafür in Übereinstimmung mit dem Erzähler in *Ein Gedicht von der Freiheit*, wurde für den Autor das leere weiße Blatt[17] nicht zu einem potenziell existenzgefährdenden oder gar -zerstörenden Problem. Wenn Wellershoff Schreibkrisen hatte, dann konnte er sie jedenfalls produktiv überwinden – sein umfangreiches Werk und die Vielzahl abgeschlossener Arbeiten lassen eine alternative Schlussfolgerung kaum zu. Wie in anderen Zusammenhängen erörtert wird[18], überließ er Schreibkrisen mit ihren teils durchaus lebensgefährlichen Aspekten seinen fiktiven Figuren. Mit Blick auf sich selbst jedenfalls hat er eindringlich das intensive Glücksgefühl, den „Rausch des Gelingens" beschrieben, der ihn beim Schreiben wiederholt erfasste:

> Beim Schreiben habe ich das Gefühl einer höheren Integration meiner Person, als käme alles zusammen, Bewußtes und Unbewußtes, die Antriebswelt und meine Kenntnisse, als würde sich dies alles enger miteinander verbinden und verdichten. Dieses Gefühl der Identität wird nicht in Frage gestellt durch die Schrecklichkeit des Dargestellten. Auch der Schrecken schlägt um in ein Gefühl, der Begeisterung, der Freiheit von Angst. Das ist ein Votum für's Leben. Die Tatsache, daß ich das gesehen habe, macht mich fähig, auch etwas anderes zu sehen, auch Schönheit und Glück.[19]

Das Schreiben als „Modellkrise" ist eines unter vielen Motiven, die das Werk des Autors mit seinem Leben verbinden. Zahlreiche solcher Motive stammen aus der Zeit der Kindheit, der Adoleszenz, der frühen Erwachsenenphase und dort zumal aus dem Umfeld der – näheren und weiteren – Familie, die für den aufmerksamen und schon früh für latente Spannungen und „Geheimnisse" empfänglichen Heranwachsenden auch ausweislich seiner autobiografischen Texte[20] eine Fülle von später literarisch verarbeiteten Beobachtungen und Erlebnissen bereithielt. Ein weiteres zentrales Motivreservoir ist mit dem Erlebnisfeld „Krieg" benannt, das in diesem Buch ein eigenes Kapitel erhält.[21] Indes hörte das Leben auch später nicht auf, den Autor mit literarisierungsfähigem Material zu versorgen – bis, wie zu zeigen sein wird, in die späten produktiven Jahre hinein. In den Erzählungen des Bandes *Das normale Leben* 2005 werden dann die Daseinsprobleme des seinerseits alternden Autors zum Thema.

Sinnvoller als eine Verfolgung einzelner Motive ins Werk hinein nach Maßgabe ihres biografisch-chronologischen Erscheinens erscheint die konzentrierte Erörte-

---

17 S. dazu *Die Herausforderung des leeren Blattes. Unabsehbarkeit, Komplexität, Reproduzierbarkeit*, in: WW 8, S. 879–890.

18 S. u. a. Kapitel 11.

19 *Die Wahrheitsbedingungen der Literatur*, S. 150.

20 S. z. B. das Kapitel *Die Familie – eine Geisterbeschwörung*, in: *Die Arbeit des Lebens*, S. 135–181.

21 S. Kapitel 4.

rung dieses Themas anhand einiger exemplarisch ausgewählter fiktionaler Texte. Ausgangspunkt sei hier der Roman *Die Schönheit des Schimpansen* von 1977. Er zeigt sehr deutlich, dass in Wellershoffs Fall die biografischen „Realien", die in die Kunstgestalt eines Textes einflossen, verstreut auf dem Lebensweg lagen und aus völlig heterogenen Kontexten stammen. Zum zentralen Motiv des Buches etwa, Jungs Fälschung einer Examensarbeit, die ihn endgültig auf eine abschüssige Bahn führt, schreibt Wellershoff:

> In meinem Roman [...] ging die Hauptfigur auf einen Studienkollegen zurück, der seine Schwierigkeiten beim Schreiben seiner Doktorarbeit umgangen hatte, indem er eine alte Arbeit über den selben Künstler, die er für vergessen hielt, erst ausführlich zitiert und dann in einer Trance des Selbstbetrugs vollständig kopiert hatte. Das wurde entdeckt, und er wurde von der Universität verwiesen. Ich verlor ihn aus den Augen, fragte mich aber, was wohl aus ihm geworden sei.[22]

In die Geschichte von Wellershoffs eigener Familie weist die psychoanalytische Tiefenbegründung der finalen Katastrophe mit der Tötung einer mehr oder weniger beliebigen Frau. Sie wird im Roman zum Stellvertreterobjekt der Rache für die Demütigung, die die Mutter dem Vater zugefügt hatte – ein traumatisches, Jungs Lebensgeschichte negativ konditionierendes Kindheitserlebnis, das ihm zunächst im Halbtraum wieder auftaucht.[23] Die verachtungsvoll-mäkelnde Unzufriedenheit von Jungs Mutter scheint auf die – von ihm schattenhaft erlebte – Unzufriedenheit seiner eigenen (also Wellershoffs) Mutter mit dem beruflichen Avancement des Vaters zurückzugehen:

> Ich hörte es vom Bett aus, denn ihre erregten Stimmen hinter der Tür hatten mich geweckt. So wurde ich zum fassungslosen Zeugen von Vorwürfen, die meine Mutter meinem bewunderten Vater machte. Er mache nicht genug aus sich, er könnte längst weiter sein, wenn....[24]

Die definitive Kränkung, der Satz „Deine Haare stehen ja zu Berge. Das ist auch alles, was bei dir zu Berge steht"[25], ist in den autobiografischen Texten nicht, wie im Roman, dem Vater, sondern einem angeheirateten Onkel zugedacht, dem Ehemann

---

22 *Totalität und Perspektive. Leben und Schreiben als Weg ins Ungebahnte*, in: WW 8, S. 891–908; hier: S. 902.

23 *Die Schönheit des Schimpansen*, in: WW 1, S. 535–741; hier: S. 619.

24 *Ein Allmachtstraum und sein Ende*, in: *Die Arbeit des Lebens*, S. 80–92; hier: S. 85 f.

25 *Die Schönheit des Schimpansen*, S. 672.

einer Schwester der Mutter.[26] Die im Tode starr geöffnete Mundhöhle hingegen – die Fortschreibung eines *Die Schönheit des Schimpansen* nahezu obsessiv beherrschenden Motivs im Sinne eines Todessymbols[27], das in Jungs Perspektive zugleich zu einem „Racheschrei" wird[28] – ist in *Die Arbeit des Lebens* wiederum Wellershoffs im Sarg liegenden Vater zugeordnet[29]. Walter Wellershoff starb 1975, also zu einem Zeitpunkt, da der Autor tief in der Arbeit am Roman steckte. Die Konfrontation mit dem toten Vater, die sich Wellershoff als Schreckenserfahrung tief eingeprägt haben muss, passt ganz unstrittig in dessen visuelles Arsenal, der Verfasser hat es dort umstandslos integriert.

Zwei Erzählkomplexe in *Die Schönheit des Schimpansen* weisen auf Wellershoffs eigene Lebensgeschichte zurück: Die langwierige Krankheit in Jungs Kindesalter, die sich mit anhaltenden Kopfschmerzen und, vor allem, kaum zu stillendem Nasenbluten verband[30], spiegelt das nämliche Ereignis bei Wellershoff wider:

> Plötzliches lebensgefährliches Nasenbluten in der Nacht konnte nur mühsam durch die herbeigerufenen Ärzte gestoppt werden. Ich sah die Panik meiner Mutter und glaubte, daß ich sterben müsse. Das Erstaunen darüber war größer als der Schrecken.[31]

Bei Wellershoff löste die Krankheit bzw. die folgende lange Genesungsphase einen gleichfalls fiebernahen Lektüreschub aus – der Heranwachsende las hintereinander Schiller-, Goethe-, Shakespeare- und Kleistdramen –, der zugleich erste eigene schriftstellerische Versuche zeitigte. Schemenhaft schienen sich da Konturen eines späteren geistigen und beruflichen Lebensweges abzuzeichnen. Im Roman fehlt

---

26 *Die Arbeit des Lebens*, S. 168.

27 *Die Schönheit des Schimpansen*, S. 619.

28 *Double, Alter-ego und Schatten-Ich*, S. 777.

29 *Die Arbeit des Lebens*, S. 179.

30 *Die Schönheit des Schimpansen*, S. 670.

31 *Die Bücher der frühen Jahre*, in: WW 4, S. 647–658; hier: S. 656. – Das von einer vermeintlichen Todesdrohung begleitete Nasenbluten findet sich auch in zwei weiteren Wellershoff-Romanen: in *Ein schöner Tag*, wo Günther Lorenz, und in *Der Sieger nimmt alles*, wo Vogtmanns Sohn Christoph von ihm betroffen ist. Es handelt sich also offensichtlich – auch mit Blick auf Wellershoffs Strategien der Literarisierung – um ein biografisches Schlüsselmotiv. S. dazu die Ausführungen von Happekotte: *Dieter Wellershoff*, S. 283: „Herausgelöst aus ihrer *biographischen Verankerung* und fiktional eingesetzt nimmt sie [sc. die Situation, d. Verf.] die Qualität einer unbestimmt bleibenden Bedeutung an, die die *autobiographische* Aufmerksamkeit ihres Beobachters in Richtung einer allseitigen Unabgeschlossenheit seiner personalen Identität offenhält. Erst die Fiktionalisierung des Erlebten im Sinne einer *frei beweglichen Vorstellung* verleiht dem *unwillkürlich gewordenen Bild* auch jene Zeichenhaftigkeit, die mittels derer der Erzähler seine autobiographisch konstituierte Sonderbeobachtung des Wirklichen intersubjektiv mitzuteilen vermag […]."

bezeichnenderweise diese produktive Ausnutzung eines gesundheitlichen Notstandes. Nicht nur das: Die Krankheit gerät dort zur psychosomatischen Reaktion auf den Tod des Vaters, der in Wellershoffs „Realbiografie", wie gesagt, erst Jahrzehnte später verstarb. Die Krankheit gehört in Jungs Fall zum Komplex der beschriebenen frühkindlichen Traumatisierung, während sie im Leben des Autors ein – produktiv genutzter – Zufall war.

Einen Anker in der Lebensgeschichte und -erfahrung des Autors hat auch die finale Sequenz des Buches mit dem Totschlag der Zufallsbekanntschaft Gerda Brekamp in deren Duisburger Wohnung. Sie geht zurück auf ein im Zuge einer Vortragsreise verbrachtes Wochenende mit einer „flüchtigen Urlaubsbekanntschaft":

> Wie riskant lebte diese Frau, die immer wieder fremde Männer in ihre Wohnung holte! Wie einsam und ausweglos war diese Situation zweier miteinander eingesperrter, einander fremder Menschen! Lag es nicht nahe, daß dieses getriebene, durch nichts gehaltene und kontrollierte Spiel einmal in einem Desaster endete? Und plötzlich dachte ich: Wenn ich es wäre, der sie umbrächte, könnte ich unerkannt entschwinden und würde wohl nie in Verdacht geraten.
> Der Gedanke hatte einen unheimlichen Sog. Er hatte ein fremde, in der Situation liegende Möglichkeit aufgedeckt, die mir immer wieder vor Augen kam, während ich mit der Frau das sich hinschleppende Wochenende verbrachte, und die ganze Zeit dachte ich, daß ich das einmal schreiben würde: […].[32]

Aus den beschriebenen Bestandteilen der „Erfahrungs-Matrix" des Romans – die Liste ließe sich noch erweitern – und dem Vergleich zwischen den Lebens- und den Werkmotiven lassen sich einige verallgemeinernde Aussagen über den spezifischen Kunstcharakter des Buches ableiten. Dabei beginnt übrigens die ästhetische Transformation nicht erst bei der Niederschrift des Romans bzw. seiner allmählichen Gestaltwerdung in einer vorangehenden Latenzphase. Sie beginnt vielmehr in dem Augenblick, da der künftige Verfasser sich selbst aus dem „Dunkel des gelebten Augenblicks" herausnimmt, eine distanzierte Außen-Position bezieht, d. h. das Geschehen, in das er zugleich involviert ist, mehr oder weniger bewusst auf seine Literaturfähigkeit befragt und solchermaßen zum Erlebniszusammenhang eine strategisch-„ausbeutende" Haltung einnimmt. Genau dies widerfährt Wellershoff an dem faden Wochenende mit einer Frau, die im Roman dann Gerda Brekamp heißen wird:

---

32 *Double, Alter-ego und Schatten-Ich*, S. 775.

> Als ich die Frau in ihrer alltäglichen Lebensumgebung wiedersah, war sie mir noch fremder als vorher, und so geriet ich mehr und mehr in eine beobachtende Haltung hinein.[33]

Wie auch immer: Besagte Lebensmotive werden in der Fiktion situativ abweichend „aufgestellt“: Wellershoff nimmt sie – dies stimmt mit seiner Selbstinterpretation in der oben zitierten Stelle aus dem Essay *Fiktion und Praxis* überein – aus ursprünglich getrennten Kontexten heraus und kombiniert sie in anderen neu. Woraus sich ein – in der Kunstabsicht gründender – kumulativer Effekt ergeben mag.

Gut lässt sich all dies beobachten an der Ausgestaltung, die der für den Roman überaus wichtige Komplex der Demütigung des Vaters durch die Mutter erfährt. Durch die Zusammenfügung der herablassenden Nörgelei und der ironischen Bemerkung über die versiegte Potenz des männlichen Partners wächst diesem Sachverhalt erst jene dramatische Wucht zu, die das Motiv allerdings auch braucht, um die Katastrophe von Totschlag und Selbstmord hinreichend zu motivieren. Sie wird somit „erzwungen“ durch die Konstruktionsnotwendigkeiten eines neuen, allein vom Autor gestifteten dichterischen Zusammenhangs.

Das Motiv der Krankheit, vor allem aber und ganz offensichtlich das des offenstehenden Mundes hingegen gewinnt eine über das Okkasionelle des Phänomens (in Wellershoffs Lebensgeschichte) hinausgehende „bedeutende“ Repräsentanz: Am Singulären wird im Roman – und erst im Roman – etwas Allgemeines sichtbar, im Bild vermittelt sich eine Idee wie in der Idee ein Bild. Kurzum: Das zufällige Dasein der Dinge und Vorgänge vertieft sich ins Symbolische hinein. Der schreckhaft aufgerissene Mund wird, gerade auch weil das Motiv in *Die Schönheit des Schimpansen* absichtsvoll mehrfach erscheint, zum Todessymbol. Das Zufällige – Wellershoffs totem Vater steht der Mund offen – ist dann kraft seiner künstlerischen Bearbeitung nicht mehr zufällig.

Auffallend ist weiterhin, dass einige der beschriebenen Motive nicht solche aus Wellershoffs Lebensumfeld sind, sondern ihm selbst als personale Erlebnismotive direkt zugehören: Dies betrifft die schwere Krankheit des Heranwachsenden genauso wie die Wiederbegegnung des bereits arrivierten Autors mit der weiblichen Zufallsbekanntschaft. Dieter Wellershoff „ist“ keineswegs Klaus Jung, die Fiktion verdoppelt nicht einfach die Biografie. Er hat, um nur dieses plakative Beispiel zu nennen, seine Dissertation über Gottfried Benn nicht gefälscht, sondern erfolgreich und damit für sich selbst auch berufliche Perspektiven eröffnend abgeschlossen. Aber die Tatsache, dass er mit seiner Figur nicht zusammenfällt, wird erst durch jene Nahstellung erkennbar, die Lebensmotive als Werkmotive wiedererstehen lässt. In Wellershoffs eigener Formulierung:

33 Ebd., S. 774.

> […], aber die Bilder haben sich von ihrer biographischen Verankerung in der Vergangenheit losgemacht und sind freibewegliche Vorstellungen geworden, die sich miteinander vermischen und kombinieren zu neuen Geschehnissen, Personen, Szenen und Situationen, die der Autor so nie erlebt hat. Vielleicht sind diese Imaginationen das Gegenteil seiner tatsächlichen Erfahrung, vielleicht werden versteckte, ungelebte Möglichkeiten in ihnen ausgeführt, vielleicht sind es Wunschbilder, Schreckbilder, vielleicht sind es Verschiebungen, Umkehrungen, Radikalisierungen, auf jeden Fall wird die unmittelbare Erfahrung fiktiv vervielfacht und erweitert.[34]

In diesem Sinne wird nicht nur Klaus Jung, sondern werden alle scheiternden „Helden" in Wellershoffs Romanen – von Günther Lorenz in *Ein schöner Tag* über den namenlosen Protagonisten der *Schattengrenze* bis hin zu Elsheimer in der *Sirenen*-Novelle und Ulrich Vogtmann in *Der Sieger nimmt alles*, ja selbst noch Pfarrer Hinrichsen in *Der Himmel ist kein Ort* – zu „Brüdern" ihres Erfinders. Sie bezeugen zugleich die praktische Wirksamkeit von Wellershoffs Theorie von Literatur als einer imaginären Probebühne für das eigene Schaffen – die Theorie wird zum Medium der Selbstverständigung:

> Es sind die eigenen negativen Möglichkeiten, die da gebannt werden, indem ich sie mir vor Augen halte. So würde ich das sehen, auf mich selbst bezogen. Die scheiternden Helden meiner Bücher und Filme sind meine armen Brüder. Ich meine das wirklich im Sinn von Verwandtschaft. Ich kann diese Verwandtschaft erkennen und zugeben, weil ich weiß, daß ich mich auch von ihnen unterscheide. Die Unterscheidung ermöglicht die angstlose Identifikation mit den schattenhaften, dunklen, bedrohlichen Möglichkeiten.[35]

Im Fall des Romans *Der Sieger nimmt alles* wächst der Bruder-Metapher eine Signifikanz zu, die ihr den Metapherncharakter nahezu entzieht. Die berufliche Achterbahnfahrt der Hauptfigur, des Geschäftsmannes Ulrich Vogtmann zwischen Erfolgen und Niederlagen, grandiosen Plänen und schmählichen Pleiten, Illusion und Realität, Hoffnung und Depression hat ein Modell in der Biografie von Wellershoffs fünf Jahre jüngerem Bruder Hans Walter:

> Auf ihn beziehen sich viele meiner Texte. Bis auf das Buch *Blick auf einen fernen Berg*, das von seinem Sterben handelt, lebt er in meinen Büchern als eine fiktive Figur in riskanten und krisenhaften Situationen, […].[36]

---

34 *Autobiographisches Nachwort: Ich-sagen mit und ohne Auskunft*, in: *Doppelt belichtetes Seestück und andere Texte*, Köln 1974, S. 283–302; hier: S. 286.

35 *Das Glück, der Tod und der Realismus*, S. 93 f.

36 *Der lange Weg zum Anfang*, S. 580.

Zu den zentralen Strukturmomenten des Romans gehört das der (scheinbar) suspendierten, dann aber doch und umso unerbittlicher eintretenden Katastrophe – es sind gerade die freilich bereits unter erheblichem Risikodruck unternommenen Versuche der Abwehr, die sie unweigerlich herbeiführen. Vogtmanns Herztod auf den letzten Seiten besiegelt das Scheitern im Beruf und im Leben. Der spezifische und eine kaum abweisbare Lesefaszination begründende „Katastrophensog", der *Der Sieger nimmt alles* mit anderen Wellershoff-Romanen teilt – zumal mit *Die Schönheit des Schimpansen* und *Der Liebeswunsch* –, gehört zum Kunstcharakter des Buches, er ist in dieser Form kein Motiv der brüderlichen Lebensgeschichte.

Eindrucksvoll vermag das ein Vergleich zwischen Fiktion und Realität zu zeigen, wie ihn eine „Nebeneinanderschau" von Roman und autobiografischem Bericht (*Blick auf einen fernen Berg*) ermöglicht. Gegenstand des Berichts ist der Leukämie-Tod des Bruders im Mai 1989 – sechs Jahre nach dem Tod Ulrich Vogtmanns, der fiktiven Figur, für die er Modell gestanden hatte. Die auf Anhieb makabre Koinzidenz fiel dem Autor selbstredend auf und löste einschlägige Reflexionen aus:

> Fast alles ist dem Buch fiktiv – die Branche, die handelnden Namen, die Personen ohnehin –, nicht aber die Struktur der geschäftlichen Probleme und ihre krisenhaften Entwicklungen, und nicht die Psychologie der Selbsttäuschung und Fehlentscheidung, die die Hauptfigur dazu treibt, gegen den Einspruch ihrer Vernunft in die Falle ihrer eigenen Phantasien zu gehen. Um die fiktionale Geschichte vom Leben meines Bruders zu unterscheiden, habe ich im Roman die Hauptfigur sterben lassen. Heute kommt es mir manchmal so vor, als habe dieser Romanschluß einen längeren Schatten geworfen, und das unbehagliche Gefühl beschleicht mich, mit dem Tod der fiktionalen Figur mittelbar auch den Tod meines Bruders imaginiert zu haben.[37]

Tatsächlich hat dessen Tod mit dem der Hauptfigur aus *Der Sieger nimmt alles* wenig bis nichts zu tun. Während Vogtmanns Herzinfarkt der konsequente und durch die narrative Logik auch als solcher ausgewiesene Schlusspunkt unter einer verfehlten Existenz ist, wirkt der Leukämie-Tod Hans Walter Wellershoffs eigentümlich zufällig, wie eine nachgereichte, grausam-höhnische Pointe im Spiel des Lebens. Denn zum Zeitpunkt der letalen Erkrankung befand sich der Bruder beruflich auf einer neuerlichen Erfolgsspur, das Schicksal schien eine zweite Chance zu gewähren:

> Er entdeckte die Möglichkeit, aus den Erfahrungen seines geschäftlichen Desasters einen Beruf zu machen, und wurde ein vielbeschäftigter Konkursverwalter, der im Auftrag der Gläubigerbanken bankrotte Firmen analysierte, auflöste oder zu sanieren versuchte, ein

37 *Blick auf einen fernen Berg*, in: WW 3, S. 411–566; hier: S. 448.

> Mann, dessen Gutachten gefragt waren und der schnell das Vertrauen der Belegschaften der von ihm verwalteten Firmen gewann.[38]

Romanen wie *Die Schattengrenze* und *Die Schönheit des Schimpansen* vergleichbar verfolgt der Freudianer Wellershoff auch in *Der Sieger nimmt alles* die Spur des Verhängnisses zurück zu Verletzungen und Versehrungen während der Kindheit und Adoleszenz. Die lieblose, zu emotionaler Verkrüppelung führende Internatszeit in den letzten Kriegsjahren und der Nachkriegszeit ist Vogtmann und dem Bruder gemeinsam. Abweichend von der Bruder-Biografie platziert Wellershoff allerdings im Roman erneut ein diese Beschädigungen markant ins Bild setzendes Dingsymbol: Es handelt sich um die Verkrümmung der Außenzehen, die der permanente Druck zu klein gewordener Schuhe bei dem Heranwachsenden verursacht hatte. Dieses Motiv transferierte der Autor allerdings aus einem ganz anderen Realzusammenhang in den Roman: Die Zehenverkrümmung war eine Anomalie beim Vater gewesen, der „als junger Mann aus Eitelkeit zu enge Schuhe getragen hatte"[39].

Spuren des Bruders tauchen – so auch Wellershoffs Selbstauskunft – in vielen seiner Texte auf. Darunter ist die gleichnamige Erzählung aus dem 1985 erschienenen Band *Der Körper und die Träume*, die den Don Juan-Mythos gleichsam herabstimmt auf die Ebene von Eheanbahnungsvermittlungen. Angeregt durch Berichte des Bruders über eine entsprechende, nach seinem geschäftlichen Ruin zwischenzeitlich angenommene Beschäftigung[40], lässt Wellershoff einen Ich-Erzähler auftreten, der von einem einschlägigen Institut als Lockvogel für die zahlenden Kundinnen engagiert wird. Tatsächlich sind dies betrügerische Scheinarrangements, denn der Ich-Erzähler hegt keinerlei Absichten, eine langfristige Bindung einzugehen. Das ungute Spiel, das freilich auch groteske und burleske Szenen zeitigt, führt bei jenem, der sich bei seinem Tun gleichsam selbst zuschaut und die Vorgänge mit einigem intellektuellen Input analysiert und reflektiert, schließlich zu Langeweile, Desillusion und Überdruss. Durch ihre Häufung werden die erotischen Rituale wiederholungsanfällig, austauschbar und auf eine verstörende Weise banal. Der Erzähler hat sich am Ende im Verdacht, „mehr an den Umständen und der Dramaturgie der Verführung interessiert zu sein als an den Frauen selber"[41].

Nach Mitteilung von Wellershoffs Tochter Irene lieferten den Plot-Kern für die *Sirene* nächtliche Telefonanrufe eines weiblichen Fans, die die Familie Nacht für

---

38 Ebd., S. 425.

39 *Die Arbeit des Lebens*, S. 178.

40 S. *Risse – Eine Familie in Krieg und Nachkrieg*, in: WW 8, S. 517–546; hier: S. 543.

41 *Der Körper und die Träume*, in: WW 2, S. 832–893; hier: S. 880 – S. zur Interpretation auch Hartmut Steinecke: *Voyeur der Träume. Zu Dieter Wellershoffs Erzählungen der achtziger Jahre*, in: Durzak/Steinecke/Bullivant (Hg.): *Dieter Wellershoff*, S. 200–214; hier: S. 209.

Nacht aus dem Schlaf rissen.[42] *Zikadengeschrei* knüpft an einen Spanienurlaub Wellershoffs mit Ehefrau Maria und der jüngsten Tochter Marianne an, die in einem von mir mit ihrem Vater und ihr geführten Interview unumwunden konstatiert, als Person – in Gestalt der Tochter des Ehepaars Böhring – in der Novelle aufzutauchen.[43] Die Integration verschiedener und heterogener „Realien" in den Roman *Der Liebeswunsch* hat Wellershoff selbst ausführlich in seinem Mainzer Akademievortrag *Die Entstehung eines Romans. Ein Zwischenbericht* sowie im Nachwort zur französischen Ausgabe des Romans beschrieben:

> Der erste Eindruck, an den sich später alles andere anschloß, war der Anblick einer jungen Frau von etwa 30 Jahren, die auf einer Party im Hintergrund auf einem Stuhl saß und sich schweigend betrank. [...] Sie war eine junge Wissenschaftlerin, die ihren Mann wegen eines anderen Mannes verlassen hatte. Es war offenbar eine heftige Leidenschaft gewesen, die der Liebhaber, der auch verheiratet war, nach einiger Zeit abrupt beendet hatte. Für ihn war das Ganze nur eine Affäre gewesen. Seitdem hatte die junge Frau ihren Halt verloren, trank, wurde aggressiv und versank in Depressionen. Ich vergaß die Szene bald, bis ich nach einigen Monaten hörte, daß sie sich umgebracht hatte. Sie hatte sich aus einem Hochhaus in die Tiefe gestürzt.[44]

Letzteres geschah mit dem Rücken zum Abgrund:

> Das war für mich fast unfaßlich, denn sich rückwärts fallen zu lassen, erschien mir als eine Geste absoluten Vertrauens. Sie war für mich zu einem Geheimnis geworden. Und das war der Anlaß, über sie nachzudenken. Sie wurde zu einer Romanfigur.[45]

Tatsächlich waren mit dieser katastrophal endenden realen Geschichte Figur und Schicksal der Roman-Anja in Umrissen „da". Die Motivation für Anjas halbblind-bedingungslose Suche nach dem „wahren" Leben musste allerdings „hinzuerfunden" werden und ergab sich aus der nie wirklich aufgearbeiteten traumatischen Kindheitserfahrung, dass der Vater Mutter und Tochter zugunsten einer anderen Frau verlassen hatte.[46]

---

42 Irene Wellershoff: *„So resigniert bin ich nicht, dass ich Komödien schreibe". Erinnerungen an meinen Vater*, in: Jung (Hg.): *„Verborgene Texte des Lebens"*, S. 319–329; hier: S. 326 f.

43 *„Mit Kindern hatte ich mich nie befasst". Dieter und Marianne Wellershoff im Gespräch mit Markus Schwering*, in: Kölner Stadt-Anzeiger vom 1. September 2015.

44 *Die Entstehung des Romans „Der Liebeswunsch". Nachwort zur französischen Ausgabe*, in: WW 8, S. 794–800; hier: S. 798.

45 *Die Entstehung eines Romans*, S. 368 f.

46 *Die Entstehung des Romans „Der Liebeswunsch"*, S. 799.

Als nächste Figur – sie hatte kein Vorbild – erstand der Richter Leonhard Veith. Wellershoff entwickelte sie in Erinnerung an einen von ihm besuchten Strafprozess:

> So trafen zwei vollkommen getrennte Erfahrungen zusammen – die Party mit der betrunkenen Frau, die sich später umgebracht hatte, und dieser Prozeß, an dem ich zu einer ganz anderen Zeit teilgenommen hatte.[47]

Der folgende Einfall war, so Wellershoff, die Konstruktion eines künstlichen und auch verlogenen Freundschaftsbundes zu viert um die von Anfang an dem Scheitern geweihte Ehe von Leonhard und Anja. Über die erzählstrategische Umsetzung dieser Thematik war damit freilich noch nicht befunden. Wellershoff entschloss sich – ähnlich wie in *Der Sieger nimmt alles* –, mit der Mitteilung des Endes, Anjas Tod, zu beginnen und dem Leser damit einen „begrenzten Wissensvorsprung" einzuräumen, der es ihm ermöglichen sollte, sich verstärkt auf „die Fatalität des Geschehens" einzulassen.[48]

Persönliche Erfahrung blieb bis zu den letzten Arbeiten Wellershoffs die Matrix, aus der er seine dann literarisch umgesetzten Motive gewann. Gut ist das z. B., wie erwähnt, an dem späten Erzählungsband *Das normale Leben* von 2005 zu beobachten, in dem die Themen Alter, Sterben und Tod eine aus der Lebenssituation des 80-Jährigen gespeiste und somit alles andere als zufällige Dringlichkeit gewinnen. An den Erzählungen *Der Rückzug* und *Das normale Leben* sowie ihren ihrerseits betagten männlichen Protagonisten lässt sich die Dialektik von Identität und Differenz im Verhältnis von Realität und Fiktion erneut beobachten. Man könnte im Fall der genannten Texte sogar von einer komplementären Ausgestaltung dieser Dialektik sprechen: Formen und Möglichkeiten des Alters und Alterns werden hier durchgespielt, die im ersten Fall Wellershoffs realer Situation in seinen späten Jahren stark kontrastieren, während sich im zweiten Übereinstimmungen mit ihr ergeben.

In *Der Rückzug* lässt ein Patient mit Namen Maifelder, im Wartezimmer eines Augenarztes sitzend, sein Leben bilanzierend Revue passieren. Die Reflexionen werden wiederholt durch Voruntersuchungen des Praxispersonals unterbrochen. Besagtes Leben ist nicht katastrophal verlaufen, obwohl sich Parallelen zu demjenigen des Klaus Jung in *Die Schönheit des Schimpansen* zeigen. Das betrifft zum Beispiel den früh gezeigten Hochmut der Einsamkeit und das Scheitern im Studium der Kunstgeschichte. Dieses Scheitern führt allerdings nicht zu mentalem Verfall und sozialem Abstieg, sondern zum energischen Ergreifen einer zweiten Chance: Maifelder absolviert eine Buchhändlerlehre, erwirbt eine kleine Buchhandlung,

---

47 *Die Entstehung eines Romans*, S. 375.

48 *Die Entstehung des Romans „Der Liebeswunsch"*, S. 796.

später noch ein Antiquariat, heiratet eine Kollegin, gründet also eine unauffällige bürgerliche Existenz.

Die späteren Jahre werden dann allerdings von beruflichen und privaten Rückschlägen überschattet: Maifelders Frau erliegt einer langwierigen Krebserkrankung, Buchhandlung und Antiquariat muss er wegen des abnehmenden finanziellen Ertrags verkaufen. Eine intime Beziehung zur Cousine seiner Frau bricht er nach deren Tod ab, es beginnt, bedingt auch durch die altersbedingte Vitalitäts- und Kräfteabnahme, ein „Rückzug" aus sämtlichen sozialen Kontakten. Eine kleine Rente sichert ihm das materielle Überleben in einer kleinen Mansardenwohnung. Diese – von ferne an Beckett erinnernde – Reduktionsthematik schließt, es sei wiederholt, nicht eine Lebenskatastrophe ein, die angesichts der Kumulation von negativen „Treffern" immerhin denkbar gewesen wäre. Es bleibt eine Selbststabilisierung auf niedrigem Niveau, die Maifelder immerhin seine Selbstachtung erhält:

> Vor einigen Wochen hatte er in der Zeitung zwei große Todesanzeigen und einen Nachruf auf den Professor gelesen, der ihm [...] das Studium vergrault hatte. Heute sah er das anders. Denn er war auf diese Weise in ein Leben hineingekommen, das mit allen Schwierigkeiten sein eigenes geworden war.[49]

Diese Selbstachtung ermöglicht es ihm, am Ende der Erzählung und perspektivisch auch seiner Arbeit des Lebens ein erleichtertes „Geschafft" zu denken[50] – und nicht etwa „Gescheitert". „Sein eigenes Leben", also in Übereinstimmung mit sich selbst zu leben, war – in diesem Punkt stimmen Figur und Autor miteinander überein – immer auch ein zentraler Bestandteil von Wellershoffs Entwurf der eigenen Existenz.[51] Insofern gehört Maifelder zur beschriebenen Schar der „Brüder". In allem anderen zeigen sich indes erhebliche Unterschiede. Sie machen Wellershoffs späte Lebensjahre sogar zu einem – von ihm selbst womöglich erleichtert konstatierten – Kontrastprogramm zu denjenigen seiner Figur.

„Niemand sucht mich, niemand findet mich, niemand stellt mir eine Frage, niemand erwartet eine Antwort"[52], befindet Maifelder, während er in der Arztpraxis sitzt. Von dieser „Furie des Verschwindens" kann hinsichtlich des späten Wellershoff naheliegend keine Rede sein: Als er – 2004 – die Erzählung schrieb, stand er auf dem Gipfel öffentlicher Wirksamkeit, Anerkennung und Wertschätzung, gehalten in einem dichten und stabilen Netz familiärer wie außerfamiliärer Beziehungen

---

49 *Der Rückzug*, in: WW 7, S. 535–559; hier: S. 549.

50 Ebd., S. 559.

51 „Im Grund wundere ich mich darüber, daß ich trotz oder wegen mancher Versäumnisse ein Leben geführt habe, das ich akzeptieren kann." *Das Alter und die vitale Illusion. Gespräch mit Christa Geissler*, in: WW 8, S. 969–977; hier: S. 971.

52 *Der Rückzug*, S. 559.

und Kontakte. Der Erzählband *Das normale Leben* dokumentiert dies durch sein pures Vorhandensein. Er thematisiert zwar den „Rückzug" als eine Option des fortgeschrittenen Alters, dementiert aber performativ, dass es sich um ein vom Autor selbst bevorzugtes oder praktiziertes Verhalten handelt.

Die Erzählung *Das normale Leben* hat mit *Der Rückzug* einige Motive gemeinsam, die aber anders gewichtet werden und den Text auch zu einem alternativen „Bilanzende" steuern. Alwin, ein alternder pensionierter Rundfunkredakteur, erlebt nach zwei gescheiterten Ehen eine letzte Enttäuschung: Die von ihm geliebte Frau kehrt nach dem Tod ihres Partners nicht, wie von ihm erhofft und erträumt, zu ihm zurück, sondern eröffnet ihm anlässlich eines letzten gemeinsam verbrachten Wochenendes in seinem Apartment in dem Ostsee-Künstlerort Ahrenshoop, dass sie einen anderen Mann heiraten wird. Diese Ankündigung führt auch in seinem Fall zu einem „Rückzug", nach Wellershoffs Selbstauskunft „aus dem alten Wettbewerb um Selbstbehauptung durch Glück und Erfolg" in Richtung „auf ein anderes, entspannteres Leben"[53]. Er hat aber nicht die Färbung von Maifelders anspruchsreduziertem „Geschafft":

> Er stand, umgeben von Stille, in diesem Gedankenwirbel, der ihn aufwühlte, aber sich allmählich von selbst ordnete. Er war ein alter Mann, der auf Abruf lebte, versehen mit der Weisung, noch einmal und so lange es ging in sein normales Leben zurückzukehren. Wie auch immer es lief: Er hatte Grund, das zu feiern.[54]

Offensichtlich steht der Rundfunkredakteur der empirischen Person des Autors sehr viel näher als der ehemalige Buchhändler. Wellershoff selbst antwortete auf die Interview-Frage nach dieser Nähe:

> Nicht im Sinne einer Abbildung, aber in der Substanz. Es ist wie jede fiktionale Geschichte eine imaginär entfaltete Erfahrung, die viel Realität in sich aufgenommen und unter der Perspektive des Themas verwandelt und inszeniert hat.[55]

Tatsächlich hat der Verfasser die zentralen Motive der Erzählung seinem Leben entnommen. Sogar der Titel verdankt sich einer eigenen Erfahrung:

> Der Titel ist entstanden dadurch, dass ich selber einmal im Krankenhaus war, mit einer Herzattacke und Gott sei Dank war es kein Infarkt. Jedenfalls, als ich entlassen wurde,

---

53 *Das Alter und die vitale Illusion*, S. 977.

54 *Das normale Leben*, in: WW 7, S. 421–477; hier: S. 477.

55 *Das Alter und die vitale Illusion*, S. 977.

hat der Arzt zu mir gesagt: „Kehren Sie in Ihr normales Leben zurück." Und das wurde der Titel, weil ich auch gleich dachte: Was ist eigentlich das normale Leben?[56]

„Normalität" – das ist der quasi philosophische und philosophisch hinterfragte Leitbegriff des Textes – büßt dann ihre Selbstverständlichkeit ein, wenn eine existenzielle Erschütterung die Normalität des Normalen beendet. In diesem Fall: wenn eine Herzattacke den Betroffenen und sei es imaginär in Todesnähe und nur das Glücksgeschenk eines zeitigen ärztlichen Eingriffs mit anschließender Genesung ihn wieder auf die „andere", die (eben nicht mehr) „normale" Seite führt. Diese Erfahrung musste sowohl Alwin als auch sein Autor machen. Thematisch passend ist die fiktive Figur als vielbefragter Verfasser eines Buches über das Glück hervorgetreten – und damit zu einem Thema, das auch Wellershoff seit seiner unversehrten Heimkehr aus dem Krieg wieder und wieder beschäftigte, im zeitlichen Umfeld des Erzählbandes noch in der Rede *Das unverfügbare Glück* von 2007.[57]

Seine Bedeutungstiefe erhält der Vorgang, die Herzattacke, in der Erzählung dadurch, dass er durch andere „Todesarten" – genauer: durch Ereignisse, die den Weg zurück ins „normale Leben" definitiv unmöglich machen – gleichsam figurativ umstellt ist. Der Partner der Freundin erliegt plötzlich und unvermutet einer schweren fiebrigen Erkrankung. Sodann wird Alwin das Manuskript eines jungen Mannes zugestellt, der ihn vor einiger Zeit unter dem Vorwand eines Interviewwunsches aufgesucht, dann aber, Rat suchend, „in eine dieser typischen jugendlichen Lebenssinndiskussionen"[58] verwickelt hatte. Der Gesprächspartner war gehemmt und gestört – und stand, was Alwin erst später erfuhr, kurz vor seinem Selbstmord angesichts eines gescheiterten und verfehlten Lebens. In einem späten Wintereinbruch ließ er sich einschneien und erlitt einen Kältetod.

Das Erlebnis mit dem problematischen Gesprächspartner wird mit weithin identischen Worten in Wellershoffs Vortrag *Die Frage nach dem Sinn* von 2003 berichtet.[59] Dort findet sich auch, wiederum nahezu wörtlich, die Antwort, die ihm der Redakteur in der Erzählung gibt. Was Alwin dort sagt, ist nicht nur „Originalton Wellershoff", sondern führt überhaupt in das Zentrum seines Lebensverständnisses:

56 Thomas Stölzel: *Literatur als Probebühne des Lebens*, DLFKultur, 3. November 2005; online: https://www.deutschlandfunkkultur.de/literatur-als-probebuehne-des-lebens-100.html, letzter Zugriff: 18.03.2025. – Auf Nachfrage teilte Wellershoffs Sohn Gerald, praktizierender Arzt in Berlin, am 8. September 2024 mit, sein Vater habe als 70-Jähriger einen leichten Herzinfarkt erlitten. Seinerzeit habe man Stents eingesetzt, die Jahre später erneuert worden seien. S. dazu auch Wellershoffs Antwort an „Frau Brem" vom 25. Januar 1998, in: HAStK, Best. 1554, A1.

57 *Das unverfügbare Glück. Dankrede zur Verleihung des Rheinischen Kulturpreises*, in: WW 8, S. 956–959.

58 *Das normale Leben*, S. 449.

59 *Die Frage nach dem Sinn. Vortrag in der Landesakademie Ottweiler*, in: WW 8, S. 857–869; S. 860 ff.

> „Zum Leben braucht man keine Begründung. Das Leben ist ein sich selbst begründender Prozeß. Man lebt, weil man lebt, und um zu leben. Das ist wie Atmen. Dazu braucht man keinen Grund." Nach einer kurzen Pause, in der er ein Unbehagen beiseite schieben mußte, hatte er hinzugefügt: „Leben ist der Wert schlechthin. Alle anderen Werte sind davon abgeleitet."[60]

Der Schneefall als Todesmotiv und -symbol ist aus anderen Wellershoff-Texten bekannt, etwa der *Sirene*. In *Das normale Leben* geht es aber zentral um anderes: Dem – aus seiner Sicht weder weiter begründungsfähigen noch begründungsbedürftigen – Lebensethos des Protagonisten begegnet die kontrastive Erfahrung, dass dazu eine Ich-Stärke gehört, ein Imperativ der Selbstbehauptung und Selbstbestimmung, der Menschen überfordern kann. Die „Feierlaune" des Textschlusses verdankt sich auch der Erkenntnis, selbst nicht zu diesen Überforderten zu gehören. Die Signatur des Erzähltextes lebt wesentlich von solchen Kontrast- und Spiegeleffekten. Die Dinge und Ereignisse erhalten im Raum der Fiktion eine über sich selbst hinausweisende Bedeutung und symbolische Tiefe, die sie in der Zufälligkeit des realen Lebens nicht haben – und auch nicht haben können. Die im Vergleich sich zeigende Differenz zwischen Lebens- und Werkmotiven ist zugleich diejenige zwischen Wirklichkeit und Kunstcharakter.

60 *Das normale Leben*, S. 449 f. In einem weiteren Text des späten Erzählungsbandes erscheint der Gedanke, dass Leben keine Begründung brauche, in einer leicht variierten Form. „Der Sinn des Lebens ist das Leben selbst", antwortet in *In der Oper* der kommende Liebhaber der verheirateten Frau auf deren einschlägige Frage (WW 7, S. 403–420; hier: S. 412).

4. Krieg

Als Wehrmachtssoldat nahm Wellershoff von 1943 bis 1945 am Zweiten Weltkrieg teil – mit Einsätzen an der Ostfront im Herbst 1944 und, nach einer verwundungsbedingten Genesungspause, im Frühjahr 1945, bevor er in der Nähe von Schwerin in amerikanische Gefangenschaft geriet. All dies gehört zu seinen als Matrix Leben und Schreiben prägenden und konditionierenden „Urerfahrungen". Auf Anhieb scheint das eine fast abwegige These insofern zu sein, als der Krieg in seinen fiktionalen Texten bei oberflächlichem Hinsehen kaum zum Thema wird und in seinen autobiografischen und essayistischen Arbeiten erst spät: in *Die Arbeit des Lebens* (1985) und dann, vor allem, zehn Jahre später in *Der Ernstfall. Innenansichten des Krieges*[1] sowie den diesen Bericht in zeitlicher Nachbarschaft begleitenden und erweiternden Aufsätzen, Vorträgen und Interviews.

Die verspätete Aktualität bei Wellershoff mutet seltsam an angesichts der Tatsache, dass es viele andere deutsche Autoren, die die Vergangenheit als Soldaten mit Wellershoff teilten, gleich nach Kriegsende dazu drängte, über das Erlebte und Erlittene in autobiografisch getränkten Romanen und Erzählungen Rechenschaft abzulegen. Bei dem acht Jahre älteren Kölner Kollegen Böll, den Wellershoff seit etwa 1960 als Lektor bei Kiepenheuer & Witsch betreute, sind der Krieg, sind kriegsbedingte Zerstörungen und Versehrungen von den frühen, noch vor 1945 entstandenen Erzählungen über die erste Nachkriegsprosa wie *Der Zug war pünktlich*, *Wanderer, kommst du nach Spa…*, *Der Engel schwieg* und *Wo warst du, Adam?* bis hin zu den Romanen der Reifezeit wie *Billard um halb zehn* und *Gruppenbild mit Dame* zentrale und als solche auch ganz offensichtliche Motive seines Oeuvres.

Wellershoff macht freilich geltend, dass die Jahrgangsdifferenz zwischen ihm und etwa dem acht Jahre älteren Böll, die auf Anhieb nicht erheblich scheint und auch keinen Generationenbruch impliziert, eine grundsätzlich andere Ausgangslage für die eigene literarische Produktion nach 1945 schuf:

> Als ich […] zu schreiben begann, war die Kriegsliteratur von älteren Autoren – Böll, Bender, Richter, Andersch und Plivier – […] bereits geschrieben, und es war nicht mehr möglich, noch ein eigenes Kriegsbuch nachzureichen, obwohl die Erfahrungen meiner Altersgenossen, also der Jahrgänge, die im Nazireich aufgewachsen waren und mit 17 bis 19 Jahren in dessen militärischen Zusammenbruch gerieten, ganz eigene Aspekte haben. Doch im Fahrplan der Nachkriegsliteraturgeschichte war der Zug abgefahren, als meine

1 S. dazu Jung: *Im Dunkel des gelebten Augenblicks*, S. 288–308.

> Generation auf den Bahnsteig kam. So blieb uns nichts anderes übrig, als die Erfahrungen in sich aufzuheben und vielleicht sogar zu vergessen.[2]

Hinzu kamen die unterschiedlichen Startbedingungen: Obwohl Wellershoff mit Hörspielen bereits in den 50er Jahren seine Laufbahn als fiktionaler Autor begonnen hatte, wurde er durch die Notwendigkeit, zumal mit Rundfunkarbeiten den Lebensunterhalt für die allmählich wachsende Familie zu sichern, in seinen im engeren Sinn literarischen Ambitionen immer wieder ausgebremst. Sein Debüt als Romanautor erfolgte erst 1966 mit *Ein schöner Tag*. Zu dieser Zeit lag der Krieg 21 Jahre zurück, Köln und andere Städte waren keine Trümmerlandschaften mehr, die Anlass hätten geben können, Heimkehrer-Tragödien zu beschwören und – im Interesse einer schonungslosen literarischen Bestandsaufnahme deutscher Zustände im analogen wie im übertragenen Sinn nach zwölf Jahren Diktatur und Krieg – „Trümmerliteratur" zu verfassen.[3]

Jenseits kontingenter Umstände aber spielte wahrscheinlich auch damals bereits eine bestimmte intellektuell fundierte Schreibhaltung eine Rolle, die es Wellershoff verwehrte, und sei es versuchsweise auf den Zug einer moralisierenden Bewältigungsliteratur aufzuspringen: Er schreibe nicht moralisierend, wie viele Autoren der ersten Stunde, „sondern phänomenologisch", betonte er 1995, also im Jahr des *Ernstfall*, in einem Interview: „Ich fand es nicht nötig, eine pazifistische Predigt zu halten, weil die Geschehnisse eine viel glaubwürdigere Sprache sprechen."[4] Tatsächlich geht es auch im *Ernstfall* primär nicht um die für ihn selbstverständliche und als solche nicht weiter begründungsbedürftige Ablehnung der vom nationalsozialistischen Deutschland entfesselten Barbarei samt des mit ihr verbundenen Völkermords, sondern um die Erkenntnis der Sache und dessen, was sie mit den Menschen macht: „Schau dir das an, das ist der Krieg."[5]

Die Tatsache, dass er sich in den 80er und 90er Jahren dem zumindest nach außen hin lange vermiedenen Kriegsthema dann doch noch offensiv zuwandte, begründete er mehrgleisig. Zum einen habe der Beschwichtigungsgedanke, „daß diese Geschehnisse der finsteren Vergangenheit angehörten, die nun endgültig vorbei sei", irgendwann seine Überzeugungskraft verloren: „Erst allmählich fühlte ich mich fähig, mit der Last und dem moralischen Anspruch eines berühmten

---

2 *Der Flug der Taube. Antriebe und Umstände des eigenen Schreibens. Ein biographisches Beispiel*, in: WW 3, S. 645–656; hier: S. 655.

3 Siehe dazu etwa Bölls offensives *Bekenntnis zur Trümmerliteratur* von 1952, in H.B.: *Werke*, Bd. 6: *1952–1953*, hg. von Árpád Bernáth, S. 58–62.

4 *Schreiben ist die Inszenierung einer Krise. Gespräch mit Wolfgang Feige*, in: WW 8, S. 716–730; hier: S. 717.

5 Das Zitat liefert den Titel für die drei CDs umfassende Hörbuch-Produktion (Label supposé), in der Wellershoff sein Leben als Soldat erzählt (Regie: Thomas Böhm, Klaus Sander).

Satzes von William Faulkner zu leben: ‚Die Vergangenheit ist nicht tot, sie ist nicht einmal vergangen.'"[6] Das zweite Argument:

> Ich wollte nicht, daß die Erfahrung des menschlichen Desasters verlorenging. Es war vermutlich die letzte Gelegenheit, noch ein Zeitzeugenbuch zu schreiben. Von nun an wird es nur noch Geschichtsschreibung aus zweiter Hand, also Rekonstruktionen der Ereignisse auf Grund von Dokumenten, geben.[7]

Dass der Krieg Wellershoff als Thema nicht loslassen konnte, hängt freilich vor allem mit den eigenen, existenziell außerordentlich bedeutsamen Erfahrungen zusammen, über die *Der Ernstfall* hinreichend Auskunft gibt. Sein Fronteinsatz bei den Abwehrkämpfen der Wehrmacht gegen eine übermächtige Rote Armee im litauischen Memel-Brückenkopf im Herbst 1944 versetzte den ehemaligen Fähnleinführer beim Jungvolk, der sich 1943 freiwillig zur Fallschirm-Panzerdivision *Hermann Göring* gemeldet hatte[8], in eine Situation, in der der Tod weitaus wahrscheinlicher war als das Überleben. Bei einem militärisch völlig sinnlos befohlenen Angriff gegen eine gut befestigte russische Stellung wurde Wellershoff durch einen Granatsplitter schwer am Bein verwundet, schaffte es allerdings aus eigener Kraft wie durch fremde Hilfe, vom Gefechtsfeld zu kriechen und sich zu einem Sanitätsposten durchzuschleppen, wo er eine erste Versorgung erhielt.[9] Derweilen ereilte seine Kompanie das Desaster: „An dem Tag, an dem ich verwundet wurde, waren von 180 Menschen am Abend nur 30 übrig, die nicht tot oder verwundet waren."[10]

Wellershoff überlebte den Krieg ohne bleibende körperliche Schäden, aber die realistische Alternative, ein Sterbender (und dann Toter) statt lebendig zu sein, hat ihn nachhaltig umgetrieben. Immer wieder kam er in Schriften und Gesprächen auf das Schicksal seines Schulfreundes Franz Brendgen zurück, der in der Schlussphase des Krieges einen Kopfschuss erhielt, den er nur kurze Zeit überlebte. Auf die Frage, was im Moment seiner im Effekt dann tödlichen Verwundung in ihm vorgegangen sei, gab Brendgen Wellershoffs Mitteilung zufolge die Auskunft, er habe „Ach so ist das!" gedacht. Der Autor, in seinem Willen, diese ihn offensichtlich nicht nur erschreckende, sondern auch faszinierende „Vor-Tod-Situation" für sich selbst

---

6 *Was war, was ist. Erinnerungen an den 2. Weltkrieg. Vortrag bei der Jahresversammlung der Kölnischen Gesellschaft für Christlich-Jüdische Zusammenarbeit*, in: WW 8, S. 485–502; hier: S. 489.

7 *Schreiben ist die Inszenierung einer Krise*, S. 716.

8 S. dazu und insgesamt zu Wellershoffs Verhalten im Dritten Reich den Exkurs am Ende dieses Kapitels (S. 94–101).

9 *Der Ernstfall. Innenansichten des Krieges*, in: WW 3, S. 657–898; hier: S. 808–832.

10 Ebd., S. 717.

imaginativ nachzuvollziehen, fertigte aus diesem „Ach so ist das“-Motiv sogar eine Prosaminiatur.[11]

Am Schluss von *Der Ernstfall* resümiert Wellershoff bündig den – auch vielfach andernorts formulierten – kumulativen Erkenntnisgewinn aus seinen Kriegserfahrungen. Die Stelle sei hier ausführlich zitiert, weil sie Schlüsselaspekte einer seit 1945 im Grundsätzlichen nicht mehr veränderten Wellershoff'schen Identitätsbildung und -findung mit stärksten Auswirkungen auch auf das schriftstellerische Werk benennt:

> Die eine [sc. Erfahrung, d. Verf.] ist der Zusammenbruch einer kollektiven Identität, die als mörderisches Wahngebilde kenntlich wurde, und das Glück, das darin lag, die weltanschauliche Obdachlosigkeit als geschenkte Freiheit zu erleben. Die zweite ist die Einsicht in die Zufälligkeit meiner Existenz. Ich weiß, daß ich nur zufällig am Leben geblieben bin und daran weder durch Geschick noch Tugend noch irgendein sonstiges Verdienst einen Anteil hatte. Das ist ein Glück, das in seinem Ursprung in unlösbarer Nachbarschaft mit dem millionenfachen gewaltsamen Sterben steht.
> Noch etwas Drittes muß ich hinzufügen: Auf dem Grund der vorsichtigen Skepsis, die ich seit dem Krieg gegenüber den Menschen und der Geschichte empfinde, bleibt eine von allen historischen, sozialen und psychologischen Erklärungsversuchen unaufhebbare Fassungslosigkeit über das sechs Jahre dauernde Massenschlachten und seinen finstersten und innersten Bereich: die Todesfabriken der deutschen Konzentrationslager.[12]

Folgendes scheint auf Anhieb paradox zu sein. Die neugewonnene Abneigung gegen jede Form kollektiver Identitätsbildung, die dann auch bei ihm in den frühen 50er Jahren zu einer zeitgeisttypischen „Ohne mich“-Haltung führte, verhinderte nicht, dass Wellershoffs mentale und intellektuelle Position seinerzeit mit einer neuen „kollektiven“ Geisteshaltung zusammenfiel: dem aus Frankreich „importierten“ Existenzialismus: „Der zentrale Gedanke der Existenzphilosophie, daß jeder Mensch dank seiner Freiheit oder Unbestimmtheit sich seine eigene Notwendigkeit erschaffen müsse, wurde mein Leitmotto.“[13]

Ebenso (scheinbar) paradox verband sich diese Devise in der praktischen Lebensbewältigung in jenen Jahren – der Konfrontation mit beharrlich unklaren Berufsaussichten nach dem Studium, der Notwendigkeit, eine sich vergrößernde Familie finanziell über Wasser zu halten – mit Motiven, in denen die (Überlebens-)Kampfsituation des vergangenen Krieges in und sei es transformierter Form fortbestand:

---

11 *Ach so ist das!*, in: WW 4, S. 48 f.

12 *Der Ernstfall*, S. 897 f.

13 *Die Nachkriegszeit – Anpassung oder Lernprozeß*, in: WW 8, S. 502–516; hier: S. 502.

> Es muß mit diesen schwierigen Jahren zusammenhängen und mit der vorausgegangenen Erfahrung des Krieges, den ich nur durch viele Zufälle überlebt habe, daß mir das Leben als Kampf ums Überleben und als von den Gefahren des Scheiterns, der Selbsttäuschung bedrohtes Glücksspiel erschienen ist. So habe ich es – um es in extremer Verkürzung zu sagen – in meinen Büchern dargestellt.[14]

Bedeutsam ist im Kontext dieses Kapitels vor allem der letzte Satz des Zitats, der völlig unmaskiert einen engen Zusammenhang von Lebens- und Werkmotiven herstellt. Und zu diesen Motiven gehörte naheliegend auch der überstandene Krieg. Zu relativieren wäre somit auch Wellershoffs in anderem Zusammenhang getätigte Selbstauskunft:

> In meinen Büchern hatte ich, abgesehen, von einigen kurzen Kriegsszenen, nichts über die Vergangenheit geschrieben. Es wäre mir lange Zeit als eine bloße Pflichtübung erschienen.[15]

Nicht zuletzt haftete der Arbeit des Schreibens als solcher – also unabhängig vom Gegenstand – in Wellershoffs Sicht etwas Kriegerisches an: Es war ein stets aufs Neue aufzunehmender, potenziell vom Scheitern und damit mit dem zumindest symbolischen „Tod des Autors" bedrohter Kampf gegen die feindliche Leere des in die Schreibmaschine gezogenen weißen Papiers.[16] Bei seinen Protagonisten, insoweit sie schriftstellerisch tätig sind – etwa bei Elsheimer in *Die Sirene* – taucht dieses Motiv naheliegend gleichfalls auf, meist als ein eine Krise auslösendes oder verschärfendes Phänomen.[17]

Tatsächlich ist, wie im Folgenden gezeigt werden soll, die Kriegsthematik bereits und gerade in Wellershoffs frühen Arbeiten, zumal in den Romanen *Ein schöner Tag*, *Die Schattengrenze* und *Einladung an alle*, auf mehreren Ebenen virulent – und zwar nicht als mehr oder weniger beliebige Zutat, sondern als ein Personendramaturgie und Handlungsverlauf beeinflussender, ja steuernder Faktor.[18] Sie

---

14 *Wahrnehmung, Vorstellung, Evidenz*, S. 337.

15 *Die Arbeit des Lebens*, S. 55.

16 S. dazu *„Jeder von uns braucht Erfahrungen des Scheiterns". Dieter Wellershoff im Gespräch mit Richard Kämmerlings und Marc Reichwein*, in: *Die Welt*, Ausgabe vom 3. November 2015, online: https://www.welt.de/kultur/literarischewelt/article148371182/Jeder-von-uns-braucht-Erfahrungen-des-Scheiterns.html, letzter Zugriff: 18.03.2025.

17 *Die Sirene*, S. 579 f.

18 S. dazu auch Keith Bullivant: *Erzählen als die Arbeit des Lebens. Zur Prosa Dieter Wellershoffs*, in: *Literatur für Leser*, H. 4 (1998), S. 323–333. – Modifizieren, wenn nicht korrigieren muss ich die einschlägigen Ausführungen in meiner *Kölner Literaturgeschichte*. Ich hatte dort geschrieben, dass bei Wellershoff im Unterschied zu Böll die Kriegserfahrungen „erst spät, 1995, in seinem umfangreichen autobiografischen Bericht *Der Ernstfall. Innenansichten des Krieges* zündeten. In seinen

tritt dann in den folgenden Büchern zurück, um in *Der Liebeswunsch* und *Der Himmel ist kein Ort* zu erlöschen. Werkbiografisch gesehen übernimmt also die autobiografische Darstellung *Der Ernstfall* gleichsam die Stafette von den frühen Romanen. Es gibt für die Abnahme der Kriegsthema-Präsenz in den großangelegten fiktionalen Texten eine simple Erklärung: Wellershoffs Romane „gehen mit der Zeit“ auch in dem Sinn, dass die Zeit der fiktiven Handlung mehr oder weniger mit der Entstehungszeit des jeweiligen Buches zusammenfällt. Naheliegend ist das Personal der frühen, in den 60er Jahren geschriebenen Romane aus Gründen biografischer Kontingenz dem Krieg nicht nur zeitlich noch nahe, während dieser in den Lebensläufen der fiktiven Figuren in *Der Liebeswunsch* und *Der Himmel ist kein Ort* keine Rolle mehr spielt.

Indes geht es nicht nur darum, inwieweit der Zweite Weltkrieg als solcher in den betreffenden Texten zum Thema wird. Vielmehr geht es genauso um Aspekte „kriegerischer“ Realitätswahrnehmung und -verarbeitung. Sie gehören einer Verhaltenskonditionierung zu, die ihre Ursachen nicht nur, aber auch in Kriegserfahrungen und den durch sie ausgelösten Traumata haben.[19] In dieser Hinsicht konnte sich Wellershoff übrigens auf literarische Motivtraditionen beziehen, die dann im Hintergrund der eigenen Produktion wirksam wurden. In erster Linie wäre hier Hemingways Roman *Fiesta* (1928) bzw. dessen Hauptfigur Jake Barnes zu nennen, auf den er in seinem ersten Essayband, *Der Gleichgültige* von 1963 (einer Ausarbeitung von vier Vorträgen an der Münchner Universität), zu sprechen kommt.[20] Barnes’ elende Lebenssituation, gekennzeichnet durch die trostlose Wiederholung banaler Rituale, ist das Ergebnis einer nicht nur mentalen, sondern in diesem Fall auch körperlichen Verwundung im Ersten Weltkrieg: seiner Entmannung durch einen Granatsplitter.

So oder so führt typologisch mehr als nur eine Spur von der Figur des „Gleichgültigen“ aus Wellershoffs gleichnamigem Buch zu den trostlosen Protagonisten seiner eigenen Romane und Erzählungen, damit aber auch – wie indirekt auch

---

vorangegangenen wie folgenden Romanen und Erzählungen hingegen kommt die Zeit vor 1945 im Wesentlichen nicht vor.“ (Schwering: *Kölner Literaturgeschichte*, S. 169) In dieser Pauschalität kann die Einschätzung nicht aufrechterhalten werden. Das gilt auch für folgende Sätze: „Im Zentrum dieser Werke stehen mit sich und ihrer Umwelt krisenhaft zerfallene Figuren, deren scheiternde Lebensläufe in unterschiedlich dimensionierte Katastrophen führen. Die Ursachen für diese Katastrophen sind indes nicht traumatisierende Kriegserlebnisse, sondern liegen in individuellen Dispositionen sowie in unbewältigten familiären Konfliktsituationen auch der frühen Kindheit. Solchermaßen ‚privatisiert‘ sich das Konfliktdesign und legt in einer Weise, wie es bei Böll in dieser Form eigentlich nie geschieht, psychologische und psychoanalytische Deutungsmuster nahe.“ (S. 170).

19 S. dazu Tschierske: *Das Glück, der Tod und der „Augenblick“*, S. 45 ff., 59 ff.

20 *Der Gleichgültige. Versuche über Hemingway, Camus, Benn und Beckett*, in: WW 5, S. 11–99; hier: S. 19–21.

immer – zu ihrem Autor Dieter Wellershoff als empirischem Subjekt. Nicht zuletzt fand dieser in den in den Münchner Vorlesungen behandelten Texten „Kriterien für eine ‚realistische Literatur'"[21], wie er sie dann in seinem programmatischen *Kiepe*-Artikel von 1965 entwarf. Die Gegenstände wie ihre Interpretationen weisen *Der Gleichgültige* als eine Matrix der künftigen literarischen Produktion ihres Verfassers aus.

Nun also zur Behandlung des Kriegsthemas in den frühen Romanen. *Ein schöner Tag* stellt die so diskrete wie offensichtliche Dauerkrise der in einer Dreizimmerwohnung lebenden Kölner Kleinfamilie Lorenz mit dem alternden, bereits leicht dementen Vater (Jahrgang 1894), der als Gymnasiallehrerin arbeitenden erwachsenen Tochter Carla und dem im Studium erfolglosen und neurotischen jüngeren Sohn Günther dar.[22] Konflikte und Spannungen werden nicht bearbeitet, sondern schleppen sich über eine erzählte Zeit von zwei Wochen unter einem öden und zukunftslosen Repetitionszwang fort – die brütende Sommerhitze gerät in dieser Hinsicht zum Realsymbol – und werden, nach mehreren vergeblichen Ausbruchsversuchen der Beteiligten, in einem scheinhaften Happyend verdrängt. Im Kern handelt es sich um die modellhafte Darstellung eines Beziehungsgefüges, in dem fehlender Wille oder fehlende Möglichkeit zur Kommunikation ein destruktives Potenzial entstehen lassen.

Nicht nur verschärfend, sondern zum Teil auch bedingend wirken in diese Krise der überstandene Krieg und die durch ihn ausgelösten Verwerfungen hinein.[23] Bereits der nicht gerade üppige Handlungskern des Romans hat damit zu tun: Der Vater will – das Projekt ist fantastisch genug – unter Inanspruchnahme des Lastenausgleichsgesetzes von 1952 ein Haus bauen. Ein solches hatte man in der pommerschen Heimat besessen – der aktuell zu erbringende Nachweis einer seinerzeit vollständigen Hypothekentilgung gehört zu den kargen Aktionsmotiven –, aus der die Familie bei Kriegsende fliehen musste. Dabei war man getrennt worden, und die Mutter Kläre starb auf der Flucht an einer Kolik. Wellershoff verarbeitet hier eindeutig Teile der eigenen Familiengeschichte – bis hin zur Identität von Namen und Berufsprofilen –, allerdings auch derjenigen seiner Frau Maria, einer geborenen von Thadden, die ebenfalls bei Kriegsende aus Pommern vertrieben und in Westdeutschland ansässig wurde.[24]

Diese Kombination von „realbiografisch" getrennten Motiven ermöglicht es, die Geschichte der fiktiven Familie Lorenz als die eines zweifachen traumatischen

---

21 Eike H. Vollmuth: *Dieter Wellershoff*, in: Dietrich Weber (Hg.): *Deutsche Literatur der Gegenwart in Einzeldarstellungen* (2 Bde.), Bd. 2 (= *Kröner-Taschenausgabe*, Bd. 383), Stuttgart 1977, S. 424–452; hier: 427.

22 S. dazu Wellershoffs auch Selbstinterpretation: *Der lange Weg zum Anfang.*

23 Dörr: *„Widerstand der Realität gegen das vorschnelle Sinnbedürfnis"*, S. 290.

24 S. dazu Maria Wellershoff: *Von Ort zu Ort. Eine Jugend in Pommern*, Köln 2010.

Verlustes darzustellen: der Heimat und der Mutter. Beides wird zusammengeführt: Der Vater – wie Wellershoffs Vater ein früherer Marineoffizier, der an beiden Weltkriegen aktiv teilgenommen hatte – scheint auch 20 Jahre nach dem Ende des Zweiten Kriegs in der westdeutschen Nachkriegsgesellschaft nicht wirklich anzukommen, verliert sich in nostalgisch verklärenden Erinnerungen und überlässt die Organisation seines Lebens weitgehend der Tochter.

Einerseits vereinnahmt er diese für sich, andererseits ist er von ihrem Lehrergehalt ökonomisch abhängig. Zudem muss sie ihm die verstorbene Ehefrau (und dem jüngeren lebensuntüchtigen Bruder die Mutter) „ersetzen" – was sie nicht nur einem ständigen Überforderungsdruck ausliefert, sondern der Beziehung auch eine wenngleich nicht ausgelebte und unbewusst bleibende inzestuöse Komponente beimischt.[25] Wie auch immer, der Krieg und seine Folgen werfen einen langen Schatten auf diese prekäre Familiensituation.

Sehr viel massiver und direkter wird der Krieg zum Thema im Folgeroman *Die Schattengrenze*.[26] Mehrmals kehrt der namenlose „Held" tagträumend zurück in den Krieg an der Ostfront, an dem er wie sein Autor als Soldat teilnahm. Tatsächlich geschieht das in Bildern, die in ähnlicher Gestalt Jahrzehnte später im *Ernstfall* wieder auftauchen.[27] Das Rauchen einer Zigarette und eine ihn erfassende Müdigkeit, die er an sich selbst als eine die Dinge vereinfachende, todesnahe und -bejahende Gleichgültigkeit (!) wahrnimmt, möglicherweise auch die Lautassoziation der „Rußspuren" von verbrannten Papieren mit „Russland" formieren dabei die Brücke zurück in die Vergangenheit:

> Im Krieg hatte er einmal mitten in einem Panzergefecht in einem leeren Schuppen gesessen und geraucht, er war abgeschnitten worden, als er den Kompaniegefechtsstand suchte, und hatte sich in den Schuppen zurückgezogen, als in der Nähe mehrere T 34 mit aufgesessener Infanterie vorbeifuhren. Es war dämmrig in dem Schuppen, das Sonnenlicht fiel in einem Streifen staubig durch die schlecht schließende Tür, und er saß in dem Staub und Modergeruch zwischen zwei Strohballen auf der steinharten Erde, langsam und mit Verstand rauchend, während rings um ihn in wechselnden Entfernungen Gefechtslärm und das Dröhnen der schweren Motoren war. Dann war es zeitweilig still geworden, und er hatte hinter sich durch die Bretterritzen in den Bauerngarten auf das Laub der Beerensträucher geblickt, überzeugt, daß nun alles unwiederbringlich zu Ende war, der Krieg, sein Leben, aber zufrieden, allein zu sein und vielleicht hier noch einen Tag und

25 S. dazu Vollmuth: *Dieter Wellershoff*, S. 149 ff.

26 Ebd., S. 189 ff.

27 Bullivant: *Erzählen als die Arbeit des Lebens*, S. 326.

eine Nacht bleiben zu können, versteckt zwischen den Strohballen seine Eiserne Ration zu vertilgen und die letzten fünf Zigaretten zu rauchen.[28]

Was hier noch deutlich getrennt ist in Gegenwartshandlung bzw. -wahrnehmung und erinnerte Vergangenheit, vermischt sich im Fortgang zu einem einzigen alptraumhaften Bilderschwall: Die Bilder aus dem Krieg „kolonisieren" gleichsam die aktuelle Wahrnehmung des Protagonisten, damalige und gegenwärtige Situationen überlagern einander, fließen ineinander. Schier nicht enden wollende, als ein Endlosstrom über alle grammatikalischen Grenzen hinwegtreibende Satzgebilde schaffen dafür die Entsprechung auf der Sprachebene. Ihr strukturschwaches Fluten zeigt die Entgrenzung des Bewusstseins an:

> Jemand hatte das Licht ausgemacht, und die Dunkelheit löste sich in große, sich drehende Schollen auf. Dazwischen erschienen Risse, das waren bewegliche Wagenspuren in der Erde. Das graue Flackern war der Krieg. Oder die hellen brennenden Strohschober auf dem Feld, durchsichtige Flammen, er läuft, er schießt. Totes Vieh liegt überall mit steifen Beinen und aufgequollenen geplatzten Bäuchen. Der Gefangene macht Gesten, die er nicht versteht. Immer mehr stehen aus dem nassen Farnkraut auf. Das ist Vicente, überall, vervielfacht, streckt jetzt den Arm aus und bewegt die Autotür, und er kann den Zug kommen hören, rückwärts fahrend, und Hilde in starrem Abstand vor ihm, auf ihn zukommend, ihr großes grobes verächtliches Gesicht, aus dem sich Stücke loslösen und forttreiben, Dächer und Berge, schwerfällige Dunkelheiten, es ist immer noch da, nur auf die Seite gedreht, und sieht ihn an, aufgelöst und müde, während das Aufblättern, Brechen und Davontreiben weitergeht und sie langsam weniger wird, bis er nur noch diese ortlose fließende Schnelligkeit ist, die Abteiltür wird aufgerissen und fällt bumsend wieder zu, er hört ein hohes metallisches Heulen, und sie fällt bumsend wieder zu, und wieder, dumpf und hallend, schwere sich entfernende dumpfe Schläge, Abschüsse, Einschläge.[29]

Der Sinn dieser wilden Bildmischung scheint auf der Hand zu liegen: In seiner eigenen Wahrnehmung setzt der namenlose Protagonist der *Schattengrenze* mit dem aktuellen Überlebenskampf im Dschungel krimineller Verstrickung seinen Überlebenskampf im Krieg fort, von dem er innerlich nicht loskommt. Seine menschliche Umwelt ist eine Welt von „Feinden".[30]

In einem täglichen Existenzkampf gegen eine Welt voller aus verschiedenen Schlupfwinkeln heraus agierender Feinde befindet sich auch Bruno Findeisen, der

---

28 *Die Schattengrenze. Roman*, in: WW 1, S. 209–359; hier: S. 247.

29 Ebd., S. 252 f.

30 S. dazu Merkes: *Wahrnehmungsstrukturen in Werken des Neuen Realismus*, S. 73 ff.

Protagonist von Wellershoff folgendem Roman *Einladung an alle*. Dieses Buch ist insofern ein Solitär unter den Texten des Autors, als hier in eine Fiktion – Wellershoff selbst hat diesen Fiktionscharakter gleich in der Vorbemerkung hervorgehoben[31] – Dokumentarmaterial eines so spektakulären wie authentischen Kriminalfalls der späten 60er Jahre mit dem Gewalttäter Bruno Fabeyer im Zentrum eingebaut wurde. Dieser Fall hielt seinerzeit auch wegen des zunächst ausbleibenden Fahndungserfolgs Polizei, Medien und Öffentlichkeit zumal im Umkreis von Osnabrück, wo die meisten Einbrüche und Diebstähle, schließlich auch Bluttaten begangen wurden, aber auch bundesweit über eineinhalb Jahre hinweg in Atem. Wellershoff trug den von ihm selbst gestellten Anforderungen an Stil und Struktur des Romans dadurch Rechnung, dass er ausgiebig auf die formalen Mittel der Montage und Collage zurückgriff.

Dennoch ist *Einladung an alle* auch thematisch dicht mit seinen übrigen Romanen wie mit deren Protagonisten verknüpft. Die Parallelen etwa zur vorangehenden *Schattengrenze* sind unübersehbar. Während aber deren Hauptfigur aus bürgerlicher Unauffälligkeit erst allmählich ins kriminelle Abseits gerät – in soziologischer Terminologie: die Zone der Devianz und der Anomie betritt –, hält sich Findeisen dort „von Anfang an“ auf. Staat und Gesellschaft starten gegen den kleinkriminellen Delinquenten, der dann durch kontingente Umstände zum Mörder wird, schließlich einen eskalativen Vernichtungsfeldzug.

Ist damit das Kriegsmotiv wenn auch in einem leicht metaphorischen Sinn bereits virulent, so gibt es darüber hinaus auch manifeste lebensgeschichtliche Verbindungen in die Kriegszeit. Bruno Fabeyer/Findeisen kann sogar als Opfer von Krieg und Diktatur bezeichnet werden:

> Sein Vorleben war entsprechend. Man hätte es also erwarten können. Fürsorgeerziehung und Jugendgefängnis wegen Geld- und Waffendiebstählen und schlechter Führung. Flieht mit seinem älteren Bruder nach Hamburg, bricht überall wieder aus. Der Vater war auch Krimineller und erhängte sich im Polizeigefängnis in der Turnerstraße. Der Bruder desertierte während des Krieges und wurde hingerichtet. Er selbst lief zweimal vom Militär fort, kam ins KZ und ins Kalibergwerk.[32]

In eine geordnete Bürgerlichkeit findet Findeisen, angesichts dieser Startbedingungen kaum verwunderlich, auch nach dem Krieg nicht mehr zurück. Um in Wellershoffs favorisierter Bildlichkeit zu bleiben: Fabeyer/Findeisen hatte im Kartenspiel des Lebens vom Schicksal ein extrem schlechtes Blatt zugeteilt bekommen, aus dem er aus eigener Kraft auch durch Kartentausch kein besseres machen konnte.

---

31 *Einladung an alle. Roman*, in: WW 1, S. 361–532; hier: S. 363.
32 Ebd., S. 397.

Bemerkenswerterweise wähnt sich nicht nur der Kriminelle, sondern auch sein Gegenspieler bei der Polizei, Kriminaloberrat Bernhard, der leitende Ermittlungsbeamte, im Krieg. Auch das kommt nicht von ungefähr, es sind seine Erinnerungen an seine Zeit als Wehrmachtssoldat, die im Traum mit dem aktuellen „Kampf" zusammenfließen: „Manchmal sprang er im Traum wieder mit dem Fallschirm ab. Er trug dieselbe Montur wie im Krieg, aber es gab kein Oben und Unten, nur eine langsam fließende Schwärze."[33]

In Erinnerung an seine Militärzeit kommt es sogar zu einer verstehenden Selbstidentifikation mit dem aktuellen Gegner:

> Er hatte gelesen, daß Verbrecher um so weniger Angst empfanden, je schlechter es ihnen ging. Die Angst von innen verschwand, sie fühlten sich gerechtfertigt, weil sie gegenüber den anderen im Nachteil waren. Sie waren mit sich einig, weil man sie verfolgte. Etwas Ähnliches hatte er im Krieg erlebt. Damals, unter dem täglichen Eindruck der Gefahr, hatte er sich im Grunde ruhig gefühlt. Seine Stimmung war gleichmäßig und fast heiter gewesen.[34]

Obwohl er nicht als Soldat am Krieg teilnahm, ist auch Ulrich Vogtmann, der Protagonist aus *Der Sieger nimmt alles*, von ihm gezeichnet: Als Heranwachsender musste er demütigende Erfahrungen als Zögling eines Internats machen, in das die Familie – die Mutter war gestorben, der Vater im Krieg vermisst – ihn „entsorgt" hatte. In der Erinnerung des Protagonisten an diese Zeit tauchen – im Sinne einer traumatisierenden Vorprägung – bereits zentrale Motive seines künftigen Lebens auf:

> Die Tante hatte ihn hierhin abgeschoben, und es wurde ihm empfohlen, dankbar zu sein. Das hing ihm an wie ein Angstgeruch, der die anderen reizte. Er war von vornherein schuldig, sie waren immer schon im Recht. Mittags kamen die Gabeln seiner Tischnachbarn und spießten ihm das Fleisch vom Teller. Als erstes lernte er zu schlingen, um notdürftig satt zu werden.
>
> Er schwor sich durchzuhalten. Warum, wußte er nicht. Es gab keine Möglichkeit, hier wegzukommen.
>
> Niemandsgefühl beim brodelnden Stimmenlärm des Speisesaals, beim Anblick seines maschinengeschriebenen Namenszettels auf der Spindtür, beim Postempfang, wenn sein Name übergangen wurde, und nachts, wenn er aus einem Angsttraum erwachte und

33 Ebd., S. 432.

34 Ebd., S. 433 f.

> wußte, er lag in dem saalartigen Raum mit den sechs Betten, in dem, unsichtbar in der Dunkelheit, die anderen schliefen, seine Verfolger.[35]

Realsymbol dieser – wie sich herausstellen wird – nie mehr geheilten seelischen Verletzungen ist die bizarre Verkrümmung seiner Außenzehen, verursacht durch das Tragen zu enger Schuhe über ein Jahr hinweg. Sie fällt noch den Hotelangestellten auf, als Vogtmann nach seinem tödlichen Herzinfarkt auf einer Bahre aus dem Zimmer getragen wird.[36]

Tatsächlich entwickelt jener – man könnte von einem pathologischen Lernen sprechen – aus seinen Internatserfahrungen und den aus dieser Zeit mitgeschleppten, aber nicht bearbeiteten Minderwertigkeitsgefühlen kompensatorisch, im Sinn einer „gewaltsamen Selbstheilung"[37], einen fanatischen Erfolgs- und Durchsetzungswillen, verbunden mit einem ausgeprägt bellizistischen Weltverhältnis. Dieses bedingt eine ausschließlich strategische Beziehung des Einzelkämpfers zu seiner menschlichen Umgebung, die er als eine Ansammlung von potenziellen Feinden wahrnimmt, gegen die es sich unter allen Umständen zu behaupten gilt. Das Leben wird darüber zu einer Arena miteinander kämpfender Raubtiere – in der dem Romantitel zufolge am Ende der Sieger alles nimmt. Der Text ist in diesem Sinn so dicht von Metaphern des Kampfes und Krieges, des Angriffs und der Abwehr, des Gewinnens und Verlierens durchsetzt, dass sich einzelne Nachweise erübrigen.[38]

Bestätigt wird diese Interpretation an anderer Stelle durch den Autor selbst. Wie bereits ausgeführt, hat Ulrich Vogtmanns Achterbahnfahrt mit tödlichem Ausgang ihr reales Modell in der beruflich-geschäftlichen Laufbahn und überhaupt in der Biografie (samt Internatsaufenthalt) von Wellershoffs Bruder Hans Walter. In *Blick auf einen fernen Berg*, dem Buch über das Sterben des Bruders, schreibt er:

> Wenn ich dann allerdings in den typisch amerikanischen Anleitungen zum Erfolg las, man müsse sich angewöhnen, immer positiv zu reden und positiv zu denken, dann wurde mir die rauhe, kriegerische Berufsauffassung meines Bruders wieder sympathischer. Ich spürte, daß wir uns ähnlich waren.[39]

---

35 *Der Sieger nimmt alles. Roman*, in: WW 2, S. 11–473; hier: S. 38.

36 Ebd., S. 15.

37 *Der Baukasten der Imagination. Über Konzept und Entstehung des Romans „Der Sieger nimmt alles"*, in: WW 4, S. 797–828; hier: S. 816.

38 S. auch das Kapitel zu *Der Sieger nimmt alles* in Jung: *Im Dunkel des gelebten Augenblicks*, S. 265–281.

39 *Blick auf einen fernen Berg*, S. 446 – Explizit stellt Wellershoff an anderer Stelle eine enge Verbindung zwischen dem Krieg und der Existenz des Bruders her: „Für mich ist sein Leben, das so getrieben war vom Wunsch nach Anerkennung, Erfolg und Beheimatung in der Welt, eine Folge der Verlassenheitsgefühle, denen er nach der Auflösung unserer Familie in den letzten Kriegsjahren ausgesetzt war." (Sabine Bode: *Die deutsche Krankheit – German Angst*, Stuttgart 2006, S. 115).

In der Tat war, wie erwähnt, die Frühphase seiner Schriftstellerkarriere für Wellershoff selbst ein „Kampf ums Überleben". Seine eigene Situation spiegelte sich ein Stück weit an der des Bruders – und eben an der seiner fiktiven Figuren. Das Leben als Krieg ist nicht nur ein zentrales Motiv in *Der Sieger nimmt alles*, sondern gleichfalls – auch das klang schon an – in *Die Schattengrenze* und in *Ein schöner Tag*. Günther Lorenz im ersten Roman fühlt sich bedrängt von einer Phalanx von „Feinden", zu denen er sowohl Vater und Schwester zählt, die ihn mit ihrem Insistieren auf einem Studienabschluss bedrängen[40], als auch drei beliebige Büroangestellte, deren „Feindseligkeit" und diffuse, „stumme Ablehnung"[41] er spürt. *Die Schattengrenze* wiederum endet sogar mit einer alptraumhaften Verfolgungsvision, die den Protagonisten mit einer namenlosen Angst erfüllt.

Nun gründet das Gefühl oder die Auffassung, sich in einer feindlichen Lebenswelt behaupten zu müssen, von Roman zu Roman in unterschiedlichen individuellen Dispositionen. Während es sich bei Günther um eine psychotische Störung im Weltverhältnis zu handeln scheint, zeigt das Verhalten der Hauptfigur in der *Schattengrenze* die klinischen Merkmale einer sich entwickelnden Schizophrenie[42]. Im Fall des *Schattengrenze*-Protagonisten amalgamieren sich jedenfalls in seiner „kriegerischen" oder von ihm als solche empfundenen Weltbeziehung auf diffuse Weise Traumata aus der Zeit der Kriegsteilnahme mit aktuell erworbenen und pathologisch verarbeiteten Verletzungen. Ulrich Vogtmanns Verhalten und Reaktionsformen hingegen sind zunächst nicht in einem manifesten Sinn krankhaft, hingegen zeugen sie von narzisstischer Selbstüberschätzung, von Illusions- und Selbsttäuschungsanfälligkeit. Dabei wird er gleichsam Opfer des Gesetzes, unter dem er antritt: Wer das Leben für eine Kampfarena hält, sollte naheliegend damit rechnen, dass er selbst es ist, der diesen Kampf verliert.

Mehr oder weniger identisch ist indes jeweils das allgemeine zeitgeschichtliche Framing der scheiternden Lebensläufe, das eine enge Verbindung von Krieg und Nach-Krieg auszeichnet: Im aggressiv-konkurrenzfixierten Tatendrang des Wiederaufbaus bringen sich dieselben Energien ein, die sich zuvor in einem großdimensionierten Vernichtungskrieg ausgetobt hatten. Solchermaßen stellt sich – das ist der immer wieder vorgebrachten Kritik an Wellershoffs angeblich mangelnder „Gesellschaftlichkeit" entgegenzuhalten – eine unabweisbare „kritische Repräsentativität des Privaten"[43] her. Der Autor selbst hat das für *Der Sieger nimmt alles* so beschrieben:

---

40 *Ein Schöner Tag. Roman*, in: WW 1, S. 15–204; hier: S. 47.

41 Ebd., S. 49.

42 S. dazu Kapitel 10 („Norm und Abweichung"), S. 240–243.

43 Tschierske: *Das Glück, der Tod und der „Augenblick"*, S. 30. – S. zum Verhältnis von „privat und gesellschaftlich" bei Wellershoff auch Kapitel 7.

> Für mich ist das nicht nur rein private Psychologie, sondern auch ein Stück deutsche Kriegsfolgengeschichte, ein Blick auf die inneren Verwüstungen, aus denen heraus und über die hinweg der wirtschaftliche Aufbau erfolgte, die Innenansicht des materiellen Fetischismus der bundesrepublikanischen Wirtschaftsgesellschaft und ihrer zerstörerischen Tendenzen, aber auch ihrer Faszination. [...] Denn auch er [sc. Vogtmann, d. Verf.] ist ein Opfer, wenn er auch zeitweise zum Täter wird und sein Leben vorübergehend wie die andere, die glänzende Seite der Medaille aussieht. Vogtmanns Glück bleibt das Abbild seines Unglücks, dem er nicht entkommt.[44]

Exkurs: Wellershoff im Nationalsozialismus

Dieter Wellershoffs Verhalten im Dritten Reich – und hier jahrgangsbedingt vor allem: während der späten Kriegsjahre – ist bis in die Gegenwart hinein wiederholt Gegenstand kritischer Nachfragen gewesen. Aktuell – im Jahr der Veröffentlichung des vorliegenden Buches – flammte die einschlägige Diskussion noch einmal auf anlässlich des von Wellershoffs Tochter Irene initiierten, an die Bezirksvertretung der Kölner Innenstadt gerichteten Antrags, eine bislang nicht benamte Freifläche nahe der früheren Wohnung in der Kölner Südstadt „Dieter-Wellershoff-Platz" zu nennen. Zumal aus der Grünen-Fraktion wurden Vorbehalte vor allem hinsichtlich Wellershoffs Vergangenheit als Wehrmachtssoldat laut, jedenfalls „offene Fragen" geltend gemacht.

In Gang gesetzt wurde schließlich ein – bei Straßenneu- oder -umbenennungen routinemäßiger – Verwaltungsvorgang, in dessen Vollzug die Causa Wellershoff schließlich zur Überprüfung beim NS-Dokumentationszentrum der Stadt Köln landete. Die Institution übermittelte einschlägige Anfragen an das Berliner Bundesarchiv und die ihm angegliederte Wehrmachtsauskunftsstelle und wird auf der Basis der Antworten eine Expertise für die Bezirksvertretung erstellen.[45] Die wiederum wird auf dieser Grundlage über den Antrag und damit über die „Platz-Würdigkeit" von Dieter Wellershoff abstimmen. Zum Zeitpunkt der Manuskriptabgabe lag die Expertise noch nicht vor.

Die Diskussion um Wellershoffs Verhalten in der NS-Zeit konzentrierte sich bislang auf drei Punkte: auf seine freiwillige Bewerbung zur Fallschirm-Panzerdivision *Hermann Göring* im Jahr 1943, zu seiner Tätigkeit als Soldat – tatsächlich und unbestritten war besagte Division 1943 während ihres Einsatzes in Italien in

44 *Der Baukasten der Imagination*, S. 816 f.

45 Telefonische Auskunft des Behördenleiters Henning Borggräfe am 13. Februar 2025.

Kriegsverbrechen verstrickt[46] – und auf seine durch eine Karteikarte ausgewiesene Mitgliedschaft in der NSDAP.

Im folgenden, thematisch einschlägig fokussierten biografischen Durchgang sollen diese Dinge sukzessiv zur Sprache kommen. Die Basisquellen dafür liefern Wellershoffs ausführliche Selbstauskünfte, zumal *Der Ernstfall*, der späte Bericht über seine Kriegserlebnisse, aber auch anderweitige autobiografische Einlassungen in Essays und Interviews. Die Quellenlage macht es nahezu unmöglich, diese Selbstaussagen konsequent mit Aussagen Dritter zu konfrontieren. Absehbar besteht damit die Gefahr, dass der Autor noch im Nachhinein die Deutungshoheit über seine eigene Biografie behält. Dieses Problem einer verhinderten Objektivierung hat einen allgemeinen und einen Wellershoff-spezifischen Aspekt – und beide sollten allemal ein kräftiges hermeneutisches Misstrauen provozieren.

Generell lehrt die Befassung mit autobiografischen Texten, dass es keine Vergangenheit „an sich" gibt. Erzählte autobiografische Vergangenheit ist unvermeidlich immer auch bereits gedeutete, durch den Filter von Selbstzensur und Selbstinterpretation gepresste und mit einem posthumen Sinnbedürfnis ausgestattete Vergangenheit. Im Fall der Teilnahme an einem Krieg, der von einem verbrecherischen Regime vom Zaun gebrochen und entsprechend geführt wurde, ist die Möglichkeit nicht von der Hand zu weisen, dass im späteren Bericht darüber das eigene Handeln beschwiegen, schöngeredet, im Interesse der Schuldabwehr umgedeutet wird. Selbstredend verdienen es auch Wellershoffs Texte – Rabattgewährung für den großen Autor wäre nicht rechtfertigungsfähig –, mit diesem vorgängigen Misstrauen gelesen zu werden. Einem Misstrauen, das der Darstellung genauso wie ihrem Gegenstand zu gelten hätte.

Wellershoff wuchs in einem familiären Umfeld auf, dessen mentale Prägung sich nicht durch eine fanatische ideologische Fixierung auszeichnete und dennoch der Machtübernahme der Nationalsozialisten keine unüberwindbaren Widerstände entgegensetzte. In *Die Arbeit des Lebens* bescheinigt der Autor dem Vater – Reserveoffizier im Ersten Weltkrieg, Beamter und als Kreisbaumeister der schmalen Grevenbroicher Honoratiorenschicht zugehörig – Autoritätsgläubigkeit, Konformismus und unpolitische Naivität.[47] Als unpolitisch wird auch die Mutter beschrieben. Walter Wellershoff bediente somit das Typenprofil des „klassischen" Mitläufers: Er war Mitglied der NSDAP sowie ihr angeschlossener Organisationen und trat auch, nach Auskunft des Sohnes dazu gedrängt, in die SA ein. Diese verließ er

46 S. dazu die Zusammenfassung im online publizierten *Lexikon der Wehrmacht*, online: https://www.lexikon-der-wehrmacht.de/Gliederungen/PanzerdivisionenLw/1PDL-R.htm, letzter Zugriff: 18.03.2025.

47 *Die Arbeit des Lebens*, S. 87.

allerdings, so jedenfalls Dieter Wellershoff[48], nach der von Hitler befohlenen Auslöschung der SA-Spitze im Juni 1934 wieder. Fortan strebte er seine Reaktivierung als Offizier in der expandierenden Wehrmacht an.

Für den Sieben- bis Neunjährigen vollzog sich der Übergang von der Republik in die Nazizeit gleitend, ohne dramatischen Bruch:

> Ich war noch kein Jahr in der Schule, da begann für mich, ganz nebenbei, die Nazizeit. Zwar war ich einer der ersten Jungen, der achtjährig schon in der sogenannten Spielschar die Uniform des Jungvolks trug, doch war, was wir da machten, abgesehen von lästigem Liedersingen, nur eine schwerfälligere Variante meiner eigenen Spiele, und außer der Uniform, auf die ich stolz war, beeindruckte mich noch wenig daran.[49]

Beim Jungvolk erlebte Wellershoff dann auch ein willkommen entlastendes, am Sportlich-Spielerischen orientiertes Kontrastprogramm zur ungeliebten Schule, der „Institution der Unfreiheit“[50]. Doch das war „nicht die ganze Wahrheit“:

> Und als ich schließlich noch selbst Fähnleinführer wurde und wie gewohnt zum Schluß des Dienstes vor der nur noch zur Hälfte uniformierten Formation, doch mit Fanfarengeschmetter und Landsknechtstrommelgedröhne durch die enge Hauptstraße zum Marktplatz marschierte, beschlich mich manchmal ein Gefühl des Theaterhaften und Fiktiven.[51]

Wellershoff wusste nach eigenem Bekunden seit Mitte Mai 1943, als er über einen Londoner Feindsender vom Ende des deutschen Afrikacorps erfuhr, „daß der Krieg verloren war“[52]. Das war kurz bevor er für ein Vierteljahr zum Arbeitsdienst eingezogen wurde, der „übliche[n] Vorstufe zum Wehrdienst“[53]. Bereits zuvor hatte sich der 17-Jährige, in Kenntnis der sich rapide verschlechternden militärischen Gesamtsituation des Dritten Reiches, freiwillig zur Wehrmacht gemeldet. Das war eine Entscheidung, die Wellershoff auch noch in *Der Ernstfall* – zu Recht – für erklärungsbedürftig hielt; andernfalls hätte er ihr nicht vergleichsweise umfangreiche Ausführungen gewidmet:

---

48 Ebd., S. 86. Hier scheint ihn seine Erinnerung zu täuschen. Laut Walter Wellershoffs Entnazifizierungsfragebogen verließ dieser bis zum Kriegsende nicht die SA, die ihn 1937 zum Rottenführer beförderte. So jedenfalls Malte Herwig: *Die Flakhelfer. Wie aus Hitlers jüngsten Parteimitgliedern Deutschlands führende Demokraten wurden*, München 2013, S. 116.

49 *Die Arbeit des Lebens*, S. 83.

50 Ebd., S. 84.

51 Ebd., S. 85.

52 Ebd., S. 91.

53 *Der Ernstfall*, S. 670.

> Ich zog in diesen Krieg mangels einer Alternative und ohne Illusionen, aber mit einem vagen Pflichtgefühl, das im Grunde eine Solidarität gegenüber all jenen war, die es auch getan hatten, und gegenüber den vielen, die gefallen waren.[54]

Indes beförderten, so der Autor, in einem ganzen Bündel von Motiven auch „überlebenspraktische Gründe" seine Entscheidung:

> Gleichwohl hatte man einen nicht unwesentlichen Vorteil, wenn man sich freiwillig meldete: Man konnte angeben, zu welcher Truppe und Waffengattung man wollte, und hatte Chancen, daß die Wahl berücksichtigt wurde. Es mußte allerdings in der Regel eine Truppe sein, die als Eliteeinheit galt.[55]

Auf Anraten seines Vaters beschloss Wellershoff, sich zur Division *Hermann Göring* zu melden: „Das war eine Einheit der Luftwaffe, aber eine motorisierte Panzergrenadierdivision, [...] – es war jedenfalls nicht die Waffen-SS, die von einer Aura finsterer Gerüchte umgeben war."[56] Mit der Bewerbung zur Division entging Wellershoff somit dem Bannkreis der Waffen-SS, „die mich als Jungvolkführer massiv umworben hatte"[57].

An dieser Stelle bietet sich die Gelegenheit, von Wellershoffs rückschauender Selbstinterpretation einen Schritt wegzutreten. Die suggestive Nüchternheit, mit der der Autor im *Ernstfall* und anderswo seine damalige Entscheidung begründet, auch der demonstrative Verzicht auf Gesten der Selbstrechtfertigung ist geeignet, jene kritischen Fragen des Lesers abzublocken, die sich angesichts eines auf Anhieb undurchsichtigen Motivationsgeflechts sehr wohl ergeben mögen. Seine Antworten müssen allerdings bis zum – kaum zu erbringenden – Beweis des Gegenteils akzeptiert werden. Die Verdachtsperspektive, unter die z. B. Thomas Kraft in einem ansonsten gedankenreichen Aufsatz[58] Wellershoffs seinerzeitiges Verhalten wie dessen späte Aufarbeitung tendenziell stellt, mag naheliegen, ist aber auch wohlfeil. Und wer in dieser Causa nicht mehr zu bieten hat als raunende, erkenntnis- und

54 Ebd., S. 667.

55 Ebd., S. 669.

56 Ebd., S. 670.

57 Dieter Wellershoff: *Nur zufällig überlebt. Waren prominente Politiker, Künstler und Intellektuelle NSDAP-Mitglieder, ohne es zu wissen? Wie weit ging die Verstrickung der letzten Jahrgänge im Zweiten Weltkrieg? Ein Porträt der Flakhelfer-Generation*, in: *Der Spiegel*, Ausgabe vom 23. Juli 2007, online: https://www.spiegel.de/spiegel/a-495788.html, letzter Zugriff: 18.03.2025.

58 Thomas Kraft: *Konkretistische Blindheit. Dieter Wellershoff, „Der Ernstfall" (1995) und andere Texte zum Krieg*, in: Hans Wagener (Hg.): *Von Böll bis Buchheim* (= *Amsterdamer Beiträge zur neueren Germanistik*, Bd. 42), Amsterdam 1997, S. 349–363.

Abb. 4 Der 17-jährige Wellershoff in der Uniform des Reichsarbeitsdienstes an der Seite seiner Mutter, ca. April 1943. Foto: privat.

beweisabstinente Leerformeln wie „Das mag man glauben oder nicht“[59], wäre gut beraten, auch auf sie zu verzichten. Unabhängig von Wellershoffs späterer Befassung mit der eigenen biografischen Vergangenheit und ihrer Bewertung muss – das sei betont, obwohl es um eine Selbstverständlichkeit geht – sein damaliges Handeln zwingend eingeordnet, kontextualisiert werden. Dies hat im Blick auf die politisch-gesellschaftliche Gesamtsituation genauso wie auf die intellektuelle, politische und moralische Urteilsfähigkeit und Entscheidungskompetenz eines 17-Jährigen (!) zu geschehen.

Völlig unzweifelhaft fällt Wellershoffs „Entlastung“ im Fall seiner Mitgliedschaft in der Fallschirm-Panzer-Division *Hermann Göring* aus. Einer – von keiner Seite ernsthaft bestrittenen, weil unbestreitbaren – Selbstauskunft zufolge[60] kam er 1943 gar nicht mit der Division nach Italien, sondern wurde für das „Begleitregiment Hermann Göring“ ausgewählt und aus der infantristischen Grundausbildung in Holland nach Berlin geschickt. Ende Juli 1944 kam der Gefreite nach Kurland an die ostpreußisch-litauische Grenze und somit an die zusammenbrechende Ostfront,

59 Ebd., S. 362.

60 *Der Ernstfall*, S. 677; *„Nur zufällig überlebt“*.

wo er im Oktober schwer verwundet wurde. Diese Verwundung setzte ihn Monate lang außer Gefecht.

Im *Spiegel*-Essay *Nur zufällig überlebt* nimmt er zu den Kriegsverbrechen der Division in Italien Stellung, erwähnt ein nach einem Partisanenüberfall verübtes „Massaker unter der Bevölkerung" als eine „panikartige[n] Strafaktion". Der Satz „Zufällig war ich nicht dabei" stellt eine Verbindung zum Essaytitel her. Genauso „zufällig" wie sein Überleben im Krieg war, so die illusionsfreie Einschätzung, in den Augen des Verfassers seine Abwesenheit von einem Ort, an dem auch er, wäre er dort gewesen, womöglich schuldig geworden wäre.

Schließlich Wellershoffs Mitgliedschaft in der NSDAP.[61] Die Sache wurde 2009 ruchbar, als der Journalist Malte Herwig bei Recherchen zur (im Berliner Bundesarchiv befindlichen) NSDAP-Mitgliederkartei für das *Zeit*-Magazin auch auf eine Karte (Nr. 10 172 531) mit Wellershoffs Name, Geburtsdatum und seinem Geburtsort Neuß stieß. Ausweislich dieser Karte wurde die Aufnahme des damals 18-Jährigen am 20. April 1944 – am Tag von Hitlers Geburtstag – beantragt und erfolgte rückwirkend zum 20. April 1943. Wellershoff findet sich auch auf einer namentlichen Liste von 368 Anträgen, die am 28. Oktober 1944 von der Düsseldorfer Gauleitung bei der Reichsleitung in München eingereicht wurden. Der Eingang in München ist für den 25. Januar 1945 ausgewiesen. Besagte Karte wurde also mutmaßlich nach diesem Datum angefertigt.

Von Herwigs Recherchen durch einen Brief des Bundesarchivs in Kenntnis gesetzt, nahm Wellershoff selbst mit diesem Kontakt auf und ließ sich Kopien, u. a. der Mitgliedskarte, schicken. Sodann lud er Herwig und auch mich zu (getrennten) Gesprächen über die ganze Thematik ein.

Befragung und Gedächtnisarbeit des Befragten zeitigten folgendes Ergebnis: Der Autor konnte sich nach eigener Darstellung durchaus nicht daran erinnern, je einen Aufnahmeantrag für die Nazipartei unterschrieben zu haben. War da möglicherweise eine – psychologisch immerhin nicht ganz unwahrscheinliche – Verdrängung, sozusagen ein „strategisches" Vergessen im Spiel? Gesichertes Faktum: Ein von Wellershoff eigenhändig unterschriebener Aufnahmeantrag wurde bis heute nicht gefunden – weil es ihn, wie Wellershoff versicherte, nicht gibt. Angesichts der desaströsen Kriegslage hätte es, so der Autor, nicht einmal einer nazifeindlichen Gesinnung bedurft, um eine Antragsstellung zu verweigern. Dazu habe vielmehr

---

61 S. dazu und zum Folgenden Malte Herwig: *Als wir jung waren. Nach Recherchen des ZEITmagazins wurde der Schriftsteller Dieter Wellershoff von der NSDAP als Mitglied geführt. Danach gefragt, lud er unseren Autor zu sich nach Hause ein und begab sich auf Erinnerungssuche*, in: *Die Zeit* vom 10. Juni 2009; Markus Schwering: *Die ungewusste Zugehörigkeit. Von dem Kölner Autor Dieter Wellershoff ist eine NSDAP-Mitgliedskarte aufgetaucht*, in: *Kölner Stadt-Anzeiger* vom 10. Juni 2009. S. außerdem Herwig: den Fund der Mitgliedskarte kontextualisierendes und in einen allgemeinen generationsspezifischen Zusammenhang stellendes Buch *Die Flakhelfer* (zu Wellershoff: S. 111–121).

blanker Opportunismus ausgereicht. Auch Tochter Irene ist sich sicher: „Wenn er eingetreten wäre, hätte er darüber geschrieben."[62]

Die Existenz der Karteikarte erklärte Wellershoff seinerzeit mit jener „massenhaften Rekrutierung ohne persönliche Beteiligung der Betroffenen", wie sie in den letzten Kriegsjahren öfters vorgekommen sei. Die Parteistrategen hätten der offensichtlichen militärischen Unterlegenheit des Reichs die Ideologie der „Einigkeit und Geschlossenheit und einen damit verbundenen fanatischen Siegeswillen" entgegensetzen wollen. Für diese Deutung – genauer: für ein Höchstmaß an Fiktion, besser wohl: Manipulation – spricht der schier undurchdringliche Datendschungel von Aufnahme, Rückdatierung, Einreichung seitens der Gauleitung und Eingang der Übersendung in München.

Die Frage, inwieweit gerade Angehörige der Generation 1925 bis 1927 tatsächlich in der Schlussphase des Dritten Reiches gegen oder zumindest ohne ihren Willen Parteimitglieder werden konnten, führte seinerzeit – im Kontext ähnlich gelagerter Fälle wie derjenigen von Martin Walser, Siegfried Lenz, Dieter Hildebrandt, Walter Jens, Martin Broszat und Peter Wapnewski – zu einer wissenschaftlichen Kontroverse, die wohl bis zur Stunde nicht definitiv entschieden ist.

Der Jenaer Zeithistoriker Norbert Frei etwa stellte bereits im Juli 2007 fest, es sei „eine ebenso traurige wie banale Geschichte, dass in der zweiten Kriegshälfte halbe HJ-Jahrgänge kollektiv in die Partei überführt wurden". Bereits 1942 habe es die Weisung gegeben, „mindestens 30 Prozent der Jungen des Jahrgangs 1924 aus der HJ in die NSDAP zu übernehmen". Freis Fazit: „Dass es kollektive Aufnahmen gab, ist unstrittig." Freilich räumte der Historiker die Tatsache der unbefriedigenden Quellenlage ein: „Gesicherte Kenntnisse über die soziale Praxis fehlen."[63] Konkret: Es ist schwer zu beurteilen, ob und inwieweit die an sich strenge Ordnung der Aufnahmeprozedur in den letzten Kriegsjahren noch eingehalten wurde.

Darauf aber, dass genau dies der Fall war, beharrten seinerzeit energisch Freis Kollegen Michael Buddrus[64] vom Münchner Institut für Zeitgeschichte und der NS-Forscher Armin Nolzen, Experte zumal für das „Innenleben" der NSDAP[65]: Eine Aufnahme in die Partei ohne eigene Unterschrift sei unwahrscheinlich gewe-

---

62 Telefonische Auskunft gegenüber dem Verf. am 13. Februar 2025.

63 *Neue Parteimitglieder*. Norbert Frei im Interview mit Evelyn Finger, in: *Die Zeit* vom 5. Juli 2007; s. a. Norbert Frei: *Hitler-Junge, Jahrgang 1926*, in: *Die Zeit*, 11. September 2003.

64 Michael Buddrus: *War es möglich, ohne eigenes Zutun Mitglied der NSDAP zu werden? Gutachten des Instituts für Zeitgeschichte München-Berlin für das Internationale Germanistenlexikon 1800–1950*, in: *Zeitschrift für Geschichte der Germanistik* 23/24 (2003), S. 21–26.

65 Armin Nolzen: *Vom „Jugendgenossen" zum „Parteigenossen". Die Aufnahme von Angehörigen der Hitler-Jugend in die NSDAP*, in: Wolfgang Benz (Hg.): *Die NSDAP und ihre Mitglieder*, Frankfurt/M. 2009, S. 123–150; hier: S. 149f.

sen. Auch Mitarbeiter des Bundesarchivs vertraten die Auffassung, die formalen Vorschriften seien selbst die komplette Kriegszeit über streng befolgt worden.

Gestützt wurde Freis Position hingegen durch seinen renommierten Bielefelder Kollegen Hans-Ulrich Wehler: „Die geordnete Kooptation kam wegen des Krieges – viele Junge waren an der Front – ins Stocken. Und da erging halt an die Gauleiter die Aufforderung, geeignete junge Leute für die Mitgliedschaft vorzuschlagen." Die seien dann nicht groß gefragt worden. Eine direkte Anweisung der Reichskanzlei sei aber in der Tat nicht nachweisbar.[66]

An Herwigs Befund von 2009 hat sich bis heute nichts geändert: „Aussage steht gegen Aussage. Karteikarte gegen Erinnerung."[67] An dieser Stelle greift zugunsten von Wellershoff allemal die im Rechtsstaat übliche Unschuldsvermutung. Wer die Selbstauskunft des Autors anzweifelt, müsste dies auf jeden Fall mit nachvollziehbaren Gründen tun, d. h. indem er bislang unbekannte Quellenbelege präsentiert. Sollten solche – etwa die eigenhändige Unterschrift unter dem Antrag – doch noch auftauchen, würde freilich eine neue Diskussion fällig. Dabei ginge es nicht um den Parteieintritt eines 17-Jährigen, wohl aber um die Bearbeitung dieser Tatsache nach dem Krieg; um Beschweigung, Verdrängung, Verleugnung gegenüber anderen und sich selbst. NS-Dok.-Direktor Borggräfe hält es – Stand Februar 2025 – indes für unwahrscheinlich, dass die Bundesarchiv-Anfragen neue Erkenntnisse zeitigen – „wenn es da noch etwas gibt, wäre es wahrscheinlich schon bekannt geworden"[68].

66 Telefonische Mitteilung an den Verf. am 9. Juni 2009.

67 Herwig: *Als wir jung waren.*

68 Telefonische Mitteilung an den Verf. am 13. Februar 2025.

5. Köln

Seit Anfang der 60er Jahre und dann bis zu seinem Tod 2018 wohnte Dieter Wellershoff in Köln, also von 92 Lebensjahren rund 58, die knapp zwei Drittel seiner Biografie abdecken. Auch von diesem simplen Faktum rührt es her, dass Wellershoff heute allgemein als „Kölner Autor“ firmiert. Der Germanist Walter Hinck, während seiner Professur an der Kölner Universität und auch noch nach seiner Emeritierung selbst einer der „Leuchttürme“ der örtlichen Literaturszene, zählt ihn in seiner Autobiografie zusammen mit Heinrich Böll, Hans Bender, Jürgen Becker und Rolf Dieter Brinkmann ganz selbstverständlich zum „Kölner Literaturquintett“[1].

Zweifellos wurde sein Wohnort und Lebensmittelpunkt für Wellershoff mit den Jahren zur „Heimat“, also zu etwas, das er keinesfalls von Anfang an gewesen war. Was die Köln-Beziehung anbelangt, ist allemal ein Vergleich zwischen Wellershoff und dem bei Kiepenheuer & Witsch von ihm als Lektor betreuten Heinrich Böll aufschlussreich[2] – der nun auch und gerade in seiner überregionalen Außenwirkung Köln sehr viel eindeutiger und fasslicher repräsentierte als der acht Jahre jüngere Kollege. Kölner aber waren unstrittig beide – der katholische Handwerkersohn Böll von Geburt an und her, Wellershoff als Abkömmling einer niederrheinisch-protestantischen Honoratiorenfamilie dank seines nicht widerrufenen Zuzugs im vierten Lebensjahrzehnt.

Auch wenn sie sich gleichermaßen als solche begriffen, schlug die spezifische, freilich als solche auch klischeeanfällige „Kölner Prägung“ bei dem in der politischen Auseinandersetzung streitbaren, im persönlichen Umgang indes (nicht immer) jovialen, humorvollen und auch der Selbstironie fähigen Böll stärker durch als in Wellershoffs auf Anhieb eher zurückhaltendem, distanziertem, dinstinguiertem Naturell und Auftreten. Und während Bölls Tonfall entschieden „kölsch“ war, begleitete der „Singsang“ des rheinischen Dialekts Wellershoffs Sprachperformance allenfalls als eine wenngleich wahrnehmbare Beimischung.[3]

So oder so war das Verhältnis zwischen Stadt und Person im Fall beider Autoren komplex und bei Böll auch widersprüchlich, auf jeden Fall aber eng im Sinn einer intensiven Wechselbeziehung: Sie empfingen nicht zuletzt auch für ihre schriftstellerische Arbeit Impulse aus dem „Biotop Köln“ und wirkten ihrerseits in die Stadt

---

1 Walter Hinck: *Im Wechsel der Zeiten. Leben und Literatur*, Bonn 1998, S. 193.

2 Ich greife hier zurück auf das einschlägige Kapitel meiner Kölner Literaturgeschichte, „Konstellationen der Nachkriegszeit: Heinrich Böll und Dieter Wellershoff“ (Schwering: *Kölner Literaturgeschichte*, S. 167–192).

3 Reinhold Neven Du Mont im Gespräch mit Verf. am 28. Juni 2022.

hinein, waren in ihrer Lebenswelt auf vielfältige Weise anwesend und „sichtbar" – anlässlich von Lesungen, Vorträgen, Podiumsdiskussionen, offiziellen Kulturveranstaltungen, bürgerschaftlichen Aufrufen, von ihnen verfassten Beiträgen und Interviews in der Lokalpresse, von Sendungen, die der in Köln beheimatete WDR produzierte. Beide erhielten auch die renommierteste literarische Auszeichnung, die die Stadt zu vergeben hat, den Kölner Literaturpreis, der, als Wellershoff ihn 1988 bekam, bereits Heinrich-Böll-Preis hieß.

Dabei war Böll wohl dank seiner persönlichen Prominenz sowie seiner grundsätzlichen und dann zunehmend auch von außen provozierten Einmischungsbereitschaft im Kölner öffentlichen Raum noch stärker präsent als Wellershoff. Gleich einer seiner ersten „Auftritte", ein gemeinsam mit Paul Schallück bestrittener Publikumsabend zum Thema *Warum Trümmerliteratur?* im Juli 1952 im Wartesaal des Hauptbahnhofs – die Veranstaltung fand statt im Rahmen der legendären, von dem Bahnhofsbuchhändler Gerhard Ludwig initiierten *Mittwochsgespräche* – sorgte für erregte Diskussionen unter den Zuhörern.[4]

Bereits das Thema „Trümmerliteratur" musste hingegen für Wellershoff aus mehreren Gründen irrelevant sein: Als er Mitte der 60er Jahre nachdrücklich und nachhaltig die literarische Bühne betrat, waren die ehedem zerstörten Städte zum großen Teil aufgeräumt und wieder aufgebaut. Und an seinem Studien- und Wohnort Bonn sah es gleich nach dem Krieg bei weitem nicht so katastrophal aus wie in der nördlichen Nachbarstadt. Zu dieser Zeit kam Köln in Wellershoffs Lebensperspektiven allenfalls am Rande vor, und ein „Sehnsuchtsort" war es schon gar nicht:

> Ich habe, glaube ich, immer Vorbehalte gegen diese Stadt gehabt, vielleicht, weil ich Protestant war. Also zunächst bin ich in Bonn hängengeblieben, wo ich studierte. Allerdings mußte ich auf meinen Fahrten nach Bonn immer in Köln umsteigen und mit meinen Koffern durch eine gewaltige Trümmerwüste zur nächsten Haltestelle ziehen. Köln habe ich als etwas erlebt, das furchtbar kaputt und dreckig war, während das viel weniger zerstörte Bonn mir als idyllisches Studentenstädtchen in Erinnerung geblieben ist.[5]

Wellershoff näherte sich Köln gleichsam in einer konzentrischen Spiralbewegung. Als Kind noch machte er en passant – wenn die Eltern von Grevenbroich aus mit ihrem PKW zu den Verwandten der Mutter in Bad Honnef fuhren – mit der

---

4 S. zusammenfassend Jochen Schubert: *Heinrich Böll*, Darmstadt 2017, S. 102 f.

5 *Köln – die häßliche Idylle. Ein Gespräch mit dem Schriftsteller Dieter Wellershoff, notiert von Friedgard Schulte-Thoma und Jochen Meister*, in: Thomas Maier/Heidrun Murena (Hg.): *Köln zwischen Himmel un Ääd. Texte – Gespräche – Tips*, Köln 1984, S. 154–160; hier: S. 155 f.

Großstadt Bekanntschaft, die ihm gegenüber der ländlich geprägten Lebenswelt am Niederrhein wie das schlichtweg „Andere“ vorkam:

> Für mich war es immer faszinierend, in die Stadt hineinzufahren, die mich durch ihre Ausdehnung, die vielstöckigen Häuser, sehr beeindruckte. Hier mußte ein völlig anderes Leben stattfinden als zu Hause, eine Art Leben, das geheimnisvoll schien und auch ein wenig unheimlich war. Wenn wir am späten Abend nach Grevenbroich zurückfuhren, schlief ich meistens auf dem Rücksitz ein, bat aber, mich zu wecken, wenn wir durch Köln fuhren, denn ich wollte die beleuchteten Straßenbahnen sehen, damals für einen Jungen aus einer ländlichen Kleinstadt etwas Phantastisches.[6]

Eingeprägt hat sich Wellershoff dann das noch zu Beginn der 50er Jahre weithin kriegszerstörte Köln:

> Am Tag meiner Promotion im Februar 1952 fuhr ich mit meiner späteren Frau nach Grevenbroich. In Köln bestiegen wir den Dom und blickten über die Innenstadt, in der es inzwischen breitere Wege und eine provisorische budenartige Bebauung gab, auch das ein schockierendes, unvorstellbar gewordenes Bild. Köln war innerhalb der Ringe zu 93 Prozent zerstört, außerhalb der Ringe, also in der sogenannten Neustadt, wo wir jetzt wohnen, zu 40 Prozent.[7]

Bonn blieb dann bis zum Ende der 50er Jahre der Wohnort der größer werdenden Familie, wenngleich sich in diesen Jahren Wellershoffs Köln-Connections verdichteten: Die *Deutsche Studentenzeitung*, deren Redakteur er damals war, kam in Köln zum Druck, außerdem wurde der WDR, für den er Features und Hörspiele schrieb, zum Magneten, der nicht zuletzt größtenteils das finanzielle Überleben sicherte. Der Umzug nach Köln – genauer: zunächst in das damals noch nicht eingemeindete Rodenkirchen, später in die Morbacher Straße in Sülz – erfolgte erst am Anfang der 60er Jahre, nachdem Wellershoff das Angebot des Kiepenheuer & Witsch-Verlegers Joseph Caspar Witsch angenommen hatte und Lektor in dessen Verlag geworden war. Dieser Umzug hatte kontingente Gründe, Liebe zu Köln war „bestimmt nicht“[8] im Spiel. Und „Kontakt zu Kölnern“ hatte Wellershoff auf Jahre hinaus seiner Selbstauskunft zufolge „kaum“.[9]

---

6 *Köln – die wiedererstandene Stadt. Gespräch mit Olaf Petersenn*, in: WW 8, S. 410–427; hier: S. 410.

7 Ebd., S. 412.

8 *Köln – die häßliche Idylle*, S. 156.

9 Ebd., S. 157.

In fließendem Übergang änderte sich diese Einstellung mit den Jahren – und wohl auch im Gleichschritt mit dem sich wandelnden Erscheinungsbild der Stadt. Noch 1984 geißelte Wellershoff die städtebaulichen Sünden der Nachkriegszeit:

> Aber die Kölner haben verdammt wenig aus ihrem Rheinufer gemacht. Wenn man so einen wunderbaren Strom hat – wie könnte man das Ufer gestalten! Was könnte man diesem Strom zuordnen! Sehen sie sich aber mal den Heumarkt an! Überhaupt die Plätze in Köln – wie lieblos ist man mit ihnen umgegangen![10]

Kölns „Häßlichkeit" wurde damals selbstverständlich hingenommen, als kaum bestreitbar vorausgesetzt. Immerhin tue sie „nicht weh, wenn man lange genug hier lebt"[11]. 18 Jahre später aber klang das Gesamturteil schon ganz anders: „Der Wiederaufbau der Stadt ist trotz aller seiner Unzulänglichkeiten und städtebaulichen Fehler ein großes Wunder."[12] In diesem Sinn macht Wellershoff auch den Wiederaufbau der romanischen Kirchen geltend (den zu würdigen allerdings auch bereits Mitte der 80er Jahre möglich gewesen wäre).

Der „kölnischen Mentalität" bzw. dem, was darunter mit beträchtlicher Außenwirkung auch im Sinne eines Faktors kollektiver Identifikation verstanden wurde und wird, stand Wellershoff reserviert gegenüber, ohne dass sie ihm zum massiv störenden Problem geworden wäre:

> Trotzdem würde ich nicht behaupten, dass Köln eine literaturfreundliche Stadt ist, nein – der Geist des Kölner Bürgertums scheint mir, etwa in seiner spezifischen Art von Humor, eher literaturfeindlich zu sein. Er will ständig auf den Boden zurückholen. Das will ich zwar auch, aber nicht in dieser Form des Kölner Humors, der über die Büttenrede bis hin zum „Verzällche" geht. Diese kölsche Art hat eine allzu simple Moral, in der Probleme meist abgewiesen werden: Man macht sich lustig über die Ausnahmen, die Abweichungen. In ihnen liegt aber gerade der Reiz der Literatur, die immer ein Moment der Abweichung vom sogenannten Normalen enthält.[13]

Diese Sätze sind aufschlussreich genug: Die Auskunft, dass Köln „keine Stadt der Literatur" sei, zitiert einen etablierten Topos der Kölnwahrnehmung, den Schriftstellerkollegen wie Becker und Böll gleichfalls bedienen.[14] Freilich: Das Interview mit Friedgard Schulte-Thoma und Jochen Meister, dem die Zitate entnommen sind,

---

10 Ebd., S. 158.

11 Ebd.

12 *Köln – die wiedererstandene Stadt*, S. 412.

13 *Köln – die häßliche Idylle*, S. 157 f.

14 S. dazu Schwering: *Kölner Literaturgeschichte*, S. 193–197 und passim.

stammt, wie gesagt, aus den frühen 80er Jahren, es ist gut möglich, dass Wellershoff in der Folgezeit auch in dieser Hinsicht seine Meinung korrigiert hat – was angesichts des unübersehbaren Takeoff der Kölner Literaturszene in der Zeit um die Jahrtausendwende in der Tat auch angezeigt gewesen wäre. Das Gespräch mit Olaf Petersenn von 2002 kann allerdings keine Probe aufs Exempel machen, weil es dort nicht um Literatur, sondern im Wesentlichen um Städtebau geht.

Zugleich erweitert der Autor seine These vom literaturfeindlichen Köln um einen originellen, ihn selbst bezeichnenden Begründungsaspekt: mit dem Hinweis auf die Schwierigkeiten *der* Kölner mit Ausnahmen und Abweichungen. Das rührt an den Kern von Wellershoffs eigener Literaturauffassung und -theorie, derzufolge gerade der Abweichung von der Norm und der (literarischen) Wahrnehmung dieser Abweichung eine erkenntnisaufschließende Kraft zuwachsen. Die „kölsche Mentalität" passt also demzufolge nicht zum intellektuellen Habitus und zu den Erkenntnisinteressen des Schriftstellers Dieter Wellershoff. Die Position des Kölner Bürgers zu „seiner" Stadt und ihrer kollektiven Befindlichkeit war freilich nicht so eindeutig skeptisch, wie es im obigen Zitat scheint. Es gibt in seinen einschlägigen Stellungnahmen vielleicht keine manifesten Selbstwidersprüche, wohl aber Nuancenverschiebungen im Urteil – wie etwa diese Stelle aus dem Buch *Pan und die Engel. Ansichten von Köln* zeigt, einer 1990 publizierten Zusammenfassung seiner Köln-Essays in der chronologischen Folge ihrer Entstehung:

> Jack Ox ist aus New York nach Köln gekommen und liebt diese Stadt. Sie findet, daß man hier gut leben und arbeiten kann, und ich gebe ihr gerne recht. Ich vermag nicht zu sagen, woran es liegt. Ist es der lebenspraktische Realismus der Kölner, ihre Neigung, schwierigen Situationen lieber mit Kompromißbereitschaft als mit Prinzipien zu begegnen? Ist es vielleicht ihre historisch im Umgang mit fremden Menschen gewachsene Toleranz oder auch Gleichgültigkeit („Jeder Jeck ist anders"), die jedermann ganz selbstverständlich seine Verschrobenheit zubilligt?[15]

Bemerkenswerterweise nahm die – mit den Jahrzehnten verblassende – katholische Prägung der Kölner Lebenswelt für Wellershoff nie jene Problemdichte an, die sie für den von Haus aus engagierten Kölner Katholiken Böll besaß. Weil Wellershoff diesem Milieu fernstand, fehlten jene Reibungsflächen, die zum Anlass schmerzhaft-aggressiver Konfrontationen und Auseinandersetzungen hätten werden können. Das Thema Glaube und Kirche, bei Böll obsessiv präsent, war für Wellershoff vielleicht nicht ganz und gar irrelevant, entbehrte aber durchaus einer existenziellen Dringlichkeit und kommt deshalb in seinen Romanen und Erzählungen kaum vor –

15 *Pan und die Engel. Ansichten von Köln*, in: WW 3, S. 271–410; hier: S. 295 f.

eine Ausnahme ist der letzte Roman mit dem vielsagenden Titel *Der Himmel ist kein Ort*.

Eine nahezu symbolhafte Verdichtung erfuhr dieser Gegensatz in der völlig unterschiedlichen Einschätzung des Kölner Doms durch Böll und Wellershoff. Böll schloss in seine Kirchenkritik auch die zur Architektur gewordene Sakralität der Stadt ein. Er bevorzugte entschieden die romanischen Kirchen, nicht aber den gotischen Dom, den er als monumentalen Fremdkörper in der Stadt und – hier kam ein ausgeprägter antipreußischer Affekt zum Durchbruch – im Zustand seiner Vollendung als Machtdemonstration des Hohenzollernstaates im katholischen Westen bzw. des „von oben" durchgesetzten und von Preußen dominierten deutschen Einheitsstaates sah und ablehnte: „Der Dom ist viel weniger kölnisch als andere Kirchen; [...]."[16] Der Affekt gegen die Kathedrale setzte sich literarisch sogar in eine und sei es ironische Zerstörungsfantasie um – eine Fantasie, die die Fertigstellung im 19. Jahrhundert sozusagen rückabwickelt: „Die Türme des Kölner Doms werden nun doch abgetragen. [...]."[17]

Naheliegend war das Pontifikalamt für den verstorbenen Konrad Adenauer von 1967 ein Ensemble alles dessen, was Böll politisch, mental und spirituell in hohem Maße verhasst war. Der Essay *Deutsche Meisterschaft*[18] von 1969 versammelt die entsprechenden Motive gleichsam als realsymbolisches Kondensat: Adenauer, Amtskirche, Bonner Politik, Ritterkreuzträger – und alles zusammen im „preußischen" Kölner Dom. Vollends überzeugend im Sinn einer wechselseitigen Bezogenheit und Verstärkung der einzelnen Motive ist diese Parade freilich nicht: Adenauer war schließlich wie Böll selbst allem „Preußischen" in tiefer Abneigung verbunden, war Anti-Militarist und Nazigegner.[19] Das Gebäude von Bölls politischen Überzeugungen zeigt an dieser Stelle logische Risse.

Markant anders verlief dagegen Wellershoffs diesbezügliche „Köln-Aneignung". Im Unterschied zu Böll wertete er, dem das Bauwerk noch im Kindesalter durch den Baumeister(!)-Vater nahegebracht worden war – als architektonisches Meisterwerk, nicht als Stein gewordene Theologie –, den gotischen Dom nicht gegenüber den romanischen Kirchen ab. Dem agnostischen Protestanten ging Bölls antipreußischer Affekt genauso ab wie jene Feindseligkeit, die aus einer persönlichen Nahstellung resultiert. Der Dom war für ihn keine imperiale Zwingburg und als solche ein

---

16 Böll: *Was ist kölnisch?*, in: *Werke* (27 Bde.), Köln 2002–2010, Bd. 12: *1959–1963*, hg. von Robert C. Conard, S. 67–71: hier: S. 68.

17 Böll: *Deutsche Utopien I*, in: *Werke*, Bd. 20: *1977–1979*, hg. von Ralf Schnell und Jochen Schubert, S. 232–234; hier: S. 233.

18 Böll: *Werke*, Bd. 16: *1969–1971*, hg. von James H. Reid, S. 75–81.

19 S. dazu Hans Mayer: *Adenauer und Böll*, in: H.M.: *Die umerzogene Literatur. Deutsche Schriftsteller und Bücher 1945–1967*, Berlin 1988, S. 81–92.

Fremdkörper in der Stadt, sondern wurde in *Pan und die Engel* als anheimelnd-vertraute „Vatergestalt“ anthropomorphisiert.[20]

In ihrer Sympathie für die romanischen Kirchen der Stadt stimmten Böll und Wellershoff allerdings überein. Wellershoff reflektiert in seinem Essay *Das Schweigen der alten Kirchen* von 2001, erkennbar noch unter dem Eindruck ihrer weithin als gelungen empfundenen Rekonstruktion aus den Trümmerhaufen des Krieges, den Zeitenbruch zwischen Mittelalter und Gegenwart und den Funktionswandel – man könnte auch sagen: den Funktionsabbau – des sakralen Raums in einer säkularisierten Moderne:

> Trotzdem wirken sie [sc. die romanischen Kirchen, d. Verf.] bedeutend in einem umfassenden, fast abstrakten Sinn. Das hat nichts oder allenfalls schattenhaft mit einem kunsthistorischen Bildungswissen von der symbolischen Bedeutung mittelalterlicher Sakralbauten zu tun, die von ihren Erbauern als Sinnbild des himmlischen Jerusalem verstanden wurden. Denn das ist heute eine verblasste Vorstellung. [...]
> Aber dabei haben die Bauten ihre numinose Mächtigkeit keineswegs verloren. Sie ist nur bildloser geworden. Heute entsteht sie aus der ungeheuren Differenz der Sakralbauten zu ihrer profanen städtischen Umwelt, in der sie fremdkörperhaft und von Grund auf andersartig wirken. Eine Aura von Einsamkeit umgibt sie, eine abweisende Feierlichkeit und Stille umfängt einen, wenn man sie außerhalb der Gottesdienstzeiten betritt.[21]

Mit Böll wiederum teilt Wellershoff die in solchen Reflexionen sich bekundende Neigung, die Stadtlandschaft wie einen Text zu lesen und dabei auch – der Vergleich mit einem Palimpsest drängt sich auf – auf Überschreibungen und die nicht vollends getilgten Spuren von Erasionen zu stoßen und solchermaßen ihrer nach wie vor erkennbaren historischen Tiefenschichtung mit widersprüchlichen Überlagerungen inne zu werden. Bei Böll, der im Unterschied zu Wellershoff im unzerstörten Köln geboren und groß wurde, nimmt dieses durch persönliche Erinnerungen konditionierte Schichtenbewusstsein freilich eine pessimistische Färbung an. „Vielleicht wende ich mich jetzt“, heißt es in einem 1977er Interview mit Heinrich Vormweg,

> mehr dem Rhein zu, weil die Stadt so fremd geworden ist, ganz fremd, bis auf ein paar Erkennungszeichen, ein paar alte Kirchen und hier und da mal ein Gebäude. Es gibt eben sehr viele Köln. In meiner Erinnerung, drei, vier, fünf Köln, und das gegenwärtige ist mir

---

20 *Der Dom als Vatergestalt*, in: *Pan und die Engel*, S. 276–280.

21 *Das Schweigen der alten Kirchen*, in: WW 8, S. 403–409; hier: S. 405.

> schon durch den Autoverkehr fremd, völlig fremd. Ich finde die Stadt auch zerstört durch die riesigen lauten Straßen.[22]

Angesichts des Fehlens einer – biografisch bedingten – persönlichen Betroffenheit kann Wellershoffs Blick auf die Stadt, auf ihre Geschichte und Gegenwart neutraler und distanzierter, sozusagen phänomenologisch ausfallen. Elegische Verlusttrauer ist bei ihm kaum zu spüren, im Gegenteil: Das zunehmende Fremdheitsgefühl, das Böll in späten Jahren seiner Heimatstadt gegenüber empfand (und das wohl auch ein Grund dafür war, dass er sie 1982 verließ und in Bornheim-Merten ansässig wurde), ist bei dem Kollegen nicht anzutreffen. Im Gegenteil: In einer zu Böll gegenläufigen Bewegung scheint sich bei Wellershoff mit der Zeit eine wachsende Köln-Vertrautheit eingestellt zu haben.[23]

Dabei geht sein stereoskopischer Tiefenblick weit hinter die eigene Lebenszeit zurück – bis zu den Anfängen der Stadt. Besagte Überformungen und Übermalungen sind naheliegend am ehesten zu finden und zu sehen, wenn man, im wörtlichen Verständnis, in den Untergrund der gegenwärtigen Stadt geht. Dabei wird die Zeit gleichsam zum Raum – weshalb das „Unterpflaster"-Köln mit den dort sichtbar werdenden geschichtlichen Lasuren zu einem Leitmotiv in *Pan und die Engel* avanciert. Die Baugruben der späten 80er Jahre, die Entdeckung des Poblicius-Grabmals unter dem Chlodwigplatz, schließlich die „unterirdische Stadt" mit Abwasserkanälen, U-Bahnschächten und Rheintunnel – immer wieder zieht es den Autor „nach unten", wobei dieses „Unten" zugleich die Geschichtstiefe der Stadt ist. In diese führen indes genauso Mythen, Sagen und Erzählungen – in die römische Zeit der Gott Pan, der plastisch auf einem am Chlodwigplatz gefundenen Relief erscheint, ins Mittelalter Richmodis von Aducht und die Heinzelmännchen. Die Dichtung August Kopischs verbindet Wellershoff mit einer anregenden geschichtsphilosophischen Deutung[24].

Das aktuelle Gesicht der Stadt zeigt das historische Nacheinander freilich immer wieder auch in verwirrend-fantastischer Simultaneität:

> Neuaufbau bedeutete auch Vergessen. Obwohl dabei viel alte Stadtvergangenheit entdeckt wurde. So kamen in der Baugrube des Neubaus der Stadtverwaltung die Mauern der nacheinander errichteten römischen Statthalterpaläste zum Vorschein, eindrucksvolles

22 Böll/Vormweg: „*Weil die Stadt so fremd geworden ist". Gespräch mit Heinrich Vormweg (1977)*, in H.B.: *Werke*, Bd. 25: *Interviews II 1976–1979*, hg. von Robert C. Conard und Werner Jung, S. 207–218, hier: S. 216 f.

23 S. dazu Gabriele Ewenz: *Dieter Wellershoff – Raumerkundungen und die Ontologie der Stadt* (im Erscheinen).

24 *Pan und die Engel*, S. 329–337.

> Symbol der Beharrlichkeit und des Überlebenswillens der Stadt hier auf ihrem alten historischen Grund.
> Neue Bilder überlagern alte Bilder, alte durchdringen immer wieder die neuen. [...] Aber auch wenn in absehbarer Zeit die letzten Baulücken, die noch an den Krieg erinnern, verschwunden sein werden, bleiben die Bilder unter den Bildern Hall- und Echoraum ihres gegenwärtigen Lebens.[25]

Wenn Wellershoff von Köln als „Heimat“ spricht, meint er allerdings weniger die Stadt in ihrer urbanen Totalität als vielmehr das suburbane „Revier“, in dem er von 1977 bis zum Tod wohnte: die Südstadt mit der eigenen Wohnung in der Mainzer Straße als so vertrautem wie unverzichtbarem Lebens- und Arbeitsmittelpunkt.[26] Ihre Erwerbung war durch den Verkauf des Elternhauses in Grevenbroich nach dem Tod des Vaters möglich geworden. In der autobiografischen Textsammlung *Die Arbeit des Lebens* bezeichnet der Umzug in das dann nicht mehr verlassene Domizil so etwas wie ein endgültiges „Ankommen“: Für den nunmehr 52-Jährigen verdichtete sich in dieser Wohnung symbolisch das Gefühl, jetzt – und erst jetzt – aus einer unmittelbaren lebensgeschichtlichen Gefahrenzone herausgekommen zu sein:

> Ich fühle mich wohl hier. Seit dem Elternhaus hat es keine Wohnung gegeben, in der ich so zu Hause war. Dazu hat auch beigetragen, daß ich vor einigen Jahren die letzten noch verbliebenen Lektoratsverpflichtungen gekündigt habe, so daß ich nun, auf einem langen Umweg, dort angelangt bin, wo ich eigentlich hinwollte: Ich führe ein selbstbestimmtes Leben und kann mich den Arbeiten widmen, die mir wichtig sind.[27]

Diese Fixierung und Begrenzung, die sich mit der Einsicht in die viertelgebundene Vielfalt und Diversität von Kölner Lebenswelten verbindet, ermöglicht es ihm auch, verallgemeinernden Auskünften anlässlich von Fragen wie „Was ist Köln?“ oder „Was ist kölnisch?“ aus dem Weg zu gehen. Die lebenspraktische Bedeutung des Wohnstandorts samt unmittelbarer Umgebung – in Köln waren das eine Mietwohnung in Rodenkirchen, ein gemietetes Haus in der Morbacher Straße in Sülz und dann eben die Eigentumswohnung in einem renovierten Südstadt-Altbau – signalisiert bereits ein Essaytitel wie *Wohnungen, Umgebungen* in *Die Arbeit des Lebens*[28].

25 Ebd., S. 289 f.

26 S. dazu Ewenz: *Dieter Wellershoff.*

27 *Die Arbeit des Lebens*, S. 240.

28 Ebd., S. 182–249.

Abb. 5 Arbeit im Grünen: Wellershoff 1974 an der Schreibmaschine im Garten seines Hauses in der Morbacher Straße in Köln-Sülz. Foto: privat.

> Arbeitszimmer, Wohnung und Stadtviertel, das sind verschiedene Bereiche meines eigenen Territoriums, sein Innenraum und seine Außenwelt, die täglich miteinander in Verbindung stehen. Während ich schreibe, genügt es mir wochenlang, am nahegelegenen Rheinufer, in den beiden kleinen Parks um die Ecke und in den Straßen der näheren Umgebung spazierenzugehen.[29]

Ein Paradestück solch flanierender Quartiererschließung (in Köln heißen diese Quartiere „Veedel") sind die *Nachtspaziergänge in der Südstadt*[30]. Der Verfasser beschreibt das in seinen Grenzen mehr oder weniger genau konturierte „Revier", das er durchsteift, um den eigenen tagsüber am Schreibtisch entwickelten „Phantasiegestalten" zu entkommen. Das „Biotop" der Südstadt ist darin reichhaltig und ergiebig – in der kleinteiligen Unterschiedlichkeit seiner Räume zwischen gastronomischer Verdichtung am Ubierring und Stadtnatur im Friedenspark, seiner Bevölkerung mit „gewöhnlichen" Leuten und „Originalen" jedweder Profession:

29 Ebd., S. 241.

30 *Pan und die Engel*, S. 291–304.

Abb. 6 Mainzer Straße 45: In diesem Haus in der Kölner Südstadt befand sich Wellershoffs letzte Kölner Wohnung. Foto: Bodo Witzke.

> Bei meinen Spaziergängen habe ich mir manchmal die Frage gestellt, was es bedeuten würde, wenn ich das Viertel nicht verlassen dürfte. Nun, es wäre natürlich eine unzumutbare Internierung, aber überleben könnte ich hier. Alles, was man zum täglichen Leben braucht, aber auch das Ausgefallene und Besondere, ist in den Grenzen des Viertels zu finden.[31]

Nicht überraschend – dass Autoren den Stoff für ihre Bücher bevorzugt aus der ihnen vertrauten Erfahrungswirklichkeit gewinnen, mutet selbstverständlich an – erscheint Köln als räumlich-geografische Matrix allenthalben auch in Bölls und Wellershoffs fiktionalen Texten. Dabei ist es irrelevant, ob die Rheinmetropole als solche genannt wird – was allerdings meistens der Fall ist. In Wellershoffs Roman *Der Liebeswunsch* etwa dauert es eine Weile, bis der Stadtname fällt – er schleicht sich über die Bezeichnungen von Vororten und Umgebung sozusagen durch die Hintertür ein: Godorf, Wesseling, Hahnwald, Zollstock werden erwähnt[32], außerdem lässt er sich aus indirekten Hinweisen erschließen. Marlenes und Pauls Haus, in dem sich der Knoten der überkreuz laufenden Beziehungskrise zwischen zwei Paaren dramatisch schürzt, steht mutmaßlich in Marienburg, während sich Pauls einsam-zielloses Flanieren im ersten Kapitel im Innenstadtraum zwischen den Kinos auf den Ringen und der Breite Straße (Café Fromme) begibt. Maria Wellershoff

31 Ebd., S. 296.

32 *Der Liebeswunsch*, S. 233, 313.

Abb. 7 Mitten im Wellershoff-Revier: Das Severinstor am Kölner Chlodwigplatz, vom Autor 1990 selbst gezeichnet. Die Abbildung entstammt seinem Köln-Buch *Pan und die Engel.*

hat zu den Kölner Örtlichkeiten des Romans einen ausführlichen Fotoband zum privat-familiären Gebrauch erstellt.

Noch enger und konkreter ist der Bezug auf Köln, jetzt im Sinne eines extremen Nahbereichs, im Fall der Novelle *Die Sirene.* In der Beschreibung von Elsheimers Wohnung orientierte sich Wellershoff unverkennbar an seiner Wohnung in der Mainzer Straße. Der Blick aus dem Fenster, die Telefonzelle, in der ein Teil der verhängnisvollen „Sirenengespräche“ geführt wird – es spiegelt abbildrealistisch Wellershoffs unmittelbares damaliges Wohnumfeld (inzwischen gibt es die Telefonzelle nicht mehr). Köln – genauer: der Höninger Platz in Zollstock[33] – ist auch im Romanerstling *Ein schöner Tag* der Ort der desaströsen Familienkonstellation, aus der der Sohn Günther auch durch geografische Distanzierung, um nicht zu sagen:

33 *Ein schöner Tag*, S. 196.

Flucht, vergeblich auszubrechen versucht. Er ist der Erstling in Wellershoffs langer Reihe der biografisch und sozial Scheiternden.

Auf Anhieb verbindet diese literarische „Köln-Verwertung" Wellershoff erneut mit Heinrich Böll. In dessen Oeuvre ist, genauso offensichtlich, Köln als zerstörte wie unwirtlich wiederaufgebaute oder im Wiederaufbau befindliche Rheinmetropole nahezu mythisch präsent – seit dem 1992 erstmals veröffentlichten ersten Roman *Der Engel schwieg*, der die Heimkehr eines Deserteurs in eine zerbombte Großstadt beschreibt und damit und auch sonst zentrale Motive der späteren Bücher einführt. Köln ist unverkennbar der Handlungshintergrund der frühen Werke *Und sagte kein einziges Wort* und *Haus ohne Hüter*. In *Billard um halb zehn* erhalten das Hotel Excelsior und das Café Reichard zwar neue Namen, sind aber ohne weiteres zu reidentifizieren. Nämliches gilt für die gotische Kathedrale St. Severin, auf die im Roman der Dom sozusagen verschoben wird. Köln bleibt in diesem Kontext als stadträumliche „Grundschrift" allemal lesbar. In *Ansichten eines Clowns* befindet sich eine Wohnung von Hans Schnier und Marie Derkum in Ehrenfeld unweit des dortigen Bahnhofs. Auch in *Gruppenbild mit Dame* stellen Kölner Verhältnisse „urbanes Hintergrundmaterial und städtisches Interieur" bereit: „Stadtbezirke und Straße, Friedhöfe und Klöster, Wohnstätten und Wohnungen, von einer zum Fliegerhorst Merheim gehörenden Kaserne bis zum Grundriss des Domizils in der Hülchrather Straße 7"[34]. In *Fürsorgliche Belagerung* schließlich wird die Stadt auf das Unicenter als „unmenschlich gezeichnete Wohnmaschine" reduziert.[35]

Unabhängig von Kölns literarischer Erscheinungsform als Tatsache bei Böll und Wellershoff ist die Frage, ob und inwieweit sie lediglich akzidentell bleibt oder für die narrative Form, die Darstellungsintention und die Aussageabsicht der Texte tatsächlich konstitutiv ist. Diesbezüglich wird man bei Böll und Wellershoff wiederum zu unterschiedlichen Antworten kommen müssen. Der ebenfalls in Köln gebürtige Hans Mayer fällte in Bezug auf Böll bereits 1968 ein dezidiertes Urteil:

> Köln ist nicht der Kosmos Heinrich Bölls. Er ist bloßer Schauplatz vieler Geschichten dieses Schriftstellers, aber die Situierung erfolgte aus Gründen des literarischen Handwerks, weil sich Böll in seiner Vaterstadt gut auskennt, nicht jedoch aus Gründen der Affinität des Kölners Böll zu seinen Landsleuten und Mitbürgern.[36]

---

34 Ralf Schnell: *Böll und die Deutschen*, Köln 2017, S. 86 f.

35 Volker Neuhaus: *Köln als literarische Provinz* (= *Universität im Rathaus. Eine Schriftenreihe der Stadt Köln und der Universität zu Köln*, Bd. 2: *Veranstaltungen im akademischen Jahr 1993/94*), Köln 1993/94, S. 68–85; hier: S. 85.

36 Hans Mayer: *Köln und der Clown*, in Marcel Reich-Ranicki (Hg.): *In Sachen Böll. Ansichten und Einsichten* (= *dtv-Taschenbuch*, Bd. 730), München ^{6}1977, S. 15–20; hier: S. 16.

Dieser Auffassung ist zu widersprechen. Neben anderem band sich die bei Böll früh virulente Kritik am Herrschaftskartell von Amtskirche, Wirtschaft, CDU und Adenauer-Staat sowie den unbearbeiteten personalen und mentalen Residuen der Nazizeit paradigmatisch an einen geografisch identifizierbaren Kultur- und Sozialraum: an das Rheinland mit Bonn als Regierungssitz und Machtzentrale – und damit unvermeidlich auch an die Verhältnisse im Erzbistum Köln. Ein literarisches Beispiel dafür ist die abschätzige Beschreibung einer Prozession – mutmaßlich einer Fronleichnamsprozession um den Kölner Dom – und des sie zelebrierenden Bischofs samt seinem offiziersmäßigen Habitus in dem Roman *Und sagte kein einziges Wort.*[37] Böll entwickelt hier eine symbolisch verdichtete (und teils auch satirisch überhöhte) Bildersprache, die ohne besagten Ortsbezug so nicht vorstellbar ist. Die Szene wäre zu dieser Zeit – der Roman erschien 1953 – in Hamburg, Frankfurt oder Berlin, aber wohl auch in München „falsch" platziert gewesen. „Der Romancier", so beschreibt Ralf Schnell zutreffend die Transformation, die der Köln-Flaneur Böll seinen Erfahrungen in der Fiktion zuteilwerden lässt,

> nutzt solche Beobachtungen des Spaziergängers, um sie in die Komposition seiner Werke einzufügen. Er verschmilzt sie mit den Biografien der Figuren und den Elementen der Handlung, um hieraus ein eigenartiges, literarisch einzigartiges Städtebild zu formen, das die Anregungen aus seinem Herkunftsort nicht verleugnet und doch nicht auf sie zu reduzieren ist.[38]

Anders verhält es sich mit Wellershoffs Prosa, auf die Mayers Bemerkung schon eher zuzutreffen scheint. Bemerkenswerterweise ist das Thema „Wellershoff und Köln" – sehr im Unterschied zu „Böll und Köln" – in der biografischen und literaturwissenschaftlichen Forschung weithin keine Erörterung wert. Das ist nicht grundlos so: Selbst wenn seine Erzählungen und Romane in Köln „spielen" – ihr Generalthema, die Darstellung von individuellen Krisensituationen und Identitätsverlusten in einer komplexen zeitgenössischen Lebenswelt ohne verbindliche Leitbilder ist „ortsneutral".[39] Zweifellos ist Wellershoffs Thematik „großstadtaffin" – Phänomene wie Ich-Zerfall unter hohem Problembewältigungsdruck und persönliches Scheitern angesichts der Undurchschaubarkeit stark ausdifferenzierter Wirtschafts- und Sozialverhältnisse sind untrennbar mit den Existenzbedingungen

37 Böll: *Werke*, Bd. 6: *1952–1953*, hg. von Árpád Bernáth, S. 373.

38 Schnell: *Böll und die Deutschen*, S. 84.

39 So auch zutreffend Peter Demetz: Wellershoffs Köln „steht für die anonymen Strukturen der Großstadt, die ebenso gut Duisburg oder Hamburg heißen könnte, solange es dort Schnellimbißketten, Autobahnen, Verkehrsstaus und die grauen, kasernenartigen Mietshäuser aus der Adenauerzeit gibt". P.D.: *Fette Jahre, magere Jahre: Deutschsprachige Literatur von 1965 bis 1985*, München 1988, S. 342.

in den Metropolen verbunden. „Auf dem Land“ wären sie so, wie Wellershoff sie darstellt, kaum vorstellbar. Spätmoderne Metropolen weisen nun aber, was diese Lebensverhältnisse anbelangt, eine starke Uniformität auf. Das Katastrophenfinale in Romanen wie *Die Schönheit des Schimpansen*, *Der Sieger nimmt alles* und *Der Liebeswunsch* braucht deshalb nicht in Köln stattzufinden, weil es dieser Situierung funktional nicht bedarf.

6. Impulse und Kontakte

Das Jahr 1945 war für Dieter Wellershoff auch insofern eine Zäsur im Sinne einer fundamentalen Befreiung, gleichsam einer geistigen Neugeburt, als sich jetzt – und erst jetzt – dem fanatischen Leser neben Philosophie und wissenschaftlichen Disziplinen die bislang verschlossenen Paradiese der europäischen Literaturmoderne öffneten. Der kommende Autor eignete sie sich zumal während seiner Bonner Studienzeit rauschartig, mit einer imponierenden Intensität und Geschwindigkeit zu, sog sie auf wie ein trockener Schwamm das Wasser.[1] Dass diese Lektüren ihn als Verfasser fiktionaler Texte beeinflussten, war für ihn auch später noch ein selbstverständliches Faktum. Seinem Verständnis von Intertextualität zufolge „antworten [Bücher] aufeinander und beginnen sich wechselseitig zu durchdringen. Allmählich scheinen sie zu einem einzigen, umfassenden, universalen Buch zusammenzuwachsen, das zahlreiche Verfasser hat".[2] Naheliegend ordnete sich Wellershoff als Autor selbst in diesen intertextuellen Kosmos ein.

Deshalb war es für ihn auch keineswegs ehrenrührig, sich nicht als voraussetzungsloses Originalgenie zu gebärden, sondern zu Vorbildern, Anregern, Inspiratoren zu bekennen – und dazu, das entsprach seinem Habitus einer reflektierenden Intellektualität, „metaliterarisch" ausführlich Auskunft zu geben. Unabhängig davon ist in der Tat aufschlussreich, dass und wie bestimmte Autoren, Schreibweisen und einzelne Bücher auf Wellershoffs eigenes Schreiben gewirkt haben – bis in Motivwahl und Stileigentümlichkeiten hinein. Einigen dieser „Modelle" soll im Folgenden nachgegangen werden – ohne Anspruch auf eine Vollständigkeit, die an dieser Stelle ohnehin nicht zu erreichen wäre.

Im besten Fall wird dabei die Matrix von Wellershoffs Dichtkunst sichtbar – aus der dann allerdings etwas Neues entstand, das sich keinen Augenblick lang dem Verdacht einer epigonalen Nachschöpfung aussetzt. Wellershoff selbst erwähnte in gedrängter Aufzählung folgende für ihn zentrale Autoren und Texte: Knut Hamsuns *Hunger*, William Faulkners frühe Romane, die Autoren des französischen Nouveau Roman (zumal Nathalie Sarraute und Alain Robbe-Grillet) sowie, und zwar an erster Stelle, *Der Ekel* von Jean-Paul Sartre.[3] Die oben zitierte Stelle zum Thema Intertextualität entstammt einer Interpretation dieses ersten Romans aus der Feder des Franzosen, der bis heute als ein Hauptwerk des literarischen Existenzialismus gilt. Wellershoff hat gerade seine lebensgeschichtliche Bedeutung für sich selbst

---

1 S. dazu *Der Flug der Taube*, S. 647 ff.

2 *Geburt der Freiheit aus dem Zusammenbruch des Sinns. Sartres Roman „Der Ekel"*, in: WW 4, S. 896 f.

3 *Der Flug der Taube*, S. 648.

nachdrücklich herausgestellt – so dass es sinnvoll scheint, bei der Untersuchung besagter Matrix mit ihm zu beginnen:

> Das Buch erschien 1938. Ich lernte es nach dem Zweiten Weltkrieg kennen, und die darin enthaltene Botschaft, daß der Zusammenbruch aller gewohnten Ordnungen auch die Stunde der eigenen Freiheit ist, hat für mich, der ich neunzehnjährig aus dem Krieg gekommen war, eine tiefe und unmittelbar einleuchtende Bedeutung gehabt.[4]

Im Zentrum des Romans steht das unheimliche Entfremdungserlebnis der Hauptgestalt, des Ich-Erzählers Roquentin. Dieser hat sich in die französische Provinzstadt Bouville („gemeint" ist Le Havre) zurückgezogen, um dort eine historische Abhandlung über einen Adligen des Ancien Régime zu schreiben. Sein Leben ist ereignislos, besteht im Wesentlichen in Besuchen der örtlichen Bibliothek und verschiedener Gasthäuser. In Roquentins Wahrnehmung (über das „An-sich" seiner Umgebung sind kaum belastbare Aussagen möglich) vollzieht sich nun eine Veränderung, ein grundständiges „Fremdwerden der Welt". Die Dinge verlieren zum einen ihre alltägliche Selbstverständlichkeit, rücken der Hauptfigur aber zum anderen durch ihre aufdringliche und dadurch ekelerregende Gegenwärtigkeit „auf die Pelle". Augenscheinlich hat Sartre hier eigene Erlebnisse verarbeitet, darunter einen vorübergehenden psychotischen Schub, den sein Drogenkonsum auslöste.

„Die Beschreibungen der Entfremdungserlebnisse Roquentins sind", schreibt Wellershoff, „Kabinettstücke innovativer Wahrnehmung, die mich als Autor inspiriert haben."[5] Der Modellcharakter des Sartre-Romans für Wellershoffs eigene Prosa ist in der Tat unübersehbar. Das gilt vor allem für die ersten Romane. Eike H. Vollmuth stellt in seiner thematisch einschlägigen Dissertation Zitate aus Sartres *Ekel* und Wellershoffs *Schattengrenze* nebeneinander[6], die tatsächlich in der sprachlichen und motivischen Darstellung der Wahrnehmungsmodi Parallelen zeigen. Der Druck der Welt bei gleichzeitigem Stillstand, die Fremdheit und obszöne Präsenz der Dinge, aber auch ihr vom jeweiligen Protagonisten fantasierter möglicher Zeichencharakter – all das ist in beiden Romanen anzutreffen. In *Die Schönheit des Schimpansen* gibt es gleichfalls eine Stelle, die von Sartres Buch unmittelbar inspiriert scheint:

---

4 *Geburt der Freiheit*, S. 897.; s. außerdem das Sartre-Kapitel in dem Vorlesungszyklus *Der Roman und die Erfahrbarkeit der Welt*, S. 593–611.

5 Ebd.

6 Vollmuth: *Dieter Wellershoff*, S. 258 f. (Anmerkung).

> Er konnte eine Apfelsinenschale auf einem Teller lange anschauen – die gelackte, porige Außenhaut mit ihrer grellen Farbe und das weiße wattige Innere – und plötzlich mußte er schlucken und sich abwenden, es ging davon ein unverständlicher Schrecken aus.[7]

Das hier artikulierte Gefühl des Schreckens ist Sartres „Ekel" unübersehbar benachbart.

Außerdem zeigt sich, so Wellershoff, bei Roquentin „eine radikal durchgespielte existenzielle Erfahrung [...], daß die Welt für sich da ist und ohne uns auskommen kann"[8]. Damit formuliert er eine Erkenntnis, die in seiner Denkwelt einen zentralen Platz einnimmt.[9] In einem Interview beschreibt er als eigenes Erlebnis etwa anlässlich eines Tagungsbesuchs mit anschließendem Hotelaufenthalt, Straßengeräusche und „all die Gegenstände um einen herum" seien „ohne einen da", man sei „dazwischen" und müsse sich „irgendwie dazu in Beziehung setzen oder es abwehren". Auf jeden Fall handle es sich um einen Moment „gesteigerter Aufmerksamkeit".[10] Eng verwandt ist dieser Einsicht ein von Wellershoff zitierter Satz von John Cage: „Wenn wir die Welt von unseren Schultern nehmen, bemerken wir, daß sie nicht fällt."[11]

Besonders aufschlussreich aber ist, dass Wellershoff Roquentins – bei der Sartre-Lektüre auch selbst gemachte – Erfahrung bzw. die aus dieser Erfahrung gewonnene Erkenntnis auch seinen fiktiven Figuren in den Mund legt, etwa dem Schriftsteller Odenthal in dem TV-Spiel *Glücksucher*:

> Immer, wenn ich an einem fremden Ort bin, beginne ich zu begreifen, daß die Welt ohne mich da ist. Ich bin in ihr, aber nicht notwendig, ich war hier und werde fort sein und nichts wird fehlen, als gehörte ich nicht dazu.[12]

Aber nicht nur der arrivierte Intellektuelle Odenthal, sondern auch die anonyme Hauptfigur der *Schattengrenze*, ein im Leben Gescheiterter und psychisch Kranker, macht diese Erfahrung:

> Manchmal schien alles nachzulassen, das Reden hörte für Augenblick auf, überall im Raum vereinzelten sich die Gesichter, und jemand sprach unverständlich weiter, vielleicht ohne es zu wissen, lauschten sie alle dieser einen Stimme, dann begann es wieder an

---

7 *Die Schönheit des Schimpansen*, S. 539.

8 *Geburt der Freiheit*, S. 897.

9 S. so auch Bügner: *Lebenssimulationen*, S. 149 f.

10 *Bilder mit einem dunklen Einschlag. Gespräch mit Christian Linder*, in: *Die Wahrheit der Literatur*, S. 11–31; hier: S. 18.

11 *Wahrnehmung, Vorstellung, Evidenz*, S. 359.

12 *Glücksucher*, in: WW 6, S. 287–363; hier: S. 351.

> verschiedenen Stellen, schwoll an, wurde dichter und zuverlässiger, verwischtes Durcheinanderreden, Gelächter, unbestimmte Bewegungen, das klatschende Zustoßen eines Automatenfaches, das Hin- und Hergehen der Kellnerin mit dem Bier. Das alles war ohne ihn da, Abend für Abend, er brauchte nur die Tür aufzumachen und es war da, und hinter anderen Türen war es auch, überall, das Leben, in dem er unauffindbar verschwinden konnte mit dem Geld in der Brusttasche.[13]

Der Fall Roquentins (Sartres) wie der Hauptfigur der *Schattengrenze* zeigen also, dass das durch eine psychische Erkrankung (dort eine drogeninduzierte Psychose, hier, womöglich[14], eine beginnende Schizophrenie) gestörte Weltverhältnis ein innovatives, erkenntnisförderndes Wahrnehmungsverhalten (das selbstredend auch „Gesunden" zugänglich ist) nicht ausschließt, sondern vielmehr zu induzieren vermag. Auf der Darstellungsebene entsprechen dem, wie Sartres und Wellershoffs Romane zeigen, beachtliche ästhetische Innovationen.[15] Dem erfolglosen und schließlich kriminellen Protagonisten in der *Schattengrenze* gelingt es indes nicht mehr, diese Potenziale für sich auszuschöpfen. Bei Roquentin, der sich am Ende mit einem Buchprojekt aus seiner Krise befreien will, vielleicht bei dem (seinem Autor nahestehenden) Odenthal und auf jeden Fall bei sich selbst allerdings sah Wellershoff diese Chance und ihre Nutzung: „Aus dem Schrecken der erkannten Fremdheit entsteht indessen das Bewußtsein der Freiheit. Der Mensch muß sich und seine Welt selbst erschaffen. Sein Leben ist sein eigenes Projekt."[16]

Ein erhebliches Anregungsreservoir stellte für Wellershoff auch Hamsuns früher Roman *Hunger*[17] dar – im bekannten Fragebogen des FAZ-Magazins bezeichnete er dessen Icherzähler als seinen „liebsten Romanhelden"[18]. Das kann kaum erstaunen, denn die wahrnehmungs- und bewusstseinsverändernde Gewalt der hier

---

13 *Die Schattengrenze*, S. 261 f.

14 Vollmuth schließt die Phänomenologie der psychischen Erkrankung, wie sie sich in *Die Schattengrenze* zeigt, eng an Klaus Conrads psychiatrischen „Klassiker" *Die beginnende Schizophrenie* an (*Dieter Wellershoff*, S. 235–261). Diese Interpretation ist in der Forschung nicht durchweg bestätigt und adaptiert worden. Das *Schattengrenze*-Kapitel in Werner Jungs Wellershoff-Buch etwa (*Im Dunkel des gelebten Augenblicks*, S. 161–185) kommt vollständig ohne Hinweise auf Conrads Buch aus. Tatsächlich dürfte dieses kaum als Generalschlüssel zur Deutung des Krankheitsverlaufs in *Die Schattengrenze* taugen, zumal von dessen Darstellung, wie oben bereits erläutert, durchaus uneinheitliche, ja widersprüchliche Signale ausgehen.

15 Ebd., S. 257 f.

16 *Geburt der Freiheit*, S. 897.

17 S. dazu Jung: *Im Dunkel des gelebten Augenblicks*, S. 9–13.

18 *FAZ-Magazin*, 7. September 1984 (H. 236).

dargestellten existenziellen Krise eines Individuums berührt sich motivisch nicht nur mit Sartres *Ekel*, sondern eben auch mit Wellershoffs eigenem Werk.[19]

Auf Anhieb handelt es sich auch bei *Hunger* um eine dramatische Abstiegsgeschichte, ja ein an Beckett erinnerndes biografisches „Endspiel". Der Protagonist des stark autobiografisch gefärbten Romans erzählt seinen Lebensalltag während eines unwirtlichen Herbstes und kalten Winters in der norwegischen Metropole Kristiania – so hieß Oslo bis 1924. Armut, bedingt durch die Erfolglosigkeit als Schriftsteller, nötigt ihn, seine Habseligkeiten zu verpfänden, sein schäbiges Mietquartier zu verlassen und auch zu stehlen.

Sein ständiger peinigender Begleiter ist indes der Hunger, der bei ihm gleichsam eine psychedelische Transformation bewirkt, mit starken Folgen für seine Selbstauffassung, seine Weltwahrnehmung, auch sein soziales Verhalten. Der Hunger zeitigt Schwächeanfälle, Sinnestäuschungen und merkwürdige Körperempfindungen. Der drohende Ich-Zerfall wird allerdings in Schach gehalten durch Grandiositäts- und Allmachtsfantasien. Vor allem hindert den Protagonisten sein Zustand nicht daran, über ihn Auskunft zu geben in einer Sprache, die in ihrer Darstellungsintensität, ihrer Luzidität und Genauigkeit ihresgleichen sucht. In ihrem Zeichen kippt, so scheint es, die Verzweiflung um in eine ekstatische Lebensbejahung.

„Denn die Unfähigkeit des Helden mag" schreibt Wellershoff in seiner Interpretation,

> wahnhaft sein, aber es ist dann der Wahn einer jugendlichen Vitalität, die sich immer wieder erneuert und an ihre Chance glaubt. Dieser Held kann nicht anders. Vor aller Reflexion und gegen alle entmutigende Erfahrung gibt er im Unterschied zu den Beckett-Figuren dem Leben in sich einen prinzipiellen Vorrang gegenüber dem Tod. Noch der furchtbare Prozeß seiner über immer schlimmere Zusammenbrüche fortschreitenden körperlichen Zerrüttung wird zu einer Demonstration von Kraft, und die Verrücktheiten, Halluzinationen und exzentrischen Impulse, die sein Bewußtsein bedrohen, haben den Charakter rauschhafter Illuminationen, phantastischer Erfahrungserweiterungen, die die Normalität als eine dürftige, schwächere Variante von Leben erscheinen lassen. Ja, das normale angepaßte Verhalten wirkt daneben als Vermeidung des Lebens oder als eine Leugnung des Todes durch ein erfahrungsloses, von Routinen unfühlbar gemachtes Scheinleben, während die Zusammenbrüche dieses halbverhungerten Menschen zugleich Durchbrüche sind, die, noch chaotisch, sein Werdenspotenzial zeigen.[20]

---

19 Merkwürdigerweise fehlt ausgerechnet in Wellershoffs großangelegter Quasi-Romangeschichte *Der Roman und die Erfahrbarkeit der Welt* ein Hamsun-Kapitel.

20 *Das Mysterium der Nerven. Über Knut Hamsuns Roman „Hunger"*, in: WW 4, S. 290–300; hier: S. 296.

Aus Wellershoffs Essay über *Hunger* wurde so ausführlich zitiert, weil hier – es sei wiederholt – im Spiegel eines fremden Sprachkunstwerks zentrale Aspekte des eigenen literarischen Schreibens auftauchen. Tatsächlich erscheint der *Hunger*-Held als ein verwandter Vorgänger von Wellershoffs Romanfiguren. Und wenn er bei ihm „das Erscheinungsbild der beginnenden Schizophrenie"[21] konstatiert, dann deutet dies unmittelbar auf den Protagonisten der *Schattengrenze* voraus. Der von Wellershoff beharrlich betonte „positive" Charakter der Krise mit ihren Möglichkeiten der Erfahrungs- und Erkenntniserweiterung tritt in *Hunger* genauso zutage wie die Identität von Katastrophe und Durchbruch, gestaltet etwa am Schluss von *Die Schönheit des Schimpansen*. Wellershoffs scheiterndem Helden „fehlen" allerdings Kraft und Möglichkeit, der Krise eine konstruktive lebenspraktische Wendung zu geben – es bleibt zumeist bei der Alternative von Untergang und vorübergehender, also folgenloser Erschütterung. Wellershoffs Romane und Erzählungen wirken somit wie Foto-Negative zu Hamsuns „positivem" Krisenverlauf, an dessen Ende der Aufbruch des Ich-Erzählers in eine freilich undefinierte Ferne steht.

Zur erwähnten Matrix gehört weiterhin Faulkner, der in seinen frühen experimentellen Südstaatenromanen James Joyce' literarische Techniken des Bewusstseinsstroms und des Inneren Monologs fortentwickelte. Wellershoff hat sich verschiedentlich – und zwar rundum begeistert – über den späteren US-amerikanischen Nobelpreisträger geäußert. Seine besondere Aufmerksamkeit fand Faulkners *Schall und Wahn*[22], die Niedergangsgeschichte einer ehemals begüterten und angesehenen Familie. Aus der Perspektive der drei Brüder dieser Familie Compson wird, abgesehen von einem auktorialen Schlussteil, der Roman erzählt. Wobei von „Erzählen" im Sinne der Präsentation eines chronologisch nachvollziehbaren und sinnvoll geordneten Berichts keine Rede sein kann. In den Monologen der Brüder zerfällt die Vergangenheit in eine Trümmerwelt, die nicht mehr von einem deutenden Bewusstsein zusammengefügt werden kann.

Hinzu kommt, dass ausgerechnet der erste Monolog dem geistig zurückgebliebenen Benjy zugeordnet ist, der tatsächlich sprachlicher Äußerung nicht fähig ist (wohl aber der Entwicklung interner Wunsch- und Wahnbilder). Der Leser muss sich das alles mühsam erschließen: „Er [sc. Faulkner, d. Verf.] setzt sich rücksichtslos über alle Informationsbedürfnisse hinweg. Die Personen denken und empfinden nicht für den Leser."[23] Auch hier sind die Verbindungsfäden, die von Faulkner zu Wellershoffs frühen Romanen laufen, nicht zu übersehen: Während in der *Schattengrenze* die Perspektive – hier in der Totale – gleichfalls die eines psychisch Kranken ist, gemahnt die Familiensituation in *Schall und Wahn* und sei es

21 Ebd., S. 294.

22 S. das Faulkner-Kapitel in: *Der Roman und die Erfahrbarkeit der Welt*, S. 567–593, hier: S. 574–584.

23 Ebd., S. 581.

indirekt und gebrochen an *Ein schöner Tag*. Hier wie dort geht es um wechselseitige Fixierungen der Beteiligten, die gerade durch den Perspektivenwechsel deutlich wird. Hier wie dort signalisiert die Verwischung der Zeitebenen eine bedrückende Zukunftslosigkeit der Situation.

Und wenn Wellershoff Faulkners Stil, seine Bildsprache, seine Motive und seine „überdehnten Ekstasen des Augenblicks" beschreibt, kann man sich als Leser des Eindrucks nicht erwehren, dass er auch von sich, seiner eigenen Poetik und Dichtungsauffassung spricht. Er sieht nicht nur Faulkner durch seine eigene Brille, sondern ebenso durch Faulkners Werk und Existenz hindurch sich selbst – zumindest in einigen Aspekten:

> Und so sind vielleicht, [...], die Verbrecher, die Schwachsinnigen, die Leidenden, die Fanatiker und die triebhaften, gehetzten Personen seiner Menschenwelt auch zu verstehen als wirkungsvolle Instrumente, um die Normalität zu durchbrechen und extreme Erfahrungen herzustellen.[24]

Die Anregungen, die der französische Nouveau Roman – in Gestalt seiner führenden Autoren Robbe-Grillet, Sarraute, Michel Butor, Philippe Sollers und Claude Simon – für Wellershoff bereithielt, wurden in der Forschung bereits ausführlich behandelt[25]. Im vorliegenden Buch wird an anderer Stelle sein Einfluss auf einzelne Texte wie die Romane *Ein schöner Tag* und *Die Schattengrenze* ausführlicher dargelegt[26], so dass an dieser Stelle einige allgemeine Bemerkungen hinreichen.

Vor allem wies Wellershoff selbst wiederholt auf den Einfluss des Nouveau Roman auf sein Schreiben hin[27] – wobei ihm die polare, zugleich aber auch komplementäre Konstellation seiner Hauptvertreter Sarraute und Robbe-Grillet besonders wichtig war:

> Ich habe unter den französischen Autoren zuerst Nathalie Sarraute kennengelernt. Vor allem als Hörspielautor haben mich Schreibweisen interessiert, die dicht am inneren Monolog lagen und Weiterentwicklungen davon waren. Ich lernte „Tropismen" von N. Sarraute kennen und dann ihre anderen Werke. Das Hörspiel ist oft wie ein inneres Flüstern. Eine Tendenz des Hörspiels der fünfziger Jahre könnte man jedenfalls so beschreiben: Die Aufmerksamkeit richtet sich besonders auf die intimen Vorgänge in den Personen, auf die Entstehung von Gedanken, Gefühlen und Selbstwahrnehmungen, und dafür hat

---

24 Ebd., S. 590.

25 S. vor allem Merkes: *Wahrnehmungsstrukturen in Werken des Neuen Realismus*; außerdem Jaeger: *Realismus und Anthropologie*, S. 20–31; Sass: *Der magische Moment*, S. 216–226.

26 S. Kapitel 8 („Genre und Stil"), S. 182–188.

27 Just diesen beiden Autoren sind auch, nicht von ungefähr, aufeinanderfolgende Kapitel in *Der Roman und die Erfahrbarkeit der Welt* gewidmet (S. 611–657).

> die Sarraute eine interessante Schreibweise entwickelt. Polar entgegengesetzt war Robbe-Grillet für mich interessant, weil er von der Vorstellung ausging, man könne das Subjekt ganz aus der Realität heraushalten und eine Objektwelt, die für sich da ist, darstellen. Später hat er das selbst als einen Irrtum erkannt und zugegeben, daß seine Objektwelten im Grunde von extremen subjektiven Motivationen perspektivisch bestimmt sind. Es sind Welten, die durch einen extrem subjektiven Blick konstituiert werden. Aber seine Texte erschienen zunächst als eine Welt der Objekte gegenüber einer Welt der inneren Bewegungen bei N. Sarraute.[28]

Die von Sarraute beschriebene bürgerliche Lebenswelt fällt in ein Chaos nichtintegrierter Einzelheiten auseinander, zugleich ist sie die Sphäre eines belanglos-konventionellen Geredes, in der die Sprecher ein fassadenhaftes Rollenspiel inszenieren. Durch diese Fassade sucht die Erzählerstimme zu dringen – wie mit einem Seziermesser analysiert sie feinste seelische Regungen. Eine ähnliche Doppelung strukturiert die Dialoge der Autorin, die sich, etwa in dem Roman *Das Planetarium*, aus dem herkömmlichen Dialog und einem mitlaufenden „Subdialog" formen: „Das unruhige Widerspiel zwischen dem wörtlich Gesagten und dem heimlich Gedachten und empfundenen und die fließende Grenze der beiden Bereiche bilden den eigentlichen Beobachtungsgegenstand von Nathalie Sarrautes Büchern."[29]

Robbe-Grillet hingegen wurde für Wellershoff wichtig durch seinen „Kult der Oberfläche", durch eine radikale „Desemiose", in deren Zeichen die Dingwelt – etwa die des Romans *Die Jalousie oder die Eifersucht*, protokollarisch und metaphernlos beschrieben wird. Sie steht nicht mehr für irgendetwas, sondern nur noch für sich selbst, büßt damit auch die Fähigkeit ein, Projektion irgendeines „Inneren" zu sein. Bei Wellershoff wie bei seinen fiktiven Figuren findet diese Weltsicht in der oben bereits anlässlich seiner Sartre-Rezeption erwähnten Erkenntnis ihre Entsprechung, dass „die Welt ohne einen da" sei. Sie erscheint übrigens bei ihm auch noch jenseits seiner durch den Nouveau Roman beeinflussten Stilphase.

An dieser Stelle ergibt sich aber ein zunächst kaum aufzulösender Widerspruch: Die Erkenntnis der „Bedeutungslosigkeit" der Dinge kollidiert mit der Tatsache, dass Wellershoff die von ihm künstlerisch dargestellte Wirklichkeit sehr wohl mit metaphorischen und symbolischen Bedeutungen füllt. Zu ihnen zählen etwa, um nur ein Beispiel unter vielen möglichen zu nennen, die Todeszeichen, die in dem Roman *Die Schönheit des Schimpansen* in massiver Häufung auftreten. Diese Zeichen mögen „an sich", als in der empirischen Realität anzutreffende „Realien", nichts bedeuten, die Bedeutsamkeit stellt sich eben durch die absichtsvolle Verdichtung ihrer Präsenz ein. Lösen lässt sich dieser Widerspruch nur, indem eine

---

28 *Modelle, Verfahren und Prozesse*, S. 51 f.

29 *Der Roman und die Erfahrbarkeit der Welt*, S. 646.

Unterscheidung vorgenommen wird: zwischen einem empirischen Subjekt Dieter Wellershoff, das – wie seine Figuren, die auf der Fiktionsebene ebenfalls als empirische Subjekte agieren – überzeugt davon sein kann, dass die Dinge nicht „für uns da" sind, und einem künstlerischen Subjekt, das ihnen eine „von Haus aus" abgehende Bedeutungstiefe zuwachsen lässt.

Wellershoff hat für seine Romane *Ein schöner Tag* und *Die Schattengrenze* Techniken des Nouveau Roman übernommen (sie dann allerdings auch spezifisch eigenen Darstellungsinteressen dienstbar gemacht), vor allem solche eines strategischen Informationsentzugs mit Bezug auf den Leser, der darob in die Rolle eines Detektivs gerät: die Auflösung des gewohnten narrativen Zusammenhangs durch eine alogische und achronische Bildersequenz; die Dissoziation, Isolierung und Häufung der Realitätselemente; die Erstarrung des Geschehens in einer Folge reiner Gegenwärtigkeiten; der durchgehende Einsatz filmischer Verfahrensweisen wie Schnitt und Montage. In den 70er Jahren, genauer: seit den 1974 veröffentlichten autobiografischen Erzählungen *Doppelt belichtetes Seestück* und *Ein Gedicht von der Freiheit*, ging Wellershoff dann allerdings, ohne dabei seine bisherigen thematischen Orientierungen und Darstellungsintentionen aufzugeben, zu einem weniger experimentellen, wenn man so will: traditionelleren, auf jeden Fall für den Leser „bekömmlicheren" Stil über, an dem er im Prinzip bis in die letzte Schaffensphase hinein festhielt. Dies schloss den „Abschied" vom Nouveau Roman ein.

Den Grund dafür wird man in seiner Beobachtung zu sehen haben, dass dessen Autoren in ihrer Spätphase den Gefahren der Abnutzung, der erstarrten Routine, der leerlaufenden Virtuosität, des Akademismus nicht entgehen konnten.[30] Solche Gefahren drohen üblicherweise vor allem dezidiert modern-experimentellen Schreibweisen. Der Autor der Wahrnehmungsirritation, der „Schemaöffnung" musste ihnen im eigenen Interesse zu entgehen suchen. Dennoch sind auch in Wellershoffs späteren Arbeiten noch die Impulse wirksam, die sich u. a. dem Nouveau Roman verdanken.

Ein Beispiel für eine produktive Adaption etwa von Sarrautes „Subdialog" erwähnt Wellershoff selbst: In seinem TV-Zweiteiler *Phantasten* „entgleist" ein Gespräch zwischen dem gegen den eigenen (freilich schwach ausgeprägten) Willen in kriminelle Machenschaften hineingezogenen Bankier Sollier und seiner ihn erotisch anziehenden Schwägerin Anja und landet bei einer ungeplanten Offenbarung: „Wie in einem unaufhaltsamen Erdrutsch hat Sollier die Sprache seines Begehrens gefunden und noch im selben Atemzug seinen zerstörerischen Haß auf sein falsches Leben offenbart."[31] Im zweckfreien Gespräch zwischen vertrauten Menschen, „das in einem unverplanten Augenblick wie beiläufig in Gang kommt

30 Ebd., S. 635 f., S. 655 ff.

31 *Das Schimmern der Schlangenhaut*, S. 864.

und sie unversehens über eine bisher noch nicht überschrittene Grenze führt", tauche eine „verborgene Wahrheit" auf, „ohne daß die Dialogpartner sie in ihrer ganzen Konsequenz erkennen"[32]. In der Erinnerung an einen Streit mit seiner Freundin, die ihn kurz darauf verlassen sollte, beschreibt eine von Wellershoffs Figuren, der Landpfarrer Rolf Henrichsen in dem letzten Roman *Der Himmel ist kein Ort*, das Phänomen des „Subdialogs":

> Worüber sie sich damals gestritten hatten, wusste er nicht mehr. Es war eine Art Stellvertreterdiskussion gewesen, die das, was sie trennte, zwar spürbar machte, aber zugleich verdeckte.[33]

In verallgemeinernder Weise bezieht sich der auf Anhieb kryptische Schluss der *Vorbemerkung* in dem Band *Doppelt belichtetes Seestück und andere Texte* von 1974 auf jene doppelte Wirklichkeit, für die auch der „Subdialog" steht:

> [...], sie [sc. die Literatur, d. Verf.] will unmittelbare Erfahrung werden, sie will den verborgenen Text sprechbar machen, der unser Leben beherrscht und von dem wir fürchten und hoffen, daß die anderen ihn erstehen.[34]

Als Impuls konnte die Lektüre von Sarrautes Romanen freilich nur wirken, weil Wellershoff dort auf Darstellungsintentionen und Erkenntnisinteressen traf, die sich mit den originären eigenen trafen.

Die hier behandelten „Matrix"-Autoren entstammen allesamt der europäischen und amerikanischen Literaturmoderne, deutschsprachige befinden sich nicht darunter. Das ist kein Zufall. Wellershoffs Bildungsweg nach 1945 war, nach der auch geistigen Gefängnissituation während der Diktatur, ein Weg ins Kosmopolitische, verstanden als die bewusste Wahl des Gegensatzes zu nationaler und nationalistischer Enge und Borniertheit. Ein Stück weit mussten, so scheint es, darunter auch die Autoren jener deutschen Literatur „leiden", die ihrerseits von den Nationalsozialisten geächtet, verfemt und verfolgt worden waren: Franz Kafka, Thomas Mann, Bertolt Brecht, Alfred Döblin, Robert Musil (Kafka, Mann und Döblin erscheinen immerhin in *Der Roman und die Erfahrbarkeit der Welt*).

Umso mehr lässt deshalb aufmerken, dass Wellershoff unter den deutschen Autoren der jüngeren Vergangenheit ausgerechnet den heutzutage, aber auch bereits nach dem Krieg mehr oder weniger vergessenen Rudolf Borchardt (1877–1945)

---

32 Ebd., S. 862.

33 *Der Himmel ist kein Ort. Roman*, in: WW 7, S. 567–778; hier: S. 613.

34 *Vorbemerkung*, in: *Doppelt belichtetes Seestück und andere Texte*, S. 7.

einer ausführlichen Würdigung für wert befand.[35] Sie wurde zuerst 1981 in Marcel Reich-Ranickis bekannter FAZ-Reihe *Romane von gestern – heute gelesen* veröffentlicht.[36] Es geht, genauer, um seine umfangreiche, 1929 erstpublizierte Novelle *Der unwürdige Liebhaber*, die seinerzeit übrigens ein weitläufig-positives Rezensenten- und Leserecho gefunden hatte.

Die Novelle spielt kurz nach dem Ersten Weltkrieg auf einem Gut der freiherrlichen Familie von Luttring in Südwestdeutschland – im Adelsmilieu mithin. Die politisch-gesellschaftlichen Umbrüche der Zeit haben auch dieser alteuropäischen Lebensform zugesetzt, etwas krampfhaft und durchaus auch vor dem Hintergrund ökonomischer Probleme sucht man dort Stil, Dekor und überliefertes Standesethos gegen die anbrandenden Auflösungserscheinungen und Gefahren aufrechtzuerhalten. Gestalt nehmen diese in dem abgehalfterten Offizier Konstantin von Schenius an, einem Frauenhelden und Salonlöwen, einer windigen und von den Luttrings verachteten Existenz. Er hat Moritz' (des Hausherrn und Familienoberhaupts) Schwester Steffie verführt, die sich daraufhin scheiden ließ. Nun hält er um Steffies Hand an, die die Familie ihm naheliegend verweigern will.

In einem von Borchardt psychologisch überaus subtil inszenierten Dialogduell mit Schenius platziert Luttring seine den Anderen de facto schwer beleidigende Zurückweisung. Für sie rächt sich Schenius allerdings bitter, indem er erfolgreich Luttrings Ehefrau Tina gegen deren „offiziellen" Willen und grundsätzliche Einstellung verführt und mit ihr auf Nimmerwiedersehen das Weite sucht.

Dass Wellershoff diese Erzählung – vor dem Hintergrund seiner eigenen Themen und ihrer literarischen Gestaltung – interessieren und faszinieren musste, wird bei genauerem Hinsehen nachvollziehbar. Die intrikate Psychodynamik innerhalb der familiären Gruppe unter Einschluss des unerwünschten Eindringlings führt zum spektakulären Zusammenbruch einer steifen, konventionalisierten sozialmoralischen Ordnung. Nicht mehr zu unterdrückende Triebschübe – man könnte auch sagen, die Sehnsucht nach einem anderen, „wilden" Leben – brechen bei Tina nur scheinbar überraschend durch die Kruste standesdefinierter Übereinkünfte und Gesittung. Von ferne kündigt sich in der Figuration von Luttring, Tina und Schenius bereits das Konfliktdesign von Wellershoffs *Liebeswunsch*-Roman an, wo die genannten Positionen durch Leonhard, Anja und Paul besetzt werden.

Dieser Vergleich scheint auf Anhieb weit hergeholt, gewinnt aber womöglich an Plausibilität durch Wellershoffs eigene Auskunft am Schluss seiner Interpretation:

35 S. zu Wellershoffs Beziehung zu Borchardt Jung: *Im Dunkel des gelebten Augenblicks*, S. 223–227. s. außerdem Jaeger: *Realismus und Anthropologie*, S. 219 f.

36 *Im Privaten zeigt sich der Weltzustand. Zu Rudolf Borchardts Novelle „Der unwürdige Liebhaber"*, in: WW 4, S. 603–610; s. a. den entsprechenden Abschnitt in: *Der verstörte Eros*, S. 195–199.

> Wahrscheinlich ist der Widerspruch von Ordnung und Anarchie, Vernunft und Ekstase, Bindung und Revolte eine tiefgreifende Spannung in Borchardt selbst gewesen. [...] Heute, in einer Zeit bröckelnder Institutionen und sich auflösender Ichgrenzen, [...], sind die Konflikte noch diffuser geworden, doch haben sie sich keineswegs, wie emanzipatorischer Optimismus es glauben möchte, von ihrem tragischen Grund entfernt. Nie sind wir ganz das, was wir zu sein scheinen, wir können uns innerhalb und außerhalb gesteckter Grenzen verlorengehen.[37]

Nicht zuletzt realisieren sich an und durch Tina zwei Möglichkeiten der Liebe, eigentlich zwei antagonistische Lebensentwürfe, die Wellershoff, bezogen auf die Weltliteratur, in seiner Rezension von Peter von Matts Buch *Liebesverrat* beschreibt: Da sei auf der einen Seite die Revolte der Leidenschaft, des ungezähmten Teils der menschlichen Natur, der nach Intensität, Totalität und Chaos verlange. Und auf der anderen Seite die Vorstellung der Treue, die einen dauerhaften, angstlosen Raum für das praktische Leben zu schaffen versuche. Der eine Weg bestehe in der „Eingliederung in das gesellschaftliche Lebenssystem" durch soziale Anpassung und kulturell erwünschte Leistungen, der andere „in der radikalen Selbstausgrenzung aus den sozialen Zwängen in den weltabgewandten Symbiosen der Leidenschaft".[38] Die thematischen Bezüge zu Borchardts Novelle wie zu Wellershoffs zehn Jahre nach dem Matt-Aufsatz entstandenen *Liebeswunsch* liegen auf der Hand.

Eine weitere aktualisierende Pointe hält gleich die Überschrift zur Interpretation des *Unwürdigen Liebhabers* bereit: Der Satz „Im Privaten zeigt sich der Weltzustand" kann als Wellershoffs Replik auf den Standard-Vorwurf der an ihn adressierten Kritik verstanden werden, seine eigenen Bücher seien „zu privat". Sie weist er anhand von Borchardts die eigene Arbeit sozusagen stellvertretender Erzählung zurück. Was er Borchardt bescheinigt, nimmt er auch für sich selbst in Anspruch: Die fiktiven Figuren und ihre Konflikte sind „privat", aber eben nicht ausschließlich. Zugleich repräsentieren sie über sie hinausweisende gesellschaftliche Verhältnisse und Veränderungen, ohne darüber wiederum zu blassen, leblosen Allegorien zu werden – oder, wie Wellershoff schreibt, zu Chargen in einem „Kostümstück"[39].

Es folgen jetzt drei Autoren, deren Namen sich in Wellershoffs Biografie und Werkgeschichte unübersehbar eingeschrieben haben, die aber – abgesehen vielleicht vom ersten – nicht mehr zu den „Anregern" gezählt werden können. Vor allem: Mit Wellershoff verband sie ein mehr oder weniger enger beruflicher und persönlicher Kontakt – was dem jeweiligen Verhältnis zweifellos eine besondere,

---

37 *Im Privaten zeigt sich der Weltzustand*, S. 609.

38 *Die Antwort der Leidenschaft. Die Ideologie der Beziehungskrisen. Zu Peter von Matts Buch „Liebesverrat"*, in: WW 4, S. 708–719; hier: S. 718 f.

39 *Im Privaten zeigt sich der Weltzustand*, S. 605.

über das Literarische hinausgehende Qualität verlieh. Es geht um Gottfried Benn, Heinrich Böll und Rolf Dieter Brinkmann. Andere Schriftsteller wären in dieser Reihe ebenso denkbar und plausibel, ich folge hier wie in ähnlich gelagerten Fällen dem Zwang zu exemplarischer Verdichtung. Hinzu kommt, dass die Genannten – abgesehen von ihrer völlig unterschiedlichen, ja gegensätzlichen Prägung als Personen wie Autoren – verschiedene Generationen vertraten, was die Spezifik der jeweiligen Beziehung zweifellos noch verstärkte. Benn gehörte der „Vätergeneration" an, Böll, acht Jahre älter als Wellershoff, teilte mit diesem den generationell bedingten zeitgeschichtlichen Hintergrund (vor allem die Erfahrung von Diktatur und Krieg), während Brinkmann, 15 Jahre jünger, bereits aus einer späteren und durchaus anderen Welt kam.

Obwohl also Wellershoffs geistige Entwicklung nach dem Krieg vor allem durch die Aufnahme und Verarbeitung von nicht-deutschsprachiger internationaler Literatur bestimmt war, standen seine schriftstellerischen Anfänge im Zeichen eines „sehr deutschen" Autors. Das hatte kontingente Gründe, zumal die Tatsache, dass Wellershoff an der Bonner Universität im Hauptfach Germanistik studierte und sich somit für seine Dissertation ein Thema aus diesem Fachgebiet suchen musste:

> Als ich Anfang der 50er Jahre meinem späteren Doktorvater Wilhelm Schneider sagte, daß ich eine Doktorarbeit über Kafka schreiben wolle, hob der gleich abwehrend die Hände: „Bloß nicht! Darüber gibt es schon zuviel. Und die meisten beißen sich daran die Zähne aus." […] Statt dessen sagte er: „Schauen Sie sich doch mal den Benn an, von dem neuerdings so viel die Rede ist."
> Das war ein guter Vorschlag, lebensgeschichtlich gesehen. Die Dissertation und das später daran anschließende Buch und die mir anvertraute erste Edition von Benns Gesamtwerk öffneten mir die Tür zum literarischen Leben. So fand ich vor allem meinen Verlag.[40]

Diese Auskunft verrät freilich keinerlei „innere" Beteiligung an Wellershoffs Befassung mit Benn, die es aber ausweislich anderweitiger Dokumente sehr wohl gab. So kondolierte er anlässlich von Benns Tod der Witwe Ilse Benn mit diesen Worten:

> Für mich wie für viele Menschen meines Alters […] waren die Werke Gottfried Benns eine Entdeckung, die zum Mittelpunkt, Ausgangspunkt aller weiteren geistigen und künstlerischen Erfahrung wurde. Es war unschätzbar, daß in Deutschland noch jemand lebte, der einen Maßstab gesetzt hatte und weiterhin erfüllt. Seine wenigen Jahre von 1948 bis heute […] haben lebendig und gegenwärtig gemacht, was sonst für mich und viele

40 *Leben – was sonst? Eine Frage an Gottfried Benn. Vortrag, gehalten in einer Gedächtnisveranstaltung*, in: WW 8, 581–592; hier: S. 587.

> andere nur nachträgliche Rekapitulation einer nicht mehr recht greifbaren Vergangenheit hätte sein können.[41]

Mag der Duktus dieses Schreibens auch ein Stück weit dem Anlass geschuldet sein, so deckt er sich inhaltlich mit anderen Zeugnissen, bei denen eine den Umständen geschuldete Zurückhaltung nicht angezeigt war. In der Korrespondenz mit dem Verleger der Werkausgabe, Max Niedermayer, bezeichnet Wellershoff Benn als „eine geistige Erscheinung von hohem Rang und repräsentativer Bedeutung“[42]. So dürfte Werner Jungs Resümee „Benn ist Anlaß, Stichwortgeber und Katalysator“[43] gerechtfertigt sein – freilich nur dann, wenn es nicht im Sinne von vorbehaltloser Zustimmung und Bewunderung verstanden wird. Davon kann nämlich keine Rede sein. Dabei ist in Rechnung zu stellen, dass Wellershoffs Einstellung zu Benn sich ausweislich seiner ihm gewidmeten Schriften zwischen den frühen 50er und den frühen 60er Jahren merklich verändert hat. Abzulesen ist das etwa an den unterschiedlichen Positionierungen der Dissertation und der 1958 erschienenen Darstellung *Gottfried Benn. Phänotyp dieser Stunde*[44]. Das Benn-Kapitel aus der Vorlesungsreihe *Der Gleichgültige* von 1963 und der späte Gedächtnis-Vortrag von 2006 kommen dann auf Strecken einer Abrechnung gleich.[45]

Die grundsätzliche und schnell aufbrechende Distanz auch im Persönlichen und trotz Benns Dritten gegenüber bekundeter Anerkennung für den „junge[n] Mann in Bonn“ und sein Dissertationsprojekt[46] spiegelt nachdrücklich der Beitrag *Zwischenbilanz – autobiographische Notizen* am Ende der ersten Aufsatzsammlung zu Wellershoffs Werk von 1975:

---

41 Brief an Ilse Benn vom 16. Juli 1956, in: Deutsches Literaturarchiv Marbach, A:Benn/Kondolenz, 91.114.998, zitiert in: Jörg Robert: *Weltanschauung und Sprachstil. Dieter Wellershoffs Dissertation über Gottfried Benn – Eine Spurensuche*, in: Holger Hof/Stephan Kraft (Hg.): *Benn-Forum. Beiträge zur literarischen Moderne*, Bd. 7 (2020/21), 2021, S. 33–62; hier: S. 35.

42 Brief an Max Niedermayer vom 12. November 1957, in: HAStK Best. Nr. 1554/278.

43 Jung: *Im Dunkel des gelebten Augenblicks*, S. 133.

44 S. dazu Robert: *Weltanschauung und Sprachstil*, der auch plausibel dartut, dass das spätere Buch keineswegs eine Fortschreibung der Dissertation ist, sondern vielmehr einem neuen, eigenständigen Ansatz folgt.

45 S. zum Verhältnis Wellershoff – Benn Vollmuth: *Dieter Wellershoff*, S. 26 ff.; Sass: *Der magische Moment*, S. 102–109; Peitsch: *„Kleine Schritte“ zum Neuen Realismus*, S. 59 ff.; Bügner: *Lebenssimulationen*, S. 44 ff.; Jung: *Im Dunkel des gelebten Augenblicks*, S. 117–134; ders.: *Nachwort*, in: WW 9, S. 673–704; hier: S. 675–691.

46 S. u. a. Benns Brief an Friedrich Wilhelm Oelze vom 27. September 1950, in: G.B.: *Briefe an F.W. Oelze 1950–1956*, hg. von Harald Steinhagen und Jürgen Schröder, Wiesbaden/München 1980, S. 69.

> Über Benn hatte ich meine Dissertation geschrieben. Jetzt setzte ich die Auseinandersetzung mit diesem Autor fort. Er war für mich der Repräsentant der irrationalen Tendenzen der jüngeren deutschen Geistesgeschichte, ein verworrener Eklektiker als Denker, aber ein provozierender Schreiber, der rücksichtslos seine Idiosynkrasien ausbeutete, scharf, pathetisch und manchmal sentimental. Ich lernte ihn noch kennen kurz vor seinem Tode, er kam mir gehemmt und zeremoniell vor, wir wurden nicht warm, [...].[47]

Wellershoff unterscheidet hier Benns faszinierende dichterische Sprache – anderwärtig nimmt er ihn auch als Dichter gegen den seinerzeit bei Benn-Gegnern kurrenten Vorwurf des „Eskapismus" in Schutz[48] – und seine problematisch-verhängnisvolle Repräsentanz in der deutschen Geistesgeschichte. Als Dichter und Sprachartist, auch als Darsteller krisenhafter Lebenssituationen, in denen Identitätszerfall und eine Zerstörung der Ich-Welt-Beziehung drohen, blieb Benn nicht ohne Einfluss auf Wellershoffs eigenes fiktionales Werk.[49] Das gilt zumal für die Novellen des 1916 erschienenen Erzählbandes *Gehirne* mit der Figur des jungen Arztes und Benns Alter Ego Rönne im Mittelpunkt:

> Ich-Welt-Konfrontation, Konkretismus, Fluchtversuche, Hoffnung auf die Katastrophe, statische Existenz und Diskontinuität der Person sind Konstanten von Benns Denken und Wellershoffs literarischen Simulationen. Die Erfahrungen Rönnes gleichen in vielem denen von Wellershoffs Protagonisten.[50]

---

47 *Zwischenbilanz*, S. 50; in einer früheren kürzeren Fassung als *Zwischenbilanz – autobiographische Notizen*, in: Thomas (Hg.): *Der Schriftsteller Dieter Wellershoff*, S. 161–167. Auf seinen Besuch bei Benn in Berlin kam Wellershoff auch einmal im Gespräch mit mir zurück – an das genaue Datum kann ich mich nicht mehr erinnern. Benn habe damals, so Wellershoff, in seiner Anwesenheit eine riesige Menge an Käse- und Wurstbroten vertilgt – was auf ihn, den Besucher, einen befremdlichen bis abstoßenden Eindruck gemacht habe.

48 S. dazu *Fieberkurve des deutschen Geistes. Über Gottfried Benns Verhältnis zur Zeitgeschichte*, in: Reinhold Grimm/Wolf-Dieter Marsch (Hg.): *Die Kunst im Schatten des Gottes. Für und wider Gottfried Benn*, Göttingen 1962, S. 11–39; hier: S. 13 ff.

49 Problematisch ist freilich der von Czeslaw Plusa (*Gottfried Benn und Dieter Wellershoff. Flucht in den Ästhetizismus oder wirklichkeitskonstitutive Literatur*, in: Sascha Feuchert (Hg.): *Flucht und Vertreibung in der deutschen Literatur. Beiträge* (= *Gießener Arbeiten zur neueren deutschen Literatur und Literaturwissenschaft*, Bd. 21), Frankfurt/M. 2001, S. 219–237; hier: S. 233) in einem auch sonst etwas zerfahrenen Aufsatz unternommene Versuch, über die Brücke des Autonomieanspruchs der Kunst eine Gemeinsamkeit der Ästhetiken Benns und Wellershoffs zu konstruieren. Wellershoff war genauso Gegner eines operativen Literaturbegriffs wie jener Autonomieästhetik, wie sie prononciert von Adorno vertreten wurde. S. dazu Kapitel 2 („Realismus und Simulation"), S. 45–48.

50 Bügner: *Lebenssimulationen*, S. 46.

Indessen geht es bereits in der Benn-Monografie von 1958 nicht mehr um innerästhetische Fragen, sondern vielmehr um Ideologiekritik: „Die Studie ist ein geistesgeschichtlicher Essay über den Weg (und Abweg) eines prototypischen deutschen Intellektuellen."[51] Die Dissertation hatte demgegenüber ihren Schwerpunkt in der Stilkritik gehabt.[52] Damit folgte sie dem seinerzeit in der Literaturwissenschaft dominierenden Paradigma der „werkimmanenten Interpretation".

Aufschlussreich mit Blick auf das veränderte Erkenntnisinteresse ist Wellershoffs *Vorbemerkung*, in der er sein Buch als „Versuch" bezeichnet, „mit und gegen ihn [sc. Benn, d. Verf.] zu denken, ihn im Zusammenhang der geistigen Strömungen zu interpretieren, die ihn anregten, die er zusammenfaßte und ins Extrem trieb, [...]"[53]. „Mit und gegen ihn denken" – diese Figur zitiert exakt den FAZ-Artikel vom 25. Juli 1953[54], mit dem Jürgen Habermas, damals noch Bonner (!) Student, die intellektuelle Bühne der Bundesrepublik betreten hatte. Er trug den Titel *Mit Heidegger gegen Heidegger denken* und galt Heideggers Veröffentlichung der 1935 gehaltenen Vorlesungen *Einführung in die Metaphysik*. Der seinerzeitige Preis der „innere[n] Wahrheit und Größe" der nationalsozialistischen Bewegung war dabei ohne jeden Kommentar wieder abgedruckt worden.

An eine zufällige Übereinstimmung mag man hier kaum glauben, zumal die Stoßrichtung in beiden Fällen vergleichbar ist. Es geht um die (freilich dialektisch instrumentierte) Lossagung von den Vertretern intellektueller Traditionen, die – wie vermittelt auch immer – den 30. Januar 1933 und die folgende Geschichtskatastrophe ermöglicht hatten. Von Repräsentanten zudem, die nach 1945 „weitermachten", als sei da nichts gewesen, und trotzdem in der westdeutschen Nachkriegsgesellschaft eine kritiklos-begeisterte Resonanz fanden.

In der Benn-Vorlesung in *Der Gleichgültige* beschreibt Wellershoff dann noch einmal prägnant den Weg, der von Benns Geisteshaltung zur – in seinem Fall freilich vorübergehenden – Übereinstimmung mit den neuen Machthabern und dem neuen Machtstaat führte. Benns maßloser Hass gegen die neuzeitliche Geschichte, gegen den Zivilisationsprozess, gegen die Entgötterung der Gegenwart, seine verachtende Gleichgültigkeit gegenüber der äußeren Welt mit der Kehrseite eines politischen Quietismus, sein bedingungsloser Ästhetizismus hätten 1933 Folgen gehabt:

---

51 Robert: *Weltanschauung und Sprachstil*, S. 50.

52 Ebd., S. 52–60.

53 *Gottfried Benn. Phänotyp dieser Stunde. Eine Studie über den Problemgehalt seines Werkes*, in: WW 9, S. 15–250; hier: S. 24.

54 Unter dem Titel *Martin Heidegger: Zur Veröffentlichung von Vorlesungen aus dem Jahre 1935* wiederabgedruckt in: Jürgen Habermas: *Philosophisch-politische Profile* (= *suhrkamp taschenbuch wissenschaft*, Bd 659), Frankfurt/M. [5]2015, S. 65–71.

> Benn hatte sich mit seinem polemischen Kahlschlag der politischen, sozialen und humanitären Kategorien beraubt, mit denen er Hitlers Machtergreifung als ein Unheil hätte definieren können. Da er die Welt zur sinnlosen Faktizität herabgewürdigt hatte, mußte es ihm nur konsequent erscheinen, daß sich ein diktatorischer Wille ihrer bemächtigte und dem „naturalistischen Chaos" eine Form aufzwang. Jetzt erweitert sich seine Perspektive: Wie der Künstler wird auch der Diktator gerufen von der „formfordernden Gewalt des Nichts". Ihre Prinzipien sind die gleichen: Durch Zucht, Ordnung, Strenge und unerbittliche Härte gegenüber dem Material transzendieren sie das Bestehende und prägen einen Stil.[55]

Dabei erkennt Wellershoff durchaus an, dass Benn bereits 1934 seinen Irrtum einsah und sich vom Regime lossagte. Er kritisiert aber die auch nach dem Krieg durchgehaltene „Aufarbeitung" seines Irrtums:

> Er zog jetzt eine radikale Konsequenz. Sein Irrtum war, so folgerte er, daß er an die Verwirklichung des Geistes in der Welt geglaubt hatte. Noch einmal also wich er ins Allgemeine aus. Nicht ein bestimmter geschichtlicher Trend, sondern die Geschichte als Ganzes wird abgewertet. Von jetzt ab besteht er darauf, daß Geist und Leben zwei völlig getrennte Bereiche seien, daß die Geschichte ein ewig sinnloser Prozeß sei, in den der schöpferische Geist nicht eingreift, in dem er nur sich selbst entfremdet wird.[56]

Später legte Wellershoff dann auch die lebensgeschichtlichen Wurzeln seiner Benn-Ablehnung frei:

> Das Glück, am Leben geblieben zu sein, das mich in den ersten Jahren nach dem Krieg erfüllte, hat mich nie ganz verlassen. Das erklärt vielleicht meine Ungeduld gegenüber lebensverneinender Larmoyanz oder blasierten Attitüden von Lebensverachtung, für die es bei Benn viele Beispiele gibt.[57]

Wellershoffs Verhältnis zu Heinrich Böll[58] darf insofern ein spezielles genannt werden, als es diesmal nicht (nur) um Literatur ging, sondern vor allem um eine persönliche Nähe: Vom Beginn der 60er bis zum Beginn der 80er Jahre, als er sich vollständig aus seiner Berufstätigkeit bei Kiepenheuer & Witsch zurückzog, war Wellershoff dort als auch für das deutsche Programm zuständiger Lektor Bölls

---

55 *Der Gleichgültige*, S. 72.

56 *Fieberkurve des deutschen Geistes*, S. 34 f.

57 *Leben – was sonst?*, S. 583.

58 S. dazu Schwering: *Kölner Literaturgeschichte*, Seite 167–197. Die folgenden Ausführungen decken sich teilweise mit den entsprechenden Abschnitten im Vorgängerbuch.

unmittelbarer Ansprech- und Arbeitspartner. Er betreute in dieser Eigenschaft zentrale Böll-Titel von *Ansichten eines Clowns* über *Die verlorene Ehre der Katharina Blum* und *Gruppenbild mit Dame* bis hin zu *Fürsorgliche Belagerung*. Die Titel der beiden letztgenannten Bücher gehen sogar auf Wellershoff zurück.[59] Nicht mehr zuständig war er für Bölls letzten Roman, *Frauen vor Flußlandschaft*, ihn lektorierte bereits seine langjährige Mitarbeiterin und Nachfolgerin Renate Matthaei.

Wellershoff war in diesen rund 20 Jahren allerdings nicht nur Bölls Lektor, sondern auch, als zusehends produktiver Verfasser fiktionaler Texte, Bölls Kollege. Infolge unterschiedlicher Rollenübernahmen, -wahrnehmungen und -erwartungen ergab sich daraus eine komplizierte Konstellation. Andere Kiepenheuer & Witsch-Autoren lösten den möglichen Konflikt, indem sie den Verlag wechselten.[60] Böll hingegen als unangefochtenes literarisches Flaggschiff des Unternehmens seit den 50er Jahren „blieb" – wohl auch deshalb, weil er dort aufgrund seiner Position Hierarchie- und Konkurrenzkämpfe vorderhand nicht zu befürchten hatte. Tatsächlich war Wellershoff für Böll ein stets loyaler und gewissenhafter Sparringspartner, dessen Professionalität dieser mit den Jahren wohl auch als für den Erfolg der eigenen Buchprojekte unverzichtbar ansah. Zudem wusste wiederum Wellershoff sehr genau, dass in diesem Fall einem kritischen Lektorat Grenzen gesetzt waren, die er auch im eigenen Interesse nicht überschreiten wollte:

> Er [sc. Böll, d. Verf.] galt als schwierig. Alles hing nun davon ab, dass ich sein Vertrauen gewann und erfolgreich mit ihm arbeiten konnte. In vielen Hinsichten waren wir grundverschiedene Menschen. Das war ihm auch bewusst. Ich spürte es an der abwartenden, ja defensiven Haltung, in der er mich empfing. Man hatte mich wohl als Existenzialisten, Atheisten oder Rationalisten angekündigt, weit entfernt jedenfalls von seinen Bindungen an das katholische Milieu seiner Herkunft und Léon Bloys mystischer Verklärung der Armut, die ihn tief beeindruckt hatte und Ausgangspunkt seiner antagonistischen Weltsicht wurde, in der reich und arm, oben und unten als unvermischte Wesenheiten einander gegenüberstanden. Von vornherein war mir klar, dass diese in der Empfindungswelt des Autors verankerten Denkmuster nicht zur Disposition standen, denn sie waren es, die seine Wahrnehmung der Welt bestimmten und seine Phantasie in Bewegung setzten. Sie waren der Quellgrund seiner Kreativität.[61]

Bemerkenswert an diesen 13 Jahre nach Bölls Tod geschriebenen Sätzen ist die Offenheit, mit der hier Gegensätze und potenzielle (und auch tatsächliche) Kon-

59 S. dazu zusammenfassend Ralf Schnell: *Heinrich Böll und die Deutschen*, Köln 2017, S. 80.

60 So jedenfalls Neven Du Mont: *Mit Büchern und Autoren*, S. 78. – Irene Wellershoff bestreitet allerdings, dass Kiepenheuer & Witsch-Autoren wie Born, Brinkmann und Steffens in ihrem Vater einen Konkurrenten gesehen hätten (Mitteilung an d. Verf. vom 19. Januar 2023).

61 *Das richtige und das falsche Leben. Zum Werk Heinrich Bölls*, in: WW 8, S. 547–549; hier: S. 548 f.

fliktlinien angesprochen werden. Die Beziehung zwischen Böll und Wellershoff wurde bislang noch nicht einer eingehenden Untersuchung für wert befunden. Würde sie das, so dürfte schnell deutlich werden, dass – Loyalität hin, Professionalität her – von einer harmonischen Beziehung zwischen Autor und Lektor-Autor, wie sie möglicherweise immer noch die öffentliche Wahrnehmung dominiert und auch aus vielen Quellen zu sprechen scheint[62], zumindest für die späteren Jahre aus unterschiedlichen Gründen keine Rede sein kann.

Im Abstand der Zeit will es scheinen, als gehörten Böll und Wellershoff unterschiedlichen Generationen an – Böll einer älteren, Wellershoff einer jüngeren. Die biografischen Leitzahlen geben eine solche Einordnung aber nicht her. Zwischen den Geburtsdaten – 1917 und 1925 – liegen lediglich acht Jahre, außerdem ist beiden, jenseits der Herkunft aus dem rheinischen Raum, der langjährigen Beheimatung in der nämlichen Stadt und der beruflich bedingten Zusammenarbeit, eine lebensgeschichtliche Prägung gemeinsam, deren Bedeutsamkeit auch für das jeweilige schriftstellerische Werk kaum überschätzt werden kann: die Erfahrung des Wehrmachtssoldaten im Zweiten Weltkrieg. Böll nahm am Krieg von 1940 bis zur Gefangennahme im April 1945 teil – mit Einsätzen in Frankreich, Polen, Russland, Ungarn und Deutschland, Wellershoff von 1943 bis zur Gefangennahme ebenfalls 1945 an der Ostfront. Über den völlig unterschiedlichen Modus der Bewältigung dieser „Urerfahrung" bei beiden wird in diesem Buch an anderer Stelle gehandelt.[63]

Der Eindruck der Generationsdifferenz mag sich auch dadurch aufdrängen, dass Böll gleich nach dem Krieg seine literarische Karriere startete, während diese bei Wellershoff durch das Einschlagen anderweitiger und zugleich lebensnotwendiger beruflicher Seitenwege zunächst ausgebremst wurde. Als Wellershoff 1965 mit *Ein schöner Tag* als Romanautor debütierte, war Böll schon seit nahezu 20 Jahren im Geschäft. Während dieser freilich schon relativ früh starb – 1985 –, war jener literarisch dann noch fast 30 Jahre lang aktiv. Entsprechend verschoben zeigt sich in beider Schaffensbiografie auch der jeweilige „Erfolgsgipfel". Tatsächlich erreichte Wellershoff über lange Jahre bei weitem nicht die Präsenz und Repräsentanz des Kollegen, stand in regionaler wie überregionaler Perspektive in dessen Schatten. Erst dem 74-Jährigen gelang, 15 Jahre nach Bölls Tod, mit dem Roman *Der Liebeswunsch* ein Bestseller in einer Dimension, die an Bölls erfolgreiche Romane heranreicht.

Von erheblicher Bedeutung für beider Verhältnis sind indes weniger solche biografischen Inkongruenzen als vielmehr die von Wellershoff im obigen Zitat ungeschminkt angesprochenen Unterschiede, ja Gegensätze im mentalen, intellektuellen und in der Folge auch literarischen Habitus und Profil. Dies sei jetzt

---

62 S. etwa Wellershoffs Glückwunsch *Mehrere Aussagen über Wirklichkeit. Heinrich Böll zum 60. Geburtstag*, in: WW 4, S. 513–518.

63 S. Kapitel 4 („Krieg"), S. 81–85.

kurz anhand zweier einander gegenübergestellter Romane erläutert: Bölls *Ansichten eines Clowns* von 1963 und Wellershoffs *Die Schönheit des Schimpansen* von 1977. Beide Werke trennen entstehungsgeschichtlich nur 14 Jahre, außerdem sind die zentralen Plots – es geht hier wie dort um einen in der deutschen Gegenwartsgesellschaft scheiternden Außenseiter – gut vergleichbar. Vor dem Hintergrund der Gemeinsamkeiten zeichnen sich die Verschiedenheiten in Darstellungsintention wie in narrativer Konstruktion und Stil umso schärfer ab.

Im Zentrum von Bölls aus der Ich-Perspektive der Hauptfigur erzählten Roman[64] steht der Berufsclown Hans Schnier, der an einem Märzabend des Jahres 1962 aus Bochum, wo er sich bei einem Bühnenauftritt verletzt hat, an seinen Wohnort Bonn zurückkehrt. Die dürre Gegenwartshandlung wird immer wieder durch ausführliche monologische Rückblenden in die nähere und fernere Vergangenheit (der Nazi- und Kriegszeit) aufgebrochen, um nicht zu sagen: überwuchert. Sie motivieren biografisch-historisch die Außenseiterposition des in eine wohlhabende rheinisch-protestantische Fabrikantenfamilie Hineingeborenen im prosperierenden Wirtschaftswunderland der ausgehenden Adenauer-Zeit, die Distanz, ja das Rebellentum gegenüber der eigenen Familie wie gegenüber den tonangebenden Kräften in Staat und Gesellschaft der frühen Bonner Republik. Im Mittelpunkt der problematischen Familiensituation steht Schniers Mutter, die einst als fanatische Nationalsozialistin den Tod von Schniers Schwester Henriette bei einem Einsatz als Flakhelferin verschuldete, diese Vergangenheit nach 1945 aber verdrängt und verleugnet und sich in opportunistischer Anpassung an den Zeitgeist als fortschrittliche Musterdemokratin geriert.

Auf den aktuellen beruflichen Absteigerkurs, der ihn, inmitten des Karnevalstreibens um ihn herum, als Bettler im Clownskostüm auf den Stufen des Bonner Hauptbahnhofs enden lässt, bringt Schnier seine gescheiterte Liebesbeziehung zu der jungen Katholikin Marie Derkum, der Tochter eines seinerseits unangepassten Kleinwarenhändlers. Schnier hat diese als allein durch die unverbrüchliche wechselseitige Liebe gültige eheliche Verbindung auch ohne kirchlichen und staatlichen Segen angesehen, ist damit allerdings auf Ablehnung nicht nur seitens einer konventionellen Gesellschaftsmoral, sondern auch Maries gestoßen. Sie drängte auf eine Legitimierung des Verhältnisses wie auf die katholische Erziehung der zu erwartenden Kinder. Mittlerweile hat sie Schnier verlassen und Heribert Züpfner geheiratet, einen ökonomisch erfolgreichen „fortschrittlichen" Verbandskatholiken mit CDU-Parteibuch und besten Verbindungen in die Bonner Politik und Wirtschaft. Schnier sieht damit, in nur scheinbar paradoxer Verkehrung des üblichen Verständnisses, den Tatbestand des Ehebruchs erfüllt.

---

64 Die *Kölner Ausgabe* der Böll-Werke bringt den Roman als Bd. 13, hg. von Árpád Bernáth/Hans J. Bernhard/Robert C. Conard.

Unverkennbar bestätigt dieser Roman Bölls von Wellershoff als solche bezeichnete „antagonistische Weltsicht“. Wäre eine umstandslose Identifizierung des Ich-Erzählers mit dem Autor-Ich methodisch insofern unzulässig, als sie den Kunstcharakter des Romans unterschlüge, so kann kein Zweifel daran bestehen, dass jener seine Figur zum Sprachrohr der eigenen – schließlich auch in anderen Kontexten geäußerten – Gesellschaftskritik macht. Diese Kritik gilt einer antiquierten katholischen Ehe- und Sexualmoral, vor allem aber und in Verbindung damit den Deformationen der bundesrepublikanischen Demokratie durch das Machtkartell aus katholischer Kirche, Wirtschaft und Unionsparteien sowie der verschwiemelten und interessegeleiteten Absage an eine allfällige individuelle wie kollektive Aufarbeitung der NS-Vergangenheit, die diesen Namen tatsächlich verdient. Damit erfährt das seit dem 19. Jahrhundert im deutschen Roman virulente Thema des Künstler/Bürger-Gegensatzes und -konflikts eine aktualisierende und dezidiert politische Ausrichtung. Der maskierte Clown Schnier wird zum Ankläger, der den „anderen“ die Masken aus Lüge und Heuchelei (Karl Marx hätte von „Charaktermasken“ gesprochen) von den Gesichtern reißt.

Im Interesse einer klaren und eindeutigen Verteilung von Weiß und Schwarz, Licht und Schatten, Moral und Unmoral erstarrt Schnier mitsamt seiner (vielleicht nicht vom Autor intendierten, aber jedenfalls auf Leserseite so wahrnehmbaren) wehleidig-selbstgerechten Unduldsamkeit zu einer Allegorie der absoluten Verweigerung. Andererseits werden die monströse Figur der Mutter oder die Amtskirchenvertreter in ihrer süßlich-abstoßenden Bonhomie von karikaturhafter Überspitzung ereilt. Es ist gerade die im Interesse einer unmissverständlichen politischen Aussage vorgenommene Modellierung der Figurenprofile, die den realistischen Anspruch des Romans ein Stück weit hintertreibt. Nicht verleugnen kann dessen prinzipielles Vorhandensein auch Böll in einer Selbstinterpretation, die eine satirische Absicht geltend macht.[65]

Wellershoff Roman *Die Schönheit des Schimpansen* ist gleichfalls eine beruflich-gesellschaftliche „Absteigerballade“. Ein Vorspruch des auktorialen Erzählers reißt den allgemeinen Problemhorizont auf, vor dem sich die Romantragödie entfaltet, und beschreibt zugleich die quasi experimentelle Situation, die die folgende Handlung narrativ ausfüllen und beglaubigen soll: „Das kunstvolle Gleichgewicht, in dem ein Mensch lebt, ist manchmal nichts anderes als der angehaltene Moment vor seinem unvermeidlichen Sturz.“[66] Nach dieser Einleitung gleitet die Erzählung geschmeidig in eine radikal perspektivische Sicht hinüber: die des personalen Erzählers Klaus Jung.

---

65 Heinrich Böll: *Nachwort 1985 zu ‚Ansichten eines Clowns‘*, in: H.B.: *Werke*, Bd. 23: *1984–1985*, hg. von Hans Joachim Bernhard und Klaus-Peter Bernhard, S. 486–490; hier: S. 486.

66 *Die Schönheit des Schimpansen*, S. 537.

Abb. 8 Der erste Satz des Romans *Die Schönheit des Schimpansen*, vom Autor im Januar 2000 auf eine mit einem frühen Porträt versehene Karte geschrieben.

Der sieht, da einige berufliche Termine geplatzt sind, unvermutet einem verlängerten freien Wochenende entgegen, das er nicht zuhause in Köln zu verbringen gedenkt – bei seiner Frau, die er wohl nicht unbegründet des Fremdgehens verdächtigt. Er aktiviert stattdessen eine zurückliegende Zufallsbekanntschaft und macht sich auf den Weg zu ihr nach Duisburg. Am Ende des Zusammentreffens, das am Schluss des Buches beschrieben wird, erschlägt er die Frau und nimmt sich anschließend selbst das Leben, indem er die Abgase seines Pkw bemerkenswerterweise wie durch eine pervertierte Nabelschnur in das Wageninnere leitet. Zwischen Anfang und Ende des Romans schiebt sich die Vorgeschichte dieses grausigen Finales, die das scheinbar Grundlose und Unbegreifliche verständlich machen soll.

Klaus Jung ist in jeder Hinsicht ein gesellschaftlicher Verlierer. Nach einem aufgedeckten Täuschungsversuch von der Universität geflogen, schlägt er sich in einer trostlosen, teils kriminalitätsnahen Berufssphäre mit schlechter Vergütung als Mitglied einer Zeitschriften-Drückerkolonne, später als Automatenaufsteller durch. Beziehungen zu Frauen misslingen oder verbleiben in einem Stadium trister Unerfülltheit. Motivational kommt in der finalen Gewalttat mehreres zusammen: Zum einen wird dort der fortglimmende Hass auf die Mutter, die einst seinen Vater mit dem Onkel betrog, an einem stellvertretenden Opfer ausgelebt. Zum anderen und vor allem stellt sie sich dar als der Versuch, die eher dumpf geahnte denn wirklich gewusste Lebenskatastrophe zu beenden, den Zirkel von Entfremdung und Selbstzerstörung in seiner Aussichtslosigkeit auf eine ihrerseits extrem destruktive Weise zu sprengen. Tatsächlich signalisiert der Tötungsakt eine Art Katharsis, den endlichen, wenngleich zu spät vollzogenen Durchbruch zu einem authentischen, unreglementierten Weltbezug.

Ein Vergleich zwischen Bölls Schnier und Wellershoffs Jung zeigt die Unterschiede nicht nur in der Anlage der Figuren, sondern auch in den dahinterstehenden Darstellungsinteressen ihrer Autoren. Beide, Schnier und Jung, sind scheiternde Außenseiter. Während Bölls Clown diese Außenseiterrolle im Widerstand gegen als falsch erkannte politische und gesellschaftliche Zustände und Entwicklungen bewusst, selbstbestimmt und souverän annimmt, wird Wellershoffs ich-schwacher, von den Bedingungen der Lebenswelt nahezu überrollter, in seiner Bewältigungskapazität überforderter ehemaliger Student zum Opfer eines nicht verstandenen Verhängnisses einschließlich des eigenen gestörten Realitätsbezugs.

Dieser Unterschied ist übrigens nicht derselbe wie der von Hans Mayer in seinem Großessay *Außenseiter* entwickelte zwischen „intentionalen" und „existenziellen" Außenseitern.[67] Schnier ist ein intentionaler, Jung aber, insofern er nicht Mitglied einer diskriminierten sozialen oder sonst wie definierten Minderheit ist, keineswegs ein existenzieller Außenseiter. Zum Außenseiter, der einen Weg ins definitive gesellschaftliche Abseits antritt, wird er, weil es ihm nicht gelingt, dem Druck standzuhalten, den die moderne Lebens- und Arbeitswelt auf die Chancen eines konsistenten, rollensicheren, krisenhafte Dissoziation vermeidenden Subjekts ausübt.

In diesem Sinne kann man aus einem Roman wie *Die Schönheit des Schimpansen* sehr wohl eine Kritik an allgemeinen Zuständen – konkret: am unerträglichen Normenzwang einer marktbedingten Konkurrenz- und Leistungsgesellschaft – heraushören, die das Scheitern von Lebensentwürfen begünstigen. Diese Kritik verschärft sich bei Wellershoff aber nicht wie bei Böll zum polarisierenden Angriff auf politisch und sozial mehr oder weniger genau identifizierte Gegner wie den CDU-Staat, die katholische Kirche oder die sich auf lukrativen Positionen wieder breitmachenden alten Nazis.

Im Vordergrund steht bei dem Jüngeren vielmehr beharrlich die Phänomenologie von zweifellos auch sozial begründeten, aber im Prinzip doch individuellen Lebenskrisen, die in exakt adressierter Gesellschaftskritik nicht aufgeht. Deshalb ist auch die griffige Antithese „Böll sucht Aufklärung, Wellershoff Irritation"[68] zu

67 Hans Mayer: *Außenseiter*, Frankfurt/M. 1977, S. 13–18.

68 Reid, James H.: *Dieter Wellershoff, Heinrich Böll und der Kriminalroman*, in: Jung (Hg.): *Literatur ist gefährlich*, S. 65–76; hier: S. 70.

simpel. Wellershoff will – durch eine Veränderung der Wahrnehmungsformen – ebenfalls „aufklären", allerdings lässt sich diese Aufklärungsintention nicht auf die Flasche einer politischen Didaktik ziehen.

Genaues Lesen weist vor diesem Hintergrund Wellershoffs *Neuer Realismus*-Artikel von 1965 auch als „Anti-Böll"-Statement aus. Die hier bekundete Ablehnung der „grotesken, phantastischen und satirischen Literatur" musste sich u. a. gegen den Kollegen richten, zu dessen gestalterischen Arbeitsmitteln die Gesellschaftssatire schließlich bevorzugt gehört. Explizit formulierte Wellershoff diese Ablehnung in dem schon mehrfach erwähnten Böll-Porträt *Das richtige und das falsche Leben*:

> Es ist typisch für eine so motivierte Schreibweise [sc. diejenige Bölls, d. Verf.], dass sie zu moralisch zugespitzten Situationen und zu Ironie und Satire drängt, aber in die Nähe einer abstrakten Konturiertheit gerät, wenn sich in einer zunehmend komplexer werdenden Welt die einfachen, sinnfälligen Situationen nicht mehr an jeder Straßenecke ergeben.[69]

Offene Kritik an dem Kollegen zog auch dessen von Wellershoff als solcher begriffene Verstoß gegen den „Detailrealismus seiner frühen Romane und Erzählungen" auf sich:

> Wenn ich mir zum Beispiel so eine Novelle „Wanderer kommst du nach Spa" von Heinrich Böll ansehe: Da liegt jemand im Lazarett, das ist ausgerechnet die Aula seiner eigenen Schule. Der möchte gerne eine Zigarette rauchen, und man gibt ihm eine, schiebt sie ihm in den Mund. Und dann erfährt man: Er hat nicht nur einen Arm verloren, er hat beide Arme verloren! Und dann erfährt man aber auch, dass er beide Beine abhat! Und da muss ich sagen: Diese Verwundung hat es nicht gegeben! Wie soll die zustande gekommen sein? Das ist moralische Exemplifizierung, wie schrecklich der Krieg ist! Das ist doch Effekthascherei! Wenn man den Leuten sagen will, wie es gewesen ist, dann muss man sich die Sache genauer angucken.[70]

In dem Essay *Vielstimmiges Intermezzo* von 2006 gibt es eine weitere aufschlussreiche Stelle zu Böll:

> Er schien davon überzeugt zu sein, daß unsere Zusammenarbeit für sein Werk nützlich war. Deshalb überforderte er mich auch nicht mit einem Verlangen nach Bewunderung.

---

69 *Das richtige und das falsche Leben*, S. 549.

70 Zitiert bei Gisa Funck: *Verhängnis-Erforscher der westdeutschen Nachkriegswelt. Zum Tod von Dieter Wellershoff*, DLF am 15. Juni 2018, online: https://www.deutschlandfunk.de/zum-tod-von-dieter-wellershoff-verhaengnis-erforscher-der-100.html, letzter Zugriff: 18.03.2025. Die Autorin gibt zu dieser Stelle, offenkundig einem Auszug aus einem Interview, allerdings keinen Quellenbeleg.

> Vielleicht ahnte er, daß es problematisch für mich gewesen wäre, denn Bücher wie „Ansichten eines Clowns“ und „Die verlorene Ehre der Katharina Blum“ mochte ich nicht. Sie erschienen mir sentimental und moritatenhaft. Da konnte er sich bei mir mit einer etwas formelhaften Zustimmung begnügen.[71]

Anlässlich der Zusammenschau dieser Zitate fällt weniger der Gestus der Distanzierung auf als vielmehr die affektive Wucht, mit der er sich artikuliert. Es drängt sich der Eindruck auf, hier halte jemand nur mühsam einen tiefsitzenden Groll unter Kontrolle. Reinhold Neven Du Mont hält es für „denk-, allerdings nicht beweisbar“, dass hinter dieser kaum verhüllten „Abrechnung“ ein neidbeladenes Ressentiment steckte, gespeist aus der Frustration angesichts der eigenen „Böll-relativen“ Erfolglosigkeit. Wellershoff habe an ihr gelitten und sie als unbegründet und ungerecht empfunden. Als er dann mit dem *Liebeswunsch* einen zu Böll aufschließenden durchschlagend-spektakulären und entsprechend auflagenträchtigen Erfolg erzielte, sei das für ihn eine vitalisierende Glückserfahrung gewesen.[72] Irene Wellershoff betont hingegen, ihr Vater sei auf Böll nicht „neidisch“ gewesen, habe diesen vielmehr auf eine Weise unterstützt, wie es umgekehrt durchaus nicht der Fall gewesen sei.[73]

Ein Blick auf die Erwähnungen Wellershoffs in der *Kölner Ausgabe* der Böll-Werke zeigt immerhin, dass Böll seinen Lektor als so kompetenten wie fairen Gesprächspartner anerkannt und auch geschätzt hat. Für dessen literarische Produktion hingegen hatte er allerdings nach allem, was man weiß, genauso wenig übrig wie Wellershoff für die seine. Nicht auszuschließen ist, dass sich diese Ablehnung dann doch diffus mit persönlichen Motiven verband. Anlässe dafür gab es zweifellos, etwa diesen: „Als Bölls *Ende einer Dienstfahrt* herauskam, sah sich der Kiepenheuer & Witsch-Star der fünfziger Jahre durch Wellershoffs *Ein schöner Tag* aus der Aufmachung und von Platz 1 der Verlagszeitschrift verdrängt.“[74] Es ist kaum vorstellbar, dass Böll von diesem Vorgang begeistert war.

„Offiziell“ hat der Nobelpreisträger, so weit ersichtlich ist, zur literarischen Arbeit seines – und sei es früheren – Lektors nicht Stellung genommen. Negative Besprechungen aus eigener Feder wollte und konnte er diesem naheliegend nicht antun – es wäre ein aufsehenerregender Fauxpas gewesen. Böll artikulierte das selbst in einem privaten Schreiben an Wellershoff vom 19. September 1983, in dem es auch um den Roman *Der Sieger nimmt alles* ging: „Ich habe eine Rezension Ihres Romans verweigert, weil auch i c h wenig Gutes darüber hätte schreiben können.“[75] Immer-

---

71 *Vielstimmiges Intermezzo*, S. 555.

72 Gespräch mit d. Verf. am 28. Juni 2022.

73 Mitteilung an d. Verf. vom 19. Januar 2023.

74 Peitsch: *„Kleine Schritte“ zum Neuen Realismus*, S. 75.

75 HAStK, Best. 1554, Nr. 280.

hin gab es die Möglichkeit, dass andere das gleichsam stellvertretend erledigten. Bölls Intimus Heinrich Vormweg etwa verriss das Buch gleich an mehreren Orten – so im WDR und in der *Süddeutschen Zeitung*.[76]

Während Wellershoffs Kritik an Böll zwar in der Sache deutlich war, sich tonhalber aber im Rahmen distinguierter kollegialer Noblesse bewegte, ließ Rolf Dieter Brinkmann[77] seiner Abneigung gegen diesen einen völlig ungehemmten brutalen Lauf:

> [...] insofern kann ich die Biederkeit z. B. eines Böll in Deutsch nicht ertragen! Mal ganz abgesehen davon, dass ich nach zehn Jahren Aufenthalt in Köln die Nase voll habe mit dieser Kölner rheinländischen Menschlichkeit, die als human gilt und verbrämt wird, diese Sorte von Menschlichkeit ist nichts als Schlampigkeit, und wir haben sie oft zu spüren bekommen, bereits ihre Sprache ist schleimig, und es ekelt einen nur, sie in den Läden zu hören [...]. [...], alles vernuttet und verloddelt, sie schiffen in Hauseingänge und verkoten das Trottoir, Pack, ganz einfach katholisch verseuchtes Pack, und mir fällt es schwer, nicht daran zu denken, wenn ich Böll höre.[78]

Sicher ist das ein privater Brief, aber es ist Brinkmann, dem Enfant terrible der Kölner Literaturszene in den Jahren um 1970, durchaus zuzutrauen, dass er sich auch öffentlich in dieser Weise äußerte. Die Abneigung dürfte gegenseitig gewesen sein. Auch Böll, der beim Treffen der von Wellershoff für Kiepenheuer & Witsch akquirierten neuen Schriftsteller beim legendären 1964er Lesungstreffen in Kronenburg zugegen war, konnte wohl weder mit Brinkmann noch mit den anderen dort anwesenden jüngeren oder jungen Autoren viel anfangen. Jedenfalls ist nicht bekannt, dass er sich für einen von ihnen später in irgendeiner Weise eingesetzt hätte.

Diesbezüglich werden indirekt auch noch einmal die Unterschiede zwischen den literarischen und literaturtheoretischen Positionen Wellershoffs und Bölls deutlich. Tatsächlich „personalisierte" sich in den Teilnehmern des Kronenburger Treffens bereits jenes Konzept eines Neuen Realismus, das Wellershoff dann ein Jahr später in der gleichnamigen Marginalie für die Verlagszeitschrift *Die Kiepe* formulierte. Ein Text von Brinkmann, *In der Grube*, war bereits in der von Wellershoff herausgegebenen Anthologie *Ein Tag in der Stadt* von 1962 erschienen, in der sich insgesamt sechs der „Kölner Neuen Realisten" mit ihren Arbeiten vorstellten.

Wellershoff hat später berichtet, wie er auf Brinkmann aufmerksam wurde:

---

76 S. dazu Happekotte: *Dieter Wellershoff*, S. 176 ff.

77 Auch die folgenden Ausführungen zu Rolf Dieter Brinkmann orientieren sich an meiner *Kölner Literaturgeschichte* (S. 229–242).

78 Brief an Hermann Peter Piwitt vom 22. Juli 1972, in: Maleen Brinkmann (Hg.): *Rolf Dieter Brinkmann* (= *Rowohlt Literatur Magazin*, Bd. 36), Reinbek ^{2}1998, S. 92–101; hier: S. 99.

> Eines Tages legte sie [sc. Renate Matthaei, Wellershoffs Mitarbeiterin im Lektorat, d. Verf.] mir, als ich aus dem Urlaub zurückkehrte, ein Manuskript vor, das ihr aufgefallen war. Der Autor hieß Rolf Dieter Brinkmann und kam aus einem kleinen Ort in Norddeutschland, dessen Namen wir noch nie gehört hatten. Es war kein ausgefeiltes, manchmal auch unbeholfenes, sprachlich etwas schwammiges Manuskript, aber – darüber waren wir uns sofort einig – es hatte einen Drive wie ein Jazzsolo und eine unmittelbar spürbare existentielle Authentizität. Ich sagte: „Den müssen wir an Land ziehen", was bedeutete, daß wir eine Möglichkeit der Veröffentlichung finden mußten, um den Autor an den Verlag zu binden.[79]

Die poetologische Basis des in Rede stehenden Textes hat der 22-jährige selbst beschrieben: „Der Zustand der Person ist der einer wachen Ohnmacht, hervorgerufen durch die Anonymität und Gleichgültigkeit der Stadt und die Fixierung eines Erinnerungsstroms." Alles sei „durchaus gewöhnlich: die Stadt, der Augenblick, die Person". Sie werde in personaler Erzählhaltung „vorgeführt und gleichzeitig aufgesaugt von einem Allgemeineren, das sie zu benennen versucht."[80] Die folgenden Erzählbände *Die Umarmung* (1965) und *Raupenbahn* (1966) sowie *Keiner weiß mehr* (1968, alle zuerst bei Kiepenheuer & Witsch), Brinkmanns einziger Roman und letzter gattungsdefinierter Prosatext, zeigten die Fortführung und den Ausbau der 1962 formulierten Intentionen.

Brinkmann wies stets zurück, einer Gruppe anzugehören und in diesem Sinn über ein feststehendes theoretisches Programm zu verfügen. Vielmehr reklamierte er für sich den Status eines „Einzelgängers" in der zeitgenössischen deutschen Literaturszene.[81] Dennoch lohnt es sich, Brinkmanns Beziehung zum Neuen Realismus wie zu Wellershoffs theoretischen Positionen und seiner Literaturpraxis nachzugehen. Denn auf Anhieb und auch im Licht seiner Selbstinterpretation lassen sich Brinkmanns frühe literarische Arbeiten durchaus in den Horizont von Wellershoffs Realismus-Konzept stellen: keine „universellen Modelle des Daseins", sondern „der sinnlich konkrete Erfahrungsausschnitt, das gegenwärtige alltägliche Leben in einem begrenzten Bereich"; keine „Allgemeingültigkeit" durch „Stilisierung" und „Abstraktion", sondern „Aufmerksamkeit für die Störungen, Abweichungen, das Unauffällige, die Umwege, also den Widerstand der Realität gegen das vorschnelle Sinnbedürfnis"[82].

Es fällt nicht schwer, in Brinkmanns frühem Prosawerk Wellershoffs „Issues" wiederzufinden: die radikale Perspektivierung der Wahrnehmung, die scharfe

---

79 *Vielstimmiges Intermezzo*, S. 562 f.

80 Rolf Dieter Brinkmann: *Erzählungen*, Reinbek 1985, S. 409.

81 Ebd., S. 138.

82 Wellershoff: *Neuer Realismus*, S. 843 f.

Ausleuchtung wahrgenommener Details aus einer als Ganzes nicht mehr „verfügbaren“ und auch nicht gedeuteten Erfahrungswelt, das Eigenleben der Dinge, die Zersetzung sinnstiftender narrativer Kontinuität durch die hereinbrechenden Erinnerungsbilder und Tagtraumschübe, schließlich die Krise des überforderten und zur Sinnintegration nicht mehr fähigen Subjekts.

Zunächst ist sogar der Tatbestand einer Beeinflussung wenigstens erwägenswert – übrigens einer wechselseitigen, denn tatsächlich geht Brinkmanns Frühprosa Wellershoffs Romandebüt mit *Ein schöner Tag* (1966) voraus, während er seinen einzigen Roman zwei Jahre danach publizierte. Die Annahme ist allerdings nicht zwingend, Übereinstimmungen in Stil und literarischer Technik lassen sich bei beiden Autoren auf ein Tertium Comparationis zurückführen: auf die unübersehbare Orientierung am Nouveau Roman.[83] Sie zeigt sich in Wellershoffs Fall bereits in der Erzählung *Während*, die vier Jahre vor *Ein schöner Tag* entstand und anhand eines Urlaubstages an der holländischen Küste „Gleichzeitigkeiten von Geschehnisabläufen mit Wahrnehmungsperspektiven zu synchronisieren“[84] versucht. Brinkmann wiederum hatte sich während seiner Buchhandelslehre breite Kenntnisse in französischer, englischer und amerikanischer Gegenwartsliteratur zugelegt, die auch die Verlagsmitarbeiter anlässlich seines „Aufschlagens“ bei Kiepenheuer & Witsch beeindruckten.[85]

Wie auch immer: Zwischen Wellershoff und Brinkmann gibt es auffällige und teils bis zu den verwendeten Begriffen reichende Motivübereinstimmungen, die aus den gemeinsamen Vorbildern allein wohl nicht zu erklären sind. Thematisch auffällig ist bei beiden das Interesse an gesellschaftlich abweichendem Verhalten bis hin zu offener Kriminalität – bei Wellershoff in dem Roman *Die Schattengrenze* von 1969, bei Brinkmann in der Titelgeschichte seines Erzählbandes *Raupenbahn* und in dem Hörspiel *Auf der Schwelle* (1970). In diesem Zusammenhang gewinnt vor allem die Phänomenologie des Gewaltakts an Bedeutung, den beide Autoren durchaus jenseits „beruhigender“ sozialmoralischer Ordnungskategorien darzustellen und zu reflektieren suchen. Für Wellershoff sei in diesem Zusammenhang auf die Schlusssequenz des Romans *Die Schönheit des Schimpansen* mit einem Totschlag und einem Selbstmord verwiesen, für Brinkmann erneut auf das erwähnte Hörspiel, in dessen Vorrede er dieses äußert: „Ihr [sc. der Faszination, die von

---

83 S. dazu *Modelle, Verfahren und Prozesse*, S. 51 ff.; s. zum Verhältnis von Neuem Realismus und Nouveau Roman Merkes: *Wahrnehmungsstrukturen in Werken des Neuen Realismus*, S. 1–35; zu Brinkmann: S. 86–168; s. zu Brinkmanns einschlägiger Abhängigkeit auch Albert Meier/Ole Petras: *Kontexte. Französische Moderne*, in: Markus Fauser/Dirk Niefanger/Sibylle Schönborn (Hg.): *Brinkmann-Handbuch. Leben – Werk – Wirkung*, Stuttgart 2020, S. 33–36.

84 Jung: *Im Dunkel des gelebten Augenblicks*, S. 136.

85 S. dazu Frank Möller: *Dem Glücksrad in die Speichen greifen. Joseph Caspar Witsch, seine Autoren, sein Verlagsprogramm und der Literaturbetrieb der frühen Bundesrepublik*, Köln 2015, S. 249.

einem Gewaltakt ausgeht, d. Verf.] grausamer Ausdruck spricht den menschlichen Körper stärker an, als es das Begreifen wahrhaben möchte. Das geschieht auf einer nichtverbalen Ebene. Der Körper beginnt zu träumen."[86] Wellershoff-Leser dürften an dieser Stelle aufmerken: Der Ältere wird Brinkmanns Formulierung für die Titelgeschichte seines Erzählbandes *Der Körper und die Träume* (1992) verwenden, und es ist schwer vorstellbar, dass es sich bei dieser Übereinstimmung um einen Zufall handelt.

Während Wellershoff indes als empirische Person stets ein affektkontrollierter, berechenbarer, freundlicher, im Auftreten dem „bürgerlichen" Komment genügender Zeitgenosse war und blieb und destruktive Fantasien, so sie vorhanden waren, in seiner als Entlastungsraum aufgefassten Literatur auslebte bzw. dieses Ausleben den erfundenen Figuren als Stellvertretern überließ, setzte Brinkmann seine Aggressionen, sein inwendiges Potenzial an Wut und Hass mit ungehemmtem Impuls im „wirklichen" Leben um. Tatsächlich galt er, für seine „Auftritte" so legendär wie berüchtigt, nicht nur als Schreckfigur der seinerzeit aktuellen Literatur, sondern eben auch des Kultur- und Literaturbetriebs. Der bekannteste „Skandal"[87] ereignete sich im Rahmen einer Berliner Podiumsdiskussion im November 1968: Brinkmann schleuderte bei seiner Lesung den anwesenden Kritikern Rudolf Hartung und Marcel Reich-Ranicki den in verschiedenen Fassungen überlieferten Satz entgegen: „Wenn ich ein Maschinengewehr hätte, würde ich Sie jetzt niederschießen." Der dem Autor, wie seine Rezensionen zeigen, wohl gesonnene Reich-Ranicki bewahrte die Fassung und interpretierte den Auftritt als geplante Provokation und medienwirksame Inszenierung aus dem Geist der Zeit – was sie, wenigstens zum Teil, zweifellos war.

In solchen Aktionen brach sich auch ein wohl authentischer Widerwille gegenüber dem bundesdeutschen Literatur- und Verlagswesen Bahn, dessen Zeuge der von Brinkmann später als „Kleinkrämer und Bubi"[88] beschimpfte Kiepenheuer-&-Witsch-Verleger Neven Du Mont wurde.[89] Vom Verlag eingeladen zu einer Lesung des österreichischen Dramatikers Wolfgang Bauer, begann Brinkmann bei dieser Gelegenheit zu krakeelen: „Mensch Bauer, weißt du überhaupt, wie lächerlich du dich hier machst? Du prostituierst dich vor diesen pickeligen Azubis!" Von der Verlagsmitarbeitern „rausbugsiert", habe Brinkmann draußen weiter randaliert und Bücher aus dem Handlager in die Einfahrt des Verlagshauses geschmissen.

Solche ein Happening-Design annehmende Selbstinszenierungen „passten" zweifellos in jene Jahre, allerdings machten sie Brinkmann beim näheren Hinsehen

86 Rolf Dieter Brinkmann: *Vorrede* zu *Auf der Schwelle*, in: wdr-Hörspielbuch 9 (1971), S. 49.

87 Markus Fauser: *Biographischer Abriss*, in: *Brinkmann-Handbuch*, S. 3–17; hier: S. S. 10.

88 Brief an Nicolas Born vom 20. Oktober 1974, in: Maleen Brinkmann (Hg.): *Rolf Dieter Brinkmann*, 120 f.; hier S. 120.

89 Den Vorgang schildert Neven Du Mont in: *Mit Büchern und Autoren*, S. 45.

noch nicht zum „68er“ in einem spezifischen, eng gefassten Sinn. Das gilt zumal für sein Verhältnis zur Studentenrevolte. „Zur universitären Protestgeneration [ging er] nach einem heftigen, aber kurzen Flirt bald auf Distanz.“[90] Der rebellische Impuls des Autors richtete sich, kurz gesagt, gegen alle Autoritäten – damit aber auch zwangsläufig gegen „linke“ –, die einen situativen, spontanen Zugang zur Erfahrungswelt in ihrer Disparität und Widersprüchlichkeit, ein Gegenwarts-Leben in einem emphatischen Verständnis durch festgelegte Interpretationsmuster und historisch-gesellschaftliche Großtheorien zu blockieren drohten. „Hätte ich eine Theorie anzubieten“, schrieb Brinkmann im *Unkontrollierten Nachwort zu meinen Gedichten* von 1974,

> ein Weltbild, eine Ansicht, eine Ideologie, wäre mir zu schreiben leichter gefallen. So aber ist nichts außer dem einen Augenblick, an dem ich schrieb, da gewesen. Und so ist immer der jeweils letzte geschriebene Satz ein Ende gewesen, von dem ich mit jedem Mal neu beginnen mußte, [...]. Zusammenhänge sehe ich keine.[91]

Erneut zeigt sich an dieser Stelle Brinkmanns Nähe zu Wellershoff, der für sich selbst die Vorstellung einer operativen, auf direkte politische Veränderung zielenden Literatur gleichfalls ablehnte. Allerdings radikalisierten sich im Zuge der Beschäftigung mit Sprachtheoretikern wie Fritz Mauthner und Alfred Korzybski sowie mit Nietzsche Brinkmanns Zweifel an der Erkenntnisfunktion und den Möglichkeiten der Erkenntnis durch Sprache überhaupt in einer Weise, wie es bei Wellershoff nicht der Fall war. Die Einsicht, dass „in der Sprache keine Erkenntnisse zu machen sind“[92], führte Brinkmann in seiner eigenen literarischen Praxis zu einer medialen Entgrenzung, die etwa die immer stärkere Integration selbstgefertigten Fotomaterials in seine (späten) Arbeiten zur Folge hatte: Er attackierte traditionelle Sprachlichkeit vom Bildmedium her, unterminierte sie, um „in Bildern zu sprechen“. Man könnte in Anlehnung an Richard Wagners Bemerkung über Beethovens neunte Sinfonie von einer „Erlösung des Wortes durch das Bild“ sprechen.

Ein nietzscheanischer Duktus durchwaltet unverkennbar auch das 1979 posthum veröffentlichte genre-unspezifische Spätwerk *Rom, Blicke*. Hier verbinden sich ein markanter Elitismus mit Antiakademismus und Intellektuellenfeindschaft sowie wiederholten Attacken gegen den „miesen Zwang zum Sozialismus und zur Demo-

90 Uwe Schweikert: *„Sehen heißt heute erleben“. Notizen bei der Lektüre von Rolf Dieter Brinkmann*, in: Maleen Brinkmann (Hg.): *Rolf Dieter Brinkmann*, S. 198–207; hier: S. 199.

91 Rolf Dieter Brinkmann: *Ein unkontrolliertes Nachwort zu meinen Gedichten* (1974/1975), in: R. D. B.: *Westwärts 1 & 2. Gedichte*. Mit Fotos und Anmerkungen des Autors. Erweiterte Neuausgabe, Reinbek 2005, S. 256–330; hier: S. 263.

92 Ebd., S. 238.

kratie“[93], gegen die „Massendemokratie, die alle Formen und Bewußtseinszustände verschmiert“.[94] Zugleich zeigt sich jener Gestus der Politik- und Demokratieverachtung, den Wellershoff an Gottfried Benn zusehends kritisiert hatte. Das kam nicht von ungefähr: Benn gehörte als Prosaautor wie als Lyriker zu Brinkmanns immer wieder positiv adressierten Vorbildern.[95]

Konkret lassen sich viele der vorgestellten allgemeinen Aspekte in Brinkmanns erzählerischem Hauptwerk verfolgen, dem Roman *Keiner weiß mehr*. Die Frage, ob er ein 68er-Roman ist, stellt sich vor diesem Hintergrund mit einiger Dringlichkeit. Sie ist differenziert zu beantworten: Aus einer im engeren Sinn politischen Sicht ist er sicherlich keiner, das Private – die krisengeschüttelte Situation einer armen Kleinfamilie – ist hier in einer Weise „privat“, dass es nicht „politisch“ wird. Eine wie auch immer „weltanschaulich“ unterfütterte revolutionäre Stoßrichtung ist ihm völlig fremd.

Dennoch hat auch Brinkmanns Buch, das übrigens noch vor dem Umbruchsjahr entstand, teil am Geist der Zeit. Das zeigt sich zunächst an der Negativität, an der unbändigen Wut, mit der der Protagonist auf Traditionen und Autoritäten, eigentlich auf alles und jedes reagiert – im Sinn des schon oben beschriebenen Fundamentalrebellentums. Es zeigt sich an der inwendigen Kritik der Warenästhetik und des über sie transportierten Terrors der Wunschbilder in einer kapitalistischen Wohlstandswelt, an deren Pforten die Familie eh als Außenseiter stehenbleiben muss. Es zeigt sich an einer neuen, provozierenden und obszönen, an einer von Tabus befreiten Sprache für Sexualität und – dieser Aspekt kann kaum überbewertet werden – an der engagierten Öffnung des Horizonts ästhetischer Wahrnehmung für die englische und amerikanische Popkultur und -musik.

Keiner weiß mehr markiert eine Zäsur in Brinkmanns Werk – nicht nur, weil es seine letzte Prosaarbeit im engen Sinn ist. Vielmehr ging es um grundsätzliche Veränderungen in der literarischen Produktion, die sich simultan zu einer Umstellung der persönlichen Lebensverhältnisse vollzogen. Nach 1970 „verschwand“ Brinkmann aus der Kölner Kulturszene, hielt sich in seinen wenigen ihm verbleibenden Jahren bis zu seinem Unfalltod im April 1975 in London oft im Ausland auf. Wellershoff beschreibt in seinem ausführlichen Nachruf für die *Akzente* aus der Nahsicht und auch wohl aus eigener Betroffenheit eine verschärfte Krisensituation:

> Er zerstörte seine Arbeitsbeziehungen, vertrieb seine Freunde und Bekannten durch Wutausbrüche, Beleidigungen und einen wirren, paranoiden Monolog, der allmählich jede vernünftige Verständigung und Auseinandersetzung unmöglich machte. Sollte der

93 Rolf Dieter Brinkmann: *Rom, Blicke* (= *dnb*, Bd. 225094), Reinbek 1979, S. 138.

94 Ebd., S. 209.

95 S. dazu die mehrfachen Hinweise in: *Brinkmann-Handbuch*, S. 32 f., 123 f. und passim.

> Kontakt zu ihm nicht sofort abbrechen, mußte man vorbehaltlos mit ihm übereinstimmen, daß alles kaputt war, tot, verrottet, leergelaufen und was er sonst noch an heftigen Worten fand, die von vornherein jede Differenzierung, jede Analyse verweigerten.[96]

Diese Verwerfungen, zu denen der Verlegerwechsel von Kiepenheuer & Witsch zu Rowohlt und März gehörte, zeigten sich auch darin, dass Brinkmann in jenen fünf Jahren kaum mehr etwas publizierte. Die Annahme einer Schreibkrise wird allerdings dadurch stark relativiert, dass in dieser Zeit mit dem umfangreichen, Lyrik und Bilder kombinierenden Band *Westwärts 1 & 2* sowie dem ebenfalls mehrmedialen Reisebuch *Rom, Blicke* zentrale Arbeiten seines Œuvres entstanden. Sie wurden aber erst nach seinem Tod veröffentlicht. Die starke Konzentration auf die Lyrik markiert darüber hinaus den endgültigen Abschied vom Neuen Realismus und seiner Ästhetik, die im Wesentlichen eine der Prosa-Literatur war – Wellershoffs Gedichtschaffen zum Beispiel ist unerachtet seines Rangs im Kontext des Gesamtwerks randständig.

Wellershoff und Brinkmann: Der Lektor verstand sich seit der „Entdeckung" des Jüngeren als dessen engagierter Förderer, in literarischer wie in materieller Hinsicht. So setzte er z. B. im Verlag ein monatlich auszuzahlendes Stipendium durch, um dem Anderen das Schreiben ohne Überlebensangst zu ermöglichen. Im Wissen um die massiven selbstzerstörerischen Impulse des Jüngeren sah er seine Aufgabe auch darin, diesen gleichsam vor sich selbst zu schützen – was freilich zuletzt immer weniger gelang. Deshalb blieb schließlich auch der Helfer ratlos zurück.

So oder so war Wellershoff bewusst, dass mit Brinkmann ein neuer, anderweitig nicht anzutreffender „Ton" in die deutschsprachige Gegenwartsdichtung einzog, der auch etablierte poetologische wie Rezeptionsmodelle grundsätzlich infragestellte. Anhand seiner drei Hörspiele, denen er „Ekstasen eines destruktiven Allmachtstraums" und „regressive Phantasieszenarien" bescheinigt, kommt er zu grundsätzlichen Überlegungen in Sachen Brinkmann:

> Ich meine, der Fall Brinkmann ist eine neue Belehrung über die Unangemessenheit der sich immer wiederherstellenden, immer wieder geäußerten Erwartung, der Schriftsteller solle einen Bewußtseinsvorsprung vor seinen Lesern haben, er solle die Welt richtiger, umfassender verstanden haben als sie und vielleicht sogar praktikable Lösungen für die dargestellten Probleme oder Mißstände bereithalten. Vielleicht ist auch der umgekehrte Fall zu erwägen: Die Leser sind aufgeklärt und realitätstüchtig, aber der Autor, befangen in seinem verzerrten, unglücklichen Bewusstsein, seinen unangepaßten Bedürfnissen und neurotischen Antrieben, ist es nicht. Dann hätte er ihnen immer noch eines voraus, daß er nicht die abgeschliffene funktionelle Sprache des Allerwelts-Diskurses redet, sondern die

96 *Destruktion als Befreiungsversuch. Über Rolf Dieter Brinkmann*, in: WW 4, S. 501–512; hier: S. 507.

> dunkle und erschreckende Sprache seines Begehrens und seiner Angst. Der Sinn dieser Sprache ist es nicht, zu informieren, zu belehren, zu vernünftigem angepaßtem Handeln anzuleiten, sondern sie ist Ausdruck und Evokation.[97]

Wellershoff spricht hier über Brinkmann, aber wohl auch über sich selbst. Die Erweiterung der Existenz dank einer durch Literatur vermittelten neuen Sicht auf die Dinge, durch neue, verstörende Erfahrungen, und die Emanzipation der dichterischen Sprache von ihrer Verpflichtung auf Weltverbesserung sind schließlich zentral-markante Bestandteile der eigenen Poetik. Es scheint, dass Wellershoff in Brinkmann auch eine extreme Realisation eigener Möglichkeiten und Gefahren sah.

97 Ebd., S. 510 f.

7. Zeitgenossenschaft

> Angesichts der Gegenwart schreibt man auch dann, wenn man sich mit der Vergangenheit und der Zukunft auseinandersetzt, denn in der Gegenwart wurzeln unsere Interessen und entstehen die Fragen, die wir an Vergangenheit und Zukunft richten. Sie ist der perspektivische Ort unserer Erwartungen und Erinnerungen und untrennbar davon auch der Grund unserer Täuschungen und Irrtümer. Gegenwart ist nicht bloß das ständig vergehende, augenblickshafte Jetzt zwischen dem, was gewesen ist. Und dem, was noch nicht ist, sondern der unbestimmte Zeitraum der der Aktualität unserer Interessen, Probleme, fortlaufenden Handlungen und der Umstände, in denen das geschieht. [...]
> Die Gegenwart ist das Unabgeschlossene, das, was uns beschäftigt, bedrängt, uns angeht, wie es heißt, was uns aber auch langweilen kann, weil es anscheinend Tag für Tag dasselbe ist und nicht von der Stelle kommt.[1]

Diese Sätze aus dem Vorwort zu einem Sammelband mit dem bezeichnenden Titel *Angesichts der Gegenwart. Texte zur Zeitgeschichte*[2] weisen Dieter Wellershoff als Zeitgenossen der Gegenwart im emphatischen Sinne aus – sie enthalten, um es in Anlehnung an ein Buch des Philosophen Hans Blumenberg zu formulieren, in nuce so etwas wie die Begründung einer „Legitimität der Gegenwart". Diese emphatische Zeitgenossenschaft spiegelt sich im schriftstellerischen Werk: Da ist auf der einen Seite die lange und stetig fortgesetzte Reihe von Wellershoffs publizistischen Interventionen zu politisch-gesellschaftlichen Ereignissen und Entwicklungen[3]. Da sind dann aber, zum anderen und vor allem, die fiktionalen Texte – Romane, Erzählungen, Hörspiele, Drehbücher –, deren Handlungszeitraum durchweg die Zeit ihrer Entstehung ist. Das ist alles andere als ein Zufall: Wellershoff wollte, ja musste von seinen lebensgeschichtlichen wie Denkvoraussetzungen her „Zeitgenosse" seiner erfundenen Figuren sein. Als Verfasser von historischen Romanen wie von Science Fiction ist er schlicht nicht vorstellbar.

Vor negativen Urteilen über seine Bücher zumal seitens der professionellen Literaturkritik hat ihn deren offensichtliche „Gegenwartshaltigkeit" (die am Schluss dieses Kapitels noch eingehender untersucht werden soll) zumal in den 60ern und 70ern bis in die 80er Jahre hinein nicht geschützt. Dabei wurde nicht in Abrede

---

1 *Angesichts der Gegenwart*, in: WW 4, S. 145–147; hier: S. 145.

2 Ursprünglich erschienen als *Die Mainzer Reihe*, Bd. 76, Mainz 1993.

3 Die Werkausgabe bringt diesbezüglich lediglich eine Auswahl. S. vor allem *Texte zur Zeitgeschichte*, in: WW 4, S. 13–147, *Der lange Weg zum Anfang. Zeitgeschichte, Lebensgeschichte, Literatur*, in: WW 8, S. 331–611, die in WW 3 versammelten autobiographischen Schriften und die zahlreichen in und außerhalb der Werkausgabe dokumentierten Gespräche und Interviews.

gestellt, dass seine Romane „Gegenwartsromane“ sind. „Zeitromane“ in einem „substanziellen“, also totalisierend-diagnostischen Sinn aber waren sie in den Augen der Kritik nicht. Es sei eben die „falsche“ Zeitbezogenheit, die in ihnen praktiziert werde, die, statt soziale und politische Fehlverhältnisse anzuprangern und aktivistisch auf ihre Veränderung hinzuwirken, ihr Genügen finde an der Darstellung „privater“ und solchermaßen gesellschaftlich und damit eben auch für ein potenzielles Lesepublikum irrelevanter Verwicklungen und Krisen.

Der Schriftsteller und Essayist Michael Rutschky beschreibt für die 68er Zeit typische literaturpolitische Frontstellungen mit Bezug auf den „Schriftsteller W.“ – das ist Wellershoff – mit treffsicherer Ironie:

> Unbezweifelbar entstammen die Kategorien, in denen der Schriftsteller W. die gesellschaftliche Funktion des Schreibens darzulegen sucht, ganz anderen Theoriesprachen als die Kategorien, in denen der Germanist L. (und die anderen Protagonisten meiner Darstellung) diese gesellschaftliche Funktion bestreiten. Der Germanist L., für den die Romanfiguren des Schriftstellers W. wohl zu jenem Genre negativer Helden gehören, in denen sich angeblich die aus dem Kapitalismus vertriebene Humanität verkörpere, während sie in Wahrheit der Stabilisierung der kapitalistischen Inhumanität dienen – der Germanist L. wird den Schriftsteller W., weil seine Essays aufmerksam gelesen und diskutiert werden, weil er einen Literaturpreis bekommen hat, wohl zu den Autoren zählen, die der Kapitalismus korrumpiert hat. Gegen jene Darstellung der gesellschaftlichen Funktion des literarischen Schreibens und des Lesens wird der Germanist L. ohne Zögern etwas halten, das er „marxistische Literaturtheorie“ nennt, und er wird für sich und sein Publikum die Darstellung des Schriftstellers W. damit ausgelöscht haben, als handle es sich um eine Berührung mit Antimaterie.[4]

Tatsächlich hatte Wellershoff auf die „linke“ Kritik an seinen Büchern gleichsam im Vorgriff bereits in seinem Aufsatz *Neuer Realismus* von 1965 geantwortet, und zwar auf der Basis von zwei Argumentationslinien. Abgelehnt werden dort für eine realistische Literatur „universelle Modelle des Daseins“, „Allgemeingültigkeit“, „beispielhafte Bedeutung“ und die Bedienung eines „vorschnelle[n] Sinnbedürfnis[ses]“. „Erfahrungen“ statt „Meinungen“ lautet am Ende der kurzen Marginalie die polemisch geschärfte Alternative[5].

---

4 Michael Rutschky: *Erfahrungshunger. Ein Essay über die siebziger Jahre*, Köln 1980, S. 38 f. Auch die Wellershoff-Forschung hat den Vorwurf des Privatismus und der fehlenden gesellschaftlichen Dimensionierung gutbegründet und differenziert zurückgewiesen. S. z. B. Tschierske: *Das Glück, der Tod und der „Augenblick“*, S. 25 ff., und Happekotte: *Dieter Wellershoff*, S. 56–223 (Kapitel 3: *Das erzählerische Werk Dieter Wellershoffs in der Kritik*).

5 *Neuer Realismus*, S. 843.

Aus diesen Aussagen lässt sich erschließen, dass Wellershoff sich zum funktionalistischen, operativ-politischen Literaturbegriff der Protestbewegung am Ende der 60er Jahre ablehnend verhalten musste. Schließlich handelte es sich bei der marxistischen oder marxistisch inspirierten Gesellschaftskritik ebenfalls um eines der von ihm zurückgewiesenen „universellen Modelle des Daseins" im Sinne eines ideologischen Generalschlüssels, wenngleich nicht mehr um ein metaphysisch grundiertes. Ein – wie auch immer verfasstes – ideologisches Vorverständnis blockiert gerade jene Schemaauflösung, jene „Wiederherstellung der Fremdheit"[6], um die es realistischem Schreiben in Wellershoffs Verständnis geht.

Diese Distanz dürfte auch verantwortlich für die folgende Selbsteinschätzung sein:

> Ich verstehe mich nicht ausdrücklich als politischer Autor, nicht so, daß man mich einordnen könnte in eine politisch definierte Tendenz. [...] Aber die [sc. meine, d. Verf.] Romane agitieren nicht, münden nicht in einfachen Appellen und Thesen. Dazu ist, glaube ich, die Darstellung der Geschehnisse zu komplex.[7]

Das gilt in Wellershoffs Sicht nicht nur für die Darstellung, sondern auch für die „Gegenstände" selbst: Angesichts der Überkomplexität der Lebensverhältnisse in der Spätmoderne ist demnach der Anspruch vermessen, „das Ganze" überblicken und – in der Perspektive seiner erwünschten Abschaffung oder Transformation – denken und deuten zu können. Auch der fiktionale Autor ist mit der Tatsache konfrontiert, dass er Vertrautheit nur für einen relativ kleinen Erfahrungsausschnitt in Anspruch nehmen kann, dass es aber gerade diese „erfahrenen" und nicht etwa „herbeigelesenen" Erfahrungen sind, die im Zentrum realistischen Schreibens stehen.[8]

Das zweite Standbein von Wellershoffs (vorwegnehmender) Gegenkritik lässt sich ebenfalls dem Aufsatz *Neuer Realismus* entnehmen: Sich der propagandistischen Verwertung von Literatur zu verweigern bedeutet demzufolge keineswegs, auf die Thematisierung von Gesellschaft und Gesellschaftskritik zu verzichten: „Der neue Realismus kritisiert sie [sc. die Gesellschaft, d. Verf.] immanent durch genaues Hinsehen."[9] *Literatur und Veränderung*, der Titel von Wellershoffs erster großer Essaysammlung, ist in diesem Sinne programmatisch gemeint: „Verände-

6 Das ist die programmatische Titelformulierung eines von Wellershoffs zentralen literaturtheoretischen Essays aus dem Jahr 1969 (in: WW 4, S. 231–240).

7 *Die Wahrheitsbedingungen der Literatur*, S. 140.

8 Ebd., S. 141. S. auch *Zu privat. Über eine Kategorie der Verdrängung*, in: WW 4, S. 241–249; hier: S. 244 f.

9 *Neuer Realismus*, S. 844.

rung" meint bei Wellershoff eine solche der Wahrnehmung, nicht die kurzschlüssige Überführung von Literatur in politische Praxis.

Auf jeden Fall erhebt er für seine eigenen fiktionalen Texte den Anspruch, „daß die Totalität im Besonderen mit erscheint"[10]. Wobei diese Hegel'sche Denkfigur allerdings die Frage nahelegt, wie sich dieser Anspruch umsetzen lässt, wenn der Autor eingestandenermaßen besagte „Totalität" aus eigener Erfahrung gar nicht kennen kann. Wie auch immer: Die Dialektik von Totalität" und „Besonderem" entspricht exakt derjenigen von „Gesellschaft" und „Privatheit", von der Teile der Literaturkritik eben just behaupteten, dass sie bei Wellershoff nicht stattfinde:

> Arbeitshypothese für eine kritische und konkrete Literatur: Indem sie die gesperrten und verstümmelten Kapazitäten des Menschen deutlich macht, zeigt sie den Preis der herrschenden Praxis und zugleich das Potenzial möglicher Veränderung. Sie ist so Platzhalter einer Utopie freier menschlicher Kommunikation, die unausgesprochen, aber als ihr dauernd intendiertes Gegenteil in den Bildern der sozialen, neurotischen und wahnhaften Fesselung, der Feindschaft, des Versagens, des Unglücks und des Todes enthalten ist.[11]

An anderer Stelle konkretisiert der Autor dieses Programm mit Blick auf die Thematik seiner eigenen Bücher:

> Ich meine, daß man in der Psychologie meiner Personen einiges erfährt über Menschen in einer Konkurrenzgesellschaft. Es ist eine Gesellschaft, in der Menschen privatisiert werden, aber die herrschenden Leitvorstellungen – wie Erfolg, Selbstverwirklichung – verinnerlichen und manchmal unter ihnen zusammenbrechen. Das sind die Potenzträume der Kleinbürger, die ich darstelle, die Ängste, die alle mit sich herumtragen. Dies geht ja bis in die Intimbereiche der Personen. Auch Sexualität ist Konkurrenzkampf. Insoweit erfährt man – glaube ich – etwas von meinem Bild der Gesellschaft auch und gerade durch die besonderen oder sogar abseitigen Situationen, die ich darstelle.[12]

Oder noch drastischer:

> Ich bin der Meinung, daß sich mehr Menschen mit Problemen des Konkurrenzkampfes, der Selbstverwirklichung, der Sexualität, des Minderwertigkeitskomplexes usw. herumschlagen, als mit Berufsverboten. Und diese Probleme sind sogar systemrelevant.[13]

---

10 *Die Wahrheitsbedingungen der Literatur*, S. 142.

11 *Zu privat*, S. 247 f.

12 *Die Wahrheitsbedingungen der Literatur*, S. 142 f.

13 Ebd., S. 171.

Die hier referierten Positionen lassen es als verfehlt erscheinen, einen „politischen" Wellershoff der zeitkritischen Essays gegen einen „privaten" seiner literaturtheoretischen und fiktionalen Texte abgrenzen zu wollen. Dass der Autor selbst bekundete, sein schriftstellerisches Interesse liege „nicht auf der Ebene der tagespolitischen Belange und Interessen", sondern sei „mehr psychologisch und soziologisch"[14], steht dem nicht entgegen. Wie im Folgenden gezeigt werden soll, hängen seine intellektuelle Entwicklung als die eines politisch interessierten, beobachtenden und in Schrift und Wort auch eingriffsbereiten Zeitgenossen und seine im engeren Sinn literarische Produktion eng zusammen.

Ausgangspunkt für die Formierung einer konsistenten Identität als biografisches Subjekt wie als Autor waren in Wellershoffs – freilich generationsbedingtem – Fall die Erfahrungen von Krieg, Zusammenbruch und Neustart am wohl nicht absoluten, aber doch relativen Nullpunkt des Jahres 1945:

> Der Schriftsteller W. ist 1925 geboren worden und gehört zu einer Generation, die ihr soziologischer Interpret Schelsky 1957 die „skeptische" Generation genannt hat. Ihre zentrale Erfahrung sei der Nationalsozialismus gewesen und die militärische Niederlage des Hitlerstaats. Die Folgerung aus dieser Niederlage sei Skepsis gewesen, Skepsis gegen jede „Weltanschauung", gegen alle globalen Deutungen des individuellen und gesellschaftlichen Lebens: wer einmal an Hitler und sein Wahngebilde von der germanischen Herrenrasse geglaubt hat, wer an dem Krieg teilgenommen hat, der die Herrschaft dieser Herrenrasse über Europa und Asien erringen sollte, dem ist nach der militärischen Niederlage 1945 alles, was nach einem globalen Deutungs- und Handlungsmuster aussieht, schon beim ersten Anblick verdächtig. Der lakonische Verzicht auf Universalmodelle, den der Schriftseller W. in seinem Realismus-Programm 1965 ausspricht, ließe sich als Akt der Skepsis aus dieser Generationserfahrung verstehen.[15]

Tatsächlich drohten auch nach Diktatur und Krieg im geteilten Deutschland der Nachkriegszeit kollektive Inanspruchnahmen durch administrativ durchgesetzte politische Deutungsmuster, seinerzeit weniger von „links" als vielmehr von „rechts": Adenauers autoritärer Regierungsstil, Kalter Krieg, Antikommunismus, Hallstein-Doktrin, Wiederbewaffnung, eine zumal von der katholischen Kirche beförderte restriktive Sozialmoral und die Ideologie des zu verteidigenden christlichen Abendlandes erzeugten einen Konsensdruck, der bei einem protestantischen Atheisten und Existenzialisten wie Wellershoff Widerstand provozieren musste.

Die Reaktion bestand zunächst in der Artikulierung einer dezidierten, dabei seinerzeit verbreiteten und dadurch geradezu zum Topos geronnenen „Ohne mich"-

14 Ebd., S. 140.

15 Rutschky: *Erfahrungshunger*, S. 41.

Haltung. Sie gab Wellershoff allerdings in den 50er Jahren auf – möglicherweise auch auf- und abgeschreckt durch den fragwürdig apolitischen, ja politikfeindlichen „Ohne Mich"-Standpunkt Gottfried Benns und im Kontext seiner Auseinandersetzung mit ihm[16]. Indes hatte das „Ohne mich", wie er kritisch anmerkte, mit der „allmählichen Normalisierung der Verhältnisse" seinen moralischen „Bekenntnischarakter" auf breiter Front verloren:

> Was zurückblieb, war ein allgemeines Desinteresse an öffentlichen Fragen und ideologischen Angeboten, eine Neigung, einzig den privaten Lebensbereich wichtig nehmen und alle politischen und gesellschaftlichen Probleme, wenn überhaupt, nur unter privaten Aspekten zu beurteilen. Interessenegoismus, Konkretismus, ein praktisches Ohne-mich, aber ohne sittlichen Impuls und ohne Bereitschaft zum Widerstand gegen kollektive Prozesse, [...].[17]

Die Alternative zum persönlichen „Ohne mich"-Standpunkt war – konsequent, nahezu zwangsläufig – die Positionierung auf der Seite der politischen Opposition:

> Ich war nach dem Studium noch Redakteur einer Studentenzeitung. Das Thema, das damals die Zeitung beherrschte, war der Kampf gegen die Wiederbewaffnung der Bundesrepublik. Später habe ich mich auch schriftlich gegen die Atomwaffen geäußert, gegen den Vietnam-Krieg und gegen die Hallstein-Doktrin. Und ich habe im Mai 1968 auf dem Kölner Neumarkt und in der Kölner Universität eine Rede gegen die Notstandsgesetze gehalten.[18]

Seine publizistischen Anfänge in den 50er Jahren als Redakteur der *Deutschen Studentenzeitung* von 1951 bis 1954 wie als Zulieferer überregionaler Zeitungen[19] zeigen übrigens eine wachsende Vertrautheit mit den Traditionen linker System- und Ideologiekritik von Marx über Benjamin, Lukács und Bloch bis zu den Autoren der Frankfurter Schule – ohne dass der junge Autor deren Theoreme freilich widerspruchslos adaptiert hätte. Überhaupt ließ seine Kritik an Wellershoffs „entschiedenem politischen Bekenntnis zum Westen und zur Bundesrepublik keine ernsthaften Zweifel aufkommen"[20]. Die Freiheitsgewinne gegenüber der Nazizeit

---

16 S. dazu Kapitel 6 („Impulse und Kontakte"), S. 131–135.

17 *Gottfried Benn – Phänotyp dieser Stunde*, S. 214.

18 *Die Wahrheitsbedingungen der Literatur*, S. 140.

19 S. zu Wellershoffs publizistischen Anfängen Günter Helmes: *Von der „Berufung des geistigen Menschen zu allseitiger Verantwortung". Anmerkungen zu Dieter Wellershoffs Beiträgen in der „Deutschen Studentenzeitung" 1951 bis 1954*, in: Durzak/Steinecke/Bullivant (Hg.): *Dieter Wellershoff*, S. 31–57; Jung: *Im Dunkel des gelebten Augenblicks*, S. 31–53.

20 Helmes: *„Berufung"*, S. 43.

Abb. 9 Wellershoff als Redakteur der Deutschen Studentenzeitung. Die Aufnahme entstand zwischen 1952 und 1954. Foto: privat.

und die wie immer auch verteidigungsbedürftigen Chancen auf Selbstentfaltung ohne einen tödlichen normativen Druck waren zu offensichtlich, als dass Wellershoff von den Verhältnissen in eine prinzipielle Systemgegnerschaft getrieben worden wäre.

Die 60er und 70er Jahre zeigten Wellershoff im weitesten Sinne als intellektuellen Repräsentanten der reformorientierten demokratischen Linken in der Bundesrepublik – was allerdings nicht zu einer aggressiven und neue Feindbilder pflegenden Parteinahme führte. Seine damalige politische Position sei hier an drei Beispielen erläutert. 1965 beteiligte er sich mit dem Kurzessay *Erhard ist kein Alibi* an dem von Hans Werner Richter herausgegebenen und im Vorfeld der Bundestagswahl im selben Jahr Sammelband *Plädoyer für eine neue Regierung oder Keine Alternative*, de facto einem Wahlaufruf der linksintellektuellen Szene zugunsten der SPD. Während andere Beiträger – darunter Wellershoffs Kölner Schriftstellerkollegen Jürgen Becker und Paul Schallück – zustimmend-werbende Porträts über prominente

Sozialdemokraten verfassten, scherte Wellershoff aus dieser Phalanx bezeichnenderweise aus. Sein Erhard-Artikel ist keine unversöhnliche Abrechnung, sondern eher eine psychologisierende Analyse von Persönlichkeit und Befindlichkeit des amtierenden Bundeskanzlers angesichts der selbstinduzierten Zwänge und Sackgassen der bundesdeutschen Politik – deutschlandpolitisch etwa der Hallstein-Doktrin. Vor deren Hintergrund erscheint Erhard eher als „Opfer" denn als „Täter".[21]

Drei Jahre später hielt Wellershoff auf dem Kölner Neumarkt und dann noch einmal in der Aula der Universität die von ihm im obigen Zitat erwähnte Rede gegen die zur Verabschiedung im Bundestag anstehenden Notstandsgesetze der Großen Koalition. Ihr Motto – *Die Idylle wird bösartig* – klingt auf Anhieb für Wellershoff ungewohnt alarmistisch, und der Tenor der Rede selbst ist es auch: „Was uns bevorsteht", heißt es gleich am Anfang,

> was vielleicht noch verhindert werden kann, das ist die Entstehung einer Diktatur im Wirtskörper unserer demokratischen Verfassung. Eine Diktatur, zunächst nur auf Vorrat, aber sofort anwendbar. Es kann Ihnen passieren, daß Sie in der Demokratie einschlafen und in der Diktatur aufwachen.[22]

Es schließt sich eine harsche Kritik an der Politik der Großen Koalition an, die, anstatt einen beunruhigenden innen- und außenpolitischen Reformstau auszulösen, angesichts der unerwarteten außerparlamentarischen Opposition einen mit innerstaatlichen Feinderklärungen begründeten Abwehrapparat aufbaue. Im Wesentlichen entspricht diese Argumentation dem zumal im Apo-Milieu etablierten Diskurs gegen das einschlägige Vorgehen der Regierungsparteien.

Wellershoff hatte freilich während seiner Neumarkt-Rede eine aufmerksame Zuhörerin, die an ihr genau das vermisste, was die öffentlichen Auftritte anderer Prominenz der 68er Zeit jedenfalls aus ihrer Sicht reichlich lieferten: Agitation und Demagogie. In ihrem autobiografischen Roman *Spiel der Zeit* schreibt Ulla Hahn Folgendes:

> Dieter Wellershoff stand da, wo vor nahezu einem Jahr Erwin Scheuch seine prophetische Rede gehalten, zur Besonnenheit aufgerufen und vor Gewalt gewarnt hatte. Beide Seiten. Ein Demagoge war Wellershoff nicht. Lehrerhaft versuchte er die Gründe darzulegen, die seines Erachtens zu den Notstandsgesetzen geführt hatten: die Notstandsgesetzgebung sei das sich bewaffnende schlechte Gewissen, ein Symptom der Angst vor den eigenen Versäumnissen, vor der Rückkehr der versäumten Realität. Mit Sätzen wie diesem ließ

---

21 *Erhard ist kein Alibi*, in: Hans Werner Richter (Hg.): *Plädoyer für eine neue Regierung oder Keine Alternative*(= *rororo aktuell*, Bd. 782), Reinbek 1965, S. 15–17.

22 *Die Idylle wird bösartig. Rede zur Notstandsgesetzgebung*, in: WW 4, S. 19–24; hier: S. 19.

sich keine Revolution machen, und wir traten ungeduldig von einem Fuß auf den anderen, als weitere, sprachlich deutlich weniger geschliffene Verdammnisse der Bonner Politik folgten.[23]

Abb. 10 Im Trend der Zeit: Wellershoff 1970 in einer Felljacke. Foto: privat.

Schließlich steuerte Wellershoff zu dem 1979 erschienenen und von Jürgen Habermas herausgegebenen Doppelband *Stichworte zur „Geistigen Situation der Zeit"* den Essay *Deutschland – ein Schwebezustand* bei, den er sechs Jahre später in seine fragmentarische Autobiografie *Die Arbeit des Lebens* aufnahm. Der Doppelband war der tausendste der *edition suhrkamp* und sollte nicht nur das Jubiläum, sondern auch die gerade mit dieser Taschenbuchreihe weithin identifizierte Kultur des intellektuellen Linksliberalismus in der Bundesrepublik feiern, die sprichwörtliche „Suhrkamp-Kultur" mithin. Der Herausgeber machte in seiner *Einleitung* unmissverständlich deutlich, worum es ihm mit dieser Publikation ging:

> In diesem Band, so ist mein Eindruck, präsentiert sich eine nachdenkliche Linke, gleich weit entfernt von Gewißheit wie von Unsicherheit. In diesen Jahrgängen ist das Bewußtsein, daß unsere Republik auch im dreißigsten Jahr ihres Bestehens noch auf tönernen Füßen steht und daß sie gegen die, die sich heute nicht mehr genieren, ein Zuviel an Demokratie offen zu beklagen, verteidigt werden muß, in beinahe konventioneller Klarheit ausgebildet.[24]

---

23 Ulla Hahn: *Spiel der Zeit. Roman*, München 2014, S. 503 f.

24 Jürgen Habermas: *Einleitung*, in: *Stichworte zur „Geistigen Situation der Zeit"* (2 Bde.), hg. von J.H.(= *edition suhrkamp*, Bd. 1000), Frankfurt/M. 1979, Bd. 1, S. 7–35; hier: S. 12.

Es lässt sich im Nachgang freilich kaum leugnen, dass die von Habermas inaugurierte Abwehrphalanx der „nachdenklichen Linken" bereits ausweislich dieses Suhrkamp-Großprojekts mehr oder weniger erkennbare Risse aufwies. Gleich der eröffnende Aufsatz von Martin Walser mit dem Titel *Händedruck mit Gespenstern*[25], der das Thema der deutschen Teilung aufgriff und in einer Weise traktierte, die Habermas hart als Rückfall in schlechtesten Nationalismus kritisierte[26], tanzte da, salopp gesagt, aus der Reihe.

Das tat allerdings, wenngleich weniger auffällig, auch Wellershoffs Essay. Auch er macht in *Deutschland – ein Schwebezustand* die deutsche Zweistaatlichkeit zum Thema, aber sie wird bei ihm nicht wie bei Walser zu einem schmerzhaften Stachel. „Heute stehen sich", konstatiert der Autor,

> zwei deutsche Staaten und Gesellschaften gegenüber, die sich gegenseitig in ihrer Wirklichkeit verstärken, obwohl sie konkurrieren. Das wiedervereinigte Deutschland ist längst ein unträumbarer Traum geworden, den sich alle Einsichtigen verbieten.[27]

Als Wellershoff das schrieb, war es noch ein gutes Jahrzehnt hin bis zur deutschen Vereinigung. Ihm nach 1990 im Licht des Mauerfalls seinen Irrtum vorzuhalten, wäre billige besserwisserische Häme gewesen, der Autor formulierte seinerzeit ein weit verbreitetes, ja nahezu kollektives „Deutschland-Gefühl", das letztlich auch die meisten derjenigen teilten, die in Sonntagsreden noch die Wiedervereinigung beschworen. Bei Wellershoff fehlt jetzt allerdings der alarmistische Oberton, der in Habermas' *Einleitung* unüberhörbar aufklingt, die Sorge um den langfristigen Bestand der nach Krieg und Diktatur in der Bundesrepublik mühsam durchgesetzten demokratischen Errungenschaften. Sicher, Wellershoff kritisiert – in einem wiederholt mit autobiografischen Exkursen angereicherten Text – die Entwicklung der westdeutschen Wohlstandsgesellschaft und ihre Status-quo-Freudigkeit, die fantasielos und verdrängungsbereit den bevorstehenden Kollaps der ökologischen Systeme hinnehme. Darin erscheinen indes, wie er selbst feststellt, Motive einer Sozialkritik, die – zumal sie sich revolutionären Utopien illusionslos versagt – nicht unbedingt „linke" Traditionen, sondern auch die einer konservativen Kulturkritik aufgreift.[28]

Trotzdem bekundet er, wie 60 Prozent der Bundesbürger dem Jahr 1979 (der Aufsatz wurde noch 1978 geschrieben) hoffnungsvoll entgegenzublicken. Diese

---

25 Martin Walser: *Händedruck mit Gespenstern*, in: *Stichworte*, Bd. 1, S. 39–50.

26 Der Vorgang leitete das bis zu Walsers Tod nicht mehr geheilte Zerwürfnis zwischen Walser und Habermas ein. S. dazu Martin Walser: *Schreiben und Leben. Tagebücher 1979–1981*, Reinbek 2014, S. 226–230.

27 *Deutschland – ein Schwebezustand*, in: *Die Arbeit des Lebens*, S. 93–134; hier: S. 105.

28 Ebd., S. 125 f.

Hoffnung verbindet er mit einer – wenngleich modifiziert-zurückhaltenden – Zustimmung zur „Lebensform Bundesrepublik“:

> Wenn ich in der Zeitung blättere und Nachrichten aus dem Iran, der Türkei und dem Nahen Osten lese, bin ich froh, hier zu leben. Ich wünsche mir auch, daß nicht Not und Katastrophen die notwendigen Veränderungen erzwingen, sondern daß sie hervorgehen aus Einsicht und produktivem Überschuß. Denn nur dann kann in den neuen Lebensformen so viel Freiheit und Individualismus erhalten bleiben, daß sich in ihnen zu leben lohnt. Ich weiß, daß das hohe Ansprüche sind, gemessen an der Not der Welt geradezu elitäre. Doch es spricht für diesen Staat und diese Gesellschaft, daß man sie in ihr entwickeln konnte.[29]

Die 80er Jahre zeitigten Wellershoffs Abschied von der „Linken“, der allerdings nicht den Charakter einer durch eine „Erleuchtung“ ausgelösten Konversion annahm, sondern sich eher schleichend vollzog. Distanz hielt Wellershoff bereits zur Friedensbewegung der frühen 80er Jahre.[30] In der Werkausgabe findet sich unter dem Titel *Zum Ostermarsch* ein seinerzeit unveröffentlichter Brief vom Januar 1984 „an die Friedensversammlung Rheinland, z. Hn. Gert Samuel“[31] mit kritischen Anmerkungen zu einem Begleittext für den geplanten Sternmarsch nach Köln. Der Absender warnt darin vor antiamerikanischem „Schwarz-Weiß-Denken“ und – von der DKP instrumentalisierbarer – „einseitige[r] politische[r] Propaganda“. Anders als Böll nahm Wellershoff auch nicht an der legendären Blockade des amerikanischen Militärstützpunkts Mutlangen im September 1983 teil – man hätte sich eine Teilnahme in seinem Fall auch kaum vorstellen können.

Bereits der Regierungswechsel von der Sozialliberalen zu einer CDU/FDP-Koalition unter Helmut Kohl, der bei vielen „Linken“ eine Art Weltuntergangsstimmung auslöste, hatte Wellershoff – jedenfalls den überlieferten Selbstzeugnissen zufolge – ungerührt gelassen, und am Historikerstreit über die Einzigartigkeit des nationalsozialistischen Völkermordes, einer der Schlüsseldebatten der alten Bundesrepublik zu ihrem Selbstverständnis als politisches Gemeinwesen, beteiligte er sich nicht.

Über all dem wurde der Autor keineswegs zum „Rechten“, wie sich überhaupt, das klang bereits an, Veränderungen in Wellershoffs politischen Orientierungen eher als Nuancierungen denn als radikale Lagerwechsel darstellen. Ohnehin ist die traditionell-starre Rechts/Links-Dichotomie auf Wellershoff kaum anwendbar: Es scheint, dass er in gewisser Weise seine Literaturtheorie – mit ihrer Schwerpunktbildung bei der lebendigen Erfahrung, die schematisch verfestigte Weltbilder

---

29 Ebd., S. 129 f.

30 S. dazu bereits meine *Kölner Literaturgeschichte. Von den Anfängen bis zur Gegenwart*, S. 177.

31 *Zum Ostermarsch*, in: WW 4, S. 46–48.

aufbricht[32] – gleichsam im Selbstversuch in der eigenen Lebenspraxis zur Anwendung brachte. Und damit auch hinsichtlich der politischen Positionierung die Affinität und partielle Identität von Leben und Schreiben herstellte.

So muss es nicht verwundern, dass die Verwirrung und die Depression „linker" Zeitgenossen angesichts des Zusammenbruchs der DDR bei Wellershoff eine Reaktion auslösten, in der zentrale Aspekte seiner literarischen Ästhetik wiederkehren, wie er sie bereits in *Neuer Realismus* entworfen hatte – jetzt aber bezeichnenderweise gänzlich ohne literarischen oder literaturtheoretischen Bezug:

> Nach dem Zusammenbruch der DDR habe ich mit Befremden erlebt, daß es Intellektuelle und Schriftsteller gibt, die den Verlust eines bergenden geistigen Horizontes und des entsprechenden Nestgefühls beklagen. Aber was kann einem denn zur persönlichen Menschwerdung Besseres passieren als der Zusammenbruch eines staatlichen Herrschaftssystems und einer Ideologie? Das ist doch eine ungeheure geistige und existenzielle Befreiung. Man kann nur dankbar sein, wenn man eine solche Zäsur erlebt und eine alte Welt mit all ihren Borniertheiten und Lügen von der Lebensbühne verschwindet.[33]

Die demokratische Revolution in der DDR und die damit absehbar gewordene deutsche Vereinigung lösten bei ihm – Wellershoff hat das mehrfach beschrieben[34] – ein elementares Glücksgefühl aus, und auch gegen die Art und Weise ihres Vollzugs hatte er wenig einzuwenden. Nichts hielt er hingegen von Versuchen, die Zweistaatlichkeit aufrechtzuerhalten:

> Als eine Gruppe von DDR-Schriftstellern – unter anderem Stefan Heym, Stephan Hermlin und Christa Wolf – zur Erhaltung der Zweistaatlichkeit den Aufruf „Für unser Land" veröffentlichten, da hatten sie den falschen Ausdruck gewählt. Denn natürlich war das Land, von dem sie sprachen, um es persönlich und stellvertretend zu sagen, auch mein Land. Ich war nur gewaltsam davon ausgeschlossen gewesen.[35]

Wellershoff blieb in politicis bis ans Ende seiner schriftstellerischen Produktivität den Maximen einer undogmatisch-nüchternen, auf faire Abwägung unterschiedlicher Standpunkte bedachten und sich parteipolitischer Festlegung entziehenden Aufklärung verpflichtet. Das zeigen etwa seine Debattenbeiträge zu den migrantenfeindlichen Pogromen der 90er Jahre zumal in den neuen Bundesländern, zur Wehrmachtsausstellung des Hamburger Instituts für Sozialforschung, zum Zweiten

---

32 S. dazu Kapitel 2 dieses Buches.

33 *Schreiben und Leben. Gespräch mit amerikanischen Germanisten*, in: WW 5, S. 930–946; hier: S. 935.

34 S. u. a. *November 1989 in Leipzig. Tagebuchnotizen*, in: WW 8, S. 686–690.

35 *Schreiben und Leben*, S. 946.

Abb. 11 In der Stadtöffentlichkeit präsent bis in die späten Jahre hinein: Wellershoff als Redner bei einer Veranstaltung auf dem Chlodwigplatz. Foto: Erhard Wesser.

Irakkrieg, zum Kölner Spendenskandal.[36] Wellershoff suchte, wenn ihm eine Sache wichtig war, auch den direkten Kontakt zur Staatsspitze. Das beweist etwa der an Helmut Kohl gerichtete Brief vom 13. Dezember 1988, in dem er – im Nachgang zu einem Gesprächsabend im Bonner Palais Schaumburg – den Bundeskanzler mahnte, den Weg einer substanziellen und nachhaltigen Umweltpolitik einzuschlagen und in diesem Sinne die produktiven Energien und Fantasien in Wirtschaft und Gesellschaft sozusagen von der Leine zu lassen.[37]

Wie nun ließ sich Wellershoffs Anspruch, „die Totalität im Besonderen" miterscheinen und damit politisch-gesellschaftliche Zeitgenossenschaft nicht nur in Essays und aktuellen Stellungnahmen, sondern auch im literarischen Werk sichtbar und wirksam werden zu lassen, überzeugend umsetzen? Tatsächlich hat der Autor selbst diesen Anspruch auf eine „kritische Repräsentativität des Privaten"[38] – aus der Perspektive seiner Literaturtheorie: der auf Anhieb unauffälligen, indes in der Wahrnehmungsoptik scharf gestellten Alltäglichkeit – zumal im Rahmen der von

36 Die einschlägigen Essays und Aufsätze finden sich in den Bänden 4 und 8 der Werkausgabe.

37 Brief an Bundeskanzler Helmut Kohl vom 13. Dezember 1988, in: Jung (Hg.): *„Verborgene Texte des Lebens"*, S. 179–182.

38 Tschierske: *Das Glück, der Tod und der „Augenblick"*, S. 30.

ihm entwickelten Romanpoetik beharrlich vertreten. Zugleich markierte er dabei, in Verlängerung der Argumentationslinie seines Aufsatzes *Neuer Realismus*, sehr genau, was der Roman aus seiner Sicht *nicht* leisten und leisten können solle:

> Die einzelnen Lebenshorizonte können sich isolieren, und der ganze Gesellschaftsprozeß kann unverständlich, undurchschaubar werden. Das ist die andere Seite, aus der der Roman der Krise seine objektive Legitimation bekommt. Er zeigt die Opfer der gesellschaftlichen Komplexität, die scheiternden Vermittlungen des einzelnen mit dem Ganzen – Angst, Einsamkeit und Versagen, Depression und Aggression –, und er tut dies, ohne das Leiden gleich wieder abfließen zu lassen durch die wohlfeilen Kanäle reformerischer oder utopischer Hoffnungen. Der Druck des Leidens soll spürbar bleiben als Potential eines Protestes, der dem Leser nicht vorgesprochen werden soll, sondern in ihm selbst zünden muß.[39]

So oder so baut sich allerdings auf Anhieb in den Themen und Darstellungsmodi von Wellershoffs fiktionalen Texten ein Widerstand gegen die Vermittlung und Verschmelzung von Allgemeinem und Besonderem auf. Dabei geht es weniger um den bekannten und auch allgemein konsentierten Befund, dass der Autor in den Mittelpunkt seiner Texte nicht politische und soziale Konflikte, sondern individuelle Krisen der Protagonisten stellt, als vielmehr um die teils extreme Subjektivierung der Wahrnehmungsperspektiven. Wie lassen sich diese – besonders radikal werden sie in dem Roman *Die Schattengrenze* gehandhabt – mit Problemen und Defiziten der sozialen Verfassung verbinden, wenn sie vorderhand auf „nur" private pathologische Störungen des Weltverhältnisses verweisen? Auf Störungen, die nicht nach politischer Veränderung, sondern nach psychiatrischer Therapie zu rufen scheinen?

In jedem Fall zeigen sich Wellershoffs Romane „oft eher als exemplarische Zustandsbilder der Gesellschaft denn als literarische Darstellung ihrer bestimmenden Determinanten". Dies hat „vor allem gesellschaftsanalytische und wirkungsästhetische Gründe, die es verbieten, die gesellschaftlichen Vermittlungen des Privaten allein nur im deterministischen Sinne kausaler Ableitungen zu suchen und darzustellen."[40] Angesichts dieser literaturtheoretisch fundierten Weichenstellungen musste es Wellershoff darauf ankommen, mit literarischen Mitteln gerade die von ihm immer wieder dargestellten individuellen (teils katastrophenträchtigen) Lebensbeschädigungen durchlässig und durchsichtig zu machen für allgemeine

---

39 *Der Roman der Krise*, in: WW 4, S. 519–528; hier: S. 526.

40 Tschierske: *Das Glück, der Tod und der „Augenblick"*, S. 28.

Defizite des sozialen Zusammenlebens.[41] Wie dies geschieht, soll im Folgenden an einigen ausgewählten Beispielen dargestellt werden.

In drei Werken – dem Roman *Einladung an alle* sowie den Drehbüchern *Die Freiheiten der Langeweile* und *Phantasten* – ist, während er in vielen anderen latent bleibt und aus indirekten Symptomen und Hinweisen erschlossen werden muss, der kritische Bezug auf die gesellschaftliche Wirklichkeit der Bundesrepublik zur Zeit ihrer Entstehung offensichtlich. Das ist kein Zufall: Die halbdokumentarische Collage- und Montage-Anlage von *Einladung an alle* weicht von etablierten narrativen Strategien des Romans, wie sie auch von Wellershoff davor und danach benutzt wurden, eklatant ab und ermöglicht die Hereinnahme sehr viel breiterer, private Abschließungen sprengender Realitätsbereiche in den Erzählraum. Es geht hier um den künstlerischen Nachvollzug eines in hohem Maße „öffentlichen" Vorgangs. Nämliches gilt für die Drehbücher, die den rezeptionsästhetischen Imperativen des Fernsehspiels folgen: Seine Handlungszentrierung erzwingt die Aufgabe der Innenperspektiven, aus denen Wellershoffs Prosa größtenteils erzählt ist, und erleichtert die stärkere Hinwendung zur „objektiven" sozialen Welt und ihren Bedingungen.

In *Einladung an alle* ist der Bezug zur zeitgenössischen Wirklichkeit allein dadurch gegeben, dass Wellershoff hier einen authentischen, seinerzeit aufsehenerregenden Kriminalfall auf der Basis der von ihm aufwändig recherchierten Quellen aufarbeitet – Polizeiakten, Presseberichte, Befragungen der Beteiligten einschließlich des inhaftierten Delinquenten. Sie stellt er freilich in ein von eigenen Erkenntnisinteressen bestimmtes „imaginäres Szenarium"[42], in dem auch die dokumentarischen „Fakten" ihre beruhigende Eindeutigkeit verlieren. Es geht um den Fall des zum „Moormörder" gewordenen Gelegenheits- und Gewohnheitsverbrechers Bruno Fabeyer – im Roman heißt er Findeisen –, der durch sein Treiben die Bevölkerung rund um Osnabrück in Panik versetzte und zugleich bei ihr und in der Presse kollektive Jagdinstinkte und Auslöschungsfantasien auslöste. Trotz intensiver Fahndung gelang es der Polizei nicht, den Täter zu schnappen, schließlich wurde er „zufällig" in einem Kasseler Kaufhaus gefasst.

Im Roman wird der Fall Fabeyer/Findeisen zum Exempel für das sozialpsychologisch bemerkenswerte Wechselspiel von Normbefolgung (durch den angepassten Normalbürger) und Normverletzung (durch den verbrecherischen Außenseiter) in einer prinzipiell pazifizierten, sich selbst aber eben auch mit kollektiver Trieb- und Aggressionsunterdrückung stabilisierenden Gesellschaft. Der Autor beschreibt es – mit Bezug auf den Roman – so:

---

41 S. zum Folgenden grundsätzlich Bügner: *Lebenssimulationen*, S. 136–146.

42 *Jagd auf Verbrecher als Massenunterhaltung. Gespräch mit Christian Linder über den Roman „Einladung an alle"*, in: WW 8, S. 615–618; hier: S. 617; s. a. *Der Verbrecher und die anderen. Zur Neuausgabe des Romans „Einladung an alle" und des Films „Eskalation"*, in: WW 4, S. 829–836.

> Auch er [sc. der konforme Mensch, d. Verf.] ist nicht vollkommen den Forderungen der Gesellschaft angepaßt, auch er muß dauernd Wünsche unterdrücken oder aufschieben oder passabel machen. Auch er leidet. Das ist das „Unbehagen an der Kultur", wie Freud es genannt hat. Das Leben wird in der Kultur eben zugleich gefördert und gestutzt. Und deshalb kann der Konforme heimlich den Verbrecher um die Rücksichtslosigkeit beneiden, mit der dieser den verbotenen Impulsen nachgibt. Aber um dieser Faszination nicht zu erliegen, reagiert er aggressiv auf den Abweichler. Man verfolgt ihn. Man bestätigt sich dadurch die Gültigkeit der Regeln.[43]

Im Roman selbst bezieht sich Wellershoff – in einem der eingebauten wissenschaftlichen Exkurse – auf den amerikanischen Soziologen Robert K. Merton, demzufolge die „feindliche Haltung einem Gesetzesbrecher gegenüber [...] den einzigartigen Vorteil der Einigung aller Mitglieder einer Gemeinschaft in emotional-aggressiver Solidarität [birgt]"[44]. Die Spiegelkonstellation von Verbrecher und Normalbürger schlägt in *Einladung an alle* auf das Verhältnis von Findeisen und seinem Gegenspieler auf der Polizeiseite, Oberkriminalrat Bernhard durch. Auch der räsoniert über die „Möglichkeit eines alternativen Lebens"[45], die ihm in der verführerischen Stimme einer Radio-Ansagerin und in der Gestalt einer jungen blonden Assistentin begegnet.

Verbrecherjagd unter Beteiligung der Bevölkerung und einer diese emotionalisierenden und den Verfolgten dämonisierenden Boulevardpresse – dieses Phänomen hatte freilich nicht nur die Causa Fabeyer zum Hintergrund, sondern auch die Ausnahmesituation, die sich während der Zeit der Romanentstehung (Erstveröffentlichung 1972) im öffentlichen Klima der Bundesrepublik durch die ersten Straftaten der RAF und die Reaktion von Justiz und Polizei eingestellt hatte. Wellershoff räumte diesen thematischen Bezug, durch den sich eine (bei genauem Hinsehen aber äußerliche) Verbindung zu Bölls später entstandener Erzählung *Die verlorene Ehre der Katharina Blum* ergibt, im Interview ein.[46]

Interessant ist der Roman freilich auch durch die Dreiecksfigur, in die sich hier Romanform, Literaturtheorie und Handlungsgegenstand stellen. Das Publikum der Verbrecherjagd verhält sich im Prinzip nicht ganz unähnlich den Lesern eines Wellershoff-Romans, die dort, dem Proberaum-Konzept des Autors entsprechend, nicht ausgelebte und faktisch auch nicht auslebbare Möglichkeiten der eigenen Existenz in Stellvertretung verwirklicht sehen. Der Verbrecher wird „geopfert",

---

43 Ebd., S. 618.

44 *Einladung an alle*, S. 464.

45 Jung: *Im Dunkel des gelebten Augenblicks*, S. 200.

46 *Jagd auf Verbrecher als Massenunterhaltung*, S. 615.

nicht der Fernsehzuschauer oder Zeitungskonsument – und eben auch nicht der Leser des Romans.

Das Drehbuch zu dem TV-Film *Die Freiheiten der Langeweile* haben gleichfalls einen identifizierbaren Gesellschaftsbezug – und zwar einen kritischen: Hier geht es um die trost- und perspektivlosen Lebensumstände jugendlicher Subkulturen im zersiedelten Ödland im Süden und Südwesten von Köln.[47] Der Kontakt zur Elterngeneration und ihrem auf Leistung und Selbstkontrolle setzenden Wertesystem ist abgebrochen, aber auch die Kommunikation der Jugendlichen untereinander ist restringiert und reduziert.

Weil die Depression erlitten wird, aber letztlich nicht ins Bewusstsein gelangt und Konflikte daher nicht bearbeitet geschweige denn gelöst werden können, driftet die Ziellosigkeit und Apathie in Gewalt ab, die für kurze Augenblicke den Schein von Allmacht, Grandiosität und Ich-Stärke vermittelt. Am Schluss des Drehbuchs steht – damit stellt sich eine enge motivische Verbindung zu dem Roman *Die Schönheit des Schimpansen* her – ein Mord. Was der „Normalbürger" in der Regel durch eine Zeitungsmeldung erfährt, die er kopfschüttelnd-verständnislos oder mit moralischer Empörung zur Kenntnis nimmt, wird hier einer Analyse unterzogen, die auch seine Wahrnehmung sozialer Abseitigkeit zu verändern vermag.

Repräsentieren diese Jugendlichen den Sozialcharakter des jungen Losers in der Wohlstandsgesellschaft, die ihn gleichgültig in die Ecke stellt, so betritt in *Phantasten* – das Drehbuch präludiert thematisch deutlich dem Roman *Der Sieger nimmt alles* – der Typ des durchsetzungsstarken, um nahezu jeden Preis aufstiegs- und erfolgswilligen Businessman und „Machers" die Bühne – und zwar dreifach auseinandergefaltet in die Figur eines Bankiers, eines Bauunternehmers und eines mittelstädtischen Kommunalbeamten.[48]

Dieses Personalkartell aus den hier eng verbandelten Bereichen Politik und Wirtschaft engagiert sich im Projekt einer riesigen Trabantenstadt – wobei es glaubt, dank überlegen-rationaler Planung alles im Griff zu haben. Die Planung ist aber nicht rational, sondern eben „fantastisch". Eine wirtschaftliche Flaute am Immobilienmarkt bringt das Luftschloss brutal zum Einsturz, auch die Bereitschaft, kriminelle Energie zu investieren, kann es nicht mehr retten.

Dieser Text taucht tief in das deutsche Wirtschafts- und Gesellschaftsleben ein, von einer literarischen Kultivierung der Privatheit kann auch hier keine Rede sein. Und weil er, ohne direkt ein Schlüsseldrama zu sein, diesen starken Anker in der überpersönlichen zeitgenössischen Erfahrungswelt hat, dürften vielen Lesern (oder Zuschauern des ARD-Films von 1979) die dort vorgestellten Ereignisse „irgendwie"

---

47 S. dazu Karl Prümm: *Protokolle beschädigten Lebens. Die Drehbücher Dieter Wellershoffs*, in: *Dieter Wellershoff*, S. 87–101; hier: S. 96 f.

48 Ebd., S. 98 f.

bekannt vorkommen – aus Bau-, Finanz- und Korruptionsskandalen aus der je eigenen kommunalen Umgebung. Wellershoff selbst etwa mochte anlässlich des Skandals um die kriminellen Geschäfte des Oppenheim-Esch-Fonds z. B. rund um den Neubau der Kölner Messehallen in seiner Heimatstadt wenige Jahre später und die auch dort zu Tage tretende Verquickung von Politik und Wirtschaft ein Déjà-vu der besonderen Art erlebt haben: Die Wirklichkeit holte die Fiktion ein.

In anderen Wellershoff-Texten liegt der Bezug zur deutschen Gegenwartsgesellschaft im Sinne einer „kritischen Repräsentativität" vielleicht nicht so offen zutage, aber er ist trotzdem „da". Der Romanerstling *Ein schöner Tag*, an dem sich der dann ad nauseam repetierte Vorwurf belangloser Privatheit zuerst zu einem Kritiktypus verfestigte[49], scheint diesem auf Anhieb insofern vergleichsweise wehrlos ausgeliefert, als hier in der Tat, in einem „Kammerspiel" mit drei Personen, eine intime Familiensituation ausgeleuchtet wird, deren zerstörerische Kräfte sich einzig und allein aus der Binnendynamik der wechselseitigen Beziehungen heraus entfalten. Die Außenwelt spielt, wie es aussieht, allein deshalb kaum eine Rolle, weil die Familienmitglieder in einem Zustand relativer gesellschaftlicher Isolation leben. Wellershoff selbst hat angemerkt, dass er die Anregung zu diesem Roman aus Sartres Theaterstück *Geschlossene Gesellschaft* erhielt[50]. Dieses bleibt in seinem experimentellen Laborcharakter in der Tat historisch und soziologisch sozusagen „aseptisch", die Problematik der gegebenen Konstellation kann sich unter ganz unterschiedlichen äußeren Bedingungen entwickeln.

Dennoch wächst ihr in *Ein schöner Tag* durchaus eine über sie selbst hinausweisende Signifikanz zu: Die „Pathologie der Privatheit"[51] des beschriebenen Familienlebens ist ihrerseits, weil mit sozialer Isolierung verbunden, zutiefst gesellschaftlich und auch zeithistorisch vermittelt.[52] Vieles kommt da zusammen: die mangelhafte Integration der Flüchtlingsfamilie aus dem „Osten" in die bundesrepublikanische Lebenswelt – genauer: die Anonymität der Metropole Köln –, die intern nicht aufgearbeiteten Folgen von Krieg (mit dem Tod der Mutter), Besitz- und Heimatverlust, die Unselbständigkeit zumal des Vaters und des Sohnes, die Unfähigkeit, sich außerhalb des seinerseits schädlichen Kokons der kleinen Wohnung erfolgreich zu orientieren und zu behaupten.

Die drückende Zukunftslosigkeit, die trostlose Immergleichheit des alltäglichen Lebens führt bei den Figuren zu psychosomatischen Störungen, die sich vor allem in Müdigkeit, Schwindel, Schwäche und wiederholten Schweißausbrüchen äußern.[53] Aufschlussreich in ihrer realsymbolischen Dichte ist in diesem Zusammenhang

49 S. dazu neben Happekotte: *Dieter Wellershoff*, auch Vollmuth: *Dieter Wellershoff*, S. 157 f.

50 *Der lange Weg zum Anfang*, S. 576.

51 Sibylle Cramer: Cramer: *Erotischer Dämon oder Frau ohne Unterleib*, S. 53.

52 So auch Jaeger: *Realismus und Anthropologie*, S. 116.

53 S. zu diesen „Körpersensationen" Vollmuth: *Dieter Wellershoff*, S. 163 f.

folgende Stelle, die die Tochter Carla, eine Lehrerin, auf dem Weg zu ihrer Schule zeigt:

> Es ist heiß. Die Straße liegt in der Mittagssonne. Vor der Häuserfront ist noch ein schmaler Schattenstreifen, aber sie mag nicht so dicht unter den Fenstern entlanggehen. Sie merkt, wie die Schweißflecken in den Achselhöhlen wachsen, die Kostümjacke wird sie anbehalten müssen während des Unterrichts. Sie ist viel zu warm angezogen, wie gewöhnlich. Dagegen ist nichts zu machen, es passiert ihr immer wieder.[54]

Der Schweißausbruch – hervorgerufen durch die Sommerhitze wie durch eine zu warme Kleidung, in der man einen symbolischen Panzer gegen die andrängenden Zumutungen der Außenwelt sehen kann – wird nicht „bearbeitet", sondern, weil er dem sozialen Komment widerspricht und also peinlich wirkt, ins Unsichtbare „verdrängt". Der Wille, den Ursachen nachzugehen, fehlt, seine Stelle nimmt ein resignatives „Dagegen ist nichts zu machen" ein. Lähmende Zukunftslosigkeit und Verdrängung – die Vermutung, dass Wellershoff in seiner Bildlichkeit auch „den inneren Zustand und die Befindlichkeiten der alten Bundesrepublik unmittelbar vor den 68er Bewegungen frei[...]legt"[55], ist nicht in einem strikten Sinn zu „beweisen", aber doch einigermaßen plausibel.

Vor *Der Sieger nimmt alles* steuerte bereits der Roman *Die Schattengrenze* die Sphäre der Ökonomie und ihrer undurchschaubaren, den ohnmächtigen Einzelnen überfallenden Veränderungen als handlungsmotivierenden Bereich an. Ihren namenlosen Protagonisten bezeichnet Wellershoff übrigens dezidiert als „eine exemplarische Figur unserer Gesellschaft", einer „Konkurrenz- und Erfolgsgesellschaft"[56]. Sein Abrutschen in die Kriminalität – es geht um die Verschiebung gestohlener, umfrisierter PKW nach Südeuropa – verdankt sich auch einer ökonomischen Krise, die sein bisheriges Beschäftigungsfeld unrentabel macht: Der Absatzmarkt für Gebrauchtwagen ist zusammengebrochen (Hintergrund ist möglicherweise die erste Rezession der Bundesrepublik in den Jahren 1966 und 1967[57]).

So oder so ist das Auto als Statuszeichen des Wirtschaftswunders das zentrale Dingsymbol des Romans – das Symbol des Symbols sozusagen. Es zieht zum einen die angstbesetzten Aggressionen des Protagonisten auf sich – einen gestohlenen Mercedes setzt er in Brand –, auf der anderen Seite ist es immer wieder und erst recht auf seiner finalen panischen Flucht in die Niederlande ein schutzgewährender Rückzugsraum, eine Bastion der Selbstverteidigung in einer Welt von Feinden.

---

54 *Ein schöner Tag*, S. 32.

55 Jung: *Im Dunkel des gelebten Augenblicks*, S. 149.

56 *Überlegungen zum Roman „Die Schattengrenze" als Stoff für einen möglichen Film*, in: WW 9, S. 363–371; hier: S. 364.

57 Jung: *Im Dunkel des gelebten Augenblicks*, S. 170.

Diese symbolische Funktion wird das Auto immer wieder für Wellershoffs krisengeschüttelte Protagonisten haben, so noch im letzten Roman, *Der Himmel ist kein Ort*, für Pfarrer Henrichsen: „Nicht das Haus, nicht seine Wohnung, auch nicht die Kirche – dieser enge, schäbige Kasten war für ihn der vertrauteste Ort."[58] Vor allem aber in *Der Sieger nimmt alles*, wo in der Abstiegsbiografie des Ulrich Vogtmann Zeitgeschichte gleichfalls präsent ist.[59] Der Autor selbst hat diese Verbindung von „Totalität" und „Besonderem" intendiert und auch in seiner Selbstinterpretation markiert:

> Für mich ist das [sc. die Deutung von Vogtmanns Geschichte, d. Verf.] nicht nur eine rein private Psychologie, sondern auch ein Stück deutsche Kriegsfolgengeschichte, ein Blick auf die inneren Verwüstungen, aus denen heraus und über die hinweg der wirtschaftliche Aufbau erfolgte, die Innenansicht des materiellen Fetischismus der bundesdeutschen Wirtschaftsgesellschaft und ihrer zerstörerischen Tendenzen, aber auch ihrer Faszination. Das klingt thesenhaft, aber die Wahrheit ist für mich konkret und individuell. Sie zeigt sich als die Geschichte eines besonderen Menschen, und für ihn habe ich trotz der Zerstörungen, die er anrichtet, Verständnis und Sympathie. Denn auch er ist ein Opfer, wenn er auch zeitweise zum Täter wird und sein Leben vorübergehend wie die andere, die glänzende Seite der Medaille, aussieht. Vogtmanns Glück bleibt das Abbild seines Unglücks, dem er nicht entkommt.[60]

Auch Vogtmann vertritt in seinem fanatisch-kampfeswilligen Streben nach Geld, Macht und Erfolg einen Typus, einen Sozialcharakter: den des Geschäftsmanns in der bundesdeutschen Aufbauphase. Zum Zeitpunkt des Todes der fiktiven Figur, im Jahr 1978[61], war diese freilich genauso passé wie der zunächst raketenhafte Aufstieg ihres Repräsentanten. Somit ergibt sich eine „Synchronisierung"[62] von Zeitgeschichte und Biografie, die aber deshalb subkutan bleibt, weil die erzählte Zeit des Romans strukturell keine chronologisch angelegte „Geschichtszeit" ist:

---

58 *Der Himmel ist kein Ort*, S. 573.

59 Das Auto ist nicht das einzige Motiv, das *Die Schattengrenze* mit Wellershoffs erzählerischem Gesamtwerk verknüpft. Die verschiedentlich auftretenden „diffusen Gewaltphantasien und Tötungswünsche" (Jung, *Im Dunkel des gelebten Augenblicks*, S. 180) kehren, dann auch in praktischer Verwirklichung, in *Die Schönheit des Schimpansen* wieder, während der flashartige Gedanke, sich „in einem dieser zugewachsenen Gärten [...] wochenlang versteckt [zu] halten" (*Die Schattengrenze*, S. 328) auf das Verhalten des Bruno Findeisen in *Einladung an alle* vorausweist.

60 *Der Baukasten der Imagination*, S. 816 f.

61 Der Verfasser gibt als Todesdatum „ungefähr" das Jahr 1976 an (*Der Baukasten der Imagination*, S. 802). 1976 kann nicht stimmen, weil die im Roman erwähnte Entführung des Arbeitgeberpräsidenten Schleyer durch die RAF erst in den Herbst 1977 fiel.

62 Werner Jung: *Winners and Losers. Über Dieter Wellershoffs „Der Sieger nimmt alles"*, in: Durzak/Steinecke/Bullivant (Hg.): *Dieter Wellershoff*, S. 157–175; hier: S. 167.

„Obwohl das Geschehen den Eindruck von Kontinuität macht, besteht es ja aus Handlungsfragmenten, die inselhaft aus der Masse der nicht erzählten Zeit auftauchen."[63]

Die geschäftliche Krise, die zum endgültigen Absturz des Protagonisten führt, wird im Roman bezeichnenderweise ausgelöst durch eine politische Krise – auch diesbezüglich also stellt Wellershoff die Verbindung von Allgemeinem und Besonderem her: Im Radio wird gemeldet, dass marokkanische Fallschirmspringer die Regierungstruppen Zaires im Bürgerkrieg unterstützen. Vogtmann hatte eine Einlage in ein Exportgeschäft mit Insektiziden in das zentralafrikanische Land getätigt, aber die Sache scheitert: Zwar gelingt es den Regierungstruppen, die fremden Söldner aus dem Land zu drängen, Zaire aber liegt daraufhin wirtschaftlich am Boden, und europäische Banken diskontieren keine Wechsel mehr. Vogtmann sieht sich plötzlich Bankforderungen gegenüber, die er nicht mehr bedienen kann.[64]

Sonst kommt Politik im Roman nur am Rande vor, indes platziert Wellershoff die betreffenden Informationen, die Vogtmann aus dem Radio und dem Fernsehen erhält, sehr gezielt. So erfährt dieser vom RAF-Attentat auf den Generalbundesanwalt Siegfried Buback[65] und von der Kölner Entführung des Arbeitgeberpräsidenten Hanns Martin Schleyer.[66] Vogtmanns Reaktion ist bemerkenswert und zugleich einigermaßen enigmatisch:

> Er sah die Bilder der Wohnstraße, des durchschossenen Autos, die Blutflecken, die Leichen, und eine Stimme, die nicht zu ihm gehörte, sagte: Gut, so ist das also, alles geht kaputt. Und während er unverwandt auf die Fotos blickte, merkte er, wie er ruhiger wurde, wie er sich glättete. Gut, sagte die Stimme, gut, die Schlacht geht weiter.[67]

Eine Stimme aus dem Unterbewussten, möglicherweise die „öffentliche Meinung", beschwört „die Apokalypse vom Untergang des Rechtsstaates"[68]. Und diesmal bleibt der sonst an Politik nicht interessierte Vogtmann gebannt bei der Sache. Tatsächlich dürfte es die in den Fotos dokumentierte Kampf- und Kriegssituation sein, die er mit seiner eigenen unvermittelt kurzschließt. Und wie die „Schlacht" der RAF gegen das System „weitergeht", so auch die eigene gegen seine Feinde und um das eigene Überleben. Diese Assoziation ist freilich – was ihm entgeht – verfehlt, denn der Krieg der Terroristen gegen den Staat hat mit Vogtmanns Krieg

63 *Der Baukasten der Imagination*, S. 809.
64 *Der Sieger nimmt alles*, S. 389–421.
65 Ebd., S. 418.
66 Ebd., S. 443.
67 Ebd.
68 Jung: *Winners and Losers*, S. 163.

nichts zu tun.[69] Während die RAF einen letzten apokalyptischen – und tatsächlich illusionsgesteuert-verbrecherischen Kampf führen will, um die sozialdarwinistischen Kämpfe in einem inhumanen kapitalistischen Wirtschaftssystem ein für alle Mal zu beenden, hat Vogtmann dessen Normen und damit auch die Maxime kriegerischer Selbstbehauptung zutiefst verinnerlicht. Mag er auch – in hellsichtigen, aber dank Verdrängung rasch vorübergehenden Momenten – sein Leben als ein falsches erkennen und Ausbruchsfantasien hegen: Es gibt in diesem „Weltbild" keine transzendierenden Effekte.

In *Der Liebeswunsch* scheinen Politik, Wirtschaft und Gesellschaft für das Romangeschehen eine manifeste Rolle nicht zu spielen, indes ist die sozialtypologische Prägung der vier Protagonisten im Sinne von Zeitgenossenschaft unübersehbar – sie wird in diesem Buch an anderer Stelle beschrieben.[70] „Zeitgenössisch" in einem emphatischen Sinn ist auch Wellershoffs letzter Roman, *Der Himmel ist kein Ort*. Hier geht es allerdings nicht um Wirtschaft oder Politik, sondern um ein „spirituelles" Thema, das der Autor in seinem Hörspiel *Bau einer Laube*, aber seitdem nicht mehr traktiert hatte – und von dem der Leser auch nicht vermuten konnte, dass es ihn zu einer umfänglichen literarischen Darstellung inspirieren würde. Es geht um den Glaubensverlust in säkularisierten Zeiten – ein Sujet, dessen anhaltende Aktualität angesichts der zusehenden „Entkirchlichung" und Entchristlichung des gesellschaftlichen Lebens in Deutschland nicht zu bestreiten sein dürfte.

Das Handlungsdesign des Romans erinnert an Wellershoffs vorangehende Romane und Erzählungen: Auch hier gerät ein Mensch, der junge protestantische Pfarrer Ralf Henrichsen, der in einer fiktiven Landgemeinde mutmaßlich im Kölner Umland Dienst tut, in eine existenzielle Krise – womit er sich der Gemeinschaft von Wellershoffs „armen Brüdern" zugesellt. Es ist aber keine Krise des beruflichen Erfolgs im engeren Sinne, auch keine erotisch imprägnierte Ausbruchskrise, sondern eine fundamentale religiöse Sinnkrise. Ausgelöst wird sie durch die katastrophalen Folgen eines Autounfalls, bei dessen Bearbeitung Henrichsens religiöse Trostangebote versagen.

Den Rest gibt ihm ein theologischer Kongress, auf dem die überkommene Theologie auf die Linie intellektueller Zeitgeistkonformität gebracht wird, dabei aber alle Verbindlichkeit einbüßt. Schließlich scheitert auch noch eine kurzfristige innerweltliche Erlösungsverheißung: Die Begegnung mit einer Frau, die ihn in suggestiven Briefen mit einem unerwarteten Glücksversprechen konfrontiert hatte, verläuft katastrophal. Am Ende des Romans steht Henrichsen vor den Trümmern seiner Überzeugungen wie seiner persönlichen Glücksperspektive, vordergründig im Lot

69 Diesbezüglich muss ich Werner Jung (ebd.) widersprechen.

70 S. Kapitel 15 („Mythos"), S. 351–353.

Abb. 12 Arbeit am Typoskript: Irene Wellershoff geht mit ihrem Vater am Jahresende 2008 den Roman *Der Himmel ist kein Ort* durch. Foto: Bodo Witzke.

gehalten einzig durch die Alltagsroutinen seines Berufs, deren Sinnhaltigkeit ihm zutiefst fragwürdig geworden, ja abhandengekommen ist.

Der Himmel ist kein Ort ist das Werk eines 84-Jährigen, der dem Gewölbe seines Oeuvres mit diesem Roman einen Schlussstein einfügt. Der Vorwurf zu starker „Privatheit" und fehlender gesellschaftlicher Relevanz wurde diesmal seitens der professionellen Literaturkritik nicht mehr erhoben.

8. Genre und Stil

Dieter Wellershoff gilt heute in erster Linie als herausragender Erzähler seiner Generation. Tatsächlich spricht für diese Einschätzung allein das quantitative Übergewicht der entsprechenden Arbeiten im Gesamtwerk – es sind sieben Romane, zwei Novellen und zahlreiche Erzählungen. Dennoch kann er keineswegs auf erzählende Dichtung eingegrenzt und festgelegt werden. Er schrieb, im Bereich der traditionellen Gattungen der Fiktionsliteratur, ein Theaterstück (*Anni Nabels Boxschau*) und Gedichte, trat aber vor allem – mit elf Hörspielen, acht Drehbüchern für Fernsehspiele und einem Szenarium für eine Multi-Media-Oper (*Hysteria*) – als multimedialer Autor hervor. Groß und bedeutend ist schließlich, mit autobiografischen Schriften sowie Essays und Vorlesungen zur Zeitgeschichte, zur Literaturtheorie, zur Literatur- und Kunstkritik, der Anteil des nicht-fiktionalen Werks.

Das ist auf Anhieb ein unübersichtliches Feld, das allerdings integriert wird durch eine „intertextuelle Metastruktur“[1], ein dichtes Geflecht hin- und herlaufender motivischer und thematischer Verbindungsfäden. Tatsächlich wäre es allenfalls leicht überspitzt und keineswegs herabwürdigend, bezeichnete man Wellershoff als monothematischen Autor. Die – destruktive wie produktive, mit Zerstörung und Tod, aber auch mit Befreiung und neuen Erfahrungen verbundene – Gewalt der Krise im Leben des einzelnen Menschen[2] ist in seinen Werken in einer Weise präsent, die diesen Befund gestattet. Die thematische Bindung übergreift dann naheliegend auch die Grenzen der genannten Genres. Wellershoff selbst betont in diesem Sinn die Einheit seines Oeuvres:

> Ich sehe das durchaus so, daß alle die Dinge, die ich schreibe, Romane, Gedichte, Essays, Fernsehfilme, Hörspiele einen einzigen Zusammenhang darstellen. Daß also, wer wissen will, was ich über das Leben denke, das alles lesen muß. Und daß das erst sozusagen meine Sache ist, das Ganze, was ich schreibe.[3]

In der Vorbemerkung des zahlreiche Gattungen umschließenden Bandes *Doppelt belichtetes Seestück und andere Texte* heißt es: „Dies alles ist eine einzige Ge-

---

1 Bügner: *Lebenssimulationen*, S. 130.

2 S. dazu ausführlich Kapitel 11.

3 Reinhard Döhl: *Zu den Hörspielen Dieter Wellershoffs*, in: *Dieter Wellershoff*, S. 77–86; hier: S. 78. Das Zitat stammt aus Döhls Radioessay „Die 60er Jahre (2): Zu den Hörspielen Dieter Wellershoffs“, gesendet am 16. April 1979 im WDR 3 Hörspielstudio.

schichte, [...].“[4] Um nur einige, unschwer als solche erkennbare Beispiele für die beschriebene genreneutrale „Einheit“ des Werks zu nennen: Das Drehbuch zu dem TV-Zweiteiler *Phantasten* (1979) präludiert unübersehbar dem Roman *Der Sieger nimmt alles* (1983), während das Drehbuch zu *Die Freiheiten der Langeweile* (1978) an den Roman *Die Schönheit des Schimpansen* anschließt. Die Erzählungen *Doppelt belichtetes Seestück* und *Ein Gedicht von der Freiheit* (1974) gingen – in stark verwandelter Gestalt – in das TV-Spiel *Glücksucher* (1977) ein. Wellershoff selbst merkte an, dass die Drehbücher der frühen 80er Jahre thematische Varianten jener zeitgleich entstandenen Erzählungen seien, die 1987 in dem Band *Der Körper und die Träume* veröffentlicht wurden.[5] Die Glaubenskrise schließlich ist ein Motiv, das das frühe Hörspiel *Bau einer Laube* (1963) noch mit seinem letzten großen Prosawerk verklammert, dem Roman *Der Himmel ist kein Ort* (2009). Davon zu unterscheiden ist der Umstand, dass Wellershoff drei seiner frühen Romane (*Die Schattengrenze*, *Einladung an alle* und *Die Schönheit des Schimpansen*) selbst für das Fernsehen adaptiert hat: Hier liegt nicht thematische Affinität, sondern eine Identität der Stoffe vor.

Genauso bemerkenswert wie die übergreifende Themenkontinuität ist freilich die – Diversität und Brüche zeitigende – Stilentwicklung innerhalb der einzelnen Gattungen. Sie hat zur Folge, dass es *den* Wellershoff-Roman oder *das* Wellershoff-Hörspiel nicht gibt. Die Phänomenologie dieses Stilwandels wie seine Ursachen und Perspektiven sollen, im Verbund mit der Genrediskussion, anhand von Textstellen aus den Romanen exemplarisch untersucht werden.

Der Romanautor Wellershoff debütierte relativ spät – 1966 als 40-jähriger mit *Ein schöner Tag*. Die Gründe dafür liegen größtenteils in biografischer Kontingenz. Die aufreibende freiberufliche Tätigkeit in den 50er Jahren wie die ebenso fordernde Arbeit als Lektor von Kiepenheuer & Witsch seit 1959 ließen kaum Zeit für die Inangriffnahme eigener – zumal ausgedehnterer – literarischer Projekte.[6] Die Situation entspannte sich erst etwas, als er mit Einverständnis des Verlegers in der zweiten Hälfte der 60er Jahre einen Teilrückzug vom Lektorat antreten konnte. Bis 1977 erschienen dann auch in vergleichsweise dichter Folge Wellershoffs erste vier Romane.

Danach wurden die Abstände größer, aber, wie erwähnt, war noch die letzte umfangreiche Prosaarbeit, *Der Himmel ist kein Ort*, ein Roman. Die Ausdünnung in der Erscheinungsfolge der drei letzten Romane signalisierte keineswegs ein abnehmendes Interesse an der Gattung. Die „Lücke“ schlossen zum großen Teil autobiografische Schriften wie *Blick auf einen fernen Berg* und *Der Ernstfall*, die zwar

---

4 *Doppelt belichtetes Seestück und andere Texte*, S. 7.

5 *Warum Drehbücher veröffentlichen? Ein Beitrag zur Mediendiskussion*, in: WW 6, S. 692–701; hier: S. 692.

6 S. dazu: *Der lange Weg zum Anfang*, S. 575–580.

keine Fiktionsliteratur im engeren Sinn waren, sich in ihren narrativen Strategien aber sehr wohl an den Mustern fiktionaler Prosa – und hier eben zumal am Roman – orientierten. Es waren sozusagen Romane in eigener Sache.

Ohne Frage stand der Roman in Wellershoffs literarischer Werthierarchie ganz oben, an der Spitze:

> Denn er [sc. der Roman, d. Verf.] ist die komplexeste, universellste Ausdrucksform, die der menschliche Geist sich geschaffen hat. Er kann abstrakt und sinnlich sein, er kann Innen- und Außenwelt in ihren feinsten Wechselwirkungen erfassen. Die gegenständliche Welt ist ihm prinzipiell grenzenlos zugänglich. Denn er kann Ort und Zeit, Nähe und Ferne beliebig wechseln. Er kann jede Ebene der Sprache, von der Reportage bis zum sublimen Lyrismus, in sich integrieren. Gedanken, Gefühle, Empfindungen, Einbildungen und Wahrnehmungen gehören gleichermaßen zu seinem Material. Er ist potentiell die vollkommene Entsprechung aller Dimensionen des menschlichen Lebens.[7]

Deutlich grenzt der Autor, hier zum Teil auf der Spur der traditionellen Gattungstheorie, den Roman auch gegenüber der Erzählung und der Novelle ab:

> Im übrigen, […], entsteht literarische Komplexität natürlich nicht nur auf dem extensiven Weg, durch collagenhafte Vielfalt, sondern auch intensiv durch Vertiefung. Das vor allem auch in der Erzählung oder in der Novelle. Während der Roman Komplexität auch über den Stoff, also die Vielfalt seiner Abläufe, Personen und Szenarien erzeugt, beschränken sich Erzählung und Novelle auf die Erschließung einer umgrenzten Situation. Die Komplexität nimmt dann nicht den Charakter der Vielfalt, sondern der Mehrdeutigkeit an. Es beginnt vielleicht mit einer kleinen Irritation und endet in einem Problemzustand.[8]

Wellershoff verwendet in diesem Zitat absichtsvoll den Begriff „Vielfalt", also nicht „Totalität" – in jener hegelianischen Begriffstradition, in der sich noch Georg Lukács' *Theorie des Romans* bewegt. Der Anspruch auf „Totalität" hätte der selbstbegrenzenden Verpflichtung einer realistischen Literatur auf den „Erfahrungsausschnitt widersprochen, auf das gegenwärtige alltägliche Leben in einem begrenzten Bereich"[9], wie sie Wellershoff in seiner programmatischen Marginalie *Neuer Realismus* von 1965 gefordert hatte.

---

7 *Der Roman als Krise*, S. 528.

8 *Zeit – Alltag und Augenblick*, S. 956 f.

9 *Neuer Realismus*, S. 843. An einer anderen Stelle (*Der Roman als Krise*, S. 521) fordert Wellershoff allerdings sehr wohl vom Roman „die Totalität des Lebens" ein. Hier tut sich ein schwer auflösbarer Widerspruch auf.

Für die praktische schriftstellerische Arbeit beinhaltete übrigens die Sujetbeschränkung auf einen „begrenzten Bereich“ in Wellershoffs Fall keineswegs eine Erleichterung. Die Bedeutung konkreter wirtschaftlicher und finanzieller Vorgänge und Abläufe für die Handlung in *Der Sieger nimmt alles* – genauer: die Notwendigkeit ihrer korrekten Darstellung nach Maßgabe der theoretischen Grundentscheidung zugunsten einer modernen „realistischen“ Literatur – erzwang die vorbereitende Vertiefung in diese dem Autor von Haus aus fernliegende Sphäre. Wellershoff verfasste die entsprechenden Passagen mit Unterstützung zweier Gewährsleute: des eigenen Bruders, der das Vorbild für den Ulrich Vogtmann des Romans war, und eines befreundeten Bankdirektors, der sie kritisch gegenlas und gegebenenfalls in der Sache korrigierte.[10]

Ähnlich verfuhr der Autor bei der Abfassung von *Einladung an alle*, für die Vertrautheit z. B. mit den Usancen kriminalpolitischer Ermittlungsarbeit unabdingbar war.[11] Nämliches gilt für *Der Himmel ist kein Ort* – hier musste sich der kirchenferne und tendenziell atheistische Agnostiker nicht nur mit der aktuellen theologischen Diskussion be-, sondern auch auf das Berufsleben eines protestantischen Pfarrers, auf kirchliche Hierarchien, auf Gottesdienst und Gemeindearbeit einlassen.[12]

Auffällig ist allemal, dass es die Romane und nicht die Erzählungen sind, in denen sich die spektakulären, meist tödlich endenden Lebenskatastrophen von Wellershoffs Protagonisten ereignen: *Die Schattengrenze*, *Die Schönheit des Schimpansen*, *Der Sieger nimmt alles*, *Der Liebeswunsch*. Von der narrativen Strategie und Ökonomie her liegt das nahe: Der Autor verfolgt das Unheil im Rückgang – erzähltechnisch gesagt: in der Rückblende – von der Gegenwartshandlung hin zu den Wurzeln, die, alles andere als zufällig bei einem geschulten Freudianer, in der frühen Kindheit liegen: in einer gestörten und beschädigten familialen Sozialisation, die zumal durch den traumatisch erlebten Verlust eines Elternteils geprägt ist. Dies trifft für *Die Schönheit des Schimpansen* und *Der Liebeswunsch* zu, übrigens auch für *Der Himmel ist kein Ort*, wo es allerdings am Schluss nicht zu einer unverstellten Lebenskatastrophe kommt. Ulrich in *Der Sieger nimmt alles* wächst kriegsbedingt sogar völlig elternlos auf. Auf jeden Fall erfordert diese „Motivierungsarbeit“ einen erheblichen Platz, den eine fokussierte und konzentrierte Erzählung nicht bereitzustellen vermag.

Vor allem den Romanen, weniger den Erzählungen ist auch jene Dramaturgie eigen, die man als „Sog zum Abgrund“ bezeichnen kann. Sie ist es, die den

---

10 S. dazu: *Der Baukasten der Imagination*, S. 824.

11 S. dazu: *Der Verbrecher und die anderen*, S. 831 f.

12 S. dazu: *„Das Leben nach dem Tod ist eine Trostfantasie“. Gespräch mit Gerd Felder*, in: WW 8, S. 1074–1078; hier: S. 1075.

Leser immer wieder „unrettbar“ in das Geschehen verstrickt. Dieser – sich sukzessiv verstärkende – Sog entsteht durch eine genaue Rhythmisierung von Raffung und Dehnung, von Verzögerung und Beschleunigung, von Rückblick und voranschreitender Haupt- und Gegenwartshandlung, von allmählich sich verdichtenden „Unheilsignalen“. Sozusagen im „Keller“ des Romans kündigt sich der desaströse Ausgang an. Der Leser kann das wahrnehmen, ohne dass es den handelnden Personen bewusst wäre. Ein Beispiel dafür ist das Kapitel *Auf der Hochzeitsreise* im *Liebeswunsch*, das deutlich zeigt, dass auf der Ehe von Leonhard und Anja kein Segen liegt. Für *Der Sieger nimmt alles* wiederum ist eine Dramaturgie des hinausgezögerten Zusammenbruchs charakteristisch: Wie auf einer Achterbahnfahrt folgt hier auf „ein Kapitel der Hoffnung und der Illusionen ein Kapitel der Katastrophen“[13]. Im Ergebnis formiert diese Sequenz indes eine unaufhaltsame Abwärtstendenz.

Weil die einzelnen Romane in ihrer internen Spezifik in anderen Kapiteln zur Sprache kommen, folgen an dieser Stelle ein lediglich knapper Überblick über die Entwicklung des einschlägigen Textcorpus in seiner Gänze und detailliertere Beobachtungen zum Stilwandel in Wellershoffs Romanpraxis durch die Jahrzehnte hindurch. Der Erstling *Ein schöner Tag* ist noch kein Katastrophenroman, genauer: Es ist ein Roman über die verdrängte Katastrophe im Leben einer Kölner Kleinfamilie. Mit Blick auf Wellershoffs Typenkonstruktion in den Folgeromanen erheischen Vater Lorenz und seine Tochter Carla weniger Aufmerksamkeit. Das tut vielmehr sein lebensuntüchtiger und neurotischer Sohn Günther, der, zumindest während seines „Fluchtaufenthalts“ in Bad Wildungen, als eine Frühform des namenlosen Protagonisten aus *Die Schattengrenze* erscheint. Ihm verwandt sind wiederum einerseits der kriminelle Outcast Bruno Findeisen in *Einladung an alle*, andererseits, in *Die Schönheit des Schimpansen*, der gescheiterte Student Klaus Jung, der auf sein eigenes Versagertum mit der Geste hochmütiger Weltverachtung reagiert.

Vogtmann in *Der Sieger nimmt alles* beerbt diese beiden Vorgänger, während die Familienkonstellation im Hause Pattberg mit alterndem Vater ohne Mutter, dominanter Tochter (Elisabeth) und lebensuntüchtigem Sohn (Rudolf) an *Ein schöner Tag* erinnert.[14] Weil Familie Lorenz nicht vermögend ist, erscheint dort freilich kein einem Vogtmann vergleichbarer berechnender Bewerber um die Tochter Clara. Der Landpfarrer Henrichsen in *Der Himmel ist kein Ort* hingegen ist ein entfernter Verwandter der Hauptfigur der *Schattengrenze* wie auch Klaus Jungs. Henrichsens misslingendes Zusammensein mit Luiza Suarez in Hamburg erinnert an das desaströse Wochenende Jungs mit Gerda Brekamp in Duisburg, nicht allerdings dessen Ende. Offensichtlicher ist in *Der Himmel ist kein Ort* aber die Parallele zu *Die Sirene*.

---

13 *Der Baukasten der Imagination*, S. 810.

14 Ebd., S. 821.

An die Stelle der – libidobesetzte Fantasieräume eröffnenden – Telefonstimme in der Novelle tritt im späteren Roman die unbestimmte Sogkraft von Briefen.

Dieser Kontinuität von Themen und Motiven, auch von Tonfall und Sichtweise entspricht nun – was bemerkenswert genug ist – keineswegs eine Kontinuität des Erzählstils. Diesbezüglich ereignet sich nach der *Schattengrenze* (1969) ein einigermaßen scharfer Bruch.[15] Dieser gilt zunächst einmal nicht basalen narrativen Strategien wie der Perspektivenwahl. Mono- und Multiperspektivismus etwa wechseln in Wellershoffs Romanen eher unauffällig ab: *Ein schöner Tag*, *Einladung an alle*, *Der Sieger nimmt alles* und *Der Liebeswunsch* sind aus wechselnden Perspektiven erzählt, *Die Schattengrenze*, *Die Schönheit des Schimpansen* und *Der Himmel ist kein Ort* strikt aus der Sicht des jeweiligen Protagonisten. Allerdings bestehen in der Radikalität, mit der dieser Perspektivismus gehandhabt wird, eben zwischen *Schattengrenze* und *Schönheit des Schimpansen* beträchtliche Unterschiede. Zeigt bereits *Ein schöner Tag* (1965) Einflüsse des französischen Nouveau Roman, so verstärken sich diese in der *Schattengrenze* im Sinne einer dezidiert experimentellen Signatur noch erheblich.[16] Die Zerstörung räumlich-zeitlicher Kontinuität in der Wahrnehmungsdarstellung spricht dafür genauso wie die Aufhebung der Grenze zwischen Innen und Außen, Bewusstsein und Dingwelt, das Ineinanderfließen von Beobachtungen, assoziativ sich einstellenden Erinnerungen, Reflexionen und traumartigen Sequenzen, das Nebeneinander von verschwimmenden Konturen und „überscharf" präsenten Details.[17]

Nahegelegt wurde dieser Stil freilich auch dadurch, dass im Zentrum des Geschehens ein psychisch krankes Individuum steht. Genauer: Es war die Themenwahl, die in Verbindung mit dem strengen Perspektivismus eine „außergewöhnliche" Sprachgestalt mehr oder weniger erzwang. Ich- und Weltzerfall des Schizophrenen musste

---

15 Keith Bullivant/Manfred Durzak (*Nachwort*, in: WW 6, S. 813–907; hier: S. 824 f.) platzieren Wellershoffs Abwendung vom Nouveau Roman erst nach *Einladung an alle*, fassen also die ersten drei Romane zu einer stilistischen Einheit zusammen. Indes setzt bereits der Dokumentar-Roman keineswegs die beiden ersten Romane fort.

16 Der Autor selbst hat auf diesen Einfluss mehrfach hingewiesen. S etwa: *Die Arbeit des Lebens*, S. 234 f. Auch in der Wellershoff-Literatur besteht diesbezüglich Konsens. S. etwa Gerda Zeltner-Neukomm: *Ein umgekehrter Nouveau Roman. Dieter Wellershoffs neue Erzählung „Die Schattengrenze"*, in: *Merkur* 23 (1969), H. 5, S. 486–490; Helmreich: *Dieter Wellershoff*, S. 72 f.; Merkes: *Wahrnehmungsstrukturen in Werken des Neuen Realismus*, S. 36–85; Jaeger: *Realismus und Anthropologie*, S. 119–145. Gelegentlich wurden, zu Recht, thematische, strukturelle und erzähltechnische Entsprechungen zu Peter Handkes Erzählung *Die Angst des Tormanns vorm Elfmeter* (1970) geltend gemacht (s. etwa Bodo Heimann: *Experimentelle Prosa*, in: Manfred Durzak (Hg.): *Die deutsche Literatur der Gegenwart. Aspekte und Tendenzen*, Stuttgart [3]1976, S. 230–256; hier: S. 236 ff.). Diese Korrespondenzen sind allerdings auch durch ein Tertium Comparationis vermittelt, auf das Wellershoff selbst hinweist: Klaus Conrads Studie *Die beginnende Schizophrenie* (s. *Modelle, Verfahren und Prozesse*, S. 56).

17 Eine überzeugende Stilanalyse enthält Dohn: *Wahrnehmung und Erkenntnis*.

in ihr um der artistischen Glaubwürdigkeit des Erzählten willen eine Entsprechung finden. Das lässt sich übrigens verallgemeinern: „Alle seine [sc. Wellershoffs, d. Verf.] Werke sind doch auch Manifestationen einer rationalen Selektion der jeweiligen literarischen Ausdrucksmittel."[18] Der Autor selbst nahm für sich legitimerweise in Anspruch, „meine Schreibweise später von Buch zu Buch weiterentwickelt und verändert"[19] zu haben.

Die Wahrnehmung eines grundsätzlichen Stilbruchs nach der *Schattengrenze* – Wellershoff meint übrigens mit „Schreibweise" offensichtlich dasselbe, was gemeinhin der Begriff „Stil" impliziert – wird aber durch diejenige einer unbestreitbaren Spezifik des Einzelwerks nicht neutralisiert. Unübersehbar reduziert bereits *Einladung an alle* (1972) den Experimentalcharakter der *Schattengrenze* wieder. Das fällt vielleicht nicht sofort auf, weil das Collageprinzip des halb-dokumentarischen Romans seinerseits ein wenngleich anders gelagertes Formexperiment anzeigt. Auf jeden Fall ist der bezeichnete Stilbruch vor *Die Schönheit des Schimpansen* (1977) bereits in den Erzählungen *Doppelt belichtetes Seestück* und *Ein Lied von der Freiheit* (1974) erkennbar. *Die Schönheit des Schimpansen* bietet sich aber deshalb zum Vergleich an, weil der Roman, wie bereits festgestellt, in der Krisen- und Außenseiterthematik wie in der monoperspektivischen Anlage durchaus Ähnlichkeiten mit der *Schattengrenze* aufweist. Der „neue" Stil zeigt sich in der Restitution eines trotz der vielfach interpolierten Rückblenden im Prinzip chronologisch organisierten Erzählens, in einer „zusammenhängenderen Welt"[20] und in der dem Leser eröffneten Möglichkeit, zwischen dem Innenleben des Protagonisten und seiner Umgebung zu unterscheiden.

Mit *Die Schönheit des Schimpansen* ist die Stillage erreicht, an der Wellershoff, prinzipiell und unerachtet aller werkbedingten Veränderungen, bis in die Spätzeit seiner literarischen Produktivität festhalten sollte. Man könnte, wenn es nicht abwertend klänge und immer im Vergleich mit der *Schattengrenze*, von einer leserfreundlichen Konventionalisierung der Erzählhaltung sprechen, die sich mit den Jahrzehnten sogar noch verstärkte.[21] Der Irritationscharakter von Wellershoffs Prosa für den Leser – in der Themenwahl sowieso, aber auch etwa durch bestimmte narrative Techniken wie die Blockade oder zumindest die gezielte Dosierung des werkinternen Informationsflusses – blieb erhalten[22], griff aber nicht mehr so radi-

---

18 Bügner: *Lebenssimulationen*, S. 120.

19 *Der lange Weg zum Anfang*, S. 580.

20 So Wellershoff selbst in: *Literatur als Erfahrung*, S. 72. Karl Prümm (*Kinostücke. Filmorientierungen und Filmresonanzen bei Dieter Wellershoff – mit einer Analyse der Romanverfilmung „Der Liebeswunsch"*, in: Jung (Hg.): *Literatur ist gefährlich*, S. 139–156; hier: S. 142) sieht sogar eine „vorsichtige Rehabilitierung des auktorialen Erzählers".

21 In diesem Sinne auch Tschierske: *Das Glück, der Tod und der „Augenblick"*, S. 22, Anm. 29.

22 S. dazu Kapitel 9.

kal wie vorher auf die (in der *Schattengrenze*, wie erläutert, auch themenbedingte) Formgestalt selbst über.

Der beschriebene Stilwandel erschließt sich aber kaum über allgemeine Bemerkungen, sondern erheischt seine Demonstration am Text. Deshalb sollen jetzt drei Stellen aus *Die Schattengrenze*, *Die Schönheit des Schimpansen* und *Der Himmel ist kein Ort* miteinander verglichen werden. Der letzte Roman wurde gewählt, weil er eben mit dem Thema der Subjektkrise an die genannten Vorgänger anschließt – wie vermittelt auch immer. Außerdem wurde, auf dass ein Vergleich überhaupt sinnvoll würde, in sämtlichen Fällen eine beschreibende Partie mit dem einsamen Protagonisten im Zentrum ausgewählt, also weder eine Dialogstelle noch eine Traumsequenz oder etwas Ähnliches.

Zunächst ein Zitat aus der *Schattengrenze*:

> Jemand ging vor ihm her und trat in die Telefonzelle, und er wartete hinter einem geparkten Wagen. Dies war ein kleiner Platz, auf den von drei Seiten leere Straßen mündeten, und in der Mitte telefonierte ein Mann, machte ab und zu eine ungeduldige Bewegung beim Sprechen wie jemand, der etwas Dringendes erklärt oder eine Anordnung gibt. Plötzlich war die Telefonzelle leer, er hatte niemand fortgehen sehen. An der weißen Rückwand hing der Apparat mit dem aufgelegten Hörer. Alles schien verändert und unverändert, die drei Straßen, die auf den Platz mündeten, die Kastanienbäume, die überall geparkten Autos an den Bordsteinkanten, alles stand ruhig da, in einem dichten unglaubhaften Überfluß. Wenn er genauer hinsah, schien alles einen Rand zu haben, als seien zwei übereinandergelegte Bilder ein wenig verrutscht, und er mußte jetzt versuchen, sie weiter auseinanderzuschieben, dann würde er sehen können, was er suchte. Es stand da, die leere oder verlassene Zelle, immer noch wie ein Trick, der ihm Angst machte. Ich bin es selbst gewesen, dachte er, ich habe schon angerufen, das war ich, ich habe angeordnete, den Platz zu räumen, ich habe hier gestanden und dort.[23]

Diese Szene darf als für den Stil des Romans repräsentativ angesehen werden.[24] Der Leser nimmt sie durch die Augen des Protagonisten („er") wahr, hat also kaum eine Möglichkeit, über die dargestellte Welt außerhalb seiner Wahrnehmungsperspektive etwas auszusagen. Dennoch ist er geneigt, den Platz mit Telefonzelle, Kastanienbäumen und parkenden Autos als „Romanrealität" zu akzeptieren. Irritierend sind indes die Widersprüche, die die Statik des Bildes aufsprengen. Obwohl „Leere" das Umfeld dominiert, bedrängt „ihn" ein dazu noch „unglaubhafter Überfluß". Die Telefonzelle ist auf einmal leer, ohne dass sie jemand verlassen hat. Aber

---

23 *Die Schattengrenze*, S. 311 f.

24 S. zur Interpretation auch Tony Phelan: *Die Schattengrenze – „strukturelle Logik" und Utopie*, in: Thomas (Hg.): *Der Schriftsteller Dieter Wellershoff*, S. 41–65; hier: S. 49 ff.

ist sie nun „leer oder verlassen"? Hier stört die Konjunktion „oder" – schließlich ist eine „verlassene" Telefonzelle gleichzeitig auch „leer". Alles scheint „verändert und unverändert". Das ist eine logische Unmöglichkeit, immerhin „scheint" es nur so.

Auch den Rand um die Dinge, die „ihn" an zwei übereinandergelegte und zugleich verrutschte Bilder erinnern, „scheint" es nur zu geben. Merkwürdig ist allerdings, dass sich diese Scheinhaftigkeit ausgerechnet dem „genaueren Hinsehen" offenbart und sich in ihm nicht etwa auflöst. Allemal zeigt sich an dieser Stelle nach der Dissoziation des Raum- auch eine solche des Zeitempfindens. In „seinem" Bewusstsein fließen mindestens zwei Zeitschichten zusammen: Wie in einer Kamera, deren Auslöser man niedergedrückt hält, entstehen unscharfe Bilder. Vergangenheit und Gegenwart erscheinen dann übereinander geschoben.

Beides verbindet sich mit einer Dissoziation des Subjekts: Wenn „er" selbst telefoniert hat, darf er, als sein eigener Doppelgänger, nicht erwarten, sich als einen anderen beim Verlassen der Zelle beobachten zu können. Allemal wird hier eine unauffällige Alltagsrealität durch die Weise ihrer Wahrnehmung und deren Darstellung so verfremdet, dass dem Leser – als dem Wahrnehmer der Wahrnehmung – die Orientierung in der Romanwirklichkeit eklatant erschwert wird.

Es folgt eine Stelle aus *Die Schönheit des Schimpansen*:

> Auch an diesem Morgen war er viel zu früh aufgewacht und hatte in dem dämmrigen Morgenlicht seines Hotelzimmers auf die Wand zwischen Waschtisch und Schrank gestarrt, wo sich unmittelbar unter der Decke ein großer brauner Feuchtigkeitsfleck befand, der die Form einer Felsenküste hatte, die eine weiträumige Bucht umschloß. In dem Gebirgsmassiv war ein Gesicht erkennbar, aber nur undeutlich und so zwischen Mensch und Tier schwebend, daß es ihm wieder zerrann.
>
> Es war ein altmodisches Zimmer in einem verrotteten Hotel, das er sich ausgesucht hatte, um Geld zu sparen. Und er hatte zur Strafe, wie er dachte, ein Zimmer mit einem Bett bekommen, dessen Matratze in der Mitte durchgelegen war und ihn in eine etwas verbogene Haltung zwang. Außerdem hatte er ganz gegen seine Gewohnheit versäumt, den Kopfkeil unter der Matratze herauszunehmen. Vielleicht waren das die Ursachen für seinen unruhigen, von vielen verworrenen Träumen durchzuckten Schlaf.[25]

Im Unterschied zu der Passage aus der *Schattengrenze* sind hier Raum- und Zeitverhältnisse im Sinn eines geregelten Neben- bzw. Nacheinanders klar geordnet. Dem Leser ist es auch ohne weiteres möglich, Innen und Außen auseinanderzuhalten. Im „Außen" versammeln sich nahezu ikonografisch die Bestandteile einer schäbigen Hotelunterkunft. Die materialen Gründe für Klaus Jungs Schlaflosigkeit werden genau benannt: die durchgelegene Matratze und die Nicht-Herausnahme

25 *Die Schönheit des Schimpansen*, S. 642 f.

des Kopfkeils. Eine präzise, zur Beschreibung geeignete Begrifflichkeit kommt hier zum Einsatz, die auch keine Zweifel daran lässt, dass es sich hier nicht um Wahrnehmungstäuschung handelt, sondern um „Daseinswahrscheinlichkeiten" auch jenseits eines subjektiven Bewusstseins. Mit ihrer Hilfe entwickelt der Autor einen kompakten Eindruck vom trostlosen Lebensalltag seines Protagonisten – der Leser hat diesbezüglich keine Leerstellen zu schließen.

Ob der Feuchtigkeitsfleck tatsächlich die „Form einer Felsenküste" hat, ist belanglos. Diese „Interpretation", die darüber hinaus mit Standarderfahrungen auch des Lesers rechnet, ist eindeutig als Fantasie des sich womöglich in schönere Gefilde sehnenden Jung ausgewiesen. Dem bündigen Vergleichsurteil des Autors selbst ist somit zuzustimmen: „*Die Schönheit des Schimpansen* ist gegenüber der *Schattengrenze* ein Klartext."[26]

Jetzt noch ein Zitat aus *Der Himmel ist kein Ort*:

> Es war ihm schwergefallen, sich einzurichten. Ohne sie [sc. Seine frühere Freundin Claudia, d. Verf.] fehlten ihm die Phantasie und die Notwendigkeit, um im Haus viel zu verändern und zu verbessern. Wozu? Er kam auch so zurecht. Das Dachgeschoss, in dem ursprünglich die Kinder seines Vorgängers gewohnt hatten, hatte er ganz außer Acht gelassen. In den Räumen mit ihren stockfleckigen Tapeten waren kaputte Möbel und mehrere Kisten voller alter Gemeindeakten abgestellt, die er sichten musste, bevor er das ganze Geschoss entrümpeln ließ, was aus Gründen des Feuerschutzes längst fällig war. Aber da er für die Mansarden keine Verwendung hatte, war er dieser Arbeit bisher aus dem Weg gegangen. Für seine Wohnung im ersten Stock hatte er einige Möbel seines Vorgängers übernommen und sie mit seinen wenigen eigenen Möbeln zusammengestellt. Es wirkte zufällig und achtlos. Für einen Junggesellen, der Studienzeit, Vikariat und den anschließenden Hilfsdienst noch nicht lange hinter sich hatte, blieb es eine ungewohnt große Wohnung, in der er sich immer noch etwas verloren fühlte. Anfangs hatte er abends einmal in allen Räumen das Licht brennen lassen. Doch nachdem ihn am nächsten Tag eine Gemeindehelferin gefragt hatte, ob er gestern Abend eine Party gefeiert habe, hatte er das nicht wiederholt.[27]

Der Vergleich der Texte erbringt, dass der stilistische Unterschied zwischen dem ersten und dem zweiten ungleich größer ist als zwischen dem zweiten und dem dritten – und das, obwohl zwischen den ersten beiden Romanen nur acht, zwischen dem zweiten und dritten aber 32 Jahre liegen. Dieser Befund bestätigt die Feststellung eines tiefgreifenden Stilumbruchs nach der *Schattengrenze*. Keine pathologisch

---

26 *Für das Fernsehen schreiben. Gespräch mit Karl Prümm*, in: *Die Wahrheit der Literatur*, S. 109–137; hier: S. 137.

27 *Der Himmel ist kein Ort*, S. 568 f.

gestörte Weltbeziehung schiebt sich in *Der Himmel ist kein Ort* zwischen die Erzählerstimme und den dargestellten Wirklichkeitsausschnitt. Die Dinge scheinen auch dem Leser eins zu eins greifbar zu sein, signalisieren aber in ihrer symbolischen Verdichtung einen Zustand der Unbehaustheit (die sich im Verlauf des Romans auch als eine spirituelle erweisen wird) und latenten Depression.

Prinzipiell verhält es sich mit der Beschreibung des Pfarrhausinterieurs wenig anders als mit Klaus Jungs tristem Hotelzimmer. Grundsätzlich stellt sich freilich die Frage: Wer spricht hier überhaupt? Die Passage ist als Erlebte Rede der Hauptfigur, des jungen Landpfarrers Ralf Henrichsen, angelegt. Trotzdem wird nicht ganz klar, ob in Sätzen wie „Es wirkte zufällig und achtlos“ nicht doch ein Dritter Henrichsen kommentierend gleichsam über die Schulter blickt. Dann wäre es der Autor als Erzähler, der über der Wohnungseinrichtung sozusagen den Stab bricht.

Nahe liegt allemal die Frage, warum Wellershoff sich entschloss, nach der *Schattengrenze* das Anregungspotenzial des Nouveau Roman jedenfalls nicht mehr so offensichtlich wie in diesem Buch aufzugreifen, sondern sich in der Stilfrage und -wahl erkennbar neu zu positionieren. Die Antwort liefert Wellershoffs Erfahrung mit der Geschichte des Nouveau Roman selbst:

> Jedem Autor kann es passieren, daß sich seine Erfahrung verdünnt und verliert, daß sie zur stereotypen Formel gerinnt. Er hat dann noch seine Techniken, seine Organisationsmittel, er glaubt, weiter an seinem Thema zu schreiben und doch ist alles nur noch Manier. Diese Gefahr ist wohl besonders groß, wenn, wie zum Beispiel bei manchen Autoren des Nouveau roman, die Schreibweise sehr eng, extrem und auch starr begrenzt ist, wenn sie sehr spezifisch ist, und kaum Veränderungen zuläßt. Da droht die Gefahr der Entleerung zur bloßen Routine.[28]

Erfahrungs- und Authentizitätsschwund, wie er sie zumal in den späteren Werken von Robbe-Grillet und Sarraute feststellte, war für Wellershoff also offensichtlich ein Menetekel, das ihn davor warnte, sich selbst in der vermeintlichen Sicherheit einer erprobten Schreibweise einzurichten, diese aber zugleich manieristisch verflachen zu lassen. Im Übrigen ließ sich im Horizont der eigenen Realismus-Theorie die an der Entwicklung des Nouveau Roman gemachte Erfahrung erweitern und verallgemeinern:

> Grundsätzlich bin ich der Meinung, daß es nicht möglich ist, eine Schreibweise für längere Zeiträume normativ festzulegen. Es mag sich bei jedem Autor zwar so etwas entwickeln wie ein persönlicher Stil, aber ich glaube, man muß das Schreiben als eine Entdeckungsreise verstehen. Man muß weiter vordringen in seiner Erforschung des

---

28 *Modelle, Verfahren und Prozesse*, S. 58 f.

> Lebens und man muß für jedes Thema, für jedes Problem auch eine neue Struktur, eine neue Methode finden, um es zu erfassen und zu entwickeln. Es besteht ein intimer Zusammenhang zwischen der Schreibweise, der Sichtweise und der neuen Erfahrung. [...] Deshalb habe ich damals auch von einem „Neuen Realismus" gesprochen. Ich wollte deutlich machen, daß Realismus nichts Festgelegtes ist. Er ist die Tendenz zur Erkenntnis von Realität, und Erkenntnis setzt voraus, daß man schon Erkanntes überschreitet. Es ist eine unendliche Aufgabe.[29]

Anthropologie – die Überzeugung, dass der Mensch kraft seiner mentalen Ausstattung in der Lage sei, das Gewohnte transzendierende Erfahrungen zu machen – geht hier mit Literaturtheorie einher. Dabei löst sich auch der Gegensatz von Stilbildung und Veränderungsbereitschaft, von Kontinuität und Bruch auf. Wellershoffs Oeuvre ist ein Beispiel dafür, dass und wie beides zusammen möglich sein kann.

Weil seine Erzählungen in diesem Buch ebenfalls als Einzeltexte in unterschiedlichen Zusammenhängen mehr oder weniger ausführlich zur Sprache kommen, soll es hier auch in ihrem Fall vorzugsweise um allgemeine schaffensbiografische und genreanalytische Gesichtspunkte gehen. Im Corpus der Erzählungen zeigt sich eine ähnliche Stilentwicklung, ja ein Stilbruch wie im Fall der Romane. Sichtbar wird er in dem 1974 veröffentlichten Band *Doppelt belichtetes Seestück und andere Texte*. Er enthält mit den frühen Erzählungen *Während* (1960) und *Wiederkommen* (1970) Texte, die in ihrer Verschränkung der Zeitebenen, der Überblendung von Innen und Außen durchaus Gemeinsamkeiten mit *Ein schöner Tag* und *Die Schattengrenze* aufweisen. Mit *Doppelt belichtetes Seestück* (1973) und erst recht mit *Ein Gedicht von der Freiheit* (1974) hält dann eher die Stillage der *Schönheit des Schimpansen* Einzug (abgesehen von der Ich-Perspektive, die *Ein Gedicht von der Freiheit* als einen Textvertreter der in den 70er Jahren aufblühenden Richtung einer Neuen Subjektivität ausweist).

Gerade angesichts der – auch stark autobiografisch bedingten – Themenkontinuität fällt diese Veränderung auf. In *Wiederkommen* geht es um die problematische Routine eines Ehepaares, das seit zehn Jahren alljährlich seinen sommerlichen Meeresurlaub am nämlichen Ort verbringt, während die Zweierbeziehung in eine offensichtliche Krise geraten ist. Der Versuch, eine Veränderung durch Gewohnheit zu verdrängen – ein „klassisches" Wellershoff-Thema –, scheitert. Auch das *Seestück* handelt von einem problematischen „Wiederkommen": Ein Mann fährt mit seiner Ehefrau genau die Route der Reise nach, die er im Vorjahr mit seiner inzwischen aufgegebenen Geliebten unternommen hat.

Nach einer Pause von mehreren Jahren folgte, zwischen 1981 und 1986, der nächste „Schwall" mit insgesamt acht Erzählungen – sie wurden in dem 1986 pu-

---

29 Ebd., S. 50.

blizierten Band *Der Körper und die Träume* zusammengefasst. Auch diese Texte[30] hängen thematisch zusammen. Zumeist gruppiert um die krisenhafte Dreierkonstellation schlechthin – ein Mann zwischen zwei Frauen, eine Frau zwischen zwei Männern –, entfaltet sich ein Panorama der Verwirrung, der Zweideutigkeiten, der Täuschungen und Selbsttäuschungen.

Der Zusammenbruch sozialer Institutionen, die Auszehrung ihrer verhaltensstabilisierenden und rollendefinierenden Kraft entlässt die Menschen auch im Bereich der intimen Beziehungen auf das Meer einer riskanten Freiheit, wo allemal der Schiffbruch droht. Tatsächlich übersetzen zwei der Erzählungen – *Augenblicke der Benommenheit* und *Die Fähre nach England* – die Meeresmetapher gleichsam in ein Realsymbol.[31] Unternommene oder versuchte Ausbrüche aus erstarrten Verhältnissen verheißen beharrlich ein Glück, das sich womöglich nicht einstellen wird. Und in der Flut widersprüchlicher und unsicher gewordener erotischer Gefühle drohen die Figuren nicht nur den Anderen (oder die Andere), sondern auch sich selbst zu verlieren.

Weil ein kommentierender Erzähler fehlt und sich das jeweilige Geschehen szenisch, dialogisch, vor allem aber aus der konsequent eingehaltenen Perspektive der Beteiligten entfaltet, springt die verbreitete Unsicherheit auch auf den Leser über: In der Erzählung *In Erwartung der Gäste* steigert sich die gastgebende Claudia, die Geliebte des Ehemannes ihrer besten Freundin, in den Argwohn hinein, beide benutzten sie lediglich, um ihre eigene kriselnde Ehe zu vitalisieren. Der Leser hat keine Möglichkeit, die Triftigkeit dieses Verdachts zu überprüfen. Nicht alle Texte haben die nämliche dunkle Grundfarbe. Der Erzählung *Der Körper und die Träume* eignen burleske und groteske Züge, während *Die Frau auf dem Balkon* eine ungebrochen-lustvolle Epiphanie inszeniert: Ein Ich-Erzähler beobachtet ein Beobachten, genauer: er beobachtet ein Kammerspiel zu zweit, in dessen Rahmen ein junger Mann mit Musik von der Schallplatte eine Frau im gegenüberliegenden Haus zu erotischen Posen auf ihrem Balkon animiert.

Die tödlichen Katastrophen einiger Wellershoff-Romane bleiben, es sei wiederholt, in diesen Erzählungen aus. Sie gestalten vorzugsweise unscheinbare, punktu-

---

30 S. dazu Steinecke: *Voyeur der Träume*; Bullivant/Durzak: *Nachwort*, S. 829 ff.

31 Motivisch berührt sich *Die Fähre nach England* übrigens unmittelbar mit dem Roman *Der Liebeswunsch*: Das Apartment-Hochhaus in Sahlenburg am norddeutschen Wattenmeer, in dem sich das Liebespaar Saskia und Norbert trifft, ist erkennbar dasselbe, aus dem sich Anja im Roman zu Tode stürzt. Mutmaßlich in Sahlenburg (im Text ist nur von Cuxhaven die Rede) steht auch das Hotel (hier nicht das Hochhaus), in das Elsheimer nach dem Scheitern eines Hamburger Treffens mit der „Sirene" fährt (*Die Sirene*, S. 636 ff.). Winterlicher Dämmer, Schnee und das (als solches zwei Sphären angehörende, also gleichsam undefinierte) Wattenmeer verbinden sich zu einem in der bildlichen Gestaltung suggestiven Motivkomplex der Unbestimmtheit und Entgrenzung. Die Naturbilder geraten zu einer realsymbolischen Entsprechung von Elsheimers innerer Befindlichkeit. S. dazu auch Kapitel 14 („Raum und Zeit"), S. 322 f.

elle Krisenmomente, „Augenblicke der Benommenheit". Der Abgrund, der sich kurzfristig auftut, schließt sich durch die verdrängende Rückkehr in etablierte Lebensgewohnheiten. Ungewiss ist, ob das Krisenpotenzial erlischt oder virulent bleibt – die Antwort auf diese Frage wird jeweils ins Jenseits der Erzählung verschoben. Das gilt auch für die folgenden Texte des Genres. Der Beginn der 90er Jahre zeitigte die Entstehung einiger weiterer Erzählungen – darunter *Das Vermächtnis*, *Das, was uns rettet*, *Tanz in Schwarz* und *Flugphasen* –, die diesmal thematisch weiter auseinanderliegen und vielleicht wegen dieser Heterogenität auch nicht den Weg in eine Sammelpublikation fanden.

Zwischen 2003 und 2005 schrieb Wellershoff dann in rascher Folge seine letzten zehn Erzählungen, die sich wieder erkennbar zu einer Gruppe formieren und in dem 2005 erschienenen Band *Das normale Leben* vereinigt wurden.[32] Die thematische wie erzähltechnische und stilistische Kontinuität zu *Der Körper und die Träume* ist unübersehbar. Die Dreieckssituation als Krisenkonstellation erscheint erneut in den Erzählungen *In der Oper* und *Das Sommerfest*, während *Das Verschwinden* das Motiv einer alternativen homoerotischen Frauenbeziehung aufgreift. Wellershoff hatte es im ersten Erzählband bereits in *Der schöne Mann* bearbeitet. Neu ist – naheliegend angesichts des schaffensbiografischen Kontextes – der Themenkomplex Altern, Krankheit und der Bewältigungsumgang mit dem sich unausweichlich ankündigenden Lebensende. Er nimmt in *Das normale Leben* und *Der Rückzug* literarische Gestalt an.

Aus dem Corpus der Wellershoff-Erzählungen fallen als Einzelwerke die beiden Novellen *Die Sirene* (1980) und *Zikadengeschrei* (1995) heraus. Sie tun dies nicht unbedingt wegen ihrer Ausdehnung – *Zikadengeschrei* ist nur unwesentlich länger, als es etliche Erzählungen sind –, wohl aber durch die Sujets, die den Autor wohl auch veranlassten, beide Texte mit der traditionsgesättigten Gattungsbezeichnung zu versehen. Wellershoff dürfte sich in diesem Sinne durchaus an Goethes Definition der Novelle als einer „unerhörten Begebenheit" orientiert haben, denn tatsächlich sind die Plots der beiden Texte auch mit Blick auf die Rasanz des äußeren Handlungsablaufs in einer Weise spektakulär, wie das bei den übrigen Erzählungen nicht der Fall ist. Die Lockung des Abgrunds, die sich in der weiblichen Telefonstimme der *Sirene* zeigt, und die magische erotische Attraktivität einer Frau mit zerstörtem Gesicht in *Zikadengeschrei* sind Erzählgegenstände, denen eine kaum zu übertreffende dramatische Wucht eignet.

Wellershoffs Beitrag zu einer anderen „klassischen" Literaturgattung, zum Theaterdrama, ist quantitativ nicht erheblich und war auch nicht sonderlich erfolgreich. Es handelt sich um das Theaterstück *Anni Nabels Boxschau* (1962) und das Szena-

---

32 S. dazu Manfred Durzak: *Nachwort*, in: WW 9, S. 781–804; hier: S. 790–797.

rium zu der Multimedia-Oper *Hysteria. Paradies, schwarz* (1971).[33] Beide Werke verschwanden nach der Darmstädter bzw. Kölner Uraufführung (mit den Akustischen Aktionen von Dieter Schönbach in der Regie von Hans Neugebauer) in der Versenkung. Auch der Autor ging augenscheinlich auf Distanz, jedenfalls fanden diese Arbeiten nicht den Weg in die Werkausgabe.

Im Mittelpunkt des Theaterstücks steht die Schaubudenbesitzerin Anni Nabel, von Wellershoff verstanden als „Figuration des unzerstörbaren Lebens mit dem Gegenaspekt der verschlingenden Todesgöttin"[34]. Ihre Opfer sind drei Schauboxer aus unterschiedlichen Generationen, von denen der jeweils jüngere den jeweils älteren im Boxkampf besiegt und dadurch die sexuelle Gunst der Chefin erwirbt, während die Geschlagenen gleichsam aussortiert werden. Thema ist, so der Autor, „das allmähliche Sichtbarwerden des Todes"[35]. Tatsächlich hat das Ganze Züge eines mittelalterlichen Totentanzes, in dem die Figuren als Allegorien erscheinen. Dadurch büßt es trotz einiger grausiger Situationskomik und Witzdialoge an theatraler Vitalität ein.

Hysteria hat keine Handlung im üblichen Sinn, an ihre Stelle tritt eine Folge von Szenen und Bildern, in denen unterschiedliche weibliche und männliche Stimmen zu hören sind. Aus dem Geräuschchaos schälen sich die vernutzten Werbeslogans der Konsumwelt heraus. Der Besucher der Kölner Oper sollte – Wellershoffs literaturtheoretischer Leitvorstellung entsprechend – in seinen Erwartungen und Rezeptionsmustern irritiert werden, der Autor wollte, unter Verweis auf Artauds „Theater der Grausamkeit", „die blockierte Erlebnisfähigkeit schockartig [...] befreien"[36]. Das Publikum erwartete ein „totales Theater", in das es selbst schon vor Betreten des Saales mit Fragen und Anordnungen aus Lautsprechern einbezogen wurde. „Mir schwebte", schreibt Wellershoff im Vorspruch der Druckfassung,

> ein halluzinatives Theater vor, das vieldeutig und sinnlich sein sollte und dem Verstand den gleichen Widerstand entgegensetzen würde wie es unsere Träume tun. Ich stellte mir das Theater als das innere eines Kopfes vor. Wir sind in dem Kopf und erleben, wie aus den Signalen des Nervennetztes multimediale Bilder entstehen, die sich bewegen, mischen und verändern. Jemand träumt und wir sind in seinen Traum hineingeraten.[37]

---

33 S. dazu Helmreich: *Dieter Wellershoff*, S. 50 f., S. 86 f.; Jung: *Im Dunkel des gelebten Augenblicks*, S. 103–115.

34 *Bericht über die Entstehung des Stückes*, S. 101.

35 Ebd., S. 102.

36 *Tagebuch (Mai 1971)*, in: WW 3, S. 11–45; hier: S. 28.

37 *Hysteria. Szenarium für eine Multi-Media-Oper*, in: *Doppelt belichtetes Seestück*, S. 181–221; hier: S. 182.

Vergleichsweise randständig ist in Wellershoffs Oeuvre auch die Lyrik.[38] Der Autor selbst thematisierte und begründete diesen Sachverhalt in der Vorbemerkung zu seiner 2008 veröffentlichten Gedichtsammlung *Zwischenreich*:

> Ein Band mit Gedichten? Das ist gewiß unerwartet. Denn meine Leser kennen mich als Autor von Romanen und Erzählungen, autobiographischen Büchern und Essays. Die Gedichte gehören nicht in das gewohnte Bild. Das liegt vor allem an mir selber. Denn ich habe diese Texte, die in der Mehrzahl zwischen 1969 und 1973 entstanden sind, immer als etwas Separates behandelt, weil ich sie in ihrer Intimität schutzbedürftig fand. [...] Literarisch hatte ich keine Vorbilder für diese Gedichte. Das chronologisch erste Gedicht der Reihe, die mit ihm einsetzte, war das Protokoll eines Traums in einem Ferienhaus am Meer. [...] Viele Gedichte der ersten Jahre sind mehr oder minder spontane Niederschriften einer inneren Situation.[39]

Den intimen Charakter vieler Wellershoff-Gedichte bestätigt auch seine Tochter Irene in ihrer Auskunft über die Lebenssituation der Jahre, in denen deren Hauptmasse entstand:

> Aber es waren auch Jahre, in denen Dieter zwischen meiner Mutter und einer anderen Frau hin- und hergerissen war. Zweimal zog er aus und ließ uns zutiefst traurig und verstört zurück, zweimal kehrte er wieder zurück. Aber es blieb ein Gefühl existentieller Erschütterung, das wir Kinder vorher nicht gekannt hatten, und es blieb auch für unsere Eltern, da Dieter sein inneres Dilemma nicht auflösen konnte. Zeiten tiefer Traurigkeit kamen und gingen. In depressiven Phasen war Dieter in sich gekehrt und schrieb Gedichte, die für mich zu seinen schönsten und persönlichsten Texten gehören.[40]

Quantitativ also ist der lyrische Output überschaubar – der Band 6 der Werkausgabe enthält lediglich 43 Gedichte.[41] Dies will für sich allerdings wenig besagen. In Wellershoffs Lyrik begegnet dem Leser ein innovativer Autor, der sich nicht nur nicht auf Vorbilder festlegen lässt, sondern auch immer wieder gerade im „Ausstieg" aus einem fixierbaren Sinn, in der irritierenden, sich der „Wut des Verstehens" entziehenden Vieldeutigkeit seiner Bildersprache eine spezifisch „poetische Erfahrung" augenblickhaft aufblitzen lässt und zugleich zugänglich macht:

---

38 Dieses Genre ist auch in der Wellershoff-Forschung bislang stiefmütterlich behandelt worden. S. immerhin Tony Phelan: *Lyrik und Wahrnehmung*, in: Thomas (Hg.): *Der Schriftsteller Dieter Wellershoff*, S. 115–145; Bullivant/Durzak: *Nachwort*, in: WW 6, S. 901–907.

39 *Vorbemerkung*, in: *Zwischenreich. Gedichte*, Köln 2008, S. 5.

40 Irene Wellershoff: *„So resigniert bin ich nicht, dass ich Komödien schreibe"*, S. 327.

41 *Gedichte*, in: WW 6, S. 745–808.

> Den gehobenen oder hermetischen Ton gibt es in Wellershoffs Gedichten nicht. Auch nicht das Gegenteil einer auftrumpfenden Vulgärsprache. Ebenso fehlen die syntaktisch-semantischen Anomalien, wie sie in moderner Lyrik üblich sind. Doch die typografische Aufteilung des Textes dient mit dazu, mehrdeutige Sinnformationen zu schaffen, Gedankensprünge und dialogische Widersprüche zu verschärfen.[42]

Immerhin lassen sich bestimmte Gegenstandsbereiche ermitteln, deren Gestaltung im Gedicht das Ergebnis einer Umformung konkreter Erfahrungen des empirischen Subjekts Dieter Wellershoff ist. Das Gedicht *Außerdem sagten sie*[43] z. B. reflektiert eine Lesung, in deren Nachgang der Autor mit polemischen Fragen aus dem Publikum im Stil der 68er Zeit konfrontiert wurde. Hier liegt unübersehbar eine Parallele zu der einschlägigen Szene aus dem TV-Film *Glücksucher* vor. Auf der anderen Seite gibt es, etwa in *Der Schütze liegt in sich gerade*[44], alptraumhafte Erinnerungen an den Krieg, auch alptraumhafte Entgleisungen des Alltagslebens, etwa in *Zwischenreich*[45], allegorische Todesbilder, dazu lyrische Sprach- und poetologische Reflexionen, Natur- und Reisegedichte.

---

42 Bullivant/Durzak: *Nachwort*, S. 904.

43 WW 6, S. 752.

44 Ebd., S. 751.

45 Ebd., S. 764.

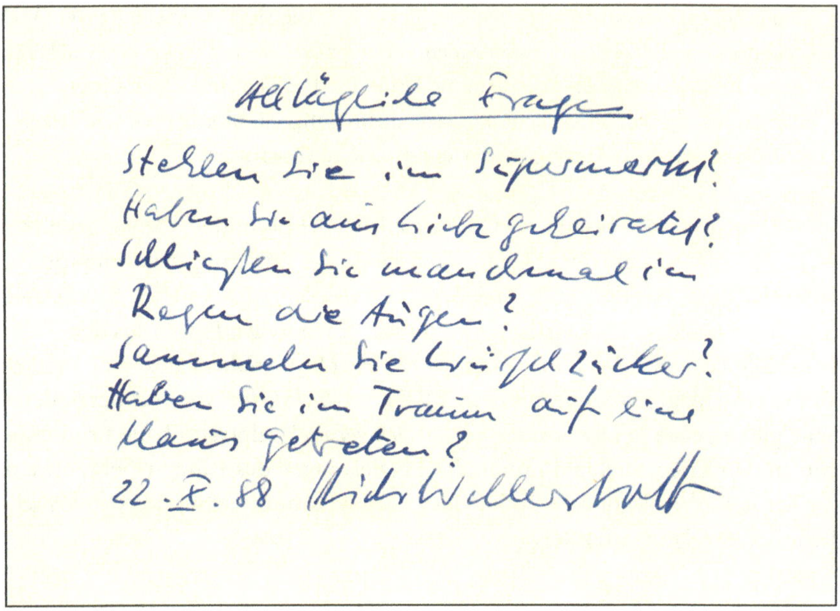
Alltägliche Fragen

Stehlen Sie im Supermarkt?
Haben Sie aus Liebe geheiratet?
Schließen Sie manchmal im
Regen die Augen?
Sammeln Sie Würfelzucker?
Haben Sie im Traum auf eine
Maus getreten?
22.X.88 Dieter Wellershoff

Abb. 13 Wellershoffs Gedicht *Alltägliche Fragen* von 1988 in seiner eigenen Handschrift.

Es fällt angesichts der Heterogenität von Gegenständen und Formen in Wellershoffs Gedichten schwer, für eine Analyse einen Text auszuwählen, der sich als exemplarisch anböte. Es gibt, wie gesagt, nicht *das* Wellershoff-Gedicht. Ich wende mich hier dem 1989 entstandenen *Der Winter* zu, für das auch der pragmatische Grund seiner minimalistischen Kürze spricht.

Der Winter –
ein weißer Strich auf grauem Papier,
trockener Teefleck in einer weißen Tasse.
Am Himmel bewegt sich nichts.
Bäume in der Windstille, schwarz.
Balkone voller Sommergerümpel.
Jemand räuspert sich,
als wolle er zu reden beginnen,
und schweigt.[46]

46 *Der Winter*, in: WW 6, S. 797.

Die Überschrift „ist gleichzeitig schon der Titel des Textes und bildet mit der ersten Zeile die rhetorische Form einer Definition“[47]. Formal weist lediglich der Zeilenfall auf die Gattung hin, man könnte sich den Text auch in Prosa notiert vorstellen. Sprache und Bildlichkeit haben indes – allein wegen der der kommunikativen Alltagsrationalität widersprechenden Alogizität der Bild- und Motivsequenz – einen eindeutig lyrischen Charakter. Der zweite und der fünfte (und letzte) Satz sind grammatisch vollständig, die übrigen Sätze durch den Verbausfall elliptisch. Sie befördern den gehackten, gedrängten Telegramm- oder Protokollstil des Ganzen. Der Blick des lyrischen Sprechers springt, dieser Eindruck drängt sich auf, in seiner Umgebung umher und hält willkürlich Einzelheiten fest.

Teilweise ist der Bezug zur Jahreszeit in den Natur- wie Zivilisationsmotiven offensichtlich: in den „schwarzen“ (also entlaubten) Bäumen, im (die Anwesenheit einer Abwesenheit signalisierenden) „Sommergerümpel“ auf den Balkonen. Die Eingangsmetapher für den Winter – „ein weißer Strich auf grauem Papier“ – mag ebenfalls noch einen einschlägigen Assoziationsraum aufschließen. „Winterlich“ ist darüber hinaus die Farbkaskade Weiß – Grau – Weiß – Schwarz, die das Gedicht grundiert.

Der „trockene[r] Teefleck in einer weißen Tasse“ dürfte kaum spontan an den Winter denken lassen. Das Bildmotiv kommt allerdings bei Wellershoff mehrfach vor. In *Blick auf einen fernen Berg* nennt er unter mehreren Beispielen für „ein Fluidum von Fremdheit und Distanz, das uns überall umgibt“, „die Tasse mit einem Rest Tee“. Weiter heißt es dort: „Und auf einmal werden wir uns unserer grundsätzlichen Einsamkeit bewußt. Wir sehen die Welt, wie sie ohne uns sein wird, vielleicht bald. Solche Anwandlungen sind leise, eindrückliche Belehrungen des Todes.“[48] In diesem Sinne ist die Tasse mit dem Teerest oder -fleck für Wellershoff der Gegenstand einer genuin „poetischen Wahrnehmung“, die uns „das stumme, in sich gekehrte Für-sich-Sein der Dinge, und darin und dahinter die unheimliche Abgründigkeit der Welt“[49] sehen lässt.

Auf Anhieb irritierend und rätselhaft ist vor allem der auf drei Verse verteilte letzte Satz, der den bislang optischen Impressionen ein akustisches Phänomen hinzugesellt. Immerhin könnte man anlässlich des Räusperns an eine winterliche Erkältung denken. Das wäre indes weit hergeholt: Sich räuspern und schweigen kann man auch im Sommer. Wichtiger scheint etwas anderes: Trockenheit, Windstille und ein Schweigen, das anstelle erwarteter Rede auf das Räuspern folgt, fügen sich zu einem Tableau der Erstarrung, des suspendierten Lebens. Und auch wenn

---

47 Bullivant/Durzak: *Nachwort*, S. 905.

48 *Blick auf einen fernen Berg*, S. 435.

49 *Das Schimmern der Schlangenhaut*, S. 890.

der Leser nicht um die einschlägige Symbolik der Farbe Weiß (oder gar der Tasse mit dem Teerest) im Werk des Autors wüsste, müsste er das hier entworfene Winterbild letztlich als ein Bild des Todes auffassen.

Später denn als Verfasser von fiktionaler Prosa, Hörspielen und TV-Drehbüchern trat Wellershoff als Autor autobiografischer Schriften hervor – die wichtigsten sind die fragmentarische Autobiografie *Die Arbeit des Lebens* (1985), *Blick auf einen fernen Berg* (1991), der Bericht über das Sterben und den Tod seines jüngeren Bruders, sowie *Der Ernstfall* (1995), wo Wellershoff über seine Teilnahme am Zweiten Weltkrieg Auskunft gibt.[50] In den Augen des Autors war der Übergang zu diesem Genre alles andere als zufällig: „Die Annäherung meines Schreibens an den autobiografischen Text hat eine deutliche lebensgeschichtliche und literarische Eigenlogik, […].“[51] Nach dem Inhalt dieser „Eigenlogik“ fahndend, unterbreiten die Herausgeber der Werkausgabe im *Nachwort* zum sechsten Band tentativ einige Fragen, unter denen zumal die folgende bereits eine den Sachverhalt ziemlich genau treffende Antwort beinhalten dürfte:

> Worin liegt also das Gewicht dieser autobiographischen Erkundungen, […]? […] Oder ist es der Versuch, jene lebensgeschichtlichen Erfahrungsschichten genauer zu bestimmen, die den Grundstoff abgegeben haben für die poetischen Umschmelzungsprozesse, die sich im Entstehungsvorgang seiner poetischen Texte abgespielt haben und deren Auswirkungen er damit analytisch auf die Spur kommt?[52]

Vermittelt über das Tertium Comparationis „Leben“ besteht ein enger Zusammenhang zwischen Wellershoffs Erzählungen und Romanen einerseits und den autobiografischen Schriften andererseits – abgesehen davon, dass der Autor selbst sein Schreiben und sein Leben generell als eng benachbart, ja nahezu identisch ansah. Seine Auffassung von Literatur als einer Probebühne, auf der nicht verwirklichte Möglichkeiten des eigenen Lebens gefahrlos und kathartisch ausagiert werden können, legt die Folgerung nahe, dass dann in gewisser Weise auch die fiktionalen Texte Autobiografie sind – eben eine Autobiografie der Möglichkeiten im Unterschied zu einer Darstellung der lebensgeschichtlichen „Wirklichkeit“ in den manifest autobiografischen Texten.

Tatsächlich verschwimmt die Grenze zwischen Fiktion und Autobiografie in Wellershoffs Oeuvre immer wieder. Nicht nur entnahm er den Stoff für die fiktionalen Texte den Erfahrungen seines eigenen Lebens.[53] Vielmehr bezeichnete er selbst

---

50 S. dazu Bullivant/Durzak: *Nachwort*, in: WW 6, S. 832–851; Bullivant: *Erzählen als die Arbeit des Lebens*; Jung: *Im Dunkel des gelebten Augenblicks*, S. 283–319.

51 *Der Flug der Taube*, S. 655.

52 Bullivant/Durzak: *Nachwort*, S. 833.

53 S. dazu das Kapitel 14 („Raum und Zeit“), S. 315–317.

Erzählungen wie *Doppelt belichtetes Seestück* und *Ein Gedicht von der Freiheit* unverhohlen als autobiografisch – allein eine Gattungskategorie wie „autobiografische Erzählung" durchbricht die besagte Grenzlinie.

Die Affinität zwischen Fiktion und Autobiografie erstreckt sich sogar auf die literarische Formgestalt. Ein Beispiel dafür ist das Buch *Blick auf einen fernen Berg*, das thematisch eh engste Beziehungen zu dem Roman *Der Sieger nimmt alles* unterhält. Unübersehbar praktiziert Wellershoff hier narrative Verfahren, die er auch in seinen Romanen anwendet.[54] So beginnt der Text – darin *Die Schönheit des Schimpansen* genauso vergleichbar wie *Der Sieger nimmt alles* und *Der Liebeswunsch* – mit der Mitteilung der Todesnachricht, die in einer chronologisch ausgerichteten Darstellung am Ende stehen müsste. Es handelt sich um eine für Wellershoff typische Lenkungsstrategie: Das Interesse des Lesers, der von Anfang an weiß, dass da jemand dem Tod nicht entrinnen kann, wird vom Ausgang auf den Weg dorthin umgeleitet.

Die Gegenwartshandlung um Tod und Beerdigung wird wiederholt „geflutet" durch weiträumige und ihrerseits wiederum zeitlich gestaffelte Rückblenden des hier mit dem Autor identischen Ich-Erzählers. Dieser rhythmisiert die Erzählung dadurch auf eine sehr genaue Weise. Ein Kapitel heißt „Auf und ab", und auch das erinnert an *Der Sieger nimmt alles*, wo es allerdings nicht um die schwankenden Resultate einer gegen die lebensbedrohende Krankheit eingeleiteten Therapie geht, sondern um das Wechselbad von scheinhaften geschäftlichen Rettungsperspektiven und dann umso heftiger hereinbrechenden Katastrophen. Wie auch immer: Der Weg vom Krankheitsbericht zu einem fiktionalen Text dürfte im Fall von *Blick auf einen fernen Berg* nicht allzu weit sein, er wäre wahrscheinlich mit einigen zielsicheren Fiktionalisierungen zu bewältigen.

Während sich für einzelne fiktionale Genres Schwerpunktphasen der Produktion ausmachen lassen, verteilen sich Wellershoffs Essays, Vorlesungen und Vorträge gleichmäßig über sämtliche Schaffensperioden – von den frühen bis in die späten Jahre. Die Anfänge des essayistischen Werks fallen in die 50er Jahre, da Wellershoff noch Redakteur der Deutschen Studentenzeitung bzw. freischaffender Autor war. Es folgen Sammelbände zur Literatur, Literaturtheorie und Kunstkritik wie zur Zeitgeschichte: *Literatur und Veränderung* (1969), *Literatur und Lustprinzip* (1973), *Das Verschwinden im Bild* (1980), *Das geordnete Chaos* (1992), *Der lange Weg zum Anfang* (2007) sowie der Großessay *Der verstörte Eros* (2001). Der Essayistik nahe bleiben die teils umfangreichen Vorlesungsreihen *Der Gleichgültige* (1963), *Die Auflösung des Kunstbegriffs* (1976), *Der Roman und die Erfahrbarkeit der Welt*

54 So auch Walter Delabar: *Warum ich und nicht du? Zum Brudermotiv in Dieter Wellershoffs „Blick auf einen fernen Berg"*, in: *Jahrbuch für internationale Germanistik* 28, H. 1 (1996), S. 10–21; hier: S. 16, Anm. 15.

(1988), *Angesichts der Gegenwart* (1993) und *Das Schimmern der Schlangenhaut* (1996).

Auch bezüglich dieses Textcorpus ist eine dichte Verflechtung mit dem Gesamtwerk zu konstatieren. Gerade die literaturtheoretisch orientierten Essays lassen sich gleichsam als Metareflexionen der parallel entstehenden fiktionalen Werke auffassen. Teils wirken sie wie Kommentare und Interpretationen, die vom konkreten Erzähltext freilich auch abstrahierend zurücktreten. Mitunter ist der Eindruck wechselseitiger Bespiegelung unabweisbar: Die „Gleichgültigen" Hemingways, Camus', Benns und Becketts präludieren offensichtlich Typen, wie sie auch in Wellershoffs dichterischen Texten auftauchen – etwa in den Romanen *Ein schöner Tag* und *Die Schattengrenze* sowie in dem Hörspiel *Der Minotaurus*. Ebenso unstrittig steht *Der verstörte Eros* „im Bann" des vorangegangenen Romans *Der Liebeswunsch*.

Darüber hinaus weisen auch die Erzähltexte immer wieder theoretisierende und essayistische Bestandteile auf. Explizit zeigen das bereits die Kapitelüberschriften „Verschiedene Bausteine zu einer Theorie des Verbrechens" und „Verschiedene Bausteine zu einer Theorie der Konformität" in *Einladung an alle* an. Im *Liebeswunsch* hält der Richter Leonhard in Trier einen Akademievortrag über das „Rauschen" aus informationstheoretischer Sicht, der massiv von Luhmanns Systemtheorie imprägniert ist. Mehr oder weniger unweigerlich dringt Wissenschaftliches in fiktionale Texte ein, wenn in diesen – wie bei Wellershoff mehrfach der Fall – einschlägige Veranstaltungen zum Thema werden. Ein Beispiel dafür ist *Der Himmel kein Ort*, wo auf einem Kongress zur Zukunft der Kirche aktuelle theologische Streitfragen diskutiert werden. Die Wissenschaftssphäre streifen auch – dank der beruflichen Position der Protagonisten – die Novelle *Die Sirene* und das Hörspiel *Die Schatten*. Der Schriftsteller Odenthal in dem TV-Spiel *Glücksucher* wiederum muss sich auf einer (in der Darstellung parodistisch modellierten) Diskussionsveranstaltung zur gesellschaftlichen Funktion von Literatur mit aggressiv vorgetragenen Positionen der Nach-68er Zeit herumschlagen.

Schwappen somit immer wieder Themen und Denkfiguren aus den Essays in das fiktionale Werk hinüber – wo sie dann Teil der Kunstgestalt werden –, so sind doch beide Bereiche prinzipiell voneinander geschieden. Der Autor wollte seine Erzählungen, Hörspiele etc. um deren sinnlicher Prägnanz willen erkennbar nicht mit seiner Theoriearbeit „infizieren" und belasten. Die auch für die Theorie zentrale „Krisenphänomenologie" erscheint dort nicht als solche, sondern wird verlegt „in die Art des Erzählens: in die szenische Darstellung, den Dialog, die Perspektive der handelnden Personen"[55].

Die Essays stellen sich als ein imposantes Gebäude dar, dessen Bausteine der poeta doctus aus zahlreichen im souveränen Zugriff erschlossenen Theorie- und

55 Steinecke: *Voyeur der Träume*, S. 213.

Wissenschaftsbereichen herantransportiert hat: eben nicht nur aus Ästhetik und Literaturtheorie, sondern auch aus Psychologie und Psychoanalyse, Kybernetik und Informationstheorie, Philosophie und Anthropologie, Soziologie und Politikwissenschaft.[56] Auf die Strecke – der Leser merkt es, wenn er die Essays gleichsam von der Stange herunterliest – wiederholt sich allerdings auch vieles, vor allem, wenn es dem Autor darum zu tun ist, seine zentralen literaturtheoretischen Positionen darzustellen und zu begründen: Die Literatur als Simulations- und Entlastungsraum im Interesse neuer, alternativer Erfahrungen für den Verfasser wie für den Leser – mit geringer Variationsbreite in thematischer wie sprachlicher Hinsicht werden da stets aufs Neue die nämlichen Module im Text montiert.

Darüber hinaus verfährt Wellershoff bei der Wahl seiner Quellen unübersehbar eklektisch: Was im Interesse der eigenen Argumentation brauchbar scheint in der intellektuellen Landschaft, wird herbeizitiert. „Der Essay", kritisiert Lothar Baier ungnädig, „läuft dann Gefahr, zum gerafften Theoriereferat mit ausgeborgter Autorität zu verkümmern. […] Jawohl, Herr Popper, möchte man da sagen, grüß Gott, Herr Luhmann – nur den Essayschreiber Wellershoff sucht man vergebens."[57] Hinzu kommt, dass die Quellen heterogen sind, ja mitunter für einander „feindliche" Denktraditionen stehen.

Das ist – um nur dieses Beispiel zu nennen – der Fall bei zwei Namen, auf die sich Wellershoff immer wieder mal mehr, mal weniger zustimmend beruft, auch wenn ihre Positionen nicht kompatibel sind[58]: Niklas Luhmann und Jürgen Habermas. Von Luhmann – im Zeichen seiner Systemtheorie modernisierte Wellershoff für die eigenen Zwecke die Anthropologie Arnold Gehlens – war bereits oben und ist auch anderwärtig in diesem Buch[59] die Rede. Im Folgenden soll Wellershoffs Verhältnis zu Habermas kurz zur Sprache kommen als Exempel für das generelle intellektuelle Design seiner Essayistik und dafür, wie Wellershoff mit seinen Impulsgebern verfährt.

Wellershoff und Habermas pflegten seit frühen Jahren eine relativ enge persönliche Beziehung, die Studienzeiten in Bonn – der eine studierte dort von 1947 bis 1952, der andere von 1951 bis 1954 – überschnitten sich. Lektor bei Kiepenheuer &

56 S. dazu Lothar Baier: *Querstehende Neubauten. Dieter Wellershoffs Essays*, in: *Dieter Wellershoff*, S. 66–76.

57 Ebd., S. 73.

58 Die Debatte zwischen beiden Denkern ist als Luhmann-Habermas-Kontroverse in die Wissenschaftsgeschichte eingegangen. Sie ist in dem 1971 in der Suhrkamp-Reihe *Theorie-Diskussion* erschienenen Band Jürgen Habermas/Niklas Luhmann: *Theorie der Gesellschaft oder Sozialtechnologie – Was leistet die Systemforschung?* dokumentiert. Die Gegensätze in der Wahl der Grundbegriffe wie in den basalen Erkenntnisinteressen liegen hier offen zutage.

59 S. u. a. S. 31, 57 f., 220, 250.

Witsch geworden, „akquirierte“ Wellershoff dann im Zuge des Aufbaus der Neuen Wissenschaftlichen Bibliothek Habermas als Herausgeber für den Fachbereich Soziologie. Als Habermas 1976 den Sigmund-Freud-Preis für wissenschaftliche Prosa bekam, hielt Wellershoff die Laudatio[60], und bereits 1971 hatte er ihm das Gedicht „Die Wahrheit“[61] gewidmet. Das ist Gedankenlyrik, die – in Habermas' Gleis – die sogenannte Korrespondenztheorie der Wahrheit als die Übereinstimmung von Gegenstand und Bewusstsein zurückweist: Das Bewusstsein kann nicht einen Sachverhalt klären, dem es seinerseits zugehört. Deshalb müssen wir uns, schreibt Wellershoff,

> […] eine andere
> Theorie ausdenken
> Um unseren Wahnsinn
> Gefälliger zu machen
> Für unsere Vernunft.

Die auf die Alternative zielende „Leerstelle“ am Schluss ist jene von Habermas vertretene Konsenstheorie der Wahrheit, derzufolge diese, stets als eine vorläufige, im voraussetzungsvollen Verfahren der diskursiven Einlösung von Geltungsansprüchen ermittelt wird. Dieses Wahrheitskonzept sollte dann auch Grundlage der 1981 erschienenen *Theorie des kommunikativen Handelns* werden. Deren Komponenten wurden indes seit Beginn der 70er Jahre entwickelt und zusammengefügt, so dass Wellershoffs Gedicht aus dem Abstand auch die allmähliche Entstehung eines philosophischen Werkes spiegelt und dokumentiert.

Ein weiter fortgeschrittenes Stadium spiegelt ein Abschnitt aus dem Essay *Norm, Abweichung und Krise* von 1975:

> Ich mache einen Sprung, wenn ich darauf hinweise, daß die Rettung vernünftiger Intersubjektivität durch gemeinsame Reflexion der Interessen die Absicht der Konsenstheorie der Wahrheit ist, die Jürgen Habermas in jüngster Zeit formuliert hat. Wenn in der Lebenspraxis unvereinbare Geltungsansprüche, also widersprüchliche Meinungen über die Wahrheit von Aussagen und die Richtigkeit von handlungsnormen bestehen, dann soll nach Habermas anstelle von Machtentscheidungen der Diskurs treten. Habermas versteht darunter eine ideale Sprechsituation, in der nur das bessere Argument gilt und als Motiv nur die Kooperationsbereitschaft.- Das wären nämlich die Erzeugungsbedingungen von intersubjektiv beglaubigter Wahrheit.

---

60 *Die Sprache des Traums der Vernunft. Laudatio für Jürgen Habermas*, in: WW 8, S. 638–642.

61 „Die Wahrheit“ (ohne Titel), in: WW 6, S. 770.

Ist das nicht Utopie? In der Praxis gilt das Argumentieren viel eher der Platzbehauptung als der Wahrheitsfindung. Aber Habermas setzt ebenfalls auf eine Erfahrung: nämlich „die eigentümliche Überzeugungskraft des besseren Arguments". Und man muß im Rückgriff auf Kants kategorischen Imperativ hinzufügen, daß verallgemeinerungsfähige Interessen für die Reflexion eine größere Geltung haben als partielle.[62]

Die – zurückhaltende – Zustimmung, die diesem Statement zu entnehmen ist, setzt sich fort in zahlreichen Äußerungen, in denen Habermas' Theorie quasi in kondensierter Form erscheint. In seinem *Tagebuch* vom Mai 1971 zitiert sich Wellershoff in diesem Sinne selbst aus einem kurz zuvor geführten Gespräch mit dem französischen Journalisten René Wintzen:

> Und Literatur habe die gegenwärtigen Widersprüche und Widerstände deutlich zu machen im Hinblick auf diese Utopie einer freien wechselseitigen Vermittlung aller Lebenshorizonte und Lebensantriebe, einer herrschafts- und angstfreien gesellschaftlichen Praxis, deren Modell das Gespräch sei.[63]

Vor diesem Hintergrund verblüfft dann allerdings auf Anhieb die vergleichsweise dezidierte Anti-Habermas-Position in seinem 1978 mit Michael Fabian geführten Interview:

> Ich meine, Habermas ist ja in methodischer Hinsicht geradezu ein Kontrapunkt zu mir, insofern er sich Emanzipation nur als Diskurs vorstellen kann, d. h. auf der Grundlage des vernünftigen Argumentierens in einer entlasteten Situation. Während ich nicht Entlastung, sondern Belastung fordere, damit die Leser neue Erfahrungen machen und authentisch von etwas sprechen können.[64]

Dieses Statement, das übrigens zwischen den tatsächlich jeweils kategorial verschiedenen Modi der Welterschließung seitens des Philosophen und seitens des Dichters nicht differenziert, rückt dann auch den oben zitierten Gedichtschluss aus einer ausschließlich positiven Wertungsperspektive heraus – die als Alternative der abgelehnten Korrespondenztheorie anvisierte Konsenstheorie wird ihrerseits fragwürdig:

---

62 *Norm, Abweichung und Krise. Über die Unvollendbarkeit des Realismus*, in: D.W.: *Das Verschwinden im Bild. Essays*, Köln 1980, S. 98–126; hier: S. 108 f.

63 *Tagebuch*, S. 18.

64 *Die Wahrheitsbedingungen der Literatur*, S. 158.

> Also auch diese neue Theorie des idealen Diskurses dient unserem Bedürfnis nach Sinn, nach Rationalität und Vernunft, und sie kaschiert unsere Antriebsschichten, die dahinter liegenden Impulse und Interessen. Die können sich auch in der Macht des Diskurses verstecken, sie können als vernünftiges Argument auftreten. Nichts garantiert, daß dahinter nicht doch etwas anderes steckt – unvernünftige Interessen, die rationalisiert werden.[65]

Wellershoff kritisiert hier Habermas im Rückgriff auf Nietzsche und, vor allem, Michel Foucault.[66] Mehr als der Zweifel, ob Habermas damit argumentativ ausgehebelt werden kann – schließlich würde dieser ja gar nicht bestreiten, dass sich illegitime Herrschaftsansprüche als rationaler Diskurs tarnen können –, interessiert an dieser Stelle der Modus von Wellershoffs Arbeit mit seinen Quellen in den Essays. Was im Fall von Adorno, Gehlen und anderen festgestellt werden kann, trifft auch auf die Befassung mit Habermas zu: Der Autor geht sozusagen eine Weile mit und adaptiert auch dessen Leitbegriffe, verabschiedet aber seinen Gewährsmann, wenn dessen Theoreme nicht mehr zur eigenen Rahmendisposition passen.[67] Eklektisch verfährt Wellershoff nicht nur mit Bezug auf das Anregungspotenzial intellektueller Traditionen überhaupt, sondern auch in Betreff des je einzelnen Autors. Ein „sicherer Verbündeter" ist Wellershoff in den wenigsten Fällen.

Dieter Wellershoff betrat – in den 50er Jahren – die literarische Bühne der Bundesrepublik nicht als Romancier und Erzähler, sondern als Hörspielautor.[68] Sein erstes Hörspiel, *Die Sekretärin*, stammt von 1956, das letzte, *Schneelandschaften Schneestimmen Schneegespenster*, von 1985. Es war ein Nachzügler, die vergleichsweise dichte Folge von Hörspielen endete 1972 mit *Null Uhr null Minuten und null Sekunden*. Die Perioden der Prosawerke und der Hörspiele überlappten einander also, aber mit einer markanten Phasenverschiebung.

---

65 Ebd., S. 159; s. dazu auch Torsy: *Unser alltäglicher Wahnsinn*, S. 66 ff. Anders, als es Torsy nahelegt (S. 66, Anm. 213), enthält Wellershoffs Essay *Norm, Abweichung und Krise* indes noch keine „Einwände" gegen Habermas.

66 In *Die Ordnung des Diskurses*, seiner 1970er Antrittsvorlesung am Pariser Collège de France, analysierte, man konnte auch sagen: entlarvte Foucault die verschwiegene machtpolitische „Imprägnierung" des rationalen Diskursmodells (Michel Foucault: *Die Ordnung des Diskurses*, übersetzt von Walter Seitter, München/Wien 1974).

67 Insofern kann der These von Tschierske (*Das Glück, der Tod und der „Augenblick"*, S. 20), Wellershoffs Theoriebildung zeichne eine besondere Nähe zur kritischen Theorie der Frankfurter Schule aus, nicht zugestimmt werden. Er wahrt diesbezüglich denselben kritischen Abstand wie zu Gehlens konservativer Anthropologie.

68 S. dazu Keith Bullivant: *Hörspiel als Laienanalyse*, in: Thomas (Hg.): *Der Schriftsteller Dieter Wellershoff*, S. 89–114; Döhl: *Zu den Hörspielen*; Helmreich: *Dieter Wellershoff*, S. 9, S. 126–132; Jung: *Im Dunkel des gelebten Augenblicks*, S. 55–115, 321–335; Bullivant/Durzak: *Nachwort*, in: WW 6, S. 882–900.

Dass Wellershoff sich in den 50er Jahren dem Hörspiel zuwandte, hatte verschiedene Gründe, auch okkasionelle. Die einschlägige Produktion kam der damals gegebenen Notwendigkeit entgegen, mit einem günstigen Verhältnis von Aufwand und Ergebnis den Lebensunterhalt für eine wachsende Familie zu sichern – die Rundfunkanstalten bezahlten Hörspielautoren vergleichsweise gut. Hinzu kam, dass die Gattung Hörspiel nach dem Krieg in einer sich entwickelnden demokratischen und deshalb auch zur „Bewältigung der Vergangenheit" von Krieg, Diktatur und Völkermord angehaltenen Medienkultur „en vogue" war. Und während Kinos und Theatersäle nach der flächendeckenden Zerstörung erst wieder hergerichtet werden mussten, konnten die neu organisierten Rundfunkanstalten ihren Sendebetrieb zügig aufnehmen und mit ihren Formaten auch auf ein großes Publikumsinteresse zählen. Wellershoff schwamm da ein Stück weit auf einer angesagten Welle mit.

Er begründete seine einschlägige Produktion allerdings auch inhaltlich:

> Aber es gibt wohl immer weniger Leute, die richtige Leser sind. [...] Und deshalb sind auch die beiden anderen Medien [sc. Hörspiel und Fernsehfilm, d. Verf.] für mich von großer Bedeutung, weil man da an Menschen herankommt, und zwar auch an, eben auch an moderne Sensibilitäten, nämlich Hörenkönnen und Sehenkönnen. Und diese beiden Medien sind eben sinnlicher als der Roman. Sie sprechen direkt Sinne an, die Augen und die Ohren. Während der Roman unsere Imaginationsfähigkeit, das Denkvermögen, die Vorstellungskraft bloß anspricht, aber nicht über die Sinnesorgane geht.[69]

Diese wirkungsästhetischen Vorteile konnten auch die in Wellershoffs gattungstheoretischer Reflexion genau gesehenen Nachteile – „Man kann es [sc. das Hörspiel, d. Verf.] nicht festhalten wie einen Text und wenn es als Text vorliegt, dann ist der Text doch nur eine Partitur"[70] – nicht neutralisieren. In seiner werkbiografischen Rückschau nahmen die Hörspiele einen fest konturierten Platz im Oeuvre ein:

> Was mich in diesem Zeitraum beschäftigt hat, ist darin, und ich glaube, wer die Tete liest, wird sehen, daß sie verschiedene Thematisierungen eines Blicks sind. Vielleicht ist es ihnen zugute gekommen, daß ich sie als Nebenarbeiten empfand. Andere Pläne und Arbeiten standen immer im Vordergrund. So konnte ich diese Stücke entlastet schreiben, in einer Subjektivität, die mit keiner öffentlichen Aufmerksamkeit rechnete. Sie waren mein Probierfeld, inhaltlich, methodisch und strukturell.[71]

---

69 Döhl: *Zu den Hörspielen*, S. 78 f. (das Zitat stammt aus der in Anm. 3 bezeichneten Rundfunksendung).

70 *Bemerkungen zum Hörspiel*, in: *Akzente* 8 (1961), H. 4, S. 331–343; hier: S. 335.

71 *Vorwort*, in: D.W.: *Das Schreien der Katze im Sack. Hörspiele, Stereostücke*, Köln 1970, S. 5.

Weil auch die Hörspiele als einzelne Werke in diesem Buch anderweitig zur Sprache kommen, sollen an dieser Stelle allgemeinere, gattungs- und stilbezogene Hinweise folgen. Tatsächlich stellen Wellershoffs Hörspiele der 50er und 60er Jahre ein Laboratorium dar, in dem sich auch die Themen und Darstellungsmittel der späteren Romane und Erzählungen entwickeln. Begünstigt wird dies durch die Struktureigenschaften des Mediums, die dem Monolog und dem Dialog eine herausragende Rolle zuweisen.

Der Monolog – genauer: der innere Monolog – des Hörspiels entspricht der mehr oder weniger radikalen Innenperspektive der sich in der Erlebten Rede wie eben im Inneren Monolog äußernden Figuren in Wellershoffs Prosa. Hier wie dort ermöglicht er die Offenlegung von psychischen Deformationen, von verinnerlichten sozialen Zwängen, die die Personen in ein verfehltes Leben drängen, ohne dass sie die Kraft zur Revision oder zum Ausbruch fänden. Hier wie dort hat man auch den Einfluss des Nouveau Roman als eines Tertium Comparationis in Rechnung zu stellen.[72] Rezeptionsästhetisch gesehen, wird der Hörer zum Therapeuten, dem sich der Monologisierende als Patient offenbart.[73]

So präsentiert gleich das erste Hörspiel, *Die Sekretärin*, eine „klassische" Wellershoff-Situation: Die Sekretärin Ruth, eingesperrt in einen öden Büroalltag und vor die Entscheidung zwischen zwei Männern gestellt, wählt schließlich gegen ihre innersten Impulse und trotz der mit einem verflossenen Liebhaber verbundenen Befreiungsperspektive ein Leben an der Seite des angepasst-vernünftigen aktuellen Bewerbers. Das Realitätsprinzip besiegt die Utopie.

Aus Monologen von Ehepartnern, die in einen kurzen Schlussdialog münden, ist auch *Der Minotaurus* (1960) angelegt. Die Funktion des Monologs ist hier allerdings gegenüber *Der Sekretärin* erweitert und verändert: Er steht bereits als solcher für die Vereinsamung in einer Zweierbeziehung, deren Krise durch einen Konflikt über einen Schwangerschaftsabbruch kaum verdeckt ausbricht: „Er" versucht, „sie" manipulativ, mit sich als „Sachlichkeit" maskierender Gefühlskälte und Empathielosigkeit, zu etwas zu veranlassen, was sie nicht will. Das abschließende Gespräch entspricht in seiner internen Struktur der von Wellershoff auch in seinen Erzähltexten häufig praktizierten Dialogführung. Es signalisiert eine fundamentale Kommunikationsstörung. Sie ist zumal definiert durch Motive der Beteiligten, die im Sinne von Nathalie Sarrautes „Subdialog" mitlaufen und für den aufmerksamen Hörer auch wahrnehmbar sind, aber nicht den Weg zur offenen sprachlichen Mitteilung finden – und damit auch nicht zu einer möglichen Verständigung.

---

72 S. dazu Norbert Otto Eke: *RadioKunst. Zu den Hörspielen Dieter Wellershoffs*, in: Durzak/Steinecke/Bullivant (Hg.): *Dieter Wellershoff*, S. 231–258; hier: S. 236.

73 Döhl: *Zu den Hörspielen*, S. 84.

Wie Wellershoffs Romane, so kennzeichnet auch seine Hörspiele aus den 60er Jahren eine interne Stilentwicklung, wenngleich in einer tendenziell umgekehrten Richtung: Während sich der Erzählstil nach der *Schattengrenze*, wie beschrieben, „konventionalisierte", prägte sich in den Hörspielen die experimentelle Signatur sukzessiv stärker aus. Mehrere Faktoren waren dafür maßgeblich.

Da gab es zum einen die stark erweiterten technischen Möglichkeiten, die der Fortschritt von der Mono- zur Stereofonie zeitigte. Mit ihnen verband sich, zum anderen, der Übergang vom „traditionellen" Hörspiel der 50er Jahre zum „Neuen Hörspiel" mit seinen Gleichzeitigkeiten, Lautexperimenten und performativen Sprachreflexionen, seiner Aufsprengung des herkömmlichen Handlungszusammenhangs und der Neigung zur komplexen radiophonen Collage.[74] Unabhängig von diesen Entwicklungen, aber durch sie zweifellos befördert, drängte es den Autor ganz persönlich, sein Formen- und Ausdrucksrepertoire zu erweitern, neue Möglichkeiten radioakustischer Mitteilung zu erproben.

Die Hörspiele *Bau einer Laube* (1963) und *Die Schatten* (1966), das letzte monofone Stück des Autors, zeigen Wellershoff bereits auf dem Weg zu neuen Ufern. *Bau einer Laube* besteht im Kern aus dem Monolog des Studienrats Möller, der allerdings durch zwei weitere Einzelstimmen – die seines Schülers und die der Ehefrau – sozusagen szenisch erweitert wird. Dabei ist, in ironischer Verkehrung, der von Sägegeräuschen begleitete Laubenbau ein Abrissunternehmen: Möller ist im Beruf wie in seiner Ehe gescheitert. Über diese Tatsache belügt er sich allerdings selbst. *Die Schatten* ist konzipiert als „Alp- und Todtraum" des alternden Philosophieprofessors Eschmann, dem die eigene Existenz in einem Nebel von Erinnerungsfragmenten und angstbesetztem Verfolgungswahn, von Erfahrung und Halluzination – kurzum: in einer beginnenden Psychose – zu entgleiten droht. Der Einsatz der Blendentechnik ermöglicht, dass Innen und Außen füreinander durchlässig werden, kaum mehr zu unterscheiden sind.

„Die Eröffnung akustischer Klangräume allerdings weist schon auf die stereophonen Collagen der folgenden Jahre voraus, […]."[75] *Das Schreien der Katze im Sack* (1970) darf in diesem Sinn als Höhepunkt von Wellershoffs Experimenten im Hörspiel-Genre bezeichnet werden. Als der Autor in einem Aufsatz die durch die Stereofonie eröffneten Möglichkeiten und Perspektiven beschrieb, war dieses Werk ganz offensichtlich mitgemeint:

> Während zum Beispiel der innere Monolog Bewußtsein sprachlich als eine subjektive Einheit darstellte, erscheint es in der polysemantischen Collage als ein Konglomerat aus verschiedenen Sondersprachen, wechselnden Sprechrollen, Einstellungen, Denkattitüden,

74 S. dazu Eke: *RadioKunst*, S. 243 f.

75 Ebd., S. 241.

> die gleichsam als Rückstand früherer Interaktionen unvermittelt in ihm liegengeblieben sind. Durch dieses Muster erblickt man also eine Gesellschaft, voller Kontaktstörungen und Dysfunktionalitäten, ja sie repräsentiert sich in ihm als entstellte oder gesperrte Kommunikation.[76]

Tatsächlich zeigt sich in *Das Schreien der Katze im Sack* eine fratzenhafte, anarchische, sich in akustische Reize auflösende Wirklichkeit, die auch das Bemühen des Hörers um „Verstehen" nicht mehr zu integrieren vermag. Alltagsdiskurse aus der Warenwelt greifen durch auf das Bewusstsein verschiedener vom Ich-Zerfall bedrohter Figuren, die aggressiv aufeinander reagieren. Am Ende artikulieren sich wahnhafte religiöse Erlösungsfantasien. Wellershoff selbst sah das nicht nur negativ, sondern entdeckte, ganz auf der Spur seiner Krisentheorie, in der Katastrophe Fermente einer möglichen Befreiung:

> Ich glaube, daß dabei der Ausdruck der Widersprüche gleichzeitig greller und allgemeiner geworden ist, und für mich steckt in der aggressiven Artikulation von Spannungen auch ein Freiheitsimpuls. Jedenfalls glaube ich, daß ein Training der emotionalen Äußerungsfähigkeit etwas abbauen kann von der hemmenden Anpassungsdressur an die bestehenden Verhältnisse und ihre institutionalisierten Triebverzichte.[77]

Gehen Wellershoffs Hörspiele den Romanen tendenziell voraus, so entstanden etliche Drehbücher zu Fernsehfilmen in ihrem Gefolge. Das erste Drehbuch, zu dem Film *Eskalation* (1974), ging auf *Einladung an alle* zurück, vier weitere basieren ebenfalls auf Romanen und Erzählungen: *Glücksucher* (1977) liegen, wie oben erwähnt, Motive aus *Doppelt belichtetes Seestück* und *Ein Lied von der Freiheit* zugrunde, *Die Schattengrenze* (1979) und *Die Schönheit des Schimpansen* (1990) haben die gleichnamigen Romane zur Vorlage, *Ein ungleiches Paar* (1988) die Erzählung *Der schöne Mann*. Die übrigen Texte des Genres sind Originalarbeiten: *Die Freiheiten der Langeweile* (1978), der Zweiteiler *Phantasten* (1979) und *Flüchtige Bekanntschaften* (1982). An zwei weiteren Verfilmungen seiner Romane bzw. Produktionen nach deren Motiven – *Pattbergs Erbe* (1987) nach *Der Sieger nimmt alles* und dem Kinofilm *Der Liebeswunsch* (2006) – war Wellershoff nicht beteiligt.

Ähnlich wie im Fall seiner Hörspiele segelte Wellershoff auch mit seinen Fernsehspielen[78] hart am Wind der Zeit: In den 70er Jahren begann eine Hochzeit des

---

76 *Anarchie oder Ornament. Bemerkungen zum stereofonen Hörspiel*, in: WW 4, S. 284–289; hier: S. 287.

77 Ebd., S. 288.

78 S. dazu Helmreich: Dieter Wellershoff, S. 128–132; Prümm: *Protokolle beschädigten Lebens*; Manfred Durzak: *Das Erbe der Literatur einbringen. Zu Dieter Wellershoffs Fernsehspiel „Glücksucher" und seinen literarischen Spiegelungstexten*, in: M.D.: *Literatur auf dem Bildschirm. Analysen und Gespräche mit Leopold Ahlsen, Rainer Erler, Dieter Forte, Walter Kempowski, Heinar Kipphardt, Wolfdietrich*

Abb. 14 Premiere für das Filmdrama *Der Liebeswunsch* nach Wellershoffs gleichnamigem Roman im April 2007. Das Foto zeigt den Regisseur Torsten C. Fischer (Mitte) mit den beiden Hauptdarstellerinnen Jessica Schwarz (2.v.l.) und Barbara Auer (2.v.r.) – und dem Romanautor (r.). Foto: Bodo Witzke.

deutschen TV-Films, die Ende der 80er wieder abflaute. Der Anstoß, in dieses Metier einzusteigen, kam von außen: Das ZDF bot Wellershoff an, das Drehbuch für eine Verfilmung von *Einladung an alle* zu schreiben.[79] Der Autor nahm diesen und andere einschlägige Aufträge auch aus finanziellen Erwägungen an: „Ich kann zum Beispiel von meinen Büchern nicht leben, das würde ökonomisch keine ausreichende Basis sein."[80] Hinzu kam allerdings auch ein internes Interesse: Die Nähe seiner

---

Schnurre und Dieter Wellershoff (= *Medien in Forschung und Unterricht*. Serie A, Band 28), Tübingen 1989, S. 97–118; ders.: *Der Tanz um das goldene Kalb. Zur Darstellungsweise von Wirtschaftsprozessen in Wellershoffs zweiteiligem Fernsehspiel „Phantasten" und seinem Roman „Der Sieger nimmt alles"*, in: Durzak/Steinecke/Bullivant (Hg.): *Dieter Wellershoff*, S. 176–199; Rob Burns/Renate Becker: *Fernsehspiel und Veränderung. Wunschtraum und Realitätsprinzip in „Glücksucher" und „Flüchtige Bekanntschaften"*, in: Durzak/Steinecke/Bullivant (Hg.): *Dieter Wellershoff*, S. 215–230; Bügner: *Lebenssimulationen*, S. 125–135; Bullivant/Durzak: *Nachwort*, in: WW 6, S. 890–900; Jung: *Im Dunkel des gelebten Augenblicks*, S. 321–335.

79 Wellershoffs Auskunft in: *Für das Fernsehen schreiben*, S. 111.

80 Manfred Durzak: *Der Romancier und das Fernsehen: Gespräch mit Dieter Wellershoff*, in: *Literatur auf dem Bildschirm*, S. 69–95; hier: S. 69.

literarischen Prosa zu filmischen Verfahren – Schnitttechnik, Wechsel zwischen Detail und Totale, überhaupt die starke optische Komponente der Wahrnehmung – sprach dafür, „daß ich einmal für den Film oder ein optisches Medium arbeiten würde"[81].

Das Drehbuch für den ersten Film, der dann unter dem Titel *Eskalation* im ZDF lief – für Wellershoff eine von ihm als solche bezeichnete „Lehrlingsaufgabe" – führte ihm dann aber gleich sehr deutlich vor Augen, dass die Produktion für das Medium Fernsehen grundsätzlich anderen Gesetzen gehorcht als die Niederschrift eines Romans am Schreibtisch:

> Hier ging es vor allem darum, den Romanstoff zu einem spannenden Film zu verarbeiten, der aber auch die politischen und sozialen Botschaften des Romans transportierte. Das Drehbuch ist eindimensionaler als der Roman. Der Roman liegt strukturell sicher auf einer höheren Ebene als der Film. Schon allein deshalb, weil er mit vielen Stilmischungen und Brechungen arbeitet, mit den verschiedensten Textebenen, vom Subjektivsten bis zum Dokumentarischen, von reiner Imagination bis zum wissenschaftlichen Bericht oder Kommentar. Dazu gab es keine formale Analogie im Film. Insofern war dieser Roman vielleicht gar nicht besonders gut für eine Verfilmung geeignet. Er enthielt in sich nur einen Action-Film, das heißt eine engere Auslegung des Themas.[82]

Über den – genredefinierten – Grund für diese Schwierigkeiten war sich Wellershoff allerdings ebenso im Klaren:

> Es gibt in meinen Texten aber auch etwas, das sich dem optischen Medium widersetzt, ich meine die vielen inneren Vorgänge, die Bewußtseinsprozesse, die Gefühle und Empfindungen, die darin dargestellt sind. Das ist im Film nur schwer realisierbar. Jeder, der meine Romane und Erzählungen unter dem Aspekt der Verfilmbarkeit prüft, hat Schwierigkeiten sich vorzustellen, wie das in einen Film einzubringen sei.[83]

Tatsächlich kommt der Film gerade bei einem von Wellershoffs zentralen Themen naheliegend an seine Grenzen. Die persönliche mentale und psychische Krise, die Lebenskrise ist in seinen Romanen und Erzählungen ein auch darstellungstechnisch elaboriertes Phänomen, das sich nicht ausschließlich in inneren Zuständen und Prozessen manifestiert – die dem Film eh kaum zugänglich sind. Das aber sind selbst die „materiell" ausdrückenden psychosomatischen Krisensymptome nicht,

---

81 *Für das Fernsehen schreiben*, S. 109.

82 Ebd., S. 111.

83 Ebd., S. 109 f.

also negative körperliche Sensationen, die in Wellershoffs Prosa einen breiten Raum einnehmen:

> Wie will man optisch ausdrücken, daß jemand eine Empfindung von Taubheit in seinem Arm oder einen schlechten Geschmack in seinem Mund hat? Wo bleiben Gerüche, Wärmempfindungen, taktile Reize, der ganze Lustfächer der Sexualität und die Skala körperlicher Schmerzen?[84]

Wellershoff gewann aus diesen Überlegungen die Erkenntnis, dass es vergebliche Liebesmüh sei, „für die Möglichkeiten der Prosa, das innere Leben der Personen darzustellen, bildliche Äquivalente zu finden"[85]. Ihm erschien es vielmehr interessanter,

> die Geschichten, die ich zu erzählen hatte, konsequent als gegenwärtig ablaufendes Geschehen, szenisch und dialogisch zu entwickeln, wie es sich einem unsichtbar anwesenden Zeugen darbieten würde, der die agierenden Personen vor Augen hat, aber nicht in ihr Inneres blicken kann.[86]

In der Tat zeigen die Drehbücher für die Verfilmungen seiner Romane, dass und wie er es unternahm, so viel wie möglich von dem, was im Roman der Innere Monolog und die Erlebte Rede leisten, in Szene und Dialog, kurzum: in eine im Kern dramennahe Struktur zu transformieren. Wobei der Dialog mit seinem nicht in Sprache überführten Unterstrom im Film auf eine durchaus ähnliche Weise impressiv zu sein vermag, wie dies in der Erzählprosa der Fall ist. Dem steht nicht entgegen, dass der Genrewechsel teils sogar andere Handlungsverläufe erzwang: Der Protagonist der *Schattengrenze* versinkt im Film nicht, wie im Roman, im filmisch in der Tat schwer plausibel zu machenden Wahnsinn, sondern wird von seinen kriminellen Kumpanen ermordet.

Zweifellos ist der Vergleich zwischen Originaltext und Drehbuch-Bearbeitung unter dem Aspekt der Genre-Differenz prinzipiell ergiebig, weil er gleichsam in einer experimentellen Laborsituation durchgeführt werden kann: Alle anderen Parameter – Plot, thematischer Rahmen, konzeptuell-ideelles Framing – bleiben die nämlichen, nur einer, eben die Gattungszugehörigkeit, ändert sich. Im Fall von *Glücksucher* funktioniert dieser Vergleich, jedenfalls unter den beschriebenen Bedingungen, nicht, weil das Drehbuch dem Autor zufolge „ein neuer Ansatz mit

84 *Warum Drehbücher veröffentlichen?*, S. 695.

85 Ebd., S. 696.

86 Ebd.

neuen Aspekten"[87] sein sollte. Verändert gegenüber der Erzählung *Ein Gedicht von der Freiheit* ist zunächst die basale Personenkonstellation: Aus dem Ich-Erzähler wurde der Schriftsteller Richard Odenthal – was eine deutliche Distanzierung von der autobiografischen Zentralfigur der Erzählung bewirkte.[88]

Während A, die dritte Frau neben Ehefrau und Isa im *Gedicht von der Freiheit*, eliminiert wurde, ist der Schriftsteller jetzt in ein Gefüge einander bespiegelnder Paarbeziehungen integriert – er selbst und seine Ehefrau, Isas Mann und Isa, der befreundete Redakteur und seine Frau. Am Schluss springt der unterdrückte Konflikt im Hause Odenthal auf letztere über – die Krise wird gleichsam ubiquitär. Die Wiederbegegnung mit der an Krebs erkrankten Isa in der Erzählung entfällt – Isa kehrt zu ihrem Mann zurück.

Ungleich stärker als die Ich-Figur der Erzählung wird Odenthal im Konflikt mit den Usancen des Nach-68er Kulturbetriebs samt seinen spezifischen Typen, Veranstaltungsmustern, Redeweisen gezeigt. Odenthal wird dabei zum allerdings resignierenden, zynisch-kritischen Anwalt des Privaten – wodurch sich aber erneut eine biografische Parallele zu Wellershoff selbst ergibt.

Bei den originalen Drehbüchern konnte dieser sich die Arbeit der „Übersetzung" aus den eigenen Erzählwerken schenken. In *Die Freiheiten der Langeweile* vermag die sich im Dialog zeigende „sprechende Sprachlosigkeit", also die kommunikative Unfähigkeit der desorientierten Jugendlichen, dem eigenen Leiden Ausdruck zu geben, die in ihrem konkreten Verlauf vom Zufall gesteuerte finale Gewalttat überzeugend zu motivieren – ganz ohne die der Erzählprosa zur Verfügung stehenden „Waffen" der inneren Perspektivierung.

Letztlich blieb Wellershoffs Verhältnis zum Fernsehspiel zwiespältig, ambivalent. Er sah die „soziale Relevanz" des Genres, die, angesichts des anvisierten Millionenpublikums am Bildschirm, sogar die des Kinofilms deutlich übertreffe[89] (und diejenige belletristischer Produktion sowieso, wie man hinzufügen darf). Erkauft werde sie, so Wellershoff, durch die einengenden Zwänge, die die Existenzbedingungen des Genres auf Autoren und Macher ausübten. Zu ihnen gehöre – anders als beim gelungenen „großen" Kinofilm – die Neigung, „eine mittlere Vernünftigkeit durchzusetzen, jenen Punkt anzustreben, so die meisten zustimmen, daß dies eine aufgeklärte, kenntnisreiche und moralisch einwandfreie Sicht der Dinge sei".[90]

„Mittlere Vernünftigkeit" war nun freilich eine Maxime, auf die sich Wellershoff hinsichtlich der eigenen Dichtung kaum verpflichten lassen konnte, die er vielmehr als einengend empfinden musste. Das Genre erwartete von ihm – so es um die

87 *Für das Fernsehen schreiben*, S. 129.

88 S. dazu und zum Folgenden: *Für das Fernsehen schreiben*, S. 127–130.

89 Ebd., S. 114 f.

90 Ebd., S. 115.

einschlägige Verwendbarkeit bereits vorliegender Erzähltexte ging – Komplexitätsreduktion. Wellershoff hingegen wollte in seinen Büchern die Komplexität, die durch gesellschaftlich bedingte Schemabildung verlorengegangen war, gerade wieder herstellen. Diese Unvereinbarkeiten der künstlerischen Ziele waren womöglich auch der Grund dafür, dass er sich in den späten 80er Jahren vom Fernsehfilm zurückzog.

9. Autor und Leser

Wellershoffs Roman *Der Liebeswunsch* kennt kaum einen auktorialen Erzähler, vielmehr ist er dergestalt multiperspektivisch angelegt, dass entweder aus einer personalen Erzählhaltung oder, kapitelweise, aus der Ich-Perspektive dreier beteiligter Figuren berichtet wird. Lediglich dem Richter Leonhard ist es „verwehrt", in diesem Sinne „ich" zu sagen. Für den Romanaufbau hat die Aufsplitterung tiefgreifende Konsequenzen. Die perspektivische Brechung gehört ganz wesentlich zu seinem Kunstcharakter, keine der einander wechselseitig relativierenden Sichtweisen repräsentiert „das Ganze", welches „größer" ist als die Teile und gleichwohl nicht deren plane Addition.

Dass dieser Umstand auch die Lektüre zu einer Herausforderung eigener Art macht, zeigt sich gleich im ersten Kapitel, „Eine plötzliche Erinnerung", in dem, wie im folgenden Kapitel „Spurensuche", als Ich-Erzähler der Klinikchirurg Paul zu Wort kommt. Er fühlt sich anlässlich einer zufällig-plötzlichen und im Übrigen folgenlosen Begegnung mit einer fremden jungen Frau im Gewimmel großstädtischen Einkaufslebens an Anja erinnert. Diese hatte sich – wie der Leser am Ende des Kapitels erfährt – vor fast sechs Jahren durch den Sprung aus dem 14. Stock eines Wohnturms am norddeutschen Wattenmeer das Leben genommen. Zugleich entfaltet der Romanbeginn fragmentarisch das Panorama einer vergangenen Beziehungstragödie mit mehreren Beteiligten, deren Hintergründe und „Schuldverteilungen" einstweilen am Dunkeln bleiben.

Weil ihn die „plötzliche Erinnerung" betroffen macht, vor allem aber, weil *er* es eben ist, der das Buch mit seiner Erzählung eröffnet, erhält Paul beim Leser unweigerlich „eine Vorgabe an Sympathie"[1]. Sie wird auch vorderhand nicht dadurch getrübt, dass er offensichtlich vergleichsweise wahllos Frauenbekanntschaften sucht – in diesem Fall die einer Kinokassiererin, die dann aber zum verabredeten Rendez-vous nicht erscheint. Das wird sich im Zuge der weiteren Lektüre ändern, genauer: Paul wird sein Vorschusskapital an Sympathie sukzessiv aufbrauchen, und auch die Annäherung an die Kassiererin wird der Leser im Nachhinein anders als nach Lektüre der ersten Seiten beurteilen. Paul wird sich als von Imperativen moralischen Verhaltens unbeeinflusster Hedonist entpuppen, der seinen „Freund" Leonhard zweimal hintergeht – erst mit seiner nachmaligen Frau Marlene, dann mit der Studentin Anja. Als er sich von deren in der Tat absolutem, alle Grenzen

---

1 Walter Hinck: *Im Konflikt mit der gesetzestreuen Ehemoral: der Liebesroman an der Jahrhundertwende, Dieter Wellershoff „Der Liebeswunsch"*, in: W.H.: *Romanchronik des 20. Jahrhunderts. Eine bewegte Zeit im Spiegel der Literatur*, Köln 2006, S. 269–277.

sprengendem Liebesbegehren überfordert fühlt, lässt er sie einigermaßen ungerührt fallen und treibt sie damit in den Suizid.[2]

Eine ähnliche Wandlung vollzieht sich in den Augen des Lesers hinsichtlich des Richters Leonhard[3], der mit Anja in einer unglücklichen und dann eben auch scheiternden Ehe verbunden ist. Die kommende Katastrophe kündigt sich bereits während der Hochzeitsreise nach Italien an: Leonhard traktiert die viel jüngere Anja mit seinem pedantischen Bildungswissen und penetranten Belehrgestus, hinter dem letztlich ein kaum verhohlener Herrschaftsanspruch steht. Beim Leser mag sich – jenseits der hier durch einen „neutralen" Erzähler vermittelten Erkenntnis, dass da zwei Menschen grundsätzlich und ohne Aussicht auf Veränderung nicht zueinander passen – das Gefühl einer von Peinlichkeit grundierten Antipathie einstellen. Indes ist der Fortgang der Lektüre geeignet, auch diese Einstellung zu korrigieren: Im Zuge seiner Ehekatastrophe „wächst" der Richter aus dem Status eines spießigen und empathielosen Ordnungsfanatikers in die Rolle eines wertegeleiteten Gesinnungs- und Verantwortungsethikers hinein, der sich auch gegenüber dem gemeinsamen Sohn als umsichtig planender Vater erweist.

Dabei legt ein Verb wie „hineinwachsen" o. ä. eine personale Entwicklung nahe, die im Roman aber nicht stattfindet, jedenfalls nicht thematisiert wird. Die Figuren „ändern" sich nicht: Nicht erst im Lauf der Romanhandlung „wird" Paul zum Metropolen-Casanova oder Leonhard zum Kämpfer für den Erhalt und die Festigung von Institutionen, die die soziale Lebenswelt flankieren und sie dadurch vor chaotischem Entgleisen bewahren. Vielmehr ist es die Haltung des durch sie irritierten Lesers zu ihnen, die sich wandelt. Er ist es, der zu einer anderen Wahrnehmung veranlasst und damit zum „Opfer" einer gezielten narrativen Strategie des Autors wird.

Diese beruht hier weniger auf verständnisblockierendem Informationsentzug als vielmehr auf Rezeptionslenkung durch Steuerung des Informationsflusses. Die Voraussetzung wäre allerdings in beiden Fällen die nämliche: die Unbestimmtheit des Textes. Sie ist allerdings allein schon durch die strenge Perspektivierung bedingt – dem Leser wird es unmöglich gemacht, eine erkenntnissichernde Position außerhalb der Figurenperspektive einzunehmen. Dafür gibt es indes in Wellershoffs Erzählkosmos viele Beispiele, so die Erzählung *In Erwartung der Gäste* aus dem Band *Der Körper und die Träume*. Eine junge Frau erwartet ein Ehepaar zum Abendessen, zu dessen männlichem Teil sie eine Liebesbeziehung unterhält. Bislang hat sie angenommen, dass ihre Freundin diese begünstigt, weil sie vielleicht selbst eine Fremdbeziehung hat. Kurz bevor die Gäste kommen, entwickelt sich in ihrem

---

2 S. zu Paul das ausführliche psychologische Porträt bei Hollerweger: *Liebeswünsche als Lebensängste*, S. 147–171.

3 Ebd., S. 115–146.

Kopf flashartig eine andere Version: „Sie ist nur das vorübergehende Objekt einer Ehetherapie."[4] Der Leser kann die Causa nicht entscheiden: „Die erste Version kann ein wunschgeprägter Irrtum, die zweite eine paranoide Phantasie sein."[5] Das vom Autor gezielt herbeigeführte Ergebnis: Er, der Leser, ist am Ende genauso verunsichert wie die Hauptperson.

Information kann allerdings auch so gesteuert werden, dass der Leser wenigstens eine Zeitlang mehr weiß, als die beteiligten Figuren wissen, die in ihrer Perspektive und „im Dunkel des gelebten Augenblicks"[6] gefangen sind. Dafür – und damit für die Anwesenheit eines „impliziten Lesers"[7] in der Textur des Romans – hält *Der Liebeswunsch* ebenfalls ein markantes Beispiel bereit: Vom tragischen Ende der Geschichte erfährt er gleich auf der ersten Seite, während die Personen, deren vergangene Geschichte sich ab dem dritten Kapitel entfaltet, im konkreten augenblickhaften Lebensvollzug ahnungslos sind – die rückblickenden Berichte ausgenommen. Der Roman büßt dadurch übrigens keineswegs an Spannung ein, nur verlagert sich das Interesse des Lesers, mit Brecht zu sprechen, vom „Ausgang" auf den „Gang". Und gerade weil er mehr weiß, kann sich seine Aufmerksamkeit auf das Verhalten der Beteiligten im jeweiligen Erzählmoment richten:

> Für die schwächste, am meisten auf Gehalten- und Geliebtwerden angewiesene Person wird das [sc. das Beziehungs-Mobile der vier Hauptfiguren, d. Verf.] zur tödlichen Katastrophe. Keiner der Beteiligten hat das vorausgesehen. Denn alle lebten miteinander in einer unvollständigen, augenblickshaften, subjektiv verzerrten wechselseitigen Wahrnehmung.[8]

Wie auch immer: Das Erlebnis, dass Dinge und Verhältnisse sich im Fortgang der Erzählung anders darstellen, als sie zunächst scheinen, ist geeignet, beim Lesen eine produktive Verunsicherung in Gang zu setzen, ein Aufbrechen eingefahrener Wahrnehmungsweisen zu bewirken. Zur „Machbarkeit" solcher Irritationswirkungen hat sich Wellershoff ausdrücklich bekannt:

---

4 Wellershoff: *Zeit – Alltag und Augenblick*, S. 957.

5 Ebd.

6 Diese Formulierung Ernst Blochs (Ernst Bloch: *Geist der Utopie*. Erste Fassung (= E. B.: *Gesamtausgabe* (16 Bde.), Bd. 16), Frankfurt/M. 1977, S. 369) hat Wellershoff wieder und wieder aufgegriffen, um die existenzielle Befindlichkeit des Menschen im zufallsträchtigen, unkalkulierbaren, von Kontingenz erfüllten Dickicht des Lebens zu beschreiben. S. dazu Jung: *Im Dunkel des gelebten Augenblicks*, S. 146 und passim.

7 S. dazu Wolfgang Iser: *Der implizite Leser. Kommunikationsformen des Romans von Bunyan bis Beckett* (= *UTB-Taschenbücher*, Bd. 163), München [3]1994.

8 *Totalität und Perspektive*, S. 905.

> Wenn ich z. B. einen Text unterbreche, wo der Leser normalerweise einen Fortgang des Textes erwartet, wenn ich Informationslücken zulasse oder einbaue, wenn ich die Perspektive wechsele, wenn der Tonfall unerwartet wechselt usw., dann entstehen Irritationen. Natürlich auch dann, wenn man Vorgänge und Dinge darstellt, die schockierend sind. Der Leser bekommt dann einen Stoß vor die Brust. Es geht dann um die Frage, kann ich das als Leser ertragen, kann ich etwas dagegen setzen.[9]

Allemal ist eine Voraussetzung für eine wirkungsvolle Entfaltung der Irritation, dass der Leser die Wirklichkeit, die er auf einmal „anders" wahrzunehmen genötigt wird, im Prinzip kennt und als Erfahrungstatsache anerkennt. Er findet sich somit in einer Welt vor, die „eine gelingende Schematisierung verweigert und dennoch real bleibt"[10]. Irritation entsteht auf dem Boden vorgängiger Vertrautheit. In der – von Wellershoff abgelehnten – fantastischen oder grotesken Literatur kann sie nicht stattfinden, weil hier die Reibung zwischen Realität und Abweichung von vornherein eliminiert ist.

Sicher ist der Leser nicht unbedingt in jenen sozialen Sphären zuhause, in denen der Autor seine Erzählungen platziert. Nicht jeder kennt hausbesitzende Arztehepaare aus Köln-Marienburg (*Der Liebeswunsch*) und auch nicht die Lebenswelt von Zeitschriften-Drückerkolonnen (*Die Schönheit des Schimpansen*). Aber es gibt Alltagserfahrungen – an die der Autor appelliert, indem er sie zitiert –, in deren Zeichen sich unterschiedliche und auch einander fremde soziale Lebenskreise überschneiden: Rituale des Tagesablaufs und des gesellschaftlichen Verkehrs, Beobachtungen im privaten wie im öffentlichen Raum, Mechanismen von Aggressionsentstehung und -lösung, von Berufs- und Partnerschaftskrisen.

Nochmals zurück zum *Liebeswunsch*. Nicht zuletzt drängt sich bei der Lektüre die grundsätzliche Frage auf, wo die „Wahrheit" über die im Roman gestaltete Katastrophe steckt – und damit auch diejenige nach Schuld und Schuldanteilen. Der Roman selbst beantwortet sie nicht, er verweigert sich dem von Wellershoff in seine Marginalie zum Neuen Realismus von 1965 als solches apostrophierten „vorschnellen Sinnbedürfnis"[11]. *Der Liebeswunsch* entstand 35 Jahre nach jenem literaturtheoretischen Text – woran sich nicht nur zeigt, dass der Autor es mit seinem programmatischen Entwurf auch mit Bezug auf die eigene literarische Praxis „ernst" meinte, sondern zugleich, dass sich in Wellershoffs literarischer Produktion bestimmte Textintentionen und -strategien unerachtet aller unverkennbaren Stilwandlungen durchhalten.

---

9 *Die Wahrheitsbedingungen der Literatur*, S. 145.

10 Happekotte: *Dieter Wellershoff*, S. 239.

11 *Neuer Realismus*, S. 843 f.

Dabei hatte Wellershoffs Literaturtheorie von Anfang an eine produktions- und eine rezeptionsästhetische Seite. Diese Doppelgesichtigkeit stellte sich nahezu zwangsläufig ein, weil der Autor seiner Selbstauffassung zufolge nicht monologisch – banal gesprochen: für die Schublade – schrieb, sondern für einen literarischen Markt:

> Natürlich gibt es das Gefühl, daß man verstanden wird. Das ist die Grundvoraussetzung, die man macht, wenn man etwas formuliert: daß da jemand ist, der das lesen wird und verstehen kann. Sonst würde man es ja gar nicht erst veröffentlichen. Das Schreiben dient den verschiedensten Dingen, oft auch dem Wunsch, ein bestimmtes Bild seiner selbst den anderen nahezubringen. Das Schreiben ist Erkenntnis und Wunscherfüllung und Mitteilung. Für andere kann es ein Appell werden, der bei ihnen etwas ähnliches mobilisiert, löst und erkennbar macht. Um die Literatur zu verstehen, braucht man eine Lehre vom virtuellen Handeln, vom kommunikativen virtuellen Handeln.[12]

Eng benachbart, wenn nicht identisch, sind bei Wellershoff produktions- und rezeptionsästhetische Aspekte insofern, als er die für den (und für sich als) Autor formulierten Maximen auch für den intendierten Leser geltend macht.[13] Dies geschieht dadurch, dass im fiktionalen Text, in Luhmann'scher Begrifflichkeit, jene Komplexität wieder hergestellt bzw. als solche wahrgenommen wird, die in den sozialen Systemen und im Leben der in sie integrierten Menschen im Interesse ihres Selbsterhalts reduziert wurde.

> Man kann über alles informiert sein und nichts erfahren. Schreiben ist eine Anstrengung, gerade dieses schematische Bescheidwissen zu zerstören, also wieder Erfahrungen anzuregen durch Irritation des Bescheidwissens. Aber das kann nur in Gang gebracht werden, wenn beim Leser eine Bereitschaft vorhanden ist, sich auf eine Krise seiner Weltordnung einzulassen. Das Schreiben ist in meiner Vorstellung eben eine Modellkrise, in die man sich freiwillig hineinbegibt, das Lesen auch.[14]

Dabei ist im Dreieck von Autor, Text und Leser letzterer „Mit-Autor", wenngleich nicht mit dem Autor identisch, er muss sich auf einen von diesem fixierten Text einlassen:

---

12 *Selbsterfahrung und Solidarität*, S. 44.

13 „Wellershoff umschreibt in seinen Essays den Lesevorgang mit Begriffen wie „Modellkrise", „Lebensbegegnungen" und „Kreativitätstraining". Die Kernbegriffe seiner Rezeptionsästhetik entsprechen dabei großenteils denen seiner produktionsästhetischen Ausführungen. Es sind dies *Simulation* bzw. *Probehandeln*, *Krise*, *Erfahrung* und *Therapie*." (Bügner: *Lebenssimulationen*, S. 89). S. dazu auch Dujmić: *Literatur zwischen Autonomie und Engagement*, S. 88–93.

14 *Selbsterfahrung und Solidarität*, S. 39.

> Der Leser macht ähnliche Erfahrungen wie der Autor, denn er erfüllt den Text mit seinen Vorstellungen, belebt ihn mit seinen Gefühlen, Stimmungen, bereichert ihn durch seine Assoziationen. Und je mehr ihm das gelingt, je mehr ihn der Text dazu herausfordert, um so besser findet er ihn. Das ist die gleiche Bestätigung wie das Evidenzgefühl, das den Autor während des Schreibens führt und vorantreibt. Autor wie Leser erleben den Text, den sie hervorbringen oder schöpferisch nachvollziehen, als ein Medium ihrer Selbstaktualisierung, auch wenn sie dabei ganz von sich absehen und ihre Aufmerksamkeit gebannt ist durch das imaginäre Szenarium, das vor ihren Augen entsteht.[15]

Oder allgemeiner formuliert:

> Der Akt der Rezeption ist nach Wellershoff mit dem Akt der Produktion vergleichbar. Da für den Leser auf der Grundlage des literarischen Textes nur wahrnehmbar werden kann, was er vor seinem eigenen Erfahrungshintergrund als Korrelat seines Vortstellungsbewußtseins konstituiert, ermöglicht ihm die literarische Sprache in der fiktionalen Rede ein kommunikatives Handeln mit dem literarischen Text, in dessen Verlauf er ebenso wie der Autor die Chance hat, sein verdrängtes Ich äußern und aus einer imaginären Perspektive zu betrachten.[16]

Diese wirkungsbezogenen Überlegungen zur Funktionsweise von Literatur lassen sich in den Kerngedanken fassen, dass die Textbedeutung nicht „da“ ist, wenn ein Autor den Text geschrieben hat, sondern sich erst im – individuellen – Akt des Lesens konstituiert. Diese Theorieelemente gemahnen stark an die Rezeptionsästhetik der sogenannten Konstanzer Schule mit ihren herausragenden Vertretern, dem Romanisten Hans Robert Jauss und dem Anglisten Wolfgang Iser.[17] Als ihre „Initialzündungen“ gelten Jauss’ und Isers jeweilige (später zu wissenschaftlichen Abhandlungen umgewandelten) Antrittsvorlesungen von 1967 bzw. 1970, *Literaturgeschichte als Provokation der Literaturwissenschaft* und *Die Appellstruktur der Texte.*

Wellershoff hat die dort entfalteten Theorien positiv rezipiert. In einem Brief an Iser konstatiert er, *Die Appellstruktur der Texte* habe bei ihm „einen Gedankenruck verursacht“. Der Vortrag sei „eine Bestätigung meiner Schreiberfahrung und hat mir deutlich bewußt gemacht, weshalb man immer wieder mit allen möglichen psychischen und operativen Taktiken versucht, sich jedem festgewordenen Vorver-

---

15 *Erkenntnisglück und Egotrip. Über die Erfahrung des Schreibens*, in: WW 4, S. 529–565; hier: S. 547.

16 Dujmić: *Literatur zwischen Autonomie und Engagement*, S. 92.

17 S. dazu Jaeger: *Realismus und Anthropologie*, S. 29 ff.; Sass: *Der magische Moment*, S. 208–210, 247–249; Bügner: *Lebenssimulationen*, S. 87 ff. und passim.

ständnis zu entziehen“[18]. Zwischen Wellershoff und „Konstanz“ dürfte demzufolge weniger ein Abhängigkeits- als vielmehr ein Bestätigungsverhältnis bestanden haben. Tatsächlich wohl entwickelte der Kölner Autor seine Gedanken zum Verhältnis von Autor und Leser unabhängig von Iser und Jauss.

Auf jeden Fall aber sind die Übereinstimmungen verblüffend. Folgender Auszug aus Isers Vorlesung liest sich nahezu wie die Leseanleitung zu einem Wellershoff-Roman – im Licht von dessen eigener Theoriebildung, zu der auch das Probebühne-Konzept gehört:

> Was aber verleitet nun den Leser immer wieder dazu, sich auf die Abenteuer der Texte einzulassen? Diese Frage zu beantworten hieße, anthropologische Überlegungen anzustellen. Immerhin bleibt das Phänomen zu registrieren, daß offenbar eine ungebrochene Neigung besteht, als Leser die fiktionalen Risiken der Texte mitzumachen, die eigenen Sicherheiten zu verlassen, um in andere Denk- und Verhaltensweisen einzutreten, die keineswegs erbaulicher Natur sein müssen. Der Leser kann aus seiner Welt heraustreten, unter sie fallen, katastrophale Veränderungen erleben, ohne in Konsequenzen verstrickt zu sein. Denn die Konsequenzlosigkeit der fiktionalen Texte ermöglicht es, jene Weisen der Selbsterfahrung zu gewärtigen, die von den Handlungszwängen des Alltags immer wieder verstellt werden.[19]

Mit Blick auf Wellershoffs Literaturtheorie freilich wirft – nach dem oben Gesagten naheliegend – eine Formulierung wie „die Konsequenzlosigkeit der fiktionalen Texte“ Fragen auf.[20] „Konsequenzlos“ sind Leseakte zweifellos insofern, als die Gegenstände der Lektüre, also fiktive Geschehnisse, vom Leser zwar imaginativ nachvollzogen, aber nicht in seinem realen Leben „erlitten“ werden müssen. Damit wäre ein Existenzgesetz von Dichtkunst überhaupt benannt. Davon zu unterscheiden ist indes die an die Lektüre anschließende „Umwandlung einer textbezogenen Erfahrung in eine lebenspraktisch verwertbare“[21]. Wellershoff schreibt dazu:

> Zum anderen aber lösen die Romane ihre Leser durch Irritation ihrer Denk- und Sehgewohnheiten aus unbewußt gewordenen gesellschaftlichen Konformitäten und öffnen ihnen so die Möglichkeit neuer, eigener kritischer Erfahrung. Beides, die Anklage im

---

18 Brief an Wolfgang Iser vom 4. September 1970, in: Jung (Hg.): *„Verborgene Texte des Lebens“*, S. 122; s. außerdem *Transzendenz und scheinhafter Mehrwert. Zur Kategorie des Poetischen*, in: WW 4, S. 301–316; hier: S. 306 f.

19 Wolfgang Iser: *Die Appellstruktur der Texte. Unbestimmtheit als Wirkungsbedingung literarischer Prosa*, in: Rainer Warning (Hg.): *Rezeptionsästhetik. Theorie und Praxis* (= *UTB-Taschenbücher*, Bd. 303), München 1975, S. 228–252; hier: S. 249.

20 S. zum Folgenden Bügner: *Lebenssimulationen*, S. 97 ff.

21 Ebd., S. 97.

> Namen der Opfer, wie die Einübung eines komplexeren, freieren Sehens sind Kräfte der Veränderung, die im Leser wirksam werden können, wenn auch wahrscheinlich nicht direkt und nicht meßbar, sondern als Faktoren unter anderen Faktoren seiner ja nie ganz abgeschlossenen Sozialisation und Personalisation.[22]

Es kann kein Zweifel daran bestehen, dass Wellershoff selbst praktische Konsequenzen seiner Bücher im realen Leben ihrer Leser begrüßte. Wenn es diese gab, waren sie für ihn auch die Bestätigung seiner mehrfachen wiederholten Auffassung, dass Literatur, die etwas tauge, „gefährlich sein" müsse.[23] Beispiele für solche in seinem Sinn ergiebige Verarbeitung von Wellershoff-Texten, so sie ihm bekannt wurden, nahm er mit unverhohlener Genugtuung auf. Die Praxistests bewiesen ihm nicht zuletzt die Triftigkeit und Realitätstüchtigkeit seiner eigenen Literaturauffassung. Im Gespräch mit Michael Fabian berichtet er z. B. über das Gespräch mit einem Zuschauer seines TV-Films *Die Freiheiten der Langweile*, der mit „wachsender Atemlosigkeit" zugesehen, dann aber vor Erregung das TV-Gerät habe abschalten müssen.[24] Wichtiger noch im Sinne existenzieller Bedeutsamkeit war zweifellos dieses Erlebnis:

> […], ich habe vor einiger Zeit aus einer Erzählung vorgelesen, in der eine Frau eine Liebschaft abbricht und in eine unglückliche Ehe zurückkehrt. Und während ich las, sah ich in der ersten Reihe eine Frau sitzen, die fast ohnmächtig wurde. Für diese Frau war der Text zu riskant, denn sie steckte wahrscheinlich genau in dieser ungelösten Situation.[25]

„Erfolge" solcher Art provozieren allerdings eine Frage: Wellershoffs von Gehlens Anthropologie und Luhmanns Systemtheorie beeinflusster Theorie zufolge sind Institutionen im Interesse einer von Komplexitätsdruck entlasteten sozialen Lebenssphäre und damit für die Aufrechterhaltung von Systemfunktionen essenziell notwendig. Von dem dadurch erzeugten normativen Anpassungszwang entlastet wiederum der Probe- und Simulationsraum der Literatur. Was geschieht aber, wenn die Simulation nicht Simulation bleibt, sondern ihrerseits in die Wirklichkeit „springt" und dann praktisch, wie im geschilderten Fall, die Institution Ehe samt ihrer gesellschaftsstabilisierenden Funktion angreift?

Mit Blick auf die Zuhörerin wird man sagen können, ja müssen, dass die Lektüre des Buches ihre Ehekrise nicht auslöste, sondern ihr die Tatsache dieser Krise lediglich bewusst machte. Anders sieht das aus mit den tödlichen Katastrophen in

22 *Der Roman als Krise*, S. 526.

23 S. u. a. *„Schreiben – das ist für mich wie ein Abenteuertrip"*, S. 682.

24 *Die Wahrheitsbedingungen der Literatur*, S. 178.

25 *„Schreiben – das ist für mich wie ein Abenteuertrip"*, S. 682.

vielen Wellershoff-Texten, die auch nach dem Willen des Autors tunlichst Simulation bleiben sollten. Er empfahl sie nicht zur Nachahmung im praktischen Leben. Wo aber befindet sich die Grenze – genauer: wer legt sie wie begründet fest –, die bezeichnet, welches Realwerden von Simulation gesellschaftlich „ungefährlich", ja sogar „erwünscht" ist und welches nicht?

Im Folgenden soll anhand weiterer Beispiele gezeigt werden, dass und wie Wellershoff seine wirkungsästhetischen Intentionen poetische Praxis werden lässt. Das im *Liebeswunsch* praktizierte Verfahren der Vorwegnahme eines tragischen Ausgangs gleich zu Beginn hat er wiederholt angewendet. Dabei handelt es sich um eine massive, schwerwiegende Maßnahme der Lesersteuerung – man liest ein Buch völlig anders, wenn das Ende am Anfang mitgeteilt wird. Und es setzt auch den Autor unter Druck: Er muss den mit seiner Mitteilung unvermeidlich verbundenen Spannungsverlust kompensieren und damit die „gewaltsame" Umlenkung der Leseraufmerksamkeit rechtfertigen. Darüber hinaus muss der Plot garantieren, dass diese Strategie einige Aussicht auf Erfolg hat. Im Fall des ersten Romans, *Ein schöner Tag*, hätte sie sich erkennbar nicht empfohlen: Auf keinen Fall hätte der unspektakulär-trostlose Geburtstag des Vaters am Schluss mit der zukunftslos versammelten Kleinfamilie als Vorwegnahme die Last des Anfangs tragen können.

Im Roman *Die Schönheit des Schimpansen* wird der „schlechte" Ausgang nicht, wie im *Liebeswunsch*, an den Anfang der erzählten Handlung gestellt, sondern in der vorangestellten Mitteilung – man könnte auch sagen: quasi einer emblematischen subscriptio – eines auktorialen Erzählers, der mit dem Autor mehr oder weniger identisch sein dürfte:

> Das kunstvolle Gleichgewicht, in dem ein Mensch lebt, ist manchmal der angehaltene Moment vor seinem unvermeidlichen Sturz. Tag für Tag lebt er dahin, scheinbar in gesicherten Bahnen, und er selbst mag sich für jemanden halten, der sein Leben nach überlegenen und klugen Grundsätzen führt, bis er, aufgestört durch eine winzige Veränderung, vor der verdunkelten Seite seiner Welt steht. Das, was er nun sieht, hat er eigentlich immer schon gewußt, doch ohne den Schrecken, der, wie ein verspätet nachhallendes Echo, ihn erst jetzt erreicht und ihn taumeln läßt.[26]

Der Leser kann gar nicht umhin, den folgenden Roman, die in eine Katastrophe mündende Abstiegsgeschichte des gescheiterten Studenten Klaus Jung, im Licht dieses – eben mit der Autorität des auktorialen Erzählers versehenen – Vorspruchs aufzunehmen. Er mag ihn als Lektüre-Richtschnur und Interpretationshilfe ansehen, ja möglicherweise als eine Art Orakel, womit er ihn freilich überfrachtete. Auf jeden Fall ist seine Aufmerksamkeit nach dieser ersten Seite konditioniert, bei der

26 *Die Schönheit des Schimpansen*, S. 537.

Lektüre wird unweigerlich im Untergrund die Frage mitlaufen, ob und inwieweit die auktoriale Einlassung des Beginns durch die Erzählung gedeckt und bestätigt wird.

Mit dieser Aufmerksamkeit rechnet selbstredend auch der Autor, so dass sich zwischen Autor und Leser gleichsam ein Spiel über Bande entwickelt. So kann der Leser das dichtgespannte Netz aus Todessymbolen, das den Text überzieht, mit dem im Gedächtnis „geparkten" Vorspruch kaum mehr als Beiläufigkeit, sondern in ihrem „bedeutenden" Charakter wahrnehmen.

In *Der Sieger nimmt alles* ist die Vorwegnahme des tödlichen Endes wieder Bestandteil der Romanhandlung selbst. Das erste Kapitel, „Montag morgens im Hotel", stellt dar, wie die im Zimmer eines Messehotels aufgefundene Leiche eines Geschäftsmannes namens Ulrich Vogtmann auf einer Bahre abtransportiert, man könnte auch sagen: entsorgt wird. Ausweislich seines Berichtes über die Romangenese hatte Wellershoff für die Lösung der Aufbauprobleme mehrere Optionen, unter anderem die, mit dem in der Endfassung im fünften Kapitel beschriebenen Dänemark-Urlaub der Familie Vogtmann zu beginnen.[27] Der Autor verwarf diese Möglichkeit, weil in diesem Fall das Gegenwartsgeschehen mit der unverzichtbaren Vorgeschichte, die dann als Rückblende eingefügt worden wäre, hätte be- und womöglich überfrachtet werden müssen. Wie Wellershoff weiter berichtet, wurde die Szene des Abtransports im ersten Kapitel aus nicht verwertetem Material für seinen TV-Film *Phantasten* übernommen:

> Daß ich sie in das spätere Buch übernahm, war zunächst eine eher willkürliche Entscheidung. Ich legte damit fest, daß der Held – Ulrich Vogtmann – sterben würde, und zuerst dachte ich, dies könne der Schluß des Romans sein. Später fiel mir das jetzige Nachspiel ein. [...] Nachdem also diese chaotische Party der Schluß des Buches geworden war, rückte das Wegschaffen der Leiche Vogtmanns an den Anfang. Und damit war auch ganz zu Anfang ein wichtiger Hinweis auf seine Person gegeben: Unter der weggerutschten Decke zeigen sich die verkrüppelten Zehen des Toten.[28]

Als strategische Entscheidung ist dieser Anfang mit Blick auf den Leser genauso konsequenzbeladen wie im *Liebeswunsch*. Indes war es in diesem Fall in erster Linie wohl doch die lapidare Wucht der Szene, verbunden mit einer einprägsamen symbolischen Bildlichkeit – eben den verkrüppelten Zehen –, die Wellershoff seine Wahl treffen ließ.

---

27 *Der Baukasten der Imagination*, S. 805.

28 Ebd., S. 800.

Auch in *Der Sieger nimmt alles* zeitigt eine ausgefeilte Dramaturgie des Perspektivenwechsels Folgen für die Lektüre – was Wellershoff in hohem Maß bewusst war, wie das häufige Erscheinen des Begriffs „Leser" im folgenden Abschnitt zeigt:

> Auch das Bewußtsein des Lesers und das der Akteure klafft immer weiter auseinander, und zwar sowohl auf der Ebene der Moral (weil der Leser das Handeln der Personen immer weniger billigen kann) wie bei der Einsicht in das Gesamtgeschehen und seine verhängnisvollen Mechanismen und Zusammenhänge. Der Leser weiß und versteht zunehmend mehr als die Akteure. Denn während die handelnden Personen auf ihre begrenzte Perspektive beschränkt bleiben, gewinnt der Leser eine immer größere Übersicht. [...] Jede Person agiert vor seinen Augen in einer eng begrenzten Erfahrungswelt, handelt aus ihren besonderen Interessen und Erwartungen heraus, ist ausgestattet mit bruchstückhaftem Wissen und eingesperrt in ihre jeweiligen Irrtümer und Illusionen. Die Widersprüche zeigen sich dem Leser besonders scharf, wenn die Personen sich um Einverständnis bemühen oder ein Einverständnis unterstellen. Da nämlich jeder für jeden Außenwelt bleibt und sich die geheimen Gedanken und Motive seines Gegenübers nur unzulänglich erschließen lassen, bilden gerade die Dialoge, seien es nun Geschäftsverhandlungen oder Aussprachen zwischen Liebes- und Ehepartnern, eine eigene Dramaturgie der Täuschungen und Selbsttäuschungen.[29]

Der Hinweis auf die Dialogdramaturgie ist insofern aufschlussreich, als hier, mit der Erwähnung der „Täuschungen und Selbsttäuschungen", ein Bezug zu Sarrautes „Subdialog" hergestellt wird, also zu den den gesprochenen Dialog unausgesprochen grundierenden Sekundärbedeutungen und Subtexten. Der „Subdialog" hatte Wellershoff im Zuge seiner Befassung mit dem Nouveau Roman nachhaltig fasziniert.[30] Beispiele für solche Dialoge in *Der Sieger nimmt alles*, für deren Struktur der Rezipient dank seines Mehrwissens sensibilisiert ist und deren Dechiffrierung der Autor vom kompetenten Leser auch erwartet, halten die Gespräche im autodestruktiven Personaldreieck Ulrich – Elisabeth – Lothar bereit.

Ulrich hatte einst Elisabeth Pattberg bei ihrem Verlobten Lothar ausgespannt, der sich dann aber im Pattberg'schen Familienunternehmen als sein vordergründig loyaler Mitarbeiter zur Verfügung stellte. Ulrich argwöhnt allerdings nicht ohne Grund, dass Lothar ihn insgeheim hasst und ihm sein krachendes berufliches Scheitern wünscht, um dann selbst doch noch bei der von ihm nach wie vor geliebten Elisabeth ins Spiel zu kommen. In den Gesprächen über den Erwerb der süddeutschen Ladenkette[31] wie später auch anlässlich von Lothars quasi-triumphierender

29 Ebd., S. 810 f.

30 S. dazu Kapitel 6 („Impulse und Kontakte"), S. 127 f.

31 *Der Sieger nimmt alles*, S. 206 ff.

Mitteilung des Ladendiebstahls von Ulrichs und Elisabeths Sohn Christoph[32] laufen alle diese versteckten Motive unter der Dialogoberfläche mit.

Wellershoff selbst erläutert den motivationalen Untergrund von Elisabeths wiederholt gegenüber Ulrich erhobenen und von diesem mit genervter Gleichgültigkeit quittierten Verhaltensforderungen, die de facto einen Herrschaftsanspruch formulieren:

> Elisabeth versteht Vogtmann nicht. Sie geht von sich aus. Sie will die totale Gemeinschaft, das heißt aber auch seine Abhängigkeit. Wenn sie ihm immer wieder sagt, er dürfe sie nie belügen, dann bedeutet das in der Sprache ihres Unbewußten nicht, er solle ihr offen die Wahrheit sagen, sondern er solle so sein, wie sie es braucht, und ihr nie etwas zumuten, was ihren Wünschen widerspricht.[33]

Will Wellershoff also in seiner Dichtung ganz allgemein den unter der Maske alltäglicher Gesellschaftlichkeit verborgenen Text des Lebens sichtbar machen, so gilt dies im Besonderen auch für den verborgenen Text der eigenen Existenz. In der „Vorbemerkung" zu dem Sammelband *Doppelt belichtetes Seestück und andere Texte* steht in diesem Sinne folgende auf Anhieb kryptische und daher auch in der Rezeption häufiger zitierte Feststellung:

> Doch die einzige, eigentlich wahre Geschichte, das eigene Leben, ist nie ganz in ihrer Wahrheit angelangt. Immer noch herrscht das Als-ob der Fiktion, in der auch der bekennerische Ich-Erzähler Bauchredner eines Unbekannten bleibt, der sich verteidigt, indem er sich anklagt und umgekehrt. In diesen Distanzen, die sie überwinden möchte, entsteht Literatur als der Versuch ihrer eigenen Aufhebung. Denn sie will unmittelbare Erfahrung werden, sie will den verborgenen Text sprechbar machen, der unser Leben beherrscht und von dem wir fürchten und hoffen, daß die anderen ihn verstehen.[34]

Liest man diese Sätze genau, so wird man feststellen, dass hier Wellershoffs Literaturtheorie in kondensierter Form vorliegt – vor allem die Auffassung, dass Schreiben nicht (nur) Erfahrungen „abbildet", sondern sie im performativen Vollzug überhaupt erst ermöglicht. Und im Wesentlichen sind dies Selbsterfahrungen, -erkundungen und -erforschungen des Autors. Schließlich kommt der rezeptionsästhetische Aspekt, der Gegenstand dieses Kapitels ist, ins Spiel: In die Entblößung des verborgenen Lebenstextes mischen sich, mit Blick auf den adressierten, erwarteten und „eingepreisten" Leser, Furcht und Hoffnung.

---

32 Ebd., S. 331 ff.

33 *Der Baukasten der Imagination*, S. 820.

34 *Vorbemerkung*, in: *Doppelt belichtetes Seestück und andere Texte*, S. 7.

Der Autor hat, darum mehr oder weniger gebeten, seine *Vorbemerkung* ausführlicher erläutert:

> Das ist so eigenartig, daß wir für bestimmte Teile unserer Erfahrung eine Sprache haben, die für andere und unser eigenes Ich unverständlich ist, z. B. den Traum. Der Traum ist eine Sprache, die uns verschlüsselt ist. Das Reden von Schizophrenen ist für andere Menschen nicht verständlich, ganz obskur. Aber sie äußern sich noch, immer noch, sie wollen sich verbergen und immer noch verstanden werden, deshalb ja das Geheimsystem ihrer Sprache. Dieser Widerspruch ist auch in der Literatur wirksam, der Widerspruch zwischen der Tendenz zum Bekenntnis und der Tendenz zur Verschleierung des Bekenntnisses. Jeder will seine Erfahrungen gesellschaftlich machen, damit sie verstanden werden, und jeder will auch, daß er nicht verstanden wird; denn er weiß nicht, wie die anderen sind, ob es nicht seine Feinde sind.[35]

Wellershoffs Leser-Orientierung wächst hier auf überraschende Weise ein neues Motiv zu: Der Leser mutiert vom Co-Autor oder „Komplizen" zum potenziellen „Feind". Dies hat freilich damit zu tun, dass gerade die beiden großen Erzählungen des eh von dichten unterirdischen Motivverbindungen durchzogenen Sammelbandes – *Doppelt belichtetes Seestück* und *Ein Gedicht von der Freiheit* – in einer Weise autobiografisch eingefärbt sind und den Autor damit auch als empirische Gestalt in einer Weise „entblößen", wie es sonst bei Wellershoff eigentlich nie der Fall ist. Das gilt zumal für *Doppelt belichtetes Seestück*, obwohl hier eine personale Erzählperspektive vorliegt, während Wellershoff für *Ein Gedicht von der Freiheit* zwar erstmals die Ich-Form wählt, zugleich aber Autobiografie mit „fiktionale[n] Lizenzen" verbindet. So setzte der Autor die zentrale Frauengestalt der Isa nach eigenem Bekunden „aus Gründen der Tarnung aus den Lebensumständen und den persönlichen Merkmalen von drei verschiedenen Frauen" zusammen.[36]

Persönlicher Hintergrund der 1974 entstandenen Erzählungen ist Wellershoffs schwere Ehekrise Anfang der 70er Jahre, über die er selbst in *Die Arbeit des Lebens* Auskunft gibt:

> Ich verließ damals meine Familie und zog zu meiner Kollegin. Ich wollte ein neues Blatt in meinem Leben aufschlagen, einen neuen Anfang machen. Doch ich hatte die inneren und äußeren Realitäten falsch eingeschätzt. Dieser Versuch eines neuen Lebens scheiterte nicht an sich selbst, aber an meinen unaufgelösten Bindungen an meine Frau und die Kinder. Sie lebten nicht weit von mir entfernt, und ich sah sie manchmal, [...]. War es denn möglich, sein Leben zu ändern, wenn es auf Kosten von anderen ging? Konnte für den

35 *Selbsterfahrung und Solidarität*, S. 43 f.

36 *Double, Alter ego und Schatten-Ich*, S. 769.

> einen gut sein, was für den anderen schlecht war? [...] Ein Widerspruch war entstanden, auf den es keine richtige Antwort zu geben schien. Doch die wachsende Lähmung, in die wir hineingerieten, erzwang eine Lösung. Als ich Wochen später zu meiner Familie zurückkehrte, fand ich nur langsam wieder in mein gewohntes Leben hinein. Monatelang hatte ich nicht schreiben können. Jetzt versuchte ich es wieder, und das erste, was ich zustande brachte, waren Notierungen eines Fremdheits- und Schwebegefühls, dem ich mich auf langen Spaziergängen einfach überließ.[37]

Ein Gedicht von der Freiheit spiegelt diese Erfahrungen, transformiert sie aber in ein neues Konfliktdesign. Denn mit Isa erweitert sich das Personal der Ehekrise – der Ich-Erzähler, seine Ehefrau und seine Geliebte A – um eine weitere Figur. „Der Icherzähler", schreibt Wellershoff, „geht, um sich von seinem unlösbar erscheinenden Konflikt abzulenken, auf das Werben einer Frau ein, die eine neue Orientierung im Leben sucht. Als sie sich scheiden läßt, zieht er sich zurück."[38] Die Geschichte erzähle somit, stellt der Autor mit einer bei ihm sonst selten anzutreffenden Eindeutigkeit des moralischen Urteils fest, einen „menschlichen Mißbrauch". Dem ist wenig entgegenzusetzen: Nicht nur bezeichnet sich der Ich-Erzähler selbst als „Monstrum"[39]. Vielmehr bestätigt er die Korrektheit dieser Selbstbeschreibung durch die inhumane Geste einer Entsorgung am Schluss der Erzählung:

> Ich habe nicht mehr angerufen. Sie hat nicht mehr geschrieben. Beim Abschied hatte sie gesagt: „Laß nicht mehr so viel Zeit vergehen." Und ich habe ja gesagt, habe ihr versprochen, sie bald anzurufen. Dann bin ich davon abgekommen. Ich hatte meine eigenen Sorgen. Die ihren habe ich nie brauchen können.[40]

Tatsächlich ergibt sich Wellershoffs „Furcht" vor einer aus seiner Sicht entgleisenden Rezeption offensichtlich aus der spezifischen Eigenheit der Erzählungen in dem Sammelband. Sie wäre vielleicht so zu präzisieren: Der mutmaßliche autobiografische Kern der Geschichten könnte Leser veranlassen, den Ich-Erzähler umstandslos mit dem empirischen Subjekt Dieter Wellershoff gleichzusetzen und dieses als „Monstrum" zu klassifizieren. Die Furcht vor dem Leser wird damit zur Furcht vor seinen immer möglichen Missverständnissen. Der Leser übersähe dann, dass der Autor in seinen problematischen Figuren zwar die eigenen inneren

---

37 *Die Arbeit des Lebens*, S. 236 f.; s. dazu auch Irene Wellershoff: *„So resigniert bin ich nicht, dass ich Komödien schreibe"*, S. 327.

38 *Double, Alter ego und Schatten-Ich*, S. 768 f.

39 *Ein Gedicht von der Freiheit*, S. 577.

40 Ebd., S. 578.

Abb. 15 und 16: Zwei Wellershoff-Porträts aus mittlerem Lebensalter (Ende der 70er Jahre), aufgenommen von Sohn Gerald. Fotos: privat.

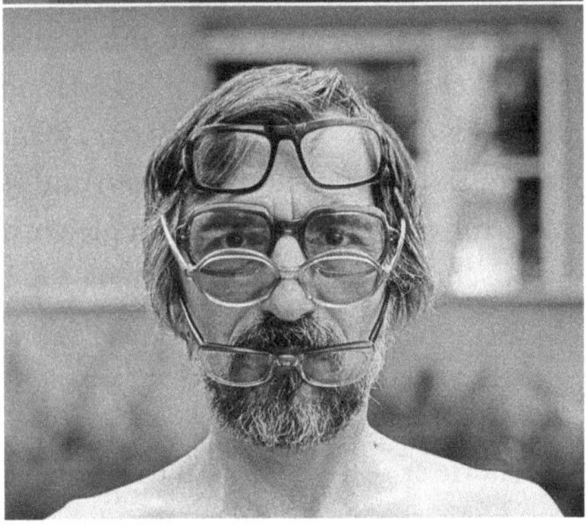

Möglichkeiten darstellt, die aber Möglichkeiten geblieben sind; dass er sich von ihnen genauso unterscheidet, wie er mit ihnen identisch ist.[41]

Die Autor-Leser-Beziehung in Wellershoffs Dichtung sei zum Abschluss noch einmal an zwei extrem unterschiedlichen Texten ins Auge gefasst, die schaffensbiografisch übrigens dicht aufeinander folgen: an den Romanen *Die Schattengrenze* (1969) und *Einladung an alle* (1972).

In *Die Schattengrenze* verzichtet der Autor auf später eingesetzte Mittel, die Wahrnehmung des Lesers zu steuern und ihm damit zugleich – und sei es vorder-

41 *Double, Alter ego und Schatten-Ich*, S. 782 f.; s. auch *Bilder mit einem dunklen Einschlag*, S. 16.

gründig – ein Sich-Zurechtfinden im Buch zu erleichtern. Vielmehr setzen gleich die ersten Seiten seinen Verständnisanstrengungen hohe Hürden entgegen.[42] Auf Anhieb ist die Eingangssituation überschaubar: Ein Mann trinkt in einer Kneipe einige Gläser Bier, um seinen quälenden Durst zu löschen, und führt in der Küche des Lokals ein Telefongespräch mit einer Partnerin namens Hilde, zu der er offensichtlich eine angespannte Beziehung unterhält.

Dieser Zusammenhang aber wird aufgesprengt durch hereinflutende Erinnerungsfragmente aus dem Ablauf des vergangenen Tages (?), in denen es um einen Kleiderkauf mit Hilde in Bonn, eine Schlafzimmersituation und offensichtlich kriminelle Vorgänge mit Autos in einem nächtlichen Niemandsland geht. In sie ist der namenlose Mann verwickelt, wird aber, weil er protestiert, von seinen mit Namen bezeichneten Kumpanen körperlich attackiert und verletzt. Weil Rahmeninformationen fehlen, bleiben diese Vorgänge schattenhaft-undeutlich, und eine chronologische Folge wird ebenso nicht erkennbar. Dies kontrastiert scharf mit der detaillierten Übergenauigkeit, die selektiv Vorgänge wie z. B. das Bierzapfen in der Kneipe erfasst.

Außen und Innen – externe Realität und Bewusstseinsstrom – fließen verwirrend ineinander, immerhin gibt es assoziative Brücken: In der Kneipe sitzt als weiterer Gast ein alter Mann mit Krückstock und Dackel, der auf dem Autohof wiederkehrt in Gestalt von „Karl", der an Krücken geht und ebenfalls einen Hund als Begleiter hat.[43] Zum situativen „Joker" wird die Antwort „Es hat geklappt", die sich im Kontext des Romanbeginns auf alles Mögliche beziehen kann. Die folgende Stelle führt auf engstem Raum gleich mehrere Handlungsstränge wie in einem chaotischen Rauschen zusammen:

> Karl kam jetzt hinter ihm her auf seinen Krücken, holte ihn aber nicht ein. Der Hund war immer dicht bei seinen Füßen.
> Ja, hörte er sich sagen, ja. Ja. Es klappt. Das Bier beruhigte ihn. Sie verstand nicht, daß er trank, um die Benommenheit loszuwerden, in der er nicht denken konnte, keinen Ausweg fand.[44]

Der Leser sieht sich somit mit einem verwirrenden, seine etablierten Schemata der Erfahrung zutiefst irritierenden Lektüreerlebnis konfrontiert: Er findet sich in einer zweifellos wiedererkennbaren Alltagswelt wieder, die indes ihre vertrauten Konturen vollständig verliert, weil der Autor ihr jede konditionierende und kontextualisierende Rahmung und damit auch die Möglichkeit einer verstehenden

---

42 S. dazu Jung: *Im Dunkel des gelebten Augenblicks*, S. 175 ff.

43 *Die Schattengrenze*, S. 201, 214.

44 Ebd., S. 215.

Einordnung nach landläufigem Begriff vorenthält. Seine hermeneutische Anstrengung läuft vorderhand ins Leere.

Das möglicherweise spektakulärste Beispiel einer „Wahrnehmungsanleitung“ für den Leser – allgemein gesagt: einer Rezeptionssteuerung – in Wellershoffs Oeuvre hält womöglich der halbdokumentarische Roman *Einladung an alle* bereit. Er beginnt mit einer performativen Umsetzung des titelgebenden Einladungsmotivs, das gleich am Anfang den „impliziten Leser“ durch die scheinbar vertrauliche „Wir“-Anrede „explizit“ macht – und damit ein narratives Prinzip des kompletten Romans einführt:

> Gehen wir an einem klaren Herbstabend, an dem wir deutlich Abkühlung empfinden, hinaus: wir werden über feuchten Wiesen, Bachläufen, Tümpeln oder Seen einen ganz feinen rauchartigen Hauch bemerken, der allmählich zu Nebel wird. Wir können ihn streifenweise ganz niedrig über dem Gelände schweben sehen. Und vielleicht kommt aus der Ferne ebenfalls schwebend in dem dunstigen Grau des Nebels und der Dämmerung ein Radfahrer auf uns zu.[45]

Die hier unter Anwendung filmischer Darstellungsmittel, etwa des Kameraschwenks von der panoramatischen Totalen zum Detail, entworfene Szenerie ist so suggestiv wie motivisch und symbolisch dicht. Letzteres lässt sich freilich erst aus dem Fortgang der Erzählung und von ihrem Ende her erkennen, die stimmungsvolle Herbstlandschaft führt den Leser jedenfalls als solche definitiv auf eine falsche Fährte.

Der Radfahrer, den als den Kriminellen Bruno Findeisen zu identifizieren das Folgende nahelegt, kommt aus dem Nebel, und unscharf, verschwommen, phantomhaft bleibt seine Erscheinung auch, als er den Erzähler schweigend passiert: „Wenn man uns später nach ihm fragte, würden wir wenig sagen können. [...] Vielleicht war er mittelgroß, vielleicht größer.“[46] Zweimal erscheint hier kurz hintereinander das Adverb „vielleicht“. Beim ersten Mal bezieht es sich auf das Faktum des vorbeifahrenden Radfahrers, beim zweiten Mal auf die Identität seiner Person. „Vielleicht“ war er es, sicher sind „wir“ uns nicht. „Vielleicht“, „mutmaßlich“, „wahrscheinlich“ – solche Signale unsicherer Wahrnehmung und Erkenntnis, die auf der Grammatik-Ebene durch zahlreiche konjunktivische Sätze verstärkt werden, durchwalten das ganze Buch[47], lassen die Möglichkeit offen, dass die Realität „an sich“ auch eine ganz andere sein könnte.

---

45 *Einladung an alle*, S. 363.

46 Ebd.

47 S. dazu Stephen Lamb: *„Einladung an alle“ – Dokumentation und Wirklichkeit*, in: Thomas (Hg.): *Der Schriftsteller Dieter Wellershoff*, S. 66–89; hier: S. 68.

Das gilt vor allem für die Realität des Kriminellen Findeisen, der zunächst durch Serieneinbrüche das südwestliche Niedersachsen und seine Bewohner beunruhigt: „Falls es sich um die Existenz eines einzelnen Mannes handelt, so existiert er nur in Bewußtseinsaugenblicken verschiedener Individuen. Und da das Gedächtnis nur sinnvolle Informationen langfristig speichert, löschen die Eindrücke wieder aus.“[48] Damit wird zugleich die Weltsicht der zentralen Polizistengestalt, des ermittelnden Kriminaloberrats Bernhard, aus den Angeln gehoben. Der arbeitet an einem wissenschaftlichen Buch über polizeiliche Ermittlungsarbeit, das von der Voraussetzung ausgeht, dass die scharfe Trennung von festgestellten Tatsachen und subjektiven Erwägungen nicht nur notwendig, sondern auch möglich ist. Die Entwicklung des Falles Findeisen wird sie als fundamentale Fehleinschätzung erweisen. Verschärft wird dieser Befund dadurch, dass Wellershoff immer wieder für die Darstellung einen betont distanzierten, wissenschaftlich beobachtenden bzw. bei medizinischen Sachverhalten erläuternd-mitteilenden Protokollstil wählt und damit ironisch, auf eine gleichsam beflissen nachäffende Weise, Bernhards Maximen entspricht.

Es geht in diesem Buch also, wie rasch deutlich wird, vordergründig um einen aufzuklärenden Kriminalfall, im Hintergrund aber um ein erkenntnistheoretisches Problem, in das der Leser durch die rhetorische Vereinnahmung („wir“) sogleich gnadenlos verwickelt wird. Diese Differenz zwischen Vorder- und Hintergrund ist geeignet, ihn zu verwirren. Möglicherweise Konsument von Kriminalstorys, hegt er angesichts des Roman-Plots tendenziell eine ganz andere Erwartung: die, dass die Polizei den Verbrecher zur Strecke bringt und sich solchermaßen nach vorübergehender Verunsicherung eine und sei es fiktiv attackierte soziale Ordnung auf beruhigende Weise wieder herstellt.[49] Diese Erwartung dementiert der Text tiefgreifend und nachhaltig, er macht den Leser, erneut, zum Opfer – diesmal seines eigenen schematisierenden Vorverständnisses.

Hinzu kommt, dass dieser sich auf die besagte Fiktionalität trotz der einschlägigen Versicherung im Vorspann nicht vollends verlassen kann: Tatsächlich ist für *Einladung an alle* ein intrikates Ineinander von Fiktion und Dokumentation festzustellen. Die Genre-Zugehörigkeit wird bewusst undeutlich gehalten und somit ein weiterer Aspekt der zahlreichen Unschärfezonen des Romans. Als Ausgangspunkt hatte Wellershoff einen – von ihm gründlichst recherchierten[50] – spektakulär-authentischen Kriminalfall mit dem Einbrecher Bruno Fabeyer im Zentrum gewählt, der 1965/66 den Großraum Osnabrück unsicher gemacht hatte. Er zog sich nach

---

48 Ebd., S. 69.

49 S. dazu Wellershoffs Essay *Vorübergehende Entwirklichung. Zur Theorie des Kriminalromans*, in: WW 4, S. 337–394. Die Arbeit wurde übrigens 1973 veröffentlicht, ein Jahr nach der Erstpublikation von *Einladung an alle*. Sie kann als ihrerseits stark rezeptionsästhetisch ausgerichtete „Theoriebegleitung“ des Romans verstanden werden.

50 *Der Verbrecher und die anderen*, S. 831 f.

seinen Beutezügen immer wieder in unauffindbare Waldverstecke zurück, schoss dann erst einen ihn überraschenden Hausbesitzer zum Krüppel und tötete schließlich einen ihn verfolgenden Polizeibeamten. Er war der bis dato meistgesuchte Kriminelle in der Geschichte der Bundesrepublik – bis er 1967 schließlich, nachdem aufwändigste Fahndungsmaßnahmen erfolglos geblieben waren, eher zufällig in einem Kasseler Kaufhaus festgenommen werden konnte.[51]

Der Kriminaloberrat[52] ist aus rezeptionsästhetischer Sicht auch insofern interessant, als er sozusagen als Platzhalter, als Identifikationsfigur für den Leser fungiert. Eine solche ist er bereits, wie der übliche Detektiv oder Kommissar in Kriminalromanen und -filmen, durch seine institutionelle Position. Er vertritt Gesetz, Normativität und Normalität in einer Situation, in der diese massiv herausgefordert sind. Der Leser wird ihm in der Regel wünschen, dass er den Kampf gewinnt.

Zugleich ist er der Gegenspieler nicht nur des Kriminellen, sondern auch des Autors. Bernhard liegt daran, im Interesse polizeilicher Handlungsfähigkeit und damit des Fahndungserfolgs den kompletten Vorgang zu vereinfachen, systemtheoretisch formuliert: seine Komplexität zu reduzieren: „In dieser Phase [sc. einer frühen Ermittlungsphase, d. Verf.] mußte man versuchen, die Vielfalt der Möglichkeiten zu verringern, in die der Täter sich auflöste."[53] Der Autor hingegen – Wellershoff – will ausweislich seiner theoriebasierten Intention die in der Lebenswelt durch Schemabildung verlorengegangene Komplexität im Simulationsraum Literatur gerade wieder herstellen. Die dargestellte Wirklichkeit soll dicht, fremd, uneindeutig, unüberschaubar werden.

Dies geschieht u. a. durch eine vielfältige collageartige Perspektivierung mit vielen wechselnden, sich teils in personaler, teils in Ich-Perspektive mitteilenden „Sichtgebern", zu denen Polizisten, Reporter, auch der Verbrecher selbst und viele andere gehören. Dadurch verschwimmen die klaren Umrisse der Welt – gerade dann, wenn immer wieder derselbe Realitätsausschnitt, etwa der Hergang der Schusswaffenverletzung im zweiten Kapitel, anvisiert wird. Gerade durch die Scharfstellung der Linse treten dabei Widersprüche und Kontraste auf, die die zweifelsfreie Ermittlung dessen, was „tatsächlich" gewesen ist, unmöglich machen.[54]

Außerdem kommt es bei den Beteiligten zu einer Anarchisierung des Wahrnehmens, (unter dem Gesichtspunkt ihrer vermeintlichen Wichtigkeit) zu einem Hierarchieabbau der Sinneseindrücke. Bei den Berichten über Findeisens nächtlichen Angriff auf den Postbeamten Albers in dessen Privathaus etwa spielt in der

---

51 Basisinformationen online: https://de.wikipedia.org/wiki/Bruno_Fabeyer, letzter Zugriff: 18.03.2025.

52 S. zu ihm eindringlich Sass: *Der magische Moment*, S. 162–176.

53 *Einladung an alle*, S. 388.

54 Werner Schiffer: *Dieter Wellershoffs Roman „Einladung an alle". Textinterpretation in rezeptionsästhetischer Perspektive*, in: *Der Deutschunterricht* 36 (1984), H. 2, S. 65–82; hier: S. 73.

Kaskade der Wahrnehmungen das Geräusch eines umfallenden Blumentopfes[55] eine Rolle, die ihm im Geschehenszusammenhang überhaupt nicht zukommt.

All diese narrativen Maßnahmen machen die „systematische Verunsicherung des Lesers […] zum strukturellen Prinzip des Textaufbaus“[56]. Zentral betrifft sie die Figur Findeisens, den eine sensationslüsterne und zugleich an vereinfachender Schwarz/Weiß-Moralisierung interessierte Öffentlichkeit und Boulevardpresse zum Monster, zum absoluten Feind stilisieren.[57] Gerade die multiperspektivische Brechung legt alternative Deutungen des Phänomens zumindest nahe: Traumatisierende Kindheits- und Jugenderfahrungen in einem katastrophalen Umfeld prädestinierten Findeisen zum Verlierer – und zum Gesetzesbrecher, insofern er die Spielregeln einer sozialen Welt, die ihn zur Chancenlosigkeit verurteilt, nicht anerkennt. Zum Mörder – besser wohl: zum Totschläger – wird der gewohnheitsmäßige und stets um sein physisches Überleben kämpfende Kleinkriminelle eher „zufällig“ in einer Situation panischer Überforderung. Zudem ist er – das zeigt sein Don Quijote-haftes Massaker an Schafen, die er für seine „Feinde“ hält – psychisch krank.

Der Leser wird somit – das gehört zum auktorialen „Verunsicherungsprogramm“ – zur Infragestellung konventioneller Wahrnehmungsmodi und Urteile über kriminelles Verhalten und seine Ursachen auch außerhalb der literarischen Wirklichkeit angeregt. Solchermaßen übt der Text auf ihn, hat er sich einmal auf ihn eingelassen, unstrittig einen gewissen Zwang aus. Zwanglos wird der Zwang dadurch, dass der Leser stets die Option hat, aus dem Text zu steigen und das Buch zuzuklappen.

Bemerkenswert ist in diesem Zusammenhang übrigens die Positionierung des Autors zu seinen Figuren – der seine Selbst-Identifikation in einer Weise aufteilt, die quer zur üblichen Lesersteuerung des Kriminalromans steht. Auch dies führt, selbst wenn besagte Positionierung außerhalb des Romans formuliert wird, zu einer Textintention, die eine differenzierte „Bewertung“ des Verbrechers Findeisen nahelegt:

> Dieser unzeitgemäße Verbrecher, der sich in den Wald zurückzog, um in unserer Gesellschaft wie ein Indianer zu leben, faszinierte mich als ein radikaler Außenseiter, in dem ich auch etwas von mir selbst vertreten sah. Auch ich fühlte mich als Schriftsteller nicht gebettet in bürgerliche Sicherheit, sondern ganz auf mich allein gestellt. Dieser Mann, der von der Hand in den Mund lebte und die ganze Gesellschaft zum Gegner hatte,

55 *Einladung an alle*, S. 378, 384 f.; s. auch Lamb: *Einladung an alle*, S. 76.

56 Schiffer: *Dieter Wellershoffs Roman „Einladung an alle“*, S. 66.

57 Die sozialpsychologischen Effekte der Verbrecherjagd in *Einladung an alle* werden in Kapitel 10 („Norm und Abweichung“) ausführlicher thematisiert.

> befand sich für mich in einer einfühlbaren existentiellen Situation. Das galt auch für die Gegenposition des Polizeidirektors, dessen Aufgabe es war, den flüchtigen dingfest zu machen, und der dazu verschiedene Methoden entworfen und ausprobiert hatte. Auch darin erkannte ich einen Aspekt meiner schriftstellerischen Arbeit. Auch ein Autor muß sich Methoden und Strategien überlegen, mit denen er seinen komplexen und flüchtigen Gegenstand – die Personen und das Geschehen, das er darstellen will – zu fassen bekommt. Beide, der einsame Verbrecher und der Fahndungsleiter, waren Alter egos und Spiegelfiguren meiner eigenen Existenz.[58]

Auch Findeisen gehört also in die Reihe von Wellershoffs „arme[n] Brüder[n]", von denen er sich zugleich unterscheidet: „Die Unterscheidung ermöglicht die angstlose Identifikation mit den schattenhaften, dunklen, bedrohlichen Möglichkeiten."[59]

---

58 *Der Verbrecher und die anderen*, S. 833.

59 *Das Glück, der Tod und der Realismus*, S. 93 f.

10. Norm und Abweichung

Der psychisch gestörte gesellschaftliche Außenseiter sei – das Urteil ist in der Wellershoff-Rezeption verbreitet – der typische Protagonist des Autors. Dieser sei mitunter manisch fixiert auf „solche von Versagen und Scheitern, von krimineller Anomalie und psychotischer Wirklichkeitsverzerrung gezeichneten Einzelfiguren".[1] Diese Einschätzung dürfte sich aus den spektakulären individuellen Katastrophen herleiten, in die einige Wellershoff-Romane, -Hörspiele und -Drehbücher münden, vor allem *Die Schönheit des Schimpansen*, *Der Sieger nimmt alles*, *Der Liebeswunsch*, *Wünsche* und *Die Freiheiten der Langeweile*. Und unstrittig ist Bruno Findeisen, die Zentralfigur von *Einladung an alle*, ein krimineller, psychisch kranker sozialer Außenseiter – genauso wie, nicht ganz so auffallend, der namenlose Protagonist der *Schattengrenze*.

Besagtes Urteil lässt sich allerdings keineswegs verallgemeinern. Verallgemeinerungsfähig ist die Beobachtung, dass Wellershoff seine fiktiven Figuren in Krisensituationen stellt – die unterschiedlichen Krisenmodi und ihre Ausgänge werden in diesem Buch an anderer Stelle ausführlich dargestellt.[2] Diese Krisen bereiten aber nicht zwangsläufig jeweils einer Katastrohe den Weg. Und sie lösen auch nicht durchweg psychische Störungen aus oder befördern sie. Vor allem die Erzählungen widmen sich beharrlich eher unspektakulären Krisensituationen, die eine Existenz nicht aus der Bahn werfen, sondern sich eher als ein leichtes Beben unter der Kruste von Lebensroutinen äußern, vielleicht auch nur als „Augenblicke der Benommenheit", um einen einschlägigen Titel zu assoziieren. Sie klingen am Ende in einer wie auch immer problematisch wiederkehrenden „Normalität" ab. Die Erzählungen *Ein Gedicht von der Freiheit*, *Die Sirene*, *Zikadengeschrei* und selbst noch der erste und der letzte Roman, *Ein schöner Tag* und *Der Himmel ist kein Ort*, halten Beispiele dafür bereit.

Von gesellschaftlichem Außenseitertum als Normalfall in Wellershoffs Personal kann erst recht keine Rede sein.[3] Auf Bruno Findeisen in *Einladung an alle* trifft diese Einordnung zu, er hatte, zumal herkunftsbedingt, nie eine Chance, ein dem etablierten Normen- und Wertesystem entsprechendes Leben zu führen. Auffällig ist indes, dass sozial prekäre, Absteiger- und kriminelle Milieus wie in *Die Schattengrenze* und *Die Schönheit des Schimpansen* in Wellershoffs Werk durchaus nicht dominieren. Dem sozialen Status nach vorherrschend sind – erwartbar vor dem

1 Durzak: *Das Erbe der Literatur einbringen*, S. 101.

2 S. Kapitel 11.

3 S. dazu einleuchtend Bügner: *Lebenssimulationen*, S. 147.

Hintergrund der eigenen Weltkenntnis und seiner von realistischer Literatur geforderten Konzentration auf konkrete Erfahrungsausschnitte – vielmehr Figuren aus einer gesellschaftlichen Schicht, der auch er selbst zugehörte: der eines gehobenen akademischen Bildungsbürgertums in mal mehr, mal weniger gesicherter Position, festangestellt oder freiberuflich. Folgende Berufe sind vertreten: Professor, Arzt, Richter, Rundfunkredakteur, Museumsangestellter, Bankier, Architekt, Kunsthändler, Buchhändler, Bibliothekar, freier Schriftsteller, Lehrer, Pfarrer. Angehörige dieser Schicht bevölkern ganz überwiegend vor allem die später entstandenen Werke[4] – was zu einer gewissen soziografischen Verengung von Wellershoffs Personalreservoir führt.

Sie „franst" allerdings insofern „nach unten" aus, als ihr auch erfolglose Studenten zuzurechnen sind. Zu ihnen gehören Günther Lorenz in *Ein schöner Tag*, Klaus Jung in die *Schönheit des Schimpansen* und Anja im *Liebeswunsch*. Hinzukommen, zumal in den Hörspielen und Drehbüchern, Vertreter der „mittleren" Dienstleistungsberufe wie Sekretärinnen und Krankenschwestern. In jedem Fall aber ist Wellershoffs eigene Beschreibung zutreffend: „Ich schreibe keinen Roman über den Bundeskanzler, sondern ich schreibe Romane über normale Zeitgenossen, und die stecken irgendwo drin, und das kollektive Leben geht über sie hinweg. Sie sind mehr Opfer als Handelnde."[5]

Indes ist weniger Außenseitertum als vielmehr Überangepasstheit an soziale Verhaltenserwartungen, denen sie dann aber nicht genügen können, immer wieder die Voraussetzung für die Krisen, in die Wellershoffs Figuren stürzen. Der Protagonist der *Schattengrenze* wie auch Ulrich Vogtmann in *Der Sieger nimmt alles* zeigen eine starke Internalisierung der approbierten Leistungsnormen, den unbedingten Willen, im Selbstbehauptungskampf auf der Wildbahn des Wirtschaftslebens erfolgreich zu sein. Zu isolierten Außenseitern werden sie dann in der Tat, weil sie diesen Kampf verlieren und von einer nur die Erfolgreichen prämierenden Gesellschaft gleichsam ausgemustert werden. Auf ihre Art überangepasst ist aber auch Carla Lorenz in *Ein schöner Tag*. Überangepasstheit schließt dabei Normabweichung – diesmal verstanden als Krankheit, nicht als Kriminalität – keineswegs aus: Der Protagonist der *Schattengrenze* ist schizophren, während die literaturpsychologische Diagnose Vogtmann „maligne[n] Narzissmus"[6] bescheinigt.

Eine andere Situation liegt im Fall von Professor Elsheimer vor, der Hauptfigur der *Sirene*: Der befindet sich zwar in einer Schreibkrise, die indes kein gesellschaftliches Scheitern anzeigt. Elsheimer versagt nicht angesichts des von ihm sozial

---

4 S. Manfred Durzak: *Nachwort*, in: WW 7, S. 783–804; hier: S. 783.

5 *Die Wahrheitsbedingungen der Literatur*, S. 167.

6 Heidi Möller: *Der Hunger nach dem Erfolg. Dieter Wellershoff: „Der Sieger nimmt alles"*, in: Eva Jaeggi/Hilde Kronberg-Gödde (Hg.): *Zwischen den Zeilen. Literarische Werke psychologisch betrachtet*, Gießen 2004, S. 161–166; hier: S. 166.

Erwarteten und Erwünschten, vielmehr treibt ihn das eigene tiefsitzende Ungenügen an den starren Ritualen und Gewohnheiten seiner akademischen wie familiären Existenz über deren Grenzen hinaus – und dies in der Weise, die dann tendenziell auch seine soziale Position gefährdet. Das durch die „Sirene" ausgelöste abweichende Verhalten (darunter ein Bordellbesuch) hat durchaus das Zeug zu einem Skandal, den der Professor allerdings durch die rechtzeitige Rückkehr in sein „altes" Leben vermeidet.

Beide Falltypen zeigen indes: Konformität und Außenseitertum sind bei Wellershoff keine starren Oppositionen, sondern dialektisch ineinander verwoben und verschoben. Es ist die Herrschaft der die Norm anerkennenden Konformität selbst, die den Impuls der Abweichung zwar unterdrückt, sie aber gerade dadurch auch befördert oder gar auslöst. Sie lauert gleichsam in ihrem Inneren, sie ist, hegelianisch gesprochen, das Andere der Normalität. Diese Figur strukturiert sogar, wie zunächst gezeigt werden soll, den Roman *Einladung an alle*, in dem der Gegensatz von Normalität bzw. Konformität (der den Verbrecher jagenden Öffentlichkeit) und Abweichung (Findeisens Verbrechertum) nur bei oberflächlicher Sicht starr oppositive Phänomene sind. Tatsächlich handelt es sich um „zwei Seiten derselben Münze"[7].

Im Buch selbst schlägt diese Konstellation sogar auf die Kapitelgliederung durch: *Einladung an alle* enthält in den von der Kernhandlung zurücktretenden, mehr oder weniger auktorialen Exkursen neben „Verschiedene Bausteine zu einer Theorie des Verbrechens"[8] auch „Verschiedene Bausteine zu einer Theorie der Konformität"[9]. Allein diese thematische Symmetrie ist geeignet, ein konventionelles Alltagsbewusstsein nachhaltig zu irritieren. Für dieses ist die Abweichung erklärungsbedürftig, nicht die Einhaltung der Norm. Bei Wellershoff ist es eher umgekehrt.

Bezüglich der Theorien zu Verbrechen und Konformität orientierte er sich an dem amerikanischen Soziologen Robert K. Merton, der in seinem erstmals 1949 publizierten Hauptwerk *Social Theory and Social Structure* (in das eine bereits 1938 veröffentlichte Anomie-Theorie einging) eine Typologie der individuellen, dabei allerdings gesellschaftlich induzierten Anpassungsformen entwarf. Wellershoff fasst zusammen:

> Nach Merton führt unsere Gesellschaft mit ihrem gleichmäßig hohen Erfolgsziel in besonderem Maß einerseits zu vielen Anstrengungen und Fertigkeiten, andererseits zu Frustrationen und Druck – besonders in den unteren Schichten mit beschränktem Zugang

---

7 Keith Bullivant: *Realismus und Dokumentarismus im Roman. Zu „Einladung an alle"*, in: Durzak/Steinecke/Bullivant (Hg.): *Dieter Wellershoff*, S. 112–128; hier: S. 125.

8 *Einladung an alle*, S. 461–466.

9 Ebd., S. 507–512.

> zu den institutionell zugelassenen Mitteln. Menschen mit ungleichen Chancen werden nach denselben Standards gemessen, so daß viele die Erfahrung des Versagens machen.[10]

Merton zufolge gibt es prinzipiell fünf Verhaltensformen, mit denen (freilich schichtengebundene) Individuen auf solche anomischen Bedingungen reagieren: mit Konformität (kulturelle Ziele werden akzeptiert, die legalen Mittel zur Erreichung sind vorhanden); mit Innovation (kulturelle Ziele werden akzeptiert, deren Erreichung aber nur mit kriminellen Mitteln möglich ist); Ritualismus (als exzessiv gesteigerte Konformität: kulturelle Ziele werden akzeptiert, aber individuelle reduziert, damit die legalen Mittel zu ihrer Erreichung genügen); Rückzug (kulturelle Ziele wie auch legale Mittel werden passiv abgelehnt mit der Folge von Selbst- oder Fremdexklusion); Rebellion (kulturelle Ziele und legale Mittel werden grundsätzlich aufgegeben und bekämpft).[11]

In seinem Aufsatz *Nachhausekommen* schreibt Wellershoff diese Typologie psychoanalytisch und also in einer Weise fort, dass die Verbindung zu seinem literarischen Werk sogleich sichtbar wird – aus wissenschaftlichen Kategorien werden unter der Hand Literaturmotive:

> Wenn das geltende Normen- und Verhaltensmuster der Spontaneität und den Triebwünschen der von ihm kontrollierten und gelenkten Menschen zu geringen Spielraum gibt, mehren sich die Zusammenbrüche und die Ausbruchsversuche, die regressiven Kompensationen und vielleicht auch die revolutionären Prospekte. [...]
> Häufig für fortschreitende Entfremdung im sozialen Kontext ist folgende Rollensequenz: Die Konformität entleert sich allmählich zur Scheinaktivität des Ritualismus, der schließlich im resignierenden Rückzug aus der Gesellschaft endet. Der Übergang von Konformität zum Ritualismus vollzieht sich wahrscheinlich unmerklich wie eine schleichende Depression. Mehr und mehr handelt man aus Routine, ohne sich einzugestehen, daß man kein Ziel, keine Erwartungen mehr hat, man lebt mit erloschenen Motivationen, die durch das verinnerlichte Verhaltensschema selbst ersetzt worden sind. Das ist das Ende aller Spontaneität, ein zustand zunehmender Reizverarmung und uneingestandener Erschöpfung, dem der Zusammenbruch als die Stunde der Wahrheit folgt. Leere und Depression werden offenbar, die längst bereitlagen und nur noch mühsam abgewehrt wurden, solange letzte Energiereste die Bewußtlosigkeit des ritualisierten Verhaltens in Gang hielten.[12]

---

10 Ebd., S. 463.

11 Robert K. Merton: *Social Theory and Structure. Revised and enlarged Edition*, Glencoe [9]1964, S. 131–175.

12 *Nachhausekommen*, in: WW 4, S. 186–201; hier: S. 191 f.

Unverkennbar erscheint hier – in proto-literarischer Form – das in Wellershoffs Dichtung dominierende Personal.[13] Zunächst zu *Einladung an alle*. In der konkreten Anwendung auf den Fall Findeisen mag Mertons Typologie nicht passgenau funktionieren – für den Innovator fehlt jenem die Akzeptanz der kulturellen Norm, für den Rebellen die über das eigene Überleben hinausreichende Selbstverpflichtung auf neue Mittel und Ziele. Am ehesten entspricht er dem Rückzügler, dessen Eskapismus „in Resignation, Apathie, Betäubung und Krankheit mündet“[14]. Zu dieser Gruppe zählt Merton ausdrücklich neben Psychotikern, Autisten, chronischen Trinkern und Süchtigen auch den Paria und den Landstreicher – welches Schema auf Findeisen zutrifft, der zum Schwerverbrecher eher zufällig, im Zuge einer Panikattacke wird.

Indes geht es hier nicht nur um Findeisen, sondern auch um seine aus der gesellschaftlichen Mitte heraus agierenden und in ihrem Verhalten durch die approbierten Normen und Werte gedeckten Feinde. Sie – seien es nun Vertreter des Boulevardjournalismus in ihrem die kollektive Aggression anheizenden Entrüstungsmoralismus oder die Teilnehmer an den Verbrecher privat verfolgenden „Jagdgesellschaften“ – stehen für Konformität in unterschiedlichen Spielarten, wohl mit fließenden Übergängen bis hin zum Ritualismus.

Im Kapitel „Verschiedene Bausteine zu einer Theorie des Konformismus“ beschreibt Wellershoff die Genese der Konformität folgendermaßen:

> Verzichten, Opfer bringen, warten, Umwege machen, lernen, einsehen, belohnt werden. Die Konformität wird bekräftigt durch Lächeln, Zuhören, nicken, Schulterklopfen. Die Konformität ist die Übereinstimmung. Sie wird abgegrenzt durch Verweigerung.
> Der Prozeß, durch den tieferreichendes Lernen ermöglicht wird, umfaßt den Aufbau von Bedürfnissystemen und deren Frustrierung, die eine Vorbereitung für das Erlernen neuer Ziele und Bedürfnisse darstellt. Der wesentliche Punkt ist, daß der Vermittler der Sozialisation in der Lage sein sollte, das Kind wirklich ernsthaft zu frustrieren, ohne es aus seiner Kontrolle zu verlieren.[15]

Der Prozess (nach außen) gelingender Sozialisation ist damit zugleich – hier adaptiert Wellershoff Freuds Kulturtheorie sowie, in Verbindung mit ihr, das Werk des schottischen Psychoanalytikers Ronald D. Laing[16] – immer auch einer der

13 S. dazu Bügner: *Lebenssimulationen*, S. 165 ff.

14 *Nachhausekommen*, S. 192.

15 *Einladung an alle*, S. 508 f.

16 Der Einfluss Laings auf Wellershoffs Theoriebildung wie auf das Krisendesign seiner fiktiven Figuren ist verschiedentlich beobachtet worden; s. dazu u. a. Bullivant: *Hörspiel als Laienanalyse*, S. 95 ff., 105 ff., und Jung: *Im Dunkel des gelebten Augenblicks*, S. 86 f. Er bestätigt ihn selbst in *Nachhausekommen*, S. 189, und in *Modelle, Verfahren und Prozesse*, S. 56. Die Veröffentlichung von

Versagung und des Verzichts, der Unterdrückung von allenfalls sublimierten Triebwünschen. Damit aber wird der Verbrecher zum Anderen, zum verleugneten und unterdrückten Bestandteil der konformen Persönlichkeit – jener tut, was diese sich nicht gestatten darf. Sie bleiben als Gegner aufeinander bezogen:

> Auch er [sc. der konforme Mensch, d. Verf.] ist nicht vollkommen den Forderungen der Gesellschaft angepaßt, auch er muß dauernd Wünsche unterdrücken oder aufschieben oder passabel machen. Auch er leidet. […] Das Leben wird in der Kultur eben zugleich gefördert und gestutzt. Und deshalb kann der Konforme heimlich den Verbrecher um die Rücksichtslosigkeit beneiden, mit der dieser den verbotenen Impulsen nachgibt. Aber um dieser Faszination nicht zu erliegen, reagiert er aggressiv auf den Abweichler. Man verfolgt ihn. Man bestätigt sich damit die Gültigkeit der Regeln.[17]

Es wäre in der Tat ad hoc reizvoll, anhand von Mertons Anomie-Modell und den von ihm typologisch beschriebenen reaktiven, Norm wie Abweichung umschließenden Verhaltensformen das Personal in Wellershoffs Romanen und Erzählungen, Hörspielen und Drehbüchern „durchzudeklinieren". Dabei würden sich freilich auch rasch die Grenzen einer solchen Kurzschließung von Wissenschaft und Dichtung zeigen: Mertons Typologie ist vergleichsweise statisch, während die Dynamik – aus Lesersicht: der „Sog" – von Wellershoffs literarischen Texten gerade auf Entwicklungen, Übergängen und Verschmelzungen, somit auf einer Verflüssigung der Typenkonstruktion beruht.

Der Protagonist der *Schattengrenze* etwa zeigt in wechselnder Gewichtung Merkmale von Ritualismus und Rückzug, zu denen sich, insofern er die „Schattengrenze" zur Kriminalität hin überschreitet, solche der Innovation gesellen. All dies verschränkt sich mit den Symptomen einer ausbrechenden Psychose, die wiederum mit vorausgehenden, durch eine permanente Drucksituation hervorgerufenen Angstzuständen gefördert wird und diese zugleich verstärkt. Die Existenzangst des Protagonisten, gegen die seine Strategien der Selbstberuhigung und Betäubung –

Laings Büchern *Das geteilte Selbst. Eine existentielle Studie über geistige Gesundheit und Wahnsinn* sowie *Das Selbst und die Anderen* (1972 und 1973) in deutscher Übersetzung bei Kiepenheuer & Witsch dürfte auf Wellershoffs Initiative zurückgehen. Im Zentrum von Laings mit Fallbeispielen aus seiner psychiatrischen Praxis empirisch unterfütterten Arbeiten steht eine kritische Analyse von Entfremdungsbedingungen und -situationen in der modernen Gesellschaft. Diese Entfremdung, unter der die natürlichen Potenziale der Menschen verkümmerten, verstecke sich, so Laing, im Mantel einer sozialmoralisch positiv besetzten „Normalität". Indes: „Was wir ‚normal' nennen, ist ein Produkt von Verdrängung, Verleugnung, Isolierung, Projektion, Introjektion und anderen Formen destruktiver Aktion gegen die Erfahrung […]. Sie ist radikal der Struktur des Seins entfremdet." (Ronald D. Laing: *Phänomenologie der Erfahrung* (= *edition suhrkamp*, Bd. 314), Frankfurt/M. ^{6}1973, S. 21).

17 *Jagd auf Verbrecher als Massenunterhaltung*, S. 618.

etwa durch gesteigerten Alkoholkonsum – ohnmächtig sind, ist ein Leitmotiv des Romans.

Wellershoff wurde hinsichtlich der Darstellung des Krankheitsbildes, wie es sich an dem Autohändler der *Schattengrenze* zeigt, offensichtlich durch das 1958 erstmals erschiene Buch *Die beginnende Schizophrenie. Versuch einer Gestaltanalyse des Wahns* aus der Feder des Göttinger Neurologen und Psychiaters Klaus Conrad beeinflusst. Aus seinem Essay *Die Instanzen der Abwehr und das totale Environment* von 1969, dem Erscheinungsjahr der *Schattengrenze*, geht das eindeutig hervor.[18] Der Autor diskutiert dort Conrads Schizophrenie-Modell im Zusammenhang der dialektischen Bezogenheit von gesellschaftlicher Ordnung und einem Ordnungsverlust, in dessen Zug das durch die Ordnung Unterdrückte chaotisch durchbricht. Zum Wahn und damit nahezu identisch kann beides werden, die zwanghafte Verteidigung der Ordnung gegen das Chaos genauso wie der gegen sie gerichtete Prozess der Desintegration.

Anhand von Conrads „Gestaltanalyse des schizophrenen Schubs" mit seinen Phasen des „Tremas", der „Apophänie" und der „Apokalypse"[19] beschreibt Wellershoff dann das Erscheinungsbild der Schizophrenie in einer Weise, die sich unmittelbar auf die Hauptfigur der *Schattengrenze* beziehen lässt:

> Das Ich sieht sich im Mittelpunkt einer physiognomisch verfremdeten und gesteigerten Welt, die einen geheimen Sinn zu zeigen und zu verbergen scheint. Wahnhafte Zusammenhänge haben die realen ersetzt, aber auch sie sind von Desintegration bedroht. Die Scheidewand von Innen und Außen wird durchlässig. Man kann eindringen in die Person, ihre Gedanken lesen und beeinflussen, fremde Stimmen beginnen in ihr zu reden. Geht der Prozeß weiter, setzt nicht irgendwann die Reintegration ein, dann beginnt die Phase der Apokalyptik. „Wolken von Weseneigenschaften" werden freigesetzt und völlig asyntaktische Bilder überschwemmen die Person, auch die letzten wahnhaften Denkzusammenhänge zerreißen und verschwinden im Reden der Stimmen und im Sprachverfall, [...].[20]

Tatsächlich kehren im Roman die hier konstatierten Merkmale des schizophrenen Schubs wieder.[21] Der gezeigte wie verborgene „geheime Sinn" seiner Umgebung zeigt sich dem Protagonisten immer wieder in deren aufdringlichem Zeichencharakter, den er allerdings nicht zu deuten vermag:

---

18 S. dazu auch Vollmuth: *Dieter Wellershoff*, S. 236.

19 Klaus Conrad: *Die beginnende Schizophrenie. Versuch einer Gestaltanalyse des Wahns*, Bonn 2002, S. 62–204.

20 *Die Instanzen der Abwehr und das totale Environment*, in: WW 4, S. 250–261; hier: S. 254.

21 S. dazu Vollmuth: *Dieter Wellershoff*, S. 243–258.

> Wenn er nachgab, konnte er das alles als ein Zeichen sehen. Die Frau, die Briefe, in den Kasten warf, der Mann an der Haltestelle, der eine Zeitung vor das Gesicht hob, das laute Öffnen einer Bierflasche neben ihm, am Kiosk – wenn er nachgab, würde sich das alles um ihn zusammenschließen. Aber er wußte, wo er hinging. Immer, wenn zwei Zeichen sich verbinden wollten, dachte er daran, und es wurde sofort wieder eine Reklameschrift, ein Bremslicht, und alles öffnete sich, war die abendliche Stadt.[22]

Diese von ihm nicht zu enträtselnde Zeichenwelt formiert sich zu einem universalen Feindzusammenhang, in dem Dinge und Personen zusammenfließen: „Sie suchten ihn. Die grauen verstreuten Punkte waren ihre Stimmen. Die Rauchsäule über dem Gelände ein Zeichen, daß Vicente sich rächen würde. Jetzt waren alle seine Feinde."[23] Die wahnhafte Wahrnehmung lässt eine Alptraumwelt entstehen, die sich bereits auf den ersten Seiten durch das unverhohlene Zitat des Beginns von Kafkas Roman *Der Prozess* ankündigt: „Irgend jemand mußte ihn angezeigt haben, […]."[24]

Auch „fremde Stimmen", die die Desintegration der Person ankündigen, sprechen in der Schlussstecke des Romans: „Es war, als spräche jemand zu ihm, nicht nah, nicht dringend, ohne etwas wissen zu wollen, mehr wie jemand, der selbst die Augen geschlossen hatte."[25] Am Schluss von zwei der insgesamt fünf *Schattengrenze*-Kapitel kommt es zum Sprachzerfall, zur Zertrümmerung des syntaktischen wie des sprachlichen Sinnzusammenhangs, damit aber auch zur Aufgabe einer strukturierenden Verarbeitung der Wirklichkeit:

> er meinte er konnte weiter darüber nachdenken
> er meinte er konnte durchkommen
> das waren alles Verwirrtheiten Angst
> nicht Angst krank zu werden sondern anders etwas anderes meinte er damit grübelte darüber wie man im Sand etwas sucht schwerfällig und doch gleichzeitig an verschiedenen Stellen wenn er nicht nachgab würde er es treffen
> gedankenloses Denken das er sich einfach eine Weile gestatten mußte
> er stand immer noch dahinter er durchschaute sich selbst[26]

Den offensichtlichsten Bezug zum Roman stellt im Essay das dort thematisierte Kartenspiel-Motiv her. Das schier manische Patience-Legen des Protagonisten lässt sich in seinem Licht als verzweifelter Versuch begreifen, autosuggestiv eine

22 *Die Schattengrenze*, S. 318.
23 Ebd., S. 316.
24 Ebd., S. 221.
25 Ebd., S. 345.
26 Ebd., S. 355.

Ordnung zu behaupten bzw. herzustellen, aus der das eigene Leben mehr und mehr hinausgleitet:

> Der Zufall, das Schicksal spielt einem etwas zu, und man muß daraus etwas zu machen versuchen. Das hat seine Entsprechung im Kartenspiel, bei dem jeder Spieler aus dem ihm zugeteilten Karten mit Glück und Geschick eine anerkannte Ordnung herstellen muß. Bei den Patiencen ist das ein einsamer meditativer Vorgang von einer leisen Bedrohlichkeit, weil die entstehende Ordnung schließlich der kleine Packen wird, der die ausgebreiteten Karten in sich verschwinden läßt, ein anschaulicher Beleg der Tatsache, daß Ordnung die Informationsmenge verringert und im Grenzfall vernichtet.[27]

Trotz der vielen nachweisbaren Übereinstimmungen scheint Vollmuths Versuch überzogen, Conrads Schizophrenie-Studie relativ umstandslos mit Wellershoffs Roman kurzzuschließen. Immerhin gibt es erklärungsbedürftige Widersprüche. Zu ihnen gehört etwa der Gegensatz zwischen der Wahrnehmung der Welt als eines „bedeutenden", um den namenlosen Helden zentrierten Zeichensystems und der Erkenntnis, dass sie eine Entität für sich selbst ist – ohne jede über sich hinausweisende Bedeutung und ohne jeden Bezug auf seine Person:

> Manchmal schien alles nachzulassen, das Reden hörte für Augenblicke auf, überall im Raum vereinzelten sich die Gesichter, und jemand sprach unverständlich weiter, vielleicht ohne es zu wissen, lauschten sie alle dieser einen Stimme, dann begann es wieder an verschiedenen Stellen, schwoll an, wurde dichter und zuverlässiger, verwischtes Durcheinanderreden, Gelächter, unbestimmte Bewegungen, das klatschende Zustoßen eines Automatenfaches, das Hin- und Hergehen der Kellnerin mit dem Bier. Das war alles ohne ihn da, Abend für Abend, er brauchte nur die Tür aufzumachen und es war da, und hinter anderen Türen war es auch, überall, das Leben, in dem er unauffindbar verschwinden konnte mit dem Geld in der Brusttasche.[28]

Die Überzeugung, dass die Welt „für sich da" sei, war auch diejenige des Autors, so dass die Frage nahe liegt, ob wahnhafte Wahrnehmung nicht doch zuweilen, phasenweise einen „vernünftigen" Weltbezug zulässt. Der „Sinn" entgleitet der Figur freilich auch in der zitierten Stelle: Das Kneipengeschehen wird zu einem diffusen, von ungegliederten Geräuschen geprägten Rauschen, an dem eine strukturierende Perzeption genauso abgleitet, wie sein Verstehenwollen als Zeichensystem illusorisch wäre. Besagtes Rauschen setzt sich im obigen Zitat übrigens adäquat in die

---

27 *Die Instanzen der Abwehr und das totale Environment*, S. 255.

28 *Die Schattengrenze*, S. 261 f.

Grammatik um: Die Sätze finden kaum ein Ende, werden aber auch intern zu einer Kaskade von Parataxen, werden gleichsam enthierarchisiert und entstrukturiert.

Damit aber wird die Wahrnehmungsform des Kranken zu einem Bestandteil der Kunstgestalt des Romans. Diese Verschränkung hatte Wellershoff bereits in seiner Beschreibung der Schizophrenie in dem Essay *Die Instanzen der Abwehr und das totale Environment* offengelegt: Das zitierte Durchlässigwerden der Scheidewand zwischen Innen und Außen ist eben nicht nur für die psychische Störung des Schizophrenen charakteristisch. Sie ist vielmehr auch – in Gestalt der extremen Subjektivierung der Perspektive – eines der von Wellershoff sehr bewusst eingesetzten Kunstmittel, unabhängig auch vom Erzählzusammenhang der *Schattengrenze*. Die wahnhafte Wahrnehmung und ihre Darstellung enthalten somit starke Potenziale einer ästhetischen Wirksamkeit.

Von *Die Schattengrenze* laufen unübersehbar Fäden zurück zu *Ein schöner Tag* und „nach vorne" zu *Die Schönheit des Schimpansen*. Zunächst zum ersten Roman: Die Darstellung von Günther Lorenz' neurotischer Störung während seines Aufenthalts in Bad Wildungen, der Gegenstand des fünften und des siebten Kapitels ist, präludiert in ihrem strengen Perspektivismus und in der Motivik von Krankheit (samt Angst und Unruhe mit den zugeordneten Körperempfindungen des Unwohlseins, der Kopfschmerzen, des Frierens, des Schwitzens, der Müdigkeit und Benommenheit) und beschädigtem Realitätsbezug durchaus der Krisensituation des Protagonisten der *Schattengrenze*.[29] Bemerkenswerterweise erscheint der symbolisierend-metaphorische[30] Titel des Folgeromans im Fließtext ausgerechnet in den besagten Fluchtkapiteln:

> Er stellt sich mit dem Rücken an die Seitenwand und lauscht, ob sie kommen, sieht die scharfe Schattengrenze dicht vor der offenen Garagentür, die lange helle Zufahrt, die Ziersträucher, die sie begrenzen, die Gartengeräte an der Wand gegenüber, und es erscheint ihm fremd, als wäre er es nicht, der hier steht, sondern jemand, von dem ihm erzählt worden ist, so genau, daß er es wiedererkennt, den schwachen vermischten Geruch von Öl und Kalk, das helle Sonnenlicht auf dem Weg, auf dem etwas kommen kann, jetzt, während er nichts hört, nur fern ein dürres Surren von einem sehr hoch fliegenden Flugzeug, es ist ein winziger sich entfernender Geräuschpunkt in der Stille.[31]

---

29 S. dazu Robert Burns: *„Ein schöner Tag" – Neuer Realismus oder psychologisierter Naturalismus?*, in: Thomas (Hg.): *Der Schriftsteller Dieter Wellershoff*, S. 15–40; hier: S. 25.

30 Die Schattengrenze im gleichnamigen Roman scheidet die Gesundheit von der Krankheit, die Legalität von der Kriminalität und damit – im Sinne der Überschrift dieses Kapitels – die Norm von der Abweichung. S. dazu Christoph F. Lorenz: *Dem Täter auf der Spur. Dieter Wellershoffs theoretische und literarische Beschäftigung mit dem Detektiv- und Kriminalroman*, in: *Dieter Wellershoff*, S. 32–45; hier: S. 39.

31 *Ein schöner Tag*, S. 125.

Überhaupt deutet diese Stelle stilistisch wie motivisch auf *Die Schattengrenze* voraus. Einem offensichtlich eher geschärften Wahrnehmungsvermögen präsentiert sich die insgesamt von einer „Feindtönung“[32] dominierte Außenwelt nicht als ein gegliedertes Gegenüber, sondern als das erlebende Subjekt schier überflutender simultaner („während“) Andrang synästhetischer – optischer, akustischer und olfaktorischer – Reize. Auf der sprachlichen Ebene entspricht dem der weitgehende Verzicht auf eine syntaktische Gliederung; das Zitat ist trotz seiner relativen Länge ein einziger, immer wieder fortgesponnener Satz. Die *Schattengrenze* nimmt außerdem die Symptomatik des schizoiden, quasi-schizophrenen Ich-Zerfalls vorweg: Günther empfindet sich nicht als sich selbst, sondern als einen anderen.

Im Erzählzusammenhang des Romans stellt sich Günthers „Flucht“ nach Bad Wildungen als Versuch eines Ausbruchs aus dem erstickenden familialen Korsett dar. Dieser Versuch scheitert, seine Schwester Carla holt ihn ab und fährt mit ihm nach Köln zurück, wo man dann gemeinsam den 71. Geburtstag des Vaters begeht. Das Schema von Anstrengung und Scheitern prägt überhaupt Günthers Verhaltensweise. In Bad Wildungen sozusagen gestrandet – er hatte eigentlich im Familienauftrag den Zeugen für die vom Vater vorgenommene Tilgung einer Hypothek auf das verlorengegangene Haus in Pommern auftreiben sollen –, verbraucht er dort in einem Akt der Veruntreuung das ihm von der Schwester zur Verfügung gestellte Reisegeld.

Er sieht sehr wohl, dass dieses dahinschmilzt und führt sich auch vor Augen, dass ihm deshalb als Ausweg nur die baldige Rückreise bleibt. Er handelt aber nicht danach, eine eigentümliche Tatlähmung hält ihn in jenem Käfig des Immergleichen fest, in dem das Leben dieser Kleinfamilie insgesamt steckt – vor allem und in spiegelbildlicher Entsprechung das seiner Schwester. Sie hat ihren Grund in einer so hemmenden wie ergebnislosen „Dauerreflexion“[33] über alternative Optionen, die immer wieder zu dem Ergebnis führt, dass Tätigkeit zu einer Verschlechterung der Lage führt, somit als kleinstes Übel Nichtstun angezeigt ist.[34]

Nach außen hin manifest wird Günthers abweichendes Verhalten in mehrfacher Hinsicht. Die neurotische Störung zeigt sich in der Zwangshandlung, beim Gehen nicht auf die Fugen der Steinplatten zu treten. In seiner Selbstwahrnehmung schafft sich Günther dadurch einen geschützten und angstabwehrenden Raum um sich herum.[35] In seiner Pension verfällt er auf die Idee, am ganz frühen Morgen die am

32 Wellershoff benutzt diesen Begriff anderwärtig zur Charakterisierung einer unbeherrschten oder in der menschlichen Wahrnehmung als nicht beherrschbar empfundenen Umwelt (*Vorübergehende Entwirklichung*, S. 339).

33 Vollmuth: *Dieter Wellershoff*, S. 175 ff.

34 S. dazu Bügner: *Lebenssimulationen*, S. 166 f.

35 *Ein schöner Tag*, S. 93.

Vorabend bereits eingedeckten Frühstückstische abzuräumen, auf dass Gäste und Personal beim Betreten des Saales eine ungewohnte Erfahrung machen.

> Der Raum ist noch dunkel, aber nachher wird das Küchenmädchen die Rolläden hochziehen, die ersten Gäste werden kommen, selbstverständlich, ohne daß einer darüber nachdenkt, es sind eingeübte Gewohnheiten, die ihnen diese Sicherheit geben, dieses Einverständnis, das sie immer im Gesicht haben.[36]

Es dürfte sich bei dieser – in der Tat nicht selbstverständlichen – Aktion um eine verschobene Aggression der Normabweichung gegen die Normalität handeln. Man kann hier, ausweislich der leicht verachtungsvollen Diktion, nahezu ein Rachemotiv vermuten: Während Günthers Leben zwischen den widerstreitenden Imperativen von Ordnung und Ausbruch zerrieben und aufgelöst wird, gerät den „Normalen" die „eingeübte Gewohnheit" nicht einmal zum Problem, geschweige denn zum Lebensproblem. Diese bewusstlos-zufriedenen Routinen will Günther stören. Damit wird übrigens auch er zum „armen Bruder", zu einem Alter ego des Autors. Günther geht es wie Wellershoff um eine „Wiederherstellung der Fremdheit"[37]. Wie „eine am Tag brennende Laterne"[38] irritiert auch der abgeräumte Frühstückstisch „Gewohnheitsbildungen, stabilisierte Räume mit hoher Voraussehbarkeit, also Sicherheiten, dauerhafte Übereinstimmungen, wechselseitige Erwartbarkeiten"[39].

Anders als *Ein schöner Tag*, dafür in Übereinstimmung mit *Die Schattengrenze* greifen drei weitere, bei aller Unterschiedlichkeit thematisch zusammenhängende Wellershoff-Texte Kriminalmotive auf – und damit Standardmotive der Abweichung von gesellschaftlich approbiertem Verhalten. Der Roman *Die Schönheit des Schimpansen*, das Hörspiel *Wünsche* und das Drehbuch zu dem Fernsehspiel *Die Freiheiten der Langeweile* haben allesamt vorderhand unerklärliche und deshalb unter den „Normalen" ratloses Entsetzen auslösende finale Gewaltexplosionen zum Gegenstand, die tödlich enden.[40] Das Modell für diese Plots hat Wellershoff selbst als einen alltagsgeschichtlichen Archetyp beschrieben:

> Oder es ist der in den Kriminalberichten immer wieder auftauchende unauffällige überangepasste Mann, der von allen nachbaren und Kollegen als still und friedfertig beschrieben wird. In der letzten Zeit ist er noch etwas stiller geworden, und doch ahnt niemand, auch

---

36 Ebd., S. 88.

37 S. den gleichnamigen Essay.

38 Dies der Titel eines weiteren Wellerschoff'schen Kurzessays (in: WW 4, S. 394–397).

39 Ebd., S. 396.

40 S. zu diesen Arbeiten das Kapitel „Der Außenseiter und die Norm" in: Helmreich: *Dieter Wellershoff*, S. 88–100.

er selbst nicht, daß er an diesem Tag, wenn er nach Hause kommt, ein furchtbares, für alle unfaßliches Verbrechen begehen wird.[41]

In Mertons Typologie wären diese Menschen im Prinzip als Ritualisten zu klassifizieren, die dies aber nicht bleiben. Der Druck, der die Ahnung, weniger das einsichtsvolle Wissen um ein leerlaufendes, von Grund auf verfehltes Leben erzeugt, wird schließlich so stark, dass Befreiung, der Beginn von etwas Neuem, nur noch in einem Akt monströser, weil sich auch gegen ihren Urheber richtender Destruktivität gesucht wird. Beide Reaktionsformen – Überangepasstheit und Unangepasstheit – sind aus Wellershoffs in seinem Essay *Zukunft und Tod* entwickelten Sicht Ausdruck von Ich-Schwäche und scheiternder Angstbewältigung. Die Ausbildung einer stabilen Ich-Identität sieht er im Raum zwischen den Extremen.[42] Die katastrophale finale Rebellion (hier nicht im Sinne Mertons, denn sie beinhaltet in diesem Fall keineswegs eine Entscheidung für alternative Mittel und Ziele) gegen die lähmende, Depressionen auslösende Nichtigkeit von Lebensroutinen ist übrigens ein Archetyp der modernen Literatur insgesamt. Im deutschen Sprachraum wäre z. B. auf Max Frischs in mehreren Fassungen vorliegendes Drama *Graf Öderland* zu verweisen.

Ein solches Leben führt der gescheiterte Student Klaus Jung in *Die Schönheit des Schimpansen*, aus Mertons Perspektive eine Kreuzung aus kommunikationsgestörtem Rückzügler und in einem Zustand permanenter Betäubung dahinlebenden Ritualisten. Auf der Suche nach materieller Existenzsicherung verdingt er sich zunächst im schattenhaft-halbkriminellen Milieu einer Zeitschriften-Drückerkolonne im Ruhrgebiet, später dann, nachdem er mit einer Kollegin aus der Kolonne in einer tristen und unerfüllten Ehe gestrandet ist, als Aufsteller von Spielautomaten.

Ein Zufall, ein wider Erwarten arbeitsfreies Wochenende, öffnet schließlich das Fenster zur Katastrophe. Jung aktiviert eine Zufallsbekanntschaft und trifft sie an ihrem Wohnort Duisburg. Bereits als sie ihn am Bahnhof abholt, ist ihm klar, „daß er sie töten würde“[43]. Was dann auch am übernächsten Morgen in ihrer Wohnung geschieht, nachdem der Versuch der sexuellen Vereinigung für ihn demütigend gescheitert ist. Dem Totschlag (wohl nicht Mord, denn die Mordmerkmale im juristischen Sinne sind nicht vollständig versammelt, es fehlen die „Heimtücke“ und die „niederen Beweggründe“) folgt ein paar Tage später der Suizid durch die Selbstvergiftung mit den Abgasen seines PKW.

Die Tötungsabsicht mag auf Anhieb überraschend kommen, ist aber, was sich genauerem Hinsehen offenbart, durch den Handlungsverlauf des Romans ausreichend motiviert. Ähnlich wie in *Die Schattengrenze* ist die psychische Welt des Klaus Jung

41 *Nachhausekommen*, S. 193.

42 *Zukunft und Tod*, in: WW 4, S. 411–446; hier: S. 431 f.

43 *Die Schönheit des Schimpansen*, S. 704.

mit Gewalt- und Tötungsfantasien durchsetzt, die sich aus Überdruss und Hass, Welt- und Lebensekel sowie der Wahrnehmung einer unbestimmten „Feindtönung" seiner Umwelt speisen. Bezeichnend in diesem Sinn ist etwa Jungs Beobachtung eines Schlafenden im Zugabteil, der sachlich mit den Affekten, die ihn besetzen, nichts zu tun hat. Jedenfalls formiert sich in der subjektiven Wahrnehmung seines Gegenübers gerade durch die in dichter Folge platzierten Beschreibungsadjektive ein Bild von abstoßender Widerwärtigkeit. Es erinnert nahezu an malerische Fantasien von Hieronymus Bosch:

> Der Mann schlief, die Lider über den nach oben gekippten Augäpfeln – dünne, am Rand behaarte Häute. Dennoch ging etwas von ihm aus, das Jung beeinträchtigte, ein unmerklicher Druck, eine Ausstrahlung tiefer, unbegründbarer Feindlichkeit. Vielleicht war das nur die Widerwärtigkeit des fremden Schlafes, seine dunstige, atmende Schwere, durch die, wie trübes Wasser in einem schlammigen Bett, Spuren eines unerkennbaren Lebens liefen. Die Lippen in dem teigigen Gesicht waren wieder geöffnet, passiv und empfangend, die schneckenhaft rote Öffnung, die die Luft ansaugte und als warmen Brodem wieder ausstieß, warme, verdorbene Luft aus dem Inneren des fremden Körpers, die Jung einhüllte, sich auf ihm niederschlug, in ihn eindrang.
>
> Ich könnte ihn totschlagen mit einem einzigen Faustschlag, dachte Jung, und wieder, wenn auch kürzer, machten die Lippen des Schlafenden die weiche schnullende Bewegung, als antworteten sie ihm.[44]

Tatsächlich ist Gerda Brekamp das unglücklich-zufällige Opfer eines Destruktionstriebes, der sich auch anderweitig hätte austoben können. Nicht zufällig im Motivationsgefüge des Romans, das sich aus der biografischen Vergangenheit des Protagonisten ergibt, ist freilich die Tatsache, dass es am Ende eine Frau trifft. Sie wird zum stellvertretenden Objekt der Rache für die einschlägigen Demütigungen, die Jung hinnehmen musste: von seiner Mutter, die den geliebten Vater mit Jungs Onkel betrog und die im Rahmen einer Inzest-Fantasie Jungs in Gerda Brekamp wiederkehrt[45], bis hin zu seiner Ehefrau Ellen, die er wahrscheinlich nicht grundlos der fortgesetzten Untreue verdächtigt.

Eine dem Roman verwandte Konfliktkonstellation gerade in der psychoanalytischen Fundierung des Verbrechens zeigt Wellershoffs Collage-Hörspiel *Wünsche* von 1969, sein erstes stereophones Hörspiel.[46] Es geht hier um einen Sexualmord an einer Radfahrerin, dessen Hergang und Hintergründe ein „Analytiker" (A.), der

---

44 Ebd., S. 689 f.

45 Cramer: *Erotischer Dämon oder Frau ohne Unterleib*, S. 52.

46 S. dazu Bullivant: *Hörspiel als Laienanalyse*, S. 90–94; Helmreich: *Dieter Wellershoff*, S. 88–92.

zugleich als „Ankläger" die gesellschaftliche Norm vertritt, in einem inquisitorischen Verhör des „Träumers" und „Täters" (T.) aufzuklären versucht. Wie sich dabei zeigt, sind die tieferen Ursachen des Verbrechens – im Sinn eines Anwendungsfalls der Freud'schen Psychoanalyse – wie bei Klaus Jung in der frühen Kindheit des Täters zu suchen.

Ein von Schweigegeboten und Strafandrohungen begleiteter sexueller Missbrauch seitens des Hausmädchens und der Mutter (deren Verhältnis zu ihrem Sohn eine starke inzestuöse Komponente aufweist) blockiert die Entwicklung einer intakten Persönlichkeit einschließlich eines erfolgreichen Berufslebens und gelingender Beziehungen zu Frauen. Den Hass auf die Verursacherinnen reagiert T. dann an der ihm zufällig begegnenden Radfahrerin ab, deren Bild in seinem Tagtraum durch das der Mutter und des Hausmädchens gleichsam übermalt wird.

Das Scheitern, genauer: die Zurückweisung sexueller Avancen spielt auch – und zwar gleich am Anfang – eine wichtige Rolle in Wellershoffs Drehbuch *Die Freiheiten der Langeweile*[47] und ist ein zentraler Baustein im Gefüge der Ursachen für die finale Bluttat. Der Schusswaffenattacke auf ein Liebespaar fallen der Mann und ein zufällig vorbeikommender Baggerführer zum Opfer. Diesmal geht es allerdings nicht um eine tödliche Krise eines Erwachsenenlebens, sondern um die trostlose Existenz teils wohlstandsverwahrloster Jugendlicher, die im ebenso trostlos-verwüsteten südlichen Kölner Umland zwischen Industriekomplexen und Wohnsilos groß werden. In Mertons Typologie würden sie weder als Konformisten noch als Ritualisten, sondern als Rückzügler firmieren, deren Verweigerung freilich in einen Rausch der Zerstörung mündet.

Wellershoff stellt hier die Depression einer Subkultur dar, die Anschluss an die unkritische und oberflächlich-materialistische Leistungsmoral der Elterngeneration weder finden kann noch will. Diese hat für sie – aus im Drehbuch nachvollziehbaren Gründen – Glaubwürdigkeit und Vorbildcharakter eingebüßt. Den Ausweg aus der depressiv-perspektivenlosen Situation weist dann eine eskalative Gewaltorientierung. Die Grandiositäts- und Allmachtfantasien, die sie begleiten, verstellen für Augenblicke die Wahrnehmung der eigenen Lebensverfehlung. Zum existenziellen Problem für die Jugendlichen wird auch ihre Unfähigkeit, Frustrationen und Aggressionen in einer angemessenen Sprachform zu artikulieren. Ihre Kommunikation steuert ein restringierter Code, der in seinem abbreviatorisch-fragmentarischen Charakter eine konkretistische Weltorientierung ermöglicht, aber nicht die eindringende Erkenntnis und Reflexion einer realen Lebenslage.

Weil die Konstellation „Norm und Abweichung" essenziell zum Kriminalroman gehört, erheischt das Thema eine Erörterung auch von Wellershoffs Stellung zu

---

47 S. dazu Wellershoffs Selbstinterpretation, in: *Für das Fernsehen schreiben*, S. 131; außerdem Helmreich: *Dieter Wellershoff*, S. 116–120; Prümm: *Protokolle beschädigten Lebens*, S. 96 f.

diesem Genre.[48] Nach einer oberflächlichen Kenntnisnahme der Plots könnte man ihm Romane wie *Die Schattengrenze* und *Einladung an alle* durchaus zuschlagen. Das wäre indes verfehlt aus Gründen, die in der grundsätzlichen Literaturauffassung dieses Autors liegen.

Wellershoff zufolge, der sich mit dieser Argumentation Arnold Gehlens Anthropologie wie Niklas Luhmanns Systemtheorie verpflichtet zeigt, erfolgt auf dem Stand hochentwickelter und ausdifferenzierter moderner Gesellschaften bei Individuen wie in sozialen Systemen eine Komplexitätsreduktion durch Ausblendung und Nichtverarbeitung von Informationen. Im Interesse ihres Selbsterhalts ist das absolut notwendig. Trotzdem sind die damit verbundenen Verluste nicht zu übersehen: Komplexitätsreduktion macht zwar das Leben lebbar, dünnt aber auch Erfahrung aus, indem sie sie in vorgefertigte Schablonen integriert. Sie erstickt Vitalität, Spontaneität und Fantasie und verschließt damit letztlich auch Freiheitsspielräume.

Dem wirkt Literatur entgegen: Sie macht Komplexitätsreduktion rückgängig, vermehrt Komplexität also wieder, indem sie die besagte „Wiederherstellung der Fremdheit" betreibt. Im Spiegel der Literatur soll der Leser die verlorengegangene Dichte und Unübersichtlichkeit der Welt wahrnehmen und damit in seinem eingeschliffenen Perzeptionsverhalten produktiv irritiert werden.[49]

Diesen Anspruch an einen die Wahrnehmung verändernden und neue Erfahrungen ermöglichenden Simulationsraum Literatur konterkariert, so Wellershoff, das Prinzip des Kriminalromans. Zwar bedeutet ein begangenes Verbrechen, das zunächst unaufgeklärt bleibt, eine Störung der etablierten Ordnung, in deren Zeichen die Welt (zunächst einmal die Welt des Romans) rätselhaft und vieldeutig wird. An der Wiederherstellung dieser Ordnung arbeitet dann der – im traditionellen Kriminalroman dabei auch erfolgreiche – Detektiv, die Identifikationsfigur des Lesers.

Im Kriminalroman gibt es also nicht nur eine klare wertfixierte Einteilung der Welt in Weiß und Schwarz, in Gut und Böse, sondern es geht auch um die zu vermittelnde Beruhigung, dass „das Gute" letztlich den Sieg davonträgt und dieser Sieg die nur vorübergehend infrage gestellte normative Ordnung stabilisiert. Das heißt aber, dass der Kriminalroman letztlich die Komplexitätsreduktion im Medium der Fiktion noch sehr viel rabiater vornimmt, als es in der Alltagswelt seines Lesers geschieht. Damit aber wird er letztlich zum Gegenmodell einer auf Irritation zielenden realistischen Literatur, wie Wellershoff sie vertritt und befürwortet.

---

48 S. dazu u. a. Lorenz: *Dem Täter auf der Spur*; Gerd Michels: *Dieter Wellershoff als Leser von Kriminalromanen*, in: *Zeitschrift für Literaturwissenschaft und Linguistik* 21 (1991), H. 81, S. 111–116; Reid: *Dieter Wellershoff, Henrich Böll und der Kriminalroman.*

49 S. zu diesem Theoriemodell ausführlich Kapitel 2 („Realismus und Simulation").

„Auch der Leser des Kriminalromans ist", schreibt er in seinem ausgedehnten 1973 verfassten Essay *Vorübergehende Entwirklichung. Zur Theorie des Kriminalromans*,

> vor allem interessiert an der vorübergehenden Problematisierung des Gewohnten. Es ist eine kleine Modellkrise, die verwirrende Unbestimmtheit erzeugt und darin einen Moment von Freiheit aufscheinen läßt, bevor er am Ende mit der banalisierenden Problemlösung wieder verschwindet.
> Solcher Eingemeindung versucht sich die kritische Literatur zu entziehen, indem sie ihre Innovationen durchhält und, sobald diese durch Verbrauch normalisiert worden sind, sich mit neuen Verfremdungen von sich selbst absetzt. Sie existiert nur in dauernder Spannung zum Gewohnten, als Widerstand gegen den Bewußtseinsschwund durch fortschreitende Banalisierung.[50]

Es nimmt vor dem Hintergrund dieser Fundamentalkritik kaum Wunder, dass *Die Schattengrenze* und *Einladung an alle* nicht nur keine Kriminalromane nach etabliertem Verständnis sind, sondern dass sie dieses Genremodell auch inwendig-performativ kritisieren und konterkarieren. Unstrittig berührt sich *Einladung an alle* mit dem Muster des Kriminalromans, das aber – genauso wie dasjenige des Dokumentarromans – kritisch durchbrochen wird[51]. Vertrautheit mit der Wirklichkeit wird selbst durch die – späte, zufällige und ohne ermittelndes Zutun der Polizei erfolgende – Festnahme des Täters nicht wiederhergestellt. Ins Rutschen gerät auch die klare anhand eines binären Normencodes (Gut – Böse) vorgenommene moralische Zweiteilung der Welt. Der Täter ist zugleich Opfer, und der aggressive Konformismus der auf Verbrecherjagd gehenden ländlichen Community nimmt durchaus beunruhigende Formen an. Das alles zeitigt unter der Hand einen gewichtigen thematischen Shift: Es geht in *Einladung an alle* weniger um die Verfolgung und Dingfestmachung eines Gesetzesbrechers als vielmehr um den Abgrund allseitiger Ungewissheit, der sich dabei auftut.

Dies wiederholt sich in Wellershoffs letztem Roman, *Der Himmel ist kein Ort*. Er beginnt wie ein möglicher Kriminalroman: Ist da eine Familie Opfer eines Unfalls oder eines vom Ehemann und Vater lancierten Mordanschlags geworden? Die Unschuldsvermutung, der sich der Protagonist, Pfarrer Henrichsen, anschließt, hat es schwer gegen das kollektiv aufrauschende Bedürfnis nach verurteilender Eindeutigkeit. Da findet gewaltsam im Namen von „Klarheit und Eindeutigkeit"[52] jene Komplexitätsreduktion statt, der sich die Romanwirklichkeit wie jede Wirklichkeit

---

50 *Vorübergehende Entwirklichung*, S. 392.

51 Schiffer: *Dieter Wellershoffs Roman „Einladung an alle"*, S. 66.

52 *Der Himmel ist kein Ort*, S. 623.

immer wieder verweigert – die Sache kann nicht aufgeklärt werden. Klarheit und Eindeutigkeit lassen sich für Henrichsen indes zusehends auch über seinen Glauben nicht mehr herstellen, dessen Gewissheiten die Uneindeutigkeit der Welt in ihren Strudel hineinzieht. Der scheinbare Kriminalfall gleitet hinüber in eine individuelle Sinnkrise existenziellen Ausmaßes.

Auch in *Die Schattengrenze* tritt der Kriminalitätsaspekt rasch in den Hintergrund. Das Abrutschen des namenlosen Protagonisten in illegale Geschäfte ist lediglich ein Aspekt eines Ich-Zerfalls in der Breite, der zugleich in die Krankheit führt. Am Schluss des Romans steht auch nicht die Festnahme des Täters, sondern es ist der Verfolgungswahn des Protagonisten, der sie unmittelbar bevorstehend wähnt. Zum konventionellen Kriminalroman passt auch keineswegs die sprachexperimentelle Signatur des Buches, der Aufbau einer narrativen Welt, in der sich der Leser auf Anhieb kaum zurechtfindet. Die Rolle des Detektivs, den es in der *Schattengrenze* nicht gibt, muss jener selbst einnehmen. Nicht ist er gehalten, einen Verbrecher zu ermitteln und im lesenden Mitvollzug dingfest zu machen, wohl aber, das Licht der Hermeneutik in eine mit Bedacht verfremdete Literaturwirklichkeit zu tragen.

11. Krise

„Wenn man wissen will, was an den Menschen dran ist, muss man sie in Schwierigkeiten bringen." So begründete Dieter Wellershoff einmal im Gespräch mit mir das, was er „den erkenntnispraktischen Vorrang der Krise vor dem Normalzustand"[1] nannte. „In Krisen werden", sagt er an anderer Stelle, „Motive, Seelenschichten, Verhaltensweisen, verborgene Gedanken im Menschen aufgedeckt, die man sonst nicht zu sehen bekäme."[2] Naheliegenderweise wird die Krise dann auch zum durchgehenden Motiv seines literarischen Oeuvres: „Ich habe immer Menschen dargestellt, die in ihrem Verhalten, ihrem Selbstverständnis, ihrem Umweltbezug so gestört sind, daß sie in eine unabsehbare Krise hineingeraten, die alles verändern kann."[3]

Und nicht nur das: Das Schreiben selbst war für den Autor eine – indes bewusst herbeigeführte – Krise, eine „Modellkrise"[4], die die Chance und das immer auch vom Scheitern bedrohte Risiko barg, am Schreibtisch vor dem Hintergrund der eigenen (krisengesättigten) Lebenswirklichkeit neue Erfahrungen zu machen. Seine Bücher und vor allem seine Romane geben Wellershoff zufolge dem Leser die Möglichkeit, sich auf eine – die eigenen Lebensroutinen irritierende – Krise einzulassen, die auch keineswegs beruhigend gelöst wird. In diesem Sinne wird der Roman für Wellershoff zum „Roman der Krise"[5], und das Schreiben sowie das Lesen über Krisen werden ihrerseits zu Krisen.

Dieser Aspekt einer produktions- wie wirkungsästhetisch potenzierten – in Wellershoffs Worten: „zweimal aktualisiert[en]"[6] – Krise wird in anderen Kapiteln der vorliegenden Arbeit erörtert[7], im Folgenden soll es um die in Wellershoffs fiktionalen Werken dargestellten Krisen gehen. Deren tatsächlich unbestreitbare Dominanz leitet sich konsequent ab aus der Literaturauffassung und -theorie des Autors sowie ihren psychologischen, soziologischen und anthropologischen Voraussetzungen. Seiner Marginalie *Neuer Realismus* von 1965 zufolge zeichnet den in seinem Verständnis „realistischen" Autor „Aufmerksamkeit für Störungen, Abweichungen, das Unauffällige, die Umwege, also den Widerstand der Realität gegen das vorschnelle

---

1 *„Guckt euch an, wer ihr seid". Dieter Wellershoff im Gespräch mit Markus Schwering*, in: *Kölner Stadt-Anzeiger* vom 3. November 2005, S. 36.

2 *„Schreiben – das ist für mich wie ein Abenteuertrip"*, S. 681.

3 *Autobiographisches Nachwort: Ich-sagen mit und ohne Auskunft*, S. 287.

4 *Selbsterfahrung und Solidarität*, S. 39.

5 S. dazu den Essay *Der Roman der Krise*.

6 Ebd., S. 526.

7 S. die Kapitel 3 und 9.

Sinnbedürfnis“[8] aus. Die Romanfigur, die von einer Krise betroffen wird, macht, insofern die etablierten Selbstverständlichkeiten ihres Lebens kurz- oder langfristig ins Wanken geraten, bevorzugt diese Erfahrung von „Störung“ und „Abweichung“ an sich selbst und an einer umgebenden Lebenswelt, die ihr mit einem Mal fremd wird. Und durch sie hindurch machen sie auch der Autor und der Leser.

Die Krisen von Wellershoffs fiktiven Gestalten haben weithin einen destruktiven Charakter – in seinen Romanen führen sie meistens zu Katastrophen, aber auch in den Erzählungen sind sie mit abträglichen Effekten und Folgen für die Betroffenen verbunden. Wellershoff selbst bestätigt und begründet das mit seinem wiederholten Bekenntnis zu einer in seinen Büchern entfalteten „negativen Anthropologie“[9]. Allerdings ist für den Autor ungeachtet der in diese Richtung weisenden Ausformulierung in den Texten das Phänomen Krise durchaus nicht, jedenfalls nicht ausschließlich, negativ konnotiert. Die Etymologie des Wortes, das im Griechischen lediglich „Trennung“ und „Unterscheidung“ bedeutet, könnte da im Hintergrund wirksam sein. Zum einen hielt Wellershoff es mindestens noch 1978 (dem Entstehungsjahr des einschlägigen Interviews) für möglich, Werke mit „positivem“ Krisenausgang zu schreiben (wozu es aber auch in den danach entstandenen Werken bekanntlich nicht kam):

> Ich kann mir aber auch vorstellen, daß noch Züge dazu kommen, wenn ich weiterschreibe. Ich werde in Zukunft keine heile Welt und glückliche Menschen darstellen, aber ich denke, daß ich die Fähigkeit zu leben und Krisen durchzustehen auch noch anders formulieren könnte. Damit bin ich noch nicht fertig.[10]

Zum anderen schließen auch Krisen mit negativem bis tödlichem Ausgang den finalen Durchbruch zu einer – zuvor blockierten – neuen, intensiven, Schemata durchbrechenden Wahrnehmung und authentischen Erfahrung nicht aus:

> Die Krise, die Störung, der Zusammenbruch ist der schockartige Anfang der Erfahrung. Für eine Literatur, die die Anpassung verweigert, ist der Zusammenbruch eingeübter Klassifikationen und Rollen ein Prozeß, den sie immer wieder durchspielt und in den sie den Leser hineinziehen will. Auch wenn sie scheinbar im Alltäglichen bleibt, handelt sie vom abweichenden Verhalten als dem Vehikel der Veränderung. Auch wenn sie die Veränderung wieder im Stillstand erstickt und provokativ ihre Möglichkeit bestreitet, hat

8 *Neuer Realismus*, S. 843.

9 S. zu Wellershoffs Definition der „negativen Anthropologie“ u. a. *Fiktion und Praxis*, S. 216; *Die Wahrheitsbedingungen der Literatur*, S. 153.

10 *Die Wahrheitsbedingungen der Literatur*, S. 153.

sie sie immerhin sichtbar gemacht. Und auch die ruinöse und katastrophale Veränderung steht, wenn auch als deren Negativ, für die Befreiung ein.[11]

Das „Innovationspotenzial von Krisenerlebnissen"[12] stand für Wellershoff also unabhängig vom konkreten Krisenverlauf nicht infrage. Als Beispiel für den Befreiungscharakter von Katastrophen in seinem Werk führe ich hier – im Vorgriff auf weitere Erläuterungen zu einzelnen Texten – zwei aussagekräftige Zitate an. Zunächst die Darstellung des Totschlags am Ende von *Die Schönheit des Schimpansen*.

> Doch sie war nähergekommen, sie ließ sich nicht abweisen, die schneidende Stimme, die Hand, die an seiner Schulter rüttelte.
> „Was denkst du dir? Steh endlich auf!"
> Das darf sie nicht, dachte er, das nicht.
> Da hatte er schon nach ihr getreten und sie in den Leib getroffen, und er öffnete die Augen, um zu sehen, was geschehen war, ob es überhaupt eine Veränderung gab.
> Ja, sie war zurückgewichen oder zurückgeschleudert worden und stand mitten im Raum, vorgekrümmt, und mit weit aufgerissenen Augen. Sofort kam er hoch, für sich selbst immer noch schattenhaft und mit unerwarteter Behendigkeit, und sah sie in stummer Entsprechung zu seiner Bewegung mit ausgestreckter Hand und entsetzten Augen zurückweichen. Diesmal schlug er sie mit der Faust, in der das ganze Gewicht seines Körpers mitschwang, seine jäh und plötzlich erlöste Kraft, die mit einem dumpfen, trockenen Geräusch zwischen Hals und Brust auftraf und sie gegen die Wand warf.[13]

Zu beschönigen gibt es an diesem Gewaltausbruch nichts, bemerkenswert ist aber allemal der Hinweis auf die „jäh und plötzlich erlöste Kraft", mit der Klaus Jung zuschlägt. Ein gefesseltes, mit Demütigungen gepflastertes Leben – zuletzt noch in Gestalt einer für sich genommen freilich unerheblichen handgreiflichen Weckattacke – findet in einem gewaltsamen Sich-Aufbäumen gleichsam zu sich selbst, zu einer noch unverbrauchten Restsubstanz zurück. Der körperlich heruntergekommene, ob seiner Fettleibigkeit schwerfällige und von permanenter Schlaflosigkeit gezeichnete Jung ist auf einmal „behende" und kraftvoll, sportlich in seiner Aggression, die in Kombination mit dem Zurückweichen der Frau sogar an eine Tanzchoreografie erinnert. Nach dem ersten Tritt sucht er nach einer „Veränderung", als halte er sie fast nicht für möglich. Tatsächlich hat es eine grundsätzliche

---

11 *Nachhausekommen*, S. 195 f. S. dazu auch Michael Rutschky: *Die Katastrophe als Ekstase und Utopie*, in: *Dieter Wellershoff*, S. 12–21; hier: S. 14.

12 Bügner: *Lebenssimulationen*, S. 213.

13 *Die Schönheit des Schimpansen*, S. 731 f.

und sogar noch durch eigene Aktivität freigesetzte, wenngleich „ruinöse und katastrophale Veränderung“ gegeben, die ihn aus dem Immergleichen seines verfehlten Lebens erlösend herausreißt.

Klaus Jung kann das nicht mehr retten, ein paar Seiten später begeht er Selbstmord. Dank der von ihm in die Wege geleiteten Kohlenmonoxidvergiftung hat er eine „rot und gesund aussehende Gesichtsfarbe“. Hatte ihn die Affenskulptur durch den Roman wie „eine Fratze des Todes“ verfolgt, so sieht er jetzt selbst aus wie „eine Fratze des Lebens“[14]. Nicht wie das Leben selbst, sondern eben, als das „Negativ der Befreiung“, wie seine „Fratze“.

Naturgemäß anders, aber unter einem bestimmten Gesichtspunkt auch ähnlich gestaltet sich die Todesszene des einem Herzinfarkt erliegenden Ulrich Vogtmann in *Der Sieger nimmt alles*:

> Sofort kam der Schmerz wieder und zeigte ihm, was er konnte. Der Schraubstock drehte sich und ließ ihn aufjaulen mit dem Gesicht auf dem Boden, drehte sich und krampfte seine Finger zu Fäusten und drehte sich und preßte ihm das Leben aus. Und als sei das die Rettung, die er ergreifen mußte, willigte er ein.[15]

Beschrieben wird hier keine Gewaltekstase, sondern ein ebenfalls gleichsam ekstatischer Todesaugenblick, der nicht mit Widerstand, sondern mit Einverständnis einhergeht. Der Tod – diesmal der eigene – wird auch hier zum rettenden Ufer, zum Ausweg aus einem falschen Leben.

Die beiden Textstellen beschreiben keine Krisenverläufe, sondern deren kulminierend-tödliche Ausgänge – die aber zugleich Auswege aus der Krise sind. Beide Romane, *Die Schönheit des Schimpansen* und *Der Sieger nimmt alles*, gestalten de facto Dauerkrisen, die sich über lange Strecken der Erzählten Zeit erstrecken und sich aus mehreren „Teilkrisen“ zusammensetzen. Dabei haben die Krisen Klaus Jungs und Ulrich Vogtmanns teilweise ein ähnliches Design.

Das Scheitern seines Vorhabens, eine Examensarbeit über das *Tibetanische Totenbuch* zu schreiben und der daraufhin begangene Täuschungsversuch, der die Relegation von der Hochschule zur Folge hat, führen Jung auf die Verliererstraße. Hochmütig-unbelehrbare Weltverachtung, ein wahnhaftes, weil durch die trostlose Realität nicht gedecktes Überlegenheitsgefühl und die deshalb auch nicht zu behebende Unfähigkeit, die eigenen Lebensprobleme zu durchschauen, geschweige denn produktiv aufzuarbeiten, tun das Ihre, ihn ins private, berufliche und gesellschaftliche Aus zu treiben.

---

14 Ebd., S. 741.

15 *Der Sieger nimmt alles*, S. 470.

Auch Vogtmanns Berufskarriere ist eine – hier durch geschäftliche Fehlentscheidungen herbeigeführte – Krisen- und Abstiegsgeschichte, die sich gleichfalls mit privaten Krisen verbindet. Die aus rein strategischen Motiven geschlossene Ehe mit der Firmenerbin Elisabeth Pattberg scheitert, und der gemeinsam Sohn Christoph ist depressiv und lebensuntüchtig. Aus der von ihm gegen die Wand gefahrenen Pattberg'schen Firma verbannt und finanziell ruiniert, verliert auch Vogtmann, von Haus aus ein Einzelgänger, am Schluss sämtliche sozialen Kontakte, zieht sich in die vermeintlich rettende Höhle seines Mercedes zurück und stirbt vereinsamt in einem anonymen Tagungshotel.[16]

Das Tableau der Wellershoff'schen Krisengeschichten ist freilich weitläufig, die beiden Romane realisieren nur einen kleinen Ausschnitt aus einer Vielzahl von Möglichkeiten. Allemal bietet es sich an, eine „Krisentypologie" zu erstellen, die Wellershoff ansatzweise selbst geliefert hat:

> Die von mir bevorzugten Beobachtungsfelder sind die Sexualität, der Kampf um Erfolg und die Niederlage, das Scheitern und der dunkle Rand des Daseins, Verbrechen und Wahn. Manchmal sind die Krisen auch nur vorübergehende Irritationen, in denen man einen kurzen Blick in dunkle Tiefe tut.[17]

Die Krisen in Wellershoffs literarischem Werk lassen sich also nach den gewählten „Beobachtungsfeldern" einteilen – Psyche, Beruf, Partnerschaft –, aber auch nach ihrem Charakter – handelt es sich um existenzgefährdende Grundkrisen oder Beunruhigungen an der „Oberfläche"? –; nach dem Personal, das sie ereilen – sind es gutsituierte Akademiker oder Menschen in sozial und beruflich ungesicherter Position, deren Gefährdung womöglich krisenverschärfend wirkt? –; nach der Dauer der Krise und dem Grad des „Krisenbewusstseins" der Betroffenen; schließlich unter dem Kriterium des Krisenausgangs. Diesbezüglich gibt es grundsätzlich drei Optionen: Der Betroffene setzt die in der Krise gemachten Erfahrungen produktiv um; oder er kehrt resignativ in den Zustand zurück, aus dem heraus sich die Krise entwickelte bzw. in dem sie bereits angelegt war; oder er folgt dem „Katastrophensog" der Krise und geht darin unter.[18]

Weil sich bei Wellershoff unterschiedliche Krisentypen finden, sie aber zugleich ineinander übergehen und auch nicht, systemisch gesehen, der nämlichen Vergleichsebene angehören, soll im Folgenden auf eine Systematisierung verzichtet und die Krise vielmehr an einzelnen Beispielen in ihrer phänomenologischen Diversität

---

16 S. zur Einsamkeit als Krisensymptom Walter Olma: *Vereinsamung und Selbstzerstörung. Dieter Wellershoff als Phänomenologe gegenwärtiger Einsamkeitsproblematik*, in: Durzak/Steinecke/Bullivant (Hg.): *Dieter Wellershoff*, S. 89–111.

17 *Schreiben ist die Inszenierung einer Krise*, S. 730; s. dazu auch Bügner: *Lebenssimulationen*, S. 172 f.

18 S. dazu Bügner: *Lebenssimulationen*, S. 235, mit den Verweisen auf die psychologische Fachliteratur.

in den Blick genommen werden. Zunächst allerdings ist die Frage zu beantworten, wann überhaupt von einer Krise zu sprechen, wie die „Wellershoff-Krise" zu definieren ist.

Nach allgemeinem Sprachgebrauch ist eine Krise ein vorübergehender, ein Ausnahmezustand, es gibt ein „Vor" und „Nach" der Krise. In Romanen wie *Ein schöner Tag, Die Schattengrenze, Die Schönheit des Schimpansen* und *Der Liebeswunsch* aber ist die – von den fiktiven Figuren oft genug nicht „gewusste", wohl aber gespürte – Krise nicht die Ausnahme, sondern, paradox genug, weithin der Normalzustand. Sie ist „das normale Leben", um den Titel von Wellershoffs letztem Erzählungsband zu zitieren. Dargestellt werden also Lebensverläufe in einem permanenten Krisenmodus, und Ausbruchsversuche – etwa Günther Lorenz' Flucht nach Bad Wildungen oder Klaus Jungs Tötungshandlung mit anschließendem Suizid – zeigen dann nicht das Hereinbrechen der Krise an, sondern vielmehr ihre Folge: den ohnmächtigen und sich zuweilen in die Herbeiführung einer „Befreiungskatastrophe" umsetzenden Drang der Betroffenen, sich aus ihr zu lösen.

Die Krise als eine vorübergehende Verunsicherung im „normalen" Welt- wie im Selbstverhältnis gibt es bei Wellershoff unstrittig auch, vorzugsweise in den Erzählungen. Texte wie *In Erwartung der Gäste* und *Augenblicke der Benommenheit* gestalten Situationen, in denen der jeweiligen Hauptfigur für einen Moment der sicher geglaubte Boden unter den Füßen wegrutscht. Aber auch in diesen Fällen ist die Krisenbestimmung nicht so einfach, wie es zunächst scheinen mag. Die „Augenblicke der Benommenheit" während der Klippenwanderung am Meer etwa stellen sich ein vor dem Hintergrund einer seit langem schwelenden Beziehungskrise des Ehepaares. Diese bricht auch während der Wanderung nicht offen aus, sondern lediglich im „Kopfkino" des Mannes – die Frau bekommt davon mutmaßlich nichts mit.

Geht es in dieser Erzählung um eine oder um zwei Krisen, eine momentane Krise und eine die Beziehung des Paares als Generalbass durchklingende Krise, die es vor der Wanderung gab und auch im „Danach" geben wird? Tatsächlich dürfte die zweite Deutungsoption zielführend sein und nahelegen, von einer Verzweigung des Krisengeschehens bei Wellershoff zu sprechen, von einem Neben- und Ineinander von Latenz und offenem Ausbruch, von Gewohnheit und als solches wahrgenommenem Ungenügen an der Gewohnheit. Tentativ könnte man von Krisen im weiteren und im engeren Sinn sprechen.

Das alltägliche, in das Korsett von Ritualen und Wiederholungen gezwängte Schwachstrom-Leben als überzuckerte Depression ist, insoweit die Krisenmotive dort unter der Oberfläche bleiben, eine Krise im weiteren, nicht im engeren Sinn. Zu letzterer kommt es beim Betroffenen erst, wenn der Zustand eines dumpfen Unbehagens verlassen wird und sich eine manifeste Selbst- und Weltentfremdung einstellt – das mehr oder weniger starke Gefühl bis hin zu einem klaren Bewusstsein, ein falsches Leben zu führen.

Dieser neue Empfindungs- und Wahrnehmungsstatus kann dann zum Einfallstor für irritierende neue Erfahrungen werden, die zu machen die Krise die Bereitschaft auslöst. Nicht unstatthaft und darüber hinaus eine Erklärung für Wellershoffs „positive" Krisenbewertung wäre sogar die Feststellung, dass die Krise diese Bereitschaft selbst *ist*: die Bereitschaft, aus den ereignis- und erfahrungslosen Alltagsverhältnissen auszubrechen.

Anhand der Novelle *Die Sirene* lassen sich wichtige, hier konzentrierte Aspekte der Wellershoff'schen Krise beobachten.[19] Zunächst ist – im Licht der obigen Ausführungen – zu ermitteln, worin genau die Krise der Hauptfigur, des Pädagogik-Professors Elsheimer, besteht. Sie besteht, banal gesagt, in einer Schreibhemmung, die den renommierten Wissenschaftler daran hindert, in einem Freisemester ein geplantes Buch über „Selbsterkenntnis oder die Entstehung des Ichs" zu verfassen. Das ist ein Thema, über das er nicht schreiben, das er aber im Zug der Novellenhandlung negativ an sich selbst erleben und erleiden wird.

Just in diese Situation hinein, die, wie sich zeigen wird, nur ein Aspekt des sich in ihm diffus ausbreitenden Widerwillens gegen die Üblichkeiten seines akademischen wie überaus geordneten Privatlebens mit kultivierter Ehefrau und zwei wohlgeratenen Töchtern ist, kommt der erste Anruf einer unbekannten Frau. Ihre erotisierende Telefonstimme weckt in ihm unbestimmte Sehnsüchte und Begierden. Der Anruf erfolgt zu einem für Elsheimer in jeder Hinsicht passenden Moment: Er erlöst ihn aus seinem unmutigen Prokrastinieren und lässt ihn den disziplinierenden Imperativ der Texterstellung verdrängen und vergessen.

Es scheint, als habe Elsheimer nicht nur auf ihn gewartet; vielmehr besetzt die Telefonstimme eine Leerstelle seines Ich, wird zur Projektion innerster Triebwünsche. Die naheliegende Vermutung, die komplette Sirenengeschichte spiele sich einzig in Elsheimers Kopf ab, geht aber wohl fehl. Eine solche Interpretation widerspräche dem realistischen „Framing" der Novelle. Tatsächlich nehmen auch die Mitglieder von Elsheimers Familie die Telefonanrufe – zusehends belästigt und irritiert – entgegen; diese haben also eine fiktionale Realität jenseits der Bewusstseinsvorgänge der Hauptfigur.

Wie auch immer: Dicht und hochsymbolisch gerät im Sinne des Gesagten gleich die Eingangssequenz:

> Der Anruf kam vormittags, als Elsheimer in seinem Arbeitszimmer saß und gedankenlos mit seinem Kugelschreiber verschlungene, unregelmäßige Ornamente auf seinen Schreib-

---

19 S. dazu u. a. Cramer: *Erotischer Dämon oder Frau ohne Unterleib*, S. 47–50; Alo Allkemper: *„An den Rändern des Bewußtseins". Zu Dieter Wellershoffs „Sirene"*, in: Durzak/Steinecke/Bullivant (Hg.): *Dieter Wellershoff*, S. 129–144; Sass: *Der magische Moment*, S. 276–290; Hans-Gerd Winter: *Ausbruchsversuche. Veränderung und Selbstveränderung in Romanen der 80er Jahre von Dieter Wellershoff, Urs Jaeggi und Peter Härtling*, in: *Weimarer Beiträge* 37 (1991), H. 3, S. 390–401; hier: S. 392 ff.

block zeichnete. Er war lustlos seit Tagen, fühlte sich auf seinem Stuhl auch körperlich verschwommen und träge, sein Leben war in den Bewegungen seiner Hand, die den schwarzen Kugelschreiber über das weiße Blatt führte, das allmählich von dem Gewirr der Linien bedeckt wurde. Es waren Ranken, die er zeichnete, Girlanden in ungleichen Bögen, auch Stengel oder Kolben. Manche Formen, die an dicke Blüten oder Fruchtknoten erinnerten, füllte er mit dichten Schraffuren aus. Und je schwärzer das Blatt wurde, je mehr es überwuchert wurde von den sich gegenseitig erstickenden und zerstörenden Ornamenten, umso stärker wurde sein Widerwillen gegen sich selbst.[20]

Das weiße Papier – Ort ambivalenter Unbestimmtheit zwischen einem „furchterregenden leeren Raum" und einer „lockende[n], freundliche[n] Weite, die einlädt zu einem Abenteuer der Selbsterfahrung"[21] – wird von Elsheimer nicht mit Schrift bedeckt, sondern mit chaotisch wuchernden Zeichnungen, die zum einen sexuelle Anmutungen bedienen („Stengel" und „Kolben"), zum anderen aber kraft ihrer wechselseitigen Erstickung und Zerstörung Todeszeichen sind. Diese Verbindung von Eros und Tod weist indes strikt auf Elsheimers Begegnung mit der Sirene voraus.

Darüber hinaus ist das Motiv des weißen Papiers assoziiert mit dem die komplette Novelle durchherrschenden Motiv des Schneefalls als einer „Chiffre des Imaginären"[22], in der ebenfalls Entgrenzung und Ich-Auflösung bildsymbolisch zusammenfinden. Anlässlich von Elsheimers Fahrt ans norddeutsche Wattenmeer nach dem Scheitern einer persönlichen Begegnung mit der Sirene in Hamburg kommt es zu einer Kombination der „Entgrenzungsmotive" Meer, Schneefall und winterliche Dunkelheit – auch von Weiß und Schwarz im Sinne der initialen Schreibtischszene. Warum fährt Elsheimer dorthin?

Weil es der Rand der Welt ist, hatte er gedacht. Er sah die eisengraue Unendlichkeit in dem quadratischen Fensterausschnitt seines Zimmers. Die winzigen Helligkeiten waren die Schaumkronen sich überschlagender Wellen. Er hatte den Wunsch gehabt, sich von allem zu lösen und sich zurückzuziehen bis an die Grenze. Jetzt war er hier.[23]

Das Außen, die winterliche Küstenlandschaft, wird solchermaßen zum antwortenden Gegenbild eines Innen, zur Projektion von Elsheimers Befindlichkeit. Zugleich materialisiert sich darin das dunkle Versprechen der Sirenenstimme:

---

20 *Die Sirene*, S. 579 f.

21 *Erkenntnisglück und Egotrip*, S. 551.

22 Sass: *Der magische Moment*, S. 278.

23 *Die Sirene*, S. 637.

> Das Meer, die Grenzenlosigkeit, die Leere des winterlichen Strandes, die Nacht in einem fremden Zimmer hier an der Küste waren in seinem wortlosen, gedankenlosen Gefühl mit ihr verschmolzen. Es war ihr Abbild, ihr Hoheitsbereich, die Widerspiegelung ihres Zaubers und ihres Versprechens, doch in einem Spiegel, der von ihrem Atem behaucht und erblindet war.[24]

Einsichtig wird angesichts von Elsheimers Ortswechsel an die Küste auch, warum die Sirene in dem Hamburger Café keinesfalls erscheinen konnte – es war nicht ihr „Hoheitsbereich". Cuxhaven – wahrscheinlich Sahlenburg – ist der Point of (no) Return in der Verlaufskonstruktion der Novelle. Grundsätzlich hat Elsheimer in dieser Situation zwei Möglichkeiten: den „Tod im Meer" – und sei es im übertragenen Sinn – zu suchen oder auf dem Landweg den Rückweg nach Köln, und damit auch in die Normalität von Familie und Beruf anzutreten.

Elsheimer entscheidet sich für das Zweite. Tatsächlich setzt kurz nach der Cuxhaven-Episode, die ihrerseits knapp vor der Novellenmitte platziert ist, das dritte und letzte Kapitel, „Der Kampf" ein, der mit der Verdrängung der Sirene aus seinem Leben und ihrer symbolischen Tötung mit den akustischen Insignien approbierter Hochkultur, d. h. festlicher Barockmusik, endet. Aggressive Positivität tritt an die Stelle des diffusen todesträchtigen „Verheißungsrauschens" der Telefonstimme. In diesem Kapitel schmilzt dann auch bezeichnenderweise der Schnee dahin.

Mit dieser definitiven Situationsklärung bricht der Sirenenkontakt ab. Ist damit aber auch die Krise beendet? Offensichtlich nicht, denn Elsheimer kehrt am Schluss in einen Zustand zurück, der dem vor dem ersten Anruf sehr ähnlich ist – es gibt somit eine Krise des dramatischen Höhepunkts und eine Krise der „flacheren Strömung"[25] :

> Im Augenblick, da der Klang abriß, fühlte er sich völlig erschöpft. Er mußte sich setzen. Eine fade Mißstimmung breitete sich in ihm aus. In einer Stunde gab es Mittagessen, nachmittags war eine Sitzung im Institut. Und morgen? Ging es weiter. Der Alltag begann. Oder wie sollte er es nennen? Das endliche Erwachsenwerden, das beginnende Alter, die Vernunft? [...] Warum hatte sie alles an sich gezogen, alles mit fortgerissen in ihr Dunkel, ihre Unerkennbarkeit? Warum fühlte er sich so leer?[26]

Am Ausgang der Erzählung verbindet sich also die mythische Figur der Sirene in der Sicht des Protagonisten mit dem Mythos des blutsaugenden Vampirs. Insofern

---

24 Ebd., S. 642.

25 Ebd., S. 708.

26 Ebd., S. 709 f.

kehrt die Novelle auch nicht vollends an ihren Startpunkt zurück. Prinzipiell richtig ist die Beobachtung,

> daß Elsheimer den Angriff des Irrationalen zwar abwehrt, aber nicht produktiv aufnimmt. Elsheimer will in einer Begegnung mit der Sirene sein Phantasma loswerden, nicht aber sein Begehren ergründen; ihre Lockung geht in keiner Weise in seine Vorhaben ein, ein Buch über die Grenzen des Ichs zu schreiben. Eben dies wäre jedoch eine Haltung gewesen, die Im Sinne Wellershoffs das Imaginäre sowohl zuließe, als auch formbar, d. h. der Erkenntnis zugänglich machen würde.[27]

Trotzdem hat die grundstürzende Erfahrung ihn durchaus auf eine neue Bewusstseinsebene gehoben, man könnte geradezu von einem dialektischen Dreischritt sprechen: „Wenn er am Anfang eine unbewußte Leere hatte, so hat er am Ende eine bewußte Leere."[28] Ob er freilich aus dem Erlebten irgendwelche lebenspraktischen Konsequenzen zieht, bleibt – wie es oft an Wellershoffs Werkschlüssen der Fall ist – offen; die Novelle klingt aus mit einer Frage. „Die unausgefüllte Stelle zwischen etablierter Realität und Gesang, die Elsheimer in der den Sirenengesang erstickenden Barockmusik noch einmal im Gefühl der Leere erreicht, gehört dem Leser."[29]

Interessanterweise spielt das Leere-Motiv aber nicht nur für Anfang und Ende der Novelle eine Schlüsselrolle, sondern es erscheint auch während der Sirenenkontakte. So breitet sich etwa in Elsheimer wiederholt „Gedankenleere"[30] aus. Die Erregungen der Lockung verbinden sich also mit einem Leeregefühl – der Sog des Nirwana, für das Sirene, Meer, Schnee, Dunkelheit stehen, affiziert mit dessen eigener Leere seine „Opfer".

Letztlich ist damit aber nicht weniger als die existenziell bedingte Ausweglosigkeit der Situation bezeichnet: Leere – die des Todes – steht hinter der das Lustprinzip vertretenden Sirene, und Leere steht hinter der vom Realitätsprinzip beherrschten Sphäre von Alltag, Beruf und Familie. Die Frage, wie zwischen diesen Polen – den mythologischen Subtext der Erzählung im Blick, könnte man auch sagen: zwischen Skylla und Charybdis – mit der Perspektive auf ein gelingendes Leben hindurchzufahren sei, lässt die Novelle, lassen überhaupt das Werk und sein Autor unbeantwortet. Dieses Fehlen bezeichnet keinen Mangel – und einen künstleri-

---

27 Sass: *Der magische Moment*, S. 282.

28 Christian Linder: *Der Tag der Drachentötung. Über Dieter Wellershoff*, in: C.L.: *Die Träume der Wunschmaschine. Essays über H.M. Enzensberger, Max Frisch, Alexander Kluge, Peter Weiss, Dieter Wellershoff* (= *das neue buch*, Bd. 163), Reinbek 1981, S. 146–205; hier: S. 188.

29 Sass: *Der magische Moment*, S. 290.

30 *Die Sirene*, S. 651, 655.

schen schon gar nicht –, sondern ein Grundproblem menschlicher Existenz, wie Wellershoff sie sieht.[31]

Wenn es sich bei der *Sirene*-Erzählung durchweg, vom ersten bis zum letzten Satz, um die Krisengeschichte eines Individuums handelt, liegt die Frage nahe, wie Wellershoff eine solche Krise literarisch bearbeitet. Es geht um sein sprachliches und darstellerisches Krisenrepertoire. In der Antwort soll auch diesbezüglich zunächst die Novelle im Fokus stehen, bevor im Anschluss das Feld der Beispiele mit Blick auf eine mögliche Verallgemeinerbarkeit des Befundes erweitert wird – vor dem Hintergrund des erkenntnispraktischen Interesses, das der Autor seiner Selbstauskunft zufolge an der Krise und ihrer Phänomenologie hat.

Elsheimers Krise stellt sich dar als eine grundsätzliche Störung seines Welt- und Selbstbezugs, als ein wechselseitiges Fremdwerden, das gewohnten Abläufen und Verhaltensweisen ihre Selbstverständlichkeit nimmt, sie mühevoll und problematisch macht. In Elsheimer verbreitet sich das Gefühl, nicht mehr wirklich „dazuzugehören", quasi nur noch als Charge, als Rolle in einem Lebensspiel anwesend zu sein, aus dem er sich als Person zurückgezogen hat. Er nimmt sich selbst als einen „anderen" wahr, die Konsistenz des Ichs löst sich auf: Er

> hatte das Gefühl, daß er eine innere, verborgene Person hatte, die darauf wartete hervorzutreten, während seine gewohnte, bekannte Person sich in der Außenwelt bewegte und an allem teilnahm, was ihr geboten wurde, nur vielleicht ein wenig zurückhaltend und zerstreut.[32]

Oder Elsheimer sitzt

> seiner Frau im Wohnzimmer gegenüber, und wieder hatte die Szenerie eine befremdliche Deutlichkeit, an der gemessen er sich selbst unbestimmt und zusammenhanglos fühlte, so als habe er sich in das dunkle Innere seines Körpers zurückgezogen, der nun selbst hier im Sessel in der Haltung eines bequem Sitzenden zur Außenwelt gehörte.[33]

„Er lebte nun in zwei Welten"[34] heißt es auf dem Höhepunkt der Krise, und wenig später: „Er fing an, von seiner Zerstörung zu leben. Je mehr der Versuchung erlag, um so mehr verachtete er sich und um so ausschweifender bestrafte er sich täglich mit neuen Niederlagen und Unterwerfungen."[35] Seine Umwelt wird Elsheimer nicht

---

31 S. dazu Kapitel 17 („Existenz").

32 *Die Sirene*, S. 695.

33 Ebd., S. 653.

34 Ebd., S. 668.

35 Ebd., S. 670.

nur fremd, sondern sie nimmt auch die aus vielen Wellershoff-Texten bekannte „Feindtönung“ an: Er wähnt sich „bedroht von der Feindlichkeit der dunklen Wohnung, [...]“[36], die Besucher des Hamburger Cafés, in dem er auf die „Sirene“ wartet, erscheint ihm als „feindliche Masse“[37].

Die Krise zeigt sich darüber hinaus als schwere Krise der Kommunikation in seiner Familie und zumal mit seiner Frau Brita.[38] Dieser Teilaspekt ist freilich eng verschränkt mit dem des Ich-Verlusts – was in einer (wiederholten) Selbstwahrnehmung wie „[...], hörte sich Elsheimer sagen, [...]“[39] zum Ausdruck kommt. Es ist vor allem Britas helle, schattenlose kommunikative Rationalität, die ihn jetzt irritiert und abstößt, wie sich angesichts eines Telefonats aus Cuxhaven zeigt. Gerade der identische Kommunikationsweg, das Telefon, etabliert gleichsam eine Konkurrenz zur Sirene, die Brita zu verlieren droht:

> Auch heute morgen am Telefon war es ihm nicht gelungen, sich seiner Frau verständlich zu machen. Von vornherein hatte er das Gefühl gehabt, in einer geliehenen Sprache zu reden und lauter Vorwände zu gebrauchen, nicht weil er sie belügen wollte, sondern weil es nichts anderes zu sagen gab. Gerade die gewohnte Geläufigkeit ihrer Unterhaltung quälte ihn.[40]

Anlässlich seiner Rückkehr nach Köln bricht dann – zunächst – die Kommunikation zusammen:

> Er redete wie immer. Aber alles, was er sagte, klang in seinen Ohren wie zurechtgemacht. Wahrscheinlich übertrieb er, weil er mit seinem Gerede etwas verschweigen oder vertreiben wollte, woran zu denken er sich weigerte, damit es nicht lauter wurde als das kaum vernehmliche Flüstern, das sich immer zwischen seine Worte mischte. Seine Frau sah angestrengt aus. Sie gab sich Mühe, ihm zuzuhören und zu lächeln, aber sie fühlte sich nicht wohl dabei. Ich rede wie ein Fremdenführer, dachte er, ein Fremdenführer, der Anekdoten erzählt über Leute, die längst gestorben sind. Auf einmal merkte er, daß er schleppend sprach und sich wiederholte.[41]

Vorrangig als Kommunikationskrise im familiären Umfeld entfaltet sich übrigens auch, diskreter als in der *Sirene*, das Geschehen in der thematisch verwandten No-

---

36 Ebd., S. 603.
37 Ebd., S. 630.
38 S. dazu Torsy: *Unser alltäglicher Wahnsinn*, S. 125 ff.
39 *Die Sirene*, S. 694.
40 Ebd., S. 637.
41 Ebd., S. 654 f.

velle *Zikadengeschrei*. Dort signalisiert der Rückzug von Böhrings Ehefrau hinter die Lektüre von Prousts *Recherche* während des gemeinsamen Spanienurlaubs auch die Aufkündigung eines substanziellen Gesprächs mit dem Ehemann – zumal ein Austausch über die *Recherche* nicht stattfindet, obwohl dies bei wechselseitiger Öffnung der Partner durchaus möglich wäre. Es bleibt bei flach-routinierten, insofern freilich sehr typischen „Strandgesprächen".[42]

Zurück zur *Sirene*: Ihren Ausdruck im Sinn einer mehr oder weniger objektivierbaren Symptomatik findet Elsheimers Krise schließlich in den Reaktionen seines Körpers – bei Wellershoff kein beiläufiges Accessoire, sondern ein Phänomen, das die „innere Wahrheit" des Geschehens am planenden Willen der Figur vorbei gleichsam nach außen kehrt.[43] Elsheimer fühlt sich „lustlos, verschwommen, träge"[44], er ist immer wieder „benommen"[45], leidet unter Schlafstörungen[46], unter Luftnot[47] und Herzklopfen[48] und wird wiederholt von Angstattacken heimgesucht[49].

Bemerkenswerterweise gehören die aufgezählten Symptome – wohl besser: Äußerungsformen, weil die Symptomatik von ihrer Ursache kaum zu trennen ist – zum Repertoire der Krisendarstellung bereits in Wellershoffs frühen Erzählwerken. Dort – in den Romanen *Ein schöner Tag* und *Die Schattengrenze* – zeigen sie sich sogar noch sehr viel drastischer als in der Novelle, deren ausgeprägtes Intellektuellenambiente eine extreme Artikulation der Krisenerscheinungen – etwa in Gestalt offener Gewaltausbrüche – verhindert. Zudem nehmen, in der *Schattengrenze*, aber auch in den Wildungen-Kapiteln von *Ein schöner Tag*, die Dissoziationserlebnisse der jeweiligen Hauptfigur den Charakter einer pathologischen Störung an, in der *Schattengrenze* einer beginnenden Schizophrenie. Von ihr ist Elsheimer in der *Sirene* nicht betroffen.

Ich-Spaltung, Kommunikationsunfähigkeit und eine grundständige Dauerangst angesichts einer Welt von „Feinden", dazu Körpersensationen wie Benommenheit und permanente Schlaflosigkeit bestimmen die Krise des *Schattengrenze*-Protagonisten mit einer so unübersehbaren Wucht, dass sich der Detailnachweis hier

---

42 S. dazu das Wellershoff-Interview in Torsy: *Unser alltäglicher Wahnsinn*, S. 187–204; hier: S. 198 f.

43 Entsprechend heißt es bereits in der Marginalie *Neuer Realismus*: „[...], wie auch die Körperempfindungen und Gefühlsbewegungen, die jetzt ins Bewußtsein dringen, nicht einfach dramaturgisch geordnet sind als pathetische Begleitung der Handlung, sondern oft widerspruchsvoll, irrational und spontan erscheinen." (S. 843).

44 *Die Sirene*, S. 579.

45 Ebd., S. 600, 634, 650.

46 Ebd., S. 601, 606 f., 629.

47 Ebd., S. 648.

48 Ebd., S. 603.

49 Ebd., S. 647 f., 665.

erübrigt.[50] Der Satz „Er hörte sich ja sagen"[51] fasst signetartig Ich- und Kommunikationsverlust zusammen. Die kommunikative Schwäche zerstört – zusammen mit weiteren Defiziten wie beruflicher Erfolglosigkeit, Lethargie und Inaktivität – auch die Beziehung zu seiner Partnerin Hilde, wie gleich die erste Seite des Romans zeigt:

> Er war ruhig geblieben, auch noch den ganzen Abend über mit ihr, aber schon auf der Rückfahrt von Bonn, als sie neben ihm saß und erwartete, daß er sprach, als sie einmal mit der Hand seine Schulter berührte, war er stumm gewesen vor Durst und unfähig, irgend etwas zu tun gegen ihre wachsende Verstimmung, die er spüren konnte, als sie die Hand zurückzog und nach einer Weile sich zurechtsetzte und geradeaus blickte, [...].[52]

In anderen Romanen, vor allem in den frühen, erscheinen indes auch Krisenmotive, die sich in der *Sirene* nicht oder nur indirekt finden. Zu ihnen gehört etwa das Wissen der Figuren, zur Verbesserung der eigenen Situation etwas tun zu müssen, wozu sie aber die die innere Lähmung überwindende Willenskraft und Energie nicht aufbringen. Stattdessen warten sie auf das Wunder, auf die plötzliche Epiphanie von Sinn und Gerechtigkeit, auf den erlösenden Augenblick, der alles verändert und sie aus ihrem falschen Leben befreit.[53] Klaus Jung in die *Die Schönheit des Schimpansen* und Ulrich Vogtmann in *Der Sieger nimmt alles* warten darauf genauso, wie es Günther Lorenz in *Ein schöner Tag* während seines Aufenthalts in Bad Wildungen tut:

> Je später er ißt, desto später kommt der Hunger zurück, er gewinnt Zeit, und desto größer ist die Möglichkeit, daß etwas geschehen kann, er weiß nicht, was es sein könnte, nur daß es so nicht bleiben kann, daß er Zeit braucht, um wählen zu können, warten zu können.[54]

Das grundsätzliche – krisendefinierende wie krisenverschärfende – Problem dabei ist ein fundamentaler und nicht aufzulösender Widerspruch: Veränderung (stets ohne eigenes Zutun) wird einerseits ersehnt und erwartet, andererseits aber auch befürchtet und abgelehnt:

---

50 S. dazu Vollmuth: *Dieter Wellershoff*, S. 201–229; Carrie Smith-Prei: *Masculinities in Trauma. Dieter Wellershoff's 1960s writing and new left psychology*, in: Mark W. Rectanus (Hg.): *Über Gegenwartsliteratur. Interpretationen und Interventionen. Festschrift für Paul Michael Lützeler*, Bielefeld 2008, S. 315–331; hier: S. 317 ff.

51 *Die Schattengrenze*, S. 213.

52 Ebd., S. 209 f.

53 S. dazu Bügner: *Lebenssimulationen*, S. 182 f., 207 f.

54 *Ein schöner Tag*, S. 127.

> Er darf jetzt keinen Fehler mehr machen, und solange er sich nicht fortbewegt, verändert sich nichts, nur Zeit vergeht, auch das verschlechtert seine Lage, aber nur langsam, und er kann die Zeit strecken, wenn er nichts tut, ist er immer noch in Sicherheit.[55]

Das Ergebnis dieser gegensätzlichen und einander widersprechenden Impulse – dass sich alles und zugleich nichts ändern möge – ist ein sinnfreies Auf-der-Stelle-Treten, eine gleichsam rasende, an den Hamster im Laufrad erinnernde Immobilität, die in einen so absehbaren wie vollständigen Realitätsverlust mündet.

Ein weiteres Krisenmotiv zumal der frühen Romane ist das – in der *Sirene* ebenfalls anklingende und mit Elsheimers Ich-Dissoziation zusammenhängende – Bedürfnis von Wellershoffs beschädigten Menschen, „nicht mehr da" bzw. „woanders" zu sein, aus ihrer Lebenswelt in ein Irgendwo oder auch Nirgendwo abzutauchen. „Er tat alles, um nicht da zu sein", heißt es über den Protagonisten in der *Schattengrenze*, dessen Wunsch tatsächlich in einer desaströsen Flucht endet: „Ohne sich zu rühren, fühlte er neben sich die Leere. Jetzt konnte er wieder auf Reisen sein, nachts in einem fremden Zimmer, das er sich nicht vorzustellen versuchte."[56] Klaus Jung in der *Schönheit des Schimpansen* kommen in der Wohnung seines späteren Opfers ähnliche Gefühle an: „Ja, dachte er, das wäre es, nicht dasein, nicht hier, nicht anderswo."[57] Hier bereits scheint als Alternative zu einem verfehlten Leben, aus dem sich Jung heraussehnt, kein anderes Leben, sondern der Tod auf, auf den der Roman zusteuert.

Im Folgenden sollen Krisenszenarien in drei Wellershoff-Texten beleuchtet werden, die eine besondere, aus dem jeweils behandelten Thema ableitbare Signatur aufweisen. Der Roman *Der Liebeswunsch* fügt sich, obwohl in seinem Zentrum zweifellos eine tödlich endende Krise steht, auf Anhieb nicht ein in die Reihe der vorangehenden „Krisenromane" von *Die Schattengrenze* bis zu *Der Sieger nimmt alles* inklusive die *Sirene*-Novelle. Zwar ist das „Opfer" der Krise, Anja, die Hauptfigur des Romans, der indes die destruktive Verlaufswucht erst aus dem problematischen Mit- und Gegeneinander von vier Personen bezieht. Bemerkenswerterweise aber machen die drei übrigen Figuren des Quartetts – Paul, Marlene und Leonhard – keine Krisen im engeren Sinn durch. Paul schon gar nicht, der Anjas Schicksal gleichsam an sich abtropfen lässt und in sein „normales Leben" zurückkehrt, Marlene aber auch nicht, die nach der Trennung von Paul ebenfalls unbeirrt ihrer Wege geht.

Am ehesten noch müssten sich, so wäre zu vermuten, Krisenzeichen bei Leonhard einstellen, der schließlich nicht nur unmittelbarer Zeuge von Anjas fort-

55 Ebd., S. 121.

56 *Die Schattengrenze*, S. 225.

57 *Die Schönheit des Schimpansen*, S. 712.

schreitendem Verfall wird, sondern auch das Scheitern seiner Ehe und die Tatsache bewältigen muss, dass sein „Freund“ Paul ihn zum zweiten Mal hintergeht und der prekäre Freundschaftsbund zu dritt zerbricht. Bezeichnenderweise lösen alle diese Schläge und Niederlagen, die tatsächlich ausreichen könnten, das Selbstgefühl und die Lebenssicherheit eines Menschen von Grund auf zu zerstören, bei dem angesehenen Richter keine „Krise“ aus.

Nicht nur wird er, wie es aussieht, seine erfolgreiche Juristenkarriere unbeeinträchtigt fortsetzen. Vielmehr managt er operativ, so gut es geht, Anjas Krankheit zum Tode mit Aufenthalten in Entzugskliniken etc., und er wird, wie am Romanausgang zu erwarten steht, auch dem gemeinsamen Sohn Daniel, der zunächst freilich notgedrungen in die Obhut von Anjas Mutter gegeben werden dürfte, ein hinlänglich verantwortungsvoller Vater sein. Der Grund für diese „Krisenfestigkeit“ liegt auf der Hand: In einer existenziell herausfordernden Situation kommt Leonhard sein unerschütterlicher Glaube an den Sinn und die Notwendigkeit stabilisierender Institutionen zur Hilfe. Er wirkt wie ein Schutzwall, den das chaotische „Rauschen“ des Lebens (und Sterbens) nicht zu überwinden vermag.

Dieses „Rauschen“, das Anja noch bei ihrem Sturz vom Hochhausbalkon in der „vorbeiströmenden Luft“[58] begleitet und umhüllt, ist Leonhards „Feind“, gegen den er sich persönlich erfolgreich zur Wehr setzt. Der Preis für diese normativ gesteuerte Selbstbewahrung, die das Ausbrechen einer Krise verhindert, ist freilich hoch: Er besteht nicht nur im Scheitern der eigenen Ehe und damit in Leonhards mutmaßlich endgültiger Verbannung vom Markt der erotischen Beziehungen, sondern vor allem im Ausbleiben einer Hilfe für Anja, die es dieser ermöglicht hätte, irgendein rettendes Ufer zu erreichen. Sie zu gewähren, ist Leonhard habituell nicht in der Lage und möglicherweise auch nicht willens.

Letztlich wird Anja das Opfer eines Missbrauchs, eines – fehlschlagenden – gruppentherapeutischen Experiments, mit dem Paul, Marlene und Leonhard auf ihre Rechnung die eigenen Probleme zu lösen versuchen. Die Kosten des Fehlschlags muss nämlich allein Anja tragen, die drei übrigen können ihrer Tragödie zusehen, ohne dass diese sie selbst im Kern berührt. Diese „Gleichgültigkeit“, die Wellershoff in seinen frühen Vorlesungen unter dem Titel *Der Gleichgültige* an herausragenden Texten der literarischen Moderne analysiert, ist noch der Gegenstand des Traums, mit dem der Roman schließt:

> Anjas Mutter träumte in der Nacht, sie ginge durch eine belebte Straße und dicht vor ihr spränge mit schepperndem Geräusch ein großer Teekessel her. Ab und zu klappte der Deckel auf, und Anjas kahlgeschorener Kopf schaute heraus. Er war so klein wie ein Apfel

58 *Der Liebeswunsch*, S. 317.

> und schrie mit einer hohen verzweifelten Stimme. [...] Es gingen viele Leute durch die Straße, doch niemand außer ihr schien den Vorgang zu bemerken.[59]

Wellershoffs letzter Roman, *Der Himmel ist kein Ort*, knüpft in Anlage und Konstruktion unübersehbar an die früheren Krisenromane an. Latent entfaltet sich das Krisenszenario, in das diesmal der junge Pfarrer Ralf Henrichsen gestellt ist, von der ersten Seite an. Henrichsen – übrigens wie viele von Wellershoffs „Helden" mit einer familiär problematischen, weil vaterlosen Kindheit belastet – hat seine erste Pfarrstelle im Kölner Umland nach einer traumatisierend gescheiterten Beziehung angetreten, ohne dass ihm seine neue Umgebung räumlich und mental zur neuen Heimat würde: „Es war ihm schwergefallen, sich einzurichten."[60] Während eines von ihm zelebrierten Trauungsgottesdienstes stellen sich die bekannten Wellershoff'schen Krisensymptome ein: Heiserkeit, ein auch durch vorangegangene Schlaflosigkeit ausgelöste innere Taubheit, Angst, ja Panik, in der Predigt zu versagen, „Gesang und Orgelmusik [...] wie das Rauschen einer kommenden Ohnmacht"[61]. Dann das typische Zeichen beginnender Ich-Dissoziation: „‚Liebes Brautpaar, liebe Gemeinde', hörte er sich sagen, und eine unbestimmte lange Pause trennte ihn von seinem ersten Satz, den er oft vorausgedacht hatte und nun wiederfinden musste."[62]

Auch der Hintergrund dieser Situation wird kenntlich – Henrichsen kann sich mit seinem Tun, seinem Beruf, seinem Glauben letztlich nicht (mehr) identifizieren:

> Er dagegen musste eine Festigkeit zeigen, die er nicht hatte. Sein eigener Ort war im Unbestimmten, nicht dort, wo er zu sein vorgab, während er hier stand und wie ein geübter Schauspieler im Tonfall innerer Gewissheit die Glaubensgeheimnisse von Tod und Auferstehung und ewigem Leben vortrug, die er immer in eine unantastbare Ferne rücken musste, um sie nicht anzuzweifeln.[63]

Diese Berufskrise, die de facto eine fundamentale Krise der Lebensorientierung ist, wird verschärft durch einen mysteriösen Autounfall, dessen Hintergründe – Unfall oder Mord? – unklar bleiben, dessen Diskussion indes Henrichsen, der auf die Unschuldsvermutung setzt, angesichts einer aufgewühlten öffentlichen Meinung in der Gemeinde zu isolieren droht. Hier kehren Motive aus dem Roman *Einladung an alle* wieder. Auch der christliche Glaube vermag die Vieldeutigkeit

---

59 Ebd., S. 318 f.

60 *Der Himmel ist kein Ort*, S. 568.

61 Ebd., S. 588.

62 Ebd., S. 589.

63 Ebd., S. 588.

und Undurchschaubarkeit der Welt, die an dem ganzen Vorgang exemplarisch sichtbar wird, nicht aufzulösen, er bleibt ohnmächtig angesichts der Erfahrung göttlichen Schweigens und überwältigender Kontingenz.

Am Schluss verharrt Henrichsen – Elsheimer in *Die Sirene* nicht unähnlich – resigniert und überzeugungslos, sozusagen „leer" auf seinem Posten. Die Krise wird nicht aufgelöst, sondern zugedeckt. Das Besondere und auch Abgründige an diesem Buch besteht darin, dass sie diesmal keinen illusionsgeleiteten Businessman, auch keinen gescheiterten Studenten oder unzufriedenen Professor attackiert, sondern ausgerechnet einen religiösen Sinnstifter, dessen Aufgabe es gerade ist, das dominante Krisenbewusstsein und -gefühl einer säkularisierten Spätmoderne einzuhegen, zu kompensieren und zu neutralisieren.

Wellershoffs *Ein Gedicht von der Freiheit* ist ebenfalls eine Krisenerzählung. Sie zeichnet sich allerdings dadurch aus, dass Wellershoff auf die übliche „epische Distanzierung des Gebrauchs der dritten Person verzichtet, um sich ungeschützt im Erzähler-Ich preiszugeben". Tatsächlich erhält der – von Wellershoff selbst als solcher beschriebene[64] – autobiografische Text einen „bekenntnishaften Ton, den Zug einer ‚confessio'"[65]. Für die narrative Struktur hat das Folgen, die sich in den Krisenromanen und den anderen Krisenerzählungen in dieser Weise nicht ergeben.

Durch die Einführung eines Ich-Erzählers[66], der über eine eigene mittlerweile überwundene Krise berichtet, stellt sich ein eigentümlicher Spiegel- und Dopplungseffekt ein: Der Erzähler wird, so Werner Jung unter Rekurs auf Luhmann, zum Beobachter eines Beobachters, der er selbst in der erzählten Vergangenheit war.[67] Weil aber Gegenwart und Vergangenheit nicht identisch sind, sind es auch die „beiden" Beobachter nicht: Der Ich-Erzähler als Beobachter „zweiter Ordnung" hat schließlich die Schreibkrise, unter der der Beobachter „erster Ordnung" zeitweise litt[68], definitiv überwunden – sonst hätte er nicht die Erzählung schreiben können, in der er über seine Schreibkrise wie über die kurzfristige Beziehung des verheirateten Familienvaters zu Isa Siebold berichtet.

Isa nimmt in *Ein Gedicht von der Freiheit* eine ähnliche Position ein wie die Telefonstimme in *Die Sirene*.[69] Ihr „Anruf" erreicht den Ich-Erzähler in einer Krise, und obwohl er sie als Frau reizlos findet, geht er auf ihre Avancen ein – weil ihn

64 *Double, Alter ego und Schatten-Ich*, S. 768.

65 Jung: *Im Dunkel des gelebten Augenblicks*, S. 229.

66 Sie ist selten in Wellershoffs Prosa, die Erzählung *Der Körper und die Träume* ist ein Parallelfall. Allerdings handelt es sich dort, wie auch in Erzählungen wie *Das weiße Handtuch* und *Wann kommt Walter?* aus dem Sammelband *Das normale Leben* im Unterschied zu *Ein Gedicht von der Freiheit* um ein Rollen-, kein autobiografisches Ich.

67 Ebd., S. 233 f.

68 *Ein Gedicht von der Freiheit*, S. 567 ff.

69 S. zu den Parallelen beider Erzählungen Helmreich: *Dieter Wellershoff*, S. 100–115.

mit ihr trotzdem etwas verbindet. Dies ist der – bei der in Wohlstand situierten Isa in Kitsch-Illusionen von einer alternativen Freiheit gepackte – Wunsch, aus einem erstarrten Leben auszubrechen und dort verkümmerte Potenziale des eigenen Ich anderwärtig zu aktivieren. Aber wie die Sirene Elsheimer als Todeslockung erscheint, die er um der Selbsterhaltung willen vertreiben muss, so wird auch Isa zum Todesengel, den er aus demselben Grund aus seinem Leben verbannt.

> Und wie konnte sie plötzlich diese merkwürdigen Zeilen schreiben, die ich noch vor mir sehe in der bewußten Anordnung, die sie ihnen auf dem Blatt gab:
> *Ich liege nackt in der Sonne und*
> *Über mir*
> *Wo Deine Augen sein sollten ist*
> *Der leere Himmel.*
> Sie schrieb mir das aus Griechenland, wohin sie mit mir fahren wollte, und statt dessen mit ihrer Schwester und ihrem Schwager gefahren war. […] Es war vielleicht dieser feierliche Lakonismus, der mich das Blatt in einer plötzlichen Eingebung als eine Grabschrift begreifen ließ. Hellsichtig, und ohne es zu wissen, was im Augenblick des Schreibens kein Widerspruch ist, hatte sie mir ihren Tod beschrieben, nicht den endgültigen, sondern den unauffälligen, der uns viel früher ergreift und den wir nicht erkennen müssen, weil er so aussieht wie das Leben.[70]

Diese Fantasie bewahrheitet sich, als der Ich-Erzähler Isa nach der – mit der Überwindung der Schreibkrise verbundenen – Trennung und längerem zeitlichen Abstand wiedersieht. Sie hat eine Brustkrebsoperation hinter sich und ist von der Krankheit sichtbar gezeichnet. Er wird Isa nicht wiedersehen, indes bleibt das Ende der Erzählung offen.

Wellershoff hat, es sei wiederholt, beharrlich auf den produktiven Charakter der Krise hingewiesen, auf die mit ihr verbundene Chance auf das Aufbrechen von Wahrnehmungsschablonen und eine völlig neue Erfahrung der Welt. Tatsächlich finden sich in den beschriebenen Krisenverläufen immer wieder Augenblicke, in denen die Protagonisten die Freiheitsräume ahnen, die ihnen gerade ihre Krise eröffnet. So ergeht es etwa Elsheimer, als sich nach der Beerdigung des Kollegen in Hamburg die Perspektive auf eine Zusammenkunft mit der Sirene öffnet: „Er atmete auf, als er allein war. Nun war er frei, konnte er tun, was er wollte."[71] Auch Ulrich Vogtmann hat – sporadisch und bevor ihn der ökonomische Ruin verschlingt – dieses Gefühl von Freiheit: „Nun wußte er wieder, dass er allein war, und das machte diesen Morgen so fremd und verheißungsvoll. Als ob alles noch möglich wäre. Fast

70 Ebd., S. 554.
71 *Die Sirene*, S. 624.

alles war noch möglich."[72] Schließlich der Ich-Erzähler der Erzählung *Der Körper und die Träume*, den nach der Trennung von seiner Frau ein wahrer Freiheitsrausch heimsucht:

> Plötzlich habe ich angefangen zu schreien und wie wild auf das Lenkrad einzuschlagen. Ich war frei! Ich war gerettet! Ich hatte es geschafft! Ich war völlig überrascht, was da alles aus mir herauskam. Es war, als explodiere ich. Ich spürte auf einmal, daß ich eine ungeheuere Kraft hatte, und die wollte leben, leben, leben![73]

Solche Stellen rufen Wellershoffs Statements zur positiven, befreienden Kraft der Krise in Erinnerung:

> Störungen, Krisen, Ausnahmesituationen sind gut, weil sie die Herrschaft der Vergangenheit über das Leben brechen und der Mensch sich durch sie wieder erfahren kann als einen großen Unbestimmtheitsraum, den er mit Schrecken und Staunen betritt.[74]

Trotzdem kommt bei diesem Autor der erste unter den drei oben erwähnten Ausgangsformen der Krise – die produktive Verarbeitung – nicht vor[75] bzw. wird ins Imaginäre verschoben.[76] Die beiden anderen Typen beherrschen das Feld: die Katastrophe und die resignierte Rückkehr in die Normalität, die nichts klärt und nichts löst. Ulrich Tschierske ist zuzustimmen: „Es ist zweifellos ein irritierendes Faktum, daß sich die theoretisch betonte Produktivität von Irritation und Krise für die Gestalten selbst nirgendwo wirklich bewährt [...]."[77] Das Phänomen der „Katastrophenekstase" vermag daran nichts zu ändern. In ihr ist das Positive allenfalls als Abwesendes anwesend, als Negativ, als, dies die letzten Wörter der *Schönheit des Schimpansen*, „Zerrbild des Lebens".

---

72 *Der Sieger nimmt alles*, S. 136.
73 *Der Körper und die Träume*, S. 835.
74 *Das Mysterium der Nerven*, S. 299.
75 S. dazu Tschierske: *Das Glück, der Tod und der „Augenblick"*, S. 41.
76 S. dazu Kapitel 12 („Utopie").
77 Tschierske: *Das Glück, der Tod und der „Augenblick"*, S. 41.

12. Utopie

1993 schrieb Dieter Wellershoff einige Prosaminiaturen, die er unter dem Sammeltitel *Die Abenteuer des Augenblicks* zusammenfasste. Eine dieser Miniaturen gestaltet auf eine Weise, wie sie bei diesem Autor außerordentlich selten vorkommt, nicht nur eine akute Krise – eine schwere Ehekrise –, sondern auch den möglichen befreienden Ausweg aus ihr. Ein Paar kehrt von einer Party zurück, und „er" wirft „ihr" vor, sich dabei „würdelos" einem anderen Mann angedient zu haben. Der Streit eskaliert schnell und gipfelt in seinem Anwurf, sie habe sich „vor aller Augen wie eine Nutte benommen". Daraufhin macht sie Anstalten, das Haus zu verlassen und zu ihrer Schwester zu fahren: „Wieder drängt sie zu Tür. Er packt sie grob am Arm, und seine klammernden Finger, die sie bis auf die Knochen spürt, geben ihr die Wut, sich loszureißen und ihn anzuschreien, daß er ein widerliches, gemeines Miststück sei."[1]

An dieser Stelle ereignet sich in der Erzählung ein fundamentaler Bruch: Der Erzähler steigt aus dem Gang der Ereignisse aus, tritt zurück und äußert sich in einem ausführlichen Kommentar über den denkbaren Fortgang des Streits, dessen „Drehbuch" kurzfristig abhandengekommen sei:

> Bis hierhin sind sie gekommen in ihrer trivialen Szene und wissen nicht weiter, weil das Textbuch, das sie im Kopf haben, an dieser Stelle gestrichen ist. Sie sind jetzt frei, alles zu sagen, jede denkbare Lüge und Beteuerung, um den Streit zu schlichten. Und wenn sie Glück haben, auch das, was ihre tiefste verborgene Empfindung ist.[2]

Diese Empfindung ist, zusammengefasst, eine Liebe, deren Eifersucht „sie" und ihre unbefangene Vergnügungslust zu ersticken droht. Am Schluss der Miniatur stellt der – mit dem Autor wohl weitgehend identische – Erzähler freilich klar, dass dieses offene, klärende Gespräch gerade nicht stattfindet:

> Hier ist die Lücke im Drehbuch zu Ende, der kurze Moment, in den sie sich wortlos gegenüberstanden, und jeder für sich nach einer Rettung suchte, die einen Augenblick nahe schien. Doch nun hat sie sich brüsk abgewandt und ist wieder die Treppe hinaufgegangen in ihr Zimmer. Er, immer noch auf seinem Platz, als Wächter an der Haustür, kann hören, wie sie oben den Schlüssel umdreht.[3]

---

1 *Die Abenteuer des Augenblicks. Miniaturen*, in: WW 2, S. 996–1015; hier: S. 1003.

2 Ebd., S. 1003 f.

3 Ebd.

Ohne den – die Stillage übrigens markant zum Genus sublime hin wechselnden – „Einschub" wäre diese Miniatur zu einem im Kommunikationsabbruch endenden Paarstreit eine Szene, wie sie sich in vielen Wellershoff-Romanen und -Erzählungen ereignen könnte. Aber auch mit ihm unterscheidet sie sich von diesen nicht wesentlich, denn er ist zurückgenommen ins Imaginäre, beschreibt, was sich im besten Fall hätte ereignen können – aber eben nicht hat. „Der Wortwechsel", erläutert Wellershoff selbst an anderer Stelle die Szene,

> und das polarisierte Verhalten läuft automatisch nach Schema ab. Aber dann gibt es eine Pause, als ob beide nicht weiterwüßten, und dann schreibe ich, was sie jetzt einander sagen könnten, wenn sie fähig wären, ungeschützt die Wahrheit zu sagen. Es ist ein völlig anderes Sprechen, auf einer ganz anderen Denk- und Sprachebene, ein Moment der angstfreien Selbstauslieferung und Verständigung, wie es ihn so gut wie nie zwischen Menschen gibt, also eine plötzliche Lichtung des Dunkels, ein utopischer Augenblick. Doch dann ist die Gelegenheit verpaßt, und es geht weiter wie immer: blockierend positionell, zerstörerisch.[4]

Weil die bessere Alternative nicht Realität wird, spricht Wellershoff vom „utopischen Augenblick" – sie befindet sich an einem „Nicht-Ort". Szenen wie in der Miniatur – mit Chancen einer Verständigung, die nicht genutzt werden – finden sich in der Tat vor allem zwischen Paaren und Ehepaaren immer wieder in seinem Werk, die Prosaskizze verdichtet sie nahezu modellhaft. Für einen Moment öffnet sich die Möglichkeit, ein eingefahrenes Verhaltens- und Wahrnehmungsmuster zu durchbrechen. Aber dieser Türspalt schließt sich wieder, weil eine oder einer der Beteiligten nicht die Kraft, die Energie oder den Willen aufbringt, den Ausbruch zu wagen – obwohl er meist sehr genau sieht, dass es darauf jetzt ankäme.[5]

„Zärtlich oder nur versöhnlich hatte er", dies eine Stelle in *Der Sieger nimmt alles*, „den Arm um ihre Schulter gelegt, und ein eingeschüchtertes Gefühl in ihr wollte antworten, wollte ihn überschwemmen mit einer neuen Hoffnung. Aber sie konnte nicht."[6] Solche „Mikroszenen" des Scheiterns, wo anderes möglich wäre, einer quälenden und unüberwindlichen Sprachlosigkeit gibt es auch in die *Schattengrenze* zwischen Hilde und dem namenlosen Protagonisten, zwischen Ellen Cybik und Klaus Jung in *Die Schönheit des Schimpansen*, notorisch zwischen Anja und Leonhard in *Der Liebeswunsch.*

---

4 *Schreiben ist die Inszenierung einer Krise*, S. 730.

5 „Die Zweierbeziehungen scheitern – auch dies ein vielfach variiertes Thema Wellershoffs –, weil einer der Partner in ein bereitstehendes Verhaltensschema schlüpft, der andere dies erkennt, jedoch, von seiner Analyse wie gelähmt, zu einer Alternative und Hilfe unfähig ist." (Prümm: *Protokolle beschädigten Lebens*, S. 95).

6 *Der Sieger nimmt alles*, S. 143.

Eine Szene in der Erzählung *Wann kommt Walter?* aus dem Sammelband *Das normale Leben* erinnert an die oben beschriebene in der Miniatur: Die Ich-Erzählerin – sie lebt in tiefer Entfremdung von ihrem ständig abwesenden Ehemann Walter, einem erfolglosen Geschäftsmann, und sieht sich zugleich mit der Pflege seiner dementen Mutter überlastet – denkt sich tagträumerisch eine Situation herbei, in der Walter eines Tages mittellos und ruiniert vor der Haustür steht:

> „Ich bin am Ende", sagt er.
> „Ich weiß", sage ich, „also fangen wir wieder an."
> [...] Und einschlafend weiß ich, nicht das ist der Traum, sondern all das andere, das uns trennte und das ich schon vergessen habe.[7]

Tatsächlich bleibt das Glück auch in *Wann kommt Walter?* imaginär. „Es ist eine utopische Situation der Lebensnähe, die", schreibt Manfred Durzak in seiner Interpretation, „zustande kommt in einer Wirklichkeitsdimension, die jenseits der versklavenden Zwangsmechanismen des wirtschaftlichen Funktionierens liegt."[8]

Bemerkenswerterweise greifen sowohl der Autor als auch sein Interpret bei der Deutung der einschlägigen Textstellen auf den Begriff der Utopie zurück. Es verlohnt, dieser „Begriffspur" bei Wellershoff eingehender zu folgen – zumal vor dem Hintergrund der unabweisbaren Düsternis und anti-utopischen Trostlosigkeit vieler seiner Texte. Naheliegend – weil er einer Sphäre der Diskursivität zugehört – kommt der Terminus in seinen fiktionalen Texten, so weit zu sehen ist, nicht vor, dafür aber häufig in den expositorischen: den Essays, Vorlesungen und Interviews. Dabei erscheint er, übrigens nicht ganz konsistent und widerspruchsfrei, in unterschiedlichen Zusammenhängen, politischen und künstlerischen.

Zur politischen Utopie hat Wellershoff sich verschiedentlich eher abstrakt, formelhaft und offensichtlich auch mit einem gewissen Unbehagen geäußert. Relativ dezidiert klingt noch folgender Passus aus dem relativ frühen Aufsatz *Zu privat. Über eine Kategorie der Verdrängung*:

> Arbeitshypothese für eine kritische und konkrete Literatur: Indem sie die gesperrten und verstümmelten Kapazitäten des Menschen deutlich macht, zeigt sie den Preis der herrschenden Praxis und zugleich das Potential möglicher Veränderung. Sie ist so Platzhalter einer Utopie freier menschlicher Kommunikation, die unausgesprochen, aber als ihr

---

7 *Wann kommt Walter?*, in: WW 7, S. 346–357; hier: S. 356.

8 Manfred Durzak: *Literarische Röntgenaufnahmen der Wirklichkeit. Am Beispiel von drei aktuellen Kurzgeschichten von Martin Suter, Irene Bohrn-Pragger und Dieter Wellershoff*, in: *Studi germanici* 40 (2002), S. 443–458; hier: S. 456.

> dauernd intendiertes Gegenteil in den Bildern der sozialen, neurotischen und wahnhaften Fesselung, der Feindschaften, des Versagens, des Unglücks und des Todes enthalten ist.[9]

Ähnlich klingt die Auskunft zur selbstgestellten Frage jetzt nicht nach der „Utopie" im engeren Sinn, aber nach „meinen Grundbedingungen für ein akzeptables Leben":

> Ich stelle mir eine Gesellschaft vor, die im wesentlichen ihren notwendigen Konsens herstellt durch Kommunikationsprozesse und nicht durch starre Normen, schon gar nicht durch Gewalt. Ich wünsche mir deshalb eine solche Gesellschaft, weil in ihr Veränderungen möglich sind, weil man sich in ihr entwickeln kann.[10]

In einem Beitrag über Nathalie Sarraute heißt es:

> Diese doppelte Motivierung gibt ihrem [sc. Sarrautes, d. Verf.] Blick eine kritische Tiefe, die in der Satire die verborgene Utopie als ihr unausgesprochenes Gegenteil miterfaßt. Durch die äußerste Konsequenz, mit der sie die Gesellschaft als ein dauerndes Scheingespräch darstellt, macht sie auch das Defizit spürbar, das darin angeklagt ist: eine Gesellschaft der angstfreien und herrschaftsfreien Kommunikation.[11]

Verhaltener schon fällt die Antwort auf die Frage aus, ob Wellershoff sich einen gesellschaftlichen Zustand vorstellen könne, „in dem das Schreiben überflüssig geworden ist":

> Na ja, das ist dieser utopische Zustand, der mal als klassenlose Gesellschaft, mal als Naturzustand in der Geschichtsphilosophie auftaucht, da ist also eine Gesellschaft ohne Verdrängung, in der alles, was Lebensimpuls ist, auch sofort in Praxis übergeht – vorstellen kann ich mir das nicht... oder nur annäherungsweise. Die Gesellschaft wird und immer in einem Teil unseres Wesens einengen und zu einem Feind der Gesellschaft machen...[12]

Dann wieder gibt Wellershoff auf die Frage „Müssen wir also vom Gedanken der Utopie völlig Abstand nehmen?" dieser nüchtern, ohne Emphase den Abschied: „Von der Utopie sicher, nicht von Wünschen und Hoffnungen."[13]

Dieser Satz steht nicht zufällig im Kontext einer Erörterung der Gegenwartsrelevanz von Ernst Blochs Vorstellung von Hoffnung und Utopie. Wellershoff betont

9 *Zu privat*, S. 247 f.

10 *Die Wahrheitsbedingungen der Literatur*, S. 139.

11 *Gesellschaft als Scheingespräch. Über Nathalie Sarraute*, in: WW 8, 619–623; hier: S. 623.

12 *Bilder mit einem dunklen Einschlag*, S. 27.

13 *Das Glück, der Tod und der Realismus*, S. 105.

in diesem Zusammenhang, den Philosophen gleichsam verteidigend, Bloch habe „keine konkrete Utopie entworfen", sondern „nur Bewegungselemente, utopische Traummaterialien formuliert oder sichtbar gemacht"[14]. „Konkrete Utopien" entwirft auch Wellershoff in seinen fiktionalen Texten nicht. So finden sich etwa in dem Roman *Einladung an alle* keinerlei Hinweise, die im Sinne einer Verwirklichung von Utopie „Außenseitern wie Bruno Findeisen eine Hoffnung auf eine bessere Zukunft bieten könnten"[15]. Blochs trotz des Verzichts auf die „konkrete Utopie" eindeutig marxistische Färbung des Utopischen geht übrigens in Wellershoffs Aneignung seines Denkens, das bis in die 50er Jahre zurückreicht, völlig unter, spielt bei ihm keine Rolle.[16]

Vielmehr „privatisiert" er die Bloch'sche Utopie, indem er sie auf den psychoanalytisch gedeuteten künstlerischen Schaffensprozess umleitet. Da spricht er dann unverkennbar in eigener Sache:

> Das heißt, der Künstler verwirklicht alle seine ursprünglich autoerotischen, libidinösen Wüsche im Umweg über das Werk. Und je stärker seine Selbstvergessenheit und seine Begeisterung wird, um so mehr verschwindet das angstmachende Schuldgefühl, das die Verdrängung bewirkt. Die libidinösen Energien können frei den Phantasieobjekten zuströmen und bringen an ihnen jenes Leuchten hervor, das der Widerschein vergessener Wünsche ist, Erinnerung an vergessene Allmachts- und Lusterlebnisse des frühkindlichen, noch blinden, illusionären, objektlosen Bewußtseins, die nun aufgehen an imaginierter Welt, als mögliche Erfahrung, halb Schein, halb antizipierte Wirklichkeit, oder, wie Ernst Bloch sagen würde, als Vorschein der Utopie. Was die Utopie erzeugt, ist die verborgene, wiederbelebte Erinnerung, die auf Einlösung in einer besseren Realität drängt.[17]

Sucht man trotzdem nach einem allgemeinen, „gesellschaftlichen" Inhalt der Utopie bei Wellershoff, so stößt man wiederholt auf den – freilich abstrakt und formelhaft geäußerten – Gedanken einer „Gesellschaft der angstfreien und herrschaftsfreien Kommunikation"[18]. Dieser verweist dann allerdings nicht mehr auf Bloch, sondern vielmehr bereits in der terminologischen Ausstattung auf Jürgen Habermas.

Dessen philosophisches Hauptwerk, die *Theorie des kommunikativen Handelns*, wurde zwar erst 1981 publiziert, dennoch erscheinen zentrale Aspekte dieser Theorie bei Wellershoff bereits in den 70er Jahren wiederholt in Essays und Interviews. Diese Reihenfolge schließt allerdings Habermas' Einfluss auf Wellershoff keines-

14 Ebd.

15 Lamb: *Einladung an alle*, S. 86.

16 S. dazu auch *Der exzentrische Mensch. Zur Philosophie Ernst Blochs*, in: WW 9, S. 281–303.

17 *Der Gesang der Sirenen*, in: WW 4, S. 398–410; hier: S. 405.

18 So, wie bereits zitiert, in dem Essay *Gesellschaft als Scheingespräch*.

wegs aus. Habermas befasste sich seit Beginn der 70er Jahre, im Vorfeld der *Theorie des kommunikativen Handelns*, mit Universalpragmatik, Diskursethik und kommunikativer Vernunft und ließ daran in seinen Publikationen auch die Öffentlichkeit teilhaben.[19] Im Übrigen standen die Familien Wellershoff und Habermas damals in kontinuierlichem Kontakt, Wellershoff konnte das Entstehen des Großwerks also auch aus erster Hand erleben. Und kaum bestreitbar hat Wellershoffs Habermas-Rezeption in seiner eigenen Vorstellung von gelingender Kommunikation Spuren hinterlassen – was allerdings, wie an anderer Stelle in diesem Buch ausgeführt wird[20], Widerspruch keineswegs ausschloss.

Ob sich im Mit- und Gegeneinander von Wellershoffs fiktiven Figuren Horizonte des Utopischen öffnen oder schließen oder gar nicht erst auftun – letzteres ist meistenteils der Fall –, hängt immer wieder ab von gelingender oder scheiternder Kommunikation nicht nur, aber vor allem zwischen Mann und Frau. Zweifellos gibt es hier Verbindungen zu den außerliterarischen Äußerungen des Autors, die indes nicht strapaziert werden sollten – schon gar nicht in dem Sinne, dass Wellershoff in seinen fiktionalen Texten und sei es ex negativo Elemente eines Habermas'schen Diskursmodells literarisiert habe. Davon kann allein deshalb schon keine Rede sein, weil der Aspekt der Kommunikation gerade für das Konflikt- und Krisendesign der Romane und Erzählungen, Hörspiele und TV-Drehbücher seit den schriftstellerischen Anfängen in den späten 50er Jahren eine zentrale Rolle spielt.[21]

Das glückende Gespräch ist laut Wellershoff

> so, daß es sich gegenseitig hervorbringt: Der eine sagt etwas, der andere nimmt es auf, füllt es mit Eigenem auf, modifiziert es und gibt es zurück, merkt, was ihm da jetzt geschenkt oder als Problem vorgelegt worden ist. Das ist eine Bewegung der Erweiterung und der Öffnung.[22]

Tatsächlich gibt es in seiner Dichtung genre-unabhängig Situationen, in denen sich das, was er hier beschreibt, tatsächlich ereignet. Sie sind selten, man muss geradezu nach ihnen fahnden. Aber sie finden sich selbst in *Die Schönheit des Schimpansen*, Wellershoffs womöglich schwärzestem Buch. Das glückende Gespräch ereignet sich dort völlig unvermutet, durchbruchsartig. Während eines misslingenden, mit sinnloser Pseudo-Aktivität angefüllten, die Entfremdung zwischen Ellen Cybik und Klaus Jung offenlegenden und überhaupt eine desaströse Lebenszukunft in Aussicht

---

19 So entstand z. B. der Aufsatz *Was heißt Universalpragmatik?* bereits 1976 (aufgenommen in: J.H.: *Vorstudien und Ergänzungen zur Theorie des kommunikativen Handelns*, Frankfurt/M. 1984, S. 353–440.

20 S. dazu Kapitel 8 („Genre und Stil"), S. 199–202.

21 S. dazu Torsy: *Unser alltäglicher Wahnsinn*, S. 91–181.

22 Wellershoff im Interview mit Torsy: *Unser alltäglicher Wahnsinn*, S. 187–204; hier: S. 198.

stellenden Teneriffa-Urlaubs spricht Ellen eines Nachts den Satz „Ich möchte tot sein".

> Er kannte das, es war auch ein Wort, das in ihm bereitlag, das er aber noch nie gesprochen hatte. Sie löste es jetzt in ihm, und es war ohne Schrecken, es war voller Frieden. Dunkelheit, Stille und Frieden gehörte zusammen.
> [...] Ihr Atem war unhörbar, als atmete sie nicht. Undeutlich sah er, daß sie auf dem Rücken lag. Wie aufgebahrt, ohne jede Bewegung – irgendeine Frau. Er suchte ihre Hand und spürte ihren leisen, ganz unbewußten Gegendruck, mit dem nicht sie, sondern ein blindes unpersönliches Verlangen nach gegenseitiger Berührung ihm antwortete, und plötzlich wurde er überwältigt von einem Gefühl, das ihm die Tränen in die Augen trieb und ihn wunderbar erweiterte. Er verstand alles, und er barg und umschloß alles in sich, sie beide, hier in der schwülen Dunkelheit ihres Zimmers, aber auch die Nacht draußen und alle lebenden Wesen, die sich gegen den Tod wehrten und dabei, nach dem infamen Gesetz des Lebens, den Tod ausbreiteten und sein finsteres Geschäft betrieben, denn der Tod herrschte durch die Todesangst über das Leben, und nur ein solcher Augenblick, wie sie ihn jetzt erfuhren, konnte das Gesetz umkehren.
> Ja, dachte er, erschüttert von seiner Erkenntnis, wie verrückt sind wir, was machen wir! Was für ein Wahnsinn war diese dauernde Selbstbehauptung? Alle, die sich eingestehen konnten, daß sie litten, gehörten zusammen, alles Getrennte war in der Tiefe eins.[23]

Diese Stelle wird durch scheinbare Paradoxa strukturiert. Erst die denkbar radikalste Infragestellung des Lebensprinzips – „Ich möchte tot sein" – öffnet bei Jung die Türen zu einer völlig neuen, zu einer intensiven und positiven Wahrnehmung seines und des Lebens überhaupt in seiner todbedrohten Kostbarkeit. Auf Anhieb erinnert sein Gedankenstrom an Thomas Buddenbrooks schopenhauerisierende Reflexionen im zehnten Teil von Thomas Manns Roman. Während diese allerdings zu einer definitiven und auch unmittelbar wirksam werdenden Lebensabsage münden – Thomas Buddenbrook stirbt kurz nach seinem Schopenhauer-Erlebnis an den Folgen einer banalen Zahnvereiterung –, ist das durch Klaus Jungs Haltung bezeichnete Szenario zumindest ambivalent.

Der Tod, so könnte man den spontanen Fluss seiner in Erlebter Rede präsentierten Gedanken diskursiv zusammenfassen, vermag über das Leben nur insoweit zu herrschen, als dieses ihn angstvoll aus sich verdrängt. Nimmt es ihn aber angstfrei an – wie dies eine produktive, Jung als solche aber verwehrte Lektüre des *Tibetanischen Totenbuchs* nahelegt –, wird seine Macht gebrochen. Gelingt das nicht, führt das Leben, in starrer Selbstbehauptung nicht auf Angstbearbeitung, sondern

---

23 *Die Schönheit des Schimpansen*, S. 594 f.; s. zur Interpretation dieser Stelle Tschierske: *Das Glück, der Tod und der „Augenblick"*, S. 95–101; Bügner: *Lebenssimulationen*, S. 228 f.

-verdrängung fixiert, seinerseits zum Tod. Der Roman realisiert im Fortgang diese negative Option mit dem durch einen Totschlag und einen Selbstmord besiegelten katastrophalen Ende. Am Schluss ereilt somit, könnte man sagen, Klaus Jung doch noch Thomas Buddenbrooks Schicksal.

Den Grund dafür gibt das Buch selbst an: Die in besagtem Augenblick geöffnete Tür – „In dieser Nacht erzählten sie sich, wer sie waren“[24] – schließt sich unmittelbar danach wieder, die umstürzende Erfahrung wird ihrerseits verdrängt, bleibt ohne Konsequenz:

> Vielleicht hätte er das [sc das Ablegen seiner „Lebensbeichte“, d. Verf.] nie tun dürfen. Niemals durfte man seine Wunde zeigen, wenn man nicht wollte, daß jemand hineingriff. Er war betrunken gewesen von Erhobenheit in dieser Nacht und süchtig nach einer menschlichen Gemeinschaft. Solche Schwächen hatte er sich später nicht mehr erlaubt, er hatte lernen müssen, langsam.
> In einem unbestimmten weitläufigen Sinn hatte er erwartet, daß sich alles ändern würde nach dieser Nacht der Erleuchtung, aber er wußte nicht, wie. Und sie, die seine Erwartung ahnungsvoll spürte, wußte es auch nicht.[25]

Einen ähnlichen Augenblick erlebt in dem Fernsehspiel *Phantasten* der Bankier Sollier mit seiner Schwägerin Anja, zu der er sich hingezogen fühlt. Wellershoff selbst charakterisiert es so:

> Eine ganz andere Form von Dialog, in dem verborgene Wahrheit auftauchen kann, oft ohne daß die Dialogpartner sie in ihrer ganzen Konsequenz erkennen, ist das zweckfreie Gespräch zwischen vertrauten Menschen, das in einem unverplanten Augenblick wie beiläufig in Gang kommt und sie unversehens über eine bisher noch nicht überschrittene Grenze führt.
> […] Er [sc. Sollier, d. Verf.] jedoch, ein Mensch, der gewöhnlich nie über sich selbst spricht, kommt wieder auf sich zurück und gibt sich zu erkennen als jemand, der trotz allem, was er erreicht hat, nicht zu sich selbst gekommen ist. Das lebenslang Verdrängte, das Unbewußte will reden und steuert auf ein Geständnis zu: […][26]

Der betreffende Dialog ist der folgende:

> Sollier: ich weiß verdammt wenig über mich, habe auch wenig Erinnerungen. Irgendwie habe ich mich immer gleich gefühlt.

24 Ebd., S. 596.
25 Ebd.
26 *Das Schimmern der Schlangenhaut*, S. 862 f.

Anja: Und wie?
Sollier: Es ist das Gefühl einer künstlichen Ruhe.
Anja: Das ist immer so?
Sollier: So lange ich denken kann. Es hat mich zu einem guten Schüler gemacht und mir Erfolg im Beruf gebracht. Und ich bin offenbar auch ohne Probleme verheiratet. Nur durch dich ahne ich, daß es ein anderes Leben gibt. Und daß ich jemand anderes sein könnte.
Anja: Felix, wir reden uns da in was hinein. Das ist nicht gut für uns.
Sollier: Für mich ist es das Beste. Weißt du, was ich manchmal denke? Daß ich mir eine Katastrophe wünsche, die alles verändert. Aber die Regel ist, daß ich dagegen kämpfen muß bis zuletzt.[27]

Die Parallelen zu der nächtlichen Gesprächsszene in *Die Schönheit des Schimpansen* liegen auf der Hand. Solliers Katastrophenwunsch entspricht Ellens Todeswunsch. Aber genauso wie im Roman schließt sich die Perspektive einer fundamentalen Veränderung auch im Drehbuch rasch wieder, dort bereits in Solliers letztem Satz, in dem sich der Sieg des unabweisbaren Realitätsprinzips ankündigt.

Ein dritter, sich in der Kommunikation öffnender „utopischer Augenblick" findet sich im zehnten Kapitel von *Der Sieger nimmt alles*. Ulrich Vogtmann hat auf seiner Autofahrt nach München eine junge Anhalterin mitgenommen, die Absolventin einer Schauspielschule, die allerdings kein Engagement erhalten hat und ihren Lebensunterhalt einstweilen mit der Synchronisation von Pornofilmen verdient. In München lebt sie in einer WG mit zwei schwulen Freunden. Sie repräsentiert eine postmaterialistische Lebensform, die von derjenigen Vogtmanns nicht nur denkbar weit entfernt ist, sondern ihm seinem eigenen Habitus nach auch Verachtung einflößen müsste. Das ist indes nicht der Fall, vielmehr dominiert von Anfang an eine leicht erotisch aufgeladene Sympathie mit der Anhalterin:

> Verwundert stellte er fest, daß sein Mißmut und seine Benommenheit verflogen waren und er sich völlig wach fühlte. Das Leben hielt doch immer noch Überraschungen bereit und ließ einen spüren, daß es sich lohnte. Man mußte nur die Gelegenheit ergreifen, mußte den Augenblick erkennen. Das war es.[28]

Vollends zum Objekt einer utopischen Sehnsucht wird die junge Frau, als sie dann Shakespeare rezitiert, Verse aus dem *Sommernachtstraum* und *Romeo und Julia*. Aber noch im selben Augenblick verdrängt Vogtmann solche Wünsche, das besagte Fenster schließt sich nahezu im selben Moment, da es sich öffnet – oder zu

---

27 *Phantasten. Fernsehfilm in zwei Teilen*, in: WW 6, S. 438–557; hier: S. 498.
28 *Der Sieger nimmt alles*, S. 337.

öffnen scheint. Der Terminkalender siegt über die Poesie, die Autobahn wird zum Gefängnis, das jeden Ausbruch verwehrt, Vogtmann schließt sich selbst von der Verheißung aus:

> Er starrte auf die heransausende Straße. Er war angekündigt in München, wurde dringend in der Firma erwartet. Für den Abend war er mit Katrin verabredet. Diese Fahrt war nur ein Zwischenspiel, das im Nun vorbei sein würde, so sehr sich eine seltsame, unvernünftige Hoffnung dagegen sträubte.
> [...]
> Was für eine prunkvolle Sprache war das, und wie einfach, wie richtig sprach sie diese Verse. Es war wie das langsame Vorbeischreiten einer Prozession, und er, ein Ungläubiger, stand am Wegrand. Pausenlos schoß die Straße auf ihn zu, wurde hinter ihm fortgerissen.[29]

Utopische Glücksmomente in Wellershoffs Werk sind allerdings nicht an Kommunikation gebunden. Sie können seine Figuren in jedweder Situation „anfallen", auch in solchen einer ekstatisch aufgipfelnden Einsamkeit, in der ein anderes menschliches Subjekt sogar eher stören würde: Der utopische ist dann ein „individueller Augenblick"[30]. Oft verbindet sich ein neues, intensiviertes Sehen der Welt mit Naturerlebnissen.[31] Bei Spaziergängen auf Teneriffa erlebt etwa Klaus Jung auch

> Augenblicke überströmender Fülle, wenn er allein war. Einmal auf einem schmalen lavendelüberwachsenen Pfad, der unter einem überhängenden Lavafelsen, dicht an einem steilen Felsabbruch oberhalb des Meeres entlangführte. Über sich hatte er das rötliche Gestein, bis an den Rand bewachsen mit großen kandelaberähnlichen Kakteen, und tief unter sich das dauernde Aufschäumen der Brandung an den Uferfelsen. [...] Das Meer spiegelte die Leere des wolkenlosen Himmels und warf sein Licht zurück, und hier oben auf dem schmalen Felsweg fühlte sich Jung in der Mitte beider Sphären. Fluten von Wärme strahlte der Felsen aus, doch das Gesprüh der Brandung in der Tiefe mischte Frische in die Luft, so daß er sich wohlig und leicht, wie in einer hellsichtigen, wachen Trance bewegte. Er roch den Lavendel, durch den seine Füße streiften, und die nie ganz erloschene Berauschung von den Umarmungen der Nacht durchströmte seinen Körper. Er bleib stehen, an den Felsen gelehnt, um es deutlicher zu empfinden. Ihre schwarzen gelösten Haare waren einen Augenblick der lodernde Mittelpunkt des Taumels, dann zerging das wieder in dem hellen Licht.[32]

---

29 Ebd., S. 340.

30 Tschierske: *Das Glück, der Tod und der „Augenblick"*, S. 93.

31 S. dazu Wellershoff: *Zeit – Alltag und Augenblick*, S. 953 f.; s. außerdem *Das Glück, der Tod und der Realismus*, S. 926.

32 *Die Schönheit des Schimpansen*, S. 604 f.

Hier erlischt das Unglück des Lebens im Rausch einer synästhetischen Sinfonie, in einem „präreflexiven Staunen“[33], einer Unio mystica mit der Welt, die sich mit erotischen Verschmelzungsfantasien verbindet.

Ähnliche Erfahrungen macht auch der alte Lorenz in *Ein schöner Tag*, genauer: er vergegenwärtigt sich aus der Erinnerung einen Urlaub mit seiner Tochter Carla, die im Regen im See schwimmen geht: „Er stand an die Bretterwand gelehnt und hörte über sich auf dem Dach den Regen, das Wasser roch stark nach Supf und faulendem Holz.“[34] Es sind dies alles (und sei es erinnerte) Situationen, in denen das Leben mit einer ungekannten sinnlichen Fülle, Dichte und Intensität über die Menschen hereinbricht – nicht als feindliche Bedrängnis, sondern als glückhafte Überwältigung.

Als eine ähnliche und doch auch kontrastierende sei noch eine weitere Stelle aus *Der Sieger nimmt alles* angeführt. Am Beginn des vierten Kapitels wird eine hochsymbolisch aufgeladene Situation gestaltet, die bereits seine Überschrift anzeigt: „Auf der Schaukel“.[35] Anlässlich einer Familienzusammenkunft in Haus und Park ihres Elternhauses setzt sich Elisabeth Pattberg auf besagte Schaukel und überlässt sich ihren frei flutenden Gedanken und Empfindungen:

> All das gehörte zu ihr. Sollte sie es glauben? Alles schwankte, obwohl es feststand. All das Unglaubhafte war wirklich. Verstanden hatte sie das nicht.
> Mußte man es verstanden zu haben, um glücklich zu sein? Glücklich sein zu können ohne Angst? Oder gehörte die Angst zum Glück? Denn war das Glück nicht ein Fliegen, ein Vorwärtsstürzen und Getragenwerden, ein Schweben über das Stürzen hinweg?
> Ja, so war es, so empfand sie es. Alles war wirklich, alles zeigte sich, brauchte nicht bewiesen zu werden. War einfach da.[36]

Die letzten Sätze des Zitats gehören jenem sprachlichen Repertoire an, mit dem Wellershoff eine – bei ihm seltene – einverständliche Zutraulichkeit seiner Figuren zur Welt bedenkt. Feindtönungen fehlen, Dinge und Menschen sind in ihrer freundlichen Präsenz „einfach da“, brauchen sich dafür auch nicht zu legitimieren, dazu misstrauisch befragen zu lassen. Allerdings ist das Schaukelmotiv – und das realisiert die Bildersprache des Kapitelanfangs ebenfalls – zugleich abgrundtief ambivalent. Im zitierten Text selbst spiegelt sich das in der Häufung von Fragezeichen. Wellershoff greift diesbezüglich womöglich auf eine einschlägige Motivtradition in Literatur (Fontanes *Effi Briest* wäre zu nennen) und Bildender Kunst zurück (hier

33 Tschierske: *Das Glück, der Tod und der „Augenblick“*, S. 92.
34 *Ein schöner Tag*, S. 164.
35 S. dazu instruktiv auch Sass: *Der magische Moment*, S. 308–312.
36 *Der Sieger nimmt alles*, S. 89.

wäre u. a. auf Renoirs Gemälde *Die Schaukel* zu verweisen). Die Bewegung des Schaukelns steht nämlich für Freiheit und Entgrenzung genauso wie für Boden- und Sicherheitsverlust, für Glück genauso wie für Angst, für Steigen wie für Fallen, für Fliegen wie für Sturz. Im symbolischen Bild gestaltet sich somit auch Elisabeths eigene Zukunft. Die ist einstweilen noch offen, Erfüllung und Katastrophe liegen als Möglichkeiten ungeschieden beieinander.

Schließlich stellen sich auch in Wellershoffs Lyrik – dort sogar relativ häufig, begünstigt durch den genrebedingten Verzicht auf ein diskursives Sprechen – ekstatische Momente einer neuen Wahrnehmung ein, in denen sich die überraschende unvernutzte Vieldeutigkeit der Welt wieder herstellt. Das ist z. B. der Fall in einem Gedicht von 1973, dessen erste Zeilen hier zitiert seien. Insofern es zentrale Gesichtspunkte von Wellershoffs Literaturtheorie berührt, lässt es sich sogar als poetologisches Gedicht bezeichnen:

> Wie nie gesehen
> Wie zum ersten Mal
> Weiß und feucht wie
> geschälte Nüsse.
> Im Augenblick wenn du
> Zu den Sachen kommst
> Muß vermieden werden
> Daß ein einziger Sinn sich
> aufdrängt.[37]

Wellershoff nennt die „utopischen Momente“ in seiner Dichtung wie in seinen diese kommentierenden Äußerungen immer wieder, auch in den bereits zitierten Beispielstellen, „Augenblicke“.[38] Der Begriff „Augenblick“ steht in einer philosophischen Tradition, die im 20. Jahrhundert maßgeblich von Walter Benjamin (bis hin zu seinen späten geschichtsphilosophischen Reflexionen *Über den Begriff der Geschichte*) und „seinem“ Augenblick der messianischen Epiphanie repräsentiert wird. Karl Heinz Bohrer hingegen hat unter dem Leitbegriff der „Plötzlichkeit“ auf eindringliche Weise die ästhetische Dimension des Augenblicks erschlossen, ver-

---

37 „Wie nie gesehen“ (ohne Titel), in: WW 6, S. 777; s. zur Interpretation Phelan: *Lyrik und Wahrnehmung*, S. 139 ff.

38 S. zum Begriff und zur Phänomenologie des „Augenblicks“ bei Wellershoff Tschierske: *Das Glück, der Tod und der „Augenblick“*, S. 83–101; Bügner: *Lebenssimulationen*, S. 226–234; Sass: *Der magische Moment*, S. 208–332.

standen als „Ausdruck und Zeichen von Diskontinuität und Nichtidentischem“[39]. Der moderne Schriftsteller hat, so Bohrer,

> überkommene Verständnismuster der Wirklichkeit schon hinter sich gelassen. Hofmannstahls „Augenblick“ ist einer der ersten Belege für dieses negative, theoriefreie Ausgesetztsein des reflektierenden, aber von tradierten Sicherheiten abgesprengten modernen Künstlers. Die „Epiphanie“ des „Augenblicks“ ist ihm das einzig substanziell Gebliebene. Es ist nicht „symbolisch“ interpretierbar, weist nicht über sich hinaus, sondern stellt umgekehrt von vorweggenommener Kontinuität in Frage.
> Diese Verabsolutierung des „Jetzt“ zum erscheinenden „Augenblick“, zur poetologischen Struktur der „Epiphanie“, ist durchgängig zu beobachten als ein Kennzeichen der modernen Literatur.[40]

Bohrer bringt auch – und hier stellt sich eine auffällige Parallele zu Wellershoffs poetischer Praxis her – Augenblick und Glück zusammen, wodurch jener überhaupt erst zum „utopischen Augenblick“ wird.[41] Tschierske beschreibt, Bohrer kommentierend und fortführend und jetzt im Kontext seiner Wellershoff-Interpretation, diesen utopischen Augenblick als

> ein zur Vision verdichtetes Bild, in welchem sich eine emphatische Idee des Lebens realisiert, weil die poetische Epiphanie des „Augenblicks“ in ihrer ekstatischen Sprengung der Zeit gerade dem Tode auf hintergründige Weise entzogen bleibt.[42]

Diese Beobachtung ist freilich dahingehend zu modifizieren, dass die „Epiphanie“ – es mag verstören, führt aber tief in Wellershoffs Dichtkunst und Gedankenwelt hinein – sehr wohl auch mit dem Todesaugenblick oder mit einer den Tod herbeiführenden extremen Gewalttat zusammenfallen kann. „Ekstatisch“ ist der Tod Ulrich Vogtmanns in *Der Sieger nimmt alles* genauso wie Klaus Jungs an Gerda Brekamp vollzogener Tötungsakt in *Die Schönheit des Schimpansen*, und für die einschlägigen Vorgänge in *Einladung an alle* trifft dies ebenfalls zu.[43] Hier wird eine „negative Utopie“ realisiert, weil der Weg in eine „positive“ definitiv versperrt bleibt. Ellen Cybiks Wunsch „Ich möchte tot sein“ führt in diesen Augenblicken

---

39 Karl Heinz Bohrer: *Plötzlichkeit. Zum Augenblick des ästhetischen Scheins* (= *edition suhrkamp*, Bd. 1058), Frankfurt/M. 1981, S. 7.

40 Ebd., S. 63.

41 Ebd., S. 216 f.

42 Tschierske: *Das Glück, der Tod und der „Augenblick“*, S. 88.

43 S. dazu Kapitel 11 („Krise“), S. 255 f.

nicht zu einer Öffnung, Befreiung und letztlich Lebensbejahung, sondern wird auf eine Weise erfüllt, die ihn brutal wörtlich nimmt.

Wellershoffs positiven Augenblicken eignen hingegen die Eigenschaften des Ephemeren und Imaginären. Was er für den französischen Nouveau Roman geltend gemacht hat, trifft auch auf seine eigenen Texte zu:

> Ein Gefühl der Ferne und Vorläufigkeit durchkreuzt immer wieder die Bilder der Erfüllung. Irgend etwas fehlt, kann nicht ganz zu sich selbst kommen, als würde der Wunsch von seinem restlosen Erscheinen abgelenkt und an einem Blendschirm gebrochen, an dem nur sein Abglanz sich zeigen kann. Häufig ist es die Natur, deren fremde menschenferne Schönheit eine nicht formulierbare Erfüllung verspricht. [...]
> Was in den schwebenden Erscheinungen der Natur aufging und sich wieder verschloß, war nur der Vorschein einer in der Person werdenden Wahrheit, die im Vorbewußtsein eingesperrt ist, aber weiter auf Realisierung drängt, und immer wieder diesen vorutopischen Moment erzeugt, in dem die gesteigerte Wahrnehmung in Betäubung und Blindheit übergeht.[44]

Genauso wie Augenblicke nicht „geplant" werden können, unverfügbar sind, so können sie als solche auch nicht dauern – sonst wären sie keine Augenblicke. Aber das momentane und in seiner Spontaneität überwältigende Evidenz- und Freiheitserlebnis, das Wellershoffs Figuren in „eine[r] Art Abwesenheit und Benommenheit"[45] erleben, ist darüber hinaus auch nicht nachhaltig, wird im Fortgang der Handlung gleichsam „vergessen". Die Utopie bleibt eine Chiffre, die sich nicht materialisieren kann:

> Alles Glück, das mit dem „individuellen Augenblick" der Utopie verbunden und in ihm nicht nur repräsentiert, sondern auch realisiert ist, bleibt daher notwendig selten und insulär, traumhaft und wenig wirksam für den weiteren Weg der Gestalten, welchen das härtere Realitätsprinzip zum Scheitern bestimmt.[46]

Indes gibt es, wie nachdrücklich zu betonen ist, bei Wellershoff utopische Augenblicke, die keineswegs aus einem Meer von Scheitern und Unglück herausragen. Einen solchen Augenblick bereitet sich die anonyme Hauptgestalt in der Erzählung *Tanz in Schwarz*, die nach der Beerdigung ihres Vaters noch in Trauerkleidung, aber barfuß im Wald zu tanzen beginnt. Der Leser kann sich die Frau als die glücklichere

---

44 *Der Gesang der Sirenen*, S. 406 f.

45 Tschierske: *Das Glück, der Tod und der „Augenblick"*, S. 92.

46 Ebd., S. 93.

Schwester der Carla aus *Ein schöner Tag* vorstellen. Sie erlebt den Tod ihres dominierenden bis tyrannischen, emotional erpresserischen Vaters als fundamentale Befreiung. Der sie bei ihrem Tanz zufällig beobachtende Begräbnispfarrer scheint den Hintergrund des Vorgangs zumindest zu ahnen: „Es war sehr schön, sehr anmutig. Sie sollten es nicht bereuen."[47] Allerdings bleibt die Gefühlsreaktion der Frau in sich genauso widersprüchlich und ambivalent wie ihr Tanz in Schwarz:

> Sie weinte über ihn, der verbittert und verzweifelt gestorben war, und über ihre Mutter, deren Verstand sich mit den Jahren verwirrt hatte, und auch über sich selbst, die sich gerettet wußte und doch das Glück, das sie empfand, nicht mehr getrennt von ihrer Trauer erlebte, ohne sagen zu können, wie alles zusammengehörte, jetzt, jetzt und eigentlich immer und überall.[48]

Ein gänzlich anderer utopischer Augenblick findet sich in der Erzählung *Graffito* aus dem Band *Das normale Leben*, in der eine minderbegabte Kunststudentin (typologisch eine Nachfahrin der Anja aus dem *Liebeswunsch*) zwei bezeichnende Parallelerfahrungen macht. Von einem de facto chancenlosen Stalker bekommt sie etwas,

> was sie sich niemals hatte träumen lassen. Trotz ihres elenden Mittelmaßes, das sie seit langem kannte, hatte er ihr gestanden, daß sie für ihn etwas Einzigartiges sei. Er hatte etwas an ihr wahrgenommen, was sich hinter den Eigenschaften verbarg, die die anderen gewöhnlich an ihr wahrnahmen.[49]

Der „eigentliche" utopische Augenblick ereignet sich freilich dank einer anderen, aber genauso solitären Erfahrung. Assoziativ herbeigerufen durch die von dem zudringlichen Interessenten an sie adressierten Worte „Meer der Gedanken", stellt sich bei der Studentin die Erinnerung an einen Florida-Urlaub ein, in deren Zentrum das Erlebnis eines springenden Wals steht: „Es war das, was man nur einmal im Leben sah, das Einmalige, das unversehens vor einem auftauchte und das man nie vergessen durfte. [...] Langsam entglitt ihr das Bild. Sie fühlte sich müde und legte sich auf ihre Bettcouch."[50]

Schließlich die Erzählung *Die Frau auf dem Balkon* aus *Der Körper und die Träume*, im Prinzip ein filmisches, an Klassiker wie *Das Fenster zum Hof* erinnerndes

---

47 *Tanz in Schwarz*, in: WW 2, S. 991–995; hier: S. 994.

48 Ebd., S. 994 f.

49 *Graffito*, in: WW 7, S. 325–339.

50 Ebd., S. 337 f. Der springende Wal geht auf ein Erlebnis Wellershoffs zurück, das er während seiner 1992er Gastdozentur in Florida hatte (s. *Im Lande des Alligators. Floridanische Notizen. Ein Reisebericht*, in: WW 3, S. 567–613; hier: S. 591 f.).

Arrangement. Ein Mann, der Ich-Erzähler, der sich als „alte[n] Mann“[51] bezeichnet und damit auf Distanz zum Geschehen bringt, wird zum Voyeur, zum Beobachter eines Beobachters und des von ihm Beobachteten. Der andere, wohl ein älterer Schüler, lässt vom Plattenspieler bei geöffnetem Fenster Musik ertönen, die eine Frau auf den Balkon der gegenüberliegenden Wohnung herauslockt. Es handelt sich um eine ekstatische Epiphanie eigener Art: Die Frau, verheiratet und Mutter, zeigt sich, solange die Musik erklingt, dem unbekannten Bewunderer in erotischen Posen, zeigt ihm ihre nackten Brüste und Schenkel. Sie steigt damit aus ihrem bürgerlichen Alltagsleben aus und betritt die Sphäre eines von unterdrücktem Begehren beherrschten Traums: Das ist, so zitiert Hartmut Steinecke Wellershoff, „ein ungeheuer subversiver Vorgang der Öffnung des Unbewußten, der Wiederkehr des Verdrängten, ein Stück realisierter Utopie“[52].

Neben dem „utopischen Augenblick“ gibt es in Wellershoffs Phänomenologie des Augenblicks den „poetischen Augenblick“ – oder besser und genauer: den Augenblick der poetischen Erfahrung –, der mit ersterem keineswegs identisch ist, sich aber mit ihm berührt. In seinem Essay *Transzendenz und scheinhafter Mehrwert* entwickelt Wellershoff dessen Theorie anlässlich der Weltwahrnehmung, mit der Flauberts Madame Bovary auf den Abschiedsbrief ihres Liebhabers Rodolphe reagiert. „Mit der Evidenz einer Vision“ sind im Bild eines Sommertages alle „Spannungen des plötzlichen Wechsels von höchster Glückserwartung zum äußersten Unglück [...] unaufgeschlüsselt darin enthalten“:

> Dieses intensive In-Erscheinung-Treten eines verborgenen, vom Begriff noch nicht eingeholten Sinns möchte ich eine poetische Erfahrung nennen. Sie scheint der Traumerfahrung verwandt zu sein oder dem staunenden überwältigten Schauen eines Kindes, das distanzlos einem neuen Eindruck ausgeliefert ist. Auch manche Erinnerungen haben etwas davon, wiederkehrende Bilder, die sich uns zeigen, ohne daß wir den Zusammenhang finden, in den wir sie wegordnen können. Vergessene Wünsche und Ängste scheinen im Hintergrund dieser Erfahrung bereitzuliegen. Sie geben sich nicht ganz zu erkennen, laden aber die Erscheinungen mit einem Strom von Energie auf.[53]

Als „Entstehungsbedingung des Poetischen“ bezeichnet Wellershoff allemal die „Durchbrechung des Kontinuums unserer praktischen Realitätsbeherrschung“[54]. Als Beispiele eines so verstandenen Poetischen nennt er Phänomene, die tatsächlich in seinen fiktionalen Texten so oft vorkommen, dass ihr Einzelnachweis sich

51 *Die Frau auf dem Balkon*, in: WW 2, S. 947–951; hier: S. 950.

52 Steinecke: *Voyeur der Träume*, S. 210.

53 *Transzendenz und scheinhafter Mehrwert*, S. 304 f.

54 Ebd., S. 306.

erübrigt, u. a. „eine unverständliche Stimme im Nebenzimmer, ihr plötzliches Schweigen", „ein Haufen Gerümpel", „ein Lichtreflex in einer Glasscheibe", „Straßenfluchten". All das muss allerdings „in ungewohnten Zusammenhängen oder Momenten auftauchen, erschreckend beleuchtet oder geheimnisvoll verdunkelt, und vor allem in seinem Für-sich-Sein, seiner undurchdringlichen Dichte, die all unser Bescheidwissen abweist"[55].

Nach diesem Durchgang durch das Thema „Utopie bei Wellershoff" dürfte deutlich geworden sein, dass der Vorwurf eines fehlenden utopischen Gehalts, der von Kritikern und Interviewern immer wieder gegen den Autor erhoben wurde, in dieser Pauschalität nicht aufrechterhalten werden kann. Die „negative Anthropologie" als die seiner Dichtung zugrundeliegende Denkfigur setzte freilich kaum bestreitbar der Entfaltung positiver Utopien engste Grenzen. Der Autor hat das selbst genauso gesehen, dabei aber die Kritik an der vermeintlich geschlossenen Negativität seiner Bücher begründet zurückgewiesen:

> Ich möchte behaupten, daß es auch in meinen Büchern und Filmen Momente von Utopie, von Versöhnung und Glück gibt. Es sind dies aber sicherlich nicht die Schlußsituationen. Insofern sind meine Werke kritischer oder auch resignativer. Ich lege es nicht darauf an, nur eine ganz monotone und aussichtslose Schattenwelt darzustellen, ich deute wenigstens die besseren Möglichkeiten der Figuren auch an.[56]

Die Erfahrung, die in seinen Büchern formuliert werde, sei, so betont Wellershoff an anderer Stelle, „nicht monolithisch. Es gibt darin Gegenbewegungen, Versöhnungsmomente, Befreiungsmomente, nur keinen endgültigen Sieg und keinen gesicherten Besitz von Glück".[57]

---

55 Ebd., S. 305.

56 *Der Romancier und das Fernsehen*, S. 83.

57 *Das Glück, der Tod und der Realismus*, S. 103.

13. Eros und Tod

Der Tod sei, schreibt Christian Linder im Wellershoff-Kapitel seines Essaybandes *Die Träume der Wunschmaschine*, „immer eine dunkle Unterstimme des Lustprinzips". Der Satz steht im Kontext seiner Ausführungen zur Novelle *Die Sirene*, in der „Liebe und Tod ja dicht beieinander" lägen.[1] Tatsächlich ist die mythisch-zeitentiefe Affinität von Eros und Tod ein zentrales Thema in Wellershoffs literarischem Werk, die sich aus dessen gedanklich-strukturellen Basiskonstellationen ergibt. Indes seien zunächst, bevor dieser Zusammenhang ausführlicher dargestellt wird, die Erscheinungsformen von Liebe und Tod in seiner Dichtung separat in den Blick genommen.

Über den Eros, genauer: über die Phänomenologie des Begehrens in der Weltliteratur von Goethe bis Houellebecq, hat Wellershoff einen Großessay geschrieben, der bezeichnenderweise den Titel *Der verstörte Eros* trägt. Die Liebe steht dort also von vornherein im Zeichen der Krise, der Gefährdung, des Scheiterns. Naheliegend berücksichtigt die Textauswahl die großen „klassischen" Ehebruchsgeschichten aus der Epoche des literarischen Realismus, also diejenigen Flauberts, Tolstoijs und Fontanes. Hinzu treten Romane – von De Laclos und De Sade über Henry Miller bis hin zu Brett Easton Ellis –, in denen das erotische Begehren zerstörerisch-monströse Blüten treibt.

Dabei kommt es, historisch gesehen, zu einer tiefgreifenden Transformation: Die sukzessive Befreiung des Eros von institutionellen „Leitplanken" wie Ehe und Moral eröffnet scheinbar schrankenloser Wunscherfüllung die Bahn, doch das damit verbundene Glücksversprechen erfüllt sich keineswegs. Auf der einen Seite formieren Illusionen, überfordernde Ansprüche, Freiheitsbedürfnisse, die noch so emphatisch beschworene Paarsymbiosen zu sprengen drohen, die Signatur des Eros in der Spätmoderne, in der Wellershoff seine eigenen Krisengeschichten ansiedelt. Auf der anderen Seite tun dies ein konsumistisch-gleichgültiges Verhältnis zu Partnerschaft und Sexualität sowie deren marktförmige Zurichtung mit der zwangsläufigen Folge von Gewinner- und Verlierertum. Die absolute Freiheit droht in neue Herrschaft umzuschlagen: diejenige, die von den Imperativen der „Glücksindustrie" ausgeht.[2]

---

1 Christian Linder: *Der Tag der Drachentötung*, S. 188.

2 S. dazu seinen Essay *Der Treibsand der Gefühle und die Freiheit, glücklich zu sein*, in: WW 4, S. 634–643; s. dazu auch Heinrich Deserno : *Leidenschaft und Selbstbestimmung in Dieter Wellershoffs Roman „Der Liebeswunsch"*, in: Ortrud Gutjahr (Hg.): *Kulturtheorie*, Würzburg 2005, S. 299–331; hier: S. 319 f.

Wellershoff macht für sein Werk beides geltend: die essenzielle Bedeutung von Liebe und sexuellem Glück und die zerstörerischen Gefahren, denen beide ausgesetzt sind. „Sexualität kommt“, heißt es in einem Interview,

> in meinen Büchern auf verschiedenste Weise vor, als Glückserlebnis und als katastrophale Macht, frivol, spielerisch, tragisch und auch als Machtäußerung und Aggression. [...] Ich will damit sagen, und das entspricht auch meiner persönlichen Erfahrung, daß Sexualität keine Sache für sich ist, bloß der Schluck Wasser für einen Durstigen, wie Lenin gemeint hat –, sondern ein Begegnungsmedium und ein Ausdruck für alles, was die Menschen in die Situation mitbringen. Die Sexualität repräsentiert den ganzen Menschen. Und da ich vor allem Menschen in krisenhaften Situationen dargestellt habe, drücken sich die Krisen auch in der Sexualität aus. Manchmal erscheint sie aber auch als eine äußerste Verdichtung des Lebens, sozusagen als sein stärkstes Argument.[3]

Im „Ausnahmezustand der leidenschaftlichen Liebe ist“, führt Wellershoff in einem anderen Gespräch aus,

> die Gefahr ihres Scheiterns schon angedeutet [...]. Ja, wer liebt und geliebt wird, ist zunächst einmal gerettet. Alles, was fehlte, alle Glücksgüter, mit denen man nicht gesegnet worden ist, werden durch die erfüllte Liebe, in der sich ein Paar findet, übertrumpft. Im Glücksspiel des Lebens ist die Liebe einer der höchsten Glückskarten, und für das liebende Paar sicher die höchste. Aber weil sie als das einzigartige und unaustauschbare Glück erlebt wird, hängt von ihr auch alles ab. Man stürzt tief, wenn das Glück verlorengeht. [...] In meinem Roman *Der Liebeswunsch* habe ich das Scheitern des Konzeptes der totalen Liebe an der Verschärfung der Verschiedenheiten dargestellt. Die Gefahr ist der Illusionismus, der die Verschiedenheit der Menschen und die daraus entstehenden unvermeidbaren Asymmetrien nicht wahrhaben will und auf einer totalen symbiotischen Übereinstimmung besteht.[4]

Tatsächlich bezeichnen diese Äußerungen das Konfliktdesign großer Teile von Wellershoffs Oeuvre. Dessen „klassische“ Figur ist die Dreieckskonstellation – ein Mann zwischen zwei Frauen, eine Frau zwischen zwei Männern –, die sich beim Autor allerdings in immer neuen Variationen, mit stets neuen Krisenverläufen ausprägt. Ihnen gemeinsam ist die Situation von Menschen, die in ihrer etablierten Partnerbeziehung das Bewusstsein oder auch nur das halbbewusste Gefühl entwickeln, ein falsches Leben zu führen, und in denen deshalb Ausbruchswünsche Platz

---

3 *Schreiben und Leben*, S. 941 f.

4 *Ein Horizont der Möglichkeiten. Gespräch mit Peter Clös in der Kölner Lutherkirche*, in: WW 8, S. 940–955; hier: S. 953.

greifen. Aus einer Vielzahl von möglichen Beispielen seien im Folgenden einige herausgegriffen.

Dreieckskonstellationen, die sich mit der Wellershoff-typischen Opposition von Realitäts- und Lustprinzip verbinden[5], gibt es bereits im Frühwerk. Im ersten Hörspiel, *Die Sekretärin*, sieht sich die Titelfigur Ruth Weber zwischen ihren Freund Helmut, einen Pedanten und Ordnungsfanatiker – typologisch übrigens eine Frühversion des Leonhard aus dem *Liebeswunsch* – und die Erinnerung an ein kurzes, aber intensives Liebesabenteuer mit dem durchreisenden Robert gestellt. Der hat zwar nie mehr etwas von sich hören lassen, trotzdem verfolgt sie „das Phantasma eines unverfälschten Lebens"[6], das sich an diese Begegnung knüpft. In einer auch beruflich prekären Situation entgeht sie schließlich, ihren Alltagsbezügen entfremdet, nur knapp einem Verkehrsunfall. Ob dahinter ein verkappter Selbstmordversuch steckt, bleibt offen – ein Raum des Unbestimmten, Nicht-Definierten lässt es immerhin als Möglichkeit zu.

Eine unter Teilaspekten ähnliche, aber auch wieder andere – genauer: anders codierte – Konfiguration findet sich in den Erzählungen *Die Fähre nach England* und *In der Oper*: In *Die Fähre nach England*[7] steht eine Frau, Saskia, zwischen dem ungeliebten Ehemann und einem – jüngeren – Geliebten namens Norbert, der eine Korrespondentenstelle in London antreten will und sie auffordert, aus diesem Anlass „klar Schiff" zu machen, also ihre Ehe zu beenden und mit ihm zusammen ein neues Leben auf der britischen Insel zu beginnen. Dieser Entscheidungssituation ist Saskia nicht gewachsen: Sie fühlt sich überrumpelt, wird von Zukunftsängsten überfallen und beschließt, trotz allem in ihrer unglücklichen Ehe zu verharren. Zentrales Dingsymbol der Erzählung ist – wieder einmal – das Meer, das, wie in *Die Sirene*, Freiheit bedeutet, aber auch eine risikoreiche existenzielle Unsicherheit, eine von der Gefahr des Untergangs umstellte Verlockung. In ihrem Statement nach einer gemeinsamen Wanderung im norddeutschen Wattenmeer ist ihre Absage an eine Zukunft mit Norbert bereits vorweggenommen:

> Er setzte sich zu ihr und legte behutsam den Arm um sie. „Hast du Schmerzen oder Druck auf der Brust?"
> „Nein, nein, nur dieses Herzjagen und die Übelkeit. Ich kann das Meer nicht vertragen. Es ist mir noch nie bekommen."[8]

---

5 S. dazu auch Cramer: *Erotischer Dämon oder Frau ohne Unterleib*, S. 50 ff.

6 Eke: *RadioKunst*, S. 237.

7 S. zur Interpretation Steinecke: *Voyeur der Träume*, S. 201–208.

8 *Die Fähre nach England*, in: WW 2, S. 894–923; hier: S. 909.

In der Rückschau, während der Überfahrt mit der Fähre von Ostende aus, sieht sich Norbert seinerseits von einer erdrückenden Last befreit – und um die Erkenntnis bereichert, dass Saskia mit ihrem Rückzug wohl im Recht war. Sie wird darüber zur Förderin eines männlichen Bildungsgangs. Er beschreibt seine Zukunft mit einer Erlebten Rede, deren Wortwahl an diejenige Ulrich Vogtmanns während seiner Autofahrt aus dem dänischen Familienurlaub nach München erinnert:

> Er war nicht durch Saskia erwachsen geworden. Die drei Jahre mit ihr waren ein Nachspiel seiner Jugend gewesen, und erst jetzt, nachdem er sie verloren hatte, sah er die Welt wie ein erwachsener Mann, nüchtern und über einen unsichtbaren Graben hinweg, hinter dem er von nun an immer er selbst sein würde, was auch passierte. Ja, alles bestand noch bevor. Sein erwachsenes Leben begann. Ein romantischer Irrtum war ihm erspart geblieben. Das alles hatte Saskia wohl gewußt, und sie hatte danach gehandelt. Er mußte ihr dafür dankbar sein.[9]

In der Oper[10] hat den Besuch einer Aufführung der Schostakowitsch-Oper *Lady Macbeth von Mzensk* durch ein einander entfremdetes Ehepaar zum Gegenstand. Im aufgeführten Werk sieht „sie" die eigene Lebenssituation gespiegelt, und dies umso mehr, als sie in der Pause aus der Ferne ihren Liebhaber erblickt, der sich allerdings von ihr zugunsten seiner Familie zurückgezogen hat und dieses „Aus" jetzt mit einem abwehrenden und abweisenden Blick besiegelt. Im Unterschied zur offenen Katastrophe der Opernhandlung gelingt es der Frau, ihre innere Bewegung zu tarnen, indem sie die Rolle der Depressiven spielt, die ihr Mann ihr zugedacht hat. Die Katastrophe wird sich nach innen wenden, die Gestalt eines Todes zu Lebzeiten annehmen: „Langsam glitt der Wagen die Rampe hoch. Draußen dann die Stadt, die Lichtreklame, der Verkehr. Und Schweigen. Wie ein Urteil, das vollzogen wurde."[11]

Die Konstellation „Ein Mann zwischen zwei Frauen" taucht womöglich zum ersten Mal in dem Roman *Ein schöner Tag* auf, wo sie in die erinnerte Vergangenheit verlegt wird. Dies geschieht nicht von ungefähr, da die Gegenwart sich durch lähmende Entwicklungs- und Ereignislosigkeit auszeichnet und im Sinne der Autorintention auch auszeichnen muss. Eine dynamische Beziehungsfigur hätte in diesen Kontext nicht gepasst. In besagter Vergangenheit – einer von der Zwischen- bis in die Nachkriegszeit reichenden Spanne – hatte der alte Lorenz die Option gehabt, statt Kläre die jüngere Friedel zu heiraten, ihre sinnlichere, fantasievollere, „romantischere" Schwester. Kläre verstarb im Krieg, Friedel kurz danach – mit Bezug auf Lorenz sozusagen einen symbolischen Tod –, so dass die Option erlosch,

9 Ebd., S. 922.

10 S. zur Interpretation: Durzak: *Nachwort*, in: WW 7, S. 791–793.

11 *In der Oper*, S. 420.

das Versäumte nachzuholen: „Ich hätte Friedel heiraten müssen, denkt er, mit ihr wäre ich anders geworden, […].“[12]

Zum ersten Mal taucht hier ein Motiv auf – eine infolge „falscher“ Partnerwahl unter Schwestern verpasste Lebenschance –, das Wellershoff dann mindestens noch zweimal aufgreifen wird: in dem TV-Drehbuch *Phantasten*, wo sich der Bankier Sollier in diesem Sinne seiner Schwägerin anvertraut, und in der späten Erzählung *Das Sommerfest*, wo der Architekt Rudolf Stadelmann im Anschluss an ein Sommerfest im Golfclub seine Frau Claudia (aus deren Perspektive die Handlung erzählt wird) mit deren Schwester Evelyn betrügt. In seinen Augen war sie „eine unreife, selbstverliebte, illusionistische Person“[13], die indes auf dem Fest auf unvermutete Weise durch ihre Vitalität und ihren Charme, ihre Ungezwungenheit und Extrovertiertheit ringsum besticht und in Rudolf Saiten zum Klingen bringt, die im ruhigen Fahrwasser seiner Ehe verstummt waren.

Zum zentralen Dingsymbol der Erzählung wird ein auffälliges, von Claudia gekauftes Kleid, das sie, weil es ihr plötzlich nicht mehr gefällt, Evelyn für das Sommerfest überlässt. Salopp gesagt: Diese „übernimmt“ vor dem Ehemann ihrer Schwester deren Kleid. Wellershoff spielt hier Verwandtschaft als ein Motiv aus, das Nähe und Distanz zugleich zu begründen vermag. Evelyn, die sich sonst von Claudia stark unterscheidet, kann deren Kleid ja nur deshalb problemlos „adoptieren“, weil sie die gleiche Figur wie ihre Schwester hat. Die Dialektik von Nähe und Distanz im Verhältnis engster Verwandter wird übrigens auch, allerdings in einem ganz anderen Kontext, in Wellershoffs *Blick auf einen fernen Berg* wirksam, dem autobiografischen Bericht über das Sterben seines Bruders.

Verschoben erscheint das Schwester-Motiv auch in *Der Sieger nimmt alles*. Ulrich Vogtmann steht hier allerdings nicht zwischen zwei Schwestern, sondern zwischen seiner Ehefrau Elisabeth und der „Hetäre“[14] Katrin und ihrer Zwillingsschwester, die er im Zuge seiner wirtschaftlichen Expansion nach München kennengelernt hat – was auch seine „private“ Emanzipation aus dem Umfeld des Siegburger Familienunternehmens anzeigt. Die Tatsache, dass er die Schwestern kaum voneinander unterscheiden kann, verweist auf jene Austauschbarkeit hin, die, ganz im Sinn des überzeugten „Marktwirtschaftlers“ Vogtmann, auch die Gesetze des erotischen Warenverkehrs dominiert.

---

12 *Ein schöner Tag*, S. 72: s. dazu auch Sass: *Der magische Moment*, S. 274 ff. Die Darstellung von Günthers Mutter enthält starke autobiografische Komponenten, die den Vornamen, die Todesursache und das Verhältnis zu Sohn Günther betreffen. Insofern ist Günther selbst eine „Möglichkeit“ von Wellershoff selbst, die dieser durch literarische Objektivierung gleichsam von sich fortschrieb (s. dazu auch Bügner: *Lebenssimulationen*, S. 209 f. (Anm. 16)).

13 *Das Sommerfest*, in: WW 7, S. 478–534; hier: S. 482.

14 Cramer: *Erotischer Dämon*, S. 51.

Wiederholt verschränken sich die beschriebenen Dreieckskonstellationen bei Wellershoff auf intrikate Weise. Nur so kommt es etwa in *Der Liebeswunsch* zu jener Überkreuz-Stellung, die an Goethes *Wahlverwandtschaften* erinnert. Anja steht zwischen Leonhard und Paul, Paul zwischen Marlene und Anja. In der Erzählung *Ein Gedicht von der Freiheit* steht Isa zwischen ihrem Ehemann und dem Ich-Erzähler, dieser aber wiederum zwischen seiner Ehefrau und Isa (wozu sich als weitere Figur im Beziehungsgeflecht schattenhaft noch „A" hinzugesellt). Gemeinsam ist all diesen Konfigurationen die in ihnen wirksame Sprengkraft, die Dynamik des Zentrifugalen.

Gleichgewichtig und mit gleichstarker Bedeutsamkeit steht dem Thema Eros bei Wellershoff das Thema Sterben und Tod gegenüber.[15] Etliche, keineswegs alle Wellershoff-Texte enden mit einem Tod oder mit einer Ankündigung desselben. Der Tod steht, teils als Totschlag und Selbstmord, am Ende der Romane *Die Schönheit des Schimpansen*, *Der Sieger nimmt alles* und *Der Liebeswunsch*, kündigt sich an in Erzählungen wie *Ein Gedicht von der Freiheit* und *Der Rückzug*, ist ebenfalls präsent in *Das Vermächtnis* und *Tanz in Schwarz*. Aber er ist nicht nur in Erzähltexten ein sei es indirektes, sei es beherrschendes Sujet. Das wird er auch in den Hörspielen *Die Schatten*, *Wünsche* und *Die Toten*, in dem Drehbuch zu dem TV-Spiel *Die Freiheiten der Langeweile*. Die autobiografischen Texte *Blick auf einen fernen Berg* und *Der Ernstfall* schließlich stellen in ihr Zentrum die Todeserfahrung als eine, die die literarische Struktur erst recht ausbildet. Ausführlich und mit nüchtern-schonungsloser Eindringlichkeit hat der 89-Jährige den Ausblick auf das nahegerückte Lebens-Ende – diesmal sein eigenes – auf der Hörbuch-CD *Ans Ende kommen* thematisiert.

Biografisch lässt sich die Dominanz des Todesthemas zweifellos aus Wellershoffs Kriegserlebnissen und der – wieder und wieder reflektierten – Erfahrung eines nur zufälligen eigenen Überlebens erklären. Zu einem unbegreiflichen und trotzdem hinzunehmenden Skandalon wird der individuelle Tod durch die Erkenntnis seiner Endgültigkeit. Der Atheist Wellershoff versagt sich den tröstenden Gedanken an ein Weiterleben nach dem leiblichen Tod. Dadurch erhält nicht nur dieser, sondern auch das ihm vorangehende Leben ein anderes, ungleich größeres Gewicht: Weil eine kompensatorische Belohnung für irdische Mühsal im Jenseits nicht erwartet werden kann, ist dieses Leben, das unvermeidlich mit dem Tod endet, buchstäblich „alles", was der Mensch „hat".

Die Zustimmung zum Leben in seiner Kostbarkeit und das Wissen um sein unausweichliches Ende – darin, beides zusammenzubringen und anzunehmen, besteht für Wellershoff die Leistung eines personalen Reifungsprozesses:

---

15 S. dazu Tschierske: *Das Glück, der Tod und der „Augenblick"*, S. 63–82; Bügner: *Lebenssimulationen*, S. 167 ff.

> Dauerndes Fixiertsein durch den Tod ist ganz bestimmt pathologisch. Andererseits ist es pathologisch, sich nicht bewußt zu sein, daß man sterben muß – es nicht wissen zu wollen. Beides ist pathologisch. Irgendwie besteht ein Zusammenhang zwischen leben können, leben lernen und sterben lernen. Das beginnt schon mit der Geburt. Die Selbsterfahrung erwacht an der Erfahrung von Widerständen und Grenzen. Und Erwachsenwerden bedeutet wohl, die eigene Begrenztheit zu akzeptieren, ohne zu verzweifeln oder auszuweichen in Illusionen oder tröstende Wahnvorstellungen. Man kann auch sagen, das ist Realismus: ungebeugt die Bedingungen der eigenen Existenz erkennen.[16]

Solchermaßen entfaltet sich eine Dialektik von Leben und Tod, die für Wellershoff als biografisches Subjekt wie als Autor essenziell ist:

> Da wir leben, schulden wir dem Dasein unseren Tod. Er ist uns mit dem Leben mitgegeben als seine unentrinnbare, unabstreifbare Bedingung. Jean Paul hat dafür ein eindrucksvolles Bild gefunden: „Sobald wir anfangen zu leben", schreibt er, „drückt oben das Schicksal den Pfeil des Todes aus der Ewigkeit ab – er fliegt so lange, als wir atmen, und wenn er ankommt, so hören wir auf."
>
> Manchmal, in unbewachten Augenblicken, hören wir das Schwirren des heranfliegenden Pfeils. Das können Augenblicke überwältigender Panik sein. Plötzlich zerrinnt die narzißtische Illusion, die uns trotz der vergehenden Zeit und der schweigenden Ungeheuerlichkeit des Universums und auch angesichts der Massenhaftigkeit des menschlichen Lebens und Sterbens ein freundliches Traumbild unserer persönlichen Bedeutung vorspiegelt.[17]

Andererseits, betont Wellershoff, wäre eine Intensität des Lebens ohne dessen Begrenzung überhaupt nicht denkbar und möglich:

> Wer das Leben bewußt liebt, hat die Sterblichkeit des Lebens in seine Erfahrung aufgenommen. Und um uns des Lebens zu versichern, nähern wir uns auch immer wieder den Möglichkeiten seiner Vereitelung. Ich jedenfalls habe das Bedürfnis, hinzusehen und die Bedrohung des Lebens für mich durchzuspielen.
>
> Ich glaube nicht, daß das frivol ist, es ist ein Grundmuster der Erfahrung. Phantasie ist eine Zunge, die auch am Tod leckt. Oder weshalb schreiben die Dichter Tragödien, weshalb sehen wir sie uns an? [...] Das Bild des Helden, das wir in uns tragen, das ist der Mensch, der sich dem Risiko des Todes aussetzt, der große Mühen und Schmerzen

16 *Das Glück, der Tod und der Realismus*, S. 94 f.

17 *Blick auf einen fernen Berg*, S. 434 f.

erduldet und vielleicht untergeht. Wir empfinden, daß selbst der Untergang des Helden noch ein Sieg sein kann, […].[18]

Für den Autor Wellershoff war das Schreiben über Tod und Todeserfahrungen seinerseits „ein verbissenes Duell mit dem Tod". Dieses Zitat gilt zwar Henry James, aber es lässt sich in jeder Hinsicht auf Wellershoffs eigene literarische Tätigkeit beziehen:

Denn das Schreiben wird erfahren als ein Mehrwert, ein Wachsen, das das Schwinden der Lebenszeit produktiv umkehrt, so daß man Ende nicht mehr nichts, sondern die höchste Summe auf dem Konto steht. […], und auf einer imaginären Waage kompensiert das entstehende Werk das allmähliche Versehrtwerden und Erlöschen der physischen Person.[19]

In der erwähnten Hörbuch-CD materialisiert sich der Triumph des Autors über den Tod in der Phalanx der selbstgeschriebenen Bücher in den Regalen des Wohnzimmers, auf die sein Blick fällt. Die Genugtuung angesichts des Geleisteten („Das kann mir nicht mehr genommen werden") verbindet sich mit der Aussicht und der Erwartung, dass diese Bücher über den physischen Tod des Autors hinaus wahrgenommen und gelesen werden. Man könnte sagen, dass hier eine antike Form des Toten- und zumal des Dichtergedenkens im Sinne eines nicht metaphysisch gebundenen Weiterlebens – eben im Gedächtnis der Lebenden – aktualisiert wird. Diese Orientierung würde sich freilich spannungsvoll kreuzen mit jener buddhistischen Spiritualität, die sich Wellershoff im Zuge seiner Befassung mit dem *Tibetanischen Totenbuch* aufs Nachdrücklichste (s. den Roman *Die Schönheit des Schimpansen*) vermittelte.

Der Tod nimmt bei Wellershoff unterschiedlichste Gestalten an. Er erscheint direkt als Konsequenz einer Krankheit oder von Gewaltanwendung, er erscheint in Masken und quasi-allegorischen Stilisierungen, ist latent, indirekt in einem Geflecht von Vorausdeutungen, aber auch vom Autor selbst induzierten Interpretationen anwesend. Auffallend ist die Übereinstimmung der Formulierungen in einem Essay und in einer autobiografischen Schrift, die zunächst einmal nichts miteinander zu tun haben.

„Der Mythos vom Gesang der Sirenen", heißt es in *Erkenntnisglück und Egotrip*,

der die Seefahrer in den Tod lockt, beschreibt diesen Vorgang [sc. „unerkannte Tendenzen des eigenen Lebens", die sich „des geschwächten Ichs" bemächtigen, d. Verf.]. Die

18 *Das Glück, der Tod und der Realismus*, S. 96 f.

19 *Erkenntnisglück und Egotrip*, S. 562.

> Seefahrer, die sich von der Sicherheit der Küsten, vom festen, verbürgten Boden gelöst haben, und das weite anhaltslose Meer befahren, beginnen die Stimmen des eigenen Inneren zu hören wie beschwörende Einflüsterungen, die die Lüste der Regression, der Entgrenzung und des Ichverlusts versprechen, deren noch unsichtbarer Fluchtpunkt der Tod ist. Tod, noch ungeschieden von Heimkehr, Erfüllung, Wiedergeburt, bis er diese Bilder ablegt als täuschende Masken.[20]

In verblüffender Übereinstimmung dazu steht eine zentrale Passage aus *Blick auf einen fernen Berg*, die diesem Buch über das Sterben von Wellershoffs Bruder auch zum Titel verhalf:

> Für mich indessen verbarg und zeigte sich in der Erscheinung des Berges das innere Objekt Cézannes, in dem alles Erwünschte, Lockende und Drohende in eins gefaßt waren. Der Berg in seiner unbestimmten Entfernung und unabweisbaren Mächtigkeit war das Bild vorausschwebenden, manchmal nahegerückten und sich wieder entziehenden Lebenstraumes, dessen noch verhülltes Geheimnis der Tod ist.[21]

Der „noch unsichtbare Fluchtpunkt" und „das noch verhüllte Geheimnis" – der Tod erscheint in beiden Fällen als täuschende, lockende Verheißung. Die entgegengesetzte Begleitsymbolik mag auf Anhieb verwirren: Die „Vergesellschaftung" von Tod und Meer, wie sie tatsächlich am nachdrücklichsten in der *Sirene*-Novelle zu beobachten ist, wird in Wellershoffs Interpretation des Cézanne-Bildes *La Montagne Sainte-Victoire vue de la carrière Bibémus* gegen die Kombination von Tod und Berg ausgetauscht. Allerdings befasst sich Wellershoff hier auch nicht mit einer realen südfranzösischen Landschaft, sondern mit deren stilisierendem künstlerischem Abbild. In beiden Fällen indes geht es um Mehrdeutigkeit und Unentschiedenheit, um die noch nicht manifest gewordene Anwesenheit des Todes im Leben.[22]

Der Autor selbst hat die subjektive Situationsbezogenheit seiner Bilddeutung eingeräumt und konzediert, dass andere Betrachter „das Bild anders empfinden und verstehen" möchten.

---

20 Ebd., S. 543.

21 *Blick auf einen fernen Berg*, S. 546.

22 Peter Handke widmet sich in seiner Erzählung *Die Lehre der Sainte-Victoire* (Frankfurt/M. 1980) gleichfalls dem provenzalischen Bergmassiv und Cézannes beharrlicher malerischer Auseinandersetzung mit ihm. Es geht bei ihm um eine neue Erschließung der Wirklichkeit, um das Sich-Vergewissern eines Europa-Heimkehrers im Dreieck von erlebendem Ich, Landschaft und ihrem künstlerischen Abbild. Verbindungen zu Wellershoff lassen sich nicht ausfindig machen.

> Aber ich begriff in dieser Nacht, weshalb unter dem Eindruck des Lebensdramas meines Bruders mich dieses Bild so magisch angezogen hatte. Es war ein Bild, das im Medium einer vergeistigten Landschaftsmalerei so verschlüsselt wie offenbar von den das menschliche Leben beherrschenden Träumen und Täuschungen und von seinem unüberschreitbaren Ende sprach.[23]

Von hier aus lassen sich Linien sowohl zur Darstellung der finalen Lebensphase des Bruders in *Blick auf einen fernen Berg* ziehen – Wellershoff entdeckt in scheinbar harmlos-nichtssagenden Urlaubsfotos die noch verborgene Anwesenheit des Todes – als auch zu dem sechs Jahre früher erschienenen Roman *Der Sieger nimmt alles*, der sich, wie bereits mehrfach erwähnt, die ruinöse Berufslaufbahn des Bruders zum Modell nimmt. Auch hier steht am Ende einer Kaskade von „Träumen und Täuschungen" der (Herz-)Tod als eine das Scheitern des Ulrich Vogtmann besiegelnde Fatalität.

„So verschlüsselt wie offenbar" – man könnte mit Goethe im Licht seiner Symboltheorie von einem „Offenbar Geheimnis" sprechen – zeigt sich der Tod vor allem in *Die Schönheit des Schimpansen*. Der Roman, so Christian Linder zu Recht, „hat schließlich nur noch ein Thema: die Begegnung mit dem Tod"[24]. Seine desaströse Düsternis verdankt das Buch vor allem der fast schon aufdringlichen Präsenz von Todesmotiven und -symbolen nahezu von der ersten Seite an.[25] Als er auf den Termin im Hochschuldekanat wartet, wo man ihm seinen exorbitanten Täuschungsversuch nachweisen und ihm seine Relegation von der Universität mitteilen wird, nimmt Klaus Jung ein Plakat wahr, auf dem die Aufführung von Schuberts Streichquartett *Der Tod und das Mädchen* angekündigt wird.

Tatsächlich formiert der Text des dem zweiten Quartettsatz zugrundeliegenden Schubert-Liedes – Matthias Claudius' gleichnamiger Dialog zwischen dem Mädchen und dem Tod – einen Geschehenszusammenhang, der mit dem des Romans im weitesten Sinn zu tun hat. Hier wie dort geht es um das vergebliche Bemühen eines Individuums, sich dem Sog des Todesabgrunds entgegenzustemmen – eines Todes, der am Schluss als erlösende Rettung empfunden und begrüßt wird.

Zu den wiederkehrenden Todesmotiven des Buches gehören u. a. der offenstehende Mund, die Affenskulptur, das *Tibetanische Totenbuch* sowie die in den Deutschland-Kapiteln dominierende trostlose Winterlandschaft, über die sich – antwortendes Gegenbild zu Jungs innerer Erstarrung – der Schnee wie ein Leichentuch legt. Vor allem aber sind in diesem Sinne die sich sukzessiv verdichtenden Hinweise auf die abnehmende Vitalität der Hauptfigur geltend zu machen, das

---

23 *Blick auf einen fernen Berg*, S. 546.

24 Linder: *Der Tag der Drachentötung*, S. 190.

25 S. dazu auch Jaeger: *Realismus und Anthropologie*, S. 190 ff.

Schwinden ihres Lebenswillens, die Dissoziation des eigenen Ich und das Fremdwerden in einer Welt, aus der sie sich zunehmend fortwünscht und -denkt.

Das alles findet seinen Ausdruck in somatischen Reaktionen wie permanenter Schlaflosigkeit und wiederholten Kopfschmerzattacken, im Gefühl von Benommenheit und innerer Leere, im widersprüchlichen Ineinander von angsterfüllter Unruhe und lethargischer Stagnation, vor allem aber in der Neigung zu destruktiven und autodestruktiven Verhaltensweisen, die bereits auf das Ende des Romans vorausdeuten. Signifikant dafür ist etwa ein heftiger, eskalierender Streit mit der ihm längst entfremdeten Ehefrau Ellen während einer Wanderung an der nordfranzösischen Küste:

> Was er auch tat, war falsch. Er konnte immer nur das Falsche tun, und er konnte nicht hoffen, dass ihm das Falsche verziehen wurde, nicht von ihr, nicht von den anderen und niemals von ihr. Sie tat, als gäbe es ihn nicht, sie ging hinweg über seine Fragen, über sein Verlangen zu sprechen, sie versuchte ihn auszulöschen, und eine alte, schon oft gehörte Stimme in ihm begann ihr recht zu geben: Er war nichts, er hatte keinen Wert, er war lächerlich und widerlich, und er haßte sich selbst.
> Ich will sterben, dachte er.[26]

Mit dem letzten Satz wiederholt Jung mehr oder weniger Ellens Bekenntnis während des deprimierenden Teneriffa-Urlaubs („Ich möchte tot sein“[27]), das allerdings seinerzeit die Schleusen geöffnet hatte für eine ihrer wenigen offenen, kommunikativ gelingenden Begegnungen. Diese Tür schloss sich allerdings rasch wieder und ging danach auch nicht mehr auf. Die Beziehung entwickelt sich tatsächlich zu einer „Krankheit zum Tode“, und der Todeswunsch ruft keine Gegenwehr mehr auf den Plan.

Wellershoffs literarische Auseinandersetzung mit dem Tod weist indes viele Facetten auf – auch humoristische, also solche, die man gerade bei diesem Autor auf Anhieb kaum vermuten mag. In einer in *Die Abenteuer des Augenblicks* versammelten Prosa-Miniaturen klagt eine alte Kölnerin beim Besuch ihres Optikerladens über gesundheitliche Beschwerden und bemerkt zu dem sie bedienenden Lehrling: „Im Alter kann man nichts verlangen.“ Der junge Mann antwortet ihr in beschwichtigendem Tonfall: „Das geht auch vorbei.“ Die Frau kommentiert die taktlose Ungeschicklichkeit nach kurzer Verblüffung nachsichtig: „‚Ja sicher‘, sagt sie und fällt in einen kölschen Tonfall, ‚dann liegen isch unge de Ärd.‘“[28] Im kleinen

26 *Die Schönheit des Schimpansen*, S. 655.

27 Ebd., S. 594.

28 *Die Abenteuer des Augenblicks*, S. 996.

Format gestaltet Wellershoff hier ein von ihm immer wieder bearbeitetes Thema: den wünschenswert angstfreien Umgang mit der Unausweichlichkeit des Todes.

In einer anderen Miniatur nimmt die Todesgewissheit hingegen eine verstörend-groteske Form an. Geschildert wird wohl eine Szene in einem Restaurant, wo sich am Mittagstisch einer Familie ein gesundheitlich offensichtlich stark angeschlagener Mann niederlässt. Während er das Essen in sich hineinschaufelt, sagt er zu „unsere[r] jüngste[n] Schwester" in einer Kindersprache: „Ich muß bald sterbi sterbi machen."[29] Das ist, wie den Erinnerungen Irene Wellershoffs an ihren Vater zu entnehmen ist, eine autobiografische Reminiszenz: Mit der nämlichen Ankündigung erschreckte der von Wellershoff stark geförderte Autor Günter Steffens einmal Marianne, die seinerzeit elf- oder zwölfjährige jüngste Wellershoff-Tochter.[30]

Beharrlich interessiert Wellershoff der Vorgang des Sterbens an sich. Kann man Sterben als Betroffener „erleben" – und „mitteilen"? Einen – wie auch immer unsicheren – Erkenntnispfad bahnte das Gespräch mit seinem Schulfreund Franz Brendgen, der in der Schlussphase des Krieges einen Kopfschuss erhielt, an dessen Folgen er noch 1945 verstarb. Auf Wellershoffs Frage, was im Augenblick des Getroffenwerdens in ihm vorgegangen sei, gab Brendgen die Antwort, er habe angesichts der lapidaren Wucht des Geschehens lediglich gedacht: „Ach so ist das!"[31] Wellershoff muss dieser Nahtodbericht außerordentlich beeindruckt haben, er kommt in seinen autobiografischen Texten wiederholt darauf zurück. In einer fiktiven Rollenübernahme lässt er, in dem kurzen Text *Ach so ist das!* von 1987, Brendgen in Erlebter Rede selbst zu Wort kommen. Dabei greift er zu Formulierungen, die in ähnlicher Weise vier Jahre zuvor bereits in der Darstellung des Todesaugenblicks am Schluss von *Der Sieger nimmt alles* auftauchten – Sterben zeitigt sozusagen eine alternative Epiphanie von Sinn:

> Was fehlte jetzt? Nicht der Lärm, nicht die Schmerzen, nichts, was er nicht vergessen durfte. Jetzt, da er alles wußte, begann er alles zu vergessen. Er spürte, wie er einwilligte. Dort in dem Dunkel war jetzt das Beste zu finden. Ja, er glaubte sich zu erinnern: das Beste, das Einzige. So ist das, so ist das, pumpte sein Herz.[32]

Schließlich hat Wellershoff das Thema Tod auch in seine Lyrik überführt: Von den beiden Gedichten *Der Tod ist eine Ameise* (1973) und *Der Tod ist ein Sonntag* [33](1974) sei hier das zweite etwas ausführlicher in Augenschein genommen – auch

29 Ebd., S. 1012.

30 Irene Wellershoff: *„So resigniert bin ich nicht, dass ich Komödien schreibe"*, S. 326.

31 *Ach so ist das!*, S. 49.

32 Ebd., S. 50.

33 „Der Tod ist ein Sonntag" (ohne Titel), in: WW 6, S. 784.

weil es im Handlungszusammenhang von *Blick auf einen fernen Berg* eine Rolle spielt. Dort zitiert Wellershoff die Verse „Tod mit seinen schwarzen Lippen/trägt in der Hand eine singende Amsel“ gleich auf der ersten Seite[34], die Lebensgefährtin des verstorbenen Bruders hatte sie auf die Todesanzeige setzen lassen.

In diesen Versen gerinnt der Tod zu einer Allegorie mit einer emblematischen, fast mittelalterlichen Anmutung. Zugleich werden hier extreme Gegensätze im lyrischen Bild zusammengefügt: Tatsächlich lässt sich die schwarze Farbe des Amsel-Federkleides mit Tod assoziieren, wobei im Gedicht ein Shift der Zuordnungen stattfindet: Schwarz ist hier nicht die Amsel, sondern das sind vielmehr die Lippen des Todes. Und die Amsel singt zwar, aber erwähnt als Werkzeug der Lautentstehung werden die Lippen, nicht Kehle und Schnabel des Vogels. Vor allem aber: Der Amselgesang steht nicht für den Tod, sondern für sein Gegenteil, für Frühling und Leben. Die einprägsame Bildüberblendung führt zurück auf Wellershoffs zentralen Verschränkungsgedanken: Der Tod – also sein Gegenteil, der es beendet – steigert zugleich den Wert des Lebens.

Das Gedicht liest sich grammatisch-syntaktisch als eine Sequenz von bildübersetzten Todesdefinitionen, wobei der Tod gleichsam anthropomorphisiert wird. Aus immer neuen und extrem unterschiedlichen Perspektiven und Assoziationsräumen nähert sich der lyrische Sprecher dem Phänomen – und bekommt es doch, wie es scheint, nicht in den Griff. An dieser Stelle sei nur noch der Schluss zitiert, der das Gedicht als ein poetologisches ausweist – er lässt den Text autoreferenziell werden, macht ihn, im Kontext der Todesassoziation, zum Gegenstand seiner selbst:

> Tod der mir meine Bücher verderben will
> Während ich nach Worten suche
> Der sprachlose Tod
> Sitzt auf meinem Schreibtisch
> Weiß wie Papier.

Hier greift der – mit dem Autor wohl weitgehend identische – lyrische Sprecher die von Wellershoff berichtete (und oben zitierte) Erfahrung auf, derzufolge sein Schreiben „ein verbissenes Duell mit dem Tod“ sei. Erneut findet eine Verschiebung der Zuschreibungen statt: Der Tod ist jetzt nicht „schwarz“, sondern „weiß“, er hat sich die Farbe des unbeschriebenen Papiers zugeeignet. Damit gelangen wir in einen zentralen Bereich der Wellershoff'schen Symbolsprache: Das weiße Papier, das sich in *Die Sirene* alles andere als zufällig mit dem einsetzenden Schneefall verbindet, repräsentiert „die Gesamtheit der noch unerschlossenen Möglichkeiten. Das ist

34 *Blick auf einen fernen Berg*, S. 411.

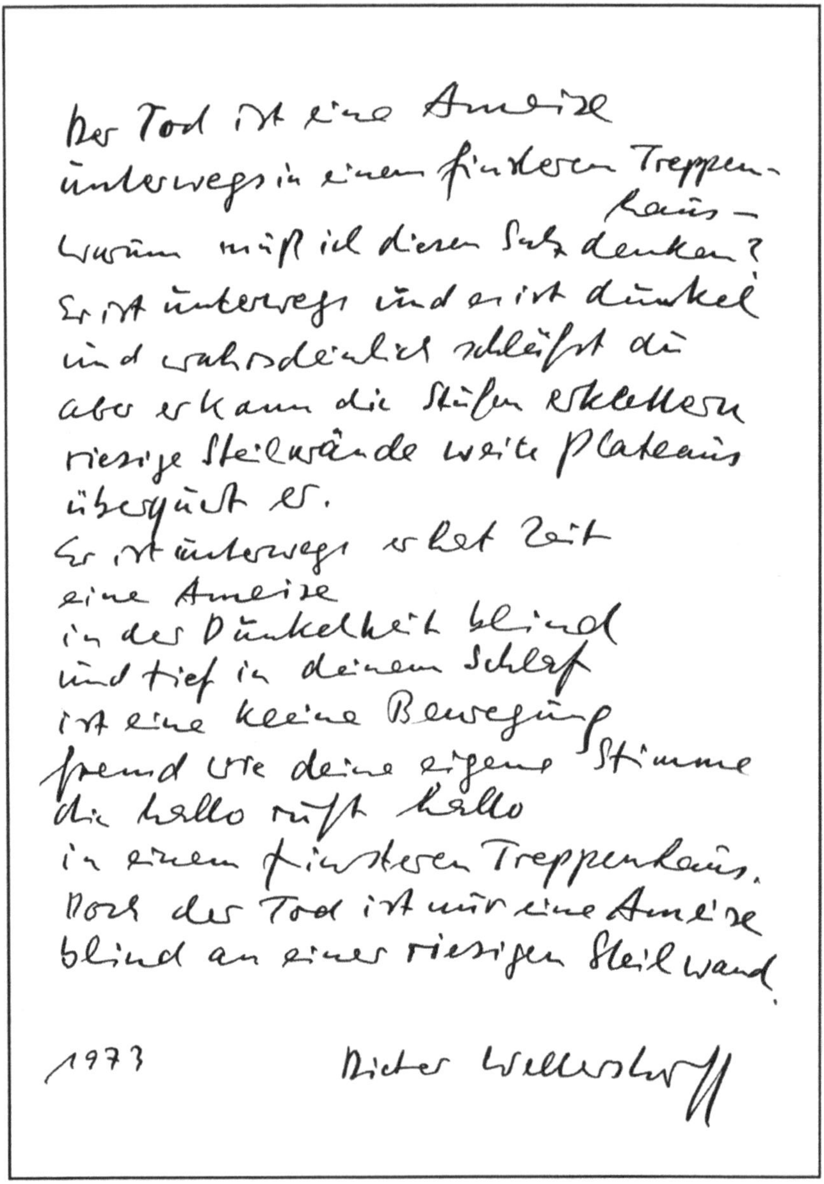
Der Tod ist eine Ameise
unterwegs in einem finsteren Treppen-
haus –
Warum muß ich diesen Satz denken?
Er ist unterwegs und es ist dunkel
und wahrscheinlich schläfst du
aber er kann die Stufen erklettern
riesige Steilwände weite Plateaus
überquert er.
Er ist unterwegs er hat Zeit
eine Ameise
in der Dunkelheit blind
und tief in deinem Schlaf
ist eine kleine Bewegung
fremd wie deine eigene Stimme
die hallo ruft hallo
in einem finsteren Treppenhaus.
Doch der Tod ist nur eine Ameise
blind an einer riesigen Steilwand.

1973 Dieter Wellershoff

Abb. 17 Das 1973 entstandene Gedicht *Der Tod ist eine Ameise* in Wellershoffs Handschrift.

faszinierend, kann aber auch erschrecken und lähmen“[35]. Diese Ambiguität und Ambivalenz rückt das weiße Blatt in die Nähe des Meeres, auf das hinauszufahren die Seefahrer der Sirenengesang verlockt, aber auch von Cézannes „fernem Berg“, der sein Geheimnis vorderhand noch nicht preisgibt.

Der Tod spielt dabei als eine der „Möglichkeiten“ immer mit. Klaus Jung in *Die Schönheit des Schimpansen* versagt vor der Aufgabe, das „weiße Blatt“ mit dem Text seiner Examensarbeit zu füllen – womit jene Abwärtsspirale in Gang gesetzt wird, an deren Ende tatsächlich der Tod steht. Ähnlich ergeht es Elsheimer in der *Sirene*, der allerdings die Katastrophe um einen hohen Preis abwenden kann. Schreiben war in Wellershoffs lebenspraktischer Erfahrung immer auch eine Bannung der Todesgefahr. Bei Schreibblockaden drohte der „Tod des Autors“ (Roland Barthes) – und sei es in dem trivialen Sinn, dass das Stocken zuverlässiger Textproduktion für den freischaffenden Schriftsteller seine Marktpräsenz und damit das existenziell notwendige Einkommen gefährdete.

Nicht durchweg werden bei Wellershoff Eros und Tod direkt aufeinander bezogen. Die tödlich endende Lebenskatastrophe Ulrich Vogtmanns in *Der Sieger nimmt alles* etwa hat andere Ursachen als die den Lebenstrieb und das Realitätsprinzip schwächenden, auflösenden Lockungen des Eros. Auch bei den für die Opfer tödlich endenden Gewalttaten Bruno Findeisens in *Einladung an alle* ist er nicht im Spiel. Und in den Romanen *Ein schöner Tag* und *Die Schattengrenze* geht es um die stille Katastrophe der Lebensstagnation und die pathologische Ich-Dissoziation. Als das Thema seines Theaterstücks *Anni Nabels Boxschau* gibt Wellershoff – in deutlicher Formulierungsaffinität zu den zitierten Bemerkungen über den Sirenengesang und Cézannes Gemälde – „das allmähliche Sichtbarwerden des Todes“[36] an. Aber er erscheint hier nicht in der Maske des Eros.

In seiner Rezension von Peter von Matts Buch über den *Liebesverrat* aber werden die Kräfte jener schier magnetischen Anziehung sichtbar, die Eros und Tod eben doch immer wieder zusammenführt, sie als Aspekte ein und derselben Grundkonstellation des Lebens erscheinen lässt. Und Wellershoff widmet sich nicht nur einem von ihm geschätzten literaturwissenschaftlichen Werk, sondern spricht ganz offensichtlich auch in eigener Sache – die Motive vieler seiner eigenen Texte scheinen hier auf:

> Aus allen Äußerungen der Menschen, die sich aus Moral oder praktischer Vernunft getrennt haben, lassen sich Lebensüberdruß und Todessehnsucht heraushören. Es scheint niederzuziehen, ja unerträglich zu sein, aus der Grandiosität der Leidenschaft zurückzumüssen in die alltägliche Welt der Relativitäten und Kompromisse. Verlockender ist die

---

35 *Die Herausforderung des leeren Blattes*, S. 879.

36 *Bericht über die Entstehung des Stückes*, S. 102.

> Einflüsterung, die verlorene Totalität durch die totale Nichtigkeit zu überbieten und den Tod zu wählen, um die Widersprüche eines verhaßten Lebens endgültig auszulöschen. Der Tod, maskiert als Eros oder als Vernunft, ist der heimliche Herr des seelischen Terrains, in dem sie alle agieren, die Peter von Matt in seinem Buch vorstellt: die leidenschaftlich Liebenden, die Verlassenen, die Betrogenen, die Verführer und die Verführten und der nach Rache dürstende Hahnrei, diejenigen, die die Dämme bauen, und die anderen, die sie einreißen. Es ist eine Phänomenologie aus vielen Einzeldramen, die zusammen einen wesentlichen Teil des Lebensdramas der Gattung Mensch ausmachen, das in jeder individuellen Lebensgeschichte ein eigenes Echo hat.[37]

Der zentrale Gedanke ist auch in diesem Zitat der des maskierten Todes: Der Tod kann sich viele Masken überziehen, darunter diejenige der Vernunft, die Lust und Leben im banalen Alltag ertötet, und eben die des Eros, der höchste Lebenslust mit dem Leben selbst bezahlt. Literatur- und kunstgeschichtlich gesehen hat diese Kippfigur eine lange, in die Antike zurückreichende Tradition – als prominente Beispiele in der deutschen Literatur seien hier Thomas Manns Erzählungen *Der Tod in Venedig* und *Die Betrogene* genannt. „Eros und Tod" ist letztlich eine mythische Figur, weshalb sie, bezogen auf Wellershoffs Werk, in diesem Buch auch im Kapitel „Mythos" ihren Platz hätte finden können. Im Folgenden sei anhand einiger Beispiele erläutert, wie sie sich im Werk des Gegenwartsautors Wellershoff ausformuliert.

Die mythische „Bindung" der *Sirene* wird im genannten Kapitel ausführlicher beschrieben, hier soll es ausschließlich um den Aspekt „Eros und Tod" gehen. Der – eros-induzierte – Tod nimmt in der Novelle unterschiedliche Gestalten an: Tatsächlich bringt der Telefonkontakt mit der Sirene Elsheimer physisch, also ganz unmetaphorisch in Todesgefahr. Das zeigt sich in einer kalten Winternacht, als Elsheimer das schützende „Schiff" seiner Wohnung verlässt, um mit ihr von einem nahen Telefonhäuschen aus zu telefonieren:

> Er stand draußen. Eine grau-schwarze Welt empfing ihn, starr vor Frost, ohne einen Windhauch, erfüllt von einem kalten Vollmondlicht, in das die Hängelampen von dem Geäst der Straßenbäume eigene Lichthöfe strahlten. Einen Atemzug lang drückte ihn das Bild gegen die Hauswand und wollte ihn einbeziehen in seine eisige Reglosigkeit und Stille. Er machte einen Schritt, und beinahe wäre er gestürzt. […] Ich könnte mir die Knochen brechen, dachte er, ich würde hier liegenbleiben und müßte um Hilfe schreien, oder wenn ich ohnmächtig würde, wenn ich auf den Kopf fiele, würde ich erfrieren und

37 *Die Antwort der Leidenschaft*, S. 716.

morgens gefunden werden. Und alles das würde die Wahrheit sein, die offenbar gewordene Wahrheit des Traums, durch den er sich vorwärts tastete, [...].[38]

Die gewählte, an Wilhelm Müllers (von Schubert vertonten) Gedichtzyklus *Die Winterreise* erinnernde Bildlichkeit lässt keinen Zweifel: Elsheimer hat auf dem Weg zur Telefonzelle eine Todeslandschaft betreten.

Mit der Sirene entspinnt sich dann am Telefon folgender Dialog:

„Ist es kalt?"
„Ja, kalt zum Sterben."
„Warte", flüsterte sie, „warte einen Augenblick."
„Was ist?" fragte er, „was machst du?"
Er hörte ein Geräusch. Plötzlich war sie wieder da.
„Ich habe das Fenster aufgerissen. Ich möchte die Kälte spüren wie du. Berühren wir uns jetzt? Spürst du es?"
„Ja", sagte er.
„Ich liege auf meinem Bett. Ich bin nackt. Aber mir ist ganz heiß."
„Ich möchte bei dir sein."
„Ja, komm zu mir. Ich will dich wärmen."
„Wie denn? Ich stehe in dieser Telefonzelle. Ich bin weit weg."
„Das macht doch nichts. Schließ die Augen und komm zu mir."
„Ja, ich tu es."
„So, jetzt komm zu mir, ganz zu mir, ganz zu mir", flüsterte die Stimme, und mit jedem Wort drang sie tiefer in ihn ein, besetzte seinen Körper, lähmte, überwältigte seinen Widerstand, zwang ihm ein Stöhnen ab, das nicht zu ihm gehörte, und mitten im Taumel seiner Auflösung krümmte ihn die Demütigung seiner Niederlage.[39]

Dieser Dialog beinhaltet den scheiternden Versuch einer Abwehrschlacht der Rationalität gegen das Irrational-Imaginäre. Zunächst reagiert Elsheimer auf das aus dem Telefonhörer zu vernehmende Ansinnen alltagsvernünftig: „Wie denn? Ich stehe in dieser Telefonzelle. Ich bin weit weg." Aber dieser sachlich einleuchtende Versuch einer Gegenwehr erlahmt rasch. Das imaginäre Wärmeangebot der Sirene könnte realiter dazu führen, dass der in der eisigen Zelle stillstehende Elsheimer sich eine Lungenentzündung (mit möglicher Todesfolge) zuzieht. Es ist aber gar nicht die Nonsens-Rede der Sirene, die Elsheimers Widerstand überwindet, sondern der Sound der Stimme. Der Gesang wird „wahnhaft und tödlich, wenn es ihm gelingt,

---

38 *Die Sirene*, S. 666 f.

39 Ebd., S. 667 f.

sich selbst zum Ziel, zum Ort der Erfüllung zu machen“[40]. Ihr Verstummen am Schluss der Novelle wird Elsheimers „Heilung“ anzeigen.

Der Tod in der *Sirene* hat indes weitere Aspekte: Elsheimer droht weniger ob seiner Schreibstörung als vielmehr seines abweichenden Verhaltens – Kontakt mit Straßen-Prostituierten – der soziale, der bürgerliche Tod in der wissenschaftlichen Community. Schließlich droht ihm der Tod seiner personalen Identität durch Ich-Zersetzung und -Spaltung:

> Er hatte das Gefühl, daß er eine innere, verborgene Person hatte, die darauf wartete hervorzutreten, während seine gewohnte, bekannte Person sich in der Außenwelt bewegte und an allem teilnahm, was ihr geboten wurde, nur vielleicht ein wenig zurückhaltend und zerstreut.[41]

Anja im *Liebeswunsch* ist auf Anhieb eine Verwandte der Novellen-Sirene. Im Roman ist es Paul, für den sie das Andere, Fremde und Geheimnisvolle repräsentiert und für den sie „ihre ganze Gefühlskraft einsetzt“, um ihn „aus der Wirklichkeit wegzulocken“[42]. Während allerdings die Sirene am Ende der Novelle, von Elsheimer aus seinem Leben gedrängt, lediglich einen symbolischen Tod stirbt, erleidet Anja einen wirklichen. Aber es gibt noch weitere Parallelen: Auch im *Liebeswunsch*, im Fall von Anja und Paul, ist der Telefonkontakt nicht die ausschließliche, aber doch – bedingt durch die Notwendigkeit der Geheimhaltung – eine dominante Kommunikationsform, die Anjas „verschwörerische Einflüsterung“[43] begünstigt.

Die absolute Hingabe, die Anja von Paul fordert, stammt allerdings aus einem anderen Mythenkreis als dem der odysseischen Sirenen: dem jener tragischen weiblichen Wasserwesen, der Undinen und Melusinen, die ihr Erdendasein an die Bedingung der absoluten Treue des von ihnen erwählten „Menschenmannes“ binden und schließlich – wenn und weil diese Forderung als eine absolute in einer von „Relativitäten“ beherrschten Welt nicht erfüllt werden kann – enttäuscht bis verzweifelt in ihr Herkunftselement zurückkehren.[44] Anjas Selbstmord am Ende ist zwar kein Sprung ins Wasser, aber er findet immerhin in Wassernähe, an der deutschen Nordseeküste, statt. Den Undinen und Melusinen der mythischen Tradition entspricht Anja auch durch ihre (wiederholt als solche beschriebene) gleichsam fluide, nicht definierte, passiv-träumerische, damit aber eben auch auf

---

40 Sass: *Der magische Moment*, S. 285.

41 Ebd., S. 695.

42 *Der Liebeswunsch*, S. 225; s. dazu und zum Folgenden Hollerweger: *Liebeswünsche als Lebensängste*, S. 47–108.

43 *Der Liebeswunsch*, S. 199.

44 S. dazu Hollerweger: *Liebeswünsche als Lebensängste*, S. 50 ff.

unbestimmte Weise Männerfantasien beflügelnde Personalität. In einem trivialen Sinn offenbart ihr sich steigernder Alkoholismus diese „Flüssigkeitsaffinität".

Paul wiederum spürt sehr genau, dass Anja „auf dem anderen Ufer" steht, in einer Welt, in die er sich auf keinen Fall hinüberziehen lassen will. Er kleidet seine sich steigernde und schließlich zum Beziehungsbruch führende Abwehr freilich in eine ganz und gar mythenfreie Gegenwartssprache: „Du bist eine Phantastin."[45] Viele Zeichen, die allesamt den Willen signalisieren, weiterhin einer durch ihre eigenen Gesetze und Grenzen definierten Lebenswelt anzugehören, zeigen Pauls beginnenden Rückzug an, den Widerstand gegen Anjas ihrerseits Räume und Zeiten auflösende „Grenzenlosigkeit", auch die Angst vor einer vampirhaften Überwältigung: der Blick auf die Uhr mit anschließendem geschäftigem Aufbruch aus dem Liebesnest, der Verweis auf terminliche Verhinderungen, nüchterne Vernunftappelle etc. Einen ihrer Liebesbriefe „ohne Anfang und Ende" liest er

> mit wachsendem Widerwillen, wie einen sich ausbreitenden Wahnsinn, der auf ihn überspringen wollte, ihn aber immer kälter, immer nüchterner zurückließ: Nein, so konnte er nicht leben. Der Liebeswahn dieser Frau war eine Falle, die das Leben für ihn aufgestellt hatte. Sie war speziell für ihn gemacht, damit hatte sie recht. Doch es mußte die Hölle sein, mit den Hysterien dieser Frau Tag für Tag und Nacht für Nacht in einer Wohnung zusammenzuleben, ausgesetzt dieser kranken Unersättlichkeit, mit der sie immer wieder nach Liebe verlangte – Liebe, Liebe, Liebe![46]

Auch Anjas Erscheinung ist übrigens beharrlich von vorausdeutenden Todesmotiven und -bildern durchsetzt.[47] Nicht von ungefähr trägt sie bereits anlässlich der Hochzeit mit Leonhard ein schwarzes Kleid. Die Beziehung zu Paul führt dann vergleichsweise zwanglos zur mythischen Verschränkung von Eros und Tod – wohlgemerkt in Anjas Weltverhältnis, nicht in demjenigen Pauls:

> Nichts führt hinaus aus dieser Verrücktheit. Es ist eine endlose Schleife, in der alles von ihr zurückkommt, was er ihr gibt. Ein Echo, ein Schattenspiel, Er starrt in ihren weit geöffneten Blick, der alles zu begreifen scheint und alles haben will, was von ihm kommt. Er kann ihr auch seine Wut geben. Die aufbrandende Panik und Raserei, mit der er sie durchdringt und von sich stößt.
> „Bring mich um!", flüstert sie. „Bring mich um! Bitte, bring mich um!"[48]

---

45 *Der Liebeswunsch*, S. 221.

46 Ebd., S. 222 f.

47 Hollerweger: *Liebeswünsche als Lebensängste*, S. 59 ff.

48 *Der Liebeswunsch*, S. 224.

In anderen Wellershoff-Texten ist der mythische Zusammenhang von Eros und Tod nicht so offensichtlich, aber zumindest subkutan wirksam. In *Die Schönheit des Schimpansen* vollzieht sich die mehr oder weniger einzige auch erotisch erfüllte Begegnung zwischen Klaus Jung und seiner späteren Ehefrau Ellen Cybik während ihres insgesamt misslungenen und auf kommende Katastrophen vorausdeutenden Teneriffa-Urlaubs im Anschluss an Ellens Bekenntnis „Ich möchte tot sein".

Wiederum das Sirenenmotiv – und damit die mythische Konstellation von Eros und Tod – klingt an in der autobiografischen Erzählung *Ein Gedicht von der Freiheit.*[49] Der Ich-Erzähler[50] schildert darin die Begegnung mit einer Frau, Isa Siebold, die er persönlich reizlos findet, die ihm aber, selbst in einer schweren Lebenskrise steckend, dabei hilft, aus einer ebensolchen Krise – vor allem auch einer Schreibkrise – herauszukommen. In Isa objektivieren sich gleichsam eigene Probleme, die er loswird, indem er die andere aus seinem Leben hinausdrängt. Die Erzählung der Krise ist insofern auch das Dokument ihrer erfolgreichen Bewältigung.[51]

Der Text, wenn nicht der Erzähler selbst verurteilt Isa darob gleichsam zum Tod – erst zu einem symbolischen, dann zum tatsächlichen. Zugespitzt formuliert: Der Erzähler gesundet, kehrt ins Leben zurück, indem er Isa sterben lässt. Als „objektiven" Grund dafür legt er nahe, dass es Isa im Unterschied zu ihm selbst nicht gelingt, ihre Probleme produktiv zu bearbeiten. Entsprechend reagiert er auf einen Urlaubsbrief Isas aus Griechenland:

> *Ich liege nackt in der Sonne und*
> *Über mir*
> *Wo Deine Augen sein sollten ist*
> *Der leere Himmel.*
>
> [...] Es war vielleicht dieser feierliche Lakonismus, der mich das Blatt in einer plötzlichen Eingebung als eine Grabschrift begreifen ließ. Hellsichtig und ohne es zu wissen, was im Augenblick des Schreibens kein Widerspruch ist, hatte sie mir ihren Tod beschrieben, nicht den endgültigen, sondern den unauffälligen, der uns viel früher ergreift und den wir nicht erkennen müssen, weil er so aussieht wie das Leben.[52]

Bei einer letzten Begegnung wird Isa dann tatsächlich zum „Todesengel"[53]: Der Ich-Erzähler vermag die von einer Brustkrebs-Operation schwer Gezeichnete – hier

49 S. dazu Sass: *Der magische Moment*, S, 291–298.

50 Anders als Sass es nahelegt, erhält er erst in der Drehbuch-Bearbeitung der Erzählung für den TV-Film *Glücksucher* den Namen „Richard Odenthal". Wesentliche Motive des Prosatextes sind dort allerdings getilgt.

51 S. dazu und zum Folgenden Jung: *Im Dunkel des gelebten Augenblicks*, S. 233–240.

52 *Ein Gedicht von der Freiheit*, S. 519–578; hier: S. 554.

53 Jung: *Im Dunkel des gelebten Augenblicks*, S. 238.

liegt offensichtlich ein literarischer Anwendungsfall von Susan Sontags legendärem Essay *Krankheit als Metapher* vor – kaum wiederzuerkennen. Gewaltsam, schockierend, nahezu obszön werden Eros und Tod noch einmal in eine Nahstellung gebracht:

> Während ich die beiden harten Buckel ihrer künstlichen Brüste an mir spürte, berührten, wie bei einer Mund-zu-Mund-Beatmung, meine Lippen die ihre, steife, leblose, kleine Wülste, die zögerten, sich für meinen Kuß zu öffnen. Ich drängte sie, und vorsichtig oder benommen nahm sie meine Zunge in ihren Mund, und ich fühlte im Schwirren meiner Hysterie ein wildes, stummes, inneres Zurückbäumen, als berührte ich den Tod.[54]

„Phantasie ist eine Zunge, die auch am Tod leckt", sagt Wellershoff im oben zitierten Interview. Der Schluss der Erzählung *Ein Gedicht von der Freiheit* wirkt auf verstörende Weise wie eine performative Umsetzung dieser Erkenntnis.

---

54 *Ein Gedicht von der Freiheit*, S. 576 f.

14. Raum und Zeit

Literatur bewegt sich, unabhängig vom Genre, in imaginären Räumen und Zeiten. Genauer: Als – von Kant als solche beschriebene – apriorische Bedingungen der Möglichkeit von Erkenntnis konditionieren sie unweigerlich nicht nur die Modi unserer Weltwahrnehmung, sondern eben auch deren Verarbeitung in fiktionalen Texten. In einem (traditionellen) Erzähl- oder Dramentext z. B. (nicht allerdings im Gedicht) bewegen sich Figuren durch wie auch immer geartete Räume in einer zeitlichen Abfolge – wer eben noch „hier" war, ist auf der folgenden Druckseite „dort" –, die zumal der Existenzmodus der erzählenden Dichtung selbst vorgibt: das chronologische Nacheinander. Der Leser erlebt die Erzählzeit des Textes als eigene Lesezeit. Dabei muss diese Erzähl-/Lesezeit mit dessen Erzählter Zeit keineswegs identisch sein – sie ist es vielmehr in den allmeisten Fällen nicht. Was in der Erzählten Zeit des Textes in Tagen, Monaten, Jahren zusammengerafft werden mag, „absolviert" der Leser je nachdem in wenigen Minuten.

Für Dieter Wellershoff als Autor wie als empirische Person ist das ungebrochene Raum-Zeit-Erleben zunächst einmal eine Alltagsgegebenheit – wie er in einem späten Interview auf die Frage hin ausführt, was es für ihn bedeute, „im Raum die Zeit zu lesen":

> Also das ist ja eine ganz normale Erfahrung, wenn man sagt, das dauert 'ne Viertelstunde, bis ich da bin. Der Raum ist gewissermaßen die Möglichkeit und der Widerstand, und wir versuchen, darin etwas zu realisieren, was immer auch mit Suchen zu tun hat – oder mit dem Verfolgen eines imaginären Vorhabens, eines Plans. Insofern ist das etwas sehr Elementares. Wenn man es auf einem flachen Papier liest, ist es vergeistigt. Also es wirkt sich nicht hervor, aber umso stärker ist seine Eindrucksfähigkeit. Man liest etwas über die Welt, die auch da ist, die aber hier sozusagen in einer imaginären Form wahrgenommen wird als ein Zeichensystem auf Papier mit weißem Grund. Das ist etwas, das sehr elementar mit dem Schriftstellerberuf zu tun hat, ja. Ich glaube, man kann durchaus sagen, was der Schriftsteller macht, ist eine Suchaktion.[1]

Unstrittig ist allerdings, dass moderne und experimentelle Dichtung das Korsett dieser einer weitgefasst „realistischen" Literatur inhärenten Raum/Zeit-Kategorien

---

1 *Gabriele Ewenz und Werner Jung im Gespräch mit Dieter Wellershoff, 07.07.2015*, in: *Die ungeheure Vielfalt der Welt festhalten. Dieter Wellershoff.* Ausgewählt, zusammengestellt und bearbeitet von Gabriele Ewenz und Werner Jung (= *lik* 03), Köln 2015, S. 77–93; hier: S. 77.

zu sprengen suchen. Der französische Nouveau Roman ist dafür ein herausragendes Beispiel: Die Raumkonstitution und -wahrnehmung verunklart, verflüssigt sich, insofern Innen und Außen ineinander übergehen, für den Leser kaum mehr unterscheidbar sind. Und die chronologische Abfolge der Geschehnisse wird aufgesprengt zugunsten diffuser Simultaneitäten, in der die gewohnte Ordnung von Vergangenheit, Gegenwart und Zukunft aufgehoben wird, die „Zeitschnur" der Handlung zerreißt.

Dieter Wellershoff ist diese Problematisierung, dieses Reflexiv-Werden der kategorialen Voraussetzungen auch literarischer Realitätserfahrung und -verarbeitung sehr bewusst – was seine theoretischen Einlassungen genauso nahelegen, wie es seine poetische Praxis tut. Diesbezüglich sei auf seine frühen Romane *Ein schöner Tag* und *Die Schattengrenze* ebenso hingewiesen wie auf die Erzählung *Während*, deren Titel bereits die Auflösung des gewohnten Nacheinanders zugunsten einer Epiphanie des verdichteten Augenblicks anzeigt.

Die Raum-/Zeit-Erfahrung, die ihre vorgebliche Selbstverständlichkeit verliert, bzw. die Darstellung dieses Sachverhalts ist allerdings nicht nur ein durchgehendes Motiv von Wellershoffs literarischer Produktion, sondern für seine Texte auch in hohem Maß strukturbildend. Deren symbolisch verdichtetes Geflecht ist ganz wesentlich durch die Opposition von Raum- und Zeitverhältnissen definiert. Im Folgenden soll dies anhand einiger Beispiele erläutert werden – wobei es wenigstens en passant um die Frage geht, was „Raum" und „Zeit" in Wellershoffs Werk überhaupt „sind", welche Gestalt diese vorderhand abstrakten Kategorien annehmen.

In den 80er Jahren avancierte im Zuge eines spezifischen Spatial Turn Räumlichkeit in den Geistes- und Kulturwissenschaften zu einem Schlüsselthema.[2] Dabei wurde ein Anregungspotenzial ausgeschöpft, das aus so heterogenen Quellen wie Überlegungen von Michel Foucault, Jurij Lotman, Michail Bachtin und Gaston Bachelard stammt. Raum – nicht nur, aber vorzugsweise verstanden als geografischer Raum – in literarischen Texten ist der Raumtheorie zufolge nicht nur Ort der Handlung, sondern auch kultureller Bedeutungsträger. Die Raumdarstellung bildet eine der wesentlichen Komponenten der fiktionalen Realitätserschließung. Kulturelle Normen und Wertehierarchien finden im literarischen Raum eine anschauliche Form.

Wellershoff hat sich mit dem Spatial Turn nicht explizit auseinandergesetzt. Es gibt allerdings Berührungspunkte, die zum einen auf Anregungen aus einem identischen intellektuellen Reservoir wie etwa dem russischen Formalismus beruhen,

---

2 S. dazu u. a. *Raumtheorie. Grundlagentexte aus Philosophie und Kulturwissenschaften*, hg. von Jörg Dünne und Stephan Günzel (= *suhrkamp taschenbuch wissenschaft*, Bd. 1800), Frankfurt/M. 2006; Jörg Döring/Tristan Thielmann (Hg.): *Spatial Turn: Das Raumparadigma in den Kultur- und Sozialwissenschaften*, Bielefeld 2008; Wolfgang Hallet/Birgit Neumann (Hg.): *Raum und Bewegung in der Literatur: Die Literaturwissenschaften und der Spatial Turn*, Bielefeld 2009.

zum anderen auf zentralen Aspekten seiner eigenen, bereits in den 60er Jahren entwickelten Literaturtheorie. In diesem Kontext wird, es sei wiederholt, Literatur als „Probebühne", als „Simulationsraum" für von der Alltagsrealität abweichende Erfahrungen definiert. Trotz der metaphorischen Begriffswahl zeigt sich hier allein terminologisch die Nähe zur sich erst etliche Jahre später als Paradigma etablierenden Raumtheorie.[3]

Das wichtigste autobiografische Zeugnis der Wahrnehmung eines lebensweltlich definierten und als solcher auch reflektierten „Raumes" ist in Wellershoffs Oeuvre der Essay *Wohnungen, Umgebungen* von 1984, der dann in die fragmentarische Autobiografie *Die Arbeit des Lebens* integriert wurde. Dort lässt Wellershoff sein bisheriges Leben anhand seiner dieses strukturierenden Wohnungswechsel passieren – zwischen dem Elternhaus in Neuss und Grevenbroich, den Bonner Unterkünften während der Studienzeit und der Zeit nach der Familiengründung, schließlich den drei Wohnungen in Rodenkirchen, Sülz und in der Kölner Südstadt. „Man kann seine Lebensgeschichte", heißt es dort eingangs,

> auch als eine Abfolge von Wohnungswechseln erzählen. Viele Einflüsse, Umstände, Ereignisse, die das eigene Leben bestimmten, lassen sich daran zeigen. Deshalb haben mich fremde Wohnungen immer interessiert. [...] Denn erst die Außenwelt macht die Wohnung zum Innenraum, und dies kann freilich vieles bedeuten: Schutzort und Gefängnis, Raum des persönlichen Ausdrucks oder nach außen gewendete Repräsentation.[4]

Die Eigentumswohnung, die die (weil die erwachsenen Kinder auszogen) kleiner werdende Familie Wellershoff von 1977 bis zum Tod des Autors (und seine Witwe darüber hinaus) bewohnte, befindet sich in einem sanierten Altbau in der Mainzer Straße: „Ich fühle mich wohl hier. Seit dem Elternhaus hat es keine Wohnung gegeben, in der ich so zu Hause war."[5] Über die Gründe für dieses Gefühl, endlich „angekommen" zu sein, gibt er selbst an anderer Stelle Auskunft. Es geht dabei um

> das Verhältnis zwischen dem vertrauten Nahraum und einem nicht mehr so detailliert vertrauten Raum. Wir leben ja immer in solchen Staffelungen nach dem Modell der russischen Puppe. Aber es stellt sich hinsichtlich der Vertrautheit in umgekehrter Reihenfolge dar: Der innere Kern ist die eigene Wohnung. Für einen Autor, der zu Hause arbeitet, der wichtigste Raum der Welt. Das Viertel ist seine Ausweitung, die Stadt die nächstgrößere Dimension und so fort bis zum Planeten oder zum Planetensystem. Da

---

3 Gabriele Ewenz: *Dieter Wellershoff – Raumerkundungen und die Ontologie der Stadt* (im Erscheinen).

4 *Die Arbeit des Lebens*, S. 182.

5 Ebd., S. 240.

> beginnt das absolut Fremde. Ich glaube, das Raumerlebnis hängt mit unserem körperlichen Bewegungsspielraum zusammen. Das Viertel durchmesse ich diagonal etwa in einer Viertelstunde. Ich treffe viel Vertrautes und immer auch Bekannte darin an.[6]

Nahezu eine Liebeserklärung widmet Wellershoff seinem – vom Zentrum der Wohnung durch einen langen Gang separierten Arbeitszimmer:

> Ich schlafe auch in diesem Zimmer. Ich verbringe den größten Teil meines Lebens in diesem Raum. Man könnte meinen, ich sei ein Gefangener in einer allerdings angenehmen, selbst eingerichteten Zelle. Egal, was mich beeinträchtigt, gestört oder verletzt hat, wenn ich die Tür meines Zimmers hinter mir geschlossen habe und mich an meinen Arbeitstisch setze, fühle ich mich verstärkt. Ich weiß zwar, ich bin nicht allein in der Welt, aber hier in meinem Zimmer habe ich das Gefühl, daß mein Leben mein eigenes Projekt ist. Und von hier aus vor allem nehme ich die Verbindung zur Welt auf.[7]

Diese Ausführungen, die an einer Raumsituation und -konstellation das Verhältnis von Innen und Außen, Nähe und Ferne, Vertrautheit und Fremde erörtern, wurden deshalb so ausführlich zitiert, weil hier Aspekte sichtbar werden, die auch, dann symbolisch verdichtet, Wellershoffs fiktionale Texte durchwalten. Eng sind zumal die Beziehungen zwischen den einschlägigen Passagen aus *Die Arbeit des Lebens* und der Novelle *Die Sirene*. Elsheimers Wohnung hat ganz offensichtlich Wellershoffs Wohnung in der Mainzer Straße zum Modell (in die er, als er mit der Arbeit an der Erzählung begann, gerade eingezogen war). Das gilt indes auch für die Umgebung, für den benachbarten Park und die Telefonzelle, von der aus Elsheimer mit der Sirene Kontakt aufnimmt. Diesbezüglich bestätigt die Novelle Wellershoffs Auskunft über den Matrixcharakter des Kölner Südstadt-Viertels hinsichtlich seines Schreibens:

> Sobald ich irgendein Thema habe, macht mir das Viertel seine Vorschläge. Eine Romanfigur ist in einer schwierigen bedrängten Lage, und ich sehe auf einem abendlichen Spaziergang auf einem Monitor einen Karatekampf, auf dem sich ein Mann gegen drei Angreifer zu behaupten sucht. Das ist das Bild, das mir fehlte.[8]

Die Erzählung lässt dann aber auch sehr deutlich die Schaltstellen erkennen, an denen die Transformation von Lebensmotiven in einen genuin literarischen, d. h. symbolisch aufgeladenen und gegliederten Zusammenhang erfolgt. In *Die Arbeit*

6 *Köln – die wiedererstandene Stadt*, S. 420.
7 *Die Arbeit des Lebens*, S. 249.
8 *Pan und die Engel*, S. 298.

des Lebens und anderen autobiografischen Texten ist von der allmählich abnehmenden Vertrautheit der Umgebung sozusagen proportional zur Entfernung von der Wohnung die Rede. Wohnung und Umgebung sind dort eher in ein Kontinuum der Erfahrungswelt gezogen, sie werden nicht in jenen Gegensatz gebracht, den dann die Novelle zeitigt.

Dieser hängt mit dem durch Homers *Odyssee* gelieferten mythischen Subtext zusammen: Seine Wohnung wird für Elsheimer zum festungsartig ausgebauten Schiff, das durch jenes bedrohliche Meer pflügt, aus dem der Sirenengesang zu ihm dringt. Die „Feindtönung" der Umwelt wird deutlich, als Elsheimer in einer Nacht die verschneite Straße betritt, um in besagter Telefonzelle die Sirene anzurufen, und dabei auf dem glatten Boden fast ausrutscht.

Indes bleibt es nicht bei dieser Opposition. Bezeichnenderweise wuchert die Feindtönung von außen nach innen, macht Elsheimer in seiner eigenen Wohnung zum Fremden – das armierte „Schiff" droht überwältigt zu werden:

> Wenn er allein zu Hause war, fühlte er um sich herum die leere Wohnung als ein sinnloses Wuchern aller Gegenstände. Die Zimmer, aufgereiht an dem langen Flur, waren wuchernde Hohlräume, vor deren Fernstern in täuschend bekannten Prospekten die Außenwelt stand. [...] Die Bibliothek war seine Schatzkammer, das Bergwerk der Gedanken hatte er sie genannt. Aber weil er sich verändert hatte, mußte auch im Inneren der Bücher eine Verwandlung vor sich gegangen sein, eine unmerkliche Veränderung der Schrift oder der Sprache, die es ihm unmöglich machte, sie noch zu verstehen.[9]

Zweifellos sind es innere Vorgänge, die Elsheimers Fremdwerden in der Welt zur Folge haben. Sie setzen sich aber bevorzugt in die Raumwahrnehmung um, sei es in den Gegensatz von Vertrautem und Fremdem, sei es, dass das Vertraute seinerseits bedrohlich fremd wird: „Ob eine Figur sich dazugehörig weiß oder sich ausgeschlossen glaubt, beide Male verbindet die Vorstellungskraft mit dieser Situation das Bild eines Raumes."[10]

Die Novelle *Zikadengeschrei* weist eine der *Sirene* vergleichbare Raumsymbolik auf. Architekt Böhring verbringt mit Ehefrau und Tochter einen Spätsommerurlaub in einem Bungalow-Park an der spanischen Mittelmeerküste. Dieser Park ist ein gepflegtes, von einer schützenden Mauer gerahmtes Ressort, das allerdings an eine noch „unkultivierte", mehr oder weniger missachtete und verwahrloste Umgebung stößt:

9 *Die Sirene*, S. 671 f.

10 Jaeger: *Realismus und Anthropologie*, S. 243.

> Um zum Strand zu gelangen, mußten sie auf einem behelfsmäßigen Übergang aus Bohlen und Brettern eine morastige Mulde durchqueren, die zu einem sumpfigen Schilfgürtel gehörte, den sie von der Veranda aus nicht gesehen hatten. Es war ein Stück übriggebliebener, dichter graugrüner Wildnis, die sich unterhalb der Landschwelle, an deren Hang der Wohnpark lag, nach beiden Seiten ausdehnte.[11]

Aber auch oberhalb des Ressorts – Böhring erschließt sich, während Frau und Tochter vorzugsweise zum Stand gehen, nach und nach wandernd die Umgebung – erstrecken sich, zur Bergkette im Westen hin, Brachland und Wildnis. Er war noch nie

> über die Bahnlinie hinausgedrungen, als sei das eine Grenze, an der nicht nur der schmale touristische Küstenstreifen endete, sondern unvermittelt unzugängliches Gebiet begann. Auf seiner Autokarte hatte er gesehen, daß es dort bis zu der steil aus der Ebene aufragenden Bergkette der Sierra de Balaguer keine menschliche Ansiedlung und auch keine Straßen und eingezeichneten Wege gab.[12]

Wellershoff entwickelt hier eine kontrastive Raumanordnung, in der Zivilisation und Wildnis, die hellen Farben der Feriensiedlung und die Düsternis des Umlandes, das Anheimelnd-Vertraute und das Unheimliche unmittelbar aneinanderstoßen. Beide treten in eine Opposition, die dem Gegensatz zwischen Elsheimers Wohnung und ihrer verschneiten Umgebung in der *Sirene* entspricht. Tatsächlich befindet sich das Ressort in dem quasi menschenfeindlichen Umland wie in einem Belagerungszustand, in welchem sich die dort „Eingeschlossenen" immer wieder unwillkommener Boten von „Drüben" erwehren müssen, vor allem der Schwärme quälender Stechmücken. Akustisch ist das „Andere" durch den – leitmotivisch eingesetzten – Lärm der Zikaden präsent.

Zusammen mit einer Wetterverschlechterung formiert sich eine Atmosphäre, der eine diffus bedrohliche, ja apokalyptische Untertönung eigen ist[13] – die Mückenschwärme etwa rufen die Assoziation an biblische Plagen herbei. Die Epiphanie eines Schreckensvoll-Außerordentlichen scheint sich anzukündigen. Wie in Elsheimers erfasst auch in Böhrings Fall die Entfremdung von der Welt schließlich sein unmittelbares Umfeld:

---

11 *Zikadengeschrei. Novelle*, in: WW 2, S. 1024–1072; hier: S. 1028 f.

12 Ebd., S. 1061.

13 Von einer „unterschwelligen Drohung" spricht Wellershoff selbst in *Das Schimmern der Schlangenhaut*, S. 885.

> Er ließ seinen Blick durch den Raum wandern, über die herumstehenden Möbel und im Halbdunkel verstreuten Dinge hinweg – [...] – Beliebigkeiten umgeben von Leere, formelhaft Gefesseltes und Verstummtes, das um ihn herum hing und stand, nachdem es an den Punkt seines endgültigen Stillstandes gelangt war. So sieht der Tod aus, dachte Böhring, eine sinnlose Hinterlassenschaft von Gerümpel, eingeschlossen in dunkle, schwer zu atmende Luft.[14]

Tatsächlich ist damit das Feld bereitet, in dem Böhring auf einer Wanderung just in dem wilden, mit einer leichten Feindtönung versehenen Umland auf die Nachbarin mit dem zerstörten Gesicht trifft. Sie hat sich, ihrerseits auf einer einsamen Wanderung, im unwegsamen Gelände den Fußknöchel verstaucht. Raum und Figur treten hier in eine enge Verbindung: Der Raum der Mücken, Zikaden und seltsam-unheimlichen Insekten ist zugleich „Medusa-Country".

Die an den beiden Novellen zu beobachtenden Weisen der Raumkonstitution lassen sich verallgemeinern im Sinn einer Dualität von „Schutz- und Risikoräumen"[15], die das gesamte Oeuvre des Autors durchzieht. Dabei ist die Bedeutungszuordnung stets ambivalent, veränderungsanfällig: Der Schutzraum kann auch zum „fremden" Raum – wie im Fall der Elsheimer-Wohnung und Böhrings Feriendomizil[16] –, ja zum Todesraum werden, während der Risikoraum Chancen der Befreiung und einer schemaauflösenden Erfahrung birgt. Es handelt sich in beiden Fällen um Wellershoff-typische Kippfiguren, deren unterschiedliche Bedeutsamkeiten zunächst oft noch diffus-ungetrennt beieinanderliegen und erst im Fortgang der fiktiven Handlung möglicherweise eindeutig werden.

Ein solchermaßen ambivalenter Raum ist z. B. im *Liebeswunsch* das Apartment, das Paul für seine Liebesbegegnungen mit Anja mietet. Auf Anhieb ist es ein Ort vertrautester Intimität, der einzige, an dem sich eine Leidenschaft austoben kann, die dazu sonst keine Chance hat. Es ist aber zugleich der – bereits in der Kapitelüberschrift als solcher bezeichnete – „fremdeste Ort"[17], der nicht nur im Zentrum eines Gespinsts aus Lügen und Ausreden steht, sondern in der Tat vor allem Anja in eine

---

14 Ebd., S. S. 1061.

15 Dies die treffende Begriffswahl von Sass: *Der magische Moment*, S. 322 und passim.

16 In *Ein schöner Tag* ist die Kölner Wohnung der Familie Lorenz definitiv kein Schutzraum, sondern ein Raum, in dem sich die Konflikte innerhalb der Familie zuspitzen gerade wegen der Enge der Behausung und der Unmöglichkeit, einander aus dem Weg zu gehen. Die Möglichkeit, die Wohnung als Schutzraum zu entwerfen, war bereits dadurch verstellt, dass sich Wellershoff für seinen Roman Sartres Theaterstück *Geschlossene Gesellschaft* zum Modell genommen hatte. Dieses Drama sei „ein Bild der Hölle, mit dem Sartre seine These illustriert, daß die Hölle die anderen sind" (*Der lange Weg zum Anfang*, S. 576).

17 *Der Liebeswunsch*, S. 173.

„exzentrische“ Situation bringt, in der sie nicht mehr mit sich selbst übereinstimmt. Das Liebesnest wird zum Ort der Dissoziation und Entgrenzung:

> Und sie? Wo ist sie? Am fremdesten Ort der Welt. Nur dort kann es geschehen. Nur dort, wo alle Verbindungen durchschnitten sind. Eigentlich haßt sie es, hierherzukommen. Denn sie kommt nicht zu sich, sie geht von sich weg. Sie strebt einem Außer-sich-Sein zu, das sie spaltet, denn sie muß wieder zurück. Auch Paul stellt das nicht in Frage. Und sie hat verstanden, daß dies für ihn die Bedingung ist: Sie treffen sich einmal in der Woche und manchmal auch in noch weiteren Abständen für zwei, drei Stunden an diesem verborgenen Ort, und danach kehrt jeder in sein eigenes Leben zurück.[18]

Zu Wellershoffs tatsächlichen oder vermeintlichen „Schutzräumen“ gehört, neben Zimmer und Wohnung, vor allem das Auto. Seine Funktion als „Flucht und Zufluchtsort“ in seiner Dichtung wie in der außerliterarischen Lebenswelt hat er ausdrücklich bestätigt:

> Viele Menschen würden ihr Leben nicht ertragen, wenn sie nicht immer wieder in ihrem Auto allein sein könnten. Schon das Fahren bedeutet Bewegung, Veränderung, Autonomie. Und der Innenraum des Autos, der einen gegen die Außenwelt abgrenzt, bietet allen Träumen Schutz.[19]

Diese Erfahrungen machen zahlreiche Wellershoff-Figuren. Dazu zählt z. B. der Pfarrer Ralf Henrichsen in *Der Himmel ist kein Ort*: „Aber das Auto fuhr immer noch zuverlässig. So alt es auch war – er mochte sich nicht von ihm trennen. Nicht das Haus, nicht seine Wohnung, auch nicht die Kirche – dieser enge, schäbige Kasten war für ihn der vertrauteste Ort.“[20] Die gleich auf den ersten Seiten exponierte Rangfolge – Kirche nach Auto – ist für einen Pfarrer bemerkenswert genug und verweist auf das Krisen- und Konfliktdesign der sich entwickelnden Romanhandlung.

In diese Reihe gehört auch Bea Wißkirchen, die Hauptgestalt der Erzählung *Das Verschwinden*, in der es um die Lebenskrise einer nur mäßig erfolgreichen Lyrikerin und Übersetzerin in prekären Umständen geht:

> Allein zu sein empfand sie auch als Schutz. Wenn sie einen Ausgleich brauchte, setzte sie sich in ihr kleines Auto und fuhr weg, manchmal nach Italien, manchmal an die See.

---

18 Ebd., S. 175.

19 *Zeit – Alltag und Augenblick*, S. 959.

20 *Der Himmel ist kein Ort*, S. 573.

> Das Fahren in dem engen Gehäuse, vor allem nachts, wenn die Autobahnen leer waren, gab ihr ein berauschendes Gefühl von Unabhängigkeit. Sie stellte sich dann manchmal vor, sie wäre auf der Flucht aus einem falsch gelaufenen Leben in ein anderes, zweites, noch unbekanntes Leben anderswo.[21]

Am Schluss der Erzählung wird das Auto tatsächlich zum Medium einer Befreiung durch Flucht, das ihr den Ausstieg aus einer sie bedrängenden, überfordernden und fremdbestimmenden Beziehung ermöglicht: „Nun fuhr sie, Wohin, wußte sie nicht. Sie fuhr nach Süden. Einmal mußte sie tanken. Mit der neuen Füllung würde sie mehrere hundert Kilometer weit kommen. Und je weiter sie kam, um so besser fühlte sie sich."[22] Das ganz ähnliche Lebensgefühl einer „nahezu weltlosen Autonomie"[23] verbindet sich für Ulrich Vogtmann im *Liebeswunsch* mit dem eigenen Autofahren:

> Fahrend, ohne das Gefühl von Widerstand, läßt sich auch denken, daß alles noch zu ändern ist und alles noch bevorsteht. Das Beste wird noch geschehen. Dieser Gedanke, so weit, so tröstlich, ist ein Übergang zur Leere. Man ist aufgehoben in ihm wie in einem großen schützenden Raum und schrumpft zusammen auf Kopf und Hände, den Fuß auf dem Gaspedal, die Müdigkeit im Nacken. Fahren, fast ohne etwas tun zu müssen, als würde man getragen, als flöge man.[24]

Indes zeigt gerade der Handlungsverlauf des Romans *Der Sieger nimmt alles* anders als *Das Verschwinden* die trügerische Ambivalenz des vermeintlichen Schutzraums Auto: Der PKW, Symbol einer symbiotischen Verschmelzung von Mensch und Maschine, wird für Vogtmann zum Ort der Produktion zusehends illusionärer Träume und Erwartungen, schließlich zum Ort, an dem er sich vor seinen Verfolgern versteckt und der zugleich seine ausweglose Vereinsamung anzeigt. Am Ende fährt er, mit Paul Virilio zu sprechen, in einen „rasenden Stillstand", in eine „Leere", welche sich als nichts anderes denn der Tod enthüllt. Das Auto, Symbol einer möglichen Flucht aus einem falschen Leben, wird seinerseits zur absoluten Steigerungsform, zum Inbegriff dieses falschen Lebens.

Eine verwandte – und verwandt ambivalente – Funktion wie in *Der Sieger nimmt alles* hat der Schutzraum Auto auch für den Protagonisten der *Schattengrenze*, einen Gebrauchtwarenhändler (!). Dort verweigert der PKW indes die ihm zugedachte Aufgabe: Gleich auf der ersten Seite wird er – anlässlich der gemeinsamen Rückfahrt

---

21 *Das Verschwinden*, in: WW 7, S. 357–392; hier: S. 357 f.

22 Ebd., S. 391.

23 Tschierske: *Das Glück, der Tod und der „Augenblick"*, S. 78.

24 *Der Sieger nimmt alles*, S. 150 f.

von Bonn nach Köln – zum Ort einer wegen „seiner“ Schweigsamkeit wachsenden Verstimmung zwischen der Partnerin Hilde und ihm. Und am Schluss lässt ihn der zur Flucht benutzte Wagen an der deutsch-holländischen Grenze mit einem Motorschaden buchstäblich im Stich. Die Flucht endet in einer Sackgasse, die zugleich die eines manifesten schizophrenen Schubs ist.

Zum Todesraum wird der Schutz- und Fluchtraum Auto schließlich für Klaus Jung in *Die Schönheit des Schimpansen*. Vor seinem Selbstmord richtet er seinen PKW mit Hilfe eines Staubsaugerrohrs so her, dass bei laufendem Motor die Abgase in den geschlossenen Raum des Wageninneren gelangen: „Er arbeitete [...] mit dem Eifer eines Kindes, das sich eine Hütte baut, einen Unterschlupf, ein Versteck, in dem es niemand entdecken wird [...]“[25] Das Staubsaugerrohr wird symbolisch zur Nabelschnur – was es nahelegt, bei Jung eine imaginäre Rückkehr in den Embryonalzustand im Mutterleib zu assoziieren.[26] Aus dieser Nabelschnur kommt allerdings nicht das Leben, sondern, in Gestalt des vergiftenden Kohlenmonoxids, der Tod. Tatsächlich hatte die „vergiftete“ Beziehung zu seiner Mutter für Jung eine wesentliche Rolle auf dem Weg in ein verfehltes Leben gespielt.

Risikoräume bei Wellershoff formieren sich häufig – nicht nur in den beiden Novellen – in struktureller Opposition zu den Schutzräumen. Da sich solche Konstellationen werkspezifisch entfalten, gibt es in seiner Dichtung nicht *den* Risikoraum schlechthin. Der Raum, der gleichermaßen Befreiung und Katastrophe als Potenzialität in sich birgt, kann unterschiedliche Gestalten annehmen. Beharrlich präsent im Sinne eines realsymbolischen Risikoraums ist in seinen fiktiven Texten allerdings das Meer. Das Meer ist der gestaltlose Raum des Sirenengesangs, der die lustvolle Regression, die Entgrenzung, den Ich-Verlust verheißt. Am nachdrücklichsten dürfte sich die entsprechende Raumsymbolik in der *Sirene*[27] ausprägen, aber sie erscheint in zahlreichen Wellershoff-Texten, darunter der Erzählung *Die Fähre nach England*, wo Saskia sich schließlich aus Gründen der Selbsterhaltung dem Projekt verweigert, mit ihrem jüngeren Freund besagte Fähre zu besteigen – und damit, dies der mythische Subtext der Erzählung, wie Odysseus und seine Gefährten mit unsicherem Ausgang das Meer zu befahren.

Ein Risikoraum ist das Meer auch in *Die Schönheit des Schimpansen*, hier allerdings stark im Sinne des Doppelaspekts von Befreiung und Katastrophe. Setzt sein Erleben in Klaus Jung während des Teneriffa-Urlaubs Momente eines ekstatischen Glücksgefühls frei, so zeigt es sich während eines späteren Spaziergangs mit Ellen an der nordfranzösischen Steilküste als materialisierte Untergangsdrohung. Der notorisch eifersüchtige Jung unterzieht die Partnerin dabei einem unerträglichen,

---

25 *Die Schönheit des Schimpansen*, S. 740.

26 S. dazu auch Wellershoffs Selbstinterpretation: *Die Wahrheitsbedingungen der Literatur*, S. 151.

27 S. dazu Kapitel 13 („Eros und Tod“), S. 293 f.

sie quälenden wie auch selbstquälerischen „Verhör“ bezüglich ihrer sexuellen Vergangenheit. Sie reagiert auf diese Zumutung am Ende mit der Wiederholung des Todeswunsches aus dem Teneriffa-Urlaub, der jetzt aber jede Perspektive auf eine gelingende Zukunft zu zweit verschließt:

> „Stoß mich doch runter! Stoß mich doch runter!“ schrie sie, und er dachte, daß sie gleich springen würde, aus Angst, aus Haß, oder wenn er eine Bewegung machte.
> Er war stehengeblieben in gebührendem Abstand.
> Sie will, daß ich es tue, dachte er, sie hat mich hierhergelockt.
> Zu gelähmt, um sprechen zu können, schüttelte er den Kopf und machte eine weite, weiche ausgreifende Bewegung mit den Armen, als wollte er sie wie ein leichtes Luftgebilde von dem Felsrand wegwedeln und zu sich heranziehen.[28]

Es gibt bei Wellershoff indes noch einen anderen Risikoraum, der zunächst metaphorisch verstanden werden muss: das weiße Papier, das den Autor herausfordert. Bemerkenswert ist, wie genau sich in diesem Fall die Ambivalenz von Wellershoffs anderen Risikoräumen wiederholt:

> Denn das weiße Papier kann zweierlei bedeuten: einen furchterregenden leeren Raum, in dem man sich verlieren und umkommen kann, oder eine lockende, freundliche Weite, die einlädt zu einem Abenteuer der Selbsterfahrung. [...] Aber so viel ist sicher, daß bei schöpferischen Menschen die Lust am neuen, am Wagnis das Bedürfnis nach Sicherheit und Kontrolle überwiegen muß und daß Pläne und rationale Methodik die Spontaneität nicht ersticken dürfen.[29]

Im Licht solcher Reflexionen bilden Krise, Meer und weißes Papier, Reise und Sirenengesang, Raum- und Selbsterfahrung, Schreiben und Leben, literarische und außerliterarische Realität ein identisches Feld motivischer Bezüge und Verbindungen – mit Positionen, die nahezu gegeneinander austauschbar sind. Wellershoffs fiktionale Texte werden darüber immer auch ein Stück weiter zu poetologischen Selbstgesprächen, in denen er sich mit sich über sein Leben und seine Arbeit als Autor verständigt.

Die Vielfalt der Raumbildung und -erschließung in Wellershoffs Werk lässt sich indes nicht mit der Gegensatz-Typologie Schutzraum – Risikoraum erfassen. Sie genügte auch nicht dem selbstgestellten Anspruch, in einer sich als „realistisch“ verstehenden Literatur die Dichte und Widersprüchlichkeit der Welt erfahrbar zu machen. Keineswegs durchgehend, aber immer wieder legt der Autor es darauf

28 *Die Schönheit des Schimpansen*, S. 657.

29 *Erkenntnisglück und Egotrip*, S. 551.

an, diese Welt als einen dezidiert unwirtlichen, lebensfeindlichen, „feindgetönten“ Ort darzustellen. Die Romane *Die Schattengrenze* und *Die Schönheit des Schimpansen* sowie das Drehbuch zu dem Fernsehspiel *Die Freiheiten der Langeweile* sind Beispiele dafür.

Ungemütliche regennasse Innenstädte mit ihren anonymen Einkaufzonen, trostlos-heruntergekommene, von Verkehrsschneisen durchzogene Vorstadtsiedlungen, ein von Industrie und Tagebau zerstörtes Metropolenumland als „Großräume“; Warenhäuser, Imbissbuden, Bahnhofsregionen, schummrige Nachtlokale und schäbige Hotels als „Kleinräume“ – die von Wellershoff entworfene Lebenswelt scheint den sich in ihr bewegenden Figuren zu signalisieren, dass sie für sie keinesfalls eine Heimat, ein Ort der Geborgenheit sein will. Andererseits ist diese Alptraumwelt Projektion der internen Befindlichkeit von Menschen, die es selbst bereits aufgegeben haben, eine Heimat zu finden. Ihr Daseinsgefühl ist durch ein Ausgeschlossensein aus, durch eine prinzipielle und unaufhebbare Fremdheit in der Welt bestimmt.

Das Hörspiel *Am ungenauen Ort* formuliert bereits im Titel die Bedeutsamkeit des Raumes für seine künstlerische Faktur. Auch dieser Raum ist einer der oben genannten „Un-Orte“: eine schwach besuchte Nachtbar „sechs Stufen unter der Straße“[30] (und damit gleichsam als Unterwelt ausgewiesen), in der vier hier gestrandete Personen einander begegnen: der alternde, von Lebensangst umgetriebene Versicherungsvertreter Balduin, der betont forsch auftretende frisch examinierte Student Victor und die beiden Animierdamen Fanny und Juliane. Hinzu kommen ein ausschließlich auf den Umsatz fixierter Kellner, ein mit schalen Witzen aufwartender Conférencier sowie eine Jazzband samt Schlagersänger. Zumal Balduin und Victor – sie sind übrigens wie alle Figuren in diesem Text stark typisiert, gewinnen kein individuelles Leben über ihre Funktionsimperative hinaus und sollen das auch nicht – suchen in diesem Vergnügungsambiente Entlastung vom Druck ihres Alltagslebens. Das gelingt aber nicht: Die Depression wird lediglich betäubt, die kommunikative Kontaktaufnahme auf eine an Beckett erinnernde Weise verfehlt. Die gemeinsam entworfene Utopie eines Segeltörns „am ungenauen Ort“ erstickt in trostloser Fantasielosigkeit („wir kommen nicht von der Stelle“[31]). Das Ende des Hörspiels schlägt den Bogen zum Anfang zurück. Man kam tatsächlich „nicht von der Stelle“, hier wurde lediglich Zeit totgeschlagen: Leben erstickt in einer Sinnlosigkeit anzeigenden Kreisfigur, aus der ein Ausbruch nicht möglich scheint.

Eine genauso große Bedeutung wie mehr oder weniger statische Räume haben bei Wellershoff Bewegungen, durch die Menschen Räume miteinander verbinden, vom einen zum anderen Raum wechseln. In diesem Sinne ist das Auto in seinem

---

30 *Am ungenauen Ort*, in: WW 6, S. 117–146; hier: S. 118.

31 Ebd., S. 136.

literarischen Werk nicht nur selbst „Raum“, sondern wird auch – naheliegend, insofern es Menschen von hier nach dort transportiert – zum Medium der Erschließung eines außerhalb seiner selbst befindlichen Raumes. Diese Erfahrung macht wiederum Ulrich Vogtmann auf seiner plötzlich notwendig gewordenen Autofahrt aus dem familiären Sommerurlaub in Dänemark zum Flughafen nach München:

> Die Straße sammelt die Landschaft ein, kommt rasch mit ihr näher, kann sie aber nicht festhalten, läßt mit wachsender Nähe immer mehr von der großen dunklen Scholle wegschmelzen, abdriften, ins nichts verfliegen und taucht als ein reißender grauer Strom unter der Motorhaube weg. Das Fahren tilgt die Strecke und übt das Vergessen.[32]

Es handelt sich freilich um Vogtmanns perspektivische Wahrnehmung einer Raumbewältigung, nicht notwendig – besser: lediglich partiell – um die des Autors. Sie hat insofern einen reduktionistischen, um nicht zu sagen: pathologischen Charakter, als der (Landschafts-)Raum lediglich als zu überwindender und dann dem Vergessen zu überantwortender Widerstand, nicht aber in seiner ihm eigenen Dichte und Präsenz in den Blick gerät. Diese Realitätsverfehlung zeigt sich schlagartig, als Vogtmann wiederholt in auf der Straße sitzende Vogelschwärme hineinfährt – er geht in diesen Augenblicken wortwörtlich „über Leichen“, wenn auch „nur“ über Tierleichen. Die Vögel zeigen ihm die vermeintlich überwundene Schwerkraft der Wirklichkeit, deren „Anruf“ er bezeichnenderweise aggressiv zurückweist, indem er „mit heftigem Ruck“[33] das Gaspedal durchtritt.

Eine ähnliche Bedeutung wie das Autofahren hat in Wellershoffs Werk die Bahnfahrt. Der Beginn des Essays *Der Roman als Krise* erinnert bis in die Wort- und Bildwahl an Vogtmanns Wahrnehmung seiner Autofahrt:

> Aus dem Fenster eines fahrenden Zuges zu blicken, erzeugt manchmal einen leichten Rausch. Vorne, dicht beim Bahnkörper, schnellt und rauscht die Nähe vorbei, und in der Tiefe verlangsamt sich das dauernde Erscheinen und Verschwinden der Landschaft zu einem trägen Gleiten. Das Fenster, es ist vielleicht ein wenig trübe, läßt die Welt draußen bleiben. Man ist von ihr getrennt und wird weggerissen von der schnellen Fahrt, man selbst ist ortlos, ist nirgendwo, ist unterwegs.[34]

Die Fahrt mit der Bahn und ähnliche Ereignisse finden, so Wellershoff, häufig in einer Situation des Alleinseins statt:

32 *Der Sieger nimmt alles*, S. 151.

33 Ebd., S. 156.; s. dazu auch Sass: *Der magische Moment*, S. 316 f.

34 *Der Roman als Krise*, S. 519.

> Die Funktionen des anonymen Verkehrssystems, dem man sich anvertraut, regeln vorübergehend das Leben. So kann man auf sich selbst zurückfallen und einfach nur da sein. Die Lebensgeschichte mit all ihren Zwängen und Bedingtheiten ist zur Zeit unterbrochen, weil man im Augenblick nicht zu erreichen ist. Das Leben umgibt einen als namenloses Schauspiel voller imaginärer Möglichkeiten, und man ist ein Teil davon. [...] Aber diese Zwischenstationen, diese Niemandsorte, wo man vorübergehend mit sich allein ist und räumliche Distanz zu seinem gewohnten Leben hat, das sind Orte einer profanen Utopie, wo sich die Menschen neu ordnen könnten und wieder zu sich kommen, indem sie ihr alltägliches Ego vergessen.[35]

Indes wird hier zunächst einmal „nur" ein Lebensgefühl beschrieben, das die Bahnfahrt beim Autor auslöst. Wenn es in dieser oder ähnlicher Form auch bei seinen erfundenen Figuren erscheint, dann verändert es, wie das Autofahren, im Kontext des dichterischen Textes doch seine Funktion. Es wird zum Bestandteil einer ästhetischen Textur und reichert sich dabei mit allgemeineren symbolischen Gehalten an, die über das jeweils konkrete Ereignis hinausreichen. Das Fahren mit Zug (oder Auto) ist bei Wellershoff stets mit einer Lockerung des alltäglichen Realitätsbezugs verbunden, wobei „die Wahrnehmung ohne Fixpunkt sich überlassen ist und die Erzählgestalt auch imaginativ fortgetragen wird"[36]. Wenn die fiktive Figur „gerne" Bahn fährt, dann sagt das in diesem Sinne etwas über den Fahrenden selbst und seine inneren Dispositionen aus.

Die Lockerung der Alltagswirklichkeit bei der Bahnfahrt weiß z. B. der Ich-Erzähler in *Ein Gedicht von der Freiheit* zu goutieren. Dafür liefert er auch eine Begründung:

> Diese Fahrpläne, diese Gleiskörper und Stromleitungen, diese Bahnhöfe und Wartesäle, diese hallenden Lautsprecherdurchsagen über den ein- und ausfahrenden Zügen brauche ich für meine Marotte, mir einzubilden, nur zu Gast in dieser Gegenwart zu sein.

Die Bewegung des Zuges versetzt die Reisenden

> in das dösige Wippen und Schaukeln [...], das sie erscheinen läßt, als seien sie im Halbschlaf und würden fortgezogen nicht nur von einem Ort, sondern vor allem von sich selber und wären vorübergehend außer Kraft gesetzt, Existenzen auf Vorbehalt, Existenzen, zur freien Verfügung, durch die Fahrt auf den gemeinsamen gleichen Nenner transportierter Gegenstände gebracht.[37]

---

35 *Zeit – Alltag und Augenblick*, S. 958.

36 Sass: *Der magische Moment*, S. 301.

37 *Ein Gedicht von der Freiheit*, S. 521 f.

Eine – und sei es eine vorübergehende – tranceartige Schwächung des Ich und des Realitätszusammenhangs sowie ein quasi-träumerisches Entgrenzungsgefühl bezeichnen indes bei Wellershoff stets Situationen, Schwebezustände, die die Betroffenen empfänglich machen für neue Erfahrungen, das Verlassen von Alltagsroutinen und den sonst womöglich verdrängten Anruf aus Wunsch- und Möglichkeitsräumen. „Er war noch nicht zu sich heimgekehrt", sinniert Elsheimer in der *Sirene* in Erlebter Rede während der Zugfahrt zurück von Hamburg nach Köln: „Er überließ sich gern diesem Zwischenzustand. Je mehr Zeit verging, je länger die Zeit dauerte, um so leichter, selbstverständlicher würde die Heimkehr sein, hatte er gedacht."[38] Den Anruf einer verheißungsvollen Zukunft verspürt auch Ulrich Vogtmann in *Der Sieger nimmt alles*, als er mit der Bahn von seinem Studienort Freiburg nach Siegburg fährt, wo sich sein künftiger Arbeitsplatz befindet:

> Unbestimmte Zuversicht erfüllte Vogtmann, während er aus dem Fenster schaute. Fahren war ein Übergang, bedeutete Veränderung, öffnete die Welt. Er verstand nicht, daß die Mitreisenden Zeitungen oder Bücher lasen oder miteinander redeten, um das Fahren zu vergessen.[39]

Zu Recht weist Torsten Bügner freilich auf den utopischen Übersprung hin, der hier stattfindet[40]: Bereits die Veränderung als solche löst jenes Glücksgefühl aus, das sich, wenn es mit rechten Dingen zuginge, erst bei der erfolgreichen Ankunft im neuen Leben einstellen dürfte. Tatsächlich werden Illusionen und Selbstüberschätzungen Vogtmanns weitere Existenz beherrschen, und bereits der Start in Siegburg steht insofern unter einem schlechten Stern, als er sich mit der kaltschnäuzig-schäbigen „Entsorgung" der Freiburger Freundin Jovanka verbindet.

Einen Möglichkeitsraum, der in sich allerdings mit Vorausdeutungen auf die kommende Katastrophe angefüllt ist, schließt auch Klaus Jungs finale Zugfahrt von Hannover nach Duisburg in *Die Schönheit des Schimpansen* auf. Auch hier verbindet sie sich, wenn auch eindeutig negativ konnotiert, mit einer durch die Fahrbewegung ausgelösten Ich-Dissoziation:

> Noch immer war das Fahren eine Überrumpelung, als würde er oder auch nur sein Körper von der Bewegung des Zuges gegen seinen Willen fortgerissen, und ein unbestimmbarer Rest seiner selbst, das Denken oder das Gefühl hatte Mühe zu folgen. Momentweise kam es ihm so vor, als säße nicht er hier, sondern ein anderer unerkennbarer Reisender, so unansprechbar und undeutlich wie eine Traumgestalt. Die fremde Gestalt fuhr an seiner

38 *Die Sirene*, S. 652.

39 *Der Sieger nimmt alles*, S. 30.

40 Bügner: *Lebenssimulationen*, S. 218.

> Stelle dem Ziel entgegen, das nicht sein eigenes war. Sie tat für ihn, was getan werden mußte, da es einmal begonnen hatte.[41]

Die verdrängte Vergangenheit präsentiert sich Jung während dieser Fahrt – diese Stelle kam bereits zur Sprache – in Gestalt eines mit geöffnetem Mund schlafenden und träumenden Mitreisenden, der „mehr nach Tod als nach Schlaf"[42] aussah und in dem beobachtenden Jung Tötungsfantasien auslöst.

Auto- und Bahnfahrten stehen bei Wellershoff in engem Zusammenhang mit dem Motiv der Reise, die wiederum, verstanden als Aufbruch ins Gefährlich-Ungewisse, mit dem der Krise in ihren positiven wie negativen Aspekten verbunden ist.

> Reisen ist gefährlich, jedenfalls in seinen archaischen Formen. Es ist ein Zustand der Instabilität. Man hat die sicheren Gewohnheiten verlassen und sich ins Ungewisse begeben. Das begründet die Beziehung der Reise nicht nur zum Abenteuer, als einer unvorhersehbaren Herausforderung durch die Außenwelt, sondern auch zur Krise als einer gefährlichen, aber auch heilkräftigen Erschütterung der eigenen Verfassung.[43]

Der Zusammenhang von Reise und Krise bei Wellershoff wird wohl nirgendwo deutlicher als im Fall der Urlaubsreise – der Urlaubsraum wird zum Krisenraum. Das ist insofern bemerkenswert, als die Beteiligten durchaus Erholungs- und Entspannungswünsche haben, die sich aber so gut wie nie erfüllen. Vielmehr scheint bevorzugt der Urlaub auch wegen der erzwungenen längerfristigen Gemeinschaft der Beteiligten eine Situation zu begünstigen, in der latente Konflikte, vor allem in Ehe und Familie, offen ausbrechen. Dafür gibt es zahlreiche Beispiele. Klaus Jungs und Ellen Cybiks Teneriffa-Urlaub wird durch Langeweile, Immobilität und Jungs notorische Eifersucht nahezu zum Desaster. Hier bereits zündet ein Konfliktpotenzial, das die spätere Ehe ruinieren wird.

Spannungsgeladen, mit Gereiztheiten und mühsam zurückgehaltenen Antipathien belastet verläuft der Dänemark-Urlaub der Familien Pattberg und Vogtmann. Ulrich Vogtmann ergreift dann auch die nächstbeste Gelegenheit – schlechte Nachrichten von seinen Geschäften in Süddeutschland –, um die Zelte dort abzubrechen und die Flucht aus dem familiären Käfig anzutreten. Davon, dass es Böhring in

---

41 *Die Schönheit des Schimpansen*, S. 688.

42 Ebd., S. 689; s. dazu auch Sass: *Der magische Moment*, S. 303 ff.

43 *Erkenntnisglück und Egotrip*, S. 543.; s. dazu auch Bügner: *Lebenssimulationen*, S. 203 ff. Die Feststellung „Reisen ist gefährlich" ist erkennbar eine Variante von „Literatur muß gefährlich sein" (*Der lange Weg zum Anfang*, S. 580). Tatsächlich rücken bei Wellershoff nicht nur Reisen und Krise, sondern auch Reise und Literatur (und Krise) in ein Nahverhältnis. Schreiben ist für den Autor stets eine imaginäre Reise wie eine tatsächliche oder imaginäre Krise.

Zikadengeschrei nicht gelingt, in eine entspannte Urlaubssituation hineinzufinden, war bereits die Rede. Paradebeispiel eines misslingenden Urlaubs ist schließlich, im *Liebeswunsch*, die Hochzeitsreise Anjas und Leonhards nach Italien. Nicht den Beteiligten, wohl aber dem Leser ist bereits hier klar, dass diese Verbindung an fundamentalen Unvereinbarkeiten scheitern wird. Im Licht dieses Befunds gerät der Urlaub zum frühen Katalysator einer heraufziehenden Beziehungskatastrophe. Auch die und sei es imaginäre „Aggressionskrise" in der Erzählung *Augenblicke der Benommenheit* ereignet sich während einer Urlaubsreise.

Obwohl, wie ausgeführt, Raum und Zeit auch literarische Wirklichkeit notwendig kategorial konditionieren, besteht – bezogen auf fiktionale Literatur – zwischen diesen Modi der Erfahrung doch ein Unterschied: Der Raum wird dort zum Darstellungsgegenstand, aber nur die Zeit ist der künstlerischen Verfahrensweise als solcher inhärent und nicht ausschließlich ihr Objekt. Literatur, auch Musik, ist per se „Zeitkunst". Das ist kein spezifisches Merkmal der Herstellung von Literatur – auch der Maler oder Bildhauer benötigt für, verrichtet seine Arbeit in der Zeit –, wohl aber ihrer Rezeptionsform. Das Auge nimmt ein Bild in einem Augenblick als Totale wahr, während die Textaufnahme unausweichlich als Nacheinander verläuft. Diesem Umstand hat der Text, hat der Autor Rechnung zu tragen: Tatsächlich entspricht dem Nacheinander der Lektüre oder dem einen bestimmten Zeitraum beanspruchenden Besuch eines Theaterabends das Nacheinander der Ereignisse und (menschlichen) Handlungen im Roman und im Drama (Lyrik folgt allerdings, wie gesagt, einem abweichenden „Seinsgesetz").

Selbst die Beschreibung einer Landschaft, in der nichts geschieht, fügt sich insofern dem Nacheinander, als der Autor ihre Bestandteile, aus denen sich am Ende vor dem geistigen Auge des Lesers eine simultane Ganzheit herstellen mag, in eine zeitlich definierte Sequenz bringt. Eine Landschaft wird dann – nicht ohne Gewaltsamkeit, weil sie von Haus aus der Malerei als einer anderen Kunstübung zugeordnet ist – in Erzählung überführt, zur „erzählten Landschaft". Das geschieht dadurch, dass der Autor oder eine Figur de facto eben doch einen Vorgang, eine „Handlung" berichtet: die Tätigkeit des schweifenden Auges, das sich jene sukzessiv erschließt.

Freilich hat der Autor, was den Umgang mit der notwendigen Gebundenheit seiner Kunstform an Zeit betrifft, weitreichende Lizenzen. Wellershoffs fiktionales Werk nutzt diese extensiv und intensiv aus. Erzählzeit und Erzählte Zeit fallen infolge von Dehnung und Stauchung letzterer auseinander; die Verwendung der Tempi – Präsens und Präteritum – ist funktionell streng gebunden; das Nacheinander wird durch Vorausnahmen und Rückblenden nicht in toto aufgehoben, aber durch Zeitsprünge fragmentiert. Die Erzählung *Die Fähre nach England* z. B. beginnt mit einer komplizierten Schachtelung von realen und imaginären Zeitebenen: Norbert, der männliche Protagonist, erträumt sich eine Zukunft mit seiner Geliebten – genauer: die gemeinsame Überfahrt nach England –, die es nicht geben wird.

Verhindert wird diese fernere Zukunft durch eine nähere, in der sich Saskias Entschluss formiert, Norbert eben nicht auf die britische Insel zu folgen. In manchen Texten – etwa in dem Roman *Die Schattengrenze*, der Erzählung *Während* und dem Hörspiel *Die Schatten* – erreichen diese Verfahren eine Radikalität, die tatsächlich in einer den Leser verwirrenden Weise zur Auflösung der zeitlichen Sukzession als Kernprinzip der Textorganisation führen.

Über das Phänomen Zeit in der realen Erfahrungswelt wie in (seinen) fiktionalen Texten hat Wellershoff weitläufig reflektiert. Mutmaßlich in Anlehnung an die Zeitphilosophie Henri Bergsons unterscheidet er – für sich selbst wie für seine Figuren – zwischen der abstrakten, objektivierbaren Zeit, deren Verstreichen der Uhrzeiger „dokumentiert", und dem inneren menschlichen Zeiterleben, das damit nichts zu tun hat: „Die Zeit, die wir messen können, organisiert unser Zusammenleben. Wie wir die Zeit erleben, das hängt von Stimmungen, Situationen, aber auch vom Lebensalter ab."[44]

„Objektive" Zeit gibt es, wie betont werden muss, als Darstellungsgegenstand bei Wellershoff allerdings auch, und zwar in vielen Facetten. Das reicht von der „Zeit"genossenschaft seiner Texte im Sinne von jeweiliger lebensweltlicher Aktualität bis hin zu Tages- und Jahreszeiten, denen im Kontext des jeweiligen Werkes eine unübersehbare symbolische Prägnanz zuwächst. Alles andere als zufällig platziert der Autor die rund zwei Wochen währende Handlung seines Romanerstlings *Ein schöner Tag* in einem drückend heißen Hochsommer, der den Figuren als solcher immer wieder zu schaffen macht. Auf ihr körperliches Unwohlsein wird wiederholt nachdrücklich hingewiesen. Indes fungiert diese Wetterlage unübersehbar als außenweltliches Pendant der bedrückenden, zukunftslosen Lorenz'schen Familiensituation. Ähnlich verhält es sich mit der trüb-grauen Winterlandschaft, in der Klaus Jung in *Die Schönheit des Schimpansen* sein perspektiven- und erfolgloses Berufs- und Privatleben fristet.[45]

In der Tat kann sich dann aber auch das subjektive Zeiterleben personen- und situationsbedingt außerordentlich vielfältig gestalten. Wellershoff erläutert das damit verbundene literarische Verfahren anhand seines Romans *Der Sieger nimmt alles*:

> Dehnen sich die Zwischenzeiten, dann gewinnt man den Eindruck, die dargestellten Szenen seien eingebettet in lange Zeiten ruhiger Alltäglichkeit, sind sie kurz, entsteht der Eindruck einer weiterdrängenden Ereignisfülle. Szenen und Leerräume bilden gemeinsam das Zeitrelief des Romans. Die Zeit wiederum setzt sich zusammen aus den verschiedenen individuellen Zeiten – die eine Person ist ungeduldig, die andere apathisch, die eine

44 *Zeit – Alltag und Augenblick*, S. 949.

45 S. dazu Jaeger: *Realismus und Anthropologie*, S. 208 f.

erwartet oder erhofft, die andere befürchtet etwas –, und diese individuellen Tempi des Erlebens sind eingebettet in die gemeinsame Weltzeit, die sich beispielsweise im Wechsel der Jahreszeiten repräsentiert.[46]

Die Zeiterfahrung kann sich, so Wellershoff im Gespräch mit Werner Jung, zu zwei Extremen hin polarisieren: dem „ruhigen Gang“ der Dinge samt der gewohnheitlichen Wiederholung und dem ekstatischen Augenblick:

> Denn wenn sich das Zeiterleben einseitig zum einen oder anderen Pol verschöbe, wäre menschliches Leben nicht möglich. Alle kulturellen Institutionen, Regeln und Verbote und vor allem auch die Zeit sind ja entwickelt worden, um das menschliche Leben gegen die Überfälle der spontanen, augenblickshaften Impulse zu sichern.[47]

Indes kann dieses „kontrollierte“ Zeiterleben seinerseits – hier liegt die Variation einer von Wellershoff immer wieder verwendeten Denkfigur vor – zum Problem, der Schutz vor dem Tod selbst zur tödlichen Falle werden:

> Das Gesicherte, gut Definierte der Gewohnheit ist im Grund ein Mangel an Zukunft. Wir wollten uns vor bösen Überraschungen und unabsehbaren Gefahren schützen, aber nun hat alles keinen Reiz mehr. Denn unsere vitalen und intellektuellen Vermögen sind nicht für monotone Wiederholungen gemacht. Wiederholungen in der Art des tropfenden Wasserhahns erleben wir als tödlich.[48]

Damit beschreibt Wellershoff zugleich die Krisensituation vieler seiner Figuren, die für sich einen Ausgleich zwischen den beschriebenen Extremen des Zeiterlebens gerade nicht erreichen können. In dem Essay *Die Verneinung als Kategorie des Werdens* referiert er unter Bezug auf den russisch-französischen Psychiater und Philosophen Eugène Minkowski einen Fall von offenkundig pathologischem Zeiterleben bei einem 20-jährigen Mädchen:

> „Ich muß unaufhörlich denken, daß die Zeit vergeht. Während ich jetzt mit Ihnen spreche, denke ich bei jedem Wort ‚vorbei‘, vorbei‘, ‚vorbei‘. Dieser Zustand ist unerträglich und erzeugt ein Gefühl von Gehetztheit. […] Wenn ich einen Vogel piepsen höre, muß ich denken, ‚das hat eine Sekunde gedauert‘. […] Das Grausige besteht darin, daß mit jeder

46 *Der Baukasten der Imagination*, S. 809.
47 Ebd., S. 950.
48 Ebd., S. 951.

> Bewegung, mit allem, was ich tue, die Strecke, die mich vom Tod trennt, kürzer wird. Daher habe ich Angst vor allem, was ich tue, aber auch vor dem Denken."[49]

Bei der Kranken, analysiert Wellershoff, ist der Schrecken des permanenten Verschwindens

> zu einer zwanghaften Perspektive erstarrt. Dabei zeigt sich, daß alles Festklammern am Augenblick den Schrecken nur vermehrt. Bewußtheit wird zum chronischen Alarmzustand. Von Sekunde zu Sekunde muß sie sehen, wie der Tod näher kommt. Deshalb kann sie nichts loslassen und nichts festhalten, alles wird ihr genommen. Jeder Lebensmoment ist schon eingeholt von Entwirklichung und erscheint nur noch als isolierte Faktizität, faßbar nur noch am äußerlichen Maß seiner bloßen Dauer.[50]

„Innerer Stillstand und tollgewordene Uhren" sind, so heißt es in dem Essay *Zukunft und Tod*,

> Ausdruck der „gestörten Synchronizität des Werdens", wie Minkowski es nennt. Ich-Zeit und Welt-Zeit, die eigene Entfaltung und das Werden der Welt stimmen nicht mehr überein, [...].[51]

Bemerkenswerterweise war die Vorstellung einer in lauter „Nicht-Vorhandenheiten" aufgelösten Zeit, in der jedes „Jetzt" sofort – in dem Augenblick, da es gedacht wird – Hegels „Furie des Verschwindens" ereilt, Wellershoff als empirischer Person alles andere als fremd. In seiner autobiografischen Skizze *Ich-sagen mit und ohne Auskunft*, dem Nachwort zu *Doppelt belichtetes Seestück und andere Texte*, steht dieser Satz: „Im Fensterausschnitt über den Dächern, den Antennen ist das gleichförmige Heranfließen grauer Regenwolken, ein ununterbrochenes Jetzt Jetzt, oder Jetzt nicht mehr, das es immer gegeben hat."[52] Naheliegend gehören solche pathologischen Zeiterfahrungen, die zumal im Zusammenhang mit depressiven

---

49 *Die Verneinung als Kategorie des Werdens*, S. 322; s. dazu auch Sass: *Der magische Moment*, S. 134 ff. Der von Minkowski beschriebene Fall ähnelt übrigens stark den Erlebnissen einer nihilistischen Zeiterfahrung, wie sie die deutsche Frühromantik gestaltet, etwa Wackenroder in *Wunderbares morgenländisches Märchen von einem nackten Heiligen* in Wackenroder/Tiecks *Phantasien über die Kunst* (1799). Wellershoff weist selbst – im Kontext von Erörterungen über den Zusammenhang von Zeiterfahrung und Lebensverfehlung – in seinem Essay *Nachhausekommen* (S. 193) auf diesen Referenztext hin.

50 *Die Verneinung als Kategorie des Werdens*, S. 323.

51 *Zukunft und Tod*, S. 435.

52 *Autobiographisches Nachwort: Ich-sagen mit und ohne Auskunft*, S. 283 f.

Zuständen auftreten, auch zum Krisenrepertoire bei Wellershoffs beschädigten Figuren.

Ein Beispiel dafür – und zugleich für die enge Beziehung zwischen Wellershoffs Theoriereflexion und seiner literarischen Praxis auch hinsichtlich der Zeiterfahrung – ist das Hörspiel *Null Uhr, null Minuten und null Sekunden*, das nicht nur den Hiatus zwischen „objektiver" und „subjektiver" Zeit, zwischen „innerem Stillstand" und „tollgewordenen Uhren" thematisiert[53], sondern ihn eben auch zum Symptom einer individuellen Existenzkrise macht. Die Hauptfigur, die dem Hörspiel auch die Perspektive gibt, ist ein über beruflichem Misserfolg depressiv gewordener Architekt, dessen Lethargie und Inaktivität auch seine Ehe einer schweren Belastung aussetzt. Strukturiert wird der Text durch Signale der mechanisch ablaufenden Zeit: in Gestalt von im Fünf-Sekunden-Takt ablaufenden Zeitansagen und dem Ticken eines Metronoms.

Zumal das Ticken des Metronoms lässt sich als Todesankündigung interpretieren: Die Zeit „läuft ab", und wenn das Metronom stillsteht, ist der Todesaugenblick erreicht. Diese akustische Dominanz von Hinweisen auf die verrinnende (Lebens-)Zeit ist für sich genommen bereits – im Horizont des subjektiven Empfindens der Hauptfigur – eine Krankheitserscheinung: Die Krankheit besteht nicht in einer realistischen und als solche „unproblematischen" Todesgewissheit, sondern darin, dass dieses sich in Zeitansage und Metronomschlag objektivierende Wissen jeden Lebensimpuls des Mannes lähmt und erstickt. Sein Leben verrinnt, indem er dieses Verrinnen in zwanghafter Fixierung verfolgt:

> Die Zeit wurde abgetragen. Die Zeit, die ich noch zu leben hatte. Das war es, was tatsächlich immer stattfand. Klarheit bis zum Ende, wenn man es einmal begriff. *Längere Pause, das Ticken des Metronoms.* Ja. *Pause.* Ja. *Pause.* Es war mein Verschwinden, die Hoffnungen verschwanden, die Ziele, die fixen Ideen. Zungenwackeln und nichts dahinter. Nichts dahinter als dieses Wenigerwerden. *Pause, das Ticken. Plötzlich beginnt er mit wachsendem Haß zu sprechen.* Weniger, weniger, weniger, jetzt weniger, vorbei vorbei, jetzt jetzt vorbei, jetzt weniger, jetzt vorbei, jetzt jetzt jetzt nicht, jetzt weniger, jetzt vorbei, jetzt weniger, jetzt vorbei, jetzt weniger, jetzt vorbei, jetzt, jetzt jetzt jetzt weniger, jetzt vorbei, jetzt vorbei, jetzt vorbei, jetzt.[54]

Das Zerbrechen der Grammatik in repetierte Sprachtrümmer zeigt das Zerbrechen eines kohärenten, sinnerfüllten Weltbezugs an.

In dem bereits im Kontext des Phänomens Raum erörterten Hörspiels *Am ungenauen Ort* ist die Depression der sinnlos und unerfüllt verrinnenden Zeit nicht

53 S. dazu Jung: *Im Dunkel des gelebten Augenblicks*, S. 97; s. außerdem Eke: *RadioKunst*, S. 250 ff.
54 *Null Uhr, null Minuten und null Sekunden*, in: WW 6, S. 245–267; hier: S. 251 f.

so offensichtlich wie in *Null Uhr, null Minuten und null Sekunden*, sondern wird vielmehr durch die Usancen eines routinierten Unterhaltungsbetriebs betäubt. Aber die strukturelle Ähnlichkeit beider Arbeiten ist allein dadurch gegeben, dass auch hier die objektive Zeit durch den allstündlich ertönenden Gongschlag und die Ankündigung des Conférenciers zum Thema wird. Die Zeit vergeht und tritt zugleich auf der Stelle – im Handeln der in der Bar versammelten Figuren, das sich sinnlos, in kommunikativer Erstarrung im Kreis bewegt und zu nichts führt.

Für die Aussageintention zumal seiner Erzähltexte macht Wellershoff in vielfältiger Weise Zeitfolgen, Zeitangaben, Zeitrelationen, überhaupt die Zeitorganisation im Zusammenhang des Kunstganzen fruchtbar. Ein instruktives Beispiel dafür ist gleich der Romanerstling *Ein schöner Tag*. Was er hier erreichen wollte, beschreibt er selbst in seinem Bericht über die Entstehung des Buches:

> Der Roman folgt bewußt einer zwanghaften Chronologie, die die Zeit zu einer Folge zäher Gegenwarten macht, in denen alles stillzustehen und sich zu schwerfälligen Widerständen zu verdicken droht. Das war die strukturelle Lösung, die ich für das Thema eines zukunftslosen, gefesselten Lebens gefunden hatte.[55]

Joachim Jaeger hat die spezifische Technik der zu diesem Zweck ins Werk gesetzten Zeitorganisation präzise beschrieben.[56] Der Roman enthält durchaus zahlreiche und auch genaue Zeitangaben. Soweit sie z. B. im fünften Kapitel – Günthers Aufenthalt in Bad Wildungen – auftauchen, ist ihnen zu entnehmen, dass dieses eine Zeitspanne von mehr als 24 Stunden umfasst. Auch die chronologische Aufeinanderfolge der Kapitelhandlungen lässt sich aus den „im Text angelegten Erzähleinheiten erschließen“[57].

All das besagt indes wenig für den konkreten Verlauf der Erzählten Zeit. Tatsächlich schafft es Wellershoff trotz seiner „zwanghaften Chronologie“, deren Nacheinander „eigentlich“ Zukünftiges zu Gegenwärtigem und Gegenwärtiges zu Vergangenem machen müsste, den Eindruck einer „ewigen Gegenwart“ (die nicht mit Simultaneität zu verwechseln ist) zu erzeugen. Rückschau und Vorausschau sind hier nicht Vergangenheit und Zukunft, sondern von der Perspektive der sie entwerfenden Figuren abhängig – und damit auch vom jeweiligen Zeitpunkt, an dem dies geschieht. Damit aber werden sie ihrerseits ausschließliche Gegenwart – die Zeit gerät zu der von Wellershoff intendierten „Folge zäher Gegenwarten“.

---

55 *Wiederherstellung der Fremdheit*, S. 239.

56 Jaeger: *Realismus und Anthropologie*, S. 81–86. Ich folge in diesem Abschnitt weitgehend seinen Ausführungen.

57 Ebd., S. 84.

Während in *Ein schöner Tag* vom Autor eine spezifische Organisation der Erzählten Zeit als Kunstmittel eingesetzt wird, ist das Verhältnis der Hauptfigur Klaus Jung zur Zeit, seine Zeiterfahrung in *Die Schönheit des Schimpansen* wiederholt explizites Thema der Darstellung. Sie wird zum Indikator einer fundamentalen Lebenskrise. Motive aus den beiden oben erörterten Hörspielen kehren im Roman wieder: Zeit ist für den gescheiterten Studenten, den erfolglosen Zeitschriftenwerber und Automatenaufsteller nicht etwas, das er sich im Sinn einer aktiven Lebensgestaltung zu eigen machen kann, sondern er erleidet es vielmehr als ein ihm Äußerliches, von ihm Getrenntes, ihn nicht Betreffendes. Sie wird zum Inbegriff eines verdünnten, ereignis- und zukunftslosen Lebens.[58] Bezeichnend dafür sind die trostlosten Fernsehabende bis zum Sendeschluss in Jungs billigen Absteigen, deren Programm er an sich vorbeirauschen lässt. Der regelmäßig ertönende Gongschlag zu Beginn der Nachrichten zeigt den mechanischen Vorgang eines profil- und sinnlosen, Langeweile und Ekel erzeugenden Verstreichens an, wozu Zeit für Jung geworden ist. Schließlich verschwindet er in diesem Verschwinden von Zeit seinerseits:

> Die Zeit vergeht, dachte Jung, dieser Tag ging zu Ende, und die Züge in Richtung Westen waren fort. [...] Er war nicht darunter, er saß hier im Halbdunkel, unerkennbar und unbedeutend für die heimkommenden Hotelgäste, die manchmal eine Minute stehenblieben, auf den Bildschirm starrten und wieder fortgingen.[59]

Übrig bleibt indes, ähnlich wie beim Protagonisten der *Schattengrenze*, eine diffus-irrationale Hoffnung auf den großen erlösenden Augenblick, auf die Epiphanie von Sinn und Erfüllung, deren Eintreten aktiv zu befördern Jung allerdings Energie und Fantasie gänzlich fehlen:

> Die Tage vergingen langsam, und wenn sie vorbei waren, verschwanden sie spurlos, wie eine unsichtbare, farblose, geschmacklose Substanz, die durch ihn hindurchging, ohne ihn zu berühren. Er lebe nur auf Widerruf. Irgendwann mußte es eine Veränderung geben, die die verborgene Bedeutung für alle sichtbar wieder herstellte. Das war eine unantastbare heimliche Gewißheit. Doch er konnte sich nicht vorstellen, wie das geschehen sollte, so daß ihm nichts übrigblieb, als zu warten und sich der Nichtigkeit der schwindenden Tage zu überlassen.[60]

---

58 S. dazu ebd. S. 188 ff.

59 *Die Schönheit des Schimpansen*, S. 679.

60 Ebd., S. 567 f.

Die plötzliche Veränderung, die die Negativität einer schattenhaft verstreichenden Zeit erlösend unterbricht, stellt sich am Ende des Romans dann doch noch ein: im ekstatischen Augenblick des Totschlags, der indes, insofern er Jungs Selbstmord zur Folge hat, zur Katastrophe in der Katastrophe wird. Der endgültige Tod trägt für einen Moment die Maske eines neuen Lebens.

15. Mythos

In Wellershoffs Texten sind mit auffälliger Beharrlichkeit mythische Strukturen und Muster der Weltdeutung, „Chiffren einer mythischen Welterfahrung“[1] anzutreffen, die gelegentlich – in dem Hörspiel *Der Minotaurus*, der Novelle *Die Sirene* und in dem autobiografisch getönten Köln-Essay *Pan und die Engel* – bereits im Titel „durchschlagen“. Das ist erklärungsbedürftig, denn zwischen Wellershoffs literarischer Realismus-Konzeption, die an die Stelle von universellen Daseinsmodellen den „sinnlich konkrete[n] Erfahrungsausschnitt, das gegenwärtige alltägliche Leben in einem begrenzten Bereich“[2] setzt, scheinen Mythen und Mythisches, verstanden als zeitenthobene, metaphysische Generaldeutungen auch der menschlichen Existenz, vorderhand keinen Platz zu finden. Der Autor selbst mag diesen Aspekt einer tendenziellen Ausschließung gesehen haben. In seinem für die Entwicklung seiner Literaturtheorie zentralen Aufsatz *Wiederherstellung der Fremdheit* schreibt er:

> Die Modelle, mythischen Muster, an die auch ihr ironisches Zitat und die Persiflage gefesselt bleiben, werden in realistischer Schreibweise entweder verlassen oder durch Konkretheit von innen her überwachsen.[3]

Tatsächlich liefert die Formulierung „durch Konkretheit von innen her überwachsen“ einen Hinweis auf die spezifische Weise, wie Wellershoff, mit Thomas Mann zu sprechen, „den Mythos traktiert“ – und der Falle eines Widerspruchs zum eigenen Literaturbegriff entgeht. Seine dichterischen Texte sind „Arbeit am Mythos“ im Sinne von Hans Blumenbergs gleichbetitelter philosophischer Darstellung, die den Mythos als im übrigen hochrationales „Mittel“ von Realitätsstrukturierung, Kontingenzbewältigung und Angstlösung begreift:

---

1 Daniela Dujmić/Dietrich Harth: *Zur Poetik des »Wilden Denkens«. Träume, Bewusstseinsdämmerungen, Halluzinationen und Verstörungen in Dieter Wellershoffs Erzählprosa*, in: Durzak/Steinecke/Bullivant (Hg.): *Dieter Wellershoff*, S. 278–296; hier: S. 295 – Die Autoren verstehen unter „mythischer Welterfahrung“ mit Bezug auf Wellershoff allerdings weniger die intertextuelle Fortschreibung „materialer“ Mythen etwa aus der griechischen Antike, als vielmehr „die Requisiten einer anderen, dem Ich unverfügbaren Welt“ des Unbewußten und des Archetypischen und machen in diesem Sinn Motive wie „Stein, Lauge, Schnee, Schlamm“ genauso geltend wie „Vorgänge des Schwebens, Fließens, des Auf- und Abwärtssteigens und -stürzens, des vergeblichen Öffnens und Schließens, das Sich-Zusammensein und das Eingeschlossen-Sein in den Kopf, den Kasten, das zyklisch verlaufende Selbstgespräch und das leere Denken“ (ebd.). Diese Beobachtungen sind allesamt zutreffend, sprengen aber das Konzept des Mythischen, das diesem Kapitel zugrunde liegt.

2 *Neuer Realismus*, S. 843.

3 *Wiederherstellung der Fremdheit*, S. 234.

> Die Grenze zwischen Mythos und Logos ist imaginär und macht es nicht zur erledigten Sache, nach dem Logos des Mythos im Abarbeiten des Absolutismus der Wirklichkeit zu fragen. Der Mythos selbst ist ein Stück hochkarätiger Arbeit des Logos.[4]

Weil, so Blumenberg, die beschriebenen Anforderungen an den Mythos anthropologischer Natur sind, kann ihm auch Geschichte nichts anhaben – er ist, in historisch angepasster Form, stets aufs Neue „aktuell". Obwohl sich Wellershoff mit Blumenbergs Buch ausweislich der Referenzen und Quellenangaben in seinen expositorischen Texten nicht auseinandergesetzt zu haben scheint und auch der von Blumenberg bevorzugt behandelte Prometheus-Mythos bei ihm keine Rolle spielt, sind die jeweiligen Argumente für eine „Legitimität des Mythos" auch in der aufgeklärten Moderne doch einander bemerkenswert ähnlich. Wie Blumenberg bemüht Wellershoff zum einen die Anthropologie:

> Die alten Mythen, Urbilder menschlicher Erfahrung, haben einen auch heute weiterwirkenden Wahrheitsgehalt. Der kann allerdings nur deutlich werden, wenn man ihn nicht pedantisch nachkonstruiert, sondern sie in den ganz anderen Ausdrucksformen und Verhaltensweisen gegenwärtiger Menschen wiederentdeckt, [...].[5]

Diesbezüglich liegt selbstredend der Hinweis auf einen berühmten Modellfall in der Literatur der Moderne nahe, dessen Anregungspotenzial für Wellershoff eigene schriftstellerische Arbeit kaum überschätzt werden kann: James Joyce' *Ulysses*-Roman, der einen Tag im Leben des Dubliner Anzeigenakquisiteurs Leopold Bloom motivisch und strukturell Homers *Odyssee* nachbaut.

Hinzu kommt – bei Blumenberg wie bei Wellershoff – die seit Sigmund Freud und seiner Schule geläufige psychoanalytische Interpretation des Mythos und seiner Entstehung. Freud sieht ihn als eine Projektion des Menschen, der sich mit seiner Hilfe innerseelische, tabuisierte Wunschregungen als Mächte einer äußeren Realität vorstellt.[6] Auf diese Denkfigur kommt Wellershoff in dem bereits genannten Essay *Pan und die Engel* aus seinem gleichnamigen Köln-Buch zurück.[7] Gegenstand des Textes ist das sogenannte Grabmal des Poblicius aus der römischen Vergangenheit

---

4 Hans Blumenberg: *Arbeit am Mythos*, Frankfurt/M. ^{6}2001, S. 18.

5 *Vorschlag für eine Edition*, in: WW 8, S. 877 f.; hier: S. 878.

6 „Ich glaube in der Tat, dass ein großes Stück der mythologischen Weltauffassung, die weit bis in die modernsten Religionen hinein reicht, nichts anderes ist als in die Außenwelt projizierte Psychologie." (Sigmund Freud: *Zur Psychopathologie des Alltagslebens* (= *Gesammelte Werke in 18 Bänden mit einem Nachtragsband*, hg. von Anna Freud u. a., Frankfurt/M. 1999, Bd. 4), S. 287 f.).

7 S. dazu auch Martina Adami: *Der große Pan ist tot!? Studien zur Pan-Rezeption in der Literatur des 19. und 20. Jahrhunderts* (= *Innsbrucker Beiträge zur Kulturwissenschaft. Germanistische Reihe*, Bd. 61), Innsbruck 2000, S. 189–195.

der Stadt, das 1965 bei Ausschachtungsarbeiten am Chlodwigplatz entdeckt wurde. Dabei

> stieß man gleich zu Anfang auf den Mittelteil eines gut erhaltenen Reliefs, das offenbar zu einer Darstellung des alten arkadischen Hirtengottes Pan gehörte. Dafür sprachen nicht nur der tierische Stummelschwanz und der erigierte Phallus, sondern vor allem auch das markanteste Attribut des Gottes, die aus Schilfrohr gefertigte Panflöte.[8]

Pan wird bei Wellershoff im Fortgang in einer an Sören Kierkegaards Don Juan-Deutung in *Entweder – Oder* erinnernden Weise zum „Anderen" des durch die Engel am Domchor symbolisierten christlichen Köln, in dessen hier wörtlich zu nehmenden Untergrund es abgedrängt wurde.

> Die Spaltungen haben sich später wieder erneuert. So hat die bürgerliche Kultur mit anderen Mitteln der gesellschaftlichen Kontrolle den Kampf gegen die menschliche Natur wieder aufgenommen und neue Grade der Affektdämpfung und des moralischen Rigorismus durchgesetzt. Der alte dramatische Höllensturz, die Austreibung des Bösen in die Unterwelt, nahm die Form der Verdrängung an. Nur in der Literatur, die von den Opfern dieser Praxis erzählte, hatte die Gesellschaft noch ein ungeschmälertes Bild ihrer selbst, bis dann Anfang unseres Jahrhunderts Sigmund Freud als ein neuer Theseus ins Labyrinth der menschlichen Seele hinabstieg und dort alle die Ungeheuer wieder entdeckte, von denen der Mythos immer gesprochen hatte.[9]

Im Karneval und anderen orgiastischen Entgrenzungen indes, zu denen man in Köln eh neige, kehrt laut Wellershoff das Verdrängte zurück – für ihn ein Beweis für die jederzeitliche Relevanz mythisch dimensionierter Lebensvollzüge, die immer wieder machtvoll durch die Kruste ihrer zivilisatorisch-kulturellen Zähmung und Unterdrückung durchschlagen. Aber eben nicht nur dort: Auch im Horizont seiner eigenen Literaturtheorie und -praxis wird die Adaption mythischer Motive und Handlungsmodelle Teil jenes selbsttherapeutischen wie sich an den Leser richtenden Konzepts, das auf eine angstbefreite Welt- und Eigenwahrnehmung zielt. Wobei allerdings Wellershoffs Figuren das Befreiungspotenzial, das der Mythos bereitstellt, nicht zu nutzen vermögen. Das einschlägige Scheitern wird zum Ferment einer „negativen Anthropologie". Dies soll im Folgenden anhand einiger Beispiele teils ausführlich, teils kursorisch dargestellt werden.

In der oben zitierten Stelle aus *Pan und die Engel* beschreibt Wellershoff Freud als „neuen Theseus", der im Labyrinth der Seele die Ungeheuer entdeckt. Dieser

---

8 *Pan und die Engel*, S. 352.

9 Ebd., S. 364.

Vergleich lässt aufhorchen, denn auf den Mythos vom Labyrinth des Minotaurus, der ihm geopferte Jünglinge und Jungfrauen auffrisst, dann aber von Theseus im Sinn einer Fluchbefreiung getötet wird, bezieht er sich auch in dem gleichnamigen Hörspiel von 1959, für das der Autor ein Jahr später den *Hörspielpreis der Kriegsblinden* erhielt. Es handelt sich dabei allerdings um ein mythologisch-symbolisches Zitat, der antike Mythos als solcher bestimmt nicht – und sei es in transformierter Form – den Inhalt des Hörspiels.

Als „Minotaurus" wird dort metaphorisch ein Abtreibungsarzt bezeichnet, der ein junges Paar von „Unerwünschtem" befreien soll. Mehrere Innere Monologe – „er" und „sie" – folgen aufeinander, am Ende steht ein kurzer Dialog. Zu dem geplanten Eingriff kommt es wegen eines Terminausfalls (vorerst) nicht, das Stück mit dem damals sozialmoralisch heiklen Thema endet offen. Evident macht das kommunikative Scheitern der Beteiligten – sie reden aneinander vorbei, ohne zum Zentrum des Problems vorzudringen – die Tiefenstörung der Beziehung: Der Schwangerschaftsabbruch erfolgte durchaus gegen „ihren" Willen, „sie" wird indes zum Opfer „seines" (pseudo-)rationalen, dabei lieblosen Überredungsangriffs. Am Ende steht ihr desillusioniertes Ansinnen „Ich möchte wissen, wer du bist".[10] Ein Vorbild hat „er" in den „Gleichgültigen" aus Wellershoffs einschlägiger Vorlesungsreihe.[11] Zugleich aber wird er zu einer frühen Version in einer Phalanx von emotional blockierten, egozentrischen, auf Selbstentlastung fixierten und beziehungsunfähigen, freilich meist auch durch ihre frühe Sozialisation beschädigten Männern, welchen Typus u. a. Ulrich Vogtmann aus *Der Sieger nimmt alles* (in dessen Biografie der verlangte Schwangerschaftsabbruch wiederkehrt) und, abgeschwächt, Paul in *Der Liebeswunsch* repräsentieren.

Der „eigentliche" menschenfressende Minotaurus ist dann auch, so Wellershoffs Selbstinterpretation,

> die gestörte Beziehung dieser beiden Menschen, also sozusagen das Kommunikationsmuster, das gezeigt wird, ist der Minotaurus. Die Störung zwischen den beiden Menschen ist die Ursache, daß vielleicht ein Menschenopfer gebracht wird.[12]

Zwingend ist die Verbindung von Dichtung und Mythos im Fall des Hörspiels jedenfalls nicht – im Unterschied zu der Novelle *Die Sirene*, wo die entsprechende Episode aus dem zwölften Gesang der *Odyssee* als ein den Kunstcharakter des Ganzen formender Subtext mitläuft. Der Werktitel erscheint im Text nicht noch einmal,

---

10 Diese Frage kehrt übrigens nahezu wörtlich wieder in der Erzählung *Ein Gedicht von der Freiheit*, wo sie Isa an den Ich-Erzähler richtet (S. 551) und ist auch dort Symptom jener Entfremdung, die den Mann in den Augen der Frau zu einem unheilvoll-monströsen Rätsel macht.

11 S. dazu Sass: *Der magische Moment*, S. 116–120.

12 Döhl: *Zu den Hörspielen*, S. 80.

wohl aber tauchen metaphorisch verwendete Fragmente der mythischen Erzählung auf – etwa wenn die festungsgleich ausgebaute Wohnung von Wellershoffs „Odysseus", des Pädagogik-Professors Elsheimer, zum Sicherheit und Geborgenheit gewährenden „Schiff [wird], das durch die weite, windige Nacht des Meeres fuhr"[13]. Wie auch immer: Der Sirenenmythos „schrie" gleichsam nach einer aktualisierenden Bearbeitung gerade durch diesen Autor, weil er sich passgenau einer Schreibintention fügte, zu der Wellershoff 1991, also gut zehn Jahre nach der *Novelle*, in dem Essay *Double, Alter ego und Schatten-Ich* Folgendes ausführte:

> Nach Jahrzehnten des fiktionalen Schreibens kann ich inzwischen erkennen, daß auch ich an einem durchgehenden und sich weitentwickelnden Thema gearbeitet habe, das rudimentär schon in den ersten Büchern vorhanden ist, um dann schrittweise deutlicher entfaltet zu werden. Es handelt sich um Geschichten von Menschen, die dem Sog einer sich langsam und versteckt anbahnenden Katastrophe erliegen oder zu erliegen drohen, die sie in innerer Ambivalenz zugleich bekämpfen wie unbewußt herbeiführen, weil in der Zerstörung ihres bisherigen Lebens eine ruinöse Lockung liegt.[14]

Dieser „ruinösen Lockung", die sein „bisheriges Leben zu zerstören" droht, sieht sich der Protagonist der Novelle durch die vage erotisierenden Wirkungen einer lediglich als Telefonstimme erlebbaren fremden Frau ausgesetzt. In seinem Essay *Erkenntnisglück und Egotrip. Über die Erfahrung des Schreibens* hat Wellershoff – ein Jahr vor der *Sirene* und mutmaßlich bereits mit der Niederschrift oder den Vorarbeiten zu dieser Erzählung befasst – deren dramaturgisches Design vorwegnehmend noch genauer beschrieben, mehr oder weniger eine Inhaltsangabe geliefert:

> Jemand verliert sein inneres Gleichgewicht, entfremdet sich seiner Umwelt, gefährdet seine soziale Existenz, weiß vorübergehend nicht mehr, wer er ist, und gelangt gerade dadurch zu einer neuen, vertieften Kenntnis seiner selbst und einer weniger bornierten, erweiterten, persönlicheren Sicht des Lebens. [...] Aber die inneren Widersprüche können die Person zerreißen, und je mehr ihr Gefüge auseinanderbricht, umso zerrissener, verzerrter, grimassierender erscheint auch die Welt. Das aufgewühlte Innere projiziert sich nach außen und droht und lockt von dort mit seinen magischen Gesten zurück. Momente der inneren Diffusion erfassen auch die Umgebung als Stimmungen des Schwebens, als ein Oszillieren der Bedeutungen, als angst machende Entgrenzung. Ein Zauber kann davon ausgehen, eine gefährliche Versuchung. Unerkannte Tendenzen des eigenen Lebens bemächtigen sich des geschwächten Ichs, und es fühlt sich nun von seiner eigenen Kraft wie von etwas Fremdem ergriffen und fortgezerrt.

---

13 *Die Sirene*, S. 599.

14 *Double, Alter ego und Schatten-Ich*, S. 781.

> Der Mythos vom Gesang der Sirenen, der die Seefahrer in den Tod lockt, beschreibt diesen Vorgang. Die Seefahrer, die sich von der Sicherheit der Küsten, vom festen, verbürgten Boden gelöst haben und das weite anhaltslose Meer befahren, beginnen die Stimmen des eigenen Inneren zu hören wie beschwörende Einflüsterungen, die die Lüste der Regression, der Entgrenzung und des Ichverlusts versprechen, deren noch unsichtbarer Fluchtpunkt der Tod ist.[15]

Freilich realisiert die Novelle eine Möglichkeit, von der in dieser Beschreibung keine Rede ist: Elsheimer gelingt es am Ende, die tödliche Bedrohung abzuwenden und die in der Telefonstimme materialisierte Tiefenlockung – psychoanalytisch aufgelöst: eine Projektion jener „Vereinigungs- und Verschmelzungswünsche, die er im rational geordneten Alltag von Universität und Ehe nicht ausleben kann"[16] – mit festlicher, sozusagen institutionensichernder und -gesicherter Barockmusik aus seinem Leben zu vertreiben. Nicht er selbst, sondern die Sirene ist es, die „sterben" muss. Dies führt allerdings mitnichten zu einer „neuen, vertieften Kenntnis seiner selbst und einer weniger bornierten, erweiterten, persönlicheren Sicht des Lebens". Die in *Double, Alter ego und Schatten-Ich* formulierte Utopie einer produktiven Krisenbewältigung bleibt Elsheimer verwehrt – offensichtlich kehrt er in seinen unerlösten Quo-Ante-Status zurück, wenngleich jetzt „wissend" und mit „schlechtem Gewissen".

Diese Differenz zwischen Essay und Erzählung führt indes ins Zentrum von Wellershoffs Produktionsästhetik: Es geht im Essay ausweislich seines Untertitels um die „Erfahrung des Schreibens", nicht (primär) um die Erfahrungen der im Vorgang des Schreibens entwickelten Figuren. Die Utopie öffnet sich, so verstanden, zunächst einmal dem Autor (und vielleicht dem Leser), nicht notwendig muss seine erfundene Gestalt davon „profitieren".

Trotzdem treten der Autor – gerade auch im Akt der Niederschrift der Novelle – und seine Figur in ein performatives Nahverhältnis, das sich durch den gemeinsamen Bezug auf die Odyssee zu einer Dreiecksfigur der Autoreferenzialität erweitert: Wie Elsheimer eine moderne Reformulierung von Homers Odysseus ist, so wird auch der Autor, insofern er sich dem Wagnis des Schreibens aussetzt, zu einer solchen. Einen neuen Odysseus schaffend, wird er dieser selbst. Hier wird die wohl wichtigste Quelle von Wellershoffs Interesse am Mythos sichtbar: Es geht ihm vor allem um die mythische Dimension von Literaturproduktion als solcher. „Reisen ist gefährlich, jedenfalls in seinen archaischen Formen"[17], schreibt er in *Erkenntnisglück und Egotrip*. Eine nahezu wörtliche Entsprechung findet sich, nach dem

15 *Erkenntnisglück und Egotrip*, S. 542 f.

16 Hans-Gerd Winter: *Ausbruchsversuche*, S. 392.

17 *Erkenntnisglück und Egotrip*, S. 543.

Gesagten erwartbar, in dem späteren Großessay *Der verstörte Eros*: „Literatur, die etwas taugt, ist gefährlich, denn sie rührt an die Sprengsätze der menschlichen Existenz."[18] Im Zeichen ihrer mythischen Grundierung werden Reisen und Schreiben austauschbar.

Das dialektische In- und Gegeneinander von Realitäts- und Lustprinzip, Selbstbewahrung und Selbstverlust, Rationalität und Triebdominanz lässt als geistige Matrix der *Sirene* das Odysseus-Kapitel aus Horkheimer/Adornos im amerikanischen Exil entstandener Gemeinschaftsarbeit *Dialektik der Aufklärung* vermuten.[19] Die *Odyssee* wird dort als „Grundtext der europäischen Zivilisation" und Odysseus als „Urbild [...] des bürgerlichen Individuums"[20] aufgefasst. Odysseus, der zum Schutz vor dem Gesang der Sirenen den Gefährten die Ohren mit Wachs verstopft und sich selbst an den Mast des Schiffes binden lässt, rettet seine physische Existenz um einen hohen Preis: Der errungenen Herrschaft über die äußere Natur entspricht, in Gestalt rigoroser Triebunterdrückung, diejenige über die innere:

> Furchtbares hat die Menschheit sich antun müssen, bis das Selbst, der identische, zweckgerichtete, männliche Charakter des Menschen geschaffen war, und etwas davon wird noch in jeder Kindheit wiederholt. Die Anstrengung, das Ich zusammenzuhalten, haftet dem Ich auf allen Stufen an, und stets war die Lockung, es zu verlieren, mit der blinden Entschlossenheit zu seiner Erhaltung gepaart.[21]

Es fällt nicht schwer, eine Affinität dieser Denkfiguren zu denjenigen Wellershoffs zu konstatieren. Dennoch scheint die *Dialektik der Aufklärung* nicht im intellektuellen Hintergrund der Sirenen-Novelle zu stehen. Dieser wird vielmehr abgesteckt durch das 1959 erstpublizierte Buch *Le livre à venir* des französischen Literaturtheoretikers Maurice Blanchot, das auf Deutsch unter dem Titel *Der Gesang der Sirenen. Essays zur modernen Literatur* 1962 erschien. Wellershoff erwähnt Blanchot zustimmend in seinem gleichbetitelten Aufsatz *Der Gesang der Sirenen*[22] (1973), während die *Dialektik der Aufklärung* nicht einmal in der angehängten Literaturliste erscheint, und platziert auch ein Zitat von ihm als Motto zu Beginn seines Erzähltextes.

Teilweise überschneiden sich Blanchots Überlegungen mit denjenigen Horkheimers und Adornos; sie sind aber nicht deckungsgleich mit ihnen – und steuern Aspekte zum Thema bei, die sich bei den beiden Philosophen so nicht finden, indes

---

18 *Der verstörte Eros*, S. 194.

19 S. Allkemper: *„An den Rändern des Bewußtseins"*.

20 Max Horkheimer/Theodor W. Adorno: *Dialektik der Aufklärung. Philosophische Fragmente*, in: T.W.A.: *Gesammelte Schriften* (23 Bde.), hg. von Rolf Tiedemann unter Mitwirkung von Gretel Adorno, Susan Buck-Morss und Klaus Schultz, Frankfurt/M. 1997, Bd. 3, S. 61.

21 Ebd., S. 50.

22 *Der Gesang der Sirenen*, S. 398.

sehr wohl das Motiv- und Handlungsgefüge von Wellershoffs Novelle beeinflussen.[23] Blanchot zufolge bezog der Gesang der Sirenen die Gewalt der Lockung gerade nicht aus seiner Vollkommenheit, sondern daraus, dass seine Unvollkommenheit über sich selbst hinausgewiesen und sich solchermaßen ein Raum des Imaginären aufgetan habe. Dieses Imaginäre, in dessen Zeichen die mythische Sage mit ihrer Erzählung zusammenfällt, ist gleichsam der Zündpunkt des Poetischen:

> Den Gesang der Sirenen vernehmen heißt soviel wie aus Odysseus, der man gewesen ist, Homer zu werden; und doch spielt sich allein in der Sage Homers die wirkliche Begegnung ab, die Odysseus zu dem Helden macht, der mit der Macht der Elemente und der Stimme des Abgrunds in Beziehung tritt.[24]

Blanchots Deutung des Odysseus, der sich der „Metamorphose“ verweigert, liest sich wie eine Zusammenfassung von Elsheimers Krisenerfahrung: „Nach überstandener Prüfung findet sich Odysseus als derselbe wieder, der er gewesen ist, und die Welt findet sich wieder, vielleicht ärmer geworden, aber sicherer und fester.“[25]

Nicht von einem „Raum des Imaginären“, wohl aber von einem „imaginären Raum“ schreibt Wellershoff in einem Aufsatz, der bereits im Titel zwei zentrale Motive seiner Novelle zusammenbringt: *Singlegespräche oder der Gesang der Sirenen. Zur Psychologie des Telefonierens* aus dem Jahr 2000. Tatsächlich ist die kommunikative Situation, die das Telefon erzwingt – es ist die einzige Verbindung zwischen Elsheimer und der Sirene –, eine sehr besondere: Der oder die „Andere“ ist nur als Stimme anwesend, alles Übrige gehört während des Telefonats für das Gegenüber nicht zu ihrer Wirklichkeit – es entsteht eine Lücke, die durch Imagination geschlossen werden muss.

> Und da sie [sc. die Stimme, d. Verf.] isoliert ist, nicht eingebettet in einen Gesamteindruck, gewinnt sie erheblich an Eindringlichkeit und Bedeutung. Die Stimmen stimmen sich aufeinander ab, in gleichem Maße, wie die Personen sich zustimmen und im wechselseitigen Austausch einen imaginären Raum schaffen, in dem sie trotz der Entfernung zusammen sind. Es ist der spracherschaffende Raum der Phantasie, zusammenwachsend aus zwei getrennten Wirklichkeiten.

---

23 S. dazu auch Sass: *Der magische Moment*, S. 263–269.

24 Maurice Blanchot: *Der Gesang der Sirenen: Essays zur modernen Literatur*. Aus dem Französischen von Karl A. Horst (= *Fischer Wissenschaft*, Bd. 7402), Frankfurt/M. 1988, S. 17.

25 Ebd., S. 18.

> Phantasie ist unser Vermögen, Informationslücken und fehlende Anschauung durch eigene Vorstellungen zu füllen. […] Die vorübergehend anwesende Stimme steht vor einem mehr oder weniger verwischten Hintergrund und wird bald wieder darin verschwinden.[26]

Im Licht dieser Darlegungen wie der – symbolisch intendierten – reinen Telefonbeziehung in der *Sirene* ergibt sich eine bemerkenswerte Modifikation des antiken Mythos: Während die Sirenen der *Odyssee* nichts dagegen hatten, dass angelockte Seefahrer sich ihnen physisch näherten – was diese dann mit ihrem Leben bezahlen mussten –, will die Sirene der Novelle den Raum des Imaginären oder den imaginären Raum dezidiert nicht schließen. Sie verweigert sich der „Anreicherung" ihrer lediglich akustischen durch eine körperlich gestalthafte Präsenz. Das macht sie verwundbar. Indem sie Elsheimer auffordert, mit einer Prostituierten als ihrer Stellvertreterin zu schlafen, provoziert sie dessen Rückzug. Am Ende ist, wie gesagt, sie es, die „stirbt", nicht Elsheimer.

In vielen Wellershoff-Werken ist der Mythenbezug wirksam, wenn auch oft in unauffälligerer Weise. In *Blick auf einen fernen Berg* ist im Hintergrund das biblische Motiv der „feindlichen Brüder" unverkennbar. Das Verhältnis zwischen Dieter Wellershoff und seinem jüngeren Bruder Hans Walter erscheint nicht nur, aber auch als permanenter Konkurrenzkampf, den der fünf Jahre Ältere am Ende für sich entscheidet – und zwar in einer Weise, dass sich das Unglück in ein Gefühl eigener Schuld verkehrt:

> In Wien, das sah ich voraus, mußte ich einem Blick standhalten, der nicht aufhörte, mich zu fragen, warum er, der jüngere von uns beiden, sterben müsse, während ich weiterlebte.[27]

Tatsächlich kommt es in der „Schuldfrage" zu einer für Wellershoff typischen Aktualisierung, die das mythische Schema aufgreift, es aber im Sinne einer „Schubumkehr" reformuliert: Nicht Kain, sondern Abel, der selbstgefällig sein gelingendes Opfer zelebriert, „tötet" den anderen. Was dann am Krankenbett durch eine ungeschickt-taktlose Bemerkung des Besuchers manifest wird – er habe anlässlich der Rede zur Verleihung des Kölner Literaturpreises an ihn für seine Rede im Rathaus nicht nur einfach „Beifall", sondern „rauschenden Beifall"[28] erhalten –, drängt sich dem Ich-Erzähler vorher nur in der bevorzugten Zone einer Offenbarung von Verdrängtem auf: im Traum:

---

26 *Singlegespräche oder der Gesang der Sirenen. Zur Psychologie des Telefonierens*, in: WW 8, S. 789–793; hier: S. 792.

27 *Blick auf einen fernen Berg*, S. 481.

28 Ebd., S. 493.

> Als ich dort bin, ist er [sc. der Bruder, d. Verf.] mir noch näher gekommen. Mir bleibt kein Ausweg mehr, ich muß in das Gebüsch, mich verstecken, damit er mich nicht findet. Aber da kommt er schon wieder. Groß und schwarz bricht er durch die Zweige, tritt alles nieder, um mich zu erreichen. Und jetzt weiß ich, daß ich ihn töten muß.[29]

In der Tat kam die zitierte Bemerkung dann diesem Tötungsakt gleich – im Sinne eines definitiven Triumphs über einen Sterbenden. Beglichen wurde dabei auch die Rechnung für frühere Demütigungen, darunter die finanzielle Unterstützung für Dieter Wellershoff und seine Familie in den 50er Jahren, als der Geschäftsmann in der Wirtschaftswunderzeit bereits ganz oben schwamm. Die Destruktivität der Beziehung erweist sich auch darin, dass hier völlig unterschiedliche Codes von „Glück" und „Erfolg", überhaupt des jeweiligen Lebensentwurfs gleichsam kurzgeschlossen werden: „Ihre Biografien sind nicht zu vergleichen und werden doch immer wieder in Relation zueinander gesetzt."[30] Das archaische Abel/Kain-Motiv entfaltet, wie es scheint, angesichts der extrem ausdifferenzierten Lebensverhältnisse in der arbeitsteiligen Gesellschaft einer Spätmoderne eine sehr spezifische Zerstörungskraft.

Die Erzählung *Der Körper und die Träume*[31] schließlich ist eine zeitgemäße Aktualisierung des Don Juan-Mythos auf der Ebene von Agenturen einer Partnervermittlung.[32] Die Kunst der Verführung degeneriert zu einem kriminellen, aber marktkonformen Verhalten, das sogar gewisser burlesker Züge nicht enträt. Die mit zunehmender Lustlosigkeit unternommenen Eroberungszüge führen schließlich zu Realitätsverlust und emotionaler Ausdörrung. Das Ergebnis ist eine in einen Vergewaltigungsversuch mündende völlig falsche Situationseinschätzung.

Die mythische Tiefendimension mit der größten Dichte vor der *Sirene* dürfte Wellershoffs Roman *Die Schönheit des Schimpansen* (1977) aufweisen. Dort überlagern sogar mehrere Mythologeme einander. Eine Schlüsselrolle im Motivgefüge wie zum Verständnis des Romans spielt das *Tibetanische Totenbuch*, eine buddhistische Weisheitsschrift wohl aus dem 14. Jahrhundert, eine Art Reiseführer für Sterbende, der ihnen Möglichkeiten zeigt, die Schrecken des Todes und des Nach-Todes in Richtung auf Erleuchtung und Angstlosigkeit aufzulösen. Im Roman scheitert der Student Klaus Jung an einer Examensarbeit über das *Totenbuch* (es geht somit in dreifacher Staffelung um einen Text über einen Text in einem Text) und reicht statt ihrer ein Plagiat ein – was zu seiner Relegation von der Universität führt.

---

29 Ebd., S. 479.

30 Delabar: *Warum ich und nicht du?*, S. 18.

31 S. zur Interpretation Wilhelm Amann: *Der Verführer, das „Geständnistier". Don Juan in Dieter Wellershoffs Erzählung „Der Körper und die Träume"*, in: Jung (Hg.): *Literatur ist gefährlich*, S. 97–111.

32 Auch hier ist übrigens als „Modell" der Bruder im Spiel – dieser Aspekt wird in Kapitel 3 („Lebens- als Werkmotive"), S. 74, behandelt.

Abb. 18 Kompliziertes Verhältnis: Wellershoff und sein Bruder Hans Walter um 1975. Foto: privat.

Die Wahl dieses Textes kommt nicht von ungefähr. Wellershoff – selbst kein Buddhist, aber ausweislich seiner Bevorzugung des Ostasiatischen Museums unter den einschlägigen Kölner Institutionen ein Stück weit fasziniert von fernöstlicher Spiritualität[33] – hat sich intensiv mit ihm beschäftigt, wenn auch mit dem Ergebnis einer psychoanalytischen „Umschrift" des mythologischen Gehalts, sozusagen einer symbolischen Lesung des Ursprungstextes:

> Das Mythische und Metaphysische interessiert mich nicht am „Tibetanischen Totenbuch". Das heißt, ich nehme das Buch nicht wörtlich, also nicht als Vorbereitung auf die Schrecken und Versuchungen, die der Seele nach dem Tode begegnen, sondern ich verstehe es als ein Weisheitsbuch, das an die Lebenden gerichtet ist. Die Wanderung der

33 S. *Geist der Götter, Geist der Dinge. Im Museum für Ostasiatische Kunst*, in: *Pan und die Engel*, S. 387–402.

> gestorbenen Seele durch die Schrecken und Heimsuchungen des Totenreiches ist eine Metapher für die Schrecken und Ängste, die Gefahren des Selbstverlustes, der Depression, die uns während des Lebens bedrohen. Im mythischen Gewand werden hier psychotische Zustände geschildert, wie sie, nur wesentlich weniger eindrucksvoll, auch in unseren Lehrbüchern der Psychiatrie stehen. Und zugleich ist das Buch eine tiefsinnige Therapie und Morallehre. Es sagt nämlich, alle die Schrecken und Dämonen und Versuchungen, die der Seele nach dem Tod begegnen, sind selbsthervorgebrachte Trugbilder. Es sind ihre eigenen Phantasmen, die ihr als vermeintlich objektive, übermächtige Gewalten entgegentreten. Wenn sie ihnen standhält und sie anschaut, kann sie sie als selbsterzeugte Trugbilder erkennen und dann zerfallen sie in nichts.[34]

Bezeichnenderweise äußert Jung im Roman ganz ähnliche Gedanken bei einer späten Wiederbefassung mit dem *Totenbuch*. Er weigert sich aber letztendlich, zur Wahrheit einer Selbsterkenntnis durchzustoßen, die ihm den Weg zur Lösung auch der eigenen nicht durchschauten Lebensprobleme weisen könnte: „Aber dieses Buch ertrug er nicht, und er mußte es weglegen."[35] Damit wiederholt sich gleichsam das Versagen angesichts der Examensarbeit – mit katastrophaler Wirkung für Jungs Existenz: „Anstatt schreibend den Text des Tibetanischen Totenbuchs zu begreifen, muß Jung ihn als unbegriffenen Text an sich selbst erleiden."[36] Im Prinzip ist sein Versagen eine Variante von Elsheimers Unfähigkeit in der *Sirene*, ein geplantes Buch über Selbsterkenntnis oder die Entstehung des Ich zu schreiben. Der Imperativ der Selbsterkenntnis ist übrigens wiederum ein mythisches Motiv, festgehalten in der Inschrift der Vorhalle des Apollotempels von Delphi wie im von Ödipus gelösten Rätsel der Sphinx.

Das Thema Selbsterkenntnis führt auch zum zentralen Dingsymbol für die Situation Jungs. Es ist dies eine Affenskulptur, die er während eines Teneriffa-Urlaubs mit seiner späteren Ehefrau Ellen erwirbt. Die Tatsache, dass diese ihn einmal im Streit mit einem Affen verglichen hat[37], stellt motivisch eine unübersehbare Analogie zwischen dem Tierbildnis und dem Protagonisten selbst her.

> Es war ein aus Holz geschnitzter kauernder Schimpanse, der in seinen großen unbewußten Händen einen Totenschädel, auf den er wie gebannt hinunterstarrte. Natürlich begriff der Affe nicht, was er in den Händen hatte, aber in der greisenhaften Kindlichkeit seines Gesichts zeigte sich ein dumpfes Nachdenken, als dämmere in seinem Kopf eine Ahnung seiner Ähnlichkeit mit diesem knöchernen Gegenstand. […] Der Schimpanse hielt den

34 *Modelle, Verfahren und Prozesse*, S. 67.
35 *Die Schönheit des Schimpansen*, S. 666.
36 Happekotte: *Dieter Wellershoff*, S. 139, Anm. 16.
37 *Die Schönheit des Schimpansen*, S. 623.

> Totenschädel vor sich wie einen Spiegel, aus dem er sich mit leeren Augenhöhlen und grinsendem Gebiß entgegensah.[38]

Liegt an dieser Stelle die Assoziation an Hamlets Begegnung mit dem Schädel des Hofnarren Yorick nahe, so gemahnt an Shakespeares Drama gleichfalls das „Traumgespräch"[39] des betrunkenen Jung mit seinem sterbenden Vater, den seine Ehefrau, Jungs Mutter, mit dem Onkel betrog – wie Hamlets Mutter seinen Vater mit dessen Bruder Claudius (Wellershoff selbst will diese Parallele übrigens erst „nachträglich" begriffen haben[40]). Zugleich scheint in beiden Fällen, im Drama wie im Roman, der antike Atridenmythos durch: Am Ende wird Jung zu einem modernen Orest, der seinen Vater zwar nicht mehr an seiner Mutter rächen kann – und auch nicht an seiner untreuen Ehefrau Ellen –, wohl aber an einer beliebigen Frau, die als stellvertretendes Opfer seines Hasses auf die beiden anderen herhalten muss.

In Wellershoffs zweiter Novelle, *Zikadengeschrei*, laufen aus der Perspektive der Mythenverarbeitung Motivstränge aus der *Sirene* wie aus der *Schönheit des Schimpansen* zusammen. Zunächst fällt, was das Verhältnis der beiden Novellen zueinander betrifft, die Ähnlichkeit der Krisensituation auf[41]: An die Stelle von Professor Elsheimer tritt in *Zikadengeschrei* Architekt Böhring, an die Stelle der verführenden Sirene Medusa. Auch dieser Name erscheint nicht, nicht einmal im Titel, aber das Mythenzitat – besser: die zeitgenössische Anverwandlung des Mythos – ist unabweislich. Böhring begegnet während der Familienferien in Spanien einer anderen Urlauberin, die ihn erotisch anzieht, obwohl – oder gerade weil – sie infolge eines Operationsfehlers mit einer extremen Entstellung ihres Gesichts geschlagen ist. Am Schluss begegnet Böhring in einem spektakulären Showdown der Schlafenden, die den Besuch somit nicht mitbekommt, auf ihrer Veranda:

> Das Gesicht, umrahmt von den schwarzen geringelten Haaren, war mitsamt dem Mund ein wenig zur Seite gezogen., doch in seiner Erschlaffung weniger verzerrt, als er es in Erinnerung hatte. Nur das linke Auge klaffte auf und zeigte das feuchte, klebrige Weiß des im Schlaf nach hinten geklappten Augapfels, das ihn ohne eine Regung anstarrte und in unüberbrückbarem Abstand hielt. Das ist sie nicht, dachte er, nicht sie. Doch die starr aufgerissenen Augenlider zwangen ihn, die Antwort zu lesen, die ihm unerklärlich

38 Ebd., S. 636.

39 Ebd., S. 619. – S. zur Hamlet-Konstellation Jaeger: *Realismus und Anthropologie*, S. 214–218; Sass: *Der magische Moment*, S. 304 ff.

40 *Double, Alter ego und Schatten-Ich*, S. 777.

41 Der Autor hat das genauso gesehen. S. *Vorschlag für eine Edition*.

drohte: „Wenn du dort stehenbleibst, wirst du versteinern, wenn du näherkommst, wirst du zersprengt werden." Leise und wie für immer besiegt, zog er sich zurück.[42]

Mythenkundigen, zu denen offenbar auch der Architekt gehört, ist die Herkunft der imaginären Antwort klar: Medusa, in der griechischen Mythologie die entstellte Tochter der Meeresgottheiten Phorkys und Keto, ließ jeden, der sie direkt anschaute, zu Stein erstarren. Perseus, der Medusa schließlich enthauptete, konnte diese Tat nur vollbringen, weil Athene ihm einen gespiegelten Schild geliehen hatte. Dessen Hilfe erlaubte es ihm, ihr nicht direkt ins Gesicht blicken zu müssen. Böhrings Reaktion, den sofortigen Rückzug, gebietet also im Horizont des mythischen Geschehens der Imperativ purer Selbsterhaltung – er verfügt eben nicht über Perseus' schützenden Schild. Warum nennt ihn der Erzähler – wohl mit dem Autor – dann aber „wie für immer besiegt"?

Tatsächlich enthält die zitierte Passage mehrere Leerstellen, die vom Leser auch nicht restlos zu füllen sein dürften. Der Autor selbst konstatiert ein „Changieren der Lesarten"[43]. Die Freud'sche Interpretation der Medusa als Projektion männlicher Kastrationsangst könnte Böhrings Rückzug erklären, muss es aber nicht. Darüber hinaus ist der Architekt nicht „für immer besiegt", sondern lediglich „wie für immer besiegt". Ein Irrealis, wie er in diesem Kontext irritierender kaum sein könnte. Der vergleichende Blick auf *Die Schönheit des Schimpansen* eröffnet indes eine spezifische Deutungsoption.

Wer dem *Tibetanischen Totenbuch* zufolge den postmortalen – oder auch innerweltlichen – Schrecken standhält, ihnen gleichsam ins Gesicht schaut, vor dessen Augen zerfallen sie, werden erkennbar als Projektionen des je eigenen Unbewussten. In dieser Perspektive bestünde Böhrings Versagen und Niederlage dann darin, Medusa und der mit ihr verbundenen tatsächlichen oder vermeintlichen Todesdrohung nicht standgehalten zu haben. Hätte er, auch ohne Perseus' Schild, der zweifellos extrem fordernden Situation getrotzt, wäre ihm die Chance zugewachsen, sich vom Schrecken durch seine Wahrnehmung zu befreien, die bannende Macht des Medusenantlitzes, damit aber überhaupt diejenige mythischer und mythenbestimmter Denk- und Daseinsformen zu brechen. An der Ambiguität des Novellenschlusses vermag indes auch dieser Deutungsvorschlag nichts zu ändern.

Kein Mythos im Sinne einer kollektiv identitätsstiftenden Vorzeitüberlieferung, wohl aber eine mythische Figur liegt schließlich auch dem Roman *Der Liebeswunsch* zugrunde: Die Paarbildung über Kreuz, also der zweifache Partnerwechsel in einer Viererkonstellation, ist unübersehbar auch das Muster der *Wahlverwandtschaften*.[44]

---

42 *Zikadengeschrei*, S. 1071.

43 *Das Schimmern der Schlangenhaut*, S. 885.

44 Hollerweger: *Liebeswünsche als Lebensängste*, S. 225–237. Am Schluss ihres Vergleichs hält die Verfasserin folgende Bemerkung für angezeigt: „Zusammenfassend lässt sich festhalten, dass Wel-

Bezeichnenderweise kommt Goethes Roman in Wellershoffs eigenem instruktiven Bericht über die Entstehung seines Buches[45] nicht vor. Er wird auch nicht zum Thema in dem großangelegten Essay *Der verstörte Eros* von 2001, mehr oder weniger einer diskursiven Nachbereitung dessen, was im *Liebeswunsch* im Rahmen einer fiktiven Handlung entfaltet wurde. Im Essay wird nur der *Werther*-Roman erörtert.

In Interviews räumte der Autor indes die Themen- und Motivverwandtschaft von *Liebeswunsch* und *Wahlverwandtschaften* umstandslos ein, machte aber eine bezeichnende Einschränkung: „Solch eine Viererdramaturgie [wie im *Liebeswunsch*, d. Verf.] gibt es in der Tat auch in den *Wahlverwandtschaften*. Es ist aber auch eine Grundkonstellation des Lebens."[46] Man könnte, im Horizont des Kapitelthemas, dieses Statement folgendermaßen reformulieren: *Der Liebeswunsch* „folgt" nicht den *Wahlverwandtschaften*, sondern die Verbindung zwischen beiden Texten stellt sich über ein ihnen gemeinsames Drittes her: den mythischen Urgrund, den Wellershoff „eine Grundkonstellation des Lebens" nennt.

Diese schließt zahlreiche Unterschiede an der „Oberfläche" der Texte keineswegs aus. Zum Teil ergeben sie sich aus der Epochendifferenz: Goethes gediegene Landadel-Existenz hat sich bei Wellershoff in die saturierte Daseinsform einer auch beruflich erfolgreichen westdeutschen Bildungsschicht der Jahrtausendwende übersetzt – mit ihren typischen Gepflogenheiten, Distinktionsmerkmalen, Lebensstilen.

Die Forschung zu den *Wahlverwandtschaften* hat dargetan[47], wie stark und konkret Goethes Darstellung trotz des auf Anhieb eher ungefähren Roman-Ambientes auf die Situation des deutschen Adels nach der Französischen Revolution und während der Napoleonischen Kriege zielt. Eine ähnliche sozialtypologische Prägnanz, die aber naheliegend einen völlig anderen Charakter als bei Goethe hat, ist auch Wellershoffs Personal eigen: Marlene etwa vertritt den Typ der modern-

---

lershoff seinem Roman zwar ein Personeninventar zugrunde gelegt hat, das mit demjenigen aus Goethes *Wahlverwandtschaften* in den Grundzügen vergleichbar ist. Die Ähnlichkeiten sind aber nicht auf Wellershoffs Absicht zurückzuführen, ein klassisches Thema neu aufzubereiten, sondern auf seine Orientierung an eigenen Erfahrungen." (S. 237) Mit diesem Statement rennt sie freilich offene Türen ein, eine „Aufbereitung" des Wahlverwandtschaften-Themas liegt völlig abseits auch von Wellershoffs theoretisch begründeten Intentionen mit Bezug auf den Komplex „Mythos und Moderne". – S. außerdem Hans-Wolfgang Bindrim: *Die zwei Seiten der Glücksmünze. Zu Dieter Wellershoffs Roman „Der Liebeswunsch"*, in: Andrea Hohmeyer/Jasmin S. Rühl/Ingo Wintermeyer (Hg.): *Spurensuche in Sprach- und Geschichtslandschaften. Festschrift für Ernst Erich Metzner*, Münster 2003, S. 75–86.

45 *Die Entstehung eines Romans.*

46 *„Dieter Wellershoff: Der Mensch entgleitet sich immerzu". Gespräch mit Bernd Berke*, in: *Westfälische Rundschau* vom 20.10.2000.

47 S. z. B. die unter der Sektionsüberschrift *Gesellschaftliche Umbrüche – Ungelöste Konflikte* zusammengefassten Aufsätze von Nicole Grochowina, Marko Kreutzmann, Gerhard Müller und Benigna Carolin Kasztner in: Helmut Hühn (Hg.): *Goethes »Wahlverwandtschaften« – Werk und Forschung*, Berlin/New York 2010, S. 313–379.

emanzipierten Frau, die sich bei der Durchsetzung ihrer Glücksansprüche nicht von moralischen Erwägungen beirren lässt. So zwingt sie Paul zur Trennung von seiner Familie, weiß es freilich durchaus nicht zu schätzen, dass sie später ihrerseits das Opfer des Treuemangels wird. Paul wiederum vertritt den Sozialcharakter des hedonistisch-verantwortungsabstinenten Lebemannes, der sich an dem ihm intellektuell überlegenen und, wie sich zeigen wird, auch beruflich erfolgreicheren Leonhard rächt, indem er ihn auf dem erotischen Markt gleich zweimal vorführt.

Leonhard hingegen ist der Ordnungsfanatiker mit zwangsneurotischen Zügen, der den destruktiven Tendenzen aktueller Gesellschaftsmoral das Ethos des Institutionellen, der Triebkontrolle, der Chaosbändigung entgegensetzt. Anja in ihrer introvertierten, irgendwie wegtauchenden, bei Männern (wenn auch nicht dauerhaft) Schutzinstinkte und unbestimmte erotische Fantasien auslösenden Passivität, ihrer Willenlosig- und Lebensuntüchtigkeit – Anja also verkörpert jenen postfeministischen Frauentyp, wie er bei Wellershoff häufiger anzutreffen ist, etwa in der Erzählung *Graffito*.

Freilich: Durch diese Aktualisierungen scheinen sehr wohl jene Archetypen hindurch, die *Wahlverwandtschaften* und *Liebeswunsch* in ein Nahverhältnis rücken. Intertextuelle Bezüge ergeben sich zunächst aus der jeweiligen Quartett-Konfiguration. Anja nimmt gleichsam die Position von Goethes Ottilie ein – auch in dem Sinn, dass sie zu einer bereits bestehenden Dreiergruppe als schwächstes Glied der nunmehrigen Viererkette stößt. Paul rückt an die Stelle Eduards, Leonhard entspricht charakterlich eher Charlotte als dem Hauptmann, für diesen bleibt dann als „Spannpartner" Marlene übrig. Im *Liebeswunsch* kommt es allerdings nicht zu einer Überkreuz-Figur, die fällige Paarung – Leonhard und Marlene – liegt in der Vergangenheit der Erzählung. Was sich in den *Wahlverwandtschaften* simultan begibt, erscheint bei Wellershoff gewissermaßen zeitlich auseinandergezogen.

Am ergiebigsten scheint ein Personenvergleich zwischen Anja und Ottilie zu sein. Nicht nur gibt es da benachbarte Motive – den Suizid etwa, hier durch den Balkonsprung, dort durch Verweigerung der Nahrungsaufnahme als Ergebnis von Schuldverinnerlichung. Auch ein spektakulärer Unfall beschleunigt in beiden Fällen die tragische Entwicklung bzw. löst sie aus: Bei Wellershoff ist es die Verbrühung des kleinen Daniel infolge von Anjas liebloser Nachlässigkeit, bei Goethe der Tod des Kindes Otto infolge von Ottilies Unachtsamkeit.[48]

48 Nikolaus Immers Versuch, diese Übereinstimmungen grundsätzlich in Frage zu stellen, vermag nicht zu überzeugen. Z.B. krankt der einen markanten Unterschied signalisierende Befund „Während Ottilie das *fremde* Kind fahrlässig tötet, resultieren die Verbrühungen des *eigenen* Kindes aus einer Unachtsamkeit Anjas" daran, dass die Differenz von „fahrlässig" und „unachtsam" nicht recht erkennbar wird (Nikolas Immer: *Goethes Erben. Wahlverwandtes bei Handke, Walser, Wellershoff*, in: Hühn: »*Wahlverwandtschaften*«, S. 459–475; hier: S. 473).

Vor allem ergeben sich Parallelen in den biografischen Frühgeschichten. Nicht nur Wellershoff, bei dem das selbstverständlich scheint und auch mit expliziter Ausführlichkeit teils von seinen Protagonisten selbst betrieben wird, sondern auch bereits Goethe hat seine Figuren avant la lettre psychoanalytisch konditioniert und motiviert. Dafür ist gerade Ottilie ein Beispiel: Wie in den *Wahlverwandtschaften* zu erfahren ist, wurde sie früh Waise. Keine Frage, dass der wesentlich ältere Eduard für sie zum Substitut für den Vater avanciert – was unmissverständlich deutlich wird, als sie jenem das Medaillon mit dem Bildnis des Verstorbenen überlässt. Bei Anja verhält es sich ähnlich: Deren Vater ist zwar nicht gestorben, hat aber, wie mitgeteilt wird, ihre Mutter und sie selbst früh verlassen. Auf der Suche nach einem Vaterersatz gerät sie an wesentlich ältere Männer – wobei in diesem Zusammenhang weniger an Leonhard zu denken ist, der ihr zunächst vor allem eine Möglichkeit zu bieten scheint, sich aus der Abhängigkeit von ihrer Mutter zu befreien, als eben vielmehr an Paul.

Schließlich: Die Beziehungsqualitäten in diesem Viereck erinnern insgesamt stark an diejenigen in den *Wahlverwandtschaften*. Marlene beschreibt sie in der Rückschau folgendermaßen:

> Wir waren ein menschliches Mobile – vier Figuren an unsichtbaren Fäden, pendelnd umeinander kreisend und ständig in Gefahr, sich ineinander zu verhaken. Ich glaubte allerdings, den Mechanismus in der Hand zu haben. Jahrelang ist es ja auch einigermaßen gut gegangen. Für jeden natürlich auf andere Weise und am wenigsten für Anja.[49]

Dass sich das Mobile schließlich doch verhakt, liegt ganz wesentlich an den katastrophalen Mängeln der Gruppenkommunikation. Letztlich instrumentalisiert, manipuliert, missbraucht Marlene, indem sie Leonhards Liaison mit Anja vorantreibt, ihr jedenfalls nichts entgegensetzt, diese als Lückenbüßerin für ihr eigenes schlechtes Gewissen Leonhard gegenüber. Ein Gespräch darüber, das Anja immerhin versucht, kommt nicht zustande, wird abgewürgt. Damit wird Anja, wie bereits ausgeführt, zum Opfer eines misslingenden gruppentherapeutischen Experiments.

Genauso wie in den *Wahlverwandtschaften* ist es auch im *Liebeswunsch* das verbreitete Verdrängen und Beschweigen unbewältigter Konflikte im Verein mit dem Kriseln einer in der Substanz bereits brüchig gewordenen Verbindung – dort zwischen Eduard und Charlotte, hier zwischen Paul und Marlene –, das den Keim der Katastrophe in sich birgt. Und hier wie dort scheint sich das Verhängnis – Walter Benjamin schreibt in seinem *Wahlverwandtschaften*-Aufsatz über die Gebunden-

49 *Der Liebeswunsch*, S. 121.

heit der Figuren im mythischen Urgrund des Geschehens[50] – über die Köpfe der Beteiligten und ihre quasi-rationalen Planungsinitiativen hinweg zu vollziehen. Es entgleitet ihnen, und alle Anstrengungen, die Katastrophe abzuwenden, führen sie, wie es aussieht, erst recht herbei.

Hinzu kommt im *Liebeswunsch* noch eine andere Disposition, die die Romanfiguren teilen: Es ist die emotionale Kälte, der Mangel an Empathie, die bemerkenswerte Gleichgültigkeit, mit der sie einander begegnen. Wobei „Gleichgültigkeit" an Wellershoffs frühe Vorlesungen über die „Gleichgültigen" erinnert – dort bezieht sie sich vor allem auf den Erzählgestus von Autoren wie Camus und Hemingway, nicht (nur) auf Romangestalten. Solchermaßen scheint Gleichgültigkeit für Wellershoff so etwas zu sein wie die Schlüsselsignatur des Gegenwartsmenschen.

Goethe hatte, in der *Selbstanzeige* des Romans anlässlich seines Erstdrucks im Jahre von 1809 dessen mythische Verhängnis-Dimension freilich naturwissenschaftlich begründet:

> Er [sc. der Autor, d. Verf.] mochte bemerkt haben, dass man in der Naturlehre sich sehr oft ethischer Gleichnisse bedient, um etwas von dem Kreise menschlichen Wissens weit Entferntes näher heranzubringen; und so hat er auch wol in einem sittlichen Falle, eine chemische Gleichnißrede zu ihrem geistigen Ursprunge zurückführen mögen, umso mehr, als doch überall nur *eine* Natur ist, und auch durch das Reich der heitern Vernunft-Freyheit die Spuren trüber leidenschaftlicher Nothwendigkeit sich unaufhaltsam hindurchziehen, die nur durch eine höhere Hand, und vielleicht auch nicht in diesem Leben, völlig auszulöschen sind.[51]

Die Prägung „chemische Gleichnißrede" ist auf Anhieb die Erläuterung des Romantitels. Tatsächlich ist „Wahlverwandtschaft" ein Terminus der zeitgenössischen Naturwissenschaft und bezeichnet dort den unterschiedlichen Grad an Affinität, den chemische Substanzen zueinander unterhalten, genauer: ihre Neigung, sich aus bestehenden Verbindungen zu lösen und neue einzugehen, wenn die Anziehungskraft des alternativen Partners die des aktuellen übertrifft. Diese Dinge werden übrigens von den Beteiligten im Roman – Eduard, Charlotte, Hauptmann und Ottilie – ausführlich erörtert. Aus Erzähler- und erst recht aus Autorperspektive waltet hier ein extremes Maß an Ironie. Es gilt der völligen Blindheit der Figuren

50 Walter Benjamin: *Goethes Wahlverwandtschaften*, in: W.B.: *Gesammelte Schriften* (7 Bde.), hg. von Rolf Tiedemann und Hermann Schweppenhäuser, Frankfurt/M. 1974, Bd. I/1, S. 123–201: hier: S. 138 ff. und passim.

51 Johann Wolfgang Goethe: *Anzeige* zu *Die Wahlverwandtschaften*, in: J.W.v.G.: *Sämtliche Werke* (40 Bde.), I. Abteilung, Bd. 8: *Die Leiden des jungen Werthers, Die Wahlverwandtschaften, Kleine Prosa, Epen*, hg. von Waltraud Wiethölter, Frankfurt/M. 1994, S. 974.

dafür, dass sie mit ihren luziden Erörterungen die aufkommenden Komplikationen in ihren eigenen wechselseitigen Beziehungen präzise vorwegnehmen.

Denn tatsächlich spielen die gleichfalls auf einer Art Experimentalanordnung beruhenden *Wahlverwandtschaften* das naturwissenschaftliche Phänomen sozusagen für den menschlichen Bereich durch. Indes: Abgesehen davon, dass Wahlverwandtschaft im Sinne der oben gelieferten Definition mit „Wahl", verstanden als eine souveräne willensgesteuerte Entscheidung zwischen Alternativen, gerade nichts zu tun hat, sondern vielmehr deren Gegenteil ist – abgesehen davon also erscheint überhaupt die Rückübertragung naturwissenschaftlicher Phänomene auf den Bereich humaner Sozietät inklusive der Geschlechterbeziehungen zunächst einmal wenig plausibel. Menschen sind keine chemischen Elemente. Goethe indes rechtfertigt seine „Gleichnißrede" mit dem von Spinoza inspirierten Hinweis darauf, dass „überall nur *eine* Natur ist". Was so viel heißt wie: Auch der Mensch gehört der „Natur"sphäre an, sie ist das Tertium Comparationis zwischen der Chemie und der Welt des Humanen. Und weil das so ist, kommen – so argumentiert Goethe hier sozusagen gegen Kant und auch den verstorbenen Schiller – „der heitern Vernunft-Freyheit die Spuren trüber leidenschaftlicher Nothwendigkeit" in die Quere, und zwar „unaufhaltsam".

Eine genaue Lektüre des Romans muss sich freilich an diesem „unaufhaltsam" stoßen. Denn das Beispiel Charlottes, die nach kurzer Aufwallung ihrer wahlverwandtschaftlichen Neigung zum Hauptmann entsagt, zeigt, dass die „heitere Vernunft-Freyheit" durchaus nicht wehr- und machtlos gegen das sich anbahnende Verhängnis ist. Was aber hat es wiederum mit diesem „Verhängnis" auf sich? Immer wieder sind die *Wahlverwandtschaften* als „tragischer Eheroman" klassifiziert worden, aber es ist außerordentlich schwierig, die Substanz dieser Tragik präzise zu benennen.

Die Opposition von Triebstruktur und Moral etwa vermag sie bei näherem Hinsehen nicht zu induzieren. Denn eine mögliche Scheidung der Ehe von Eduard und Charlotte wird im Roman selbst kaum zum Problem – und zum moralischen im Sinne einer Sanktionsdrohung schon gar nicht. Man geht mit dieser Perspektive vielmehr nüchtern und angstfrei um – es ist durchaus nicht so, dass sich hier ein Graben zwischen individuellen Glücksansprüchen und einer obwaltenden verpflichtenden Sozialmoral auftäte.[52] Allerdings: So oder so bleibt es merkwürdig genug, dass auch der angeblich so sittsamen Ottilie ihre de facto ehebrechende Leidenschaft zu Eduard, in die sie gleichsam willenlos hineinzuschlittern scheint, bis

---

52 Oliver Sills gegenläufige Diagnose ist deshalb bei näherem Hinsehen nicht nachzuvollziehen (Oliver Sill: (*Wahlverwandtschaftsarithmetik. Zur Bedeutung von Goethes „Wahlverwandtschaften" (1809) für Dieter Wellershoffs Roman „Der Liebeswunsch" (2000)*, in: Jung (Hg.): *Literatur ist gefährlich*, S. 119–138; hier S. 135).

weit in den Handlungsverlauf hinein keine Gewissensbisse macht. Wie denn überhaupt ihr personales Profil jenseits quasi-allegorischer Zuschreibungen zwischen Naturkindschaft und Heiligkeit außerordentlich schwer zu fassen ist.

Die Peripetie, die unstrittig den tragischen Knoten schürzt bzw. den tragischen Ausgang des Romans herbeiführt, ist der Unfall auf dem See, bei dem infolge einer Unachtsamkeit Ottilies Eduards und Charlottes Kind Otto ertrinkt. Indes: Mit dem traditionellen Tragikbegriff hat dieses Ereignis nichts zu tun. Im Roman mag ihm insofern ein Anschein von Zwangsläufigkeit zuwachsen, als es in ein dichtes Netz von Vorzeichen und Vorausdeutungen eingebunden ist. Aber das ist eine suggestiv-ausgefeilte narrative Strategie, die nichts an dem Folgenden ändert: Es handelt sich um einen situativ zwar hinlänglich motivierten, aber dennoch puren Zufall, einen Unfall, ein kontingentes Missgeschick, wenn Ottilie in ihrem Boot das Gleichgewicht verliert und den Knaben ins Wasser fallen lässt (der zweifellos diskutable psychoanalytische Deutungsansatz, demzufolge Ottilie hier ihren unbewussten Tötungswunsch ausagiert, sei an dieser Stelle ausgespart).

Goethes Bemerkung über die „trübe, leidenschaftliche Nothwendigkeit" kann nicht dem Handlungsverlauf, dem Plot des Romans in seiner Gesamtheit gelten, sondern nur der vom wechselseitigen Begehren gesteuerten Attraktion zwischen Eduard und Ottilie. Aber diese ist nicht verantwortlich für den tragischen Ausgang, definiert durch den Tod Ottilies und Eduards infolge von Ottilies „Lebensentsagungsentscheidung" nach dem Ertrinken des Kindes. Tatsächlich wäre eine „untragische" Konzeption der *Wahlverwandtschaften* alles andere als unplausibel – möglicherweise hätte sich ohne den aufhaltsamen Tod des kleinen Otto undramatisch eine neue Paarkonstellation ergeben. Dennoch scheint eine solche Perspektive einem Roman eigentümlich unangemessen, der den irritierten Leser mit jedem Satz, in seiner ganzen Kunstgestalt in eine andere Richtung zu drängen scheint. Eine Richtung, in der sich ihm Benjamins mythische Gebundenheit der Figuren aufdrängt.

Anders als Goethe entwickelt Wellershoff sein Buch dezidiert nicht als „chemische Gleichnißrede". An die Stelle von Goethes Naturverfallenheit treten bei ihm die in Kindheit und Sozialisation gründenden psychisch-mentalen Dispositionen der Beteiligten. In einem Interview betont er den in seinen Augen wichtigen Unterschied: „Goethe sieht eine anonyme Schicksalhaftigkeit walten [...]. Meine Figuren sind zwar auch Getriebene, es sind aber auch Elemente von Wahlfreiheit und Zufall dabei."[53]

Letzteres hatte freilich auch Goethe laut seiner Selbstanzeige nicht gänzlich in Abrede gestellt: „Spuren trüber leidenschaftlicher Nothwendigkeit" zögen sich unaufhaltsam „durch das Reich der heitern Vernunft-Freyheit". Damit wird die

53 S. Anm. 43.

„Vernunftfreyheit“ aber nicht völlig ausgehebelt, und tatsächlich sind eben auch, wie dargestellt, in den *Wahlverwandtschaften* Kontingenz und – siehe Charlotte und den Hauptmann – Wahlfreiheit anzutreffen. Das Konzept der Intertextualität verkompliziert sich übrigens, wie an dieser Stelle deutlich wird, dadurch, dass man stets in Rechnung zu stellen hat, ein späterer Text „unterhalte“ sich weniger mit dem früheren als vielmehr mit dessen Interpretation durch den moderneren Autor.

Wie auch immer: Wellershoffs Bemerkung zum Unterschied zwischen *Liebeswunsch* und *Wahlverwandtschaften* muss vor dem Hintergrund seiner durch Gehlens Institutionenlehre wie Luhmanns Systemtheorie beeinflussten Zeitdiagnose gelesen werden. Ihr zufolge haben sich in der zeitgenössischen Lebenswelt angesichts der Schwächung der Institutionen – etwa der Ehe als einer ehemals „heiligen“, weil gottgestifteten Einrichtung – die menschlichen Freiheitsspielräume gegenüber einer traditionalen Vergangenheit mit ihren rigiden Ver- und Geboten des sozial Angemessenen und Erwünschten extrem erweitert. Es sind freilich riskante Freiheiten, die da jedem Einzelnen aufgebürdet werden. Für sein Leben ist er fortan selbst verantwortlich, und an dieser Verantwortlichkeit kann er wachsen oder scheitern. Leben als ein Spiel vielfältiger Wahlmöglichkeiten – dieses Konzept liegt letztlich auch dem *Liebeswunsch* zugrunde.

Das heißt aber: Mag sich der Leser auch einem suggestiven Sog des Abgrunds ausgesetzt sehen – der katastrophale Ausgang ist nicht zwangsläufig, sondern ergibt sich aus dem Ineinandergreifen von Entscheidungen, deren Tragweite für die Beteiligten selbst im „Dunkel des gelebten Augenblicks“ nicht absehbar ist. Das aber ist in den *Wahlverwandtschaften* nicht grundsätzlich anders. Ehebruch und Scheidung zum Beispiel sind, wie erwähnt, auch bei Goethe kein skandalfähiges Problem mehr. Das macht: Goethe ist von Wellershoffs institutionengeschwächter Moderne weniger weit entfernt, als dieser vielleicht wahrhaben möchte.

Im Übrigen wird seine Epochendiagnose überlagert vom Phänomen der Jederzeitlichkeit, das er in seiner bereits erwähnten Rezension zu Peter von Matts Buch *Liebesverrat* beschrieben hat: die Beherrschung weiter Teile der Literatur durch zwei antagonistische Lebensentwürfe. Da sei auf der einen Seite die Revolte der Leidenschaft, des ungezähmten Teils der menschlichen Natur, der nach Intensität, Totalität und Chaos verlange. Und auf der anderen Seite die Vorstellung der Treue, die einen dauerhaften, angstlosen Raum für das praktische Leben zu schaffen versuche. Der eine Weg bestehe in der „Eingliederung in das gesellschaftliche Lebenssystem“ durch soziale Anpassung und kulturell erwünschte Leistungen, der andere „in der radikalen Selbstausgrenzung aus den sozialen Zwängen in den weltabgewandten Symbiosen der Leidenschaft“[54].

54 *Die Antwort der Leidenschaft*, S. 711.

Damit lag, acht Jahre vor dem *Liebeswunsch*, bereits ein Interpretationsmodell für diesen Roman vor, das sich aber auch auf die *Wahlverwandtschaften* beziehen lässt. Genauso wenig wie Goethe nimmt übrigens Wellershoff eine Wertung der polaren Möglichkeiten vor. Insofern sie die Spannung von Lust und Selbsterhaltung, Leidenschaft und Vernunft, Natur und Kultur in ihrer Unaufhebbarkeit darstellen, scheinen Goethe und Wellershoff einander ziemlich nahezustehen.

16. Traum

„Das Leben ein Traum.“[1] Dieses (zwar dem Autor, wohl aber nicht der Sprecherin als solches bewusste) Zitat eines der bekanntesten Versdramen von Calderón könnte auch als Motto über einem der ersten fiktionalen Wellershoff-Texte stehen, dem Monolog-Hörspiel *Die Sekretärin* von 1956.[2] Die Sekretärin Ruth Weber sagt den Satz in ihrem Inneren Monolog halb resignierend, weil sie sich – kurz nach dem morgendlichen Aufstehen – nicht mehr an ihren Nachttraum erinnern kann. Die Frage, ob Ruths Leben tatsächlich ein „Traum“ ist – und wenn ja, welcher Art: ein Wunschtraum, ein Angsttraum, ein Alptraum –, ist indes nicht so leicht zu beantworten. Denn das Verhältnis der üblicherweise oppositiven Sphären Wirklichkeit und Traum wird hier dialektisch verflüssigt.

Ruths „Wirklichkeit“ – die eines eintönigen Büroalltags mit festgelegten Abläufen und einer leb- und leidenschaftslosen Beziehung zu dem „Vernunftneurotiker“ Helmut, einer Frühversion des Richters Leonhard im *Liebeswunsch* – ist zunächst einmal alles andere als „traumhaft“, sondern vielmehr taghell und trostlos. Aber sie franst an ihren Rändern gleichsam aus, wird dort tatsächlich von traumnahen Fantasien besetzt, zumal mit der Erinnerung an die kurze ekstatische Liebesbegegnung mit einem Robert, der freilich nie wieder etwas von sich hören ließ.

Diese Traumfantasien eines geglückten Lebens formieren die Existenz der Sekretärin allerdings genauso wie die Rituale ihres starren und zukunftslosen Alltags. Der die personale Identität gefährdende und die Sprecherin zugleich okkupierende Konflikt führt am Schluss fast zu einem Verkehrsunfall – was zumindest auf eine Tendenz zum Pathologischen verweist. Zugleich wird die „andere“ Realität von Verdrängung heimgesucht: Als Ruth zu Beginn des Hörspiels erwacht – der rasselnde Wecker symbolisiert das Realitätsprinzip –, kann sie sich nicht mehr erinnern an den Inhalt ihres Traumes, der mutmaßlich dem Robert-Erlebnis galt.

Im Verlauf des Hörspiels kommt es zu einer fortschreitenden Verschachtelung der Realitätsebenen. In einem Tagtraum erinnert Ruth die Begegnung mit Robert, dem sie während einer gemeinsamen Autofahrt wiederum von einem Alptraum berichtet. Es geht somit um einen Traum im Traum. In diesem Traum der zweiten Ebene verschwindet Ruth „winzig klein“ zwischen „ungeheuere[n] schwarze[n] Formen“[3]. Der imaginäre Robert interpretiert ihn in seinem Kommentar zutreffend als „Angsttraum“, geboren aus dem dumpfen Wissen, in einer schalen Endgültigkeit

1 *Die Sekretärin*, in: WW 6, S. 11–40; hier: S. 12.

2 S. zur Interpretation Eke: *RadioKunst*, S. 236 ff.; Jung: *Im Dunkel des gelebten Augenblicks*, S. 57 ff.

3 *Die Sekretärin*, S. 27.

lebendig begraben zu werden: „Sie träumen doch, daß Sie tot sind.“[4] Das Phänomen Traum erscheint der Sekretärin somit in einer intrikaten Doppelgestalt: „als Rettung vor dem Leben und als Bedrohung des Lebens“[5].

Das frühe Hörspiel kommt auch deshalb am Beginn dieses Kapitels zur Sprache, weil dort bereits zentrale Motive des späteren fiktionalen Oeuvres in beträchtlicher Dichte versammelt sind. Tatsächlich hat das Phänomen Traum thematisch vor allem in Wellershoffs Erzählwerk, aber auch in den Hörspielen und Gedichten eine hohe Präsenzdichte – auch dergestalt, dass sich an ihm die Krisensituationen seiner beschädigten Menschen in besonderer Weise darstellen und verdeutlichen. Genauer: Träume werden zu Räumen der Verarbeitung von verdrängten Konflikten, Schuldgefühlen, Wünschen, Triebregungen – überhaupt von Aspekten und Potenzialen einer Person, die unter dem angstimprägnierten Druck purer Lebensbewältigung verkümmert sind. Das bedeutet zugleich: Geformt durch den selbstauferlegten Zwang, sich seiner Umwelt als ein kohärentes und kalkulierbares Ich zu präsentieren, sagt eine glatte, normenkompatible, scheinbar widerspruchsfreie Alltagserscheinung keineswegs alles über einen Menschen aus, vor allem nicht über die im Dunkel bleibenden Regungen unterhalb der Schwelle seines Bewusstseins.

In seinem Essay *Nachhausekommen* beschreibt Wellershoff dieses Auseinanderfallen von „äußerer“ und „innerer“ Person anhand der Lebensroutinen „eingespielter“ Eheleute:

> Jetzt sind sie unsichtbar geworden, nicht nur füreinander, sondern auch jeder für sich selbst. Aber sie mißverstehen diese Situation und glauben, daß sie sich kennen, denn es gelingt ihnen gemeinsam, ihre Erfahrung zu vernichten mit Hilfe ihrer alltäglichen Rituale, in denen sie bald nur noch als Marionetten hängen, während ihr Leben längst abgewandert ist in die Eigenwelt ihrer Träume, in denen sie ein anderes verlorenes Zuhause suchen und darin sich selbst, einen vielleicht noch unzerstörten kindlichen Rest von sich selbst, den sie bei Tage zu beschwichtigen und zu verleugnen trachten.[6]

In der Tat gelingt es, so Wellershoff, auch nicht, die unterdrückte „zweite Wirklichkeit“, die prinzipiell in jedem Menschen wohnt, gänzlich zum Verschwinden zu bringen. Deshalb

> bleibt jeder Mensch insgeheim mit einem Teil seines Wesens ein potentieller Feind der Gesellschaft. Das wiederum macht angst, so daß die bedrohlichen, unangepaßten Impulse der fremden und vor allem auch der eigenen Wahrnehmung entzogen werden. Sie bilden

---

4 Ebd.

5 Steinecke: *Voyeur der Träume*, S. 208.

6 *Nachhausekommen*, S. 194 f.

> einen dunklen, exterritorialen Persönlichkeitsbereich, der zwar weiter wirksam bleibt, aber nur in den bizarren Vermummungen der Träume oder durch den Schutzfilter falscher, konformer Umdeutungen wieder ins Bewußtsein dringen kann.[7]

Hinzuzufügen wäre, dass es bei Wellershoff einen weiteren Bereich gibt, in dem das Unbewusste regiert. Es sind dies die psychosomatischen Reaktionen, mit denen seine Figuren auf nichtbewältigte und vor allem -bearbeitete Spannungszustände reagieren – Schwitzen, Herzrasen, Kopfschmerzen, Schwindel. Die so verstandene Nähe von Körper und Traum zeitigte sogar die Titelerfindung für eine Erzählung – *Der Körper und die Träume* –, die zugleich den Titel für den kompletten einschlägigen Erzählband lieferte.

In eine ganz andere, aber genauso dichte Beziehung treten Körper und Traum in der im nämlichen Sammelband gedruckten Erzählung *Die Frau auf dem Balkon*.[8] Durch die Musik eines jugendlichen Voyeurs aus ihrer Wohnung auf besagten Balkon gelockt und dabei nicht nur von diesem, sondern auch vom Erzähler beobachtet, der die Szene mit seinen eigenen sexuellen Fantasien besetzt, „überschreitet sie eine Schwelle und gerät in einen Traum"[9]. Sie entblößt sich, offenbart sich dem männlichen Blick für Momente in hocherotischen Posen, ihr Körper beginnt gleichsam zu träumen. Die Traummetapher trifft den Sachverhalt deshalb ziemlich genau, weil strukturell etwas dem Nachttraum sehr Ähnliches geschieht: Auch hier geht es um den Aufstand eines Unbewussten, um die Wiederkehr des Verdrängten, um die Artikulation und Aktivierung von im Alltagsleben einer mutmaßlich „ordentlichen" Bürgersfrau unterdrückten Triebregungen.

Unverkennbar – und nicht verwunderlich angesichts des Matrixcharakters der Psychoanalyse für die intellektuelle Signatur des Autors – ist Wellershoffs Auffassung des Phänomens Traum und seiner Bedeutung beeinflusst durch Freuds einschlägiges Schlüsselwerk *Die Traumdeutung*. Zentrale Freud'sche Theoreme kehren, auch wenn sie als solche nicht immer ausgewiesen sind, bei Wellershoff wieder. Zu ihnen gehört vor allem die Vorstellung, dass das von den Instanzen des Ich und des Über-Ich unterdrückte Unbewusste im Traum und sei es in verschobener und entstellter, weil – in Freuds Begrifflichkeit – „zensierter" und daher der Übersetzung bedürfender Gestalt erscheint. Weiterhin übernimmt Wellershoff von Freud die Erkenntnis, dass im Traum Erinnerungen an Kindheitserlebnisse verarbeitet werden, aber auch solche aus der zeitnahen biografischen Vergangenheit des Träumenden – Freud nennt sie „rezent". Für Wellershoffs fiktive Figuren

7 *Erkenntnisglück und Egotrip*, S. 532.

8 S. dazu Steinecke: *Voyeur der Träume*, S. 209 f.

9 *Die Frau auf dem Balkon*, S. 949.

bedeutet letzteres: Ihre Träume reagieren (auch) auf die Handlung des Romans, der Erzählung oder des Hörspiels, deren Teil sie selbst sind.

Wie auch immer: Offensichtlich hält der Autor, anknüpfend an Freud, manifeste „Trauminhalte" wie latente „Traumgedanken" als in hohem Maße relevant für die aufschließende Erklärung und Interpretation der Handlung wie des Personals seiner Texte: Alltagswirklichkeit und Traumgeschehen treten in eine enge Spiegelbeziehung, in eine Konstellation der wechselseitigen Erläuterung. Anders herum: Wäre Wellershoff nicht von dieser Relevanz überzeugt, gäbe es keinen Grund, warum er dem Traum in seinem Oeuvre den Platz einräumen sollte, den er dort tatsächlich hat.

Diese Relevanz hat einen ästhetischen und einen anthropologischen Aspekt – Wellershoff schlägt diesbezüglich sozusagen zwei Fliegen mit einer Klappe. Der ästhetische betrifft den Mehrwert für den Kunstcharakter des Werks, für dessen motivationale Stringenz und Kohärenz. Der in Wellershoffs Anthropologie wurzelnde Gesichtspunkt gilt der widersprüchlich-irrationalen Mehrschichtigkeit der Person, über die diese selbst sich vorderhand keine Rechenschaft zu geben vermag:

> Das ist so eigenartig, daß wir für bestimmte Teile unserer Erfahrung eine Sprache haben, die für andere und für unser eigenes Ich unverständlich ist, z. B. den Traum. Der Traum ist eine Sprache, die uns verschlüsselt ist. Das Reden von Schizophrenen ist für andere Menschen nicht verständlich, ganz obskur.[10]

Freilich ist allein die Sprachgestalt, die Wellershoff der „Erzählung" seiner Träume gibt, alles andere als „obskur". Deren Darstellung fügt sich durchaus jener grammatikalischen Konvenienz, die auch seine „traumfreie" Prosa auf weite Strecken trägt. Das Dunkle, Irrationale des Traums greift nicht – das ist bei Freud genauso – auf seine beschreibende Erfassung durch. Letztlich steuert die „Darstellung dessen, was sich der Darstellbarkeit widersetzt"[11], in eine Aporie, die auch der Autor nicht aufzulösen vermag.

Zugleich ist es diese Mehrschichtigkeit der Psyche, die der menschlichen Existenz im biografischen Verlauf jenes potenziell dramatische Relief gibt, das Wellershoff stets aufs Neue zum Thema seiner Bücher macht:

> Das alles sind mögliche Dramaturgien von Erfahrungsprozessen, ihr Grundmuster ist es, daß ein eingelebtes Muster von Sinn von einem Gegensinn durchkreuzt wird. Das bestehende Lebensmuster und das störende Motiv – sagen wir ein unverwirklichter Traum –

10 *Selbsterfahrung und Solidarität*, S. 43.

11 Dujmić/Harth: *Zur Poetik des »Wilden Denkens«*, S. 280.

> bilden dann Zonen der Mehrdeutigkeit, der Brüche und Konflikte, bis das eine System das andere überwältigt oder eine Synthese entsteht.[12]

Die vorstehenden Bemerkungen zu Wellershoffs Freud-Affinität dürfen indes nicht in dem Sinne verstanden werden, dass *Die Traumdeutung* als Vademecum zur Aufschlüsselung und Interpretation der Träume seines fiktiven Personals herangezogen werden könnte. Weder sind die Träume der Figuren rigoros auf die Flasche einer imaginär-entstellten Wunscherfüllung zu ziehen, noch verwendet Wellershoff explizit Freuds Repertoire der sehr oft sexuell konnotierten und in dieser Richtung zu entschlüsselnden Traumsymbole.

Davon abgesehen dehnt Wellershoff den Traumbereich – besser womöglich: den Bereich des Träumerischen – weit über die Traumeruptionen des Unbewussten während des (nächtlichen) Schlafes hinaus aus. Zu Recht stellen Daniela Dujmić und Dietrich Harth in ihrem Aufsatz über Wellershoffs Poetik des „wilden Denkens" die Träume in seinen Texten den „Bewußtseinsdämmerungen, Halluzination und Verstörungen" als in der Sache eng benachbarten und von jenen kaum genau zu unterscheidenden Bewusstseinszuständen an die Seite[13]. Es geht bei alldem um Formen der Lockerung, die der Realitätsbezug erfährt, der Auflösung des bewussten Ich in seinen Randzonen, zu denen eben nicht nur der Traum im engeren Sinn gehört. Es geht genauso um Zwischenzustände zwischen Schlafen und Wachen, um Tagträume, um „pathogene Zustände getrübter Selbst- bzw. Fremdwahrnehmung":

> In diesen Zwischenwelten ist die kausale Logik nicht gültig, herrschen vielmehr Verhältnisse des analogischen Empfindens und Denkens, sind die Systeme von Raum und Zeit so ineinander verschoben, daß nur die metaphorische, die Bilder-Rede sich ihn anzunähern vermag. „Vielleicht" und „als ob" sind die in Wellershoffs Texten häufig wiederkehrenden Wortsignale für solche Erfahrungen, denen das literarisch konstruierte Erfahrungssubjekt nicht anmerken kann, ob sie sich auf eine von allen geteilte Wirklichkeit beziehen, oder – aus Gründen, die in der inneren Verfassung des Subjekts zu suchen sind – die Welt als etwas Fiktives erscheinen lassen.[14]

Außerdem hat Wellershoffs Traum-Auffassung einen poetologischen und damit einen Aspekt von Selbstbezüglichkeit: Literarische Texte enthalten demnach nicht nur Träume, sondern sind ihrerseits Träume. In der Tat setzt er wiederholt die schriftstellerische Arbeit mit Traumarbeit zumindest partiell gleich: „Vielleicht kann man sagen: beim Schreiben ist man gleichzeitig jemand, der träumt, und jemand,

12 *Erkenntnisglück und Egotrip*, S. 546.

13 S. Anm. 8.

14 Dujmić/Harth: *Zur Poetik des »Wilden Denkens«*, S. 278 f.

der den Traum beobachtet; und wenn der Beobachter in einem überwiegt, dann reißt der Traum ab.“ Das Tertium Comparationis zwischen Traum und Schreiben ist die Fantasie: „[…], aber schon die Erfindung des strukturellen Konzepts muß einer Phantasierichtung entsprechen.“[15] Wellershoff sieht bei der Verbindung von Dichtung und Traum auch durchaus von seiner eigenen Arbeit ab und rückt Texte wie das *Tibetanische Totenbuch* und die *Odyssee* in diese Perspektive:

> Man kann die Schrecken dieser Wanderung durch die eigene Innenwelt [sc. im *Tibetanischen Totenbuch*, d. Verf.] als das mythische Äquivalent eines Traumes oder einer Psychose lesen. Darin kann man sich verirren und untergehen. Oder man kann geheilt werden und eine neue Stufe der Existenz erreichen. Versteht man die Innenwelt als Außenwelt, dann ist diese Unterweltswanderung auch ein abenteuerliches Reisebuch wie die Odyssee. Und umgekehrt kann die Odyssee, dieses berühmteste Abenteuerbuch der Weltliteratur, als ein Traumbuch erscheinen, und seine von mythischen Gestalten bevölkerte Welt als nach außen gewendete Seelenlandschaft, in der alle Gefahren und Möglichkeiten eines kühn und weit entworfenen Lebensweges imaginiert werden.[16]

Im Anschluss sollen anhand einiger Beispiele Bedeutsamkeit und Bedeutung des Traumes und des Traumhaften im weitesten Sinne in Wellershoffs Werk genauer ins Auge gefasst werden. Zunächst geht es um einige „echte“ Träume in der Erzählprosa und deren strukturelle Funktionalität mit Blick auf das jeweilige Kunstganze. Auffällig genug für einen „realistischen“ Roman endet *Der Liebeswunsch* mit einem Traum, und zwar dem einer vergleichsweise randständigen Figur, nämlich von Anjas Mutter – die Textstelle sei hier erneut zitiert, auch wenn sie, allerdings gekürzt und in einem anderen Kontext, in diesem Buch bereits erschien[17]:

> Anjas Mutter träumte in der Nacht, sie ginge durch eine belebte Straße und dicht vor ihr spränge mit scheppernderm Geräusch ein großer Teekessel her. Ab und zu klappte der Deckel auf, und Anjas kahlgeschorener Kopf schaute heraus. Er war so klein wie ein Apfel und schrie mit einer hohen verzweifelten Stimme. Dann klappte der Deckel wieder zu. Der Kessel hüpfte weiter wie besessen vor ihr die Straße entlang, und Anjas schreiender Kopf erschien wieder und verschwand. So wiederholte es sich. Dann wurde der Abstand größer, doch die kurzen schrillen Schreie waren immer noch zu hören. Es gingen viele Leute durch die Straße, doch niemand außer ihr schien den Vorgang zu bemerken.[18]

15 *Bilder mit einem dunklen Einschlag*, S. 15.
16 *Erkenntnisglück und Egotrip*, S. 544.
17 S. Kapitel 11 („Krise“), S. 268.
18 *Der Liebeswunsch*, S. 318 f.

Man könnte diesen Traum hinsichtlich seiner Erklärungskraft für die – abgeschlossene – Romanhandlung als entbehrlich ansehen. Was Anjas problematische und am Untergang ihrer Tochter keineswegs „unschuldige“ Mutter dazu träumt, wäre aus dieser Sicht unerheblich.

In diesem Fall müsste allerdings diese Frage beantwortet werden: Was hat den im Umgang mit seinen Stoffen anerkannt hochreflektierten Autor dazu bewogen, das Werk ausgerechnet mit einer Traumsequenz zu beenden, die zur Erschließung von Textsinn und -bedeutung angeblich wenig oder nichts beiträgt? Weil die Frage eine hermeneutische Sackgasse anzeigt, ist die These zu verwerfen, der Traum von Anjas Mutter sei für die Interpretation des Buches belanglos. Sicher kann er – diese Interpretation wäre zu plump – nicht aufgefasst werden als in eine ungewöhnliche Tarnversion gegossener Kommentar eines auktorialen Erzählers oder gar des Verfassers zu seinem Text bzw. dem, was dort verhandelt wird. Dennoch bietet sich eine alternative Erklärungsperspektive für den Romanschluss an: Die Tatsache, dass der Traum der einer problematischen Nebenfigur ist, schließt keineswegs aus, dass hier in symbolischer Verschlüsselung eine innere „Wahrheit“ über Anjas Tragödie und ihre Ursachen formuliert wird.

Motivisch schlägt der Romanschluss den Bogen zurück zum Anfang, die Parallelen sind offensichtlich. Auch Pauls – dort aus seiner Sicht geschilderte – imaginäre Begegnung mit der vor fünf Jahren verstorbenen früheren Geliebten erfolgt auf einer „belebten Straße“ mit „vielen Leuten“. Hier wie dort geht es nicht um eine Anja in der Dimension erfahrbarer Wirklichkeit, sondern um eine fantasierte und mit Fantasien besetzte Anja. Das Framing der Erzählung ist allerdings am Romanende ein anderes, ein tragisch-negatives – der Traum ist de facto ein Alptraum. Der hüpfende große, möglicherweise mit siedendem Wasser gefüllte Teekessel steht für ein Gefängnis, mehr: für ein Martyrium, aus dem sich Anja trotz verzweifelter Bemühungen – sie schaut wiederholt aus dem Kessel, schreit verzweifelt um Hilfe – nicht zu befreien vermag. Ohne weiteres lassen sich hierin die Anja-bezogenen Teile des Romanplots erkennen: ihre qualvolle Ehe und ungewollte Mutterschaft sowie die missbräuchliche Funktionalisierung ihrer Person für ein gruppentherapeutisches Projekt genauso wie ihr so leidenschaftlicher wie scheiternder Ausbruchsversuch.

Der kahlgeschorene Kopf verweist auf ihrerseits symbolgetränkte Praktiken einer kollektiven Bestrafung für ein als solches gebrandmarktes individuelles soziales Fehlverhalten, genauer: für ein sexuelles Fehlverhalten. Die Kopfrasur widerfuhr bei Kriegsende 1945 z. B. Französinnen, die sich während der Besatzungszeit mit deutschen Soldaten eingelassen hatten. Mit Blick auf ihre Generationszugehörigkeit dürfte Anjas Mutter dieses Phänomen bekannt sein.

Tatsächlich wird Anja auch im Roman Opfer einer Bestrafung, die hier die Gestalt eines Rückzugs der Personen aus ihrem engsten Umfeld annimmt: Der Ehebruch mit Paul führt nicht nur zur Auflösung ihrer eh gescheiterten Ehe mit Leonhard, sondern schließlich auch zur Zurückweisung ihres Liebeswunsches seitens des Geliebten sowie zur moralischen Aburteilung durch die Mutter.

Bemerkenswert an dem Traum ist weiterhin die mehrfache Wiederholung des Vorgangs – Anjas schreiender Kopf taucht aus dem Kessel auf –, ohne dass irgendeiner der Passanten von ihm Notiz nimmt. Das müssten selbst anonym-unbeteiligte Beobachter auf einer Einkaufsstraße angesichts des spektakulär-grauenvollen Geschehens aber auf jeden Fall. Wie bereits im Kapitel „Krise“ ausgeführt, mag man darin die Gleichgültigkeit der Beteiligten und ihren Mangel an Empathie und Hilfsbereitschaft gegenüber Anjas existenzieller Not sehen. Im Fall der Mutter mag ihr Traum ein Schuldeingeständnis artikulieren wie dem Bedürfnis der Schuldabwehr und in diesem Sinn in der Tat einer Wunscherfüllung nach Freuds Verständnis dienen: Wenn alle wegschauen, minimiert sich die Verantwortlichkeit eines/einer jeden Einzelnen.

Nicht am „Rand“, sondern im Zentrum der Erzählung steht Elsheimers großer Alptraum aus dem ersten Kapitel der *Sirene*-Novelle:

> Plötzlich träumte er. Ein großer Polarbär lief einen Bergpfad herunter, grunzend wie ein Schwein. Er, Elsheimer hatte eine zweizinkige Forke, um ihn aufzuhalten. Er mußte in den Bär hineinstechen. Er stach ihn in die zottige Brust. Der Bär blieb stehen und schob einen langen schildkrötenartigen Hals aus sich heraus, er hatte jetzt auch einen Schildkrötenkopf. Die kleinen ausdruckslosen Augen unter der faltige Lidhaut sahen ihn an, und das harte kantige Maul schwenkte zu ihm herüber.
> Nein, dachte Elsheimer, […]. Worauf der Traum seine Richtung änderte und vom mühseligen, vergeblichen Packen eines Koffers handelte, der sich nicht schließen ließ und immer wieder aufklaffte. Lappenartige, unkenntliche Kleidungsstücke hingen heraus, modrige, zerfetzte Lumpen, die sich nicht verbergen ließen. Irgendwie war er verwachsen mit diesem Koffer, konnte nicht davon loskommen. Gegen seinen Willen öffnete er ihn, während er ihn zu schließen versuchte. […] Nein, dachte er wieder, denn er wußte, daß er träumte. Alles wurde grauer, unbestimmter. Er sah Gerüststangen, eine ansteigende Straße. Jemand ging dort voraus, während er zurückblieb und überall anstieß an die Stangen, an denen jetzt schwarze Lumpen hingen. […] Es war ein Wald, wie er jetzt erkannte, ein rostiger metallischer Wald, in dem allerlei unkenntliches Leben herumhuschte, das sich davonmachte vor einer hier drohenden unbekannten Gefahr.[19]

Der Trauminhalt ist sachlich und auch indirekt-motivisch aufs Engste mit der Novellenhandlung wie der konkreten Schlafsituation Elsheimers verwoben. Der bedrohliche Eisbär, dem durch seine Verwandlung in eine Echse eine vorzeitlich-archaische Anmutung zuwächst, reflektiert Elsheimers starke Kälte-Empfindung

19 *Die Sirene*, S. 607; s. zur Interpretation Dujmić/Harth: *Zur Poetik des »Wilden Denkens«*, S. 282 ff.

vor dem Einschlafen. Auch die von einer Installationsfirma auf dem Hof vor dem Haus abgeladenen Rohre kehren im Traum wieder. An dieser Stelle scheint Wellershoff ziemlich exakt Freud zu folgen, in dessen *Traumdeutung* „Sinnesreize, die uns während des Schlafes zukommen, [...] sehr wohl zu Traumquellen werden“[20] können. Gleichfalls geht die symbolische Farbenpolarität der Novelle – Neuschnee fällt auf schwarzen Grund[21] – in den Traum als Gegensatz von weißem Bär und „schwarzen Lumpen“ ein.

Die Abwehr dieses Traumes wird übrigens auf der Ebene des Bewusstseins vollzogen – sein „Nein“ „dachte“ Elsheimer, er träumt es nicht. Es liegt hier der Fall eines „selbstbewussten“ Träumens vor: Der Träumende weiß, dass er träumt, das Bewusstsein hat die Kontrolle über das Traumgeschehen nicht vollends abgegeben.

Die Anwendung der Freud'schen Deutung von Stange, Wald und Koffer als Genitalsymbole auf Elsheimers Traum ist spekulativ, bleibt eine vage Option, die allerdings nicht rundum abgewiesen werden kann. Es tut sich hier ein schwer abzuschließender und vom Autor auch bewusst offengehaltener Hof möglicher Bedeutungen auf. Naheliegend ist indes die Verknüpfung des Koffers und des Einpackens mit dem Reisemotiv. Dabei verweist die Reise wiederum auf Elsheimers Krise – seine beide Fahrten ins (meernahe) Hamburg sind Reisen in das Gebiet der Sirene. Das Packen des Koffers bekundet die Reisebereitschaft, aber es scheitert bezeichnenderweise, Elsheimer kommt nicht von der Stelle. Diese Kofferszene zeigt genauso wie der „metallische“, also aus den Gerüststangen formierte Wald – dies eine „klassische“ Motivkombination in der Traumarbeit – Gefangenschaft an, aus der sich zu befreien Elsheimer nicht gelingt.[22] Damit weist der Traum bereits auf den Schluss der Novelle voraus: Elsheimer vermag sich dem Bannkreis der Sirene, nicht aber der Gefangenschaft in seinem alltäglichen Leben zu entziehen.

Als drittes Beispiel sei hier der Traum Klaus Jungs angeführt, den er in der Nacht vor dem Duisburger Totschlag-Morgen träumt:

> Er war wieder eingeschlafen, und von jetzt ab träumte er und schreckte zwischendurch kurz auf wie ein Taucher, der hochkommt, um Luft zu schnappen, und wieder untertaucht.
> [...]
> Einmal sah er seinen Vater, abgeschnitten in Gürtelhöhe, der als regloser schwarzer Kegel auf einer grauen Fläche stand, der Kopf geschnitzt wie die Königskrone einer schwarzen

---

20 Sigmund Freud: *Die Traumdeutung* (= *Gesammelte Werke in 18 Bänden mit einem Nachtragsband*, hg. von Anna Freud u. a., Bd. 2/3), Frankfurt/M. 1999, S. 24.

21 *Die Sirene*, S. 584.

22 So auch Dujmić/Harth: *Zur Poetik des »Wilden Denkens«*, S. 283. An dieser Stelle ergibt sich übrigens eine auffällige Parallele zum Traum von Anjas Mutter im *Liebeswunsch* von der aussichtslosen Gefangenschaft ihrer Tochter im Teekessel.

Schachfigur. Er sah ihn auch als grauen Prellstein in der Ferne. Oder er machte eine Tür auf und blickte in einen weißen Kasten, in dem jemand lag mit abgewandtem Gesicht.[23]

Der Vatertraum aktiviert noch einmal ein durchgehendes Thema des Romans und stellt damit im Sinn einer subkutanen Motivation – Gerda Brekamp wird das zufällig-stellvertretende Opfer des eigentlich Jungs Mutter zugedachten Aktes einer Rache für den vorzeitigen Tod des Vaters – die Verbindung zur folgenden Gewalttat her. Sie ereignet sich unmittelbar im Anschluss, sozusagen aus dem Erwachen heraus.

Die Verstümmelung in Gürtelhöhe symbolisiert die Impotenz des Vaters, in deren Folge die Mutter sich Jungs Onkel zuwandte. Der Vater steht in der düster-einsamen, hölzernen, so gleichsam versteinerten wie verlorenen Würde des schwarzen Schach-Königs da. In der Tat ist der König des Schachspiels, obwohl die wichtigste Figur als derjenige, dessen Mattsetzung das Spiel beendet, von Haus aus gegenüber der Dame „impotent". Dies verleiht ihm den Appeal des Eunuchenhaften. Er kann und darf alles, was sie auch kann und darf, allerdings jeweils nur über die klägliche Distanz der direkt angrenzenden Felder hinweg.

Die „Ermordung" durch die farbeigene Dame ist indes nicht vorgesehen, sie verstößt gegen die Regeln. In Jungs Perspektive: Die Regelverletzung zeigt eine Zerstörung des familialen Zusammenlebens an, als deren Opfer er nicht zuletzt sich selbst sieht. Aus dieser Gestalt werdenden Erinnerung gibt es im Traum selbst für Jung keinen Ausweg. Als er eine Tür öffnet, stößt er auf den Sarg des Vaters und damit auch auf die Schuld der Mutter.

Der Roman *Die Schönheit des Schimpansen* ist indes wie das Hörspiel *Die Sekretärin* das Beispiel einer gewissermaßen potenzierten Traumstruktur. Klaus Jung träumt nicht nur im wörtlichen, sondern auch im übertragenen Sinn. „Das Leben ein Traum" – das gilt auch für ihn insofern, als Traumwelt und alltägliche Lebenswelt nicht klar geschieden sind, sondern auf eine pathologisch zu nennende Weise ineinander übergehen. Genauer: Jung vermag zu dieser realen Lebenswelt nicht durchzuzustoßen: „Es war wie mit Ellen, es war die andere Seite der Wand, die er fast nie durchdringen konnte, um zu sehen, wie die anderen lebten."[24] Stattdessen verharrt er auf der „Traumseite": Als er seine betrügerische Examensarbeit verfertigt, „schloß er sich in seinem Zimmer ein und ging vorsichtig und träumerisch mit sich um, wie in einem künstlichen Halbschlaf, der es ihm ersparte, genau zu wissen, was er tat"[25]. Elsheimer in der *Sirene* wird das Erlebnis einer Entgleisung

23 *Die Schönheit des Schimpansen*, S. 731; s. zur Interpretation wiederum Dujmić/Harth: *Zur Poetik des »Wilden Denkens«*, S. 281 f.

24 *Die Schönheit des Schimpansen*, S. 730.

25 Ebd., S. 541.

und Entgrenzung, das Fremdwerden einer vorher selbstverständlichen Alltagswelt dann ebenfalls machen.

Ein Aspekt dieser „träumerischen" Alltagsexistenz, die in Gestalt von Bewusstseinstrübungen, von Benommenheit, dem Gefühl von Betäubung, innerer Leere und einer bodenlosen Fremdheit in der Welt vielen Wellershoff-Figuren eignet, ist der Tagtraum, dessen Phänomenologie bei Wellershoff nicht mehr von Freud, sondern von der Philosophie Ernst Blochs beeinflusst ist. Es geht dabei indes – und das ist nahezu ein Unterschied ums Ganze – nie um eine kollektive, gesellschaftliche, sondern um eine individuelle Utopie, um die Illusion, um das Herbeifantasieren kommender eigener Größe, deren Epiphanie der Vorhölle der Gegenwartsexistenz ein endgültiges Ende setzen wird.[26]

Die „heimliche Gewißheit" einer „Veränderung", die „die verborgene Bedeutung seiner Person für alle sichtbar wiederherstellte"[27], okkupiert die Tagträume Klaus Jungs genauso wie die des Protagonisten der *Schattengrenze*, bei dem sie sich zur nebulösen Fantasie einer „Gerechtigkeit in der Zukunft"[28] verdichtet. Ähnliche Fantasien, die sich, bezogen auf seine geschäftliche Zukunft, zusehends mit realitätsverdrängenden und den Gang in den Ruin de facto befördernden Illusionen verbinden, entwickelt auch Ulrich Vogtmann in *Der Sieger nimmt alles*. Auf die schlechten Nachrichten über die Situation seiner Supermarktkette in Süddeutschland, die ihn zum Abbruch des Dänemark-Urlaubs mit der Familie veranlassen, reagiert er mit einem betäubenden, sich der faktischen Lage verschließenden Optimismus:

> Fahrend, ohne das Gefühl von Widerstand, läßt sich auch denken, daß alles noch zu ändern ist und alles noch bevorsteht. Das Beste wird noch geschehen. Dieser Gedanke, so weit, so tröstlich, ist ein Übergang zur Leere. Man ist aufgehoben in ihm wie in einem großen schützenden Raum und schrumpft zusammen auf Kopf und Hände, den Fuß auf dem Gaspedal. Die Müdigkeit im Nacken. Fahren, fast ohne etwas tun zu müssen, als würde man getragen, als flöge man.[29]

In der Erzählung *Die Fähre nach England* geht es gleichfalls nicht nur um Nacht-, sondern auch und noch sehr viel mehr um Tagträume, die die Tagwirklichkeit der zentralen Figuren, des Liebespaares Saskia und Norbert, gleichsam kolonisieren. Hier geschieht das allerdings in einer Weise, die die Erzählstruktur unmittelbar affiziert und den Leser der Ungewissheit darüber aussetzt, ob er sich in einer Traum-

26 S. dazu auch Bügner: *Lebenssimulationen*, S. 207 f.

27 Ebd., S. 568.

28 *Die Schattengrenze*, S. 262.

29 *Der Sieger nimmt alles*, S. 150 f.

oder in der „wirklichen“ Wirklichkeit befindet. Zugleich geraten die Zeitebenen gegeneinander ins Rutschen.

Die Erzählung beginnt mit der Beschreibung einer Fähre kurz vor ihrem Ablegen. Bestiegen hat sie auch ein Paar, das jetzt an der Reling des Oberdecks steht und darauf wartet, dass die Fähre den Hafen von Ostende verlässt. Scheinbar vollzieht sich ein – im Fiktionsraum des Textes – realer Vorgang. Irritierend aber sind Sätze wie „Es ist nicht kalt. Er nahm an, es würde ihnen nicht kalt sein“. Viele Leser werden wahrscheinlich über sie hinweggleiten, tatsächlich aber sind sie manifeste Hinweise auf den „Seinsmodus“ dieser Eröffnung: Es handelt sich nicht um ein reales Geschehen, sondern hier fantasiert der Tag- und zugleich Wunschtraum des Mannes eine mögliche Zukunft herbei.[30] Norbert träumt davon, mit seiner (verheirateten) Geliebten Deutschland und den Kontinent zu verlassen und „in einem Monat“ in London, wo ein Korrespondentenposten auf ihn wartet, ein neues gemeinsames Leben zu beginnen.

Mit einem „Aufpassen! Nicht träumen!“[31] ruft Norbert im dichten Straßenverkehr sich selbst aus der Traumwelt in eine Wirklichkeit zurück, die indes von diesen Tagträumen, von ihrem beschwörend-gebieterischen Futur mehr und mehr aufgelöst wird. Das geschieht auch im Gespräch Saskias mit Norbert, der ihr erzählen soll, „wie es sein wird“[32]. Allerdings misslingt es Norbert, den Traum als die „eigentliche“, höhere Wirklichkeit an die Stelle einer zu besiegenden Alltagsrealität zu setzen bzw. diese Wirklichkeitsauffassung auch bei Saskia unumkehrbar zu etablieren. Die deutlich ältere Saskia weicht vielmehr vor der Perspektive, Ehemann und Kinder in Kürze verlassen zu müssen, erschreckt zurück. Der Traum zerplatzt, das Realitätsprinzip siegt, so scheint es, über das Lustprinzip.

Norbert wiederum, nun allein auf der Fähre nach England, begreift den geplatzten Lebenstraum ernüchtert als Täuschung: „Ein romantischer Irrtum war ihm erspart geblieben.“[33] Diese Erkenntnis mischt sich mit dem tiefsitzenden Gefühl, eine narzisstische Kränkung erfahren zu haben. Die Zeche für eine unlösbare Konfliktlage zahlt indes im Wesentlichen Saskia. Letztlich zeigt sich hier ein bei Wellershoff häufiges, durch Aussichtslosigkeit nach beiden Seiten hin gekennzeichnetes Dilemma: Die Fortexistenz an der Seite eines sehr viel älteren saturierten Richters verheißt einen Tod zu Lebzeiten. Dass sie allerdings, allein und fremd in der Metropole London und abhängig vom Wohlwollen eines jüngeren Mannes, in diesem von Norbert beschworenen Traum glücklich geworden wäre, erscheint ihr wohl selbst – sie spricht es nicht offen aus – mit guten Gründen als äußerst zweifelhaft.

30 S. dazu auch Steinecke: *Voyeur der Träume*, S. 202.

31 *Die Fähre nach England*, S. 895.

32 Ebd., S. 913.

33 Ebd., S. 922.

Weil Wirklichkeit und Traum bei Wellershoff kategorial unbestimmt sind und die Grenzen zwischen ihnen zerfließen, kommt den Übergangszuständen des Erwachens und Einschlafens in seinem Werk naheliegend eine erhebliche und wohl auch von einem starken Darstellungsreiz begleitete Bedeutung zu. Nicht nur das Hörspiel *Die Sekretärin*, sondern auch einige Erzählungen – *Das Blau des Eisvogels*, *Das Sommerfest* – beginnen nicht von ungefähr mit einem Auftauchen aus nächtlichem Schlaf und Traum. An dieser Stelle aber soll es exemplarisch um den Anfang des Romans *Ein schöner Tag* gehen, Wellershoffs Debüt als Erzähler, das ausgerechnet mit der metaphorischen Geburt einer Romanfigur, der des alten Lorenz, beginnt.[34] Hier in Auszügen die lange Eingangssequenz:

> Obwohl er schon wach ist, sieht er es noch immer. Es sind durchsichtige Blasen, die knisternd stillstehen und sich untereinander nur bewegen, wenn eine von ihnen platzt. [...] Wenn eine der großen Blasen sich dehnt und zu glänzen beginnt, spürt er das krampfartige Ziehen von der Brust bis in den Arm. [...]
> Er liegt auf dem Rücken, sein Gesicht ist naß. Was sehe ich, denkt er, was sehe ich? Einzelne Schweißtropfen beginnen auf seinem Gesicht zu laufen. Sie lösen sich vom Nasenrücken oder von der Oberlippe und der immer gleiche Weg, den sie nehmen, zeigt ihm sein Gesicht. Seine Hände sind weit weg und wie abgetrennt, und um den Tropfenweg zu ändern, schließt er den Mund. Er muß schlucken [...], und sofort geht seine Mund weit auf, er liegt still mit aufgerissenem Mund [...]; aber die Lauge vor seinen Augen steht still. Ich darf nichts tun, denkt er, der Tod kann nur kommen, wenn ich etwas tue. Alles wird undeutlich, von den Rändern her kommen die Schatten, aber von oben kommt ein dichterer Schatten, der sich immer mehr ausdehnt und gegen den etwas Dunkles antreibt, schwer und stetig, das ist sein eigener Körper, der reglos auf dem Rücken liegt. Das Laufen der Tropfen hat aufgehört, und sein Gesicht liegt steif unter einer dünnen Gallerte. Sie bedeckt auch seine Augen, die er deutlich als etwas Rundes fühlt. Er kann sie aber bewegen und sieht einen Ausschnitt der Zimmerdecke mit dem blassen Schatten des Fensterkreuzes, atmet gleichmäßiger und blickt hinauf.[35]

Der Vorgang des Erwachens, hier radikal aus der Perspektive des Erwachenden dargestellt, durchläuft mehrere Zonen der Subjekt/Objekt-Formierung, der Körperintegration, des Sich-selbst-Bewusstwerdens. Es ist ein Auftauchen aus einer „anderen" Welt – eben der des Schlafes und des Traumes –, in der die von Imperativen der Rationalität und Logik bestimmte sprachliche Selbst- und Weltwahr-

---

34 Das ist die Interpretation bei Dujmić/Harth: *Zur Poetik des »Wilden Denkens«*, S. 284 ff., die Wellershoff selbst als „reizvoll" bezeichnet (*Das Schimmern der Schlangenhaut*, S. 839), für seine eigenen Intentionen während der Niederschrift aber nicht geltend macht.

35 *Ein schöner Tag*, S. 17 f.

nehmung des „wachen“ Bewusstseins nicht „funktioniert“; in der vielmehr eine alogische Bildersprache regiert. Das gilt zumal für die durchsichtigen und platzenden Blasen, eine Metapher für („blasenden“) Atem, wobei hier Wahrnehmender und Wahrgenommenes noch nicht eindeutig geschieden sind.[36]

Insgesamt sind die Körper- und Bewusstseinssignale des Erwachenden widersprüchlich. Einerseits nimmt das Erwachen Züge einer Geburt aus der Matrix eines flüssig-klebrigen Mediums hin in Richtung auf einen festen Aggregatzustand an. Andererseits verläuft diese Geburt qualvoll, so qualvoll, dass sich dem Geburtsvorgang sogleich Todesangst beigesellt. „Krampfartiges Ziehen von der Brust zum Arm“ ist ein klassisches Symptom des Herzinfarkts. Der Schweißausbruch, der dem Erwachenden „sein Gesicht [zeigt]“, begünstigt zwar gleichsam dessen Selbstobjektivierung, lässt sich aber zugleich auch als Panikattacke deuten.

Allerdings durchzieht das Motiv des Schwitzens den kompletten Roman – die Handlung ist in einer Periode drückender Sommerhitze situiert, die vor dem Schlafzimmer des alten Lorenz nicht Halt macht. Auch Lorenz’ Obsession („Ich darf nichts tun, denkt er, der Tod kann nur kommen, wenn ich etwas tue“) weist bereits auf jenes Gefangensein in Immobilität und Lethargie hin, das auch das Verhalten der übrigen Familienmitglieder dominieren wird. Vater Lorenz träumt am Beginn des Romans keinen Traum, aber die Blasen-Bilder des Erwachenden sind mit Traumbildern eng verwandt.

Ein Aufwachen, das deutliche Motivparallelen zum Beginn des Romans aufweist, gestaltet auch ein titelloses Gedicht, das Wellershoff 1969 verfasste. Hier zunächst der erste Teil:

> Im Augenblick des Aufwachens
> hören
>   wie man ich sagt.
> ich
> meine Hand mein Stuhl.
>   Das bin ich
> der Wasser trinkt am Fenster.
> es ist dunkel
>   aber ich weiß
> es ist dunkel.
>   Ich.
> Was ist das? Ein Programm
> das sich selber wählt
> Worte

36 So Dujmić/Harth: *Zur Poetik des »Wilden Denkens«*, S. 285.

in einer bestimmten Reihenfolge
ich du er sie es
zur Unterscheidung
als bunte Glühbirnen an einer Schnur.
Es ist dunkel.
Ich weiß es. Ich
denke es nehme es wahr. Ich
sage mir das.
[...][37]

Wellershoff beschreibt den „Augenblick des Aufwachens" als schwebende Übergangszone zwischen einem Nicht-mehr zu einem Noch-nicht, in dem ein Subjekt aus der Sphäre von Schlaf und Traum zur Alltagswirklichkeit „auftaucht". Die neue Wahrnehmung kennzeichnet sich durch die Trennung und Distanzierung eines Ich von der Objektwelt (Hand, Stuhl), die indes erst dadurch möglich wird, dass das Ich sich zuvor selbst – nach und nach – als ein solches begreift. Dabei ist die Ich-Konstitution und -Integration in diesem Augenblick alles andere als selbstverständlich, sie wird vielmehr zu einem erkenntnistheoretischen, psychologischen und anthropologischen Problem: „Ich. Was ist das?"

Die Antwort auf die Frage klingt skeptisch und relativierend, das „Ich" wird zu einer nominalistisch-konstruktiven Leistung der Sprache, die nichts über den Sachverhalt selbst aussagt: Zur Unterscheidung gewählte Worte werden zu „bunte[n] Glühbirnen an einer Schnur". Das Gedicht bildet diese (für den Autor sonst nicht typische) Sprachskepsis in seiner Gestalt performativ ab: Die Interpunktion ist fragmentarisch, in ihrer Gliederungsfunktion weitgehend aufgehoben, der Zeilenfall unterbricht den „natürlichen" Fluss der Satzperioden. Das wird sogar optisch akzentuiert: Die versetzte grafische Anordnung der „gesprengten" Verse verweist auf ihre „ursprüngliche" Zusammengehörigkeit. Die lyrische Form selbst gerät dadurch zum Einspruch gegen die kommunikative Alltagsrationalität von Sprache bzw. ihre zweckgebundene Abrichtung.

Der Fortgang des Gedichts zeigt dann die Krisenanfälligkeit der Ich-Bildung und -Verdichtung sehr deutlich:

[...]
Aber jetzt verändert es sich
es ist der Herzschlag
als ein Gefühl
allein zu sein.

---

37 „Im Augenblick des Aufwachens" (ohne Titel), in: WW 6, S. 749 f.; hier: S. 749.

Das bin ich nicht.
Jemand anderes steht
auf meinen Füßen
hört
den Zeitungsträger kommen und die Klappe
des Briefkastens unten im Haus.
Hören
wie man ich sagt.
In diesem Moment
sich nicht entschließen können
das Angebot anzunehmen
nur um wieder
schnell
den Irren zu befriedigen der schreit
vor Angst
schwankend mit beiden
Händen nach sich selbst suchend
In seiner dunklen Zelle.[38]

Die schizoide Spaltung des Subjekts in ein Ich und „jemand anderes" entspricht dem Krisenmodus vieler Wellershoff-Figuren, im Gedicht ist ganz offensichtlich der Moment des Aufwachens eine solche wenn auch vorübergehende Krise. Sie wird beendet, indem das „Angebot", „ich" zu sagen, angenommen wird. Die Option, „sich nicht entschließen [zu] können" und damit das Angebot abzulehnen, wird erwogen, aber (wahrscheinlich) verworfen. Es geht darum, „schnell den Irren zu befriedigen der schreit". Der „Irre" kann also, so dürfte die Stelle zu deuten sein, nur geheilt oder wenigstens beruhigt werden, indem der Abgrund, dem er sich gegenübersieht, durch ein Täuschungsmanöver verdeckt wird: durch die Verfertigung einer tatsächlich durch und durch fiktiven Ich-Identität.

An dieser Stelle berührt sich der Text gedanklich mit einem weiteren Wellershoff-Gedicht, dem zwei Jahre später entstandenen und Habermas gewidmeten „Die Wahrheit ist nicht/die Übereinstimmung des Bewußtseins".[39] Dieses steuert in die nämliche Aporie: Es gilt, auf der Suche nach einer plausiblen Wahrheitstheorie „unseren Wahnsinn gefälliger zu machen für unsere Vernunft". Der Wahnsinn „bleibt", er wird nur so hergerichtet, dass die Vernunft ihn akzeptieren kann.

Der Moment, „sich nicht entschließen [zu] können", also den Zwängen einer rationalen, welttauglichen Ich-Konstitution zu entgehen, wird in „Im Augenblick des

38 Ebd., S. 749 f.

39 S. zum internen Zusammenhang beider Gedichte auch Phelan: *Lyrik und Wahrnehmung*, S. 121 ff.

Aufwachens“ zu einem utopischen Augenblick, wie er immer wieder bei Wellershoff vorkommt. Er geht vorüber, zwangsläufig vorüber – dem überlebensnotwendigen Ich-Sagen entgeht niemand, übrigens auch nicht der Autor. Die Kritik an den identifizierenden Operationen der Sprache, wie sie im Gedicht aufscheint, hat Wellershoff sich nicht zu eigen gemacht, sie jedenfalls nicht in seinen eigenen Texten umgesetzt. Die Funktion der Sprache als Erkenntnismedium bleibt bei ihm, im Unterschied zu zahlreichen Kollegen seiner Generation, im Wesentlichen unbestritten.

Die oben für die Erzählung *Die Fähre nach England* beschriebene Aporie – die Unlebbarkeit und Falschheit des einen wie des anderen Lebens – kehrt im Gedicht wieder: Die Verweigerung, die dem Lustprinzip folgt, verfehlt das Leben genauso wie das Einverständnis, das sich beschwichtigend und ergeben dem Realitätsprinzip fügt.

17. Existenz

Dieter Wellershoffs literarisches Werk steht auf der Basis basaler Überzeugungen, die den Menschen, sein Leben und seine Stellung in der Welt, aber auch die Verfasstheit der Welt selbst betreffen. Diese Überzeugungen sind zweifellos zunächst einmal „außerkünstlerischer“ Natur, wirken auf seine Dichtung aber substanziell, d. h. form- und strukturbildend ein. Dies ist auch der Grund dafür, dass in diesem Buch immer wieder fiktionale und expositorische Texte des Autors zum Zweck ihrer wechselseitigen Erhellung und Erläuterung aneinander gespiegelt werden. Zweifellos „lebt“ Wellershoffs Dichtung aus sich heraus und benötigt keine Verständnisunterstützung von außerhalb. Weil aber die Artistik dieses Autors in einem auch für die zeitgenössische Literaturproduktion ungewöhnlichen Maß reflexiv unterfüttert ist, ergibt sich ein motivisch-thematisches Kontinuum, das die Genregrenzen überwölbt und das Gesamtwerk zur Einheit verschmilzt.

Die prinzipiellen, dabei miteinander verbundenen Rahmenkonditionen, unter denen sich aus Wellershoffs Sicht menschliches Leben in der Realität wie in der Literatur ereignet, seien im Folgenden unter den Leitbegriffen Transzendenzlosigkeit, Zufall, Erkenntnisunsicherheit und Freiheit beschrieben und erörtert.[1]

Wellershoffs Welt – seine literarische wie seine biografisch definierte – ist eine Welt ohne Transzendenz. Hinsichtlich der Literatur wird dies bereits in der Marginalie *Neuer Realismus* von 1965 programmatisch festgestellt:

> Sie [sc. eine moderne realistische Literatur, d. Verf.] hat keine metaphysischen Ansprüche, auch nicht auf dialektische Weise, indem sie das Ende der Metaphysik behauptet oder beklagt oder herbeiruft, sie setzt es vielmehr voraus. An Stelle der universellen Modelle des Daseins, überhaupt aller Allgemeinvorstellungen über den Menschen und die Welt tritt der sinnlich konkrete Erfahrungsausschnitt, das gegenwärtige alltägliche Leben in einem begrenzten Bereich.[2]

Nun wäre es theoretisch denkbar, dass ein Autor, der gleichsam einen „literarischen Atheismus“ praktiziert – er macht Gott in seinen Büchern nicht zum Thema –, als empirisches Subjekt religiös oder gar im Sinne einer institutionellen Anbindung gläubig ist. Das ist bei Wellershoff nicht der Fall: Die Abwesenheit von Metaphysik in seinen literarischen Texten kongruiert mit seinen privaten Überzeugungen. Bei

---

1 S. dazu auch Bügner: *Lebenssimulationen*, S. 149–169.

2 *Neuer Realismus*, S. 843. S. zum Thema „Wellershoff und die Religion“ generell: *Das Glück, der Tod und der Realismus*.

seinem Kollegen und Antipoden Heinrich Böll ist diese Kongruenz von literarischer und lebensgeschichtlicher Orientierung ebenso zu beobachten, nur eben unter dem entgegengesetzten Vorzeichen einer offensiv vertretenen Relevanz der Religion.

Einschneidend und lebensgeschichtlich prägend war für Wellershoff der Zusammenbruch des nationalsozialistischen Deutschlands und seiner herrschenden Ideologie. Immer wieder betonte er die befreiende Wirkung, die die Auflösung einer kollektiven Sinnzumutung 1945 für ihn gehabt habe, so noch in einem Interview aus dem Jahr 2009:

> Ich hatte immer das Gefühl, dass mir ein Schleier weggezogen wurde, dass ich die Dinge klarer sehe. Das markante Erlebnis war in diesem Zusammenhang der Zusammenbruch einer politischen Ideologie. Durch meine Kriegserlebnisse sind mir alle kollektiven Sinnangebote verdächtig.[3]

Abb. 19 Feier des 90. Geburtstags im Kölner Rathaus: der Jubilar beim Podiumsgespräch zwischen Peter Henning, dem Freund der späten Jahre (l.), und dem Kiepenheuer & Witsch-Lektor Olaf Petersenn. Foto: Bodo Witzke.

3 *„Das Haustier der Zivilgesellschaft". Gespräch mit Andrej Klahn über Religion, das Amt des Schriftstellers und das Geländer, das einen durchs Leben führt*, in: WW 8, S. 1059–1066; hier: S. 1060.

Nun war vor dem Hintergrund der praktischen Religions- und Kirchenfeindschaft des Nationalsozialismus eine Hinwendung zu christlichen Orientierungen im Angesicht der Katastrophe keine schlicht abwegige Option – viele Deutsche wählten sie in der unmittelbaren Nachkriegszeit, aus was für Gründen im Einzelnen auch immer. Nicht so Wellershoff: Für ihn gehörten die christlichen Religionen und ihre Institutionen genauso wie die NS-Ideologie und später die revitalisierten marxistischen Gesellschaftsutopien zu den in *Neuer Realismus* pejorativ akzentuierten „Allgemeinvorstellungen". Sie bedienten in seiner Sicht jenes „vorschnelle[.] Sinnbedürfnis"[4], welches verhinderte, dass im Leben wie in der Literatur Platz für befreiende, Klischees und Schemata auflösende Wahrnehmungen und Erfahrungen entstand.

Die – auch ideologiekritisch getönte – Absage noch des späten Wellershoff an Religion und religiöse Bindung ist entschieden und definitiv:

> Durch den [sc. religiösen, d. Verf.] Schleier sieht man ein harmonisiertes Bild. Es gibt Menschen, für die solche Bilder Vorteile haben. Doch die Vorstellung, dass es eine personale Instanz gibt, die alles gemacht hat und alles regelt, zu der man beten muss, ist für mich eine Monstrosität.[5]

Es folgt die geschichtsphilosophische Diagnose, in der sich deskriptive und normative Gesichtspunkte vermischen:

> Kulturgeschichtlich sieht es ja so aus, dass das Christentum ganz wesentlich für die Weiterentwicklung und Humanisierung der Menschen gewesen ist. Doch Gott ist in die Transzendenz getreten. Dadurch ist die ganze Sphäre unseres praktischen Lebens freigegeben worden für die Bearbeitung – auch durch die Wissenschaft. Ich glaube nicht, dass man diese Entwicklung rückgängig machen kann. Das wäre der Gottesstaat, so wie er noch im Islam existiert, verschärft auch als Abwehrhaltung gegenüber der säkularisierten Welt. Bei uns ist die Kirche das Haustier der Zivilgesellschaft. Religion ist nur noch ein Konsumangebot, das man wählen kann oder nicht.[6]

Die Verschränkung persönlich-biografischer und literarischer Motive, die in der Zurückweisung religiöser Trostangebote wirksam wird, zeigt sich exemplarisch anhand eines Vorfalls, auf den Wellershoff wiederholt zu sprechen kommt und den er in seiner Erzählung *Das normale Leben* eben auch literarisch gestaltet.[7]

---

4 *Neuer Realismus*, S. 843.

5 *„Das Haustier der Zivilgesellschaft"*, S. 1060.

6 Ebd., S. 1061.

7 S. *Das normale Leben*, S. 449.

Von einem jungen, ratlos-verstörten Besucher gefragt, wie man eigentlich leben könne, „wenn man wie Sie an nichts glaubt", antwortete Wellershoff, „zum Leben brauche man keine Begründung. Es sei sein eigener Sinn und begründe sich selbst". Alle höheren Interessen und Motive „‚fußen auf dieser elementaren Gewißheit, daß Leben der erste und oberste Wert ist. Und sie müssen auch daran gemessen werden'"[8]. Zeithistorisch geerdet im Sinne einer Bezogenheit auf den Neuanfang nach dem Krieg zeigt sich diese Position auch in den von Wellershoff ebenfalls mehrfach gewählten existenzialistisch imprägnierten Formulierungen, dass „der Mensch sich seine eigene Notwendigkeit erschaffen müsse"[9], dass es „im Leben jedes Menschen um das eigene Selbst-Sein-Können geht"[10].

Der Verweigerung des Autors gegenüber Metaphysik und Transzendenz entsprechend sind Gott und Religion auch in den fiktionalen Texten weithin kein Thema. Das Personal von Wellershoffs Romanen und Erzählungen, Hörspielen und TV-Drehbüchern ist diesbezüglich, um es mit Max Weber zu sagen, „unmusikalisch" und gleichgültig. Religion wird nicht einmal zum Gegenstand von Ablehnung. Trotz der gesellschaftlichen Säkularisierungsprozesse auf breiter Front, die Wellershoffs dezidiert als zeitgenössisch konzipierte Literatur auch spiegelt, ist dieser Umstand bemerkenswert genug.

Immerhin umfassen die von ihm dargestellten Realitätsausschnitte sehr unterschiedliche sozialkulturelle Milieus, sind die fiktiven Handlungen meist in der traditionell katholisch geprägten Lebenswelt der rheinischen Metropole Köln situiert (der der familiär protestantisch geprägte Autor freilich von Haus aus fernstand). Aber weder in der (dort in der Tat wenig erwartbaren) kriminellen oder halbkriminellen Sphäre der *Schattengrenze* und der *Schönheit des Schimpansen* noch im studentischen Umfeld von *Graffito* und des Hörspiels *Der Minotaurus* noch auch im Unternehmermilieu von *Der Sieger nimmt alles* oder der arrivierten Bürgerlichkeit des *Liebeswunsch* spielen Aspekte einer religiös oder kirchlich geprägten Lebensführung eine und sei es noch so marginale Rolle.

Das gilt auch für Professor Elsheimer in der *Sirene*-Novelle, dessen Krise sich, wie bereits der Titel ausweist, am als Subtext wirksamen Modell der *Odyssee* entfaltet. Das Tertium Comparationis der „Versuchung" stiftet allerdings eine – und sei es punktuell-schattenhafte – Verbindung zwischen antikem Mythos und Neuem Testament, die im Kontext der Erzählung zweifellos spontan verblüfft: „Ergib dich, flüsterte der Feind, ergib dich mir, und ich werde dir alles geben, was du wünschst."[11] Immerhin alludiert diese Stelle unüberhörbar an Matthäus 4,3–11

8 *Die Frage nach dem Sinn*, S. 860.

9 *Die Stunde Null als Zweite Geburt. Eine mentalitätsgeschichtliche Anmerkung zu Hans-Ulrich Wehlers „Deutsche Gesellschaftsgeschichte"*, in: WW 8, S. 1032–1036; hier: S. 1035 f.

10 Ebd., S. 859.

11 *Die Sirene*, S. 664.

(genauer: 4,9), wo die Versuchung Jesu durch Satan während seines 40-tägigen Fastens in der Wüste geschildert wird.

Indes gibt es zwei dem Früh- und dem Spätwerk zugehörige Ausnahmetexte, in denen Religion nicht nur einfach „vorkommt", sondern sogar ins Zentrum der Darstellung, genauer: der dort thematisierten individuellen Krisengeschichten rückt: das Hörspiel *Bau einer Laube* und *Der Himmel ist kein Ort*, der letzte Roman. Diese Texte hängen motivisch übrigens engstens zusammen. Der Autor selbst hat den Studienrat Möller, Lehrer des Faches Religion und Hauptgestalt des Hörspiels, als eine Kompositfigur bezeichnet, für deren kumulierte Lebenskrise – Ehekrise, Schreibkrise, Glaubenskrise – drei Menschen aus seinem Umfeld Modell gestanden hätten:

> Und ein dritter, der Religionslehrer war, dem ich aber anfühlen konnte und anmerken konnte, daß er das alles nicht mehr glaubte, was er berufsmäßig vertreten mußte, der sich das selbst aber nicht eingestehen konnte, um noch in seinem Beruf weitmachen zu können.[12]

Möllers feindselig-hellsichtigem Schüler Krings, dem Sprecher des zweiten Inneren Monologs in *Bau einer Laube*, bleibt das Auseinanderfallen des Lehrers in Person und Rolle nicht verborgen:

> Er ist feige, das erklärt seine Tricks. Genau der Schwung eines Feiglings, als er zum ersten Mal in die Klasse kam. Meiner Meinung nach können sie alle nicht normal hereinkommen, aber er am wenigsten. Er Sagte: Ich bin Studienrat Möller, und ich hätte mich nicht gewundert, wenn er behauptet hätte, er sei eine Stimmungskanone. Aber dann sagte er: Sie haben bei mir Religion. Und dabei grinste er: Er war so ziemlich das Ekelhafteste, was ich gesehen habe. […] Er macht mich krank. Zu sehen, wie einer nicht anders kann als lügen, das macht mich krank. Und dann kommt er und sagt: Ich gebe alles zu. Ich bin sicher, er hatte dabei das Gefühl, modern zu sein.[13]

Tatsächlich befindet sich Möller in einer Situation, in der er das stützende „Geländer"[14], das es ihm ermöglicht, durchs Leben zu gehen – in Gehlens Terminologie: die Institution –, niederreißen müsste. Das entspräche jener konsequenten Selbstbefreiung, die am Ende des Krieges ins Werk gesetzt zu haben der Autor für sich selbst beansprucht. Möller ist dazu – wie die meisten der Wellershoff'schen Kri-

12 Döhl: *Zu den Hörspielen*, S. 82.

13 *Bau einer Laube*, in: WW 6, S. 147–166; hier: S. 148 f.

14 *Der Himmel ist kein Ort*, S. 751.

sengestalten – nicht in der Lage. Einstweilen nicht, das Hörspiel hat einen offenen Schluss.

Ähnlich sieht es am Ende von *Der Himmel ist kein Ort* aus. Pfarrer Henrichsen entschließt sich, obwohl sein Glaube zerfallen ist (just beim Sprechen des Glaubensbekenntnisses in der Kirche ereilt ihn ein Stimmausfall), in seinem Amt auszuharren, damit zugleich aber die Last einer scheinhaften Als-ob-Existenz zu schultern. Grundsätzlich läuft Henrichsen damit, obwohl er habituell dagegen gewappnet scheint, Gefahr, in einen zynischen Pragmatismus abzurutschen – dies eine Position, die im Roman der Superintendent Pauly ganz offen vertritt. Er sieht sehr deutlich, dass das Wörtlichnehmen der archaischen Bibeltexte nach der Aufklärung unmöglich geworden ist, aber gerade ihre Transformation in eine für die Moderne annehmbare Bildersprache die Substanz des christlichen Glaubens angreift: „‚Die Gottesfrage ist schwer zu beantworten. Jedenfalls nicht mit dem Anspruch auf allgemeine Gültigkeit. Gegenwärtig ist alles multiperspektivisch, alles ist im Fluss.'“[15]

Wellershoff hat selbst das Grundproblem des kirchengebundenen Glaubens in der Jetztzeit benannt. Er habe, heißt es in nahezu wörtlichem Anklang an Passagen aus dem Roman,

> gemerkt, dass es eine große Distanz gibt zwischen der Volksfrömmigkeit einerseits und andererseits der fortschreitenden Spiritualisierung der Theologie. Die führt ja dazu, Glauben nicht mehr in anschaulichen Begriffen zu interpretieren. Aber als Betreuer von gläubigen und Schutz suchenden Menschen sind die Pfarrer in der seltsamen und schwierigen Lage, die Sprache der Volksfrömmigkeit sprechen zu müssen.[16]

Entsprechend reagiert Pauly auf Henrichsens Frage, ob für ihn ein ungläubiger Pfarrer akzeptabel sei: „Ich könnte es akzeptieren unter der Bedingung, dass die christliche Grundorientierung erhalten bleibt und der Gottesglaube anderer Menschen nicht angetastet wird. Ich bin sogar überzeugt, dass es oft so läuft.“[17] Damit ist das basale Problem auf den Punkt gebracht, allerdings ohne einer Lösung zugeführt worden zu sein.

Wellershoffs Welt und auch sein eigenes Leben regiert anstelle des lenkenden Schöpfergottes der christlichen Religionen ein anderes Prinzip: das des Zufalls.[18] Dieses Thema war ihm so wichtig, dass er es in den Mittelpunkt seiner Dankesrede

15 Ebd., S. 708.

16 *„Das Haustier der Zivilgesellschaft“*, S. 1059 f.

17 *Der Himmel ist kein Ort*, S. 709.

18 S. dazu zusammenfassend Bullivant/Durzak: *Nachwort*, in: WW 6, S. 834–838.

anlässlich der Verleihung des Kölner Heinrich-Böll-Preises 1988 stellte. Darin beschreibt als „Grundgefühl" das „Bewußtsein", daß

> meine Existenz, wie jede andere auch, in ihrem Ursprung und in ihren besonderen Umständen und Bedingungen zufällig ist und genausogut gar nicht hätte stattfinden oder anderes hätte verlaufen können.
> Biographisch ist diese Erfahrung verschärft worden durch den Krieg, den ich mehrfach hat mir das deutlich vor Augen gestanden – nur zufällig überlebt habe. Warum ich und nicht die vielen anderen um mich herum? Ich hatte keinen größeren Anspruch darauf und auch keinerlei Verdienst daran. Am Grund unseres Daseins wird Lotterie gespielt, so wie man es, banal gesagt, oft im Fernsehen erleben kann: Irgendeine verlegen lächelnde Person zieht aus einem Berg von Einsendungen ein paar Karten hervor, die mit Gewinnen belohnt werden. Alle anderen wandern in den Reißwolf.[19]

Wieder und wieder vergleicht Wellershoff das Leben mit einem Kartenspiel: Der eine zieht gute, der andere schlechte Karten, und ein jeder muss versuchen, mit den ihm zugeteilten ein möglichst vorteilhaftes Spiel zu machen. Wellershoff konstatiert auch nüchtern nicht die „Amoralität", sondern die „Nicht-Moralität" des Zufalls.[20] Auffällig ist bei ihm das Fehlen jeden Hinweises etwa auf die Optionen eines sozialstaatlich verfassten Gemeinwesens, die geburtsbedingt unterschiedlichen Lebenschancen von Menschen anzugleichen und damit das unerbittliche Gesetz des zufallsbedingten Gewinnens und Verlierens ein Stück weit zu korrigieren. Wäre er darauf angesprochen worden, hätte er solche gegensteuernden Maßnahmen zweifellos positiv bewertet, ohne dass wohl sein Überzeugtsein von der überwältigenden faktischen Macht des Zufalls erschüttert worden wäre.

Diese sieht er übrigens durchaus ambivalent – wobei er sich dann doch einer moralisierenden Begriffswahl bedient:

> Das Leben, ein Geschenk des Zufalls, wird vom Zufall gegen die Gefahr seiner völligen Berechenbarkeit geschützt. Ohne ihn gäbe es wohl kaum Individualität und Mannigfaltigkeit. Doch Ungerechtigkeit und Grausamkeit bei der Verteilung der Lebenslose sind dafür ein schockierender Preis.[21]

Sehr deutlich erkennt Wellershoff allemal die Relevanz des Zufalls für die Struktur seiner eigenen Dichtung. In diesem Sinne sieht er etwa – als Fernsehautor davon

19 *Schreiben in einer vom Zufall durchmischten Welt. Rede zur Verleihung des Heinrich-Böll-Preises*, in: WW 4, S. 700–707; hier: S. 703.

20 S. *Das Alter und die vitale Illusion*, S. 973.

21 *Schreiben in einer vom Zufall durchmischten Welt*, S. 703 f.

unmittelbar betroffen – die „zufallgefährdende“ Dramaturgie von TV-Drehbüchern als problematisch an:

> Die Gefahr besteht darin, daß der Eindruck der Kontingenz des Lebens, also das Zufällige und Beliebige alltäglicher Vorgänge von der Handlungslogik verdrängt wird und, wie häufig in dramatischen Texten, eine zu enggeführte, zwingende Notwendigkeit entsteht.[22]

Diese Gefahr wird, so Wellershoff, in seinem literarischen „Königsgenre“, dem Roman, vermieden:

> Im Roman muß sich jedenfalls die Entstehung von Notwendigkeit über mehr Zufälle und mögliche Alternativen hinweg durchsetzen und kann nur so glaubhaft werden. Denn diese literarische Gattung ist wie keine andere offen zur Totalität des Lebensgeschehens, das die enggeführten Handlungen immer wieder aufbricht, durchkreuzt und zu Umwegen zwingt, ehe die Perspektive sich katastrophal verengen kann.[23]

Unverkennbar schreibt Wellershoff in diesen Sätzen nicht nur über den Roman „überhaupt“, sondern auch über die eigene Romanproduktion und die dabei zu bewältigende selbstgestellte Aufgabe. Diese besteht dem Zitat zufolge vor allem in der Verschränkung der auf Anhieb antinomischen Prinzipien Zufall und Notwendigkeit. Der Zufall soll in diesem Sinne ein Aspekt der Notwendigkeit werden. Das muss er auch, denn eine bloße Aneinanderreihung von Zufällen als Gestaltungsprinzip schädigte unweigerlich den Kunstcharakter der Erzählprosa, verweigerte sich dem implizit mit ihm verbundenen Anspruch auf eine wie auch immer reflektierte Kohärenz und Integration. Kunstrealität ist eben nicht dasselbe wie Lebensrealität.

Tatsächlich kann eine Analyse der von Wellershoff in seiner dichterischen Praxis verfolgten Strategien zeigen, wie er dieses Problem löst; genauer: die Frage beantworten, wie trotz der in die Erzählhandlung (naheliegend vor allem der Romane) implementierten Zufälle jener unabweisbare, mitunter zu einer Katastrophe treibende Sog entsteht, der sich auch dem Leser als eine ihn in Bann ziehende Erfahrung mitteilt. Dazu im Folgenden einige Beispiele.

Eine zentrale, weil ganz offenkundige Rolle spielt der Zufall für die Konstruktion des Romans *Einladung an alle*. Bruno Findeisen wird nicht durch die aufwändige Fahndung einer hochgerüsteten Polizei und auch nicht durch die Jagd von Sensationspresse und Bürgerwehren zur Strecke gebracht, sondern infolge seiner – zufälligen – Entdeckung in einem Kasseler Kaufhaus, wo er sich widerstandslos festnehmen lässt. Diesen Zufall brauchte Wellershoff nicht zu „erfinden“, er gehörte

---

22 *Warum Drehbücher veröffentlichen?*, S. 698.

23 Ebd.

zum realen Kriminalfall Bruno Fabeyer. Der Autor konnte ihn zu seinen Gunsten insofern geltend machen, als hier der Zufall gerade nicht als literarisches Mittel eingeführt wurde, sondern der Roman sich an der Faktizität eines Realgeschehens „in einer vom Zufall durchmischten Welt" orientierte.

Auch der Katastrophenschluss von *Die Schönheit des Schimpansen* mit Totschlag und Selbstmord ist das Resultat eines Zufalls: Klaus Jung hat, weil eine Aufstellung von Spielautomaten kurzfristig und unerwartet geplatzt ist, ein freies Wochenende. Diesen Zufall baut Wellershoff dann allerdings in ein motivationales Geflecht ein, durch das sich dann doch eine wie auch immer geartete „Notwendigkeit" durchsetzt. Eine Alternative zu der fatalen Zugreise nach Duisburg ist die Fahrt zu seiner Ehefrau Ellen in Köln. Diese Alternative, durch deren Realisation die Katastrophe zu vermeiden wäre, wird indes nicht gewählt, weil Jung fürchtet, zu Hause mit dem Ehebruch seiner Frau konfrontiert zu werden. Die gescheiterte Ehe aber ist ein zentraler Aspekt eines gescheiterten Lebens.

Von Zufallsereignissen, die sie als eine Achterbahn erscheinen lassen, ist auch Ulrich Vogtmanns Berufslaufbahn durchsetzt. Dafür ein Beispiel: Vogtmann will ein aus amerikanischen Armeebeständen stammendes Atemlähmungsgift profitträchtig nach Zaire verkaufen – ein Geschäft, das durch den ausbrechenden Bürgerkrieg in dem westafrikanischen Land und seine Folgen zunächst in Gefahr gerät und dann scheitert. Diese Entwicklung beschleunigt Vogtmanns Ruin.

Zufällig im engeren Sinn ist hier nicht der historisch reale Krieg in Zaire (heute: Demokratische Republik Kongo), dessen geschichtliche Ursachen sich analysieren und beschreiben lassen. Zum Zufallsmotiv werden er und der Zeitpunkt seines Ausbrechens vielmehr erst im Handlungsgefüge des im fernen Deutschland spielenden Romans. Dort lassen sie ein lukratives Geschäft platzen, dessen Gelingen einen eh schon angeschlagenen Businessman vielleicht zurück auf die Erfolgsspur gebracht hätte.

Trotz seines Zufallscharakters ist dieser Fehlschlag ein Pflasterstein, der sich auf der Straße von Vogtmanns Niederlagen passgenau einfügt. Vor dem eigenen Desaster verzweifelt fliehend und zugleich von Illusionen besetzt, lässt sich die Hauptfigur des Romans auf zusehends riskantere, d. h. die Möglichkeit eines Fehlschlags in Kauf nehmende Geschäfte und Geschäftspraktiken ein. Solchermaßen wird der Zufall ein Aspekt der Notwendigkeit.

Schließlich *Der Liebeswunsch.* Auch dieser Roman ist gespickt mit freilich nicht gerade spektakulären Zufällen. Das Buch beginnt gleich mit einem Zufall: Die flüchtige Begegnung mit einer völlig fremden Frau auf einer Kölner Einkaufsstraße setzt in Paul die Kaskade der Erinnerungen an die vor fünf Jahre verstorbene Anja frei. Mehr oder weniger zufällig (in einem weiteren Sinn) gerät diese in das komplexe Beziehungsgeflecht des prekären Freundschaftsbundes von Paul, Marlene und Leonhard, in dem sie dann untergehen wird. Ein Zufall im engeren Sinn ist schließlich das Ereignis, das die in die Katastrophe führende Schlusssequenz der Handlung einleitet. Marlene verdächtigt Paul – zu Recht – des Ehebruchs mit Anja, kann das aber einstweilen nicht beweisen. In dieser Situation sieht sie zufällig Anja auf der Straße, wie sie ihrem Liebesnest zustrebt, dem von Paul gemieteten Apartment, in das dieser ihr in kurzem Abstand folgt. Diese Entdeckung wirkt zwar für den Fortgang des Romans als „Brandbeschleuniger", aber die Bestandteile einer Konstellation, aus der sich die finale Katastrophe ergibt, sind ohne sie bereits komplett versammelt. Auch Marlenes Zufallsbeobachtung stört nicht den Eindruck der tödlichen Stringenz und Konsequenz, mit der der Roman seinem Ende entgegenstürzt.

Angesichts der als dicht, vieldeutig und fremd erfahrenen „Welt" vertritt Wellershoff einen einerseits dynamischen, andererseits skeptischen Erkenntnis- und Wahrheitsbegriff, demzufolge es eine ein für alle Mal gesicherte Erkenntnis und Wahrheit nicht geben kann. Dieser Befund hat einen philosophisch-systematischen und einen historischen Aspekt.

Philosophisch folgt Wellershoff implizit Kants Erkenntnistheorie und der von ihr vertretenen Unerkennbarkeit des „Dinges an sich".[24] Explizit macht er einen „anti-platonischen Wahrheitsbegriff" geltend, den er auch mit Blick auf seine Wirksamkeit für eine authentische moderne Literatur diskutiert:

> Die authentische Literatur richtet sich gegen die etablierten Schemata, und ständig fortschreitend auch immer gegen sich selbst. Sie ist dauernd zur Veränderung gezwungen, weil alles Formulierte, jedes einmal gefundene Gestaltungsmuster einen heimlichen Authentizitätsverlust erleidet, der in der Nachahmung sofort kenntlich wird. Das heißt, hier ist ein anti-platonischer Wahrheitsbegriff am Werk, der Erkenntnis nicht als Erinnerung an vorgeordnete, unveränderliche Normgestalten versteht, sondern als fortschreitende Konkretisierung, als Entdeckung neuer Realitätsbereiche und neuer Hinsichten.[25]

Wahrheit ist Wellershoff zufolge

> zunächst einmal perspektivische Wahrheit. Doch man muß in Perspektiven nicht gefangen sein. Man kann sie aufbrechen und überschreiten. Auch der Leser sieht die dargestellten Situationen zugleich von innen und von außen. Aber selten gibt es endgültige Wahrheiten, eher offene, mehrdeutige Schlüsse.[26]

Im dem bereits erwähnten Habermas gewidmeten Gedicht greift Wellershoff dessen Diskussion der unterschiedlichen Wahrheitstheorien auf und widerlegt im Einklang

24 S. dazu *Die Instanzen der Abwehr und das totale Environment*, S. 256.
25 *Fiktion und Praxis*, S. 213.
26 *Schreiben ist die Inszenierung einer Krise*, S. 720.

mit dem Philosophen die sogenannte Korrespondenztheorie: Das Bewusstsein kann seine Übereinstimmung (oder Nicht-Übereinstimmung) mit dem zu erkennenden Gegenstand nicht feststellen, weil es selbst Teil des Problems ist, das lösen zu können es für sich beansprucht. Bildlich gesprochen: Weil es – ein logisches Unding, wie unmittelbar einsichtig ist – Spieler und Schiedsrichter zugleich sein müsste. Den Weg zu der von Habermas vertretenen Konsenstheorie geht Wellershoff aber, jedenfalls im Binnenraum des Gedichts, nicht mit. Es bleibt dabei, dass „wir uns eine andere Theorie ausdenken" müssen, „um unseren Wahnsinn gefälliger zu machen für unsere Vernunft". Demnach löst also auch die „andere Theorie" nicht den Wahnsinn auf, die Vernunft schlägt lediglich eine zerbrechliche Brücke über einen Abgrund.

Was die Modi der Kommunikation anbelangt, die Wellershoffs fiktive Figuren führen, so erfüllen diese so oder so in eklatanter Weise nicht jene Ermöglichungsbedingungen, die Habermas für eine gelingende, d. h. den strengen Geltungsansprüchen der Diskursethik genügende Kommunikation erhebt: propositionale Wahrheit, normative Richtigkeit, subjektive Wahrhaftigkeit.[27] Anders herum: Alles, was Habermas zufolge in einer symmetrischen, nicht-verzerrten Kommunikation zwingend ausgeschlossen sein muss, ist dort anzutreffen: Es gibt verborgene, nicht ausgesprochene Motive, die den Diskurs – besser vielleicht in diesem Fall: den Dialog, das Gespräch[28] – deformieren; es gibt strategische Überlegungen, unterschwellige Aggressionen, Aversionen und Machtambitionen; es gibt Manipulation, auch schlichte Ausreden und Lügen.

Das allein heißt noch nicht, dass das konsenstheoretische Modell sozusagen als „bestimmte Negation" nicht doch auch im Hintergrund der scheiternden Kommunikation der Wellershoff-Figuren stehen könnte. Allerdings hat sich Wellershoff in der Tat – davon war bereits früher in diesem Buch die Rede – mit Habermas' Konsenstheorie überhaupt schwergetan. Auch in der „Maske des Diskurses" könnten sich, dies sein Einwand, verborgene „Impulse und Interessen" kaschieren: „Nichts garantiert, daß dahinter nicht doch etwas anderes steckt, – unvernünftige Interessen, die rationalisiert werden."[29]

Wie auch immer: Das Gespräch führt in Wellershoffs fiktionalen Texten im Regelfall nicht zur Ermittlung einer und sei es vorläufigen, revisionsanfälligen „Wahrheit". Bei der Wahrheitssuche sind seine Gestalten einsam, auf sich selbst zurückgeworfen – was in den Erzählwerken sein „technisches" Pendant in der

---

27 S. dazu Jürgen Habermas: *Theorie des kommunikativen Handelns* (2 Bde.), Frankfurt/M. ^{4}1987, Bd. 1, S. 440–452 und passim.

28 Die schwierige grundsätzliche Frage, ob und in welcher Weise überhaupt diskurstheoretische Überlegungen unvermittelt auf „Romangespräche" anzuwenden sind, kann hier nicht erörtert werden.

29 *Die Wahrheitsbedingungen der Literatur*, S. 159.

strengen Perspektivierung der Wahrnehmung mittels Innerem Monolog und Erlebter Rede findet. Und die „Welt" bleibt die Antwort auf die Frage, wie sie denn „eigentlich" beschaffen sei, oft genug schuldig, sie verharrt in nicht auflösbarer Vieldeutigkeit – für die fiktiven Figuren selbst genauso wie für den Autor und den Leser.

Der Hauptfigur der Erzählung *In Erwartung der Gäste* gelingt es nicht, sich auf das Verhalten des befreundeten Ehepaars einen beruhigenden Reim zu machen. Sie wird den Verdacht nicht los, das Opfer eines ehetherapeutischen Versuchs zu sein, kann das aber nicht beweisen. Ulrich Vogtmann hält Lothar, Elisabeths abgewiesenen Bewerber, lange für einen loyalen Unterstützer, bis der andere schließlich aus der Deckung tritt und sich als hasserfüllter Feind entpuppt. Pfarrer Henrichsen in *Der Himmel ist kein Ort* schließlich gewinnt bis zum Romanschluss keine Klarheit darüber, ob der Autounfall im See tatsächlich ein Unfall oder nicht doch ein als solcher vertuschter Mord war. Und der Leser gewinnt sie ebenfalls nicht.

Der historische Aspekt bezieht sich auf die generelle Uneindeutigkeit und Fremdheit der Lebenswelt vor dem Hintergrund umfassender Modernisierungsprozesse, zumal im Zeichen von Säkularisierung und Individualisierung.[30] Zentral für Wellershoff sind in diesem Sinne die Erosion traditionaler, eine Vorab-Orientierung erleichternder Rollenmuster, Halt vermittelnder Institutionen wie Kirche, Ehe und Familie und normativer Selbstverständlichkeiten. Der Interpretationsbedarf von Vorgängen gerade im zwischenmenschlichen Verkehr wächst dadurch eklatant an. Der fragende Wunsch „Ich möchte wissen, wer du bist"[31], die die Frau ihrem sie zutiefst verstörenden Partner in dem Hörspiel *Der Minotaurus* stellt, formuliert gleichsam das Standardproblem, das eine sich verrätselnde Menschenwelt jedem Einzelnen aufgibt.

Die Infragestellung von verlässlicher Identität greift indes auch auf das jeweilige Selbstverhältnis über: Sie habe sich immer, gesteht die Künstlerin Laura in der Erzählung *Das Blau des Eisvogels* in einer sie extrem belastenden persönlichen Krisensituation, „‚für eine bestimmte Person gehalten. Aber ich bin weder so noch anders. Ich weiß nicht mehr, wer ich bin.'"[32] In solchen Symptomen der Selbstentfremdung wird der Keim jener katastrophalen Dissoziationserfahrungen sichtbar, die immer wieder über Wellershoffs Figuren hereinbrechen.

Im Zentrum von Wellershoffs in der Nachkriegszeit erworbener, in späteren Jahren „überbauter", aber nie aufgegebener existenzialistischer Lebensauffassung[33]

30 S. dazu und zum Folgenden u. a. *Der Treibsand der Gefühle und die Freiheit, glücklich zu sein.*

31 *Der Minotaurus*, in: WW 6, S, 94–116; hier: S. 115. Nahezu wörtlich in einer vergleichbaren Situation kehrt diese Frage im Gespräch zwischen dem Ich-Erzähler und seiner Ehefrau in *Ein Gedicht von der Freiheit* wieder (S. 551).

32 *Das Blau des Eisvogels*, in: WW 2, S. 924–946; hier: S. 941.

33 So die Selbsteinschätzung des Autors in: *Die Frage nach dem Sinn*, S. 858.

steht die Aufforderung an sich selbst, an seine literarischen Figuren und implizit auch an die Leser seiner Bücher, aus dem kostbaren Geschenk des Lebens „etwas zu machen". Dieses „etwas machen" ist für ihn identisch mit der praktischen Verwirklichung von personaler Freiheit, verstanden als die Risiko-Bereitschaft, auch bei Gefahr des Scheiterns vom Pfad eingefahrener Routinen abzuweichen, sich auf neue und sei es verstörende oder bedrohliche Erfahrungen einzulassen und in ihrem Licht die eigene Lebenspraxis je nach dem radikal zu revidieren: „Am meisten schätze ich an Menschen die Fähigkeit, Komplexität wahrzunehmen, ohne dem Impuls zu erliegen, alles in eine befriedigendere, weniger spannungsreiche Ordnung umzudeuten."[34]

Eine solche Auffassung, ein derartiges „Pathos der Freiheit" provoziert unvermeidlich Kritik. Sie unterschlägt, dass viele Menschen aus den unterschiedlichsten Gründen – solchen der persönlichen Disposition wie der allgemeinen Umstände, in die sie hineingestellt sind – nicht in der Lage sind, Wellershoffs „Ermutigung zur Freiheit" zu folgen. Der Autor selbst konstatiert: „Ich weiß natürlich, daß manche Menschen von diesem Anspruch überfordert sind."[35] Und die Erfahrungen, die er mit den scheiternden und untergehenden Figuren seiner eigenen Romane und Erzählungen macht, bestätigen diesen Vorbehalt durchaus. Den Kern seiner Überzeugungen vermochte dieser ihm wohl geläufige Vorbehalt nicht zu beschädigen – weil sich ihm noch im Scheitern je nach dem mehr Leben zeigte als in einer vom Alltag korsettierten Schwachstrom-Existenz: „Für mich drücken auch diese deformierten und scheiternden Menschen mehr vom Menschen aus, als der durchschnittlich angepaßte Normalbürger, der versucht, ein befriedetes, erfahrungsarmes Leben zu führen."[36]

Die hier beschriebene Alternative führt die menschliche Existenz freilich in ein unaufhebbares Paradox: Sie ist hier wie dort von Verfehlung bedroht, weil auch der befreiende Sprung tödlich enden kann:

> Nach Freuds tragischer Auffassung vom Menschen besteht sogar ein untilgbarer Widerspruch zwischen dem ursprünglich grenzenlosen Lustverlangen des Individuums und der Gesellschaft, die in einem mühsamen und schmerzlichen Erziehungsprozeß diese Antreibe in sozial nützliche und erlaubte Bahnen zu lenken versucht. Da das nie ganz gelingt, bleibt jeder Mensch insgeheim mit einem Teil seines Wesens ein potentieller Feind der Gesellschaft. Das wiederum macht angst, so daß die bedrohlichen, unangepaßten Impulse der fremden und vor allem auch der eigenen Wahrnehmung entzogen werden.[37]

34 *Das Schimmern der Schlangenhaut*, S. 891.

35 Ebd.

36 *Die Wahrheitsbedingungen der Literatur*, S. 156.

37 *Erkenntnisglück und Egotrip*, S. 532.

Ähnlich lautet es in Wellershoffs Rezension von Peter von Matts Buch *Liebesverrat* – auch sie sei noch ein letztes Mal zitiert:

> Im Zusammenhang dieses Buches hat das Wort [sc. Liebesverrat, d. Verf.] einen spannungsvollen Doppelsinn, denn es bedeutet sowohl Verrat um der Liebe willen als auch Verrat an der Liebe und verweist so auf den tragischen Antagonismus zweier menschlicher Versuche, mit den Anforderungen des Lebens und den eigenen Bedürftigkeiten fertig zu werden. Der eine Weg ist die Eingliederung in das gesellschaftliche Überlebenssystem durch soziale Anpassung und kulturelle erwünschte Leistungen, der andere die radikale Ausgrenzung aus den sozialen Zwängen in den weltabgewandten Symbiosen der Leidenschaft.[38]

Dieses anhand von Freud und des Buches von Matt beschriebene tragische Paradox ist Wellershoffs eigenes – und das seiner literarischen Kunst. An zahlreichen unterschiedlich gelagerten Beispielfällen und den ihnen zugeordneten unlösbaren Widersprüchen lässt sich das zeigen. In der *Sirene* etwa kann Elsheimer, wie es aussieht, nur zwischen zwei Todesarten wählen: dem langsamen Absterben seiner vitalen Impulse in einem gesicherten familiären und beruflichen Durchschnittsleben und dem lustbetonten Untergang in jener Sphäre, die die Anruferin vertritt. Die Matt-Rezension ist elf Jahre vor dem *Liebeswunsch* entstanden – und liest sich doch wie ein vorwegnehmender Kommentar zum Roman. Auch dies beweist die hartnäckige, Zeiten und Genres übergreifende Konstanz, mit der den Autor bestimmte Themen umgetrieben haben. Tatsächlich beschreibt auch *Der Liebeswunsch* – am Fall der Anja – die praktische Unlebbarkeit von beidem: der „sozialen Anpassung" (in der Ehe mit Leonhard) und der „radikalen Ausgrenzung" (in der Liebesbeziehung zu Paul).

Verallgemeinernd und im Rückgang auf Gehlens Institutionenlehre wäre die Spezifik von Wellershoffs fiktiven Krisensituationen so zu fassen: Institutionen sind beides zugleich: lebenssichernd und lebenszerstörend. Lebenssichernd, weil sie eine halbwegs gelingende Vergesellschaftung von Menschen überhaupt erst ermöglichen. Lebenszerstörend, weil dies erkauft wird mit dem Verzicht des Einzelnen auf die Durchsetzung eines elementaren triebgesteuerten Glücksverlangens.[39] Wellershoff hat sehr bewusst darauf verzichtet, einen Weg zur Auflösung dieses Widerspruchs zu zeigen. Seine Literatur ist „Lebensirritation". Als solche „fordert sie […] das Leben heraus, indem sie für dessen Widersprüche keine Lösung verfügt"[40]. Die Nicht-Antwort gerät zu einer Antwort sui generis.

38 *Die Antwort der Leidenschaft*, S. 711.

39 S. dazu u. a. *Zeit – Alltag und Augenblick*, S. 951.

40 Allkemper: *An den Rändern des Bewußtseins*, S. 143.

Schluss: Warum Wellershoff lesen?

Welche Relevanz vermag Wellershoffs Werk über den Tod des Autors hinaus und angesichts einer sich stetig und rapide verändernden Lebenswelt zu entfalten? Bleibt der Autor des Anschlusses an die volatilen und krisenhaft verschärften Problemlagen einer späten Moderne fähig, die in vielerlei Hinsicht im Begriff steht, sich den Boden unter den eigenen Füßen wegzuziehen? Ist er, anders gefragt, der geistige und literarische Repräsentant einer vergangenen, einer überholten Zeit? Oder ist er nach wie vor aktuell – in dem Sinn, dass es nach wie vor lohnt, sich lesend auf ihn einzulassen? Das vorliegende Buch ist von der impliziten Überzeugung getragen, dass die letzte Frage mit einem entschiedenen „Ja" zu beantworten ist – andernfalls wäre es nicht geschrieben worden. Dass Wellershoff in Gegenwart und Zukunft gelesen zu werden verdient, soll zum Schluss – im zusammenfassenden Rückgriff auf die in dieser Arbeit gewonnenen Erkenntnisse – stichpunktartig begründet werden.

1. Obwohl sich die technisch-wissenschaftliche Zivilisation rasant, in einem exponentiellen Wachstum entwickelt, dürften Leser kaum Probleme haben, die Welt von Wellershoffs Figuren im Wesentlichen immer noch als ihre eigene zu empfinden. Zweifelsohne mehr und mehr außer Kurs kommt das Telefon, Wellershoffs zentrales – Intimität wie Distanz bedeutendes und in diesem Sinne symbolisch aufgeladenes – Kommunikationsmittel. Soziale Medien und Kryptowährungen kommen in seinem künstlerischen Kosmos gleichfalls nicht vor. Sicher entsprechen auch die Abläufe im Wirtschaftsleben, wie sie ein Roman wie *Der Sieger nimmt alles* voraussetzt und gestaltet, nicht mehr heutigen Usancen. Das ist aber bezeichnenderweise nachrangig. Denn die psychischen Antriebe der Akteure, fanatische Gier nach materiellem Gewinn und illusionsgesättigter Erfolgskampf auch um den Preis der Selbstzerstörung, dürften sich kaum verändert haben.

Merkwürdig veraltet wirkt heute hingegen vielfach die politisch engagierte Literatur der 60er bis 80er Jahre des vergangenen Jahrhunderts mit ihren schematischen Feindbildern und ihrer oft selbstzufriedenen und darob hohl anmutenden Didaktik. Wellershoff hingegen, der das Konzept einer operativ eingreifenden Literatur ablehnte und in seinen eigenen Werken auch nicht bediente, entgeht auf bemerkenswerte Weise dem Alterungsprozess der seinerzeitigen Konkurrenz. Zweifellos werden auch die Krisen von Wellershoffs Figuren durch gesellschaftliche – allgemeiner: zeitgeschichtliche – Rahmenbedingungen bestimmt, aber diese gewinnen nicht jene Stoffdominanz, die Literatur tendenziell belanglos werden lässt, wenn sie, die Bedingungen, sich ändern.

Wellershoff war ein skeptischer, der politischen und sozialen Lebensform Bundesrepublik insgesamt aber in Zustimmung verbundener Zeitgenosse, der von dieser sein eigenes zutiefst individualistisches Lebensethos geschützt sah. Dass die Demokratie auch in Deutschland nicht lange nach seinem Tod unter schweren Beschuss geraten, nicht mehr selbstverständlich sein würde, konnte er nicht voraussehen. Es ist reizvoll, darüber zu spekulieren, ob und, wenn ja, wie er, lebte er noch, diese Erfahrungen in seinen Texten – seien es nun Essays oder Romane – verarbeitete.

2. Aktuell und in einem emphatischen Sinne modern bleibt Wellershoff, weil er stets aufs Neue mit Nachdruck die Frage stellt, wie „heute" überhaupt zu leben sei. Heute heißt in diesem Zusammenhang: in einer Zeit der metaphysischen Obdachlosigkeit, der Schwächung von Institutionen, überindividuellen Sinnangeboten und moralischen Verbindlichkeiten. Es meint zugleich eine Zeit, die einen Anspruch an die Menschen stellt, der sie tendenziell überfordert. Es geht dabei um die Anforderung, in einer heterogenen und zersplitterten Umwelt mit zahlreichen einander widersprechenden und zugleich beliebigen Rollenofferten überhaupt noch ein kohärentes Ich auszubilden – und im Gegenüber ein solches zuverlässig zu erkennen. Weil er den trivialen Besänftigungseffekt scheut, beantwortet Wellershoff diese Frage zur Beunruhigung des Lesers nicht.

Der fordert ihn vielmehr auf, genau hinzusehen, und aktiviert damit seine selbstverantwortliche Urteilsbereitschaft. Zugleich verzichtet er darauf, dieses Hinsehen mit einem moralischen Filter und der empörungsbereiten Geste des überlegenen Bescheidwissens in eine bestimmte Richtung zu lenken. Er gibt uns in einem Simulationsraum Beispiele vor allem des Misslingens bei dem Versuch, auf dem ungeheuren Ozean der Möglichkeiten zu schwimmen, ohne unterzugehen. Nicht empfiehlt er seinen Lesern, angesichts der unweigerlich mit ihm verbundenen Risiken aus diesem Versuch auszusteigen – weil die Wirklichkeit selbst sie daraus nicht entlässt.

Wellershoff hat seinen fiktionalen Texten eine „negative Anthropologie" bescheinigt. Die Katastrophenträchtigkeit mancher seiner Texte legt es nahe, dem zuzustimmen. Zugleich aber öffnen sich in ihnen auch Alternativen zu einem verfehlten Leben, die nicht deshalb sinn- und wertlos werden, weil die Figuren sie ausschlagen und auf dem Weg in einen Abgrund zwanghaft weitermachen. Vielleicht wäre es treffender, von einer realistischen Anthropologie zu sprechen.

3. Nicht zuletzt überzeugen Wellershoffs Texte durch die ihnen eigene elegante Kraft der künstlerischen Gestaltung. Gerade diesbezüglich sollte sich die Befürchtung erübrigen, dass sie veralten, unmodern werden. Der Kunstcharakter auch von Literatur definiert sich nicht zuvörderst durch den Stoff, sondern durch die Form – weshalb auch eine Literatur der guten Absichten miserabel sein kann. Wenn Wellershoffs das psychologische Seziermesser ansetzt, dann feiert seine Sprache Feste einer Eloquenz und introspektiven Genauigkeit, von der man vorher vielleicht

nicht glauben mochte, dass sie überhaupt möglich seien. In den besten Fällen üben seine Texte einen Sog auf den Leser aus, der ihn alles um sich herum vergessen lässt. Das ist umso bemerkenswerter, als der Autor auf die probat-entlastenden Hilfsmittel literarischer Attraktivierung, auf Ironie, Karikatur und Groteske, vollständig verzichtet.

4. Vielen Wellershoff-Lesern erging und ergeht es so, dass sich bei der Lektüre seiner Bücher in ihnen das bestimmte Gefühl festsetzt, dass diese von ihnen selbst handeln, von ihren Lebensproblemen und -krisen: Tua res agitur – deine eigene Sache wird hier verhandelt. Die Annahme ist wenig triftig, dass sich daran etwas ändert, nur weil es keine Telefone mehr und dafür Kryptowährung gibt. Kurz gesagt: Es geht wieder einmal um anthropologische Konstanten, die gesellschaftliche Veränderungen überdauern. Wellershoff exemplifiziert an menschlichen Schicksalen, die sich in einer konkret beschriebenen und von potenziell jedem gekannten Alltagswelt begeben, die tragische Unvereinbarkeit von Lust- und Realitätsprinzip. Tragisch ist sie, weil jede dezidierte Entscheidung mit unrettbaren Verlusten erkauft wird, es *den* „richtigen" Weg nicht gibt. Darin dürften in der Tat, wenn es mit rechten Dingen zugeht, viele Leser ihre eigene Situation erkennen.

Wellershoff fordert sie implizit auf, Verdrängung und Verleugnung im eigenen Interesse aufzugeben, aber er ist – es sei wiederholt – kein literarischer Heiler oder Guru. Dass Erkenntnis Befreiung, aber auch Leid nach sich ziehen kann, war dem Freudianer Wellershoff bewusst. Seine von ihm selbst für seine Fiktionen geltend gemachte Intention, eine bewusstere und tiefere Erfahrung des Lebens in Gang zu setzen, bleibt davon unberührt. Denn auch Dieter Wellershoff darf für sich die würdigende Einschätzung in Anspruch nehmen, die Thomas Mann für sein eigenes Werk seitens der Nachwelt erhoffte: „dass es lebensfreundlich sei, obwohl es vom Tode weiß".

Literaturverzeichnis

Quellen

Wellershoff

Walter Dick/Dieter Wellershoff: *Köln – Stadt im Aufbruch*, hg. von Winfried Konnertz und Dietrich Maguhn, Köln 2002

„Guckt euch an, wer ihr seid". Dieter Wellershoff im Gespräch mit Markus Schwering, in: *Kölner Stadt-Anzeiger*, Ausgabe vom 3. November 2005, S. 36

„Jeder von uns braucht Erfahrungen des Scheiterns". Dieter Wellershoff im Gespräch mit Richard Kämmerlings und Marc Reichwein, in: *Die Welt*, Ausgabe vom 3. November 2015, online: https://www.welt.de/kultur/literarischewelt/article148371182/Jeder-von-uns-braucht-Erfahrungen-des-Scheiterns.html, letzter Zugriff: 18.03.2025

Jung, Werner (Hg.): *„Verborgene Texte des Lebens". Dieter Wellershoff – ein Lesebuch*, Bielefeld 2022

„Mit Kindern hatte ich mich nie befasst". Dieter und Marianne Wellershoff im Gespräch mit Markus Schwering, in: *Kölner Stadt-Anzeiger*, Ausgabe vom 1. September 2015, S. 27.

Köln – die häßliche Idylle. Ein Gespräch mit dem Schriftsteller Dieter Wellershoff, notiert von Friedgard Schulte-Thoma und Jochen Meister, in: Thomas Maier/Heidrun Murena (Hg.): *Köln zwischen Himmel un Ääd. Texte – Gespräche – Tips*, Köln 1984, S. 154–160

Literatur als Erfahrung. Henrich Deserno im Gespräch mit Dieter Wellershoff, in: Jung (Hg.): *Literatur ist gefährlich*, S. 17–25

Der Romancier und das Fernsehen. Gespräch mit Dieter Wellershoff, in: Manfred Durzak: *Literatur auf dem Bildschirm. Analysen und Gespräche mit Leopold Ahlsen, Rainer Erler, Dieter Forte, Walter Kempowski, Heinar Kipphardt, Wolfdietrich Schnurre und Dieter Wellershoff* (= *Medien in Forschung und Unterricht*. Serie A, Band 28), Tübingen 1989, S. 69–95

Susanne Schmetkamp: *Allein gegen den Strich. Der Schriftsteller Dieter Wellershoff förderte das literarische Talent von Heinrich Böll und Rolf Dieter Brinkmann. Im Interview spricht er über den Autorennachwuchs und gute Bücher*, in: Zeit online, 4.3.2008, online: https://www.zeit.de/online/2008/10/interview-dieter-wellershoff, letzter Zugriff: 18.03.2025

Dieter Wellershoff: *Bemerkungen zum Hörspiel*, in: *Akzente* 8 (1961), H. 4, S. 331–343

Ders.: *Was die Bilder erzählen. Ein Rundgang durch mein imaginäres Museum*, Köln 2013

Ders.: *Anni Nabels Boxschau* (= *Collection Theater*, Texte 9), Köln 1962

Ders.: *Ans Ende kommen. Dieter Wellershoff erzählt über Altern und Sterben*. Audio-CD, Berlin 2014

Ders.: *Erhard ist kein Alibi*, in: Hans Werner Richter (Hg.): *Plädoyer für eine neue Regierung oder Keine Alternative* (= *rororo aktuell*, Bd. 782), Reinbek 1965, S. 15–17

Ders.: *Fieberkurve des deutschen Geistes. Über Gottfried Benns Verhältnis zur Zeitgeschichte*, in: Reinhold Grimm/Wolf-Dieter Marsch (Hg.): *Die Kunst im Schatten des Gottes. Für und wider Gottfried Benn*, Göttingen 1962, S. 11–39

„*Dieter Wellershoff: Der Mensch entgleitet sich immerzu*". Gespräch mit Bernd Berke, in: *Westfälische Rundschau* vom 20.10.2000

Dieter Wellershoff: Nachlass im Historischen Archiv der Stadt Köln (HAStK), Best. Nr. 1554

Ders.: *Autobiographisches Nachwort: Ich-sagen mit und ohne Auskunft*, in: D.W.: *Doppelt belichtetes Seestück und andere Texte*, Köln 1974, S. 283–302

Ders.: *Norm, Abweichung und Krise. Über die Unvollendbarkeit des Realismus*, in: D.W.: *Das Verschwinden im Bild. Essays*, Köln 1980, S. 98–126

Ders.: *Realistisch schreiben*, in: Peter Laemmle (Hg.): *Realismus – welcher? Sechzehn Autoren auf der Suche nach einem literarischen Begriff*, München 1976, S. 13–18

Ders.: *Residuum der Freiheit oder befreites Gebiet*, in: *Kiepenheuer & Witsch 1949–1974*, Köln 1974, S. 65–89

Ders.: *Das Schreien der Katze im Sack. Hörspiele, Stereostücke*, Köln 1970

Ders.: *Doppelt belichtetes Seestück und andere Texte*, Köln 1974

Ders.: *Tanz in Schwarz. Prosaminiaturen und eine Erzählung mit Photos des Autors*, Weilerswist 1993

Ders.: *Die Wahrheit der Literatur. Sieben Gespräche*, München 1980

Ders.: *Werke* (9 Bde.), hg. von Keith Bullivant, Manfred Durzak und Werner Jung, Köln 1996–2011

Bd. 1: *Romane*

Bd. 2: *Romane, Novellen, Erzählungen*

Bd. 3: *Autobiographische Schriften*

Bd. 4: *Essays, Aufsätze, Marginalien*

Bd. 5: *Vorlesungen, Gespräche*

Bd. 6: *Hörspiele, Drehbücher, Gedichte*

Bd. 7: *Romane, Erzählungen*

Bd. 8: *Essays, Reden, Gespräche*

Bd. 9: *Frühe Schriften, Vermischtes, Briefe*

Ders.: *Nur zufällig überlebt. Waren prominente Politiker, Künstler und Intellektuelle NSDAP-Mitglieder, ohne es zu wissen? Wie weit ging die Verstrickung der letzten Jahrgänge im Zweiten Weltkrieg? Ein Porträt der Flakhelfer-Generation*, in: *Der Spiegel*, Ausgabe vom 23. Juli 2007, online: https://www.spiegel.de/spiegel/a-495788.html, letzter Zugriff: 18.03.2025

Ders.: *Zwischenreich. Gedichte*, Köln 2008

Sonstiges

Adorno, Theodor W.: *Ästhetische Theorie* (= T.W.A.: *Gesammelte Schriften* (23 Bde.), hg. von Rolf Tiedemann unter Mitwirkung von Gretel Adorno, Susan Buck-Morss und Klaus Schultz, Bd. 7), Frankfurt/M. 1997

Benjamin, Walter: *Goethes Wahlverwandtschaften*, in: W.B.: *Gesammelte Schriften* (7 Bde.), hg. von Rolf Tiedemann und Hermann Schweppenhäuser, Frankfurt/M. 1974, Bd. I/1, S. 123–201

Benn, Gottfried: *Briefe an F.W. Oelze 1950–1956*, hg. von Harald Steinhagen und Jürgen Schröder, Wiesbaden/München 1980

Ders.: *Prosa und Szenen* (= G.B.: *Gesammelte Werke in vier Bänden*, hg. von Dieter Wellershoff, Bd. 2), Stuttgart 2002

Blanchot, Maurice: *Der Gesang der Sirenen: Essays zur modernen Literatur*. Aus dem Französischen von Karl A. Horst (= *Fischer Wissenschaft*, Bd. 7402), Frankfurt/M. 1988

Bloch, Ernst: *Geist der Utopie*. Erste Fassung (= E.B.: *Gesamtausgabe* (16 Bde.), Bd. 16), Frankfurt/M. 1977

Blumenberg, Hans: *Arbeit am Mythos*, Frankfurt/M. ^{6}2001

Böll, Heinrich: *Werke* (27 Bde.), Köln 2002–2010

Bd. 6: *1952–1953*, hg. von Árpád Bernáth

Bd. 12: *1959–1963*, hg. von Robert C. Conard

Bd. 13: *Ansichten eines Clowns*, hg. von Árpád Bernáth/Hans J. Bernhard/Robert C. Conard

Bd. 16: *1969–1971*, hg. von James H. Reid

Bd. 20: *1977–1979*, hg. von Ralf Schnell und Jochen Schubert

Bd. 23: *1984–1985*, hg. von Hans Joachim Bernhard und Klaus-Peter Bernhard

Bd. 25: *Interviews II 1976–1979*, hg. von Robert C. Conard und Werner Jung

Bohrer, Karl Heinz: *Plötzlichkeit. Zum Augenblick des ästhetischen Scheins* (= *edition suhrkamp*, Bd. 1058), Frankfurt/M. 1981

Borchardt, Rudolf: *Der unwürdige Liebhaber*, in: R.B.: *Erzählungen*, Stuttgart ^{3}1998, S. 9–136

Brinkmann, Maleen (Hg.): *Rolf Dieter Brinkmann* (= *Rowohlt Literatur Magazin*, Bd. 36), Reinbek ^{2}1998

Brinkmann, Rolf Dieter: *Briefe an Hartmut 1974–1975. Mit einer fiktiven Antwort von Hartmut Schnell*, Reinbek 1999

Ders.: *Keiner weiß mehr. Roman* (= *rororo*, Bd. 23934), Reinbek 2005

Ders.: *Rom, Blicke* (= *dnb*, Bd. 225094), Reinbek 1979

Ders.: *Auf der Schwelle*. In: WDR-Hörspielbuch 9 (1971), S. 47–91

Ders.: *Westwärts 1 & 2. Gedichte*. Mit Fotos und Anmerkungen des Autors. Erweiterte Neuausgabe, Reinbek 2005

Conrad, Klaus: *Die beginnende Schizophrenie. Versuch einer Gestaltanalyse des Wahns*, Bonn 2002

Enzensberger, Hans Magnus: *Gemeinplätze, die Neueste Literatur betreffend*, in: *Kursbuch* 15, Frankfurt/M. 1968, S. 187–195

Faulkner, William: *Schall und Wahn. Roman*, übersetzt von Helmut M. Braem u. Elisabeth Kaiser (= *detebe*, Bd. 20096), Zürich 2012

Fiedler, Leslie A.: *Das Zeitalter der neuen Literatur.* Tl 1: *Die Wiedergeburt der Kritik*, Tl. 2: *Indianer, Science Fiction und Pornographie*, in: *Christ und Welt*, Ausgaben vom 13. und 20. September 1968

Foucault, Michel: *Die Ordnung des Diskurses*, übersetzt von Walter Seitter, München/Wien 1974

Freud, Sigmund: *Gesammelte Werke in 18 Bänden mit einem Nachtragsband*, hg. von Anna Freud u. a., Frankfurt/M. 1999

Bd. 2/3: *Die Traumdeutung. Über den Traum*

Bd. 4: *Zur Psychopathologie des Alltagslebens*

Gehlen, Arnold: *Anthropologische Forschung. Zur Selbstbegegnung und Selbstentdeckung des Menschen* (= *rowohlts deutsche enzyklopädie*, Bd. 138), Reinbek [10]1974

Ders.: *Urmensch und Spätkultur. Philosophische Ergebnisse und Aussagen*, Bonn 1956

Goethe, Johann Wolfgang von: *Die Wahlverwandtschaften*, in: J.W.v.G.: *Sämtliche Werke* (40 Bde.), I. Abteilung, Bd. 8: *Die Leiden des jungen Werthers, Die Wahlverwandtschaften, Kleine Prosa, Epen*, hg. Von Waltraud Wiethölter, Frankfurt/M. 1994, S. 269–529; *Anzeige*: S. 974

Habermas, Jürgen: *Philosophisch-politische Profile* (= *suhrkamp taschenbuch wissenschaft*, Bd 659), Frankfurt/M. [5]2015

Ders.: *Theorie des kommunikativen Handelns* (2 Bde.), Frankfurt/M. [4]1987

Ders.: *Vorstudien und Ergänzungen zur Theorie des kommunikativen Handelns*, Frankfurt/M. 1984

Ders./Luhmann, Niklas: *Theorie der Gesellschaft oder Sozialtechnologie – Was leistet die Systemforschung?* (Reihe Theorie-Diskussion), Frankfurt/M. 1971

Hahn, Ulla: *Spiel der Zeit. Roman*, München 2014

Hamsun, Knut: *Hunger. Roman*, übersetzt Ulrich Sonnenberg, München 2023

Handke, Peter: *Die Angst des Tormanns beim Elfmeter. Erzählung*, Frankfurt/M. 1970

Ders.: *Die Lehre der Sainte-Victoire*, Frankfurt/M. 1980

Hinck, Walter: *Im Wechsel der Zeiten. Leben und Literatur*, Bonn 1998

Horkheimer, Max/Adorno, Theodor W.: *Dialektik der Aufklärung. Philosophische Fragmente* (= T.W.A.: *Gesammelte Schriften* (23 Bde.), hg. von Rolf Tiedemann unter Mitwirkung von Gretel Adorno, Susan Buck-Morss und Klaus Schultz, Frankfurt/M. 1997, Bd. 3)

Iser, Wolfgang: Die *Appellstruktur der Texte. Unbestimmtheit als Wirkungsbedingung literarischer Prosa*, in: Warning (Hg.): *Rezeptionsästhetik*, S. 228–252

Ders.: *Der implizite Leser. Kommunikationsformen des Romans von Bunyan bis Beckett* (= *UTB-Taschenbücher*, Bd. 163), München [3]1994

Jauss, Hans Robert: *Literaturgeschichte als Provokation der Literaturwissenschaft*, in: Warning (Hg.): *Rezeptionsästhetik*, S. 126–162

Kiepenheuer & Witsch 1949–1974, Köln 1974

Kracauer, Siegfried: *Theorie des Films. Die Errettung der äußeren Wirklichkeit* (= *suhrkamp taschenbuch wissenschaft*, Bd. 546), Frankfurt/M. 1975

Laing, Ronald D.: *Phänomenologie der Erfahrung* (= *edition suhrkamp*, Bd. 314), Frankfurt/M. [6]1973
Ders.: *Das Selbst und die Anderen*, Köln 1973
Ders.: *Das geteilte Selbst. Eine existentielle Studie über geistige Gesundheit und Wahnsinn*, Köln 1972
Luhmann, Niklas: *Soziale Systeme. Grundriß einer allgemeinen Theorie*, Frankfurt/M. 1984
Marquard, Odo: *Über einige Beziehungen zwischen Ästhetik und Therapeutik in der Philosophie des 19. Jahrhunderts*. In: O.M.: *Schwierigkeiten mit der Geschichtsphilosophie. Aufsätze* (= *suhrkamp taschenbuch wissenschaft*, Bd. 394), Frankfurt/M. [6]2017, S. 85–106
Merton, Robert K.: *Social Theory and Social Structure. Revised and enlarged Edition*, Glencoe [9]1964
Robbe-Grillet, Alain: *Die Jalousie oder die Eifersucht. Roman*, übersetzt von Elmar Tophoven, München 1959
Sarraute, Nathalie: *Das Planetarium. Roman*, übersetzt von Elmar Tophoven, Köln 1960
Sartre, Jean-Paul: *Der Ekel. Roman*, übersetzt von Uli Aumüller (= *rororo-Taschenbücher*, Bd. 581), Reinbek 1976
Sklovsky, Victor: *Kunst als Verfahren*, in: Jurij Striedter (Hg.): *Russischer Formalismus. Texte zur allgemeinen Literaturtheorie und zur Theorie der Prosa* (= *UTB-Taschenbücher*, Bd. 40), München [5]1994, S. 5–121
Stichworte zur „Geistigen Situation der Zeit“ (2 Bde.), hg. von Jürgen Habermas (= *edition suhrkamp*, Bd. 1000), Frankfurt/M. 1979
Walser, Martin: *Schreiben und Leben. Tagebücher 1979–1981*, Reinbek 2014
Warning, Rainer (Hg.): *Rezeptionsästhetik. Theorie und Praxis* (= *UTB-Taschenbücher*, Bd. 303), München 1975
Wellershoff, Irene: *„So resigniert bin ich nicht, dass ich Komödien schreibe“. Erinnerungen an meinen Vater*, in: *„Verborgene Texte des Lebens“*, S. 319–329
Wellershoff, Maria: *Von Ort zu Ort. Eine Jugend in Pommern*, Köln 2010

Sekundärliteratur

Zu Dieter Wellershoff

Nicht berücksichtigt wurde in der folgenden Bibliografie, von wenigen Ausnahmen abgesehen, die publizistische und tagespublizistische Rezeption, darunter das unübersehbare Feld der Zeitungsrezensionen zu den jeweils neu erschienenen Wellershoff-Titeln.

Adam, Kerstin : *Années nazies – années d'après-guerre : le prisme de la mille-et-unième année dans les regards autobiographiques*, *Germanica* 20 (1997), S. 111–124

Adami, Martina: *Der große Pan ist tot!? Studien zur Pan-Rezeption in der Literatur des 19. und 20. Jahrhunderts* (= *Innsbrucker Beiträge zur Kulturwissenschaft. Germanistische Reihe*, Bd. 61), Innsbruck 2000

Allkemper, Alo: *„An den Rändern des Bewußtseins". Zu Dieter Wellershoffs „Sirene"*, in: Durzak/Steinecke/Bullivant (Hg.): *Dieter Wellershoff*, S. 129–144

Amann, Wilhelm: *Der Verführer, das „Geständnistier". Don Juan in Dieter Wellershoffs Erzählung „Der Körper und die Träume"*, in: Jung: *Literatur ist gefährlich*, S. 97–111

Baier, Lothar: *Ceterum censeo: Wellershoff ist zu verreißen*, in: *Merkur* 38 (1984) (H. 3), S. 360–364

Ders.: *Querstehende Neubauten. Dieter Wellershoffs Essays*, in: *Dieter Wellershoff* (= *Text + Kritik*, H. 88), S. 66–76

Baumgart, Reinhard: *Die verdrängte Phantasie. 20 Essays über Kunst und Gesellschaft* (= *Sammlung Luchterhand*, Bd. 129), Darmstadt/Neuwied 1973

Bindrim, Hans-Wolfgang: *Die zwei Seiten der Glücksmünze. Zu Dieter Wellershoffs Roman „Der Liebeswunsch"*, in: Andrea Hohmeyer/Jasmin S. Rühl/Ingo Wintermeyer (Hg.): *Spurensuche in Sprach- und Geschichtslandschaften. Festschrift für Ernst Erich Metzner*, Münster 2003, S. 75–86

Bleicher, Kristin: *Multimediales Schreiben. Anmerkungen zum Gesamtwerk von Dieter Wellershoff*, in: Jörg Hucklenbroich/Reinhold Viehoff (Hg.): *Schriftsteller und Rundfunk* (= *Jahrbuch Medien und Geschichte* 2002), Konstanz 2002, S. 123–138

Bode, Sabine: *Die deutsche Krankheit – German Angst*, Stuttgart 2006 (zu Wellershoff: S. 110–115).

Bügner, Torsten: *Lebenssimulationen. Zur Literaturtheorie und fiktionalen Praxis von Dieter Wellershoff*, Wiesbaden 1993

Bullivant, Keith: *Erzählen als die Arbeit des Lebens. Zur Prosa Dieter Wellershoffs*, in: *Literatur für Leser*, H. 4 (1998), S. 323–333

Ders.: *Hörspiel als Laienanalyse*, in: Thomas (Hg.): *Der Schriftsteller Dieter Wellershoff*, S. 89–114

Ders.: *Realism today. Aspects of Contemporary German Novel*, Leamignton Spa/Berlin/New York 1987

Ders.: *Realismus und Dokumentarismus im Roman. Zu „Einladung an alle"*, in: Durzak/Steinecke/Bullivant (Hg.): *Dieter Wellershoff*, S. 112–128

Burns, Robert: *„Ein schöner Tag" – Neuer Realismus oder psychologisierter Naturalismus?*, in: Thomas (Hg.): *Der Schriftsteller Dieter Wellershoff*, S. 15–40

Burns, Rob/Becker, Renate: *Fernsehspiel und Veränderung. Wunschtraum und Realitätsprinzip in „Glücksucher" und „Flüchtige Bekanntschaften"*, in: Durzak/Steinecke/Bullivant (Hg.): *Dieter Wellershoff*, S. 215–230

Carr, Godfrey: *Überlegungen zu der Literaturtheorie*, in: Thomas (Hg.): *Der Schriftsteller Dieter Wellershoff*, S. 146–157

Cramer, Sybille: *Erotischer Dämon oder Frau ohne Unterleib. Zum Frauenbild des Erzählers Dieter Wellershoff*, in: *Dieter Wellershoff* (= *Text + Kritik*, H. 88), S. 46–54

Delabar, Walter: *Warum ich und nicht du? Zum Brudermotiv in Dieter Wellershoffs „Blick auf einen fernen Berg"*, in: *Jahrbuch für internationale Germanistik* 28, H. 1 (1996), S. 10–21

Ders.: *Simulation und Sozialisation. Dieter Wellershoffs Plädoyer für eine nützliche Literatur und seine Aktualisierung durch Roger Silverstone*, in: Jung (Hg.): *Literatur ist gefährlich*, S. 43–64

Deserno, Heinrich : *Leidenschaft und Selbstbestimmung in Dieter Wellershoffs Roman „Der Liebeswunsch"*, in: Ortrud Gutjahr (Hg.): *Kulturtheorie*, Würzburg 2005, S. 299–331

Ders.: *Liebe und Depression. Am Beispiel von Dieter Wellershoffs Roman »Der Liebeswunsch«*, in: Stephan Hau/Hans-Joachim Busch/H.D. (Hg.): *Depression – zwischen Lebensgefühl und Krankheit* (= *Schriften des Sigmund-Freud-Instituts*, Bd. 2), Göttingen 2005, S. 165–194

Döhl, Reinhard: *Zu den Hörspielen Dieter Wellershoffs*, in: *Dieter Wellershoff* (= *Text + Kritik*, H. 88), S. 77–86

Dörr, Volker C.: *„Widerstand der Realität gegen das vorschnelle Sinnbedürfnis". Dieter Wellershoff und sein Programm eines Neuen Realismus*, in: Gertrude Cepl-Kaufmann/Jasmin Grande/Ulrich Rosar/Jürgen Wiener (Hg.): *Die Bonner Republik 1960–1975. Aufbrüche vor und nach „1968"* (= *Histoire*, Bd. 157), S. 269–306

Dohn, Gabriele: *Wahrnehmung und Erkenntnis. Dieter Wellershoffs Roman „Die Schattengrenze"*, in: *Dieter Wellershoff* (= *Text + Kritik*, H. 88), S. 55–63

Dujmić, Daniela: *Literatur zwischen Autonomie und Engagement. Zur Poetik von Hans Magnus Enzensberger, Peter Handke und Dieter Wellershoff*, Konstanz 1996

Dies./Harth, Dietrich: *Zur Poetik des »Wilden Denkens«. Träume, Bewusstseinsdämmerungen, Halluzinationen und Verstörungen in Dieter Wellershoffs Erzählprosa*, in: Durzak/Steinecke/Bullivant (Hg.): *Dieter Wellershoff*, S. 278–296

Durzak, Manfred: *Das Erbe der Literatur einbringen. Zu Dieter Wellershoffs Fernsehspiel „Glücksucher" und seinen literarischen Spiegelungstexten*, in: M.D.: *Literatur auf dem Bildschirm. Analysen und Gespräche mit Leopold Ahlsen, Rainer Erler, Dieter Forte, Walter Kempowski, Heinar Kipphardt, Wolfdietrich Schnurre und Dieter Wellershoff* (= *Medien in Forschung und Unterricht*. Serie A, Band 28), Tübingen 1989, S. 97–118

Ders.: *Erzählerische Recherchen im „normalen Leben". Zu den Erzählungen Dieter Wellershoffs in seiner Sammlung „Das normale Leben"*, in: Jung (Hg.): *Literatur ist gefährlich*, S. 177–190

Ders.: *Literarische Röntgen-Aufnahmen der Wirklichkeit am Beispiel von drei aktuellen Kurzgeschichten von Martin Suter, Irene Bohrn-Prugger und Dieter Wellershoff*, in: *Studi germanici* 40 (2002), H. 3, S. 443–357

Ders.: *Der Tanz um das goldene Kalb. Zur Darstellungsweise von Wirtschaftsprozessen in Wellershoffs zweiteiligem Fernsehspiel „Phantasten" und seinem Roman „Der Sieger nimmt alles"*, in: M.D./Steinecke/Bullivant (Hg.): *Dieter Wellershoff*, S. 176–199

Ders./Steinecke, Hartmut/Bullivant, Keith (Hg.): *Dieter Wellershoff. Studien zu seinem Werk*, Köln 1990

Eke, Norbert Otto: *RadioKunst. Zu den Hörspielen Dieter Wellershoffs*, in: Durzak/Steinecke/Bullivant (Hg.): *Dieter Wellershoff*, S. 231–258

Elm, Theo: *Literaturgeschichte eines Betrugs. Der Ehebruch bei Goethe, Fontane und Dieter Wellershoff*, in: Ernest W.B. Hess-Lüttich/Corinna Albrecht/Andrea Bogner (Hg.): *Re-Visionen. Kulturwissenschaftliche Herausforderungen interkultureller Germanistik* (= *Cross Cultural Communication*, Band 22), Frankfurt/M. 2012, S. 313–326

Ewenz, Gabriele: *Dieter Wellershoff – Raumerkundungen und die Ontologie der Stadt* (im Erscheinen)

Dies.: *Dieter Wellershoffs Konzeption des „Neuen Realismus" und seine Kritik an der Dortmunder Gruppe 61*, in: Ute Gerhard/Hanneliese Palm (Hg.): *Schreibarbeiten an den Rändern der Literatur. Die Dortmunder Gruppe 61*, Essen 2012, S. 261–271

Freitag, Norbert: *Dieter Wellershoffs Hörspiele*, in: *Medium. Zeitschrift für evangelische Rundfunk- und Fernseharbeit* 8 (1971), S. 63–67

Frerichs, Joke und Petra: *Leben braucht keine Begründung. Zum literarischen Werk von Dieter Wellershoff*, Norderstedt 2012

Fuhrmann, Joachim/Schiffer, Werner: *Dieter Wellershoff – „Einladung an alle": Texte und Arbeitshilfen zum Roman*, Selbstverlag 1986

Fullard, Katja: *Gender Images in Dieter Wellershoff's „Der Liebeswunsch"*, in: *Rocky Mountain Review of Language and Literature* 59 (2005), H. 1, S. 47–62

Dies.: *Maria Magdalena, Mutter und Medusa. Das Bild der Frau in den literarischen Texten von Dieter Wellershoff*, University of Florida 1996, online: https://ufdcimages.uflib.ufl.edu/AA/00/04/03/28/00001/mariamagdalenamu00full.pdf, letzter Zugriff: 18.03.2025

Dies.: *Memory and identity in autobiografical texts by Günter Grass and Dieter Wellershoff*, in: *Rocky Mountain Review of Language and Literature* 64 (2010), H. 1, S. 71–85

Funck, Gisa: *Verhängnis-Erforscher der westdeutschen Nachkriegswelt. Zum Tod von Dieter Wellershoff*, DLF am 15. Juni 2018, online: https://www.deutschlandfunk.de/zum-tod-von-dieter-wellershoff-verhaengnis-erforscher-der-100.html, letzter Zugriff: 18.03.2025

Happekotte, Bernd: *Dieter Wellershoff – rezipiert und isoliert: Studien zur Wirkungsgeschichte* (= *Europäische Hochschulschriften*, Reihe I: *Deutsche Sprache und Literatur*, Bd. 1496), Frankfurt/M. 1995

Heimann, Bodo: *Experimentelle Prosa*, in: Manfred Durzak (Hg.): *Die deutsche Literatur der Gegenwart. Aspekte und Tendenzen*, Stuttgart ^{3}1976, S. 230–256

Helmes, Günter: *Von der „Berufung des geistigen Menschen zu allseitiger Verantwortung". Anmerkungen zu Dieter Wellershoffs Beiträgen in der „Deutschen Studentenzeitung" 1951 bis 1954*, in: Durzak/Steinecke/Bullivant (Hg.): *Dieter Wellershoff*, S. 31–57

Helmreich, Hans: *Dieter Wellershoff* (= *Autorenbücher*, Bd. 29), München 1982

Herwig, Malte: *Als wir jung waren. Nach Recherchen des ZEITmagazins wurde der Schriftsteller Dieter Wellershoff von der NSDAP als Mitglied geführt. Danach gefragt, lud er unseren Autor zu sich nach Hause ein und begab sich auf Erinnerungssuche*, in: *Die Zeit* vom 10. Juni 2009

Hinck, Walter: *Im Konflikt mit der gesetzestreuen Ehemoral: der Liebesroman an der Jahrhundertwende, Dieter Wellershoff „Der Liebeswunsch"*, in: W.H.: *Romanchronik des 20. Jahrhunderts. Eine bewegte Zeit im Spiegel der Literatur*, Köln 2006, S. 269–277

Ders.: *Im Wechsel der Zeiten. Leben und Literatur*, Bonn 1998

Hollerweger, Elisabeth: *Liebeswünsche als Lebensängste. Zu Dieter Wellershoffs Roman „Der Liebeswunsch"*, Inaugural-Dissertation Freiburg o.V. 2004, online: https://freidok.uni-freiburg.de/fedora/objects/freidok:1667/datastreams/FILE1/

Content, letzter Zugriff: 18.03.2025

Hoogeveen, Jos: *Dieter Wellershoff*, in: Joel Giskes/Christian Schlösser (Hg.): *Literatur im Gespräch. Interviews mit Schrifststellern*, Berlin 2001, S. 72–82

Ders.: *Dieter Wellershoff und Raymond Williams. Kunsttheoretische Überlegungen als Rahmen einer handlungsbezogenen Rezeptionstheorie*, in: Neophilologus 64 (1980), S. 87–98

Immer, Nikolas: *Goethes Erben. Wahlverwandtes bei Handke, Walser, Wellershoff*, in: Hühn: *„Wahlverwandtschaften"*, S. 459–475

Ders.: *„Objektiv verstrickt, subjektiv unschuldig"? Selbstinszenierung und Erinnerungspraxis in Dieter Wellershoffs „Innenansichten des Krieges"*, in: Jan Röhnert (Hg.): *Autobiographie und Krieg. Ästhetik, Autofiktion und Erinnerungskultur seit 1914* (= *Germanisch-Romanische Monatsschrift*. Beihefte, Band 64), Heidelberg 2014, S. 229–242

Jaeger, Joachim: *Realismus und Anthropologie. Eine Studie zum Werk Dieter Wellershoffs* (= *Europäische Hochschulschriften*, Reihe I: *Deutsche Sprache und Literatur*, Bd. 1180), Frankfurt/M. 1990

Jung, Werner: *Vom Alltag, der Neuen Subjektivität und der Politisierung des Privaten. Anmerkungen zur Lyrik der 70er Jahre*, in: Dieter Breuer (Hg.): *Deutsche Lyrik nach 1945*, Frankfurt/M. 1988, S. 261–283

Ders.: *Der Blick und das Begehren. Zu Dieter Wellershoffs neuen Erzählungen*, in: *Juni. Magazin für Kultur & Politik* 1 (1987), H. 1, S. 18–25

Ders.: *Bloß eine Anleitung für Mitläufer? Wellershoff und Benn*, in: Walter Delabar/Ursula Kocher (Hg.): *Gottfried Benn (1886–1956). Studien zum Werk* (= *Moderne-Studien*, Bd. 2), Bielefeld 2007, S. 251–268

Ders.: *Im Dunkel des gelebten Augenblicks. Dieter Wellershoff – Erzähler, Medienautor, Essayist*, Berlin 2000

Ders.: *Das Ich im Schnittpunkt der Erinnerung. Dieter Wellershoff, Hermann Lenz und Ludwig Harig*, in: Eduard Beutner/Ulrike Tanzer (Hg.): *Literatur als Geschichte des Ich*, Würzburg 2000, S. 336–349

Ders. (Hg.): *Literatur ist gefährlich. Dieter Wellershoff zum 85. Geburtstag*, Bielefeld 2010

Ders.: *Geglücktes Unglück. Dieter Wellershoffs gefährliche Literatur*, in: Jung (Hg.): *Literatur ist gefährlich*, S. 7–16

Ders.: *Wellershoff, Born und die Kölner Schule*, in: Jan-Pieter Barbian/Erhard Schütz (Hg.): *Die „Utopie des Alltäglichen". Nachdenken über Nicolas Born (1937–1979)*, Hannover, 2019, Seite 17–31

Ders.: *Winners and Losers. Zu Dieter Wellershoffs „Der Sieger nimmt alles"*, in: Durzak/Steinecke/Bullivant (Hg.): *Dieter Wellershoff*, S. 157–175

Kern, Peter: *Dieter Wellershoff, „Ein schöner Tag"*, in: *Zeitschrift für deutsche Philologie* 87 (1968), S. 631–642

Kraft, Thomas: *Konkretistische Blindheit. Dieter Wellershoff, „Der Ernstfall" (1995) und andere Texte zum Krieg*, in: Hans Wagener (Hg.): *Von Böll bis Buchheim* (= *Amsterdamer Beiträge zur neueren Germanistik*, Bd. 42), Amsterdam 1997, S. 349–363

Lamb, Stephen: *„Einladung an alle" – Dokumentation und Wirklichkeit*, in: Thomas (Hg.): *Der Schriftsteller Dieter Wellershoff*, S. 66–89

Laudin, Gérard : *La vérité de la littérature. Intertextualités littéraires et mythiques chez Dieter Wellershoff*, in : *Germanica* 31 (2003), S. 159–173

Linder, Christian: *Anmerkungen zu Dieter Wellershoff I: Literatur als Psychoanalyse*, in: *Merkur* 29 (1975), H. 1, S. 182–184

Ders.: *Der Tag der Drachentötung. Über Dieter Wellershoff*, in: C.L.: *Die Träume der Wunschmaschine. Essays über H.M. Enzensberger, Max Frisch, Alexander Kluge, Peter Weiss, Dieter Wellershoff* (= *das neue buch*, Bd. 163), Reinbek 1981, S. 146–205

Lorenz, Christoph F.: *Dem Täter auf der Spur. Dieter Wellershoffs theoretische und literarische Beschäftigung mit dem Detektiv- und Kriminalroman*, in: *Dieter Wellershoff* (= *Text + Kritik*, H. 88), S. 32–45

Merkes, Christa: *Wahrnehmungsstrukturen in Werken des Neuen Realismus. Theorie und Praxis des Neuen Realismus und des nouveau roman – eine Gegenüberstellung* (= *Europäische Hochschulschriften*, Reihe I: *Deutsche Sprache und Literatur*, Bd. 567), Frankfurt/M. 1982

Michels, Gerd: *Dieter Wellershoff als Leser von Kriminalromanen*, in: *Zeitschrift für Literaturwissenschaft und Linguistik* 21 (1991), H. 81, S. 111–116

Möller, Frank: *Das Buch Witsch. Das schwindelerregende Leben des Verlegers Joseph Caspar Witsch*, Köln 2914

Ders.: *Dem Glücksrad in die Speichen greifen. Joseph Caspar Witsch, seine Autoren, sein Verlagsprogramm und der Literaturbetrieb der frühen Bundesrepublik*, Köln 2015

Möller, Hedi: *Der Hunger nach dem Erfolg. Dieter Wellershoff: „Der Sieger nimmt alles"*, in: Eva Jaeggi/Hilde Kronberg-Gödde (Hg.): *Zwischen den Zeilen. Literarische Werke psychologisch betrachtet*, Gießen 2004, S. 161–166

Neven Du Mont, Reinhold: *Mit Büchern und Autoren. Mein Leben als Verleger*, Köln 2016

Öncü, Kenan: *Warum schreibt man autobiografisch? Dieter Wellershoffs „Blick auf einen fernen Berg"*, in: *Edebiyat Fakültesi Dergisi* 2000, H. 1, S. 161–177

Olma, Walter: *Vereinsamung und Selbstzerstörung. Dieter Wellershoff als Phänomenologe gegenwärtiger Einsamkeitsproblematik*, in: Durzak/Steinecke/Bullivant (Hg.): *Dieter Wellershoff*, S. 89–111

Paschek, Carl: *... „den verborgenen Text sprechbar machen". Dieter Wellershoff.* Begleitheft zur Ausstellung in Frankfurt/M. und Köln Januar/Februar und März/April 1996, Frankfurt/M./Köln 1996

Peitsch, Helmut: *„Kleine Schritte" zum Neuen Realismus: Dieter Wellershoff als Leser und Lektor*, in: Durzak/Steinecke/Bullivant (Hg.): *Dieter Wellershoff*, S. 58–88

Petersenn, Olaf: *Unterwegs im hermeneutischen Zirkel. Vom Leben und Schreiben Dieter Wellershoffs*, in: Jung (Hg.): *Literatur ist gefährlich*, S. 27–36

Phelan, Tony: *Lyrik und Wahrnehmung*, in: Thomas (Hg.): *Der Schriftsteller Dieter Wellershoff*, S. 115–145

Ders.: *„Die Schattengrenze“ – „strukturelle Logik‘“ und Utopie*, in: Thomas (Hg.): *Der Schriftsteller Dieter Wellershoff*, S. 41–65

Plusa, Czeslaw: *Gottfried Benn und Dieter Wellershoff. Flucht in den Ästhetizismus oder wirklichkeitskonstitutive Literatur*, in: Sascha Feuchert (Hg.): *Flucht und Vertreibung in der deutschen Literatur. Beiträge* (= *Gießener Arbeiten zur neueren deutschen Literatur und Literaturwissenschaft*, Bd. 21), Frankfurt/M. 2001, S. 219–237

Ders.: *Für einen neuen Realismus. Theoretische Reflexionen und praktische Konkretisation im Werk Dieter Wellershoffs*, in: Wolfgang Braungart (Hg.): *Über Grenzen. Polnisch-deutsche Beiträge zur Literatur nach 1945* (= *Gießener Arbeiten zur neueren deutschen Literatur und Literaturwissenschaft*, Band 10), Frankfurt/M. 1989, S. 59–71

Powroslo, Wolfgang: *Erkenntnis durch Literatur. Realismus in der westdeutschen Literatur der Gegenwart* (= *pocket*, Bd. 69), Köln 1976

Prümm, Karl: *Kinostücke. Filmorientierungen und Filmresonanzen bei Dieter Wellershoff – mit einer Analyse der Romanverfilmung „Der Liebeswunsch“*, in: Jung (Hg.): *Literatur ist gefährlich*, S. 139–156

Ders.: *Protokolle beschädigten Lebens. Die Drehbücher Dieter Wellershoffs*, in: *Dieter Wellershoff* (= *Text + Kritik*, H. 88), S. 87–101

Puknus, Heinz: *Ordnung und Realität. Zu Wellershoffs Theorie einer nonkonformen Literatur*, in: *Dieter Wellershoff* (= *Text + Kritik*, H. 88), S. 3–11

Reid, James H.: *Dieter Wellershoff, Henrich Böll und der Kriminalroman*, in: Jung (Hg.): *Literatur ist gefährlich*, S. 65–76

Reinhold, Ursula: *Beobachtungen an Romanen und autobiographischen Texten von Dieter Wellershoff, anläßlich des Erscheinens der Werkausgabe*, in: *Weimarer Beiträge* 46 (2000), H. 2, S. 198–215

Dies.: *Der Sieger nimmt alles*, in: Durzak/Steinecke/Bullivant (Hg.): *Dieter Wellershoff*, S. 145–156

Robert, Jörg: *Phänotyp der Stunde. Benn, Wellershoff und die Germanistik nach 1945*, in: *Literaturstraße* 20 (2019), H. 1, S. 9–25.

Ders.: *Weltanschauung und Sprachstil. Dieter Wellershoffs Dissertation über Gottfried Benn – Eine Spurensuche*, in: Holger Hof/Stephan Kraft (Hg.): *Benn-Forum. Beiträge zur literarischen Moderne*, Bd. 7 (2020/21), 2021, S. 33–62

Rothmann, Kurt: *Dieter Wellershoff*, in: K.R.: *Deutschsprachige Schriftsteller seit 1945 in Einzeldarstellungen* (= *Reclams Universalbibliothek*, Bd. 8252), Stuttgart 1985, S. 368–372

Rutschky, Michael: *Erfahrungshunger. Ein Essay über die siebziger Jahre*, Köln 1980

Ders.: *Die Katastrophe als Ekstase und Utopie. Über einen Motivkomplex bei Dieter Wellershoff*, in: *Dieter Wellershoff* (= *Text + Kritik*, H. 88), S. 12–21

Sass, Jan: *Der magische Moment. Phantasiestrukturen im Werk Dieter Wellershoffs* (= *Stauffenburg-Colloquium*, Bd. 18), Tübingen 1990

Ders.: *Räume, Bewegungen. Zur Topografie der Imagination*, in: Durzak/Steinecke/Bullivant (Hg.): *Dieter Wellershoff*, S. 259–277

Schachtsiek-Freitag, Norbert: *Dieter Wellershoff*, in: Heinz Ludwig Arnold (Hg.): *Kritisches Lexikon der deutschen Gegenwartsliteratur*, München 1978 ff. (hier: 1984), S. 1–8

Ders.: Dieter Wellershoff und seine Romane – Literatur als Simulationstechnik, in: *Universitas* 29 (1974), H. 2, S. 181–186

Schiffer, Werner: *Dieter Wellershoffs Roman „Einladung an alle". Textinterpretation in rezeptionsästhetischer Perspektive*, in: *Der Deutschunterricht* 36 (1984), H. 2, S. 65–82

Schirnding, Albert von: *Ein Meister des unaufgeregten Stils. Persönliche Anmerkungen zu Dieter Wellershoff*, in: Jung (Hg.): *Literatur ist gefährlich*, S. 37–41

Schmitz, Helmut: *Reconciliation between the generations: the image oft he ordinary German soldier in Dieter Wellershoff's „Der Ernstfall" and Ulla Hahn's „Unscharfe Bilder"*, in: Stuart Taberner/Paul Cook (Hg.): *German culture, politics and literature into the twenty-first century: Beyond normalization* (= *Studies in German literature, linguistics, and culture*, Bd. 102), Rochester/New York 2006, S. 151–165

Schwering, Markus: *Kölner Literaturgeschichte. Von den Anfängen bis zur Gegenwart* (= *Veröffentlichungen des Historischen Geschichtsvereins* e. V., Bd. 53), Köln 2024

Ders.: *Die ungewusste Zugehörigkeit. Von dem Kölner Autor Dieter Wellershoff ist eine NSDAP-Mitgliedskarte aufgetaucht*, in: *Kölner Stadt-Anzeiger* vom 10. Juni 2009

Sill, Oliver: *Wahlverwandtschaftsarithmetik. Zur Bedeutung von Goethes „Wahlverwandtschaften" (1809) für Dieter Wellershoffs Roman „Der Liebeswunsch" (2000)*, in: Jung (Hg.): *Literatur ist gefährlich*, S. 119–138

Smith-Prei, Carrie Mirelle: *Revolting Families: Toxic Intimacy, Private Politics, and Literary Realisms in the German Sixties*, Toronto 2013

Dies.: *Masculinities in trauma. Dieter Wellershoff's 1960s writing and new left psychology*, in: Mark W. Rectanus (Hg.): *Über Gegenwartsliteratur. Interpretationen und Interventionen. Festschrift für Paul Michael Lützeler*, Bielefeld 2008, S. 315–331

Spedicato, Eugenio: *»Der Kamm in der Butter«. Von den Sirenenklängen der Selbstauflösung zu den Zerreißproben der Kontingenz in Dieter Wellershoffs Erzählwerk*, in: *Weimarer Beiträge* 59 (2013), H. 3, S. 447–463

Steinecke, Hartmut: *Voyeur der Träume. Zu Dieter Wellershoffs Erzählungen der achtziger Jahre*, in: Durzak/Steinecke/Bullivant (Hg.): *Dieter Wellershoff*, S. 200–214

Steinert, Hajo: *Der Seelenforscher. Über Dieter Wellershoffs Romane „Der Liebeswunsch" und „Der Himmel ist kein Ort"*, in: Jung (Hg.): *Literatur ist gefährlich*, S. 113–117

Stölzel, Thomas: *Den Tiefengehalt einer Situation erkunden. Dieter Wellershoffs autobiographische Prosa als eine „Arbeit des Lebens"*, in: Jung (Hg.): *Literatur ist gefährlich*, S. 77–96

Thomas, Richard H. (Hg.): *Der Schriftsteller Dieter Wellershoff. Interpretationen und Analysen* (= *pocket*, Bd. 62), Köln 1975

Torsy, Klaus: *Unser alltäglicher Wahnsinn. Zum Begriff der Kommunikation bei Dieter Wellershoff* (= *Wissenschaftliche Beiträge aus dem Tectum Verlag. Reihe Germanistik*, Bd. 1), Marburg 1999

Tschierske, Ulrich: *Das Glück, der Tod und der „Augenblick". Realismus und Utopie im Werk Dieter Wellershoffs* (= *Untersuchungen zur deutschen Literaturgeschichte*, Bd. 53), Tübingen 1990

Vancea, Gerogeta: *Die Poesie des Herzens und die Prosa der Verhältnisse. Dieter Wellershoff und die Literatur des Begehrens*, in: Jung (Hg.): *Literatur ist gefährlich*, S. 157–175

Die ungeheure Vielfalt der Welt festhalten. Dieter Wellershoff. Ausgewählt, zusammengestellt und bearbeitet von Gabriele Ewenz und Werner Jung (= *lik* 03), Köln 2015

Vollmuth, Eike H.: *Dieter Wellershoff*, in: Dietrich Weber (Hg.): *Deutsche Literatur der Gegenwart in Einzeldarstellungen*, (2 Bde.), Bd. 2, Stuttgart 1977 (= *Kröners Taschenausgabe*, Bd. 383), S. 425–452

Ders.: *Dieter Wellershoff – Romanproduktion und anthropologische Literaturtheorie. Zu den Romanen „Ein schöner Tag" und „Die Schattengrenze"*, München 1974

Vormweg, Heinrich: *Eine andere Lesart. Über neue Literatur* (= *Sammlung Luchterhand*, Bd. 52), Neuwied/Berlin 1972

Wapnewski, Peter: *Anmerkungen zu Dieter Wellershoff II: Erfahrung als überprüfte Wirklichkeit*, in: *Merkur* 29 (1975), H. 1, S. 184–187

Dieter Wellershoff (= *Text + Kritik. Zeitschrift für Literatur*, hg. von Heinz Ludwig Arnold, H. 88), München 1985

Wiedemann, Conrad: *Laudatio auf Dieter Wellershoff anläßlich der Verleihung des Heinrich-Böll-Preises 1988*, in: Durzak/Steinecke/Bullivant (Hg.): *Dieter Wellershoff*, S. 19–30

Winter, Hans-Gerd: *Ausbruchsversuche. Veränderung und Selbstveränderung in Romanen der 80er Jahre von Dieter Wellershoff, Urs Jaeggi und Peter Härtling*, in: *Weimarer Beiträge* 37 (1991), H. 3, S. 390–401

Ders.: *»Ergib dich mir; und ich werde dir alles geben.« Dieter Wellershoffs Aktualisierung des Mythos in seiner Novelle »Die Sirene«*, in: *Juni. Magazin für Kultur & Politik* 20 (1994), S. 163–173

Ders.: *Erkenntnisglück und Egotrip. Zu Dieter Wellershoffs Realismuskonzept*, in: Klaus Brinker/Johannes Krogoll (Hg.): *Begegnungen. Festgabe zum 100jährigenBestehen der Kliment-Universität*, Hamburg 1988, S. 141–151

Ders.: *Vom gefürchteten und erwünschten Tod und von den Freuden des Überlebens. Darstellungen des Todes bei Monika Maron und Dieter Wellershoff*, in: Walter Delabar/Werner Jung/Ingrid Pergande (Hg.): *Neue Generation — Neues Erzählen. Deutsche Prosa-Literatur der achtziger Jahre*, Opladen 1993, S. 127–138

Ders.: *Todesangst und Überlebensfreude. Zur Darstellung von Sterben und Tod in der Gegenwartsliteratur (Paul Kersten, Monika Maron, Dieter Wellershoff)*, in: Ruska Simeonova (Hg.): *70 Jahre Germanistik in Bulgarien: 15.–17. November 1993*, Sofia 1999, S. 149–167

Zeltner-Neukomm, Gerda: *Ein umgekehrter Nouveau Roman. Dieter Wellershoffs neue Erzählung „Die Schattengrenze"*, in: *Merkur* 23 (1969), H. 5, S. 486–490

Allgemein

Bräunlein, Jürgen: *Ästhetik des Telefonierens. Kommunikationstechnik als literarische Form*, Berlin 1997

Brinkmann, Richard (Hg.): *Begriffsbestimmung des literarischen Realismus* (= *Wege der Forschung*, Bd. 212), Darmstadt 1969

Buddrus, Michael: *War es möglich, ohne eigenes Zutun Mitglied der NSDAP zu werden? Gutachten des Instituts für Zeitgeschichte München-Berlin für das Internationale Germanistenlexikon 1800–1950*, in: *Zeitschrift für Geschichte der Germanistik* 23/24 (2003), S. 21–26

Delius, Friedrich Christian: *Wie scheintot war die Literatur? Kursbuch 15 und die Folgen. Anläßlich einer Ausstellungseröffnung: Gedanken beim Wiederlesen des legendären "Kursbuch 15"*, online: https://www.fcdelius.de/widerreden/wider_kursbuch_15.html, letzter Zugriff: 18.03.2025

Demetz, Peter: *Fette Jahre, magere Jahre: Deutschsprachige Literatur von 1965 bis 1985*, München 1988

Döring, Jörg/Thielmann, Tristan (Hg.): *Spatial Turn: Das Raumparadigma in den Kultur- und Sozialwissenschaften*, Bielefeld 2008

Fauser, Markus/Niefanger, Dirk/Schönborn, Sibylle (Hg.): *Brinkmann-Handbuch. Leben – Werk – Wirkung*, Stuttgart 2020

Frei, Norbert: *Hitler-Junge, Jahrgang 1926*, in: *Die Zeit*, 11. September 2003

Hallet, Wolfgang/Neumann, Birgit Hg.): *Raum und Bewegung in der Literatur: Die Literaturwissenschaften und der Spatial Turn*, Bielefeld 2009

Höllerer, Walter: *Veränderung*, in: *Akzente* 11 (1964), H. 5/6, S. 386–398

Hühn, Helmut (Hg.): *Goethes „Wahlverwandtschaften" – Werk und Forschung*, Berlin/New York 2010

Langston, Richard: *Visions of Violence. German avant-gardes after fascism*, Evanston (Ill.) 2008

Matthaei, Renate: *Vorwort* zu: R.M. (Hg.): *Grenzverschiebung. Neue Tendenzen in der deutschen Literatur*, Köln ²1972, S. 13–42

Mayer, Hans: *Außenseiter*, Frankfurt/M. 1977

Ders.: *Die umerzogene Literatur. Deutsche Schriftsteller und Bücher 1945–1967*, Berlin 1988

Neuhaus, Volker: *Köln als literarische Provinz* (= *Universität im Rathaus. Eine Schriftenreihe der Stadt Köln und der Universität zu Köln*, Bd. 2: Veranstaltungen im akademischen Jahr 1993/94), Köln 1993/94, S. 68–85

Neue Parteimitglieder. Norbert Frei im Interview mit Evelyn Finger, in: *Die Zeit* vom 5. Juli 2007

Nolzen, Armin: *Vom „Jugendgenossen" zum „Parteigenossen". Die Aufnahme von Angehörigen der Hitler-Jugend in die NSDAP*, in: Wolfgang Benz (Hg.): *Die NSDAP und ihre Mitglieder*, Frankfurt/M. 2009, S. 123–150; hier: S. 149 f.

Raumtheorie. Grundlagentexte aus Philosophie und Kulturwissenschaften, hg. von Jörg Dünne und Stephan Günzel (= *suhrkamp taschenbuch wissenschaft*, Bd. 1800), Frankfurt/M. 2006.

Reich-Ranicki, Marcel (Hg.): *In Sachen Böll. Ansichten und Einsichten (= dtv-Taschenbuch, Bd. 730)*, München [6]1977

Schnell, Ralf: *Heinrich Böll und die Deutschen*, Köln 2017

Schubert, Jochen: *Heinrich Böll*, Darmstadt 2017

Schweikert, Uwe: *„Sehen heißt heute erleben". Notizen bei der Lektüre von Rolf Dieter Brinkmann*, in: Maleen Brinkmann (Hg.): *Rolf Dieter Brinkmann*, S. 198–207

Zeltner-Neukomm, Gerda: *Die eigenmächtige Sprache. Zur Poetik des Nouveau Roman*, Olten 1965

Dies.: *Das Wagnis des französischen Gegenwartsromans (= rowohlts deutsche enzyklopädie*, Bd. 109), Reinbek 1960

Register

Personen

Zitierte und/oder erwähnte Wellershoff-Texte